소매유통경영

월마트에서 아마존까지

RETAILING MANAGEMENT

| Levy · Weitz · Grewal |

오세조 · 박진용 · 송영욱 · 김상덕 · 조현진 · 신봉화
정연승 · 노원희 · 고현규 · 송지후 · 이라경 번역

한올

Retailing Management, 10th Edition

1 2 3 4 5 6 7 8 9 10 HP 20 20

Original: Retailing Management, 10th Edition © 2019
     By Michael Levy, Barton A. Weitz, Dhruv Grewal
     ISBN 978-1-259-57308-8

This authorized Korean translation edition is published by Hanol Publishing Co. in arrangement with McGraw-Hill Education Korea, Ltd. This edition is authorized for sale in the Republic of Korea.

This book is exclusively distributed by Hanol Publishing Co..

When ordering this title, please use ISBN 979-11-5685-969-7

Printed in Korea

RETAILING
MANAGEMENT

역자 소개

대표역자 오세조 박사는 연세대 경영학과를 졸업하고, 미국 Cincinnati 대학에서 경영학 박사 학위를 받았으며, 현재 연세대 경영학과 명예교수와 (사)한국유통물류정책학회 회장 그리고 드림코퍼레이션(주) 회장으로 봉직하고 있다.

오세조 박사는 유통관리, 소매경영, 프랜차이즈관리, 마케팅 분야에서 활발한 교육과 연구 활동을 수행하고 있으며, Journal of Marketing, Journal of Marketing Research, Journal of Marketing Channels, 경영학연구, 유통연구, 마케팅연구 등에 다수의 논문을 발표하였고, 『유통관리』, 『마케팅관리』, 『프랜차이즈 창업실무』, 『물류관리』 등 다수의 저서가 있다.

오세조 박사는 이론적인 연구뿐만 아니라 정부 유통정책연구와 기업의 유통전략 연구 및 자문을 수행하고 있다. 또한 기업 현장의 최고경영자로서 몸소 창의적인 경영혁신과 제조와 유통의 통합적 마케팅 접근을 실천하고 있다.

국내 유통학 연구와 산학협력의 공헌을 인정받아, 2019년에 우리나라 유통산업의 선구자이며 거목인 롯데그룹 신격호 회장의 업적을 기리는 상전유통학술상 대상을 수상한 바 있다.

본 소매유통경영의 번역을 처음부터 주도하고 있고, 특히 이번 10판의 번역을 위해 분야별 최고의 공동 번역진을 구성하였다. 이들과 함께 기업인들과 전공 학생들에게 유통관리와 소매경영의 요체를 전달하기 위해 다양한 노력을 경주하고 있다.

공동역자로 참여한 전문가그룹은 **박진용 박사**(건국대 경영학과 교수, 한국유통학회 회장), **송영욱 박사**(충북대 국제경영학과 교수), **김상덕 박사**(경남대 경영학부 교수), **조현진 박사**(원광대 경영학과 교수), **신봉화 박사**(상하이넷트러스트 대표), **정연승 박사**(단국대 경영학과 교수), **노원희 박사**(고려대 융합경영학부 교수), **고현규 사장**(K그룹 대표이사), **송지후 박사**(한성대 교양학부 교수), **이라경 박사**(에이블랩 대표)이다. 이들은 현재 유통 및 소매경영 분야 교육 및 연구 그리고 산관학 협력 연구를 활발하게 수행하고 있다.

역자 서문

최근 코로나 대유행을 맞이하여 전 세계가 어려운 경제 여건과 사회적 재난을 극복하기 위해 노력하고 있다. 소비자 생활 패턴이 변하면서 유통업계도 온라인과 오프라인 업태 간의 명암이 갈리고, 나아가 양자간의 융합과 절충을 통한 새로운 옴니채널 소매유통에 대한 도전이 계속 되고 있다.

Levy, Weitz, Grewal의 Retailing Management 10판은 최근의 세계 유통 동향과 우수한 소매업체들의 소매경영 분야별 성공 사례들을 제시하여, 포스트코로나시대의 유통 및 소매경영의 요체를 이해하고 핵심 전문 역량을 습득하려는 독자들에게는 매우 유익할 것으로 확신한다.

우리는 원서의 핵심 내용과 주요 사례들은 가능한 한 그대로 살리되, 우리 현실과 동떨어진 것은 삭제하였고, 그 대신 우리 나라 소매유통 현황과 사례들을 삽입하였다.

본 역서가 아무쪼록 우리나라 유통관리와 소매경영 교육과 연구에 도움이 되고, 나아가 우리 유통업체와 서비스업체 그리고 제조업체의 유통경영혁신과 소매유통 인재개발에 조금이나마 도움이 되었으면 한다.

본 역서가 나오기까지 물심양면으로 도와주신 한올출판사 임순재 사장과 최혜숙 편집장 그리고 관계자 여러분들께 진심으로 감사 드린다.

저자 소개

Michael Levy 박사는 Babson 대학의 Charles Clarke Reynolds 마케팅 교수이자 RetailProf LLC의 CEO이다. 그는 Ohio 주립대학에서 경영학 박사학위를 받았으며, Colorado 대학에서 경영학 석사학위를 받았다. 그는 Southern Methodist 대학에서 교수생활을 하였고, 그 뒤 Miami 대학의 교수와 마케팅 학과장으로 재직한 바 있다. Levy 교수는 소매, 로지스틱스, 소매재무전략, 가격, 판매관리 분야에서 활발한 연구 활동을 보이고 있으며, 이러한 연구들을 통해 주요한 마케팅 혹은 로지스틱스 저널, 즉 Journal of Retailing, Journal of Marketing, Journal of Marketing Research

Michael Levy, Ph.D.
Babson College

등에서 50편 이상의 연구 논문을 발표한 바 있다. 그는 현재 Journal of Retailing, Journal of the Academy of Marketing Science, International Journal of Logistics Management, International Journal of Logistics and Materials Management, European Business Review 의 편집위원을 맡고 있다. 또한 Marketing 6e[2018]의 공동 저자이며, 2001년부터 2007년까지 Journal of Retailing의 공동 편집인이었다.

Levy 교수는 그의 교수생활 동안 소매분야와 그와 관련된 학문분야를 연구해 왔으며, 또한 Accenture, Federated Department Stores, Khimetrics, Mervyn's, Neiman Marcus, ProfitLogic[Oracle], Zale Corporation 등 다양한 소매업체 및 소매기술기업과 함께 연구 프로젝트를 수행해 오고 있다.

Barton A.Weitz 박사는 MIT에서 전기공학 학부를 졸업하였으며, Stanford 대학에서 MBA 및 경영학 박사학위를 취득하였다. 그는 UCLA Graduate School of Business와 Pennsylvania대학의 Wharton School에서 교수로 재직한 바 있으며, 현재는 Florida대학의 Warrington경영대학에서 소매경영분야의 JCPenney Eminent Scholar 석좌교수로 재직 중이다.

Barton A. Weitz
Courtesy of Benjamin
Simons, UF Warrington
College of Business

Weitz 교수는 Florida대학의 소매교육 및 연구기관인 David F. Miller 센터www.cha.ufl.edu/crer의 설립자이다. 이 센터는 JCPenney, Macy's, Walmart, Office Depot, Walgreens, International Council of Shopping Centers 등 35개의 소매업체와 소매산업 지원기업 등의 후원을 받고 있다. 이 센터는 매년 소매업체에 250명의 학부생들을 여름방학 인턴십 프로그램에 참여시키고 있으며, 소매관련 이슈와 문제들에 관한 연구를 지원하고 있다.

Weitz 교수는 훌륭한 강의로 많은 상을 받아왔으며, 다양한 사업체나 여러 대학으로부터 강의 초빙을 받고 있다. 또한 유통채널관계, 전자소매, 점포설계, 판매원효과, 인적자원관리 등에 대한 논문을 유통분야의 선도적인 학술저널에 50편 이상 발표한 바 있다. 그는 유통채널관리에 대한 공로를 인정받아 Louis Stern Awards를 두 번 수상하였으며, 마케팅에 지대한 공헌을 한 논문으로 Paul Root Award를 수상하였다. 그는 현재 Journal of Retailing, Journal of Marketing, International Journal of Research in Marketing, Journal of Marketing Research의 편집위원을 맡고 있다.

Dhruv Grewal 박사는 Babson대학 마케팅 교수이며 Commerce & Electronic Business 분야 Toyota Chair이다. 그는 Thomson Reuters마케팅 분야에서 단지 8명, 경제학 및 경영학에서 95명이 등재되어 있음의 The World's Most Influential Minds에 등재되어 있다.

Dhruv Grewal
ⓒMorse Photography

Grewal 박사는 Journal of Retailing, Journal of Marketing, Journal of Consumer Research, Journal of Marketing Research, Journal of Consumer Psychology와 같은 학술지에 140편 이상을 게재하였다. 그리고 현재 Journal of Retailing, Journal of Marketing, Journal of Marketing Research 등 다수의 학술지에서 편집위원 혹은 자문위원으로 활약하고 있다.

Grewal 박사는 경영전문 세미나와 과정에서 가르치고 있으며, Dell, ExxonMobil, IRI, Radio Shack, Telcordia Tire & Rubber Company 등 다수의 회사에서 연구 프로젝트를 수행하고 있다. 또한 미국, 유럽, 남미 그리고 아시아에서 세미나를 개최하고 있다.

저자 서문

　본 소매경영 10 판은 이전 개정판들과는 많은 변화가 이루어졌지만 기본적인 철학은 그대로 공유하고 있다. 10 판은 전략적인 이슈와 전술적인 이슈 양면에 계속해서 초점을 맞추며, 특히 상품 및 점포 관리에 있어 재무적인 고려와 실행을 강조하고 있다.

Chpter 01 소매세계로의 초대　두 소매 거인인 아마존과 월마트, 특히 아마존의 온라인 소매와 그것의 공급체인 및 풀필먼트 역량, 그리고 막대한 재고 수준과 추천 알고리즘과의 경쟁에 직면하여 분투하고 있는 월마트에 대한 토론에서부터 시작한다. 그리고 기업의 사회적 책임과 지각있는 마케팅의 네 가지 최우선적 원칙이 성공적인 소매업체를 만드는 데 보다 나은 통찰력을 제공한다고 역설한다. 덧붙여, 리테일링 뷰에는 유기농 슈퍼마켓인 Whole Foods의 탄생과 위대한 소매창업자인 Amazon의 Jeff Bezos의 삶을 조명한다.

Chpter 02 소매업체 유형(소매업태)　Sam's Club과 Walmat가 상호간의 자기잠식을 피하기 위해 직면하고 있는 도전들을 간략히 소개하면서 시작한다. 추가하여, 슈퍼마켓 소매의 가장 최신 트렌드에 대하여 토론한다. 즉 식품 소매업체들이 전통적인 점포 매출을 넘어서는 그 이상의 노력에 대해 조명하는데, 특히 전통적인 종합할인업체 온라인 그로서리 매출과, 새롭고 기대치 않은 서비스와 제한된 상품구색 그리고 극단적으로 가치있는 식품 소매를 제공하는 슈퍼마켓에 대해서 설명한다. 또한 새로운 섹션으로서, 번쩍이는 매출 현장을 연출한 온라인 그로서리업체인 FreshDirect를 비롯하여 Macy 백화점, Sephora 화장품 전문점, McDonald 외식프랜차이즈업체에 대한 리테일링 뷰를 추가하였다.

Chpter 03 복합채널과 옴니채널 소매　소매가 소비자들이 이용가능하도록 다양한 방법들을 반영하는 것으로 재정리되었고, 본 장의 중요한 개념들을 더욱 쉽게 이해하고 사용할 수 있도록 학습목표의 수정도 이루어졌다. 새로운 소개 자료로서, Rebecca Minkoff가 모바일 기기를 통하여 어떻게 점포 내 체험을 융합시켰는지를 보여준다. 또한 옴니채널을 정의하는데 도움을 주는 소매채널 유형과 각각의 편익에 대해서도 새로이 설명한다. 신규 리테일링 뷰로는 Apple, the Gold Standard of Omnichannel과 Warby Parker 등이 있다.

Chpter 04 고객 구매행동　Macy가 밀레니얼즈를 구애하는 다양한 방법들에 대한 짧은 이야기로 시작한다. 추가로, 소비자의 모바일 기기에 대한 의존과 소매업체의 새로운 적용은 이러한 기술이 재고의 파악과 상품 구매를 쉽게 하는 앱을 이용하여 실질적인 성과를 창출하는 데 얼마나 필수적인 가를 보여준다.

Chpter 05 소매시장전략   소매업체가 독특한 점포 내 체험을 소비자들에게 제공하여 그들의 소비를 늘리고 점포에서 시간을 더 쓰도록 유인하는 방법을 토의하면서 시작한다. 새로운 섹션으로서 Sephora와 Lululemon에서 이용하는 시장전략을 소개한다. 보다 구체적으로, 소비자의 충성을 이끄는 소매업체의 다양한 방법들과 인도, 중국, 러시아의 소매시장에 대한 기회와 도전에 대해서 살펴본다. 새로운 리테일링 뷰로는 Whole Foods의 지속가능성과 책임감을 촉진하는 노력, 이탈리아에서의 스타벅스의 놀라운 성공, 그리고 유니클로의 품질과 적절한 가격의 이원적인 마케팅 전략이 있다.

Chpter 06 재무전략   세계 최상위 소매업체들의 재무적 성과에 영향을 미치는 마케팅 및 운영상 이슈들에 대한 토론으로 시작한다. 새로운 섹션으로서, Nordstrom과 Walmart의 매우 다른 전략들이 어떻게 재무적 성과로 전환되는 지를 전략적 이익모델과 그 구성 요소인 순이익률, 자산회전율, 그리고 총자산이익률을 이용하여 이해하기 쉬운 정보로 제공한다. 더 나아가, 매출총이익, 영업이익율, 자산회전율과 같은 또 다른 주요한 재무비율이 어떻게 전략적 및 전술적 결정들을 만들고 평가하는 데 이용되어지는 지를 설명한다. 새로운 리테일링 뷰로서, Nordstrom과 Walmart가 어떻게 서로 다른 소매전략을 구사하여 성공을 달성하는 지, 옴니채널 소매업체들이 온라인과 점포내 매출의 이익을 어떻게 계산하는 지, 그리고 소매 운영에 있어 크라우드펀딩에 대한 도전 등을 소개한다.

Chpter 07 점포 입지   쇼핑몰이 직면하고 있는 도전들과, 소비자 요구에 부응하여 재창안하는 방안들에 대한 토론으로 시작한다. 새로운 섹션으로는, 도시지역에 있는 소매업체들이 그들 고객의 욕구를 전달하는 방법을 소개하고, 또한 도시 내 음식 디저트업체들이 고객의 기본적 욕구를 어떻게 섬세하게 전달하는 지도 설명한다. 추가로, 비전통적 점포의 등장 즉 아웃렛센터, pop-up 점포, 점포내 점포의 등장이 어떻게 소매업체의 인기있는 입지가 되었는 지에 대하여 설명한다. 새로운 리테일링 뷰에서, Apple이 어떻게 몰의 통행교통을 증가시키고 새로운 유인 점포가 되었는지를 설명한다.

Chpter 08 입지 선정   스타벅스가 새로운 점포 입지를 설계하고 전세계적으로 매뉴 선택을 확장시키는 데에는 지리정보시스템의 완벽한 이용이 자리잡고 있다는 설명으로 시작한다. 새로운 내용으로서, 온라인과 모바일의 점증된 중요성이 어떻게 소매 입지 선정에 영향을 미치는 지도 설명한다.

Chpter 09 정보시스템과 공급체인관리   fast fashion 업체인 Zara가 어떻게 결과적으로 번창하게 되었는 지에 대한 사례로 시작한다. 이 예에서 공급체인에 있어서의 도매업체의 역할, 벤더관리 재고 그리고 공급체인을 통한 상품의 흐름에 대하여 강조한다. 장 말미에는 RFID의 최신 정보와 트렌드를 살펴보고, 모바일 과업관리 기술을 이용한 고객들의 점포 픽업과 같은 성공적인 운영 사례를 소개한다. 새로운 리테일링 뷰로서, Ikea가 공급체인의 효율성을 통하여 고품질 및 저원가 가구를 어떻게 생산하고 있는 지와 로봇이 점포 내 상품을 고객들에게 어떻게 전달할 수 있는 지를 소개한다.

Chpter 10 고객관계관리 Kroger가 그로서리 업계에서 가장 높은 고객충성도 프로그램 참여율을 보이고 있는데, 이에 대한 고객관계관리를 살펴보는 것으로 시작한다. 새로운 섹션으로서, 고객 사생활을 보호하는 것이 고객의 신뢰를 증진시킬 수 있는 방안들로 나타날 수 있으며, 한편으로 소매업체가 비이익적 고객들에게 어떻게 대응할 수 있는 지도 설명한다. 신규 리테일링 뷰는 CVS가 어떻게 고객 충성도 자료를 이용하는 지, Whole Foods가 어떻게 개인 맞춤형 보상을 제공함으로서 충성도 프로그램을 이용하고 있는 지 등을 소개한다.

Chpter 11 상품계획과정 관리 Target과 여타 점포들이 매출을 증진시키기 위해 사용하는 비전통적인 저장 기법들을 소개하면서 시작한다. 그리고 재고총이익률GMROI과 소매업체들의 시장조사방법들에 대하여 더 자세한 설명을 하고 있다. 새로운 리테일링 뷰로서, Macy가 고객들에 대하여 보다 많이 배우고 온라인 경험을 개선시키기 위하여 사용하는 예측적 분석기법을 소개한다.

Chpter 12 상품 매입 많은 국내외 기업들이 소비자를 끌어들이기 위해 어떻게 어필하는 지를 소개하면서 시작한다. 유통업체 브랜드상품의 개발과 소싱, 기업의 사회적 책임 등에 대하여 보다 많은 설명이 추가되었다.

Chpter 13 소매가격 결정 가격을 낮게 가져가면서 매출과 시장점유율을 높이려는 피자업계의 전쟁에 대해 설명하면서 시작한다. 그리고 다이내믹 가격결정기법과 약탈적 가격결정기법에 대한 보다 명백한 설명이 추가되었다. 새로운 리테일링 뷰로는, Walmart가 EDLP전략으로 유기농 식품시장에 진입한 것, Disney and Universal의 가격결정 계획, Amazon이 소비자 요구에 대한 통찰력 기법을 바탕으로 한 매일 가격 변화 시도 등이 있다.

Chpter 14 장 소매 커뮤니케이션믹스 H&M이 관습에 억매이지 않고 독특한 방법으로 광고하는 모습으로 시작한다. 그리고 소매업체들이 이용하는 모바일 마케팅의 다양한 계책들을 추가로 설명한다.

Chpter 15 장 인적자원 및 점포관리 Zappos의 철학과 강력한 리더십이 어떻게 직원들을 행복하게 하는 지를 설명하면서 시작한다. 그리고 유망한 직원들을 연구하기 위해 소셜 미디어를 사용하는 것의 장단점과, 직원들의 보상과 동기부여에 대한 다양한 방법들에 대하여 보다 초점을 맞춘다. 새로운 리테일링 뷰로서, 소매업체들이 밀레니얼을 고용하는 방법, 점포 성과를 위한 직원 보상에 대한 그로서리 체인의 독특한 소유 구조 등을 소개한다.

Chpter 16 장 점포 배치, 설계, 비주얼 머천다이징   Bergdorf Goodman의 New York City 개혁과 전통적인 럭셔리 그리고 소셜 미디어의 현대적 멋을 결합한 이야기로 시작한다. 그리고 그리드 배치, 슈퍼마켓 고객들을 센터 점포로 유인하기, 가상적인 드레싱 룸의 이용 증대 등을 추가적으로 다룬다. 새로운 리테일링 뷰로서, Saks Fifth Avenue와 Off 5th 아울렛 점포의 소비자들을 위한 기능과 체험의 중요성을 설명하고, 한편으로 고객들의 충동구매를 유인하는 흥미로운 방법, 고객들을 끌어들이는 향기의 이용 등에 대해서도 소개한다.

Chpter 17 장 고객 서비스   고객들에게 완벽하게 적합한 의류를 합리적인 가격으로 제공하는 방법을 개발한 Rent the Runway의 최근 사례로 시작한다. 그리고 소매업체가 온라인과 오프라인 모두에 예외적인 고객 서비스를 제공하는 방법, 고객의 기대와 지각을 배우는 소셜 미디어의 중요성 등을 추가로 설명한다. 새로운 리테일링 뷰로서, 그로서리 거인 Kroger의 계산대 앞에서의 고객 대기 시간 축소 기법 등을 소개한다.

RETAILING MANAGEMENT

차례

Chapter 04 고객 구매 행동

02 PART 소매 전략

Chapter 05 소매시장전략

09 정보시스템과 공급체인관리

Chapter

10 고객관계관리(CRM)

Chapter 16 점포 배치, 설계, 비주얼 머천다이징

Chapter 17 고객 서비스

01 PART

소매
세계

Part 01에서는 효과적인 소매전략을 개발하고 실행하는 데 사용되는 기본적인 정보들 즉 소매업체 유형과 그들이 사용하는 유통채널방식, 고객 및 경쟁자 등에 대한 정보를 제공해 준다.

Chapter 01에서는 소매산업이 사회 전체에 있어서 얼마나 중요한 지에 대해 설명한다. 또한 이 책의 구성을 자세히 설명하는데, 이는 고객의 니즈를 충족하기 위해 소매업체가 내리는 의사결정을 중요하게 다룬다.

Chapter 02에서는 식품, 일반상품, 서비스 등 다양한 종류의 소매업체들에 대해 설명하고 그들의 소유구조에 대해 살펴볼 것이다.

Chapter 03에서는 소매업체들이 고객의 니즈를 만족시키기 위해 사용하는 유통채널에 대해 살펴볼 것이고, 고객과 소통할 때 사용하는 점포(매장), 인터넷, 모바일, 소셜미디어, 카탈로그 등의 다양한 채널을 다루면서 발생할 수 있는 문제들을 살펴볼 것이다.

Chapter 04에서는 고객들이 상품을 구매하려고 할 때의 구매과정에 대해 논의할 것이고, 나아가 어떻게 소매업체들이 고객의 구매과정에 영향을 줄 수 있는지 살펴볼 것이다.

Part 02에서는 전략적인 자산을 개발하기 위해 소매업체가 내리는 의사결정과정에 초점을 맞춘다. 전략적 자산이란 소매업체들이 지속적 경쟁우위를 가지게 하는 자산을 의미한다.

Part 03과 **Part 04**에서는 상품관리 및 점포관리와 관련해 전술적으로 실행가능한 의사결정과정에 대해 살펴볼 것이다.

Chapter 01

소매세계로의 안내

이 장을 읽은 후에 당신은

LO1-1 무엇이 소매활동인지 구분가능하다.

LO1-2 미국과 세계경제에서 소매업의 중요성을 알수 있다.

LO1-3 변화하는 소매산업을 분석할 수 있다.

LO1-4 소매업 분야에서 개인과 기업의 기회가 무엇인지 인지할 수 있다.

LO1-5 전략적 소매관리 결정 과정을 이해할 수 있다.

대체로 15년 전, 월마트는 인터넷 소매업 전선에 뛰어 들었다. 마찬가지로 월마트는 올해에도 같은 도전을 이어간다. 하지만 이와같이 유사한 발표를 둘러싼 환경은 서로 근본적으로 다르다. 특히, 몇십 년 전만해도 월마트에게 아마존은 그저 작은 골칫거리에 불가했으며, 아마존은 입지, 판매, 유통능력, 매출 부분에서 월마트에게 완전히 압도당했다. 그러나 오늘날 아마존은 주식시장 가치 측면에서 월마트를 앞질렀고, 디지털 시장에서 경쟁하기에 매우 유리한 위치를 차지하고 있다. 또한 월마트는 온라인 영역에서 확고한 발판을 찾기 위해 고심하고 있다.

월마트는 아마존과의 경쟁에서 이기려고 하는 유일한 기업이 아니다. 아마존이 온라인 시장에서 제공하는 것 때문에 사실상 모든 세계의 소매업체들이 온라인상 이 거대기업을 대상으로 경쟁을 하고 있다. 첫째로, 아마존은 매우 편리하고 소비자의 모든 제품, 필요, 욕구를 언제든지 충족시켜 주고 있다. 그 결과, 많은 고객들은 아마존을 마치 검색 엔진처럼 사용한다. 한 최근 설문조사에 따르면, 소비자들의 39퍼센트가 처음부터 아마존을 방문해서 그들이 원하던 제

품을 찾기 시작한다고 한다. 둘째로, 아마존은 더 많은 고객의 상호소통을 돕기 위해 서비스 분야로의 확장과 새로운 도구 및 새로운 유통채널의 도입과 같은 유용성을 증가시킨다. 셋째로, 고객들이 개인적으로 상호작용하기 원하는 것을 대비해서 아마존은 오프라인 소매업체로서의 힘 또한 얻고자 한다. 월마트와의 직접적 비교는 아마존이

고객에게 정기적으로 당일배송, 익일 배송 등의 서비스를 제공할 능력을 달성함으로써 아마존은 고객들의 즉각적인 소비 욕구를 충족시키는 것이 가능하게 되었다.

어떻게 소매시장의 환경을 변화시켰는지에 대한 분명한 예를 제공한다. 아마존은 자신의 장기적 경쟁우위들 예를 들어, 효율적인 공급체인, 오프라인 점포의 규모에 전혀 제한 받지 않고 보관할 수 있는 방대한 재고량, 부러워 할만한 추천 알고리즘에 더해서 풀필먼트 역량에 많은 투자를 하고 있다. 고객에게 정기적으로 당일배송, 익일 배송 등의 서비스를 제공할 능력을 달성함으로써 아마존은 고객들의 즉각적인 소비 욕구를 충족시키는 것이 가능하게 되었다.

반대로, 월마트의 지배력은 그들만의 낮은 가격과 우수한 점포간 유통네트워크의 명성을 토대로 만들어졌다. 이들의 훌륭한 체계는 물류 능력인데, 이는 물류센터에서 점포의 선반으로 물건을 옮기는데 있어서 사실상 어떠한 소매업체들보다 더욱 효율적이었다. 하지만 월마트는 제품들을 온라인 풀필먼트 센터에서 고객의 집까지 옮기는 데는 기술이나 물류역량이 부족했다. 반면에 아마존의 로고가 찍힌 박스는 소비자들의 문 앞에서 자주 보여졌다. 심지어 아마존은 미국 우편국에서 일요일에도 배달하도록 요청했는데, 연방정부가 이를 처음으로 동의한 것은 유명한 일화이다.

심지어 월마트의 저가격 명성은 아마존에 의해서 역시 도전을 받고 있다. 한 실험에서 두 유통업체는 특정 제품에서 최저가를 제공하는 분야가 서로 다른 것으로 나타났다. 또한 아마존은 하나의 가격을 지속적으로 변경시키는데, 예를 들어 어떤 특정 일에 아마존 사이트에서 판매되는 제품의 15~18%는 전날의 가격과 다르다고 한다. 그러므로 직접적으로 가격을 비교하는 것은 어렵다. 그러나 월마트가 오랫동안 노력해왔던 '고객이 최저가의 가격을 찾을 수 있는 곳은 월마트다'라는 고객들의 일반적인 통념은 더 이상 유지할 수가 없었다. 아마도 고객들은 월마트에서 최저가의 상품을 찾을 수 있겠지만, 인터넷 가격의 투명성은 고객이 아마존과 같이 더 좋은 거래가 있는지 항상 클릭할 수 있다는 것을 의미한다. 광대한 기반구조를 가진 월마트는 다른 온라인 경쟁자들처럼 유연하고 쉽게 가격을 바꾸지 못한다. 만약 그렇게 가격을 쉽게 바꾸는 것을 고려한다면, 월마트는 그들의 자회사인 샘스클럽에서 발생가능한 "자기잠식효과'를 해결해야 할 것이다. 다시말하면, 이는 월마트가 그들의 창고식 클럽인 샘스클럽과 경쟁하는 것을 의미하며, 회사는 전체적으로 고통을 겪을 것이다.

어떤 의미에서 보면, 월마트의 온라인 소매 활동에의 투자는 너무 적었고, 너무 늦었다고 볼수 있다. 그들은 물리적인 물류 채널의 지배력을 확실히 다지는 데 오랜 시간 노력했다. 그러나 어떤 면에서 그들의 투자는 이미 너무 구식이 되어버렸다. 같은 이유로, 월마트는 온라인 유통채널을 쉽게 무시하면 안된다는 것을 인지하였다. 고객들은 온라인으로 주문하고 필요시 점포에서 배달 받을 수 있는 복합적인 구매방식을 원하

기 때문이다. 이러한 소비자들을 위한 혜택을 넘어서 월마트는 경제체제에 있어 월마트가 중요한 일원임을 확실히 하기 위해 사회에 더 폭넓게 기여하기 위해 노력하고 있다. 이러한 연장선상에서 월마트는 운영에 있어 보다 야심찬 생태적 표준을 만들고, 공급체인 내에서 동물관련 복지 사항을 더 잘 지키고, 최저임금보다 높은 시간당 임금을 직원들에게 제공하는 것에 노력을 다하고 있다. 이러한 점들을 고객에게 어필함으로써 월마트는 아마도 지역 내 주요 고용주로서의 역할을 강조하면서 다른 기업들과 차별화할 수 있을지도 모른다. 이러할 경우, 월마트는 그들의 기존 장점들을 미래에도 강화시켜 나갈 수 있을 것이다. 그러나 아마존은 사라지지 않을 것이다. 만약 월마트가 계속해서 아마존과 효과적으로 경쟁하기를 원한다면, 월마트는 온라인 전략의 수립과 실행을 지속적으로 노력해야 할 것이다.

소매업은 우리가 종종 당연히 여기는 일상 중 한 부분이다. 대부분의 사람들에겐, 소매업체는 단순히 물건을 사기 위한 장소이다. 아주 어렸을 적 아이들은 어떤 점포가 그들이 원하는 제품을 가지고 있는지 알며, 점포나 웹사이트를 방문할 때 그들이 원하던 제품을 찾기를 기대한다. 가끔은 소비자가 점포에 방문할 때 판매원과 얘기하기도 하며, 물건을 살 때 돈을 받는 출납원과 유일하게 소통하기도 한다. 몇몇 대학생들은 파트타임으로 또는 휴일 동안 소매업체에서 일을 하기도하면서 소매업체들이 무엇을 하는지 그와 관련한 약간의 통찰력을 얻기도 한다. 하지만 이러한 제한된 소매업의 노출은 빙산의 일각에 불과하다. 점포, 웹사이트, 판매원, 출납원 뒤엔 고객이 원하는 제품과 서비스를 그들이 원할 때 언제든지, 그들이 원하는 어디에서나, 공정한 가격으로 살 수 있게 해줄 책임이 있는 매니저 집단이 있다.

표면 아래 빙산이 얼마나 큰지 더 설명하기 위해 월마트를 생각해보자. 월마트는 말 그대로 재고 관리자가 매년마다 고려하는 가능성 있는 수백만 개의 옵션 중 선택된 120,000개의 다양한 제품들을 재고로 두고 판매한다. 월마트의 매니저들은 전세계에 퍼져있는 11,545개의 점포들과 자사 웹사이트를 통해서 제공할 120,000개의 제품들을 어떤 점포에 어떻게 제공할지

를 결정해야 한다.

어떤 제품을 재고로 받아들일지 결정하면, 매니저들은 10,000개가 넘는 공급업체들로부터 제품들을 조달하기 위해 가격을 협상한다. 그 후 고객들에게 청구할 가격을 결정해야 한다. 가격 결정뿐만 아니라 월마트 매니저들은 각각의 점포와 웹사이트에서 어떻게 120,000개의 제품들을 보여주며 전시할지를 결정한다.

제품 선정뿐만 아니라, 매니저들은 직원들에게 '선반에 재고를 잘 채우기 위해, 상품을 매력적으로 진열하기 위해, 고객이 기대한 만큼 서비스를 제공하기 위해 일한다'를 각인시키기 위해서 230만명의 직원들을 채용하고 교육하고 동기부여시키는 책임을 가지고 있다. 마지막으로 아마 가장 중요하게도, 소매시장의 경쟁은 더욱 심해지고 있지만 월마트 매니저들은 그들의 의사결정을 지원하며 주주들에게 좋은 수익률을 돌려주기 위한 전략들을 개발하고 실행한다. 이러한 매우 경쟁적이며 급속도로 변화하는 소매환경 속에서 일하는 것은 도전적이면서도 흥미진진하며, 그리고 상당한 재정적 보상을 주기도 한다. 이 책은 소매세계에 대해 설명하며 효율적으로 소매사업을 운영하기 위한 주요 원리들을 제공한다.

소매업 원리에 대한 지식과 실행은 당신이 당면할 많은 사업적 상황에서 사용할 경영 능력을 개발시켜 줄 것이다. 예를 들어, 소매업체들은 Procter & Gamble$^{P\&G}$ 과 Hewlett-packard^{HP}와 같은 B2C회사들의 고객들이다. 이는 심지어 오직 소비자들에게 주력하는 B2C회사에서도 브랜드 매니저들이 어떻게 소매업체들이 회사를 운영하고 돈을 버는지 철저하게 이해할 필요가 있다는 걸 의미한다. 이렇게 한다면 그들은 소매업체들로 하여금 자기 제품을 제공하며 홍보할 수 있도록 만들 수 있다. 금융기관과 헬스케어 기업도 그들의 제품을 개발하거나, 고객 서비스를 향상시키거나, 고객을 향한 편리하고 쉬운 접근을 위해서 소매업 원칙들을 사용한다. 전문적인 B2C판매와 마케팅 관리 또는 재정 분야에 흥미 있는 사람이라면 이 책은 유용할 것이다.

I 소매업이란 무엇인가?

LO 1-1
무엇이 소매 활동인지 구분 가능하다

소매업이란 개인 또는 가정 사용 목적으로 소비자에게 판매되는 상품 및 서비스에 가치를 더한 일련의 사업 활동들이다. 사람들은 흔히 소매업을 점포 내의 상품 판매로만 생각한다. 그러나 소매업은 서비스의 판매숙박, 병원 진료, 이발, 피자 배달도 포함한다. 모든 소매업이 점포라는 물리적 공간에서만 이루어지는 것은 아니다. 무점포 소매업의 예로는, 모바일 앱에서 옷을 주문하는 것, Avon 판매원으로부터 화장품을 사는 것, L.L.Bean 카탈로그를 보고 등산화를 사는 것, Amazon Prime을 통해 영화를 시청하는 것 등이 있다.

1. 공급체인 내 소매업체의 역할

소매업체란 소비자가 개인용이나 가정용으로 구매하는 상품 또는 서비스를 판매하는 사업체이며, 공급체인에서 제조업체와 소비자를 연결하는 중요한 고리이다. 공급체인이란 상품과 서비스를 제조하여 소비자에게 전달하는 기업들의 조합이다. 〈그림 1-1〉은 공급체인 내에서의 소매업체의 위치를 보여준다.

● 그림 1-1 유통경로

소매업체는 보통 도매업체나 제조업체로부터 상품을 사서 고객들에게 되판다. 그렇다면, 왜 소매업체들이 필요한가? 소매업체를 거치지 않고 제조업체로부터 바로 사면 더 쉽고 싸게 살 수 있지 않은가? 정답은 사실 그렇지 않다. 소매업체들은 제조업체나 도매업체들보다 가치를 붙이는데 있어서 더 효율적이다.

2. 소매업체의 가치 창출

소매업체들이 가치를 만들어내는 활동들은 다음과 같다. ① 상품/서비스 구색 제공, ② 상품 분할, ③ 재고 보유, ④ 서비스 제공.

1 구색 제공

전통적인 슈퍼마켓들은 일반적으로 500개 이상의 회사로부터 만들어진 30,000개의 다양한 상품들을 가지고 운영한다. 구색을 제공한다는 것은 고객이 한 장소에서 다양한 상품, 브랜드, 사이즈, 가격을 고를 수 있도록 함을 말한다. 제조업체들은 특정 아이템의 종류를 생산할 수 있는 전문성을 가지고 있다. 예를 들어, Frito-Lay는 과자를 만들고, Yoplait는 요거트를 만들고, Skippy는 땅콩 버터를 만들고, Heinz는 케첩을 만든다. 만약 이러한 각각의 제조업체들이 그들의 제품만을 판매하는 점포를 가지고 있었다면, 고객들은 한끼 식사를 준비하는데 필요한 식료품들을 사러 여러 다른 점포들을 돌아다녔을 것이다.

2 상품 분할

운송비용을 줄이기 위해서, 제조업체와 도매업체는 일반적으로 소매업체에게 대량의 냉동음식이나 여러 개의 옷이 담긴 상자형태로 배송한다. 그 다음, 소매업체들은 개인 고객들이나 가정의 소비 패턴에 맞춰 더 작은 단위로 제품들을 제공하며 이를 상품 분할이라고 한다. 상품 분할은 제조업자나 소비자 양자에게 중요하다. 이는 제조업자들이 상품을 효율적으로 한번에 큰 수량으로 생산하고 선적하도록 도우며, 반면에 소비자들에게는 그들이 원하는 더 작고 다루기 쉬운 수량으로 특정 상품을 구매할 수 있도록 돕는다

3 재고 보유

소매업체가 가치를 제공하는 주요 활동으로는 재고를 보유하는 것인데, 이는 소비자들이 상품을 원할 때 구매하도록 돕는다. 소비자들은 상품이 더 필요할 때면 지역 내 소매업체들이 제공해준다는 점을 알고 있기에 소비자들은 가정에 작은 단위로 재고를 둘 수 있다. 이러한 행위는 한정된 저장공간을 가진 고객 또는 작은 주거공간에 사는 가족들에게는 특별히 중요하다.

4 서비스 제공

소매업체들은 고객들이 상품을 더 쉽게 사고 사용할 수 있도록 도와주는 서비스를 제공해준다. 예를 들어, 소매업체는 소비자를 믿고 그들이 상품을 먼저 받고 나중에 지불하게끔 할 수 있다. 고객이 최종적으로 구매하기 전에 테스트하고 볼 수 있게 상품을 진열할 수도 있다. 몇몇 소매업체에서는 점포에 판매원을 두거나 또는 웹사이트를 통해 그들이 판매하는 상품에 대한 답변과 추가 정보를 주기도 한다.

소매업체들은 고객이 언제든지 원할 때 한 장소에서 여러종류의 제품을 제공함으로써 가치를 더한다.

3. 유통채널 활동 비용

채널 멤버들에 의해 수행되는 가치창출 활동들은 고객들에게 혜택을 주는가 하면, 그것들은 상품과 서비스의 비용을 올리기도 한다. 〈그림 1-2〉에선 제조업체에서 고객에게 이르기까지의 티셔츠를 얻는 과정에 대한 공급체인 비용을 설명한다. 해당 그림을 살펴보면, 티셔츠 제조업체가 옷을 만들어 판매하는데 10달러의 비용이 든다. 이 비용에는 디자인, 원재료, 노동, 제작 장비, 도매업체에 이르기까지의 운송비 등이 포함된다. 제조업체는 티셔츠를 11달러로 도매업체에게 판매해 1달러의 수익을 얻는다. 도매업체는 제조업체로부터 티셔츠를 받아 점포에 들이고 소매업체에게 운반하는데 2달러의 비용이 발생한다. 도매업체는 소매업체들에게 14달러에 판매를 하고 1달러의 수익을 얻는다. 다음 소매업체는 티셔츠를 접고, 가격표를 붙이고, 점포에 들이며, 판매원을 고용하고, 점포의 에어컨이나 전등을 켜는 등의 비용 등이 발생한다. 소매업체는 19.95달러로 고객에게 티셔츠를 판매하고 1.95달러의 수익을 얻게 된다.

공급체인에서 8.95달러[19.95달러-11달러]의 비용을 주목해보면, 티셔츠를 제조하는 비용만큼이나 많다. 이 비용들은 도매업체와 소매업체가 제품에 상당한 가치를 부여했기에 정당화된다. 종합적으로 상품 제공, 규모 분할, 재고 보유, 서비스 제공을 통해 소매업체들은 소비자들이 상품과 서비스로부터 얻는 혜택을 증가시킨다.

어느 외곽 지역에 위치한 제조업체 창고의 운송상자에 담긴 티셔츠를 생각해보자. 이 티셔츠는 오늘밤에 있을 농구경기에 무언가를 입고 가고자 하는 학생의 욕구는 충족시키지 못한다. 만약 주변에 바지, 벨트, 그리고 티셔츠와 어울릴만한 것들을 판매하는 백화점이 있고 또 학생이 좋아할 만한 것을 찾게 도와주는 판매원이 있다면 이 학생은 더 가치 있는 티셔츠를 찾을 것이고, 그것에 대해 더 많은 비용을 지불할 것이다. 만약 소매업체들이 이러한 혜택을 제공해주지 않는다면, 도매업체들이나 제조업체들이 고객들에게 직접 제공해야 하며, 일반적으로 소매업체만큼 이런 혜택을 제공해주는데 효율적이지 못할 것이다.

🔵 **그림 1-2** 티셔츠를 얻기 위해 유통채널 내 가치가 부가된 활동들의 비용

4. 소매업체들은 도매와 생산 활동을 수행한다

도매업체들은 제조업체로부터 대량의 상품을 구매하여 보관하다가 그 후 작은 단위로 상품을 소매업체들에게 되판다. 제조업체인 애플과 나이키처럼 고객에게 곧바로 상품을 팔때에, 그들은 생산과 도매 그리고 소매 활동을 직접 수행하는 것이다. 예를 들어, 대규모 소매업체인 코스트코와 홈 디포는 소매업체과 도매업체의 역할을 동시에 수행한다. 이 기업들은 고객에게 상품을 팔 땐 소매역할을 수행하나, 레스토랑이나 건물 계약자들 같은 다른 사업체에 판매할 땐 도매업체의 역할을 한다.

IKEA는 그들이 가게에서 판매할 대부분의 제품들을 제조하고 유통하기 때문에 거의 완전하게 수직적으로 통합되어 있다.

몇 개의 공급체인을 보면, 제조, 도매, 소매활동이 각각 독립적인 회사들에 의해 수행되나, 대다수의 공급체인은 수직적인 통합의 형태이다. 수직적 통합이란 한 회사가 채널 안에서 하나의 활동들 조합 이상의 것을 수행함을 의미하는데, 예를 들면 소매업체가 점포에 물품을 제공하고자 그들만의 독자적인 유통센터를 운영하면서 도매업체의 활동에 참여할 때 발생하는 것과 같다. 후방통합은 소매업체가 창고를 운영하거나, 자체개발상품을 기획하는 것과 같은 도매활동이나 제조활동을 수행할 때 일어난다. 전방통합이란 제조업자가 소매나 도매활동을 떠맡을 때 일어나는데, 예를 들면 애플이 자사의 소매 점포을 운영하는 것을 말한다.

Safeway, Walmart, 그리고 Lowe's와 같은 대부분의 대규모 소매업체들은 그들 소유의 유통센터를 운영하면서 도매업체가 수행하는 활동들을 수행한다. 이 소매업체들은 직접 제조업체로부터 매입해서 그들의 창고에 상품 구색들을 갖추고, 그들이 가진 소매점포에 상품을 공급한다. J.crew나 Victoria's secret과 같은 소매업체들은 더욱 더 수직적으로 통합되어있다. 그들은 그들이 판매할 상품을 디자인하고 제조업체와 독점적인 생산 계약을 체결한다. IKEA와 Zara같은 점포들은 그들이 판매할 대부분의 상품을 직접 제조하고 유통한다는 측면에서 거의 완벽하게 수직적으로 통합되어 있다고 볼 수 있다.

5. 전세계적으로 유통채널들의 차이점

소매와 유통시스템에 관해 미국과 유럽연합, 중국, 인도의 주요한 몇 가지 차이점들은 <표 1-1>에 요약되어 있다. 해당 표를 살펴보면 , 미국 소매 산업은 가장 큰 소매 밀도를 가지고 있으며1인당 소매점포수, 대규모 소매회사들에게 집중되어 있다. 미국 내 부동산은 상대적으로 덜 비싸며,

대부분의 소비자들이 자동차를 가지고 있다는 것을 이해할 수 있다. 그러므로 소매업체들은 종종 인구가 덜 집중된 지역에 큰 점포를 운영한다. 많은 미국 소매업체들은 20,000 sq.ft.^{1,855m2, 562평} 이상의 점포를 가지고 있다. 이와 같은 크기 때문에 그들은 도매업체의 도움을 필요로 하지 않으며, 자체 창고들을 운영할 수 있는 규모의 경제를 가지고 있다. 미국의 이러한 큰 점포들과 큰 회사들의 조합은 매우 효율적인 유통시스템을 만들어낸다.

인도에서의 소매산업은 현재 내셔널 체인과 함께 작은 지역단위의 소매업체들로 지배되어 있다.

반대로 인도의 유통시스템은 상대적으로 작은 회사들에 의해 운영되는 작은 점포들과 규모가 큰 독립적인 도매산업으로 특징지을 수 있다. 이러한 작은 소매업체들에게 매일 효율적으로 배송하기 위해, 상품은 종종 여러 다른 도매업체들을 거친다. 그 뿐만 아니라, 인도에서는 현대적 소매업을 지원하는 산업구조, 특히 운송과 커뮤니케이션 시스템이 선진국만큼이나 잘 발전되어 있지 않다. 이러한 효율성 차이는 유통과 소매업에서 인도의 노동인력 비율이 미국보다 더 많이 차지하며, 인도의 공급체인 비용이 미국보다 더 크다는 것을 의미한다. 하지만 인도 정부에 의한 최근 변화들은 소매 환경을 상당히 현대화시킬 잠재성을 가지고 있다.

예를 들어, 여러 브랜드를 지니고 있는 월마트와 같은 외국 소매업체들은 인도의 합작회사에 51퍼센트를 소유하는 것이 허가된다. 그리고 아디다스와 리복과 같이 그들 자신의 브랜드만을 운영하는 소매업체들은 자신의 인도 사업의 100퍼센트를 소유할 수 있다.

중국 소매산업은 인도의 소매산업처럼 매우 세분화되어져 있다. 중국의 소매산업은 많은 중소기업으로 구성되어 있다. 전국 수준의 혹은 지역 수준의 체인점도 제한되어 있다. 그러나 현재 중국의 소매 유통시스템은 빠르게 발전하고 있다. 이러한 발전은 수출에만 집중되던 중국 정부의 관심이 유통 쪽으로 이동하고, 더 높은 삶의 질을 찾는 기본적인 소비자의 욕구를 만족시

표 1-1 세계의 유통과 소매

	미국	북유럽	인도	중국
집중도(대규모 소매업체들이 만드는 판매 비율)	가장 높음	높음	가장 낮음	낮음
소매활동 밀도(1인 기준 소매 공간)	가장 높음	적정	가장 낮음	낮음
평균 점포 크기	가장 높음	적정	가장 낮음	적정
도매업체의 역할	작음	적정	넓음	넓음
효율적인 공급체인을 지원하는 산업구조	최상	좋음	가장 약함	약함
소매업 위치, 점포크기, 소유권에 관한 제약	작음	넓음	넓음	적정

킴으로써 박차가 가해지고 있다. 중국 정부는 직접적인 해외투자에 대한 대부분의 규제를 제거했고, 세계적인 소매업체들은 이 규모가 크고 성장하고 있는 시장으로 이동해왔다. 그 결과, 중국은 세계에서 가장 빠르게 성장하는 소매시장으로 자리잡았으며, 8조 달러의 매출에 도달할 예정이다. 이와 같은 이유로 월마트는 425개의 점포들을 중국에서 운영하고 있고, 세계에서 두 번째로 큰 유통업체인 까르푸는 406개의 점포를 운영하고 있다. 그러나 선두그룹 도시인 베이징, 상하이, 광동과 같은 동부해안도시들은 더 작은 서부도시들과는 유통체계 측면에서 큰 차이가 있다. 이 선두그룹 도시들에서 제공되는 소매 환경은 미국의 뉴욕, 시카고와 같은 도시의 소매 환경과 매우 비슷하다. 반대로 작은 서부도시들의 소매업은 인도의 소매업과 환경이 비슷하다. 유럽의 유통 시스템은 효율성과 규모의 연속성 상에서 미국과 인도의 중간 정도에 위치해 있다. 북유럽의 소매업은 미국의 형태와 비슷하며 국내시장에 대한 높은 집중률을 보인다.

II 소매업의 경제적, 사회적 중요성

1. 선진국에서의 역할

LO 1-2
미국과 세계 경제에 있어 소매업의 중요성을 알 수 있다.

   2015년에 미국의 소매업 판매는 5.3조 달러였다. 미국 GDP^{국내총생산}의 8퍼센트 이상은 소매업이 차지하고 있으며, 이는 미국 전체 제조 산업 부문의 기여도만큼이나 많다. 하지만 이 판매 수치는 미국경제에 소매업이 끼치는 영향을 과소평가 하도록 만들 수 있다. 왜냐하면 이 수치는 엔터테인먼트, 집 수리, 헬스케어와 같은 고객서비스를 제공하는 많은 기업들의 판매와 고용을 포함하지 않았기 때문이다.

   소비자의 소비는 미국과 다른 선진국 경제에서 중요한 역할을 수행한다. 소비자들이 소매업체로부터 상품과 서비스를 사는데 더 많은 돈을 쓴다면, 국가경제는 번영한다.

   소매점의 상품들이 선반에서 금방 사라지고, 소매업체들은 사라진 상품을 채우기 위해 주문을 낸다. 제조업체들은 더 많은 직원들을 고용하며 원재료에 대한 주문을 하고 더 많은 제품을 만든다. 하지만 만약 소비자들이 그들의 재정적 미래에 대해 불확실성을 느끼고 새로운 냉장고나 청바지를 사는 것을 포기한다면 경제는 위축될 것이다.

   소매부문은 선진국에서 중요한 역할을 수행한다. 왜냐하면 소비자의 수요는 활기찬 재정시스템을 나타내는 지표이며, 소매업체들은 큰 고용주들이기 때문이다. 2015년을 기준으로 대략적인 미국 노동력의 10퍼센트인 1,400만명 이상이 소매업에 종사하고 있다. 그리고 추가적인 15퍼센트의 인력은 서비스를 제공하는 일과 소매업체를 통해 제품을 판매하는 회사에서 일을하고 있다.

2. 개발도상국에서의 역할 - 피라미드의 하부

소매업체들은 소득분배의 제일 끝자락에 사는 30억 인구의 욕구에 부응함으로써 발생하는 기회에 집중할 필요가 있다.

이것은 하루에 2.50달러 보다 적은 예산으로 살아가고 있는 세계인구의 40퍼센트를 의미한다. 이 고객들을 섬기는 것은 중요한 사회적 혜택^{세계적인 빈곤 감소}을 제공해준다. 저소득 소비층에 속한 소비자들은 피라미드의 기반 또는 피라미드 하부^{BOP}라고 언급되며, 여전히 상당한 소비력을 가지고 있다. 특히 중국, 인도, 브라질과 같이 성장중인 국가의 BOP 시장내 크기와 성장은, 선진국 내 소비자 상품과 소매 시장이 성숙기에 접어듦에 따라, 기업들이 BOP 시장에 진입하도록 유도한다. 그렇지만 BOP 시장에서 소매업 역할을 수행하는 것은 쉬운 일이 아니다. BOP 시장의 사람들과 소통하거나 거래를 완결하는 것은 쉽지 않다. 왜냐하면 그들은 대중매체, 인터넷, 모바일 핸드폰, 신용카드에 접근하기가 어렵기 때문이다. BOP 시장의 대다수 사람들은 적절한 도로를 통해 외부세계로 나갈 수 없는 멀리 떨어진 시골지역의 취락에서 지낸다. 제한된 지역 수요가 멀리 떨어져 있는 제한된 지역으로 상품을 수송하는 높은 비용과 맞물리면서 소비자 상품에 더 높은 비용과 가격을 만들어낸다. 그러므로 BOP 시장에의 진입은 보다 혁신적인 접근이 필요하다. 단순히 경제가 더 발전한 시장에서 사용됐던 비즈니스 모델을 장착하는 시도는 먹히지 않을 것이다

3. 사회에서의 역할

고객에게 상품과 서비스를 제공하는 것 외에도, 소매업체들은 그들의 책임이 모든 이해관계자들의 니즈와 목표를 고려함을 포함한다는 것을 잘 알고 있다. 모든 이해관계자들이란 회사의 행위로 인해 영향을 받는 넓은 범위의 사람들을 의미하며 즉 현재와 미래 잠재 고객들, 공급체인 파트너들, 직원들, 주주들, 정부기관, 회사가 운영하는 커뮤니티의 멤버들, 그리고 일반적인 사회적 관점까지이다. 예를 들어, 고객들은 낮은 가격을 원하고 주주들은 높은 수익을 원한다. 직원들은 높은 임금을 원하며, 사회는 저탄소 배출을 회사에게 원한다. 다양한 이해관계자들의 니즈와 목표들을 만족시키려는 시도에 대한 인식이 증가하면서 미래를 생각하는 소매업체들은 의식적인 마케팅 개념을 막 채택하는 중이다.

이러한 의식적인 마케팅의 실행은 기업의 사회적 책임에 내재된 전통적인 개념을 뛰어 넘어, 기업이 이해관계자들의 윤리적, 법적 기대치를 충족시키거나 이를 뛰어넘는 비즈니스 실행을 자발적으로 하도록 한다. 의식적 마케팅이란 단순히 회사가 제품과 서비스를 팔아 수익을 만드는 차원을 넘어서 기업의 목적이라는 개념을 가지고 있다. 그것은 무엇보다 중요시되는 4가지 원칙들을 포함하고 있다.

1 소매업 회사의 더 큰 목표에 관한 인식

소매업체들이 그들의 목표가 단순히 수익을 만드는 것 이상임을 안다면 예를 들어, TOMS처럼 목표가 저소득 국가의 주민들을 위해 무료 신발을 제공해 주는 것, 또는 지역공동체를 위해 취업의 기회를 제공하는 것, 또는 에너지 효율적인 점포들을 운영하도록 노력한다는 것 등이 있다. 이들이 수행하는 행위들의 관점은 변화할 것이다.

2 이해관계자들과 그들의 상호의존성을 고려하기

의식적 마케팅 개념을 받아들이는 소매업체들은 어떻게 해야 그들의 행위가 앞서 열거한 광범위한 범위의 잠재적 이해관계자들에게 영향을 줄 수 있는지 고려한다. 이 소매업체들은 가능한 많은 이해관계자들을 섬기되 어떤 누구에게도 심각한 피해를 주지 않기 위해서는 소매업체 스스로 수익을 극대화하는 것에만 집중하는 것을 포기해야 함을 안다. 오히려 그들은 그들의 행위의 광범위한 영향력을 고려한다. 이 영향력을 어떤 결정을 하기 위한 기반으로 고려함으로써, 해당 소매업체들은 최대한 많은 이해관계자들을 향한 이익을 이룰 수 있고, 또한 어떤 그룹이든 간에 발생가능한 엄청난 피해를 끼치는 것을 확실히 피할 수 있다. 예를 들어, 월마트가 축산물을 공급하는 농장들에게 새로운 기준을 도입했을 때, 이러한 도입의 효과는 공급체인 파트너들도 관행에 적응해야 함을 느끼게 했다. 경쟁자들도 아마 비슷한 보호조치에 적응해야 할 것으로 보인다. 동물들이 사육될 때 먹어야 하는 음식으로 항생제는 안 된다고 생각하는 소비자는 더 강한 확신을 가질 수 있고, 동물 복지 단체들은 '올바른 방향으로 가는 단계'라는 새로운 기준들을 요구할 수 있다.

3 기업문화를 창출하는 의식있는 리더십의 출현

의식적 마케팅 접근법은 회사의 리더들이 전사적인 문화에 걸쳐 모든 비즈니스 상의 문제에서 의식적인 개념에 전념하고 있음을 의미한다. 그 결과 의식적인 회사 문화는 더 높은 목표를 향하게 되고 리더들의 이상과 일치한 상태로 유지하게 된다.

그 결과, 모든 회사의 일원들은 의식적 마케팅의 개념이 체화되고, 소매업체로부터 영향을 받고 있는 모든 이해관계자들은 더 높은 원리가 포함되어짐을 깨닫게 된다. WHOLE FOODS MARKET의 설립자이자 최고경영자인 John Mackey는 의식적 소매업의 개념을 받아들였을 뿐만 아니라^{그는 의식적 자본주의라고 표현함}, 그 주제에 관해서 집중적으로 글을 쓰고 강연도 하였으며 consciouscapitalism.org의 설립자가 되기도 했다. WHOLE FOODS회사의 모토인 '모든 음식, 모든 사람, 모든 세계^{Whole Foods, Whole People, Whole Planet}'는 인류와 세계의 건강과 웰빙을 지원한다는 회사의 목적을 강조하고 있다.

Retailing VIEW 1.1 Whole Foods와 John Mackey-유기농 슈퍼마켓의 탄생

John mackey는 상대적으로 전통적이며 중산층으로 도시교외지역에서 교육받고 자랐다. 하지만 그 시대적 배경은 1970년대였고, Mackey는 2년제 대학을 그만두고 다른 대안의 삶을 받아들였다(예를 들어, 긴수염을 기르고 거친 머리 스타일을 했다. 채식주의자 집단에서 일을 하고 난 후, 1978년에 새로운 종류의 조합사업을 시작하기 위해 그는 가족과 친구들에게 자금을 요청했다. 그가 발견한 오래된 Victorian 건축양식의 집은 1층에는 유기농 음식가게이고, 2층에는 식당이 있으며, 꼭대기에는 거주공간이 있었다.

몇 년 뒤에, Mackey는 이전에 나이트 클럽이었던 10,000 sq. ft.928m², 281평에 달하는 공간에 Whole Foods라는 점포를 최초로 열었다. 그 점포의 역사와 어울리게끔, Mackey는 그의 자연 음식 전문점을 그레놀라만 있는 따분하고 지루한 곳이 되지 않게끔 확실히 했다. 그는 맥주와 육류 그리고 와인을 재고로 두었고, 그는 "완전 좋아요. 저는 소매업이 좋아요. 저는 음식에 둘러싸여 있는 것이 좋습니다. 저는 자연적인 음식이 좋습니다. 저는 유기농 음식이 좋다구요. 이 모든 생각을 저는 사랑합니다. 그리고 이것이 제가 할 수 있는 일이다라는 생각이 제 마음 속에 들어왔어요"라고 말했다. 그리고 이 열정 중 어느 것 하나 죽지 않았다. 2014년 Whole Foods는 그저 유기농인 것만으로는 충분치 않다는 Mackey의 감각을 반영해서, 에너지 보존, 쓰레기 감소, 농장 근로자들의 복지와 같은 요소들을 고려한 새로운 평가 체계를 사용하기 시작했다. 어쩌면 그는 '의식적 자본주의'의 개념을 받아들였다. 비록 이 평가 체계는 Whole Food 공급자들에게 저항감을 가지게 만들었음에도 불구하고, Mackey는 끄떡하지 않았다. Mackey를 매우 성공적으로 만든 부분 중 하나는 그가 옳은 선택을 하고 있다고 생각할 때면, 그는 그 선택이 사람들을 화나게 만들 수도 있어도 전혀 두려워하지 않는다는 것이다.

예를 들어, 식료품상이 되는 것은 그의 가족들이 특별히 열렬하게 열망하던 것은 아니었다. 그의 어머니는 이전에 선생님이셨는데 그가 Whole Foods에 대해 흥미를 가지는 것을 강하게 반대하였다.

Mackey의 설명에 따르자면 그의 어머니는 1987년 별세하기 전 침상에서 그에게 다시 대학 학위를 마치러 학교로 돌아가라고 요구하셨다고 한다. 그녀는 이렇게 설명했다고 한다. "나는 네가 바보 같은 건강 음식점을 그만뒀으면 한다. 너의 아빠와 내가 너에게 온전한 생각을 심어줬는데, 넌 식료품상이나 하면서 생각을 낭비하고 있구나"

하지만 그는 그의 "바보 같은" 점포를 포기하기보단 이 점포의 개념을 전 세계에 걸쳐 퍼뜨렸으며, 3개 국가에 435개 이상의 점포를 오픈했다. 그는 지역적 성향과 선호를 고려해 아이디어를 선택하고 적용했다. 분산된 의사결정 조직을 통해서 Whole Foods 점포는 지역시장의 선호도에 맞는 상품들을 고를 수 있었다. 예를 들어, Portland와 Maine에선 살아있는 가재를 제공하고, Venice나 California에서는 콤부차홍차의 일종 바를 운영하는 것 등이다. 기업인수를 통해, Whole foods는 추가적인 지식도 얻었다. Wellspring Grocery를 인수함으로써, Whole Foods는 자가 상표PB 방식을 알게 되었다. Mrs Gooch's의 인수는 Whole Foods에게 다이어트 보충제에 대한 통찰력을 제공했다. Bread & Circus를 인수했을 때, Whole Foods는 보스턴 체인점포의 유명한 해양 음식 조달 전문지식에 접근할 수 있었다. Allegro coffee를 인수함으로써, 스타벅스나 peet's와 경쟁하는 식료품 매장 내 커피 바의 발전을 촉진시켰고, 이는 고객으로 하여금 매장에 더 머물게 하였으며, 다행스럽게도 식료품을 더 사게 만들었다.

Sources: John Mackey and Raj Sisodia, Conscious Capitalism: Liberating the Heroic Spirit of Business (Boston: Harvard Business School Press, 2014); BethKowitt, "John Mackey: The Conscious Capitalist," Fortune, August 20, 2015; "John Mackey: Co-Chief Executive Officer and Co-Founder," Whole Foods Market, http://media.wholefoodsmarket.com/experts/executives/john-mackey; www.wholefoodsmarket.com/company-info/whole-foods-market-history; Nick Paumgarten, "Food Fighter," The New Yorker, January 4, 2010.

4 윤리성에 기반을 둔 의사결정의 이해

의식적 마케팅에 속한 소매업체들은 건전한 기업 윤리를 기반으로 결정을 한다. 경영 윤리란 옳고 그른 행동을 잘 구별하며, 비즈니스 환경 속에서 광범위하고 잘 만들어진 도덕규칙에 의거해 행동하는 것과 관련이 있다. 다음은 소매업 관리자들이 마주하는 어려운 상황들의 예이다. '소매업체는 제품을 만든 공급업체가 아동의 노역을 이용해서 상품을 만들었다면 그 상품을 팔 것인가?', '소매업체는 판매하는 어떤 제품의 가격이 실제로 가장 낮지 않는데도 불구하고, 우리는 시장에서 가장 낮은 가격으로 판매한다고 홍보해도 되는가?', '소매업체의 매입자가 매도인으로부터 비싼 선물을 받아도 되는가?', '소매업체의 판매자는 제품이 고객의 욕구를 충족해주는 최고의 상품이 아님을 알면서도 강한 압박의 판매촉진 전략을 사용할 것인가?', '소매업체는 만약 가격이 더 높게, 할인 없이 판매된 적이 없는 상품을 '할인 중'으로 표시하면서 제품을 판촉할 것인가?'

비록 회사와 이해관계자들의 장기적인 생존전략으로 바람직해서 소매업체들이 의식적 마케팅을 택한다 하더라도, 그것은 단기적으로도 좋은 비즈니스 실행방안이 될 수 있다. 왜냐하면 회사는 생각이 통하는 고객들을 끌어당길 수 있고 그들을 더욱 충성스러운 고객으로 만들 수 있기 때문이다. 쇼핑을 힘들게 마친 후, TRADER JOE'S에서 쇼핑을 하던 한 고객이 그녀가 지갑을 가져오지 않았음을 알았을 때, 출납원은 자신이 대신 계산을 해주면서 그 고객에게 나중에 올 때 갚으라고 말했다. 착한 행위의 결과로 인해, 물론 의식적 마케팅과 비즈니스 관행에서 나온 소매업체의 충정의 발로이지만, 이 고객을 충성 고객으로 만들었다. 시간이 흐르면, 이러한 고객들은 기업의 핵심가치들을 인식하고 다른 사람들과 가치를 공유하면서 소매업체의 챔피언이 될 수 있다.

III 소매업과 소매업체들의 중요성 증가

1. 소매산업의 진화

LO 1-3
변화하는 소매산업을
분석할 수 있다.

소비자의 관점에서 소매업체들은 지역의 사업체들이다. 비록 많은 소비자들이 인터넷과 모바일 기기를 사용해 정보를 모으고 구매를 한다 하더라도, 소매 판매의 90퍼센트 이상은 여전히 지역의 점포에서 만들어지고 있다. 이러한 점포들은 대개 소비자의 집이나 직장에서 차로 15분 이내의 거리에 위치해 있다. 그 결과 소매업체들은 대개 근처에 위치한 다른 점포들과 경쟁을 한다.

지난 50년동안 소매 산업의 구조는 급격하게 변화해 왔다. 50년 전만 하더라도, Sears와 JCPenny가 미국 전역에 점포들을 가지고 있던 유일한 소매업체였다. 소매산업은 작고 독립적인 지역 사업자들이 같은 지역 내에서 다른 작고 독립적인 사업자들과 경쟁하는 구조로 되어있었다. Walmart와 Home depot, Staples, Best buy 등의 회사들은 과거에는 없거나 혹은 몇 개의 점포만 가지고 있던 회사들이었다. 현재 소매 산업은 크고 전국적인 규모, 심지어 세계적인 수준의 소매기업들에 의해 지배되고 있다. 예를 들어, 2014년에 250개의 세계적인 정상급 소매업체들의 수익은 4.5조 달러에 달했으나, 그 금액에서 대략 1,000억달러 가량은 거대 top 4 기업들에서 비롯된 것이라고 볼 수 있다. 250개 탑 리스트 소매업체 중 대략 4분의 1정도 기업의 총수익은 사실상 합해서 50억달러도 되지 않는다. 특히 홈 임프루브먼트 센터Home Improvement Center는 매우 집중화 되어 있고, 그 중 가장 큰 두 개의 회사가 미국 시장 점유율에서 45.6%를 차지한다. 백화점의 경우, 6개의 회사가 시장점유율의 62.9%를 차지한다. 드럭스토어 시장 내의 두 회사 CVS와 Walgreen의 경쟁은 지역별로 다른 시장점유율을 만들어낸다. 이 두 회사는 미국 내 가장 큰 도시들 속에서 어디서든지 대략 50 ~ 75%사이의 시장점유율을 만들어낸다.

세계적으로 가장 큰 소매업체들은 〈표 1-2〉에 나타나 있다. 최상위 20개 소매업체 중 아홉 곳이 미국에 본사를 두고 있고, 다섯 곳이 독일에 본사를 두고 있다. 그런데 미국 소매업체들은 미국에 본사가 있지 않는 소매업체들보다 덜 세계적으로 회사를 운영하고 있다. 미국에 본사를 둔 소매업체들의 평균 해외 운영 국가 수는 7개이고, 그와 비교해 미국이 본사가 아닌 기업들의 평균 해외 운영 국가 수는 18개이다. 미국에 본사를 둔 가장 큰 소매업체 중 4군데는 오직 하나 또는 두 개의 나라에서만 운영하고 있다. 미국에 기반을 두지 않고 있는 11개의 회사 중 오직 4개의 소매업체만 세계에서 가장 큰 소매 시장인 미국에서 점포를 운영하고 있다.

표 1-2 세계 20대 대형 소매업체

Rank	Name	Headquarters Location	2017 Retail Sales (billions)	Primary Format
1	Walmart	Bentonville, AK	$374.80	Full-Line Discount Store
2	The Kroger Co.	Cincinnati, OH	$115.89	Supermarket
3	Amazon	Seattle, WA	$102.96	Online
4	Costco	Issaquah, WA	$93.08	Warehouse Club
5	The Home Depot	Atlanta, GA	$91.91	Home Improvement
6	Walgreens Boots Alliance	Deerfield, IL	$82.75	Drugstore/Pharmacy
7	CVS Health Corporation	Woonsocket, RI	$79.54	Drugstore/Pharmacy
8	Target	Minneapolis, MN	$71.88	Full-Line Discount Store
9	Lowe's Companies	Mooresville, NC	$63.13	Home Improvement
10	Albertsons Companies	Boise, ID	$59.72	Supermarket
11	Royal Ahold Delhaize USA	Carlisle, PA	$43.20	Supermarket
12	Apple Stores/iTunes	Cupertino, CA	$38.60	Electronics
13	Best Buy	Richfield, MN	$38.59	Electronics
14	McDonald's	Oak Brook, IL	$37.64	Restaurant/Fast Food
15	Publix Super Markets	Lakeland, FL	$34.56	Supermarket
16	TJX Companies	Framingham, MA	$27.40	Off-Price
17	Aldi	Batavia, IL	$25.86	Supermarket
18	Macy's	Cincinnati, OH	$24.76	Department Store
19	Dollar General	Goodlettsville, TN	$23.47	Extreme Value
20	H-E-B Grocery	San Antonio, TX	$21.94	Supermarket

　　정보시스템의 발전은 대규모 소매업 회사의 성장을 촉진시키는 원동력 중 하나다. 작은 지역의 소매업체들로부터 지배되던 산업에서 대규모 다국적 체인점포들에 의해 지배되는 산업으로 변화되었다. 이러한 시스템의 발달 이전에는 지역의 점포 매니저 외에 어떤 누구라도 상품이 어떻게 점포에서 팔리고 있는지 추적하기가 어려웠다. 예상했던 것 보다 더 잘 팔려서 상품 발주를 다시 해야 하는지 또는 만약 기대 이하로 팔리고 있다면 가격을 내려야 하는지 등을 추적하기 어려웠다. 또한 구매담당자가 공급벤더들과 대량 주문을 해서 가격인하를 받을 수 있도록 다른 많은 점포들로부터 계획을 수집하고 취합하는 것이 어려웠다. 그러므로 현대 정보 시스템들이 가능하기 이전에는 소매업체들이 규모의 경제를 통해 가격을 낮추는 게 어려웠고 더 큰 규모의 소매업체는 작은 지방과 지역의 소매업체들보다 제한된 경쟁우위를 가지고 있었다.

　　지방 점포에서 쇼핑하는 대부분의 고객들은 오늘날 크고 복잡한 공급체인 체계를 관리하기 위해 소매업체가 사용하는 복잡한 정보 체계들이 존재함을 알지 못한다. 이 체계의 복잡성을 설명하기 위해서, 다음의 예를 고려해보자. 당신이 Staples에 가서 사고자 하는 태블릿을 찾고 있다고 해보자. 만약 당신이 점포에서 태블릿을 사는걸 결정할 때, POS^{판매시점} 장치는 거래에 대한 데이터를 소매업체의 유통 센터로 전달한다. 그 다음 제조업체로 전달한다. 당신의 구매 데이터는 복잡한 재고 관리 시스템에 입력된다. 만약 점포 내 재고 수준이 사전에 지정된 수준 이하로 떨어질 경우, 자동적으로 전자적 공지가 전달되고 소매업체의 유통센터를 거쳐 점포로 가는 더 많은 단위의 배송이 허락된다. 소매업체 구매담당자나 컴퓨터 프로그램은 판매 데이터를 분석해 어떤 모델의 태블릿을 얼마나 많은 양으로 소매업체 점포들에 입고하고 어느 정도 가격 수준을 매길지 결정한다.

2. 정보시스템의 역할

현재 소매업자들은 매일 같이 발생하는 수천 개의 거래에 대한 데이터가 넘쳐나고 있다. 소매업체가 당면한 과제는 매니저들이 더 나은 결정을 할 수 있게끔 가공되지 않은 데이터를 의미 있는 정보로 바꾸는 것이다. 많은 소매업체들은 요즘 고객데이터를 사용해 그들의 가장 좋은 고객들을 식별하고, 그들에게 개인적으로 맞춤화된 촉진수단으로 타겟 마케팅 전략을 수행한다. 만약 데이터가 많은 고객들이 같은 시기에 같은 상품을 동시에 구매한다는 것을 보여준다면, 우리는 구매 데이터를 이용해 어떻게 고객들이 더 쉽게 상품에 접근할 수 있을지를 고려할 수 있다. 또한 지역 점포시장의 니즈를 충족시키기 위해 위치 데이터를 이용해 여러 상품들의 구색을 각 점포에 맞춰 제공할 수 있다.

IV 경영과 창업의 기회들

소매업은 사회 전반에 걸쳐 중요한 역할을 수행하는 것뿐만 아니라, 즐겁고 도전적인 환경을 가진 회사에서 일할 개인적인 기회를 제공하거나 기업가적인 모험을 시작하도록 해준다. 이러한 기회들에 대해서 논의해보겠다.

1. 경영 기회

LO 1-4
소매업 분야에서 개인과 기업의 기회가 무엇인지 인지할 수 있다.

새로운 기술과 시스템을 이용하기 위해서 그리고 매우 경쟁적이며 도전적인 환경에서 우위를 점하기 위해서, 소매업체들은 최고의 가장 유능한 사람들을 채용하고자 한다. Macy's의 인력개발 부문의 전 부사장이었던 Sherry Hollack은 이 점을 강조했다. "Macy's와 나른 소매회사들이 마주하는 가장 큰 도전 중 하나는 앞으로 다가올 미래에 회사를 이끌 매니저를 채용하고

Retailing VIEW 1.2 Jeff Bezos, 아마존 창업자

아마존닷컴^{Amazon.com} 창업자 겸 최고경영자^{CEO}인 Jeffrey Bezos 는 순자산 653억 달러로 세계 3위의 부자이다. 1994년 인터넷 사용이 연평균 2,300%씩 증가하고 있다는 사실을 스스로 확인한 후, 쿠바 난민인 30세 청년 Bezos는 월스트리트의 직장을 그만두고 거액의 보너스를 뒤로 한 채 인터넷 사업을 시작했다. 아내 Mackenzi가 차를 몰고 전국을 횡단하는 동안 제프는 노트북으로 사업 계획을 세웠다. 그들이 시애틀에 도착했을 때, 그는 최초의 인터넷 서적 소매점을 시작하기 위해 투자 자본을 모았다. 이 회사 이름인 Amazon.com은 가장 많은 양의 물을 운반하는 강의 이름을 따서 지어졌는데, 이는 Bezos가 가장 많은 인터넷 판매량을 달성하려는 목표를 상징한다.

그의 리더십 하에서, 아마존은 개인 맞춤형 추천과 홈페이지를 제공함으로써 인터넷 쇼핑을 매장에서 쇼핑하는 것보다 더 빠르고, 더 쉽고, 더 개인적인 것으로 만드는 기술을 개발했다. 아마존닷컴은 서점 이상의 것이 되었다. 지금은 연간 매출이 480억 달러 이상이나 되는 최대 온라인 판매점 중 하나이다. 아마존은 또한 많은 다른 소매점들을 위해 가상의 가게와 풀필먼트 서비스를 제공한다.

그와 함께 일하는 사람들은 "그는 그의 주변 사람들에게 권한을 주는 리더들의 리더가 되었다"고 말하며, 그가 고객 중심과 전향적 사고의 중요성을 강조한다고 말한다. 그가 경영하는 아마존과 다른 두 회사의 규모를 보면 이런 리더십이 반드시 필요하지만, 아마존 이사회 멤버들은 초기에는 그가 모든 것의 중심에 있었고 "리더십은 제프 베조스였다"고 말하고 있다. Bezos는 2013년에 워싱턴 포스트를 인수하였고, 항공우주 회사인 블루 오리진^{Blue Origin}을 만들었는데, 2015년 11월에 탄도비행으로 첫번째 로켓을 발사했다.

Sources: "Bezos Prime," Fortune, April 1, 2016; "Jeff Bezos," Fortune, July 29, 2016; "Amazon Boss Bezos Becomes World's Third Richest," BBC, July 29, 2016; Kelsey Lindsey, "Retail in a Slump? Not for These 6 Billionaires," Retail Dive, March 5, 2014; Tom Robinson, Jeff Bezos: Amazon.com Architect (Publishing Pioneers) (Edina, MN: Abdo Publishing, 2009); www.forbes.com/profile/jeff-bezos/.

보유하는 것입니다. 인구통계의 변화는 우리에게 우호적이지 않습니다. 다음 10년동안 베이비 붐 세대에 해당하는 많은 우리 시니어 매니저들은 은퇴할 것입니다. 우리는 베이비 부머 이후 세대 내의 사용 가능한 적은 풀의 매니저들을 바탕으로 다른 소매업체 및 타 산업에 속한 회사들과 경쟁할 것입니다. 게다가, 소매업은 점점 더 복잡한 사업이 되어가고 있습니다. 우리의 매니저들은 새로운 기술, 정보와 공급체인관리 시스템, 국제적 업무, 다양한 인력의 관리, 상품을 매입하는 일 등에 익숙해져야 합니다."

학생들은 종종 소매업을 마케팅의 일부로 보기도 하는데, 그 이유는 유통관리가 마케팅의 4Ps요소^{상품, 촉진, 유통, 가격} 중의 하나로 알고 있기 때문이다. 하지만 소매업체들은 하나의 사업체이며, 제조업체처럼 모든 전통적인 사업활동들을 수행한다. 소매업체는 금융기관으로부터 자금을 마련하고, 상품과 서비스를 매입한다. 그들의 운영을 통제하기 위해 회계와 경영 정보시스템을 이용한다. 그리고 창고와 유통시스템을 관리한다. 새로운 제품들을 디자인하고 개발한다. 그리고 광고나 홍보, 판매인력 관리 등의 마케팅 활동을 수행한다. 그렇기 때문에 소매업체들은 재무, 회계, 인적자원관리, 공급체인관리, 컴퓨터 체계, 경영 및 마케팅 관련 분야에 전문지식과 흥미를 가진 사람들을 고용한다. 이와같은 이유로 소매업 매니저들은 그들의 경력 초기 시기에 상당한 책임감이 주어진다.

소매업 관리는 금전적으로도 보상이 충분하다. 2년제 대학 졸업생의 경우 일반적으로 35,000달러에서 65,000달러의 초기연봉을 받는다. 관리부 교육생 프로그램이 끝난 후, 소매업 매니저들은 만약 그들이 좋은 성과를 낸다면, 3년에서 5년정도 사이에 그들의 초기 연봉의 두 배를 벌 수 있다. 고참급 구매담당자, 높은 관리 포지션에 종사하는 이들, 점포 관리자는 120,000달러에서 300,000달러 정도의 연봉을 받을 수 있다. 이에 대해서는 본 장의 말미에 있는 보충자료를 참조하기 바란다.

2. 창업 기회

소매업은 또한 자신의 사업을 창업하고자 하는 사람에게 기회를 제공한다. 세계적으로 가장 성공한 기업인들 중에 소매 창업자들이 적지 않은 비율을 차지하고 있다. 리테일링 뷰 1.3에서는 세계에서 가장 위대한 사업가 중 한 명인 Jeff Bezos의 삶을 살펴보았다. 또 다른 혁신적인 소매창업자로는 Walmart의 Sam Walton과 롯데그룹의 신격호 회장을 들 수 있다.

❶ Walmart의 Sam Walton 회장

Sam Walton은 1940년에 Iowa의 JCPenney 점포에서 일하기 시작했다. 아칸소주 뉴포트에서 Ben Franklin 버라이어티 스토어 프랜차이즈를 인수한 후, 그는 Ben Franklin으로부터 상품을 구입하는데 드는 비용보다 더 저렴한 가격에 상품을 판매할 공급자를 찾을 수 있다면 이윤을 증대시킬 수 있다는 것을 발견했다. Walton은 1950년 집주인이 임대 재계약을 거부하면서 점포를 잃었지만, 그는 이사해서 동생과 함께 Ben Franklin 매장을 새로 열게 되는 도전을 하게 되었다. 1960년까지 월튼 부부는 아칸소와 미주리 주에 15개의 점포를 가지고 Walmrt가 될 수 있는 기반을 마련하였다.

1962년, Sam Walton은 아칸소 주 로저스에 그의 첫 월마트 할인 도시를 열면서 할인 포맷에 대한 그의 새로운 아이디어를 남쪽의 작은 마을에 가져왔다. 1991년 그의 생각과 효율적인 경영 사례의 성공은 월튼을 미국에서 가장 부유한 사람으로 만들었다. 그는 1992년에 백혈병으로 죽었다. 그의 자녀와 상속인들은 여전히 세계 최고 부호 리스트에서 4위를 차지하고 있다.

Walton가 사람들은 세계 최대 유통업체가 벌어들인 수십억 달러의 매출로 이익을 내고 있다. 그 답례로, 그들은 다양한 투자, 자선 사업, 그리고 특별 이익 단체들에 그들의 재산을 나누어 주고 있다.

② 롯데그룹의 신격호 회장

신격호 회장은 대한민국 유통산업의 탁월한 선구자이자 롯데그룹을 세계적인 기업으로 키운 자타공인 최고의 유통 명장이다.

신 회장은 일하는 것이 취미이자 즐거움이라고 여기며 유통 경영 현장을 누볐다. 소비자의 보다 나은 삶을 위해 물불을 가리지 않는 그의 남다른 카리스마에 감탄한 이들이 적지 않았다. 신 회장은 미래를 보는 혜안이 특히 뛰어난 분으로 알려져 있다. 유통의 세계화를 위해서는 관광과 호텔 그리고 식품이 뒷받침되어야 한다는 큰 그림을 그리면서 그 융합을 위해 노력한 분이다. 관광과 호텔은 소비자를 대상으로 하는 서비스 소매유통이며, 먹거리 생산 및 유통도 큰 틀에서는 소매유통의 핵심을 이루는 것이다. 신 회장은 한국인은 물론 세계인을 대상으로 삶의 가치를 극대화하는 노력을 융합적으로 전개한 선구자였다.

2020년 1월 19일 향년 99세로 별세한 롯데그룹 창업주이자 롯데의 역사인 신격호 명예회장

신 회장은 매우 겸손하고 자신을 드러내길 좋아하지 않으셨던 분이었으며, 한국과 일본에서 학생들의 장학금 지원에 적극적이면서도 본인의 이름을 드러내지 않았다. 이는 2019년 고인의 호를 딴 상전유통학술상 제정에서도 알 수 있다. 이 상이 제정되기 전까진 롯데 직원들조차도 신 회장의 호가 '상전'象殿인지 몰랐을 정도로 고인은 자신의 호를 거의 사용하지 않았다. 최근에 와서야 신동빈 롯데그룹 회장이 부친의 업적을 기리기 위해 부친의 호를 사용하면서 성의를 다해 상을 제정한 것이다. 유통에 종사하는 분들은 친구가 많지 않다고 한다. 남들이 쉬는 주말과 휴일에 더 바쁘게 움직이고 긴장해야 하기 때문이다. 그들은 월요일이 되어서야 쉴 수 있다. 또한, 소비자들의 온갖 까다로운 요구와 때로는 마음의 상처도 견뎌야 하는 감정노동자들이다. 신 회장은 이러한 직원들의 고충을 이해하고 감싸며 될 수 있는 대로 직원들과 함께하려고 노력한 분이다.

신 회장이 제정한 제1회 상전유통학술상 대상을 받은 오세조 연세대 교수는, 신 회장의 소비자를 위한 불굴의 카리스마와 철저한 현장경영 정신, 미래를 내다보는 융합 혁신적 혜안, 겸손과 인내의 미덕 그리고 회사 직원에 대한 배려와 사랑은 모든 유통인이 꼭 되새겨보아야 할 덕목이라고 강조한다.

V 소매경영의 의사결정 과정

LO 1-5
전략적 소매관리 결정 과정을
이해할 수 있다.

이 책은 소매업체들이 고객에게 가치를 제공하고 경쟁사 대비 우위를 점하고자 노력할 때 수행하는 경영관리 의사결정들을 중심으로 구성되어 있다. 〈그림 1-3〉에서는 각각의 의사결정 유형과 관련된 이 책의 파트ᵇ들을 확인할 수 있다.

1. 소매세계의 이해 - 제 1부

소매경영 의사결정 과정의 첫 단계로는 〈그림 1-4〉에서 볼 수 있는 것처럼 소매의 세계를 이해하는 것이다. 소매업 매니저들은 효과적인 전략을 개발하고 실행하기 전에 그들이 운영하는 환경을 알아야 할 것이다. 그러므로 이 책의 제 1부는 소매 산업과 고객에 관한 전반적인 개요를 제공한다.

소매 세계에서 중요한 환경적 요인은 ① 거시 환경과 ② 미시 환경이다. 소매업의 기술적, 사회적, 윤리적/법적/정치적 요소를 모두 포함한 거시 환경의 영향은 이 책 전반에 걸쳐 소개되고 있다. 예를 들어, 떠오르는 있는 복합채널과 옴니채널에 대한 기술의 영향은 3장에서 다루고 있고, 새로운 정보와 공급체인 기술에 대한 사용은 9장에서 다뤄지며, 10장에선 고객 관계관리 시스템을 다루고 있다. 14장에선 새로운 커뮤니케이션 기술이 다뤄지고 있다.

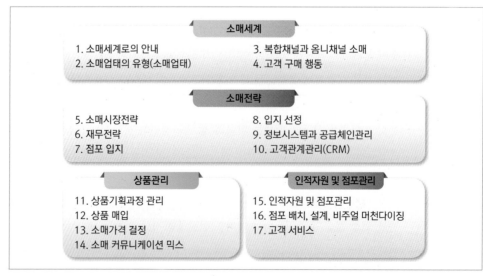

⬥ 그림 1-3 소매경영 의사결정 과정

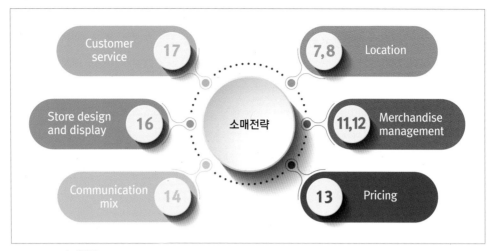

⬤ 그림 1-4 소매전략

1 경쟁자

소매업체의 미시환경은 구체적으로 그들의 경쟁자와 고객에게 집중된다.

얼핏 보기에는 경쟁자를 확인하는 것은 쉬워 보이지만, 소매업체의 주요 경쟁자들은 같은 소매업 접근방식을 사용하는 다른 소매업체들이다. 그렇기 때문에 백화점들은 다른 백화점들과 경쟁하며, 슈퍼마켓들은 다른 슈퍼마켓과 경쟁한다. 동일한 소매업태간의 경쟁을 업태 내 경쟁intratype competition이라고 한다.

그러나 더 많은 고객들에게 접근하기 위해 많은 소매업체들은 그들이 제공하는 상품 종류를 늘리고 있다.

더 많은 상품종류를 제공함으로써, 소매업체들은 일괄구매one-stop shopping 경험을 찾는 고객의 욕구를 충족시켜줄 수 있다. 예를 들어, Walgreens은 고객의 라이프스타일에 따른 욕구를 충족시키기 위해 기존의 광범위한 건강과 미용 분야에 보석류, 액세서리류, 의류를 포함시켜 왔다.

아마존은 고객이 원하는 상품이나 서비스를 제공해준다. 만약 소매업체들이 그들이 원래 속한 업태유형과 관련되지 않은 제품을 판다면, 예컨대 드럭스토어에서 옷을 파는 것을 들 수 있는데, 이는 혼합 머천다이징Scrambled Merchandising이라 할 수 있다.

혼합 머천다이징은 업태 간 경쟁intertype competition을 증가시키고, 또한 약국이나 백화점과 같이 서로 다른 소매점에서 비슷한 상품을 판매하는 소매업체간의 경쟁을 촉진시킨다.

경쟁에 대한 경영상의 관점은 소매회사 내에서 매니저들이 수행하는 포지션에 따라 다르다. 예를 들어, New Jersey의 Bergen county에 있는 Saks Fifth Avenue의 여성 스포츠웨어 매니저의 경우 Riverside Square mall에 있는 다른 여성 스포츠 전문 점포를 그녀의 주요 경쟁자로 생각한다. 하지만 Saks의 스토어 매니저는 사실 그녀의 점포 가까이에 있는 Bloomingdale 점포를 그녀의 가장 강력한 경쟁자로 생각한다. 이러한 관점에 대한 차이점은 백화점의 판매 매니저의 경우 주로 특정상품 종류들을 고려하는 고객만을 생각하는 반면에, 스토어 매니저는 백화점으로부터 제공된 모든 상품과 서비스에 대한 전체적인 선택을 고려하는 고객을 생각하기 때문에 발생한다. 반면에, 소매업체의 CEO는 경쟁의 대상에 관해 더 넓은 관점으로 바라본다. 예를 들어, Nordstrom이란 소매업체는 그들의 가장 강력한 경쟁자로 Saks, Neiman Marcus, Bloomingdale's 심지어 Bluefly.com까지도 생각한다.

2장에서는 다양한 유형의 소매업체들과 그들의 경쟁적인 전략을 살펴볼 것이고, 3장에서는 소매업체들이 그들의 고객들과 거래를 마무리하는데 사용하는 다양한 채널 종류들에 대해 살펴볼 것이다.

2 고객

미시환경의 두 번째 요소는 고객이다. 소매업체는 각 나라 인구에서 노령 인구나 소수 계층의 증가, 맞벌이 가족의 증가로 쇼핑시 편리함의 중요성 증대와 같은 우리 사회의 광범위한 인구 변화와 라이프스타일 추세에 반응해야만 한다. 효과적인 전략을 개발하고 실행하기 위해 소매업체들은 고객이 왜 구매하는지, 어떤 기준으로 점포를 선택하고, 어떻게 상품을 고르는지에 대해 이해해야 한다. 이와 관련된 정보는 4장에 수록되어 있다.

2. 소매전략의 개발 - 제 2부

소매경영 의사결정과정의 다음 단계인 소매전략의 개발과 실행은 제 1부에서 다뤄진 거시환경과 미시환경에 대한 이해에 기반을 두고 있다. 제 2부는 소매전략을 개발하는 것과 관련된 의사결정을 집중적으로 다루고, 제 3부와 제 4부는 전략의 실행을 둘러싼 결정들과 장기적인 경쟁우위를 만들기 위한 결정들을 다루고 있다. 제 3부와 제 4부에서 다루는 의사결정들은 더욱 전술적인 내용들이다.

1 소매전략

소매전략이란 ① 소매업체가 향후 노력을 기울일 표적 시장 혹은 시장들, ② 소매업체가 표적 시장의 니즈를 만족시키기 위해 제공할 상품과 서비스의 특성, ③ 소매업체가 경쟁자를 넘어서는 장기적 경쟁우위를 가능하게 할 차별적인 자산을 어떻게 만들 것인가를 확인하는 것이다.

소매전략의 특성은 Walmart와 Toys "R" Us의 전략을 비교하면서 설명할 수 있다. 초기에 Walmart는 그들의 타켓 시장을 Arkansas, Texas 그리고 Oklahoma에 있는 작은 도시들 35,000명 보다 적은 인구로 잡았다. 월마트는 세탁세제부터 여성용 드레스까지 넓은 상품범주에 걸쳐 이름있는 브랜드 상품들을 저렴한 가격에 제공했으나, 각 품목에서 제공하는 상품들은 한정되어 있었다. 오늘날 월마트 점포는 세계적으로 확산되어 있지만, 각 상품범주에서 선택 가능한 상품 수는 여전히 한정적이다. 월마트는 평면 스크린형 텔레비전 세트를 단지 3종류 모델 정도만 가지고 있는 반면, BEST BUY와 같은 전자제품 카테고리 전문점의 경우 30개의 모델을 가지고 있을 것이다.

월마트와 대조적으로, Toys "R" Us의 경우, 주요 타겟을 대도시의 교외 지역에 거주하는 소비자로 정한다. Toys "R" Us 점포들은 많은 상품 범주들을 가지고 있기보다는 장난감 분야와 아이들 의복에 전문성을 가지고 현재 시장 내에 존재하는 대부분의 종류와 브랜드를 가지고 있다. 월마트의 경우 고객들이 그들의 상품을 선택하고 계산대 라인에 들고 와 바로 차로 옮길 수 있는 셀프서비스를 강조한다. 하지만 Toys "R" Us는 더 많은 고객 서비스를 제공한다. Toys "R" Us의 경우 특정 상품 종류로 고민하는 고객들을 도와줄 판매원들이 있다.

Wall Mart와 Toys "R" Us는 모두 가격 경쟁력을 강조하기 때문에, 그들의 경쟁자를 넘어서는 원가 우위를 개발하면서 저가를 유지하는 전략적인 결정들을 해왔다. 두 회사는 재고를 관리하기 위한 복잡한 유통 및 경영 정보 시스템을 가지고 있다. 공급자와의 강한 유대 관계는 이 두 회사가 상품을 저렴한 가격으로 구입 하는 것을 가능하게 만든다.

2 전략적 의사결정 영역

소매업체가 만드는 주요 전략적 의사결정들은 표적 시장을 정의하고 회사의 재무적인 목표를 세우는 것이다. 5장에서는 소매 시장전략을 선택하는데 있어 주변 환경과 기업의 강/약점 분석을 어떻게 필요로 하는지에 대해 논의하고 있다. 중대한 환경적 변화가 일어날 때, 현재의 전략과 그에 관한 수립 근거는 재검토되어야 한다. 그리고 나서 소매업체는 새로운 기회의 이점을 얻기 위해 또는 현재 환경의 새로운 위협을 피하기 위해 어떤 전략적인 변화가 필요한지를 결정한다. 소매업체의 시장 전략은 회사의 재무 목표와 일치해야 한다. 6장에서는 투자수익률, 재고회전율 , 수익률과 같은 재무적인 변수들이 시장 전략과 그것의 실행을 평가하는 데 있어 어떻게 사용되는지에 대해 다루고 있다.

다음 일련의 전략적 결정들은 소매업체들이 전략적 이점들을 형성하는 것을 가능하게 하는 중요한 자산들의 개발을 포함하고 있다. 이러한 전략적 자산들은 입지, 인적자원, 정보와 공급 체인시스템, 그리고 고객 충성도가 있다.

입지 전략과 관련된 의사 결정7장과 8장에서 다룸은 일반적으로 소비자가 점포를 선택하기 위한 최우선적 고려사항이기 때문에 중요하다. 일반적으로 소비자는 가장 가까운 주유소에서 기름을 넣고, 그들의 집과 사무실에서 가장 편리한 위치의 쇼핑몰을 애용한다. 두번째로, 입지는 경쟁에서 장기적 우위를 가질 수 있는 기회를 제공한다. 소매업체가 최적의 입지를 가질 때, 경쟁 소매업체는 그 다음 순위에 해당하는 입지로 자리잡아야 한다.

소매 정보 및 공급체인시스템은 소매업체들에게 전략적 이점을 얻게 해줄 중요한 기회를 제공한다. 9장에서는 공급벤더에서 소매 유통센터를 거쳐 소매 점포로 가는 정보와 상품의 흐름들을 확인하기 위해 소매업체들이 어떻게 복잡한 컴퓨터와 유통 기술들을 개발하는지를 다루고 있다. 이러한 기술들은 소매업체들로 하여금 ① 고객이 원하는 상품들을 확실하게 공급하도록 해주고 ② 소매업체들의 재고부문에의 투자비용을 최소화하도록 해주는 전반적인 재고관리 시스템의 부분들이다.

다른 사업들과 마찬가지로 소매업체들도 그들의 충성고객들로부터 반복적인 재구매와 충성심을 개발하기를 원한다. 10장에서는 소매업체들이 그들의 충성고객을 식별하고, 충성고객을 위한 프로그램들을 디자인하고, 충성고객의 지갑 점유율을 증가시키고, 충성고객을 위해 더 많은 가치를 제공하고, 충성고객들의 충성심을 향상시킬 수 있는 과정에 대해 살펴보고 있다. 소매전략의 실행에 관한 의사결정들은 다음 제 3부와 제 4부에서 다루고 있다.

③ 소매전략의 실행 - 제 3부와 제 4부

소매전략을 실행하기 위해서 소매업체들은 표적 시장의 욕구를 경쟁자보다 더 잘 만족시킬 수 있는 소매 믹스를 개발해야 한다. 소매믹스란 소매업체들이 고객의 욕구 만족과 고객의 구매 결정에 영향을 주기 위해 만드는 일련의 의사결정들이다. 소매믹스의 구성요소그림 1-4는 제공되는 제품과 서비스의 종류, 상품 가격 책정, 광고 및 촉진 프로그램, 점포 디자인, 상품 진열, 판매원에 의해 제공되는 고객 지원, 그리고 점포 입지의 편리성을 포함한다. 제 3부에서는 상품 매입자바이어의 실행 관련 의사결정들에 대해 살펴보고, 제 4부에서는 점포 관리자에 의해 이루어지는 의사결정을 집중적으로 다룰 것이다.

상품구색 관리분야의 관리자는 상품의 종류와 양을 결정하고11장, 어떤 공급업체벤더를 이용하고 어떻게 그들과 소통할 것인지12장, 책정할 소매가격은 어떻게 할지13장, 어떻게 상품을 광고하고 촉진할지14장에 대해 결정해야 한다. 또한 점포 관리자는 판매원들을 어떻게 선택하고 채용하며, 동기부여 할 것인지15장, 상품들을 어디에 어떻게 진열할지16장, 그리고 고객에게 제공되는 서비스의 특성17장에 대하여 결정해야 한다.

요약

LO1-1 무엇이 소매 활동인지 구분 가능하다.

소매업이란 개인이나 가족단위의 소비자들에게 판매되는 상품과 서비스에 가치를 더하는 일련의 비즈니스 활동으로 정의된다. 이런 가치 추가 활동들은 종합적 상품구색 제공, 상품 분할, 재고 보유, 서비스 제공들을 포함하고 있다.

LO1-2 미국과 세계경제에서 소매업의 중요성을 알 수 있다.

소매업은 미국 경제에 있어 중요한 역할을 한다. 미국 근로자의 1/4 가량이 소매업체에서 일하거나 또는 소매업체에 상품을 파는 회사에서 일한다. 그리고 미국 소매업 분야는 미국 GDP에서 전체 제조업이 차지하는 것과 동일한 비중을 차지하고 있다. 소매업은 역시 개발도상국에서도 중요한 역할을 수행한다. 일부 학자들은 피라미드 하부에 속한 고객들을 섬기기 위해 현대적 소매방식들을 이용할 필요성이 있다고 생각한다.

LO1-3 변화하는 소매산업을 분석할 수 있다.

지난 50년동안 소매산업은 급진적으로 변화해왔다. 매우 잘 알려진 전국적인 혹은 세계적인 소매업체들은 한때 작은 스타트업 회사들이었다. 그러나 현재 소매업 산업은 대형 회사들로부터 지배되고 있다. 정보시스템들의 발전은 큰 소매업체들의 성장을 촉진시킨 원동력 중 하나이다. 현대 정보시스템들을 활용하기 이전엔, 소매업체들은 규모의 경제를 통해 비용 절감하는 것이 어려웠다. 그래서 큰 소매업체들은 작은 지역단위의 소매업체들보다 상대적 우위를 가지는 데에 있어 한정적이었다. 현대 정보시스템들이 등장하고 난 이후, 소매업체들은 세계적으로 퍼져있는 공급업체와 수천 개의 점포들을 관리하면서 수백만의 고객과 효율적으로 그리고 효과적으로 거래하는 것이 가능해졌다.

LO1-4 소매업 분야에서 개인과 기업의 기회가 무엇인지 인지할 수 있다.

소매업은 소매업 회사에서 일하거나 개인 사업체를 시작하는 것을 통해 흥미진진하고 도전적인 경력의 기회들을 제공한다. 소매업 경력에 관한 것은 부록에서 논의한다.

LO1-5 전략적 소매관리결정 과정을 이해할 수 있다

소매경영 의사결정 과정은 시장에서의 경쟁우위를 점하기 위한 전략 개발과 그 전략을 실행하는 소매믹스개발을 포함한다. 이 책의 전반부에서 다뤄지는 전략적 의사결정들은 표적 시장 선정과 제공 상품의 특성에 대한 정의, 입지, 정보 및 공급체인 관리시스템, 고객관계관리 프로그램 등을 통해 경쟁우위를 만들어 내는 것을 포함한다.

이 책의 후반부에서 논의되는 전략의 실행을 위한 상품관리와 점포관리 의사결정은 상품구색 선정, 상품 매입, 가격 책정, 고객과의 커뮤니케이션, 점포 관리, 점포 내 상품 진열, 그리고 고객 서비스 제공 등을 포함한다. 대형 소매 체인들은 사업기회를 분석하기 위해 복잡한 정보 시스템을 사용하며, 그들의 사업을 다양한 국가에서 어떻게 운영할 것인지에 대한 의사결정을 내린다.

핵심단어

- 후방 통합(Backward integration)
- 피라미드의 기초(base of the pyramid)
- 피라미드 하부(bottom of the pyramid, BOP)
- 상품(규모)분할(Breaking bulk)
- 의식적 마케팅(Conscious marketing)
- 기업의 사회적 책임(Corporate social responsibility)
- 윤리(Ethics)
- 전방 통합(Forward integration)
- 재고 유지(holding inventory)
- 업태 간 경쟁(Intertype competition)
- 업태 내 경쟁(Intratype competition)
- 소매업체, 소매업자, 소매상(Retailer)
- 소매업(Retailing)
- 소매 믹스(Retail mix)
- 소매전략(Retail strategy)
- 혼합 머천다이징(Scrambled merchandising)
- 이해관계자(stakeholders)
- 공급체인(supply chain)
- 수직적 통합(Vertical integration)
- 도매업체, 도매업자, 도매상(Wholesaler)

1. **연속되는 사례 과제** 이 책의 대부분 장마다 현장학습이 있고, 이는 하나의 소매업체의 전략과 실행에 대해 점검해볼 수 있는 기회를 제공할 것이다. 여러분의 첫 번째 과제는 하나의 소매업체를 선정하고, 그 설립과 발전과정을 포함한 소매업체의 역사에 대한 보고서를 준비하는 것이다. 이후의 연속적 사례 과제 학습에서, 소매업체에 관한 원활한 정보의 획득을 위해 당신은 다음과 같은 소매업체를 선택하여야 한다:

   - 당신이 그 회사의 재무 상태와 연차보고서에 접근할 수 있도록 공개적인 회사여야 한다. 다른 회사에 의해 소유되고 있는 소매업체를 선택하지 말기 바란다. 예를 들어, Bath & Body Works는 L Brands(과거에 Limited Brands라 불림)에 의해 소유되어 있기 때문에, 여러분은 지주회사에 관련된 재무 정보만을 획득할 수 있을 것이고, 그것이 소유한 Victoria's Secret이나 White Barn Candle 등 개별적인 회사에 대한 정보는 얻을 수 없을 것이다.

   - 한 가지 유형의 소매업체에 집중하라. 예를 들어, Abecrombie & Fitch는 한 가지 종류의 전문점을 운영하고 있어 좋은 선택이라 할 수 있다. 그러나 Walmart는 할인점포, 창고형 클럽 스토어, 그리고 슈퍼센터 등을 운영하고 있어 좋은 선택이라 할 수 없다.

   - 방문하기 쉽고 정보 수집이 용이한 업체를 선정하라. 어떤 소매업체들과 점포 관리자들은 그들과의 인터뷰, 점포 사진 찍기, 판매원들과의 대화 또는 점포 내 상품구색에 대한 분석을 허용하지 않을 지도 모른다. 당신의 과제를 수행하는 데 있어 도움을 줄 수 있는 지역 점포 관리자를 가진 소매업체를 찾기 위해 노력하라.

   - 첫번째 두 가지 요건을 충족시켜 줄 소매업체의 몇 가지 예는 Whole Foods Market, Dress Barn, Burlington Coat Factory, Ross Stores, Ann Taylor, Cato, Chico's, Finish Line, Foot Locker, Brookstonc, Claire's, Walgreens, Staples, Office Depot, American Eagle Outfitter, Pacific Sunwear, Abercrombie & Fitch, Tiffany & Co., AutoZone, Pep Boys, Hot Topic, Wet Seal, Best Buy, Family Dollar, Dollar General, Michaels, PetSmart, Dillard's, Pier 1 Imports, Home Depot, Lowe's, Bed Bath & Beyond, Men's Warehouse, Kroger, Kohl's, Radio Shack, Safeway, Target 등이 있다.

2. **쇼핑하러 가기** 지역 소매 점포를 방문하고, 소매믹스 각각의 요소에 대해 기술하시오.

3. **인터넷 과제** 미국 소매 판매액에 대한 자료는 U.S. Bureau of the Census 인터넷 사이트에서 이용 가능하다 (http://www.census.gob/mrts/www/mrts.html). "월별 소매 무역 리포트"를 보라. 소매업태 별로 판매액을 보여주는 "소매업과 음식 서비스 판매"라는 파일이 있을 것이다. 몇 월에 매출액이 가장 높은가? 어떤 소매업 유형들이 월별 판매율 부문에서 가장 큰 변동율을 보이고 있는가? 당신이 찾은 것들을 설명할 수 있는 근거들을 서술하시오.

4. **인터넷 과제** Macy's, Target, Walmart, Toys "R" US, National Retail Federation Retail Careers Center의 홈페이지에 접속하여 이 조직들의 소매 경력(직무)과 관련된 정보를 찾아보자. 소개된 다양한 경력(직무)들에 관한 정보를 살펴보라. 여러분이 관심을 가지는 경력(직무)은 어떤 것이고 관심이 안가는 경력(직무)는 어떤 것인가? 어떤 회사에 관심이 있는가? 그 이유는 무엇인가?

5. **인터넷 과제** 20개의 최고 소매업체 회사 중 하나를 골라라(표 1-2). 그리고 고른 회사의 웹사이트에 들어가 어떻게 회사가 시작됐고 시간이 지나면서 어떻게 변화해왔는지를 살펴보자.

6. **인터넷 과제** Whole Foods 또는 The Container Store의 웹사이트를 방문해보자. 간략하게 한 단락으로 이 소매업체들이 사회적 또는 윤리적 문제들에 공헌하기 위해 어떻게 단계를 취해왔는지를 설명해보시오.

토의 질문 및 문제

1. 어떻게 소매업체들은 소비자들에 의해 구매되는 제품들에 가치를 부여하는가?

2. 당신이 가장 선호하는 소매업체는 어디인가? 그 이유는 무엇인가? 그렇다면 당신의 선호를 얻기 위해 경쟁 소매업체는 무엇을 해야 하는가?

3. 소매업체가 아닌 다수의 제조업체로부터 직접 홈 엔터테인먼트 시스템을 매입하는 것의 장점과 한계점은 무엇인가?

4. 어떤 소매업체들이 7-Eleven과 같은 편의점 점포의 업태 내 경쟁자로서 간주될 수 있는가? 그리고 어떤 기업이 업태 간 경쟁자로 볼 수 있는가?

5. 롯데마트는 그들이 점포를 운영하고 있는 지역사회에 기여하고 있는가? 아니면 기여하지 못하고 있는가?

6. 동일한 브랜드와 스타일을 가진 남성용 슈트가 Macy's 같은 백화점과 Men's Wearhouse 같은 전문점에서 서로 다른 가격으로 판매된다. 왜 고객은 슈트를 2개 유형 중에서 한 점포가 아닌 다른 점포에서 구매하려고 선택하는가?

7. 백화점과 풀라인 할인점의 소매 믹스를 비교하고 대조해보라. 유사성과 차이점들을 나열하기 위해 중요 항목들을 표시해 보거나 표를 사용해보라

8. 한 사업가가 당신에게 다가와서 어떻게 자신의 새로운 필기용 펜들을 소비자에게 판매할 수 있는지 묻는다. 이 펜들은 독특한 장점들이 있다. 이 펜들은 기존 전통적인 펜들보다 사용하기 편리하다. 사업가는 소매업체들이 그 펜들을 한 자루당 10달러에 매입해 그들의 점포에서 고객에게 18달러로 판매하기를 원한다고 했다.

사업가는 소매업자가 가져가게 될 추가 8달러에 대해 우려하고 10달러에 소비자에게 직접 상품을 판매하기로 결정했다. 이에 대해 당신의 의견을 들어보길 원한다. 어떻게 생각하는가? 그리고 그 이유는 무엇인가?

9. 개인적인 관점에서 볼 때, 당신이 고려하는 다른 직업군들과 비교하여 소매업은 당신의 잠재적 직업군으로서 어떻게 평가할 수 있는가? 그 이유는 무엇인가?

10. 이번 장에서는 몇몇의 소매업체들이 어떤 방식으로 사회적 책임을 행하는지에 대해 다루고 있다. 이런 회사들 중 하나를 가정하고 이해관계자 관점을 가져보라. 이러한 행동들이 회사의 주식 가치에 어떤 영향을 미치겠는가? 왜 그런 행동들이 긍정적인 혹은 부정적인 영향을 미치는가?

부록 - 소매업 속 경력

소매업은 흥미진진하고 도전적인 경력의 기회를 제공해준다. 젊은 매니저들에게 그렇게 많은 책임을 주는 산업들은 흔하지 않다. 학생들은 Office Depot의 이전 CEO였던 Dave Fuente에게 물었다, "훗날 CEO가 되기 위해 어떤 것이 필요할까요?" Dave는 대답해줬다.

"당신은 수익과 손실에 대한 책임감과 일찍부터 사람들을 관리해보는 경험이 필요합니다." 2년제 대학 졸업생들을 위한 신입 단계의 소매업 직군들은 이런 공통의 기회들을 제공해준다. 2년제 대학 졸업생들의 대부분은 그들의 소매업 경력을 구매담당보조자, 상품 기획자, 또는 점포 내 부서 매니저로 시작한다. 이러한 직무에서 그들은 하나의 상품 라인 또는 점포 내 한 구역의 수익성에 대한 책임감을 가지게 된다. 그리고 그들은 함께 일하는 직원들을 관리한다.

만약 당신이 큰 회사에서 일한다 하더라도, 소매업은 당신 자신의 일을 할 수 있는 기회와 보상받을 기회를 제공한다. 당신은 아이디어를 떠올릴 수 있고, 바로 즉시 실행할 수 있을 것이며, 어떻게 잘 되어가고 있는지를 하루가 끝날 무렵 판매 자료를 검토함으로써 확인할

수 있을 것이다.

소매업은 매입, 점포관리, 판매 촉진 및 광고, 인적자원관리, 운영/유통, 부동산, 손실 예방, 그리고 재무 등과 같은 다양한 커리어패스들을 제공한다. 게다가 소매업은 능력있는 사람에게 즉각적으로 책임을 주기에, 꽤 빠른 속도로 주요 경영 직위로 오를 수 있도록 해준다. 초기 급여는 경쟁력이 있고, 주요 경영직에 대한 보상은 다른 산업과 비교해도 최상위에 위치해 있다.

1 경력 기회

소매업체 내의 경력 기회들은 머천다이징, 매입, 점포 관리, 본사 관리직으로의 역할이 있다. 그리고 회사 내 직무로는 회계, 재무, 부동산, 홍보 및 광고, 컴퓨터와 유통시스템, 그리고 인사분야가 있다.

소매업 경력으로써 초기 수준에 해당하는 주요 기회들은 매입과 점포 관리 분야들이다. 매입 관련 직무의 경우 보다 숫자 지향적이고, 반면 점포 관리 직무는 사람 지향적이다. 회사 직원으로써 초기 수준 직무는 한정적이다. 본사 관리직으로서의 신입 직무는 제한적이다. 소매업체는 일반적으로 모든 직원들이 그들의 고객들과 상품을 이해하길 원한다. 그러므로, 대부분의 경영진과 회사의 매니저들은 직무의 이해를 위해 그들의 경력을 매입, 점포관리분야에서 시작한다.

점포 관리 성공한 점포 매니저들은 직원들을 동기부여하고 이끌어가는 능력을 반드시 가지고 있다. 이 매니저들은 또한 상품이 충분히 이용가능하며 잘 진열되어 있음을 확인함으로써 고객들의 니즈에도 민감하게 반응해야 한다.

점포관리란 성공적인 사업 운영을 위해 필요한 모든 지침들을 포함한다. 판매 계획과 목표설정, 전반적인 점포 이미지와 상품 제안, 예산과 비용 관리, 고객 서비스와 판매 감독, 인적 자원 관리 및 개발, 지역과의 관계 등 점포 매니저들은 점포에서 일하기 때문에, 그들은 대부분 본사에서 먼 곳에 있게 되는데, 이것은 곧 그들을 직접적으로 감독하는 것이 한계가 있음을 의미한다. 그들의 시간은 그들 점포의 일정과 시간을 반영하며, 따라서 주말이나 저녁도 일부 포함된다. 게다가 그들은 행정관리적 책임을 수행하기 위해 점포운영 시간 이외에도 일하게 된다.

전형적인 초급 단계에 해당하는 점포 관리 직무로서는 부서 매니저가 있는데, 점포의 한 부분에 대한 상품 진열, 고객 서비스, 재고 관리에 대한 책임을 가진다. 그 다음 단계는 한 분야 내지 그룹의 매니저인데, 그는 머천다이징 계획을 실행하고, 여러 분야에 대한 판매 목표를 달성하며, 부서 매니저를 감독하고 교육하고 개발시키는 책임을 맡게 된다. 이러한 직무를 넘어서면, 당신은 점포 관리자가 될 것이며, 그 후 여러 점포들을 아울러 관리하는 소구역 매니저가 될 수 있고, 그 다음은 지역 매니저로서 여러 구역을 관리할 책임을 가지게 될 것이다.

상품관리 상품 관리는 강력한 분석능력으로 사람들을 끌어 모으는데, 이는 어떤 상품이 그들의 목표고객에게 어필할 것인지를 예측하는 능력, 모든 것을 다 끝낼 수 있는 점포 관리 능력뿐만 아니라 벤더들과 가격을 협의할 수 있는 기술을 말한다. 많은 소매업체들은 머천다이징 관리 능력을 두 개의 서로 다르지만 대등한 커리어패스(매입과 머천다이징 계획)로 구분해 왔다.

소매 상품 매입자(바이어)는 재무 포트폴리오 매니저들과 비슷하다. 그들은 상품의 포트폴리오에 투자를 하는데, 상품의 판매실적을 모니터링하고, 판매를 기준으로 잘 팔리는 상품은 더 많이 매입할지, 잘 팔리지 않는 제품은 제거할지(할인할지)를 결정한다. 매입자는 구매할 상품의 종류와 양을 선택하고, 공급업체와 도매 가격과 지불조건을 협상하며, 상품의 초기 소매 가격을 설정하며, 상품 판매를 모니터링하고, 적절하게 소매가격을 변경할 책임을 가지고 있다. 그러므로 매입자는 뛰어난 재무 계획 능력과 함께 고객의 니즈와 욕구에 관한 지식과 경쟁적 능력, 그리고 공급상들과 좋은 관계를 형성할 능력을 가지고 있어야 한다. 고객들을 더 잘 이해하기 위해 매입자들은 그들의 점포를 방문해 점포와 밀접하게 접촉하며, 판매직원과 매니저들과 대화하며, 상품 관리 시스템을 통해 습득가능한 판매 자료를 관찰한다.

상품 계획자는 매입자보다 더 분석적인 역할을 수행한다. 그들의 주요 책임은 각 점포로 보내지게 될 종합적인 상품구색을 결정하는 것이다. 즉 스타일, 색상, 크기, 개별 아이템 등을 고려해야 한다.

상품이 점포 내에 있을 때, 계획자는 정확하게 판매를 모니터링하고, 만약 상품이 잘 팔리고 있다면 얼마나 추가 상품을 더 구매할지, 반대로 기대치 이하로 판매가 저조할 때 언제 상품가격을 인하할지

등과 같은 결정들에 대해 매입자들과 의논한다.

상품 관리에 흥미가 있는 2년제 대학 졸업 입사생의 전형적인 초기 수준 직무는 상품 품목 중 남자 운동화나 전자기기 파트에서 일하는 매입보조원이거나 계획보조원이다. 이 직무에서 당신은 결정을 최종적으로 내릴, 당신이 모시는 상품계획자나 매입자의 결정을 지원하기 위해 필요한 판매 분석을 할 것이다.

이러한 초기 수준의 직무에서, 당신은 매입자로 승진하고, 또 그리고 나서 여러 개의 상품 카테고리를 책임지는 분야별 매니저로 승진될 수 있다. 대다수의 소매업체들은 상품 관리 능력이란 결코 특정품목에 집중하는 것이 아님을 믿고 있다. 그 결과, 만약 매입 조직에서 승진된다면, 당신은 다양한 상품 카테고리 부서에서 일하게 될 것이다.

회사 관리직원 소매회사 내 관리 직원의 직무는 대응되는 비소매업 회사의 직무의 사람들과 유사한 능력, 지식, 그리고 기술들을 필요로 한다. 그렇기에, 이러한 직무에 속한 많은 매니저들은 소매산업과 자신을 동일시하기보다는 자신의 전문직종과 자신을 동일시 한다. 예를 들어, 소매 회사에서 일하는 회계원은 그들 스스로를 소매업자라고 생각하기 보다는 회계원이라고 생각한다.

경영정보시스템(MIS) 이 분야에 속한 직원들은 POS 기기, 무인 결제 시스템, 점포 내 키오스크와 같은 점포 시스템들을 기획하는 활동뿐만 아니라 데이터를 포착하고 재고를 개발, 유지하는 활동들과 관련이 있다.

운영/ 유통 운영 담당 직원들은 다양한 고객 서비스를 제공하고, 판매영수증, 티켓팅, 창고관리, 점포 재고품의 유통을 감시하고, 점포의 공급품 및 운영 장비들을 구입하고 유지하는 것과 같은 점포의 물리적 부분을 운영하고 유지하는 책임이 있다. 운영분야는 일반적으로 생산, 운영 또는 컴퓨터 정보 시스템을 전공으로 삼는다.

촉진/광고 촉진의 다양한 측면으로는 공중 PR, 광고, 비주얼 머천다이징, 특별 이벤트가 있다. 이 부서는 소매업체의 브랜드 이미지를 만드는 것을 시도하며, 소비자가 우리의 소매 점포 또는 웹사이트를 방문하도록 유도한다. 이 분야의 매니저들은 일반적으로 마케팅이나 매스 커뮤니케이션을 전공으로 삼는다.

손실 예방 손실 예방 담당 직원들은 소매업체의 자산을 보호하는 책임이 있다. 그들은 직원 절도 및 상품 훔치는 것을 최소화하기 위한 시스템과 절차들을 개발한다. 이 분야에 매니저들은 보통 사회학, 범죄학을 전공하며, 15장에서 논의하는 깃처럼, 손실예방은 인적 자원 관리 문제로써 바라보기 시작했다.

재무/회계 많은 소매업체들은 복잡한 기업 구조와 관련된 큰 사업

체들이다. 대다수의 소매업체는 또한 빡빡한 순익 마진으로 운영한다. 성공과 실패 사이를 가르는 선에서, 소매업체들은 계속적으로 재무분야 전문가들을 필요로 한다. 재무/회계 부서는 회사의 재정 건전성에 책임이 있다. 이 부서의 직원들은 장기간 예측과 계획, 경제 트렌드 분석과 예산계획, 내부 감사, 총이익/순이익, 협력업체에게 지급할 채무, 고객에게 받을 계정을 포함한 모든 측면을 고려한 재무 보고서를 준비한다. 거기다가 이들은 또한 소매업체의 재무 관련 단체와의 관계를 다루기도 한다. 이 분야에 관심 있는 학생들은 주로 재무나 회계 전공을 한다.

부동산 부동산 부서에 속한 직원들은 점포의 입지를 선택하고, 임대료와 토지 구입을 협의하고, 임차료 비용을 다루는 것에 대한 책임을 가진다. 이 분야에 입문하는 학생들은 일반적으로 부동산이나 재무분야를 전공한다.

점포 디자인 이 분야에 속한 직원들은 점포를 기획하고 상품과 인공물을 전시하는 책임이 있다. 경영, 건축, 예술, 그리고 다른 관련 분야에 재능이 있고 창의적인 학생들은 소매 점포 디자인 분야의 성장에서 많은 기회를 얻을 것이다.

인적자원 관리 인적자원관리는 효과적인 직원의 선택, 교육, 배치, 개선, 복지의 책임을 가진다. 소매업에선 계절적으로 피크인 시기가 있기(예를 들어, 크리스마스땐 많은 추가 인력들이 고용된다) 때문에, 인적 자원관리 직원들은 유연하고 매우 효율적이어야 한다.

2 소매 경력의 매력도

즉각적인 책임감 소매업 분야에서 관리직 교육을 받는 사람들은 다른 산업의 대응되는 직급보다 더 많은 책임감이 더 빨리 주어진다. 매입담당들은 시즌 별로 수백만 달러가치의 상품군을 선택하고, 촉진하고, 가격을 책정하고, 유통하고, 판매하는 책임을 가진다. 일반적으로 교육프로그램 이후 첫 직무인 부서 매니저는 종종 하나 또는 그 이상의 부서들의 상품군을 기획소싱하는 책임을 가지며, 그 뿐만 아니라 20명 또는 그 이상의 정규직 및 임시직 직원을 관리한다.

많은 학생들과 그들의 부모들은 소매업에서 일하는 사람은 판매원이나 출납원 같은 직업이라고 생각한다. 그들은 이러한 관점에 사로잡힐 수 밖에 없는데, 그 이유는 소매점포 내에서 고객으로써 그들은 일반적으로 매니저들이 아닌 판매원들과 소통하기 때문이다. 하지만 이 장에서 우리가 다루듯이, 소매회사는 크며, 다양한 지식과 기술과 능력을 가진 매니저들을 고용하는 복잡한 회사이다.

2년제 대학생들의 입문 단계의 직무는 일반적으로 판매원이 아닌 매입이나 점포 조직에 관한 관리직 교육을 받는다. 한편 몇 명의 직원들은 그들의 소매 경험을 바탕으로 승진되기도 하나, 점포 관리자부터 CEO까지의 대다수의 소매 관리 직무에 있어서 대학 학위가 요구된다. 미국의 150개 이상의 2년제와 4년제 대학은 소매 관련된 학위나 전공을 받거나 공부할 수 있는 프로그램을 제공한다.

재정적 보상들 2년제 대학 학위를 가진 관리직 분야 교육생의 초기 연봉은 30,000달러에서 60,000달러이며, 최고 경영진 직급의 급여 수준은 어떤 산업보다도 더 높은 순위에 있다. 예를 들어, 몇 년의 경험을 지닌 점포 관리자의 경우 100,000달러 또는 성과 보너스에 따라 그 이상을 벌 수도 있다. 백화점에서 고참급 매입담당자는 50,000달러에서 90,000달러 또는 그 이상을 벌 수 있으며, 할인점 점포 관리자의 경우 70,000달러에서 100,000달러 또는 그 이상을 벌 수 있다. 또한 전문점의 점포 매니저의 경우 35,000달러에서 60,000달러 또는 그 이상을 벌 수 있다.

보상은 책임의 정도에 따라 차이가 있다. 전문점의 점포 매니저들은 일반적으로 백화점 점포 매니저들보다 덜 보상 받는데, 이는 연간 판매량이 백화점보다 적기 때문이다. 하지만 승진 측면에서는 전문점 점포가 더 빠를 수 있다. 공격적인 전문점 점포 매니저들은 종종 구역 단위 담당 매니저로 승진되며, 몇 년 뒤에는 8개에서 15개 단위들을 운영하게 된다. 그래서 그들은 빠르게 더 높은 임금 등급으로 도달할 수 있다.

정보시스템은 소매업체가 각 매니저 더 나아가 각 판매원들의 판매와 이익 성과를 평가할 수 있도록 해주기 때문에, 소매업 매니저들의 보상은 그들의 객관적 성과 측정치와 매우 밀접하게 연관되어 있다. 그 결과, 소매업 매니저들은 그들의 임금뿐만 아니라, 일반적으로 그들이 이룩한 판매성과를 기준으로 강력한 금전적 인센티브를 받게 된다.

보상패키지는 임금 하나 만으로 구성되지는 않는다. 소매업에서 보상(혜택) 패키지는 상당히 많은데, 이는 이익공유제, 저축 계획, 스톡옵션, 의료보험, 생명보험, 장기간 상해 보험, 임금 보호 제도, 유급 휴가 및 공휴일 등을 포함한다. 소매업 경력의 두 가지 추가적인 이점으로는 대다수의 소매업체들은 직원들에게 그들이 판매하는 상품에 상당한 할인을 해주고, 또한 몇몇 구매 관련 직무는 장기적인 외국 출장의 기회를 제공한다.

발전을 위한 기회 소매업의 성장률은 전반적인 경제성장률과 아주 비슷하며, 소매 산업의 순수한 크기 때문에 빠른 발전을 위한 많은 기회들이 존재한다. 많은 소매회사들이 존재함으로 인해 항상 높은 성장률을 경험하면서 새 점포들을 개점하며, 점포 관리자와 관리직을 필요로 하는 수많은 회사들이 있다.

참고문헌

1. James B. Stewart, "Walmart Plays Catch Up with Amazon," *The New York Times*, October 22, 2015.

2. *"Amazon's Future: Looking beyond the Balance Sheet,"* Wharton School of Business, October 28, 2014, http:// knowledge. wharton.upenn.edu/article/kw-radio-fad-erraff-amazon/.

3. Dan Berthiaume, "Three Reasons Amazon Is Everyone's Competitor," *Chain Store Age*, November 9, 2015.

4. Taylor Soper, "Amazon's Dominance of Online Shopping Starts with Product Searches, Study Shows," *GeekWire*, October 6, 2015.

5. "Amazon Rolls Out Devices That Fill Themselves," *Industry Week*, January 19, 2016.

6. Berthiaume, "Three Reasons"; Nick Wingfield, "Amazon Is Said to Be Planning an Expansion into Retail Bookstores," *The New York Times*, February 2, 2016.

7. Tom Ryan, "Amazon Rolls Out Free Same-Day Delivery," *RetailWire*, May 29, 2015; "Walmart Plans to Test Unlimited Shipping Service," Associated Press, May 13, 2015.

8. Ron Nixon, "Postal Service to Make Sunday Deliveries for Amazon," *The New York Times*, November 11, 2013.

9. Jenn Markey, "Three Things You Need to Know about Amazon's Price Strategy," *Retail Customer Experience*, April 21, 2014, http://www.retailcustomerexperience. com.

10. "In Amazon and Walmart's Battle for Dominance, Who Loses Out?," *Wharton School of Business*, November 13, 2013, http://knowledge.wharton.upenn.edu/article/amazonwalmarts-battle-dominance-future-retail-stake/.

11. Sarah Nassauer, "Sam's Club Aims to Be Less Like Wal-Mart," *The Wall Street Journal*, August 16, 2015.

12. Stephanie Strom, "Walmart Pushes for Improved Animal Welfare," *The New York Times*, May 22, 2015; Hiroko Tabuchi, "Walmart Raising Wage to at Least $9," *The New York Times*, February 18, 2015; Jessica Wohl, "Walmart Announces $50 Billion Buy American Campaign," *The Huffington Post*, January 15, 2013.

13. https://www.census.gov/retail/index.html.

14. "May 2015 National Occupational Employment and Wage Estimates United States," http://www.bls.gov/oes/current/oes_nat.htm.

15. "11 Facts about Global Poverty," www.dosomething.org.

16. Stephanie Strom, "Walmart Pushes for Improved Animal Welfare," *The New York Times*, May 22, 2015.

17. http://www.wholefoodsmarket.com/mission-values/corevalues/declaration-interdependence.

18. Personal interview with former Trader Joe president Doug Rauch, 2016, found in Grewal et al., "Enhancing Customer Engagement through Consciousness."

19. C. B. Bhattacharya and Sankar Sen, "Consumer-CompanyRelationships with Companies," *Journal of Marketing* 67 (April 2003), pp. 76–88.

20. Ibid.

21. National Retail Federation, "2016 Top 250 Global Powers of Retailing," January 2016, https://nrf.com/news/2016-top-250-global-powers-of-retailing.

22. Phalguni Son, "Home Improvement Retail: A Two-Horse Race for Supremacy," *Market Realist*, March 24, 2015.

23. Mazzone & Associates, "Market Share of Major Retail Companies in the United States in 2015," Statista: The Statistics Portal, October 2015, http://www.statista.com/statistics/473722/market-share-of-major-retail-companies-in-the-us/.

24. Corey Stern, "CVS and Walgreens Are Completely ominating the US Drugstore Industry," www.businessinsider.com, July 29, 2015.

25. Personal conversation with author.

26. "The World's Billionaires 2007," *Forbes*, March 8, 2003.

27. "Ingvar Kamprad & Family," *Forbes*, July 2016, http://www.forbes.com/profile/ingvar-kamprad/.

28. Howard Schultz and Joanne Gordon, Onward: *How Starbucks Fought for Its Life without Losing Its Soul* (Emmaus, PA: Rodale Books, 2012).

29. "Starbucks Company Profile," http://www.starbucks.com/about-us/company-information/starbucks-companyprofile;"The World's Biggest Public Companies 2016: # 389 Starbucks," *Forbes*, May 2016, http://www.forbes.com/companies/starbucks/; Schultz and Gordon, Onward; HowStarbucks Fought for Its Life without Losing Its Soul; Howard Behar, Janet Goldstein, and Howard Schultz, It's Not about the Coffee: Lessonson Putting People First from a Life at Starbucks (New York: Portfolio Trade, 2009).

30. C. K. Prahalad, "Bottom of the Pyramid as a Source of Breakthrough Innovations," *Journal of Product Innovation Management* 29 (January 2012), pp. 6–12; A. Karamchandani and M. Kubzansky, "Is the Bottom of the Pyramid Really for You?," *Harvard Business Review*, March 2011, pp. 2–10.

Memo

소매업체 유형(소매업태)

이 장을 읽은 후에 당신은

LO2-1 소매업체 유형(소매업태)을 정의하는 다양한 특성들을 제시할 수 있다.

LO2-2 식품 소매업체의 다양한 유형을 구분할 수 있다.

LO2-3 일반상품 소매업체의 다양한 유형을 구분할 수 있다.

LO2-4 서비스 소매업체와 상품 소매업체의 차이를 설명할 수 있다.

LO2-5 소매업체의 소유구조 유형을 설명할 수 있다.

S am's Club이 처음 등장했을 때, Sam's Club은 특정한 표적시장에 초점을 맞추었다. 상품을 대량으로 구입해서 그들의 사업을 운영하려는 작은 업체들이 그 표적시장이었다. 하지만 이러한 창고형 매장의 인기로 인해 해가 거듭하면서 그들의 고객은 수도 증가하였고, 유형도 훨씬 다양해 졌다. 이러한 발전과 함께, Sam's Club은 소매시장에서 더 큰 경쟁력을 갖게 되었고, 그에 따라 전략계획이나 포지셔닝도 바뀌게 되었다.

불행하게도 이러한 경쟁력은 언제나 최저가격을 약속해왔던 그들의 형제회사인 Walmart에게 부정적인 영향을 미치게 되었다. 필연적으로 언제나 최선의 거래를 추구하는 가격민감형 고객집단은 Walmart에서 Sam's Club으로 이탈될 수 밖에 없었다. 오랜 동안 이러한 가격민감형 고객들은 Sam's Club의 창고형 매장에서 대량의 제품을 더 낮은 가격으로 구매할 수 있었다. 심지어 Walmart에서나 볼 수 있었던 2개 들이 칫솔세트가 Sam's Club에서 판매되기까지 하였다. 더욱이, Walmart와 다른 대형 할인점들은 점점 더 실용적인 소비재 기획상품들을 판매하였고, 소비자들은 이를 구매할 수 있었다. 이로 인해 두 형제 브랜드는 종종 자기잠식^{cannibaliza-}tion 현상을 겪게 되었다.

그러한 경쟁을 피하려는 노력차원에서 Sam's Club은 브랜드의 이미지를 수정하였다. 값싸고, 대량의 상품을 판매한다는 이미지에서 탈피하여, TV나 보석 등과 같이 고가의 상품늘을 합리적인 가격에 구매하려는 하이엔드 고객들에게 연회비를 받고, 판매를 하는 준배타적인 영업을 하고자 하였다. 이를 위해, Sam's Club은 유기농 상품의 구색을 늘렸고, 유명 브랜드의 패션 상품들을 추가하였으며, 수천개의 실로 짜여진 시트 섹션을 구성하였다. 또한 일부 소수의 매장에서는 고가의 가구나 명품 패션 등을 취급하기도 하였다.

이러한 실험은 Sam's Club의 수정된 시장세분화 전략을 반영하는 것이었고, 이 때, 회원들의 네가지 유형은 어린 자녀가 있는 대규모 가족, 즐거움을 원하는 다양한 연령대의 "사회적 커플", 매장과 가까운 곳에 살거나 식료품 구매의 주요 점포로 여기는 가족, 유아들을 위해 쇼핑을 하는 강한 충성도를 가진 젊은 엄마 등이었다. 이러한 전략적인 고려를 통해 Sam's Club은 전통적인 창고형 매장과는 차별화된 사업운영을 성공적으로 수행할 수 있었다.

상품구색과 시장세분화 전략의 변경에 더해, Sam's Club은 다른 유통경로 경쟁자들과 차별화를 가능하게 하고, 매장과 가까운 곳에 사는 고객들을 구분하기 위해 새로운 디지털기술을 도입하였다. 예를 들어, 우편번호 데이터를 사용해서, 150여개의 Sam's Club 매장들이 고소득층 거주지역에 위치해 있지만, 고소득 고객들은 거주지 주변 매장에 방문하지 않는다는 사실을 발견하였다. 여기서 Sam's Club이 디지털 기술을 사용하는 궁극적인 목적은 연회비를 내는 "배타적인" 회원들이 매장에 방문하든 집에서 구매하든 간에 더 쉽고 편리한 쇼핑경험을 하도록 하는데 있다. 창고형 매장 업태에서 디지털 기술의 리더십을 갖는 것을 통해 Sam's Club은 "우리는 지속적으로 소매환경에서 통합된 기술의 사용을 극대화할 것이다"라고 믿고 있다.

우 리는 아침에 일어나 모닝 커피 한잔의 여유를 원하지만, 원두를 내리고 물을 끓인 후 커피를 필터에 거르며 그 커피를 기다리고 싶지는 않다. 이 경우 우리의 욕구를 충족시켜줄 수 있는 다양한 소매점을 떠올려 보자. 우리는 Starbucks에서 자동차의 창문을 내린채 아메리카노를 구매하거나, 아침에 일어나자마자 커피를 마실 수 있도록 자동커피메이커를 사기로 결정할 수도 있다. 우리는 이 자동커피메이커를 Walmart나 Target 같은 할인점이나 Macy's와 같은 백화점, CVS같은 드럭스토어나 Best Buy같은 카테고리 전문점에서 구입할 수 있다. 만약, 소매점포를 직접 방문하여 커피메이커를 구입하는 번거로움을 피하고 싶다면, Google Shopping www.google.com/shopping 이나 Shopzilla www.shipzilla.com 에서 "커피와 에스프레소 메이커"라고 검색하면 된다. 그러면 수백개의 소매업체에서 팔리는 수천개의 제품사양 정보들을 눈앞에서 볼 수 있게 된다.

이렇게 많은 소매업체들이 "커피 한잔의 여유"에 대한 우리의 욕구를 충족시켜주기 위해 서로 경쟁하고 있다. 이 업체들은 같은 브랜드를 판매하고 있지만, 각기 다른 서비스, 가격, 환경, 그리고 편의를 제공한다. 예를 들어, 만약 우리가 저렴한 가격의 커피메이커를 사고 싶다면, 우리는 아마도 할인점에서 그 기기를 구입할 것이다. 하지만 만약 더 많은 기능의 커피메이커를 사고 싶고, 그 기능들에 대한 설명을 듣고 싶다면, 우리는 아마 백화점이나 카테고리 전문점을 방문할 것이다.

소매전략을 수립하고 실행하기 위해서 소매업체들은 소매시장에서의 경쟁형태를 이해해야 한다. 이번 장에서는 점포 및 무점포 소매업태와 그 업태들이 어떻게 서로 다른 이점을 소비자에게 제공하면서 경쟁을 하고 있는가에 대해 살펴보기로 한다. 이러한 이점들은 소비자의 욕구를 충족시켜주기 위해 상품구색과 제공할 서비스의 형태, 서비스와 상품구색 사이의 강조 수준, 가격책정 등 소매믹스의 방향을 반영한다.

Ⅰ 소매업체의 특성

미국에는 110만개의 소매업체들이 있다. 핫도그를 판매하는 노점상에서부터 카탈로그나 인터넷으로 수천가지의 상품을 판매하는 옴니채널 소매업체에 이르기까지 그 종류 또한 매우 다양하다. 개개의 소매업체는 소비자의 욕구를 경쟁업체보다 더 효과적으로 충족시킬 때 생존하고, 번영할 수 있다. 각기 다른 형태의 소매업체는 특정한 이익을 제공하여 소비자들의 각기 다른 니즈를 충족시켜준다. 예를 들어, 다른 도시에 사는 친구에게 티셔츠를 선물하려고 할 때, 우리는 편리한 구매에 중점을 두고 카탈로그를 통해 구매를 할 수 있다. 반대로, 자신이 입을 티셔츠를 구매할 때, 우리는 직접 옷 가게에 가서 티셔츠를 착용해 보고 사는 것을 선호할 것이다. 캠핑 여행 때 입을 저렴한 티셔츠를 사려면 할인점을 갈 것이며, 가장 좋아하는 축구팀의 로고가 새겨진 티셔츠를 사려면 스포츠용품 전문매장에 가야할 것이다.

소비자의 욕구와 경쟁형태가 변화함에 따라 새로운 소매업태^{형태}가 창조되며, 기존의 소매업태는 계속 진화되고 있다. 기존에 존재하던 장난감이나 전자상품, 가정용품 등의 카테고리 전문점은 새로운 형태의 전문점들과 함께 병존하고 있다. Walmart는 전통적인 할인점의 막을 내리고, 슈퍼센터^{할인점과 슈퍼마켓을 합친 대형 매장}를 창조하였다. eBay Motors는, 소비자가 수천만의 일반인과 기존의 자동차 딜러에게서 자동차와 오토바이를 구매할 수 있게 함으로써, 전통적인 소매방식으로 신차와 중고차를 판매하는 자동차 딜러와 경쟁을 하고 있다. 그러나 자동차 구매를 위한 소매업체의 선택은 Craigs-list와 CarMax online 뿐만 아니라 Vroom, Shift, Beepi 같은 신업태를 포함하여 매우 다양해졌다.

소매업태를 구분하기 위한 가장 기본적인 요소는 바로 소매 믹스, 즉 소매업체가 고객의 욕구를 만족시키기 위해 사용하는 요소들이다. 소매 믹스의 네 가지 요소는 특히 소매업체를 분류하는데 유용하다: 상품의 형태, 상품의 다양성 및 구색, 고객서비스의 수준, 상품의 가격.

1. 상품의 형태^{유형}

LO 2-1
소매업체 유형(소매업태)을
정의하는 다양한 특성들을
제시할 수 있다.

미국, 캐나다, 멕시코는 각국에서의 사업 활동 자료를 수집하기 위하여 북미산업분류체계^{NA-ICS: North American Industry Classification System}라 불리는 사업형태 분류표를 개발하였다. 각 산업은 생산 및 판매하는 상품과 서비스의 형태에 기초하여, 계층적인 여섯 자리 수의 분류코드가 할당되어 있다. 처음 두 자리 숫자는 기업의 사업 부문을 의미하며, 나머지 네 자리 숫자는 다양한 하위 부문을 나타낸다.

상품의 형태에 기초한 소매업의 분류표가 〈그림 2-1〉에 나타나 있다. 상품 소매업체는 여섯 자리의 코드 중 44와 45로 시작되는 코드를 가지고 있고, 3번째 숫자는 이러한 소매업체들을 더 세분하여 분류한다. 예를 들어, 소매판매 의류와 악세사리는 448 코드로 분류되어 있고, 의류 소매점은 4481, 남성의류소매점은 44811이다. 여섯 번째 숫자는 〈그림 2-1〉에는 표시되지 않았지만, 분류체계에 사용된 세 북미 국가의 차이점을 나타내는 코드이다.

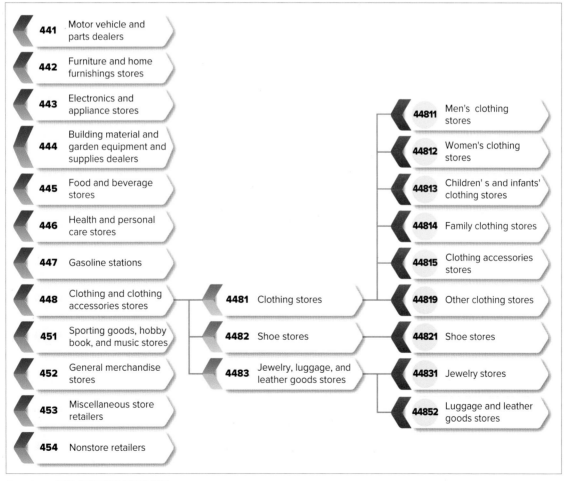

○ 그림 2-1   미국 소매업체의 NAICS 코드

대부분의 서비스 소매업체는 71예술, 엔터테인먼트, 휴양과 72숙박 및 식품 서비스코드에 나타난다. 예를 들어, 식품 서비스와 음료 시장은 722 카테고리에 포함되어 있으며, 이는 풀 서비스 레스토랑722511과 패스트푸드점 같은 한정서비스 외식업체722513로 세분화 된다.

2. 상품의 다양성 및 구색의 전문성

소매업체들은 같은 유형의 상품을 판매하더라도 서로 다른 구색을 제공할 수 있다. 상품의 폭으로 불리는 상품의 다양성variety은 소매업체가 제공하는 다양한 상품 카테고리들을 의미하며, 상품의 깊이로 불리는 상품의 구색assortment은 상품 카테고리 내에서의 서로 다른 품목들을 의미한다. 상품의 각 품목은 SKUstock keeping unit 혹은 단품이라고 부른다. 33온스짜리 Tide 세탁비누나 긴 소매의 랄프 로렌 셔츠 등이 SKU의 예이다.

창고형 클럽, 할인점, 장난감 전문점 모두가 장난감을 팔지만, 창고형 클럽과 할인점은 장난감뿐만 아니라 다른 많은 부문의 상품들도 판매한다즉, 다양성이 넓다. 반면 장난감 전문점은 전 상품을 다루는 창고형 클럽이나 할인점보다 더 다양한 유형의 장난감을 보유하고 있으며더 많은 SKU, 장난감을 전문 공급업체로부터 다양한 구색으로 제공받는다즉, 모델, 크기, 브랜드의 형태가 다양해 상품의 깊이가 더 깊다.

다양성과 구색은 전체 소매점포 뿐 아니라 특정 상품카테고리에도 적용될 수 있다. 〈표 2-1〉는 세 가지 서로 다른 유형의 점포에서 제공되는 서로 다른 가격대와 브랜드 자전거의 상품 넓이와 깊이를 보여주고 있다. 미국 Massachusetts주 Belmont에 있는 자전거 전문점인 Wheelworks, 장난감 카테고리킬러인 Toys "R" Us, 대형마트인 Walmart의 사례가 제시되어 있다. Toys "R" Us는 매우 다양한 자전거를 판매하고 있지만 구색의 전문성은 얕다. Wheelworks는 자전거, 부품, 보조품 등만 취급하기 때문에 다양성은 가장 작지만, 구색의 전문성은 매우 깊다. 한편, Walmart는 광범위한 표적시장을 대상으로 하기 때문에 적절한 수준의 다양성과 전문성을 가지고 있다.

가장 흥미로운 소매업체중 하나로, 놀라운 수준의 다양성과 전문성을 제공하는 Amazon은 Retailing View 2.1에서 다루겠다.

표 2-1 다양한 소매점포에서 판매되는 자전거의 다양성과 전문성

	성인용 도로용	성인용 하이브리드	산악용	어린이용
Wheelworks	Bianci, Colnago, Peter Mooney, Serotta, Trek 150SKU $419.99~$7,999.99	Bianchi, Specialized, Trek 96SKUs $349.99~$1,899.99	Salsa, Santa Cruz, Specialized, Trek 122SKUs $299.99~$1,899.99	Electra, Gary Fisher, Haro, Kettler, Trek 56SKUs $159.99~$429.99
Toys "R" Us	Mobo Triton Pro 3SKUs $299.99~$359.99		Cycle Force, Huffy, Schwinn 4SKUs $79.98~$135.99	Avi해, Cycle Force, Huffy, Mongoose, Pacific Cycle 228SKUs $45.99~499.99
Walmart	Cycle Force, Genesis, Kent, Mongoose 26SKUs $99.97~$499.00	Cycle Force, Genesis, Schwinn, tour De France 9SKUs $179.00~$349.00	Havoc, Genesis, Schwinn, NEXT, Roadmaster 63SKUs $88.00~$379.00	Huffy, Koxx, Micargi, Schwinn, Tour De France 195SKUs $28.13~$675.00

3. 제공되는 고객 서비스 수준

소매업체들은 또한 고객에게 서비스를 제공하는 방식이 다르다. 고객은 모든 소매업체가 특정한 서비스를 제공할 것을 기대한다. 상품을 진열하고, 신용카드로 결제해주며, 주차공간을 제공하고, 편리한 시간에 매장을 여는 것 등이 고객이 소매업체에 기대하는 서비스의 예들이다. 일부 소매업체들은 배달이나 포장과 같은 서비스를 유료로 제공하고 있는 반면, 서비스 지향 고객을 대상으로 하는 소매업체들은 그러한 서비스를 무료로 제공하기도 한다.

4. 상품 및 서비스의 폭과 깊이에 따른 가격과 비용

Wheelworks가 자전거를 제공하는 것과 같이, 깊이 있고 다양한 상품 구색을 갖추고 있는 것은, 고객에게는 좋지만 소매업체에게는 상당한 비용이 드는 일이다. 소매업체가 소비자에게 많은 SKU를 제공하는 경우, 각각의 SKU에 대한 별도의 재고가 필요하기 때문에 재고 유지비가 증가하게 되기 때문이다.

마찬가지로 소매업체가 제공하는 서비스 또한 고객들을 불러 모으지만 역시 비용상승을 초래한다. 정보를 제공하고, 고객을 도우며, 고객들의 욕구를 충족시키는 상품으로 바꾸고, 상품을 알맞게 진열하는 등의 서비스는 더 많은 판매원을 필요로 하기 때문이다. 또한 재고를 쌓아두거나 상품을 진열할 수 있는 귀중한 공간의 많은 부분을 아동보호소, 화장실, 탈의실이 차지할 수도 있다. 그리고 청구서, 신용카드 비용, 할부금, 설치비용 등은 고객들에게 더 많은 상품을 사게 하는 대신에 재정적인 투자를 필요로 한다.

이윤을 만들기 위해서, 소매업체는 넓은 상품의 다양성이나 깊은 상품 구색을 추구하거나 혹은 추가적인 서비스를 통해 더 높은 가격을 부과하기도 한다. 예를 들어, 백화점은 다양한 유행상품과 계절상품을 보유하는데 드는 비용, 소비자의 수요나 취향을 잘못 예측하였을 경우 발생하는 비용, 개인적 판매 서비스를 제공하여 드는 비용, 비싼 백화점 입지에 대한 비용 등으로 인해 높은 가격구조를 가지고 있다. 따라서 재고를 유지하는 것과 추가 서비스를 제공하는 것 사이에서 발생하는 비용과 이윤의 상충효과를 적절하게 조절하는 것이 결정적인 소매의사결정 사항 중의 하나가 된다. 제 6장과 12장에서는 이러한 상충효과에 관련된 의사결정시 필요한 여러 가지 고려사항들에 대해서 논의할 것이다.

Amazon: 모든 종류의 상품을 판매한다

1994년에 출범했을 때, Amazon은 다른 제품들보다는 책을 중심으로 판매하는 소매업체였다. 온라인 소매업체가 대형 오프라인 서점인 Barnes&Noble 등을 위협하는 수준까지 성장하는데는 수년의 시간이 걸렸지만, 오늘날 많은 오프라인 서점들이 사라졌고, Amazon의 서점을 훨씬 초월한 분야의 오프라인 소매업체들을 위협하고 있다. 이제 Amazon은 미국의 대부분 소매업체들과 경쟁하고 있다. 개인용 선물을 판매하는 소형 판매자에서부터 대중을 대상으로하는 소비재 소매업체에까지, 소매시장은 Amazon을 지배적인 회사이며, 고객이 선호하는 상품을 신속하고, 비용효율적으로 그들이 원하는 시간과 장소에 공급하는데 전문성을 가지는 것으로 인식하고 있다.

Amazon이 이렇게 성장하게 된 이유는 모든 소매고객들에게 제공하는 세가지 핵심 편익에서 찾아볼 수 있다. 첫째, 고객이 원하는 모든 욕구를 믿을 수 없이 편리하게, 시간제약없이 제공할 수 있다는 점이다. Amazon은 재고를 과잉수준미만으로 유지하면서, 다빈도 구매 상품에 대한 반복구매시 한번 클릭으로 구매절차가 완료되고 자동배송까지 이루어지는 시스템을 갖추었다. Amazon의 Echo서비스는 Prime Now서비스에 지불하는 고객들이 그들의 집에 설치

Amazon은 미국 내 어떠한 소매업체 보다고 더 다양하고 전문적인 상품을 판매하고 있다.

된 인공지능 장치를 이용해서 주문할 수 있게 도와주기도 한다. 이전 구매의 기록들을 활용해서 Echo서비스는 고객맞춤형 상품제안도 제공해 준다. 이렇게 해서 신속하고 편리하게 고객으로부터 주문을 받는다. 추가요금을 지불하면 당일배송도 가능하다.

둘째, 고객들이 개인적인 상호작용을 원하는 경우 Amazon은 오프라인 소매업체처럼 할 수 있다. 하지만 반드시 물리적인 점포가 필요한가? 일부 고객들은 가상의 환경보다는 실제 물리적인 환경에서 쇼핑하는 것을 선호한다. 때문에 Amazon은 그들의 방대한 고객 데이터를 통합하고 활용해서 오프라인 점포에도 적용하려는 계획을 가지고 있다. 그렇게 되면 온라인 전문업체에서 진정한 옴니채널 소매업체로 변신하게 되는 것이다.

셋째, 소매는 단순히 물리적인 상품만을 취급하는 곳이 아니다. 소매점포는 서비스 또한 제공하고 있다. Amazon은 새로운 서비스 상품 취급으로 사업영역을 확대하고 있다. 이미 Kindle을 통해 대학생들에게 교과서를 대여해 주고 있고, 저자들이 그들의 저서를 쉽게 출판할 수 있도록 서비스를 제공하고 있다. Amazon의 클라우드 컴퓨팅 서비스는 첫 해는 무료이고, 지구의 모든 사람들이 82권의 책을 저장할 수 있는 공간을 제공하고 있다. 그 밖에도 700가지 유형의 서비스 공급업체들을 보유하고 있다. 물리적인 상품에서 그랬듯이 Amazon은 매우 광범위한 서비스를 가격경쟁력을 갖추어서, 매우 신속하게 배송하고자 노력하고 있다.

Amazon의 검색엔진은 특별하다. 2,000명의 응답자 중 44%는 그들이 상품검색을 시작할 때, Google이나 전통적인 유통업체 자체 웹사이트가 아닌 Amazon에서 시작한다는 것이다. 왜 그들은 Amazon을 선택했냐고 물었을 때, 그들의 대부분은 고객 개인에 맞춘 검색서비스를 제공해 주기 때문이라고 응답하였다. 검색어를 입력하기 위해 검색창에 들어가면, Amazon은 고객의 훌륭한 구매의사결정을 돕기 위해 어떻게 관련 상품을 제안할지 잘 알고 있다.

하지만 Amazon의 영향력이 위협적이기만 한 것은 아니다. 소형업체들에게는 Amazon을 이용해서 그들의 상품을 판매할 수 있는 기회가 되기도 한다. Amazon은 실제로 흥미로운 상품을 가지고 있지만 자원이 부족해서 유통이 어려운 소형 소매업체를 적극적으로 탐색하고 있다. 그들에게 Amazon은 위협이라기 보다는 기회라고 할 수 있다. 이처럼 고객들이 Amazon을 찾고, 더 나은 서비스를 원하면서 Amazon이 가지고 있는 소매업계 거인으로서의 영향력은 점점더 증대되고 있다. Amazon과 경쟁하려는 소매업체들은 Amazon이 현재 하고 있는 일들에 좀 더 많은 관심을 가져야 한다. 다시 말해, Amazon이 말 그대로 모든 소매업체들과 경쟁하고 있기 때문에, 향후 경쟁에서 살아남기 위해서 모든 소매업체들은 무엇이 Amazon의 성공 비결인지 명확히 이해하여야 한다.

출처: Chantal tode, "Amazon Makes Play for Greater Influence over In-Store Shoppers," Mobile Commerce Daily, July 3, 2012; Greg Bensinger, "Amazon's Tough Call," The Wall Street Journal, July 11, 2012; Molly McHuge, "Saving Cash on College Textbooks," Digital Trends, July 18, 2011; James Kendrick, "Amazon Debits Kindle Owner Lending Library," ZDNet, November 3, 2011; Vanchi Govind, "Amazon.com Offers Cloud Computing Services for Free," InfoTech, November 3, 2010; Jeffrey A. Trachtenberg, "Secret of Self-Publishing: Success," The Wall Street Journal, October 31, 2011; Zoe Fox, "How Amazon Became the World's Largest Retailer," Mashable, November 17, 2011; Hilary Stout, "Amazon, Google, and More Are Drawn to Home Services Market," The New York Times, April 12, 2015; Laura Lorenzetti, "Amazon's Handyman Service is Expanding to 15 Cities," Fourtune, July 22, 2015; Harriet Taylor, "Amazon, Google Move into On-Demand Home Shopping Starts with Product Searches, Study Shows," GeekWire, October 6, 2015.

II 식품 소매업체Food Retailers

식품 소매업체의 환경은 급변하고 있다. 20년 전만해도 소비자는 식품을 주로 전통적 슈퍼마켓에서 구매하였다. 이제 전통적 슈퍼마켓은 식품판매 중 65%만을 점유하고 있다식당은 제외한다. 온라인 판매는 최근 5년간 매년 평균 14.1% 성장해 왔다. Walmart, Target 등의 슈퍼센터에서 거의 모든 종류의 식품을 공급하고 있는 반면, 전통적인 슈퍼마켓은 이제 비식품 판매가 더 많다. 예를 들어, 의약품, 건강관리 클리닉, 은행, 카페 등을 제공한다. 최근 급성장하고 있는 아이템은 요가클래스, 와인라운지, 네일샵 등이다. 이제 식품 소매업체는 단순히 저녁음식 재료를 구매하기 위해 잠시 들르는 곳이 아닌 지역의 시간을 보내는 장소로 변모하고 있다. 〈표 2-2〉는 식품소매업체 뿐 아니라 본 장에서 다룰 기타 여러 가지 유형의 소매업체들의 식품부문 매출과 성장률을 보여준다.

세계에서 가장 큰 식품 소매업체인 Walmart는 슈퍼마켓 유형 상품의 매출액이 4,850억 달러 이상이다. 다음으로 Costco미국, Carrefour프랑스, Kroger미국, Tesco영국, Seven&I일본, Schwartz Group독일이 매출액이 큰 회사들이다. 북미만 놓고보면, Walmart, Costco, Loblaw, Safeway,

표 2-2 식품부문 매출과 성장률

구분		2013년 추정매출(백만달러)	2008-2013년 추정 성장률(%)
식품 소매업체	전통적인 슈퍼마켓	622,896	3.3
	슈퍼센터	354,905	7.1
	창고형 클럽	159,075	6.7
	편의점	748,186	3.0
일반상품 소매업체	백화점	73,291	-0.9
	패션전문점	210,236	4.5
	쥬얼리점	36,848	3.4
	제화점	29,606	1.8
	가구점	66,262	2.2
	홈퍼니싱 전문점	59,465	2.8
	사무용품점	26,404	2.2
	스포츠용품점	49,717	5.3
	서점	19,101	2.1
	건축자재점	393,254	3.6
	전기/가전제품점	141,800	4.4
	드럭스토어	250,172	4.2
	대형마트	126,385	0.0
	초가치점	52,454	3.1
무점포 소매업체	무점포 소매	340,421	9.0
	e-커머스	282,055	15.0

표 2-3 식품 소매업체의 특징

구분	전통적 슈퍼마켓	한정 상품군 슈퍼마켓	슈퍼센터	창고형 클럽	편의점
식품 비율(%)	70-80	80-90	30-40	60	90
점포크기(천평방피트)	35-40	7-10	160-200	100-150	3-5
SKU(천개)	30-40	1-1.5	100-150	20	2-3
다양성	보통	좁음	넓음	넓음	좁음
전문성	보통	얕음	깊음	얕음	얕음
매장환경	즐거운	최소	보통	최소	보통
서비스	적당한	제한된	제한된	제한된	제한된
가격	보통	최저	낮음	낮음	높음
총마진(%)	20-22	10-12	15-18	12-15	25-30

Publix, Ahold US, C&S Wholesale Grocers, Albertsons, H-E-B 등이 대표적인 식품소매업체이다.

그들의 유사하게 큰 규모에도 불구하고, 대부분 Walmart의 식품매출은 슈퍼센터 업태에서 발생한 반면, Carrefour는 하이퍼마켓 업태에서 발생하고 있다. 그 밖의 대형 식품 소매업체들은 전통적인 슈퍼마켓 형태로 판매하고 있다. 〈표 2-3〉은 다양한 유형의 식품 소매업체들의 소매 믹스를 보여준다.

1. 슈퍼마켓Supermarket

LO 2-2
식품 소매업체의
다양한 유형을 구분할 수 있다.

전통적 슈퍼마켓conventional supermarket은 셀프서비스로 운영되는 식료품 판매점이다. 식료품뿐만 아니라 건강 및 미용 용품, 일반 상품도 제한적이나마 판매하고 있다. 슈퍼마켓들 중 절반은 판촉 위주의 경영을 한다. 썩거나 부패하기 쉬운 육류 같은 상품이 일반적으로 슈퍼마켓 매출의 54퍼센트 이상을 차지하며, 포장된 상품보다 높은 수익을 낸다.

전통적 슈퍼마켓이 약 30,000개의 SKU를 제공하는 반면에, 한정상품군 슈퍼마켓limited assortment supermarket 또는 초가치 식품 소매업체extreme value food retailers들은 대체로 1,500개 정도의 SKU를 취급한다. 미국에서 가장 큰 한정상품군 슈퍼마켓 체인점은 SAVE-A-Lot과 ALDI이다.

한정상품군 슈퍼마켓은, 20개가 넘는 세탁 세제 브랜드를 다루기 보다는, 한 개나 두 개의 PB상품을 다룬다. 이러한 점포는 효율성을 최대화하고 비용을 최소화 하도록 설계된다. 예를 들어, 상품은 운송용 상자에 담겨 팔레트 위에 실린 채로 운송된다. 이러한 과정을 통해 상품은 선반에 재고로 쌓일 필요 없이 바로 매장에 진열된다. 무료 가방 증정이나 신용카드 사용 가

많은 전통적 슈퍼마켓은 차 시음대
등을 두어 다른 식품 소매업체들과
경쟁하고 있다.

능 등 소비자들이 받기를 기대하는 서비스도 제공하지 않는다. 점포는 일반적으로 두 번째나 세번째 계층의 쇼핑센터 자리에 위치하여 저렴한 임대료를 지급한다. 이러한 일체의 비용을 제거함으로써 한정상품군 슈퍼마켓은 전통적 슈퍼마켓보다 40% 저렴한 가격으로 상품을 제공할 수 있다. 이것이 이러한 소매업체들의 성장을 견인하고 있고, 제조업체 브랜드에 충성하지 않으면서 낮은 가격을 선호하는 고객에게 인기있다.

🔳 슈퍼마켓 소매업의 동향

전통적인 슈퍼마켓이 여전히 식품판매의 주류를 형성하고 있음에도 불구하고, 그들은 다양한 업태들과의 경쟁에 압박을 느끼고 있다. 슈퍼센터, 온라인 소매업체, 창고형 클럽, 초가치 소매, 편의점, 기타 드럭스토어 등이 대표적인 경쟁자이다. 모든 이러한 유형들의 소매업체들은 가상점포이건 실제 물리적 점포이건 영역을 넓혀가고 있다.

소비자들이 전통적으로 식품을 사기 위해 세 번의 방문을 하지만 비식품을 사기 위해서는 한 번 미만이다. 때문에 전통적으로 비식품 소매업체들도 많은 손님들을 유치하고, 보다 마진이 많은 비식품을 판매하기 위해 식품을 취급하고 있다. 그들은 또한 우월한 운영효율성과 벤더에 대한 협상력을 통해 저원가와 저가격을 실현하고 있다. 이 중 경쟁력이 뛰어난 소매업체들은 최첨단 공급체인과 구색계획, 재고절감을 가능하게 해주는 가격시스템 등을 통해 더 많은 매출과 이익을 창출하고 있다. 이러한 활동들은 10장과 12장에서 자세히 살펴볼 것이다.

다른 식품 소매업태들과의 성공적인 경쟁을

ALDI 같은 한정상품군 소매업체는 1,500개 정도의 SKU만 취급하여 30,000개를 취급하는 전통적 슈퍼마켓과 비교된다.

위해, 전통적인 슈퍼마켓은 ① 신선식품 강조, ② 건강, 인종특성을 의식하는 소비자 타겟, ③ 더 많은 PB 상품을 통한 가치제공, ④ 온라인 주문과 같은 새로운 서비스 제공, ⑤ 간식코너 운영이나 각종 이벤트를 통한 더 나은 쇼핑경험 제공 등을 통해 차별화를 꾀하고 있다.

2 신선 상품 Fresh Merchandise

신선 상품 카테고리는 강력 판매구역power perimeter이라 알려진 슈퍼마켓의 외벽 근처에 위치해 있다. 신선 상품에는 유제품, 빵, 고기, 꽃, 간편조리식품, 커피바 등이 포함되어 있는데, 고객들에게 매력적이고, 마진이 높은 제품들이다. 전통적인 슈퍼마켓들은 이 카테고리에서 강점을 개발하고 있고, 더 많은 공간배정과 더 많은 투자를 하고 있다. 그들은 신선상품 판촉을 위해 요리시식 코너를 마련해서, 즉석 제조 스시, 갓 구운 고기 등을 제공하고 있다. 또한 고객들의 더 다양하

슈퍼마켓은 스시와 같은 신선식품의 구색을 늘려가고 있다.

고, 품질 좋은 프리미엄 신선상품에 대한 욕구에 대응하기 위해, 식품 소매업체들은 Fresh Fare Kroger 등과 같은 고가격대의 Fresh Market을 이 지역에 배치하기도 한다.

"신선함"을 강조하는 또 다른 예는 시간에 쫓기는 고객에게 식사 해결책을 제공한 경우이다. 최근의 서베이에서는 64%의 성인 고객이 지난 1개월 이내에 간편조리식품을 구매한 경험이 있다는 사실을 발표하였는데, 이는 거의 연간 290억 달러의 시장이라고 할 수 있다. 점포 내에서의 선택은 점포 자체에 따라 달라지기는 하지만, 이 카테고리의 성장은 전통적인 식품 소매업체 제품들의 두배에 달한다. 비록 많은 식품들이 신선함을 강조하고 있지만 사실 이 제품들은 중앙집중화된 물류기지를 거쳐서 지역의 개별점포로 이동된 것들이다. 때문에 매우 다양한 선택들이 식품매장에서 제공될 수 있다. Market District는 스무디를, Buehler's Fresh Food는 크랩케익과 쇠고기 버건디를, Safeway's Lifestyle은 샌드위치와 스시를, Wegmans는 아티초크 파이와 코코넛 크림 케일을, Whole Foods는 다양한 두부요리를 제공하고 있다.

3 친환경 상품 Green Merchandise

전통적인 슈퍼마켓은 건강과 환경에 대한 관심을 가지고 있는 성장하는 세분시장고객들을 위해 공정거래식품, 천연식품, 유기농식품, 로컬푸드 등을 제공하고 있다. 공정거래식품은 근로자에게 최저임금과 의료보험 혜택을 제공하는 공급자로부터 구매한 상품을 의미한다. 유기농식품은 최근 매년 20% 가량 매출이 증가하면서 급성장하고 있다. 고객들은 우유, 계란, 채소뿐 아니라 아이스크림, 헤어케어 제품 등 더 다양한 식품과 비식품에서 유기능 제품을 구매하고 있다.

한편, 전통적인 슈퍼마켓 체인들은 지역에서 생산된 로컬푸드 공급을 늘리고 있다. 이것은 친환경적인 관심 뿐 아니라 식품의 장거리 배송에 대한 비용증가에 기인한다. 로커보어 운동Locavore movement은 식품의 배송으로 인해 발생하는 전세계에 걸친 타이어 바퀴 자국을 줄이는데 관심을 가지고 있다. 식품마일Food miles은 식품이 농장에서부터 접시까지 이동한 거리를 사용해서 계산된다. 하지만 많은 미국인들이 로컬 비즈니스를 지원하면서도 한편으로는 매일매일 식품 소매업체에서 다양한 상품을 구매

하고자 한다. 이로 인해 소매업체는 로컬푸드 취급과 다양성 유지 사이에서 균형을 유지하는데 어려움을 갖는다.

4 인종 상품Ethnic Merchandise

미국인의 17%정도를 차지하고 있는 히스패닉은 일반적인 미국인들과는 매우 다른 쇼핑과 식사패턴을 가지고 있다. 그들은 식사를 준비할 때, 원재료부터 시작하는 것을 선호하고, 식품구입에 더 많은 돈을 쓰며, 그들의 언어를 사용하는 직원이 매장에 있는 것을 선호하고, 신선식품을 특별히 중요하게 생각한다. 전통적인 슈퍼마켓에서 인종 상품을 더 많이 추가할 뿐 아니라 히스패닉 고객을 표적을 대상으로 한 슈퍼마켓을 오픈하기도 한다. 예를 들면, California에 있는 Northgate Markets은 히스패닉 고객만을 대상으로 하고 있는데, 42개 점포를 운영하고 있고 4,645m² 매장에 미국 내에서 생산되었거나 남미에서 수입된 식품들을 취급하고 있다. 뿐만 아니라 토틸러리아tortilleria 코너, 간편식 코너, 잘 채워진 고기 코너 등도 운영하고 있다.

5 PB 상품Pravate-Label Merchandise

전통적인 슈퍼마켓 체인들은 그들의 품질평판을 활용해서 PB상품 공급을 늘려가고 있다. PB상품13장에서 논의됨은 고객과 소매업체 모두에게 유용하다. 먼저, 고객에게 좋은 점은 더 많은 선택대안을 갖게 하고, 제조업체 브랜드와 같은 성분 및 품질의 상품을 더 싸게 구매하게 하거나, 같은 가격에 더 좋은 품질의 상품을 구매할 수 있게 한다는 점이다. 다음으로 소매업체에게 좋은 점은 점포 충성도를 높이고, 경쟁 점포와 차별화를 가능하게 해주며, 판촉비용을 낮추고, 제조업체 브랜드를 취급할 때보다 더 많은 이익을 얻을 수 있다는 점이다.

6 쇼핑경험의 향상

즐길 수 있는 쇼핑경험을 점포 분위기와 고객서비스를 통해 창출하는 것은 슈퍼마켓 체인들이 저비용-저가격 경쟁자들과 차별화를 위해 시도하는 또다른 접근방법이다. 슈퍼마켓들은 점점 더 "극장분위기의 연출"을 컨셉으로 삼고 있다. 예를 들면, 점포 내 식당, 야외 시장 디자인, 요리와 영양 강좌, 시연, 아기돌봄 서비스, 시식과 시음 등 다양한 방법으로 이를 실천하고 있다. 어떤 슈퍼마켓들은 쉬지 않고 움직이는 고객들에게 어필하기 위해 셀프서비스 키오스크를 통해 즐거움과 편리함을 제공하고 있다. 전통적인 슈퍼마켓과 한정상품군 슈퍼마켓들 모두에서 제공하고 있는 서비스로는 잔돈 세는 기계인 Coinstar, 영화 대여 키오스크인 Redbox, 신선한 커피를 파는 Starbucks 키오스크 등이 있다.

2. 슈퍼센터Supercenters

소매 분야중 가장 빠른 성장세를 보이고 있는 슈퍼센터는 슈퍼마켓과 종합 할인점을 합해 놓은 소매업태로, 규모가 14,864 ~ 18,580m² 정도 된다. Walmart는 미국에서 3,500개의 슈퍼센터를 운영하고 있다. 경쟁업체는 Meijer, Super Target^Target, Fred Meyer^Kroger, Super K Center^Sears Holding 등이 있다. 본 장 초반에 언급한 창고형 클럽도 경쟁자 중 하나이다. 슈퍼센터는 식품과 일반 상품의 다양한 구색을 통해 한 곳에서 모든 것을 해결할 수 있는 원스톱^one-stop쇼핑을 가능하게 한다. 적은 수의 상품을 갖춘 전통적 슈퍼마켓보다는, 거리가 멀더라도 선택의 폭이 넓은 슈퍼센터를 이용하는 경향이 짙어지고 있다.

식료품을 구입하러 온 고객들은 충동적 구매행위를 통해 일상용품^비식품을 구매하기도 한다. 일상용품은 마진율이 더 높기 때문에 식료품의 가격을 더 낮출 수 있다. 그러나 슈퍼센터는 너무 대형이기 때문에, 일부 고객들은 원하는 상품을 찾기가 힘들고, 찾는데 오래 걸린다는 불편함을 느끼기도 한다.

하이퍼마켓^Hypermarket도 역시 식품과 일상용품을 합해 놓은 매장으로, 슈퍼센터와 비슷한 규모이지만 미국에는 일반적이지 않다. 하이퍼마켓과 슈퍼센터 모두 식품과 일상용품을 취급하고, 셀프서비스, 창고형 건물, 넓은 주차장을 특징으로 하지만 하이퍼마켓은 식품의 비중이 더 많고 유통기한이 짧은 농산물, 육류, 수산물, 베이커리 등을 집중적으로 취급한다. 반면 슈퍼센터는 비식품의 비중이 더 크고, 유통기한이 긴 가공식품에 집중한다. 세계에서 두번째로 큰 소매업체인 Carrefour는 하이퍼마켓을 운영하고 있다. 하이퍼마켓은 일반적으로 슈퍼센터보다 적은 품목을 보유한다. 품목은 40,000 ~ 60,000개 정도이며 식료품, 철물, 스포츠 장비, 가구, 컴퓨터와 전자상품 등 다양한 범위의 품목을 취급한다.

슈퍼센터와 하이퍼마켓은 식품소매산업에서 빠르게 성장하고 있는 업태임에도 불구하고, 새로운 대형 매장을 확보함에 있어 도전에 직면하고 있다. 유럽과 일본에서 대형 매장을 세울 수 있는 토지는 한정되어 있으며 매우 비싸다. 이러한 지역의 슈퍼센터와 하이퍼마켓은 고층으로 지어지게 된다. 게다가 일부 국가는 신설되는 매장의 크기나 규모에 대해 제한을 하기도 한다. 미국의 경우, Walmart와 같은 대형 소매 매장에 대한 반발이 있기도 한다. 이러한 반감은 지역주의 관점에 기초해 있다. 이러한 지역주의 관점은, 대형 매장이 지역 소매업체들을 벼랑끝으로 내몰고, 낮은 임금을 책정하며, 비정규직을 채용하고, 불공정한 노사관행을 가지고 있다고 주장한다. 또한 대형 매장은 수입 상품을 판매하기 때문에 미국의 노동자들에게 위협이 되며, 과도한 자동차 및 배달트럭 수송량을 초래한다고 비판되어지기도 한다.

3. 창고형 클럽Warehouse Clubs

창고형 클럽은 제한된 품목의 식품 및 일반 상품을 제공하는 업태로, 최종 소비자와 소규모 업체들에게 낮은 수준의 서비스 및 낮은 가격으로 상품을 제공하는 것을 그 특징으로 한다. 가장 큰 창고형 클럽 체인점으로는 Costco, Sam's Club^{Walmart 계열}, BJ's Wholesale Club^{미국 동부에서만 운영} 등이 있다. 창고형 클럽은 아무곳에서나 살 수 없는 특별한 고급 상품을 저렴한 가격에 판매함으로써 차별화를 추구한다. 예를 들어, 우리는 Costco에

Costco와 같은 창고형 클럽은 저가격이면서도 합리적인 품질의 상품을 판매하기 때문에 인기가 있다.

서 5캐럿짜리 다이아몬드 반지를 99,999.99달러에 구입할 수 있다.

창고형 클럽은 9,290 ~ 13,935m²로 설립되는 대형 매장이며, 일반적으로 임대료가 낮은 지역에 위치한다. 매장의 인테리어는 간소하며, 바닥은 콘크리트로 되어있다. 또한 넓은 통로를 통해 팔렛트 단위의 상품이 지게차로 옮겨지며, 판매 공간에 바로 진열된다. 낮은 수준의 서비스를 제공하며, 고객들은 상품을 운송 팔렛트에서 계산대로 바로 가져간다. 또한 일반적으로 계산은 현금으로 이루어진다. 창고형 클럽은 낮은 임대료의 토지에 위치해있기 때문에, 저렴한 가격으로 상품을 판매할 수 있다. 또한 창고형 클럽은 단종모델 상품도 종종 구입한다. 예를 들어, 만약 휴렛-패커드^{HP}사가 신형 프린터 모델을 출시 했을 경우, 창고형 클럽은 구형 모델의 재고를 큰 폭으로 할인된 가격에 구매하고 재고가 고갈될 때까지 판매한다.

대부분의 창고형 클럽은 두 가지 유형의 회원을 보유한다. 작은 사업을 하는 도매 회원들과

자신을 위해 상품을 구매하는 개인 회원들이 있다. 예를 들어, 작은 음식점의 경우는 도매 회원에 해당한다. 이들은 식료품 유통 업체보다는 창고형 클럽에서 필요한 식료품이나 상품을 구매한다. 이러한 고객을 유치하기 위해서, 창고형 클럽은 식품 품목을 매우 큰 콘테이너와 패키지 단위로 판매하고 있다. 이러한 큰 단위의 식료품은 대규모 가족의 유인 요소 또한 될 수 있다. 일반적으로 이러한 회원들은 연간 수수료를 50달러 가까이 지불한다.

4. 편의점Convenience Stores

편의점CVS은 제한된 다양성과 전문성의 상품을 접근성이 높은 지역에 위치하여 판매하는 업태이다. 규모는 278 ~ 464m²이며, 신속한 결제가 가능하다. 편의점은 기존에 동네에 존재하던 구멍가게mom-and-pop의 현대판이라고 할 수 있다. 대형매장에서 상품을 찾거나 계산대의 긴 줄을 설 필요가 없기 때문에, 소비자는 편의점에서 신속하게 구매를 할 수 있다. 편의점에서 취급되는 상품의 절반 이상은 구매 후 30분 이내에 소비되는 상품들이다. 7-Eleven은 8,000개 이상 입지에 위치한 북미 최대의 편의점 업체이다.

편의점은 규모가 작고 높은 판매력 때문에 매일 상품이 채워진다. 또한 제한된 상품 종류와 구색을 가지고 있기 때문에 슈퍼마켓에 비해 상품의 가격이 비싸다. 한때는 우유, 계란, 빵 등의 상품이 편의점의 매출 중 큰 비율을 차지하였으나, 현재 휘발유와 담배가 가장 큰 비중을 차지한다.

편의점의 경우 다양한 경쟁 상황에 직면하고 있다. 편의점의 매출은 휘발유의 가격이 상승하는 기간 동안에 증가하는 경향이 있으나, 휘발유는 낮은 마진이 책정되어 있기 때문에 휘발유 판매에 대한 높은 의존도는 문제가 되고 있다. 게다가 슈퍼센터와 슈퍼마켓 체인점들 또한 고객의 유치를 위해 휘발유를 판매하거나 판매하려는 시도를 하고 있다. 드럭스토어와 대형마트 또한 편의점에서 판매하는 상품을 판매하며 접근성이 높은 지역에 매장을 입점시키고 있다.

이러한 경쟁적인 압력 하에서, 편의점은 휘발유 판매에 대한 의존도를 낮추기 위한 절차를 밟고 있다. 지역 시장에 맞게 상품구색을 조정하고 있으며, 구매의 편리함을 더 높이기 위해 노력하고 있다. 휘발유를 구매하는 고객이 다른 일반 상품 및 서비스도 구매하게 하기 위해서, 편의점은 이동족 고객을 유인할 수 있는 더 많은 신선 식품과 건강식 패스트 푸드를 제공하고 있다. 일부 편의점은 BP의 Wild Bean Cafe와 같은 패스트 캐주얼 레스토랑fast casual restaurant을 추가하기도 하였다. 7-Eleven의 경우는 과일, 야채, 샐러드, 저칼로리 식품 등을 더 많이 판매한다. 영국 슈퍼마켓계의 거인인 Teseo의 FYesh & Easy 매장은, 일반 식료품점의 방문을 원치않거나 요리하는 시간을 줄이고 싶은 고객을 타켓으로 하여, 신선한 농산물과 육류, 가정간편식품ready-to-eat을 판매한다. 마지막으로, 편의점은 고객이 수표나 어음, 선불전화, 영화티켓, 상품권 등을 이용할 수 있도록 금융 서비스 키오스크같은 새로운 서비스를 추가하였다.

편리함을 증가시키기 위해서, 편의점은 고객의 일터와 가까운 곳에 매장을 연다. 예를 들어, 7-Eleven은 공항, 오피스 빌딩, 학교 등에 매장을 보유하고 있다. 높은 접근성, 매장 앞 주차공간, 신속한 구매는 편의점의 핵심 장점이다. 편의점은 또한 구매의 편리함을 향상시키기 위해 기술을 접목하고 있다. 예를 들어, 펜실베니아를 거점으로 삼은 Sheetz라는 편의점 체인의 경우, 휘발유 펌프에서 키오스크를 통해 셀프서비스로 음식 주문주문이 가능하게 하였다. 주유를 하며 맞춤식 샌드위치를 주문하고, 주유가 끝나면 가게로 샌드위치를 사러가는 것이 가능한 것이다.

7-Eleven같은 편의점은 제한된 상품구색으로 편리한 위치에서 3,000~5,000평방피트 규모로 운영되며, 결제과정이 신속하다.

5. 온라인 식품 소매업체Online Grocery Retailers

시간이 부족한 고객들은 온라인으로 주문할 수 있고, 배달이 가능한 식품에 더 많은 비용을 지불하려고 한다. 결과적으로 지난 5년에 걸쳐 온라인 식품 판매는 14.1% 성장하였다. Amazon과 Walmart도 식품판매 영역을 지속적으로 확대하고 있고, 온라인으로만 판매하는 Peapod나 FreshDirect같은 업체의 성장도 눈에 띈다. 더욱이, 이제는 식품의 배달을 통한 부가가치 증대 자체를 비즈니스로 모델로 삼는 회사들도 성장하고 있다. Instacart, Shipt, Postmates 그리고 Google 등이 배달과 관련된 서비스를 제공하는 대표적인 회사들이다.

여전히, 식품 소매업체들에게 주문되는 주문의 거의 30% 정도가 휴지류, 청소용품류 등 비식품 아이템이다. 이와는 대조적으로 점포 내에서의 비식품의 매출은 14% 정도에 불과하다. 고객들은 온라인 식품업체에서 고마진의 신선한 과일과 육류보다는 유통기한이 긴 저마진의 비식품을 더 구매한다는 의미이다. 결과적으로 이러한 낮은 마진이 소매업체나 배달 서비스업체 모두에게 문제를 지속시키고 있다. 예를 들면, Instacart는 주문이 68달러 이상일 때만 수익을 낼 수 있다. 결과적으로 고객이 식품배달 서비스를 이용할 때, 그 산업은 총 식품 매출의 1.9%에서 2.9% 정도 성장했지만, 온라인 식품 소매업체는 다른 온라인 소매업체들에 비해 더 적게 성장하였다. 이렇게 이익이 낮은 원인 중 일부는 식품 배달 서비스의 제한된 이용가능성, 즉 주로 대도시에서만 가능하다는 점에서 찾을 수 있다. 유통기한이 짧은 식품을 배달하는 것은 인구가 밀집되고, 도시화가 이루어진 지역에서 훨씬 쉽기 때문이다. 주로 아웃소싱을 이용해야만 하는 배달 서비스의 비용도 그 원인 중 하나이다. 이러한 원인들은 산업이 성장하는데 장벽이 될 수 있다.

Retailing View 2.2는 온라인 식품 소매업체가 포지셔닝과 수익성을 유지하기 위해 행한 특별한 접근방식을 보여주고 있다.

2.2 FreshDirect는 고객의 주문방법과 시간을 어떻게 알아냈을까?

FreshDirect는 2002년 미국 북동부에서 식품배달업으로 시작된 회사이다. 회사는 최신 기술을 이용해 "farm to table" 컨셉으로 고객에게 서비스를 제공하였다. 그들의 컨셉은 고객들이 고품질의 다양한 식품들을 찾고, 구매하는 것이 어렵다는 인식에서 시작되었다. 목초사육 소를 위해 푸줏간, 갓구운 빵을 위해 제과점에, 신선한 야채를 위해 파머스마켓에 방문할 수 시간이 있는 사람이 얼마나 될까? FreshDirect는 60개 이상의 지역 공급업체들과 함께 Philadelphia, Connecticut, New Jersey, 그리고 New York의 고객들이 이러한 제품을 구매할 수 있게 하는 온라인 시스템을 구축하였다.

하지만 FreshDirect가 인터넷을 이용했음에도 불구하고 "장소"가 실제로는 약간 달랐다. 다시 말해, 고객들이 사용하는 디바이스는 그들이 주문하는 아이템에서 큰 차이를 일으켰다. 따라서 FreshDirect는 고객들이 회사와 상호작용을 하는 동안 어디서, 언제, 그리고 어떠한 경로를 통해 쇼핑을 하는지 이해하는 것이 필요했다.

예를 들면, 식품 배달서비스는 사람들이 토요일 또는 일요일에 주문을 넣고, 주로 핸드폰을 이용한다고 생각해왔다. 하지만 주중에는 주로 컴퓨터를 이용하였고, 점심시간이나 근무시간 중간에 책상에서 주문을 하였다. 이러한 차이는 모바일 사이트를 통해서는 한가한 주말활동에 적절한 상품을 판촉해야 하고, 웹사이트는 고객들이 근무시간 중에 관리자에게 들키기 전에 쇼핑할 수 있도록 주문처리가 빨라야 한다는 것을 의미한다.

회사의 CCO[Chief Consumer Officer]는 옴니채널과 멀티디바이스를 활용한 몇가지 비즈니스 시나리오를 만들었다. 특히, 그녀는 고객이 언제, 어디서 해결책을 찾고 싶어하고, 잠재적인 날씨 위험에 어떻게 반응하는 지에 초점을 두고 질문을 시작하였다. "눈이 온다고 해 봅시다. 우리는 언제까지 올지 정확히 모릅니다. 이 때, 우리는 우리가 이번주 주문처리를 완료할 수 있는 마지막 시간이 언제인지 알 필요가 있습니다. 배달이 어렵기 때문에 우리는 쇼핑몰을 닫아야 할까요? 우리는 고객들이 패닉상태에 빠지고, 그들의 식품을 원한다는 것을 압니다. 그래서 우리는 고객들이 그 때 어디에 있는지 알아야 합니다.

reshDirect는 고객이 사용하는 디바이스 뿐 아니라 어디서, 언제, 어떤 경로로 그들이 쇼핑하느냐에 따라 고객의 주문이 다르기 때문에 이에 맞추어 온라인 메시지를 조정한다.

우리는 눈이 온다는 메시지를 고객들의 핸드폰에 보내야 할까요? 그리고 컴퓨터에서도 이에 상응하는 조정작업을 해야 할까요?"

사람들이 온라인과 모바일에서 보내는 시간이 증가하면서, 역으로 그들의 개별 판매자와의 상호작용 시간은 점점 짧아지고 있다. FreshDirect 같은 온라인 식품 소매업체는 이렇게 빨리 움직이는 고객들에게 어필하는데 매우 짧은 시간만을 가지고 있다. 때문에 이 어필의 핵심 요소는 어떻게 그들이 그들의 다양한 디바이스를 특별한 방법으로 사용하는지를 이해하는 것이다.

출처: FreshDirect, "About Us," https://wwwfreshdirect.com; David Orgel, "FreshDirect Targets Multi-Device Strategies," Supermarket News, January 20, 2016.

III 일반상품 소매업체

일반상품 소매업체의 종류에는 대표적으로 백화점, 대형마트, 전문점, 카테고리 전문점^{카테고리}

^{킬러, 할인전문점}, 홈센터, 드럭스토어, 상설할인 소매업체, 그리고 초가치 소매업체 등이 있다. 〈표 2-4〉는 일상용품을 파는 점포 소매업체의 특징을 요약해 놓은 것이다.

표 2-4 일반상품 소매업체의 특징

유 형	종 류	구 색	서비스	가 격	점포크기 (1,000 sq. ft.)	품목 수 (1,000 skus)	입 지
백화점	많음	중상	상중	상중	100 ~ 200	100	지역 쇼핑몰
대형마트	많음	하중	하	하	60 ~ 80	30	독립적으로, Power strip 센터
전문점	적음	상	상	상	50 ~ 100	5	지역 쇼핑몰
카테고리 전문점	적음	최상	상하	하	4 ~ 12	20 ~ 40	독립적으로, Power strip 센터
홈센터	적음	최상	상하	하	80 ~ 120	20 ~ 40	독립적으로, Power strip 센터
드럭스토어	적음	최상	중	상중	3 ~ 15	10 ~ 20	독립적으로, Power strip 센터
상설 할인 매장	보통	최상, 다양	하	하	20 ~ 30	50	아웃렛
초가치 소매매장	보통	중간, 다양	하	하	7 ~ 15	3 ~ 4	도시

* 1,000sq. ft. = 92.7m² = 28.1 평

1. 백화점Department Store

LO 2-3
일반상품 소매업체의
다양한 유형을 구분할 수 있다.

백화점은 다양한 유형의 상품과 깊이 있는 구색을 갖추어 놓고 있으며, 세심한 고객 서비스를 제공하고 있다. 상품의 종류 또한 체계적으로 분류하여 진열해 놓고 있다. 미국에서 가장 큰 백화점 체인점은 Sears, Macy's, Kohl's, JCPenney, Nordstrom이다. 전통적으로 백화점은 쾌적한 분위기, 세심한 서비스, 그리고 다양한 종류의 상품들로 고객을 끌어들였다. 백화점은 비내구 소비재^{의류와 침구류}와 내구 소비재^{가정용 기기, 가구, 가전상품}를 주로 판매했다. 그러나 이제는 대부분의 백화점들이 거의 비내구 소비재에만 집중하고 있다. 백화점의 주요 부서에는 여성 의류, 남

성 의류, 아동 의류와 액세서리 코너, 가구 코너, 화
장품 코너, 그리고 부엌용품, 소형 가전 코너가 있다.
각각의 부서들은 백화점 내 명확하게 할당된 판매공
간이 있고, 고객들을 돕는 판매원도 있다. 이러한 백
화점은 전문점들이 모여있는 형태이다.

백화점 체인은 3개의 단계로 분류할 수 있다. 첫
번째 단계는 고가의 디자이너 의류와 훌륭한 서비스
를 제공하는 고급의 최신 유행 스타일 체인들이다.
Neiman Marcus, Bloomingdale's^{Macy's Inc.의 계열사},
Nordstrom, 그리고 Saks Fifth Avenue^{Saks Inc.의 계열사}

가 첫 번째 단계에 속한다. Macy's와 Dillards는 백화점 체인의 두 번째 단계인 고급 전통 백화
점의 대표적인 예이다. 이 단계는 보통 정도의 가격의 상품들을 판매하고 고객 서비스도 중간
수준이다. 가격지향적인 세 번째 단계는 Sears, JCPenny, 그리고 Kohl's로 대표된다. 이 단계에
서는 가격을 의식하는 소비자들의 구미에 맞춘다. 첫 번째 단계의 백화점 체인들은 뚜렷하게
차별화된 포지션으로 지위를 확고히 하고 있고, 확실한 재정적 성과를 내고 있다. 반면, 가격지
향적인 단계의 백화점 체인들은 고급화된 대형마트들과의 치열한 경쟁 상황에 직면하고 있다.

백화점은 여전히 특별 이벤트, 퍼레이드^{뉴욕시에서 Macy's의 부활절 퍼레이드}, 산타클로스랜드, 명절 장식
등 몇몇 소매업의 전통을 계속 이어나가고 있으며, 다른 소매업체에서는 살 수 없는 명품 브랜
드를 독점하고 있다. 그러나 많은 소비자들은 백화점에서의 혜택과 쇼핑 비용에 대해 의문을
품고 있다. 백화점은 Target과 같은 할인점에 비해 편리하지 않은데, 이는 백화점의 입지 때문
이다. Kohl's를 따라서 JCPenny와 Sears는 비상업지구에 매장을 열기도 하지만, 백화점은 대
개 고객들이 사는 곳과 가까운 지역에 위치해 있지 않고, 대부분이 대형 상업지구에 위치해있
다. 두 번째와 세 번째 단계의 백화점에서는 노동비용을 줄여 이익을 증가시키려고 하기 때문에
고객 서비스가 약해지고 있는 추세이다. 게다가 백화점은, 할인점이나 식료품 업체들처럼 공급
자와 연계해 적시재고시스템^{Just-In-Time inventory system}을 구축하는데 성공적이지 못했기 때문에, 가
격은 여전히 높은 편이다.

줄어가는 시장 점유율의 하락 추세를 해결하기 위해, 백화점은 ① 독점 판매 상품의 양을 늘
리려 하고, ② PB상품 취급을 늘리고 있으며, ③ 옴니채널에서의 영향력을 확대시키고 있다.

백화점들은 공급하는 상품을 차별화하고 이미지를 강화하기 위해, 전국적으로 인정받는 디
자이너들과 독점 계약을 체결하려 적극 노력하고 있다. 예를 들어, Ralph Lauren은 JCPenny
에서 독점판매하는 캐주얼 의류 라인인 American Living을 디자인 했다. 뿐만 아니라 Macy's
는 Martha Stewart, Sears는 Rachael Ray의 식기 브랜드를 독점판매하고 있다.

마지막으로 대부분의 백화점들은 인터넷 활동을 강화함으로써 다채널 소매 혁신에 적극 참
여하고 있다. JCPenny는 10억 달러 이상을 온라인으로 판매하고 있는데, 강력한 카탈로그 사

Retailing VIEW 2.3 Macy's의 의미있는 변신

매출액의 급감과 위상의 타격에 직면한 1등 백화점 Macy's는 기존 백화점의 강점을 활용하고, 새로운 업태의 소매를 보완하면서 이 문제를 해결하고자 했다. 특히, 옴니채널 전략으로 전통적인 백화점은 이미 강력한 온라인 채널을 확대함과 동시에 새로운 혁신적인 점포 내 기술 in-store technologies을 수용하였다.

예를 들면, 대형 Look Book 디스플레이와 함께 고객들은 점포 내에서 디지털 카탈로그를 이용해 패션 아이디어, 옷장 수납공간 확대방법, 패션예측 등을 찾을 수 있다. 스크린을 터치하면, 다양한 칼라와 사이즈의 패션을 확인할 수 있을 뿐 아니라 관심있는 상품의 세부정보까지 확인할 수 있다. POP 터미널들은 전국 Macy's 백화점의 재고정보를 확인할 수도 있게 한다. 심지어 Face-book의 '좋아요' 숫자와 고객의 선호도 랭킹도 제공해 준다. 고객이 결제할 때, Apple Pay도 가능하다. 이러한 신기술들을 조기에 수용한 업체 중 하나로서 Macy's는 거의 모든 것에 대해 iPhone을 이용하려고 하는 Apple 팬들에게 어필하고자 노력하고 있다. Macy's Wallet, Shopkick 앱은 고객들이 쿠폰과 특별 할인을 두가지 방법으로 받을 수 있게 해 준다. 일단 다운로드하면, 앱에서는 정보제공 동의를 요청한다. 그리고 Macy's 점포에 들어갈 때, 그 앱을 열도록 상기시켜준다. 그 앱을 열게 되면 백화점에서 그 고객에게 개인화된 안내를 하게 된다. 고객의 동선을 추적하고, 예를 들어, 그 고객이 야외패션 매장에 가게 되면, 화장품 보다는 장갑에 대한 할인정보를 받게 된다. Macy's Wallet 앱 또한 Macy's 백화점에서만 사용가능하고, 고객 충성도 카드와 연동되어 있다는 점 외에는 이와 유사하다.

Macy's 고객들은 대형 Look Book 디스플레이와 함께 점포 내 디지털 카탈로그를 이용해서 패션 아이디어, 옷장 수납공간 확대방법, 패션예측 등을 찾을 수 있다.

고객이 상품의 할인쿠폰을 그들의 과거 구매정보를 통해 얻게 되면, 더 이상 종이로된 쿠폰을 집에 놓고 가게 되는 걱정을 하지 않아도 된다.

마지막으로 현대의 고객들이 집으로 상품을 배달해 주기를 원한다는 점에서 Macy's는 단순하고, 중앙집중화된 배달 시스템을 강화해 왔다. 예를 들어, 과거에는 몇몇 점포의 종업원들이 온라인 주문을 받고, 점포의 선반에서 해당 아이템들을 꺼내고, 포장하고, 고객에게 보내왔다. 하지만 이러한 일들에 소요되는 시간의 효율성에 대해 많은 고민을 하게 되었다. 점포의 종업원들은 점포 내에서 고객을 돕는 것과 상품을 포장하고 배송하는 일을 동시에 할 수 없었다. 때문에 Macy's는 주문이행 프로세스를 머천다이징 팀에 배정해서 점포가 오픈하기 전에 재입고하게 하였다. 게다가 Deliv라고 하는 크라우드소스 배달 서비스를 이용하여, 고객들이 점포 내에서 구매를 하고 그것들을 집까지 배달시키게 하였다. 더 이상 몰 내에서 무거운 짐들을 싣고 가지 않아도 되게 하였다.

그러나 한 애널리스트에 따르면 Macy's의 재고는 종종 지나치게 많고, 이것을 적절하게 이동 시킬 수 있는 책임을 가진 전문인력이 부족하다. 때문에 고객에게 더 나은 수준의 서비스를 제공하기 위해서는 기술에 대한 관심은 줄이고, 이를 활용할 수 있는 사람에 보다 초점을 맞출 필요가 있다. 앞으로도 경쟁력을 유지하기 위해서 Macy's는 회사가 가진 다양한 채널들을 활용해서 보다 완벽한 옴니채널 전략을 구사하여야 할 것이다.

출처: Alexander Coolidge, "Hate Checkout Lines? Macy's Can Help," Cincinnati Inquirer, October 3, 2004; Ken Lonyai, "Rivals Need to Up Customer Experiences to Compete with Amazon," RetailWire, January 12, 2016; Shelly Banjo, Suzanne Kapner, and Paul Ziobro, "Retailers Bet on 'Omnichannel' Strategy to Fill Online Orders from Store Shelves," The Wall Street Journal, December 18, 2014.

업이 이러한 성공을 거들었다. 카탈로그 사업을 통해서, JCPenny는 많은 전통적인 카탈로그 고객들이 인터넷으로 이동하고 있다는 사실과 점포를 거치지 않고 고객들에게 파는 방법을 알게 되었다.

1 PB상품 확대하기

이러한 아이템들은 특정 소매업체에 의해 개발되고 판매된다. Macy's는 Alfani^{여성패션}, Hotel collection^{럭셔리 옷감}, Tools of the Trade^{홈패션} 등 성공적인 PB를 보유하고 있다.

2 옴니채널과 소셜미디어 확대하기

대부분의 백화점들은 옴니채널 소매에 매우 적극적이다. Macy's와 Nordstrom에서는 고객들이 상품을 온라인을 통해 구매하거나 예약한 뒤, 점포에서 수령할 수 있다. 고객들은 온라인에서 구매한 상품을 점포에서 반품할 수도 있다. Macy's와 JCPenney에서는 판매점원이 품절상품을 그들의 POS시스템을 이용해서 온라인으로 주문할 수 있고, 고객에게 직접 배송되게할 수 있다. Retailing View 2.3에 나타난 것처럼 Macy's는 가장 연결이 잘 되어 있는 회사라고 할 수 있다.

백화점의 시대가 끝날 것이라는 주장들에도 불구하고, 몇몇 소매업체들은 기존 고객들에게 더 나은 어필을 할 뿐 아니라 소형의 전문점을 선호하는 젊은 층도 유입할 수 있는 혁신적인 아이디어를 소개해오고 있다. 예를 들어, Nordstrom은 HauteLook이라는 온라인 사이트를 통해 부유층만을 대상으로 한 최고급^{high-end} 백화점의 이미지를 바꾸고 있다. HauteLook에서 고객들은 유명 브랜드를 상당히 할인된 가격으로 구매할 수 있다. 뿐만 아니라 다양한 상품을 할인된 가격으로 판매하는 Nordstrom Rack 오프라인 점포를 통해 이러한 이미지를 더욱 강화하고 있다. Nordstrom Rack의 매장 숫자는 점점 늘어나고 있다. 더욱 놀라운 것은 Nordstrom이 이 두가지 대안적인 경로들을 긴밀하게 연결시켰다는 것이다. HauteLook에서 사이즈가 잘못된 옷을 구매한 고객은 반품배송을 할 필요없이 Nordstrom Rack에서 자유롭게 반품할 수 있다.

2. 종합할인점Full-line Discount Store

종합할인점은 다양한 상품과 제한된 서비스 그리고 낮은 가격을 제공하는 소매업태이다. Target을 제외한 종합할인점은 PB상품과 NB상품을 모두 취급하는데, 이들은 백화점이나 전문점에 비해서 패션지향적이지는 않다. 미국의 대표적인 종합할인점 체인으로는 Walmart, Target, Kmart^{Sears Holding 계열사} 등이 있다. 하지만 이런 종합할인점들은 특정 카테고리에 전문화된 Staples, Best Buy, Bed Bath & Beyond, Sports Authority, Lowe's 등과 치열한 경쟁에 직면해 있다. 이에 대응하기 위해 Walmart는 몇가지 대응전략을 펴고 있다. 첫째, 많은 수의 종합할인점을 슈퍼센터로 전환하고 있다. 이 슈퍼센터는 고객이 많은 식품 카테고리를 확대함으로서 규모의 경제를 달성할 수 있기 때문에 전통적인 종합할인점에 비해 효율적이다. 둘째, 기존 오프라인 매장의 시설들을 온라인 영업에 활용하여서, 고객들에게 온라인으로 주문하고, 점포에서 수령하게 하는 옴니채널의 경험을 제공하고 있다. 셋째, 상품의 범위를 확대하고 있는데, 유기농식품 및 공정거래 상품의 취급이 급격히 늘어나고 있다.

Target은 유쾌한 매장 환경에서 유행하는 패션상품들을 낮은 가격에 제공함으로써 괄목할 만한 성장을 경험해오고 있다. 소위 "Cheap Chic" 라고 하는 저가격 이미지를 개발해 왔고, 지속적으로 한정판 독점판매 패션과 화장품라인을 제공해 왔다. GO 국제 캠페인에서는 유명 디자이너인 Missoni, Stefani, Harajuku Mini, Marimekko, Albertus Swanepoel, Josie Natori 등과 협업하기도 하였다.

이와는 대조적으로 Sears의 Kmart는 최근 몇 년간 다소 고전하고 있고, 현재 혁신적이면서 기존에 없었던 해결책을 찾고 있다. 예를 들면, TV, 냉장고, 도구함, 창고문열쇠 등 스마트 기술이 가능한 상품들을 DieHard, Kenmore, Craftsman 등의 PB 상품으로 제공하고 있다. 하지만 많은 전문가들은 Kmart의 장기적인 생존에 대해 걱정하고 있다.

3. 카테고리 전문점Category Specialists

카테고리 전문점은 일정한 상품 카테고리를 대상으로 다양한 구색을 갖추면서 싸게 판매하는 할인점이다. 그러므로 카테고리 전문점은 바로 할인 전문점인 것이다. 〈표 2-5〉는 미국에서 가장 큰 카테고리 전문점들을 나열하고 있다. 대부분의 카테고리 전문점은 셀프서비스를 추구하는 경향이 있다. 그러나 매장의 일부 구역에서는 종업원들을 매장 내에 배치해 놓고 있다. 예를 들어, Staples는 매장을 창고처럼 꾸며 놓았다. 복사 종이가 큰 묶음으로 선반 위에 쌓여 있으며, 공구들은 상자 단위로 선반에 올려져있다. 그러나 컴퓨터나 첨단 기술 상품의 경우는, 진열해놓은 곳에 종업원들을 배치해 고객들의 질문에 답하고 제안을 할 수 있게 하였다. Bass Pro Shops' Outdoor World는 야외활동과 오락을 위한 용품을 전문적으로 파는 카테고리 전문점이다. 매장에서는 27센트 하는 플라스틱 미끼에서부터 45,000달러에 파는 레저 차량까지, 사냥과 낚시에 필요한 상품을 다 갖추고 있다. 판매원들은 야외활동에 대한 지식을 갖추고 있고, 각자의 전문분야를 담당하고 있다. 있다. Bass Pro Shops' Outdoor World의 모든 PB 상품은 Redhead Pro Hunting과 Tracker Pro Fishing Team이라는 전문 테스트 팀이 현장 테스트를 한다. 한 가지 상품 카테고리에 대해서 다양한 구색을 갖추어 놓고 또한 저렴한 가격을 제시함으로써, 그 상품 카테고리를 파는 다른 소매업체들을 죽일 수 있다고 하여, 흔히 "카테고리 킬러^{category killers}"라고도 불린다. 카테고리 전문점은 상품의 한 카테고리에 집중하고 있기 때문에, 그들의 구매력을 이용하여 낮은 가격, 아주 좋은 거래 조건, 그리고 상품의 원활한 공급을 이끌어 낼 수 있다. 카테고리 전문점과 근거리에 있는 백화점이나 할인점은 그들의 상품 종류를 제한받는다. 왜냐하면 소비자들은 다양한 종류와 낮은 가격을 자랑하는 카테고리 전문점을 선호하기 때문이다.

Staples 같은 카테고리전문점은 깊이 있는 구색의 상품을 저가격에 판매한다.

카테고리 전문점 중에서 규모가 가장 크고 성공적인 카테고리 전문점의 형태는 홈 임프루브먼트 센터^{home improvement center}이다. 홈 임프루브먼트 센터는 자가 조립 고객^{DIYer,do-it-yourselfers}과 건축업자가 필요로 하는 재료와 도구를 판매하는 카테고리 전문점이다. 집을 유지하고 개선하려는 소비자들을 표적시장으로 삼고 있는 것이다. 미국의 가장 큰 홈 임프루브먼트 센터에는 Home Depot와 Lowe's가 있다. 홈 임프루브먼트 센터는 창고형 할인매장이나 사무용품 전문점처럼 소비자들에게 직접 상품을 판매하는 소매업체의 특징을 보여주기도 하고, 건축업자나 다른 업체에 물품을 판매하는 도매업체의 특징을 보여주기도 한다. 홈 임프루브먼트 센터에서는 상품들이 창고형으로 진열되어 있지만, 종업원들도 매장 내에 배치되어 있어 고객들이 상품을 선택할 때 도움을 주고, 그 상품을 다루는 법을 알려주기도 한다.

카테고리 전문점들은 다른 형태의 업체들과 경쟁한다고는 하지만, Lowe's와 Home Depot, Staples와 Office Depot 경쟁과 같은 카테고리 전문점끼리의 경쟁이 치열하게 전개되고 있다. 카테고리 전문점들은 동일한 국내 브랜드 상품들을 구매하여 모두 비슷한 구색으로 진열해 놓으며, 같은 수준의 서비스를 제공하고 있는 것이다. 그렇기 때문에 가격 외의 소매믹스 요소를 차별화 하기에는 어려움이 많이 따른다. 카테고리 전문점은 점점 과열되는 경쟁에 대한 대책으로, 운영 효율을 높이고 규모의 경제를 얻기 위해 규모가 작은 체인점들을 인수하면서 가격을

표 2-5 카테고리 전문점

의류/제화/액세서리	DSW, Men's Warehouse	홈 임프루브먼트 센터	Home Depot, Lowe's
서적	Barnes & Noble	가정용품	Bed Bath & Beyond, The Container Store
전자제품	Best Buy	악기	Guitar Center
공예품	Michaels	장난감	Toys "R" Us
엔터테인먼트	Chuck E. Cheese, Dave & Busters	사무용품	Office Depot, Staples
가구	IKEA, Pier 1, Sofa Express	애완용품	PetSmart, Petco
스포츠용품	Bass Pro Shops, L.L.Bean, Golfsmith, Outdoor World, REI		

낮추고 있다. 인수합병의 결과, 적은 수의 업체들만이 각 카테고리를 지배하고 있다.

몇몇 카테고리 전문점들은 서비스를 강화해 차별화를 시도한다. Home Depot와 Lowe's는 고객들에게 전기와 배관시설 수리에 대한 도움을 주기 위해, 관련 자격증을 소지한 사람들을 판매원으로 고용했다. 그리고 고객들이 집수리를 스스로 할 수 있게 타일을 바르는 법, 페인트 칠 하는 법 등에 대한 강좌를 제공해주고 있다.

4. 전문점 Specialty Stores

전문점은 제한된 수의 상호 보완적인 상품 카테고리를 판매하며, 매장에서 높은 수준의 서비스를 제공하고 있다. 〈표 2-6〉은 미국의 대형 전문 체인점을 소개하고 있다. 전문점들은 한정된 상품 카테고리와 깊은 상품구색, 그리고 전문 서비스 요원을 갖추면서 매우 특정한 고객층을 대상으로 소매전략을 구사하고 있다. 미국의 대표적인 여성용 속옷과 미용상품 전문 소매업체인 Victoria's Secret을 살펴보자. 쇼핑몰, 라이프스타일 센터, 중심업무지구 등 다양한 곳에 입지하는 전략을 사용하고 있는 Victoria's Secret은 패션지향적인 여성용 속옷과 향수, 화장품을 판매한다. Victoria's Secret은 슈퍼모델을 기용하고, 패션쇼를 통해 그들의 메시지를 전달한다.

럭셔리 상품 기업인 LVMH Louis Vuitton-Moet Honnessy의 계열사인 Sephora는 프랑스 향수와 화장품 체인의 선두에 서있다. 이 회사는 혁신적인 전문점의 또 다른 예라고 할 수 있다. 미국에서는 고급 화장품은 대개 백화점에서 판매하고 있다. 각각의 브랜드는 각기 다른 판매대가 있으며, 위탁 판매인이 고객들의 쇼핑을 돕는다. Sephora는 557 ~ 836m² 크기의 매장에서 화장품과 향수 위주의 깊은 구색을 갖춘 셀프서비스 전문점이다. JCPenney안에 독립매장을 운영하기도 한다. 매장에서는 자체 브랜드를 포함한 200개가 넘는 브랜드에서 15,000개가 넘는 SKU를 제공한다. 상품들은 브랜드의 알파벳 순으로, 품목별로 정렬되어 있어서 고객들이 쉽게 찾을 수

Levi's와 같은 많은 제조업체들은 그들의 자체 전문점을 오픈하여 브랜드에 대한 통제와 완벽한 구색의 제공을 추구하고 있다.

있게 하고 있다. 고객들은 자유롭게 쇼핑하고 상품을 테스트할 수 있으며, 샘플 상품도 다양하게 제공된다. Sephora의 판매원들은 항상 고객이 원하는 상품정보를 제공해주는데, 이들은, 백화점에서 판매 인센티브를 받는 백화점화장품 코너 판매원들과는 다르게, Sephora에서 직접 급여를 받고 일한다. 이렇게 개방되고 절제된 환경이 고객들에게 더 많은 시간에 쇼핑을 하게 하고 있다. Retailing View 2.4는 Sephora가 화장품 고객에게 어떻게 어필하는지 보여준다.

미국 내의 성공적인 전문점들은, 외국에서 들어온 경쟁자들로 인해, 고객들의 니즈를 어떻게 만족시킬 것인지에 대해 다시 생각하고 있다. 스페인의 Zara와 스웨덴의 H&M은 저렴하면서도 세련된 "패스트패션"을 미국에 소개하였다. 기존의 패션 전문점들은 1년에 10-12번 신상품을 선보이는데 비해, 패스트패션 회사들은 최신 유행 의류를 제공하기 위해 일주일에 2-3번 신상품을 내놓고 있다. 지속적으로 신상품을 선보이는 환경 덕분에, 고객들은 다음주면 다른 상품들이 매장에 있을 것이라는 것을 알고, "지금 당장 사는" 소비 경향을 보인다. 그 결과, 기존의 업체들이 60%의 상품만을 제 가격에 파는데 비해, 패스트패션 업체들은 85%의 상품을 제 가격에 팔고 있다.

표 2-6 대형 전문체인점

의류	The Gap, J. Crew, Victoria's Secret, Abercrombie & Fitch, Brooks, Urban Outfitters, Indochino.com, The Buckle, Forever 21, H&M, Zara, Ralph Lauren, Threadless, Brothers
자동차부품	Crutchfield
전자제품/소프트웨어/기타용품	RadioShack, Apple, Ascend Acoustics, Brookstone, Newegg, Tiger Direct, GameStop
건강미용용품	Aweda, Bath & Body Works, The Body Shop
GNC	Kiehl's, M.A.C, Makeup, Mania.com, Sephora
가정용품	Wiliams-Sonoma, Crate & Barrel, Pottery Barn, Sur La Table
보석류	Zales, Tiffany & Co., Blue Nile
시력보조	LensCrafters, Pearle Vision, 1-800 Conracts, Sunglass Hut
신발	Foot Locker, ALDO, Allen Edmonds, Nine West, Steve Madden, The Walking Company, Zappos

전문점은 현재 세계에서 가장 빨리 성장하면서 가장 수익성이 좋은 기업들 속에 포함되고 있다. Apple Store는 평방피트당 평균 4,798달러의 매출을 올리고 있고, Lululemon's는 첨단제품은 아니지만 요가에서 영감을 얻은 듯한 의류와 악세사리를 제공하면서 평방피트당 평균 1,675달러의 매출을 올리고 있다. 이는 일반적인 백화점의 평방피트당 매출액이 200달러이하인 것을 감안하면 놀라운 실적이다.

Charming Charlie는 앞서 언급한 브랜드들처럼 그렇게 잘 알려지지는 않았다. 하지만 이 작

Retailing VIEW 2.4 Sephora는 어떻게 화장품 산업을 탈바꿈시켰나?

한 때, 화장품 소매시장에는 격차가 있었다. 소비자들은 저렴하고 품질에 문제가 있는 상품을 드럭스토어나 식료품 점에서 구하거나 그렇지 않으면 그들은 백화점에 가서 비싼 백화점 전용 화장품을 구매해야 했다. 그러나 그 격차는 Sephora와 같은 전문 미용소매업체들에 의해 급속히 그리고 효과적으로 줄어들게 되었다. 지역의 쇼핑센터나 몰 내 편리한 위치에 입지한 화장품 전문 매장인 Sephora는 소비자들이 PB뿐아니라 유행하는 유명브랜드 제품을 독특하고, 흥미로운 점포 내에서 직접 체험해 볼 수 있는 기회를 제공하였다.

이러한 소매형태는 브랜드 충성도보다는 가치를 중시하는 밀레니엄세대에게 큰 인기를 얻었다. Sephora 매장에 방문하면서 그들은 여러 곳의 점포나 매장을 가지 않아도 매우 다양한 화장품들을 체험해 볼 수 있다. Sephora는 덜 알려진 브랜드와 상품들도 다양하게 갖춘다는 구색전략을 가지고 있기 때문에 Sephora에 방문하는 고객들은 아무도 사용하지 않은 독특하고, 세련된 화장품을 찾을 수 있다는 기대감을 즐길 수도 있다. 이 "보물찾기" 경험은 젊은 미용 고객들이 구매과정에서 즐거움을 느끼게 해 주고 있다. 젊은이의 대부분은 블로그를 참고해서 다양한 메이크업 스타일을 시도하거나 온라인을 통해 다양한 상품들의 리뷰를 읽어본다. 그래서 그들은 그들 스스로 화장품을 찾고, 시도해 보려는 강한 동기를 가지고 있다. 이러한 밀레니엄 세대 특성이 Sephora의 소매전략과 딱 맞는다고 할 수 있다.

프랑스의 럭셔리 전문 회사인 LVMH의 자회사인 Sephora는 이러한 혁신의 결과로 전세계에 1,800여개의 점포를 운영하고 있고,

Sephora는 고객들이 PB부터 유명 브랜드까지 다양한 화장품을 독특하고, 흥미로운 점포 분위기에서 직접 체험해 볼 수 있게 점포 내 경험을 제공하고 있다.

북미에만 360개가 있다. JCPenney는 점포내 점포 형태로 400개의 Sephora 매장을 입점시켰다.

한편 Sephora는 지속적인 성장을 위해 "Innovation Lab"을 운영하고 있고, 새로운 점포내 소매업태 또는 e-커머스 기술을 개발하고 있다. 예를 들어, 점내 디지털 사이니지를 이용해서 자사의 충성도 제고 프로그램을 홍보하고 있고, 온라인과 오프라인을 연계하여 쉽게 쇼핑할 수 있는 모바일 앱을 개발하였다. To Go 앱에서 고객들은 자동적으로 미용 계정을 만들 수 있고, 바코드를 부여받는다. 이 바코드는 오프라인 구매에서 스캔되어 사용될 수 있다. Sephora는 심지어 자사의 미용카드와 충성도 제고 프로그램의 활성화를 위해 전용 은행계좌를 사용하기도 한다. Sephora의 이러한 노력들은 고객으로 하여금 점포, 모바일, 온라인 유통경로 모두에서 Sephora를 이용하고 싶어하게 만들고 있다.

출처: Sarah Halzack, "The Sephora Effect: How the Cosmetics Retailer Transformed the Beauty Industry," Washington Post, March 9, 2015; Lauren Johnson, "Sephora Magnifies Mobile Ambitions via In-Store Signage, Updated App," Mobile Commerce Daily, August 23, 2013: Alix Strauss, "Sephora and the Upstarts," The New York Times, April 30, 2014.

은 회사의 성공은 전문점 소매업태도 성공할 수 있다는 확신을 갖게 한다. 10년 조금 더 걸려서 이 악세사리와 쥬얼리 체인은 300개 이상의 점 포로 성장하였는데, 미국 내 42개 주 이상, 캐나 다 2곳, UAE 2곳에서 점포를 운영하고 있다. 이 급속한 성장은 이 회사의 영향력과 잘 연결된다. Charming Charlie는 카테고리 대신에 색깔에 의해 상품 머천다이징을 한 최초의 소매업체 중 하나이다. 더욱이, 이 회사는 5달러 미만의 상품

에서부터 50달러 이하의 상품으로 구색을 갖추고 있다. 다시 말해 Charming Charlie는고객 들이 그들의 옷장을 전부 다시 시작하지 않고, 일부만 업데이트 할 수 있도록 도와주는 전문점 이라고 할 수 있다.

한편, 많은 제조업체들은 그들 소유의 전문점을 운영해왔다. 예를 들면, Levi's청바지와 캐쥬얼의류, Godiva초콜렛, Cole Haan신발과 악세사리, Lacoste의류, Coach지갑과 가죽 악세사리, Tumi여행가방, Wolford잠옷, Lucky Brand청바지와 캐쥬얼의류, Samsonite여행가방, Polo/Ralph Lauren의류와 가정 등이 대표적인 예이 다. 그들은 소매업체가 자비를 베풀어 그들의 상품을 구매하고, 판매해주기를 기대하기 보다는 직접 점포를 운영하여 스스로의 운명을 통제할 수 있다.

또다른 성장하는 전문점 분야는 재판매 소매resale stores이다. 재판매 소매는 중고품을 판매하 는 소매업체들이다. 재판매 소매의 특별한 형태는 알뜰 점포thrift store이다. 이곳에서 상품들은 기 부되고, 자선단체로 가게 된다. 다른 유형의 재판매 소매는 위탁점포consignment shop이다. 위탁점포 는 특정인에게 중고품을 받아서 판매 한 후 그 특정인에게 중고품 가격을 지불하는 형태이다. 재판매 소매는 160억 달러 규모로 추정된다. 그들은 최근 몇 년간 7%의 안정적인 성장을 해왔 다. 비록 재판매 소매의 매장환경이 전통적으로 다른 패션 소매업체들에 비해 덜 매력적이었지 만 훨씬 매력적인 가격경쟁력이 고객을 끌어들이고 있다.

오늘날 많은 재판매 점포들은 쇼핑공간을 보다 즐겁게 바꾸고, 서비스 수준을 높이면서 고 객 가치를 증가시켜 오고 있다. 저비용 상품구색과 함께 재판매 점포들은 전통적인 소매업체들 이 포기해왔던 보다 고급상품들에 대한 비중을 높여가고 있다.

아마도 가장 잘 알려진 알뜰 점포는 Goodwill 산업일 것이다. Goodwill 스토어는 그들의 소 매점포에서 종업원들의 직무훈련을 통해 고객들의 쇼핑이 다른 사람들 돕는다는 사실을 알게 하도록 노력하고 있다. 다른 재판매 소매와는 달리 Goodwill 스토어는 모든 상품을 취급한다. 과거 찌든 냄새와 어두운 분위기의 Goodwill 스토어였다면 최근 전국적으로 매장을 개선하고 리모델링 하고 있다. 지역의 점포들은 지역의 니즈를 충족하려고 노력하고 있고, 이로 인해 New England 지역의 Goodwill 스토어는 매년 신부드레스 세일전을 개최하고 있고, Florida 의 Suncoast에서는 식당을 운영하기도 한다.

5. 드럭스토어Drugstores

드럭스토어는 건강 및 미용용품을 집중적으로 판매하는 전문점이다. 많은 드럭스토어들이 화장품의 공간을 늘리고 있지만 여전히 수익의 가장 큰 비중은 약의 판매에 있다. 미국에서 가장 큰 드럭스토어 체인점에는 CVS, Walgreens, Boots 등이 있는데 업체간 인수합병으로 많은 변화가 있어왔다. 예를 들면, CVS는 Longs, Sav-On, Osco 등을 인수하였고, Walgreens는 영국의 드럭스토어 체인은 Boots와 합병한 뒤 Rite Aid를 매입하였다.

드럭스토어는 자체 약국을 갖고 있는 종합할인점이나 몇몇 식품 소매업체와의 경쟁에 직면해 있고, 건강관련 비용을 줄이도록 요구하는 사회적 압력을 받고 있다. 이에 대응하기 위해 주요 드럭스토어 체인점들은 더욱 더 다양한 유형의 일반 상품 및 고객들이 자주구매하는 식료품을 선보이고 있으며, 차 안에서 모든 절차를 해결할 수 있는 "Drive-through" 매대를 개설하고, 매장 내 클리닉을 입점시켜 좀 더 규모가 큰 독립점포로 변모하고 있다.

Walgreens은 Chicago의 플래그십 점포에 카페를 운영하면서, 고객들이 처방된 약을 받을 때까지 신선한 커피와 빵, 스시나 샌드위치, 건강음료 등 다양한 먹거리를 즐기게 하고 있다.

비록 드럭스토어가 여러 측면에서, 특히 편의성 관점에서 강점을 가지고 있지만 그들이 판매하고 있는 식료품을 놓고 보면 여전히 가격 경쟁력이 부족하다. 최근의 연구에서는 슈퍼마켓에서 144.65달러로 살 수 있는 상품들이 근처의 드럭스토어에서는 168.96달러나 필요했다.

6. 초가치 소매업체Extreme Value Retailers

초가치 소매업체들은 작은 규모의 할인점으로 달러스토어dollar stores 라고도 불리며, 제한된 구색을 갖추고 초저가에 공급한다. 대표적인 초가치 소매업체로는 Dollar General과 Dollar Tree가 있다.

제한된 상품군을 취급하는 식품 소매업체처럼, 초가치 소매업체들은 다양하지 않은 구색과 낮은 임대료의 매장을 통해 원가를 절감하고 상품을 낮은 가격으로 공급할 수 있는 것이다. 넓지만 얕게 구성된 가정용품, 건강용품, 미용용품, 식료품 및 잡화 등을 취급한다. 특히 Dollar General과 Dollar Tree는 소비형태가 일반 할인점이나 창고형 할인점 이용자들과 다른, 저소득층 고객들을 주된 공략대상으로 하고 있다. 예를 들어, 저소득층 고객들은 잘 알려진 국내 브랜드를 사고 싶어하지만 대용량으로는 사지 못하는 경우가 많다.

초가치 소매업체들은 이름과는 다르게 일부 상품만을 1달러에 판다. 선두업체인 Dollar General은 엄격한 가격제한을 두고 있지 않고 20달러의 상품도 팔고 있다. 업체들의 이름은 저렴한 가격을 암시하지만 임의의 가격을 설정하지는 않는다. 이 분야의 사업은 급격히 발전하고 있으므로, 업체에서는 자신만의 특별하고 작은 포장의 상품을 종종 선보이고 있다.

Dollar Tree는 취급하는 상품들이 전부 1달러 이하이기 때문에 진정한 염가 판매점이다. 이 염가 판매점에서는 선물가방, 파티용품, 가정용품, 장식용품, 사탕과 식품, 장난감, 건강 및 미용용품, 선물, 문구, 책 등의 다양한 상품을 구비해놓고 있다. 과거에 염가 판매점은 저소득층을 위한 저급한 소매업체라는 취급을 받았지만, 이제는 찾는 즐거움을 느끼려는 고소득층 소비자들도

Dollar General은 전문성이 낮지만 다양한 가정용품, 건강용품, 미용용품, 식료품을 판매하는 초가치 소매업체이다.

점차 애용하고 있다. 쇼핑객들은 초가치 소매 매장이 장식품 속의 보물을 찾는 기회라고 보기도 한다.

7. 상설할인 소매업체 Off-Price Retailers

재고정리 소매업체close-out retailers라고도 알려진 상설 할인 업체는 유명 브랜드의 상품을 일정한 상품구색 없이 제조업체가 제공하는 낮은 가격으로 판매하는 소매업체이다. 미국에서 규모가 큰 상설 할인업체로는 T.J. Maxx, Marshalls, Winners, HomeGoods, HomeSense를 운영하는 TJX사와 Ross Stores, Burlington Coat Factory, Big Lost Inc. 그리고 Overstock.com이 있다. 상설 할인 업체는 유명 브랜드 상품과 디자이너 상품을 자체 구입을 통해 백화점보다 20 ~ 60% 낮은 가격으로 제공하고 있다. 대부분의 상품은 시즌이 끝날 때에 제조업체나 소매업체로부터 잉여 재고를 간헐적으로 매입한 것이다. 이 상품들은 그 다음 시즌에 판매하지 않기 때문에 재고정리 상품이라고 한다. 그렇기 때문에 크기가 맞지 않는 상품이나 인기 없는 색깔 및 스타일의 상품이 있을 수 있으며, 심지어는 파손된 상품이 있을 수도 있다. 대체로 원래의 도매 가격에서 1/5이나 1/4정도의 가격으로 그 상품들을 매입한다. 상설할인업체는 제조업체에게 광고나 반품, 이윤 조정, 지불 등에 대해 요구를 하지 않기 때문에 저렴한 가격으로 상품을 매입할 수 있는 것이다. 소매업체의 상품 매입과 관련된 개념과 조건들은 제13장에서 상세히 다루어질 것이다. 상설할인업체의 이벤트적인 구매패턴 때문에, 고객들은 매장을 방문할 때 마다 같은 상품이 진열되어 있을 것이라고 기대하지 않는다. 때문에 고객들은 숨겨진 보물을 찾아내는 즐거움을 느낀다. 매번 다른 종류의 할인 행사가 벌어지며, 일부 상설할인업체에서는 상품에 대한 일관성을 유지하기 위해 정상가로 산 상품들도 함께 진열해 놓고 있다. TJX의 CEO는 그들 상품의 5% 미만만 비공식 유통을 통해 공급받고 대부분의 상품들은 제조업체의 동일 시즌 상품이라고 주장한다.

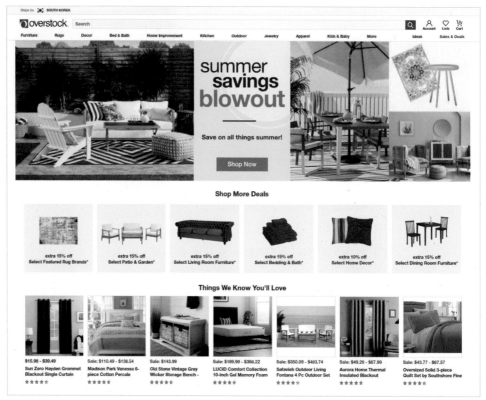

아웃렛 점포는 상설할인업체 중에서 특이한 유형의 업체이다. 아웃렛 점포는 제조업체나 백화점 혹은 전문 체인점이 운영하는 상설할인매장이다. 제조업체가 소유하고 있는 아웃렛 점포는 팩토리 아웃렛factory outlets이라고 부른다. 아웃렛 점포는 아웃렛 전문 쇼핑몰에 위치해있다. 제조업체는 아웃렛 점포를 통해 불량품, 잉여 상품, 그리고 반품된 상품들을 판매하여 수입을 올리고 있다. 또한 아웃렛 점포는 일부 브랜드 상품을 할인하여 판매하기도 한다. SaksSaks Off Fifth나 Williams-Sonoma와 같이 유명 브랜드 소매업체들도 아웃렛 점포를 갖고 있다. 이들은 정규 점포에서 상품을 할인하여 팔기보다는 아웃렛 점포에서 할인된 상품을 판매함으로써, 고객이 사고 싶은 상품을 정가로 판매한다는 정규 점포의 이미지를 유지하고 있다.

몇몇 소매업체들에게는 그들의 아웃렛 점포는 미래이다. 때문에 Nordstrom은 전략방향을 바꾸어서 Nordstrom 백화점 121개보다 더 많은 200개의 Nordstrom Rack을 북미에 운영하고 있다. 하지만 아웃렛 점포는 수익을 감소시키는 부작용도 있다.

온라인 상설할인 소매업체는 Gilt, Rue La La, Haute Look 등과 같은 반짝 세일flash sale 사이트에서 발전했다. 이러한 사이트들은 등록된 회원들에게 특정 시간에 한정해서 특별한 세일행사를 한다는 이메일을 보낸다. 많은 반짝 세일 사이트는 독립적인 운영을 함에도 불구하고, 기존 백화점에 대부분 인수되고 있다. 예를 들어, Gilt Groupe는 이제 Saks Fitth Avenue의 소유이고, Nordstrom은 Haute Look을 인수하여 nordstromrack.com과 연계운영 하고 있다.

때문에 반짝 세일사이트는 백화점의 대안적인 아웃렛 경로를 제공하지만 고객들 관점에서는 백화점과 분리된 업태로 인식되고 있다.

# 서비스 소매업체

앞 절에서 다루어진 상품을 판매하는 소매업체와는 달리, 서비스 소매업체는 소비자에게 상품대신 '서비스'를 제공한다. 이는 소매산업에서 큰 비중을 차지하며, 계속해서 성장하는 분야이기도 하다. 우리의 일상적인 토요일을 떠올려보자. 집 근처에 있는 Einstein Bros에서 모닝 커피 한 잔과 함께 베이글을 먹고, Laundromat에 들러서 드라이 클리닝을 맡긴다. 그리고 Best Buy에 있는 Greek Squad에 PC 수리를 맡기고, 돌아오는 길에 Jiffy Lube에서 오일을 교체한다. Taco Bell에서 급히 타코 하나로 끼니를 때운 뒤, 1시로 예약 해놓은 미용실로 간다. 오후 4시가 되면 운동을 하러 헬스 클럽에 가고, 집에 돌아온 뒤 친구들을 만나기 위해 옷을 갈아입는다. 그리고 밤에는 친구들과 함께 저녁을 먹고, 영화를 보고, 춤을 추면서 즐거운 시간을 보낸다. 하루의 마지막은 스타벅스에서 카페라떼 한 잔을 마시는 것으로 마무리한다. 이로써 우리는 하루 동안 10여 가지의 서비스 소매업체를 접하게 된다.

현재 사회가 변화하는 추세를 보면, 서비스 소매업체가 미래에 상당한 규모로 성장할 것을 예측해 볼 수 있다. 예를 들어, 노화 현상은 건강 서비스에 대한 필요를 증진시켰고, 결과적으로 이제는 젊은 사람들도 건강과 운동에 많은 시간과 돈을 투자하고 있다. 또한, 맞벌이 부부 가족은 가족 구성원들과 더 많은 시간을 보내기 위해, 사람을 고용하여 집 청소, 정원 가꾸기, 빨래하기, 식사 준비 등을 맡긴다. 〈표 2-7〉은 다양한 종류의 서비스 소매업체를 소개하고 있다. 이들은 소비자에게 상품 및 서비스를 제공하기 때문에 당연히 소매업체에 속한다. 그러나 이들 중 몇몇은 그저 단순한 소매업체만은 아니다. 예를 들어, 항공사, 은행, 호텔, 보험, 그리고 속달 우편 회사들은 소비자들뿐만 아니라 다른 사업체에게도 상품 및 서비스를 판매하고 있기 때문이다. 변호사, 의사, 그리고 세탁소 또한 서비스 소매업체라고 볼 수 있지만, 이들은 주로 소규모 업체들이기 때문에 〈표 2-7〉에 포함시키지 않았다. 은행, 병원, 건강 센터, 연예기획사, 그리고 대학과 같은 조직체들은 소비자들에게 서비스를 제공하고 있기는 하지만 흔히 소매업체로 분류되지는 않는다. 그러나 동종업체들 사이에서 경쟁이 증가하고 있기 때문에, 이들은 이제 소비자들을 유인하고 그들의 욕구를 충족시키기 위해 소매원리를 받아들이고 있다. 보스턴에 있는 드라이 클리닝 서비스 체인점인 'Zoots'는 최선의 소매원리를 적용하고 있는 예라고 볼 수 있다. Zoots는 점포의 위치를 고객편의를 고려해서 선정했으며, 고객이 맡겼던 옷을 직접 집까지

📖 표 2-7 서비스 소매업체들

유형	회사명
항공사	American, Southwest, British Airways, JetBlue
자동차 유지 및 수리	Jiffy Lube, Midas, AAMCO
자동차 임대	Hertz, Avis, Budget, Enterprise
은행	Wells Fargo, Bank of America
보육	Kindercare, Gymboree
세탁	Zoots
교육	Babson College, University of Florida, Princeton Review
엔터테인먼트	Disney, Six Flags, Chuck E. Cheese, Dave & Busters
특급수송	Federal Express, UPS, U. S. Postal Service
패스트푸드	Wendy's, McDonald's, Starbucks
금융	Merrill Lynch, Morgan Stanley, American Express, Visa
휘트니스	Jazzercise, Bally's, Gold's Gym
의료	Humana, HCA, Kaiser, Permanente
집 유지	TruGreen, Mini Maid, Roto-Rooter
호텔, 모텔	Hyatt, Sheratone, Marriott, Days Inn
소득세 준비	H&R Block
보험	Allstate, State Farm, GEICO
인터넷/전자정보	Google, internet Explorer, Mozilla Firefox, Safari
영화	AMC, Cineplex
퀵서비스 레스토랑	Panera Bread, Red Mango, Pinkberry
부동산	Century 21, Coldwell Banker
레스토랑	Applebee's, Cheesecake Factory
트럭 임대	U-Hul, Ryder
비디오 임대	Netflix
시력보조	Lenscrafters, Pearle, Vision
체중관리	Whight Watchers, Jenny Craig, Curves

배달해주는 서비스를 제공하고 있다. 또한, 평일 영업시간을 연장했을 뿐만 아니라 주말에도 영업을 하고, 영업 시간 안에 옷을 찾아가지 못하는 고객들을 위해 영업 외 시간에 옷을 맡아두기도 한다. 점포의 내부는 밝고 깨끗하게 꾸며져 있으며, 소비자들은 온라인 서비스를 통해 주문과 옷 찾을 날짜를 비롯한 여러 가지 정보를 접할 수 있다. 점원들은 모든 고객들, 특히 대기하고 있는 고객들에게 친절한 서비스를 제공하도록 철저히 교육되어 있다. 모든 소매업체들은 그들의 소비자들을 위해 상품 및 서비스를 제공하고 있다. 그러나 〈그림 2-2〉가 보여주듯이, 소매업체는 그 형태에 따라 상품을 강조하기도 하고 서비스를 강조하기도 한다. 그림 왼편에 있는 것은 슈퍼마켓과 창고형 클럽들이다. 여기에는 서비스를 거의 제공하지 않는 셀프 서비스형 점포들도 포함된다. 그러나 이런 소매업체들도 부분적으로 상품 진열이나, 계산, 그리고 소비자들의 구매를 돕는 서비스를 제공하기도 한다. 한편, 오른편에는 백화점과 전문점들이 있다. 이러한 종류의 점포들은 슈퍼마켓이나 창고형 클럽보다 훨씬 높은 질의 서비스를 제공한다. 예를 들어, 이들은 영업뿐만 아니라 선물 포장, 혼인 및 이혼 신고와 같은 서비스도 제공하고 있다. 안경점과 레스토랑은 상품과 서비스 소매업체 스펙트럼의 중간 정도에 해당된다. 안경점은 안

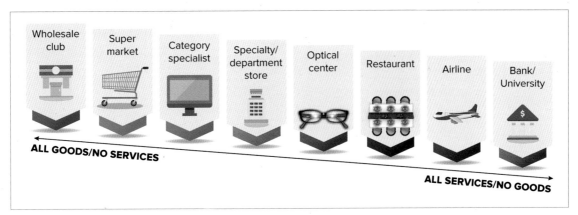

● 그림 2-2   상품 소매업체와 서비스 소매업체의 연속선

경태, 안경알, 그리고 렌즈를 판매하고 동시에 시력 검진과 안경 맞추기 같은 서비스도 제공하고 있다. 이와 비슷하게, 레스토랑 또한 음식과 장소, 음악, 안락한 환경 그리고 테이블 서비스를 제공하고 있다. 이 스펙트럼의 맨 오른쪽의 소매업체는 서비스를 최우선적으로 제공하는 소매업체이다. 그러나 이러한 소매업체들조차 서비스가 포함된 상품을 제공하기도 한다. 예를 들어, 비행기에서의 기내식이나 면세 상품 판매 서비스 등이 있을 것이다.

1. 서비스 소매업체와 상품 소매업체의 차이점

LO 2-4
서비스 소매업체와 상품 소매업체의 차이를 설명할 수 있다.

상품과 서비스 소매업체의 차이점을 살펴 볼 수 있는 기준으로는 다음의 네 가지가 있다: 무형성, 생산과 소비의 동시성, 소멸성 그리고 비일관성이 그것들이다.

1 무형성Intangibility

서비스라는 것은 손으로 잡을 수 없는, 무형의 것이다. 소비자는 서비스를 보거나 만지거나 느낄 수 없다. 서비스는 물질적인 무엇이 아니라 퍼포먼스나 행동에 가깝다. 예를 들면, 환자는 진단과 처방 후에 의료 서비스의 존재를 인식하지 못한다. 손으로 만질 수 없다는 것은 서비스 소매업체에게 여러가지 어려움을 준다. 첫째로, 소비자는 서비스를 감각적으로 인식할 수 없기 때문에, 서비스를 구매하기 전이나, 구매한 이후에조차 서비스의 질을 평가하는 데에 어려움을 겪는다. 따라서, 서비스 소매업체는 여러가지 유형의 단서를 이용하여 서비스의 질을 알려주려고 노력한다. 예를 들어, 변호사는 값 비싼 고가구와 우아한 카펫으로 사무실을 장식하여, 자신의 능력을 간접적으로 알려주려고 노력한다. 둘째로, 서비스 소매업체는 스스로의 서비스의 질을 평가하는 데에도 큰 어려움을 겪는다. 예를 들어, 변호사들이 자신의 법적 지식 수준과 변호 서비스 업무의 질을 평가하기는 힘들다. 따라서 서비스 소매업체들을 소비자 평가 및 고객 건의

Uber와 같은 서비스업체들은 일반 상품 소매업체들과는 다르다. 왜냐하면 서비스가 보거나 만질 수 없고, 생산과 소비가 동시에 일어나며, 즉시 소멸되고, 고객마다 서비스가 일관되지도 않기 때문이다.

사항 등을 통해 서비스의 질을 평가하고 있다. 추가적으로 Angie's List와 Yelp 등의 온라인 서비스 평가시스템은 온라인 고객리뷰를 활용하기도 한다.

2 생산과 소비의 동시성 simultaneous production and consumption

상품은 전형적으로 공장에서 만들어지고 소매업체에 의해 보관되었다가 소비자들에게 판매된다. 반면에 서비스 소매업체는, 고객들이 서비스를 소비할 때에도, 다른 서비스를 창출하고 판매한다. 예를 들어, 레스토랑에서 음식을 먹을 때, 음식은 만들어지는 것과 동시에 소비된다. 생산과 소비의 동시 발생은 서비스 소매업체들에게 새로운 걱정거리를 제공한다.

첫째, 고객이 서비스가 생산되는 현장에 존재하고 있다는 것이다. 고객은 서비스가 생산되는 과정을 지켜볼 수도 있고, 어떤 경우에는 고객들이 직접 서비스의 생산 과정에 참여할 수도 있다. 예를 들어, 인형 회사에서 주최하는 Build-A-Bear 워크샵에서 고객들은 자신들만의 테디베어를 만들기도 한다.

둘째, 소비자들이 다른 소비자들로부터 서비스의 질과 관련된 영향을 받을 수 있다. 예를 들어, 항공사가 제공하는 서비스와는 별개로, 비행기 안에서 옆에 탄 승객들이 다른 승객들의 서비스에 대한 효용을 저하시킬 우려가 있을 수 있다.

마지막으로, 서비스 소매업체는 고객의 욕구를 만족시킬 수 있는 기회를 한 번 밖에 갖지 못할 수 있다. 손상된 상품은 반품할 수 있지만, 불만족스러운 서비스는 되돌릴 수 없다. 그러므로 소매업체는 처음부터 정확한 서비스를 제공하기 위해 최선의 노력을 해야 한다.

서비스는 생산과 동시에 소비되기 때문에, 대량 생산을 통한 비용 절감이 불가능하다. 그렇기 때문에 대부분의 서비스 소매업체는 규모가 작은 중소기업이다. 규모가 큰 서비스 소매업체들의 경우에는 서비스의 규격화를 통해 비용을 절감하고 있다. 이들은 규격화된 서비스를 제공하기 위해 설비나 종업원 훈련에 많은 투자를 하고 있다. 예를 들어, McDonald's는 햄버거나 감자튀김을 만들 때 일정한 절차가 있다. 그렇기 때문에 프랑스 파리에서나 미국 일리노이 주에서나 같은 모양의 햄버거와 감자튀김을 만들어 낼 수 있는 것이다.

3 소멸성 perishability

상품이 소비자가 구입할 때까지 보관이 가능한 데에 비해, 서비스는 생산과 동시에 소비되기 때문에 상당히 소멸적이며, 저장될 수 없고, 또한 재판매 될 수도 없다. 비행기가 좌석 수를 채우지 못한 채 이륙하게 되면, 채워지지 않은 좌석들은 영원히 판매할 수 없게 되는 것이다.

서비스의 소멸적인 성격 때문에, 서비스 소매에서 중요한 요인으로 꼽는 것이 공급과 수요를 맞추는 것이다. 대부분의 서비스 소매업체들은 수용력에 한계를 가지고 있으며, 이 한계는 쉽게 변하지 않는다. 레스토랑에는 제한된 수의 식탁이 있고, 교실에는 학생들의 수만큼의 의자가 있으며, 병원에는 제한된 수의 침대들이 있고, 발전소는 제한된 양의 전기만을 공급할 수 있다. 용량을 늘리기 위해 비행기 수를 늘린다든지, 병원이나 레스토랑의 크기를 늘리는 것은 큰 투자를 필요로 한다. 게다가, 서비스에 대한 요구는 시간이 지남에 따라 많이 변한다. 예를 들어, 소비자는 공휴일이나 여름 방학 때, 비행기 여행을 선호하는 경향이 있다. 그리고 레스토랑에서는 대체로 점심이나 저녁 식사를 하고, 낮 시간 보다는 저녁 시간에 더 많은 양의 전기를 사용한다. 고객들이 특정한 서비스를 요구하는 시간대가 특별하게 정해져 있는 것이다. 어떤 시간에는 서비스를 사용하는 고객들이 너무 적고, 어떤 시간에는 서비스를 사용하는 고객들이 너무 많아서 일부 고객들은 돌려 보내야 하는 상황도 벌어진다. 서비스 소매업체는 공급과 수요를 맞추기 위해 다양한 프로그램을 개발하고 있다. 예를 들어, 항공사나 호텔은 주말에 낮은 가격의 비행기 표와 방을 제시한다. 주말에는 사업차 여행을 가는 사람들이 드물기 때문이다. 개인 병원의 경우에는 환절기에 영업 시간을 늘리고 있다. 세금 납부를 도와주는 서비스 업체는 3월과 4월 동안에는 주말에도 문을 연다. 레스토랑은 주말에 인력을 늘리고, 저녁 식사 시간까지 열지 않기도 하며, 예약 시간에 서비스를 책임지고 제공할 수 있는 예약 시스템을 두기도 한다. 아울러 서비스 소매업체는 고객들의 대기시간을 지루하지 않게 하기 위해 많은 노력을 하기도 한다. 예를 들어, 디즈니 테마 파크에서는 고객들이 기다리는 동안 비디오를 상영해주거나, 기사들이나 주차장 요원들이 고객들에게 즐거움을 선사하려고 노력하고 있다.

4 비일관성 inconsistency

상품은 규격화된 기계가 만들어 낸다. 그러므로 모든 고객들은 모든 Cheerios 시리얼 상자에 같은 양의 시리얼이 있을 것이라고 확신하게 된다. 그러나 서비스는 사람이 제공하는 것이기 때문에 똑같은 서비스가 존재할 수 없다. 예를 들어, 회계사들도 각기 서로 다른 지식과 기술을 갖고 있고, 레스토랑에서 일하는 웨이터도 그날 따라 기분이 좋지 않다면 당신의 저녁 식사를 망쳐버릴 수도 있는 일이다. 따라서, 서비스 소매업체에게 정말 중요한 과제는 끊임없이 높은 질의 서비스를 고객에게 제공하는 것이다. 서비스의 질을 판가름하는 많은 요소들이 소매업체의 통제 능력 밖에 있지만, 서비스 소매업체는 회사의 서비스를 제공하는 종업원을 채용하고, 교육시키고, 관리하고, 동기를 부여하는데 많은 시간과 노력을 투자하고 있다.

소유권의 형태

앞에서 소매업체들을 세가지 기준으로 구분하여 보았다. 즉, 판매하는 상품^{식료품, 일반상품, 그리고 전}문상품, 소매믹스^{고객에게 제공되는 상품의 폭과 깊이}, 그리고 상품과 서비스의 상대적 중요성을 기준으로 나누어 보았다. 또 다른 방법은 소유권을 기준으로 분류하는 것이다. 소매업체의 소유권을 기준으로 나누어보면 ① 독립적인 단일점포 소매업체, ② 기업형 체인, ③ 프랜차이즈로 나눌 수 있다.

1. 독립적인 단일점포 소매업체 Independent, Single-Store Establishment

LO 2-5
소매업체의 소유구조 유형을
설명할 수 있다.

소매업은 대부분의 나라에서 창업활동이 활발히 이루어지고 있는 몇 안되는 분야이다. 많은 소매 창업들이 소유주가 경영을 하고 있어서 경영자가 직접 고객들과 접촉하고, 그들의 니즈에 신속히 반응할 수 있다. 작은 소매업체들은 매우 유연하고, 시장 변화와 고객 니즈에 신속히 대응할 수 있다. 그들은 대형 소매조직이 가지고 있는 관료적인 틀에 메이지 않는다.

New York의 Queens에서 Lockwood 샵을 열어 가정용품, 의류, 예술품, 선물, 어린이용 서적 등을 파는 Mackenzi Farquer를 생각해 보자. 이 창업기업의 큰 성공은 Farquer의 고객을 관리하는 능력과 지역 커뮤니티에 대한 방대한 지식에서 비롯되었다고 할 수 있다. Farquer는 "We Heart Astoria"라는 블로그를 운영하는데, 그녀는 고객들과 꾸준한 상호작용을 통해 고객들이 원하는 것과 1,300 평방피트의 점포에 어떠한 상품들을 진열해야 할지 알아내고 있다. 그녀는 또한 단골 고객들을 위해 부가적인 서비스를 제공하기 위한 이벤트를 개최한다. 예를 들면, 어린이 요리교실에서부터 Astoria Art Festival의 요리장인 푸드마켓까지 다양하다.

단일점포 소매업체가 고객의 니즈에 딱 맞게 상품을 구성할 수 있는 반면, 기업형 체인은 대량으로 상품을 취급하기 때문에 저가격으로 상품을 매입할 수 있고, 비용효율적인 광고를 할 수 있다. 기업형 체인은 고도화된 분석시스템에 투자하여, 매입과 가격책정에 있어서 정교한 의사결정을 할 수 있다. 추가적으로 기업형 체인은 보다 폭넓은 경영진을 보유하고 있어서, 특별한 소매 활동에 맞는 전문인력을 배치할 수 있다. 단일점포 소매업체는 전통적으로 소유자 경영에 의존해야만 하기 때문에 소유자가 광범위한 소매의사결정을 모두 내릴 수 있어야 한다.

기업형 체인과 경쟁하기 위해 몇몇 독립 소매업체들은 도매주도 볼런터리 체인wholesale-sponsored voluntary cooperative group을 결성하기도 한다. 이 조직은 도매업체가 소형 독립 소매업체들에게 머천다이징 프로그램을 제공하고, 소매업체들이 자발적으로 참여하는 형태로 운영된다. Independent Grocers AllianceIGA나 True Value Hardware의 공급업체인 Tru Serv, Ace Hardware 등이 도매주도 볼런터리 체인이라 할 수 있다. 이들은 구매, 보관, 배송 등을 공동으로 수행하고, 도매업체는 소매업체에게 매장 디자인, 레이아웃, 입지 선정, 예약, 재고관리, 종업원교육 등에 대한 컨설팅을 제공한다.

2. 기업형 소매체인Corporate Retail Chains

기업형 소매체인은 공동의 소유권을 바탕으로 여러 개의 소매단위들을 운영하는 회사이다. 이들은 경영전략을 만들고 실행할 때, 중앙집중화된 의사결정을 내린다. 기업형 소매체인에는 두 개의 점포를 가지고 있는 드럭스토어에서부터 수천개의 점포를 가지고 있는 Kroger, Walmart, Best Buy, Macy's 등도 포함된다. 일부 소매 체인들은 규모가 큰 지주회사의 한 계열사이기도 하다. 예를 들어, Williams-Sonomar는 실제로는 Williams-Sonoma, Pottery Barn, Westelm, Mark and Graham, and Rejuvenation 등 다섯 개의 브랜드로 구성되어 있다. 더 자세히 말하면, Pottery Barn은 PB teen과 Pottery Barn kids등의 라인을 가지고 있고, Williams-Sonoma는 Williams-Sonoma Home 라인을 가지고 있다. 또한 Royal Ahold는 14개의 소매체인을 소유하고 있는데, Stop and Shop, Giant, 그리고 Peapod를 미국에서 운영하고 있고, ICA와 Albert Heijn을 유럽에서 운영하고 있다.

3. 프랜차이즈Franchising

프랜차이즈는 가맹본부franchisor와 가맹점franchisee 쌍방의 계약 관계로 이루어 진다. 가맹본부는 가맹점에게 소매업체의 형태와 브랜드 이름을 빌려주고, 소매 점포를 운영할 수 있는 허가를 내 준다. 현재 미국 소매 매출의 40% 이상이 프랜차이즈 회사의 매출이다. 프랜차이즈 계약을 통해 가맹점은 특정 지역에서 점포를 운영하는 권한을 갖는 대가로 거액의 로열티를 지불해야 하며, 본부가 정해놓은 일련의 영업 과정들을 준수해야 한다. 가맹본부는 가맹점이 특정한 입지를 선정하여 점포를 세우고, 상품 및 서비스를 판매하며, 점포 관리자를 교육시키고, 광고를

Retailing VIEW 2.5

프랜차이즈 본부의 교과서
McDonald's

McDonald는 아마도 세계에서 가장 크고, 가장 잘 알려진 글로벌 프랜차이즈 브랜드일 것이다. 하지만 한편으로 다양한 프랜차이즈 경영자들에 의해 운영되는 "소형 비즈니스의 집합체"로 여겨지기도 한다. 회사가 발표한 바와 같이, 90% 이상의 미국 내 점포와 80%의 전세계 점포들이 독립적인 사업자들에 의해 소유되고 운영된다. 이 중 대략 5,000명 정도의 사업자들은 동일한 지역에서 사는 지역주민이다.

McDonald의 전 역사에 걸쳐, 그들은 항상 프랜차이즈 사업모델을 우선적으로 채용해 왔다. 이러한 프랜차이즈에 대한 집중이 애널리스트들로 하여금 McDonald를 최고의 프랜차이즈로 평가하게 만들었다. McDonald는 적극적으로 여성과 소수자가 경영하는 가맹점 수를 확대하여 회사 전체의 다양성을 높이고 있다. 또한 성공적인 가맹점 주로 하여금 추가적인 가맹점을 오픈하도록 장려하여 그들의 성공과 소득향상을 극대화하게 돕는다. 이러한 활동들의 결과 소비자들은 전세계 100개 이상의 나라에서 36,000개 이상의 점포를 만날 수 있다. 이와 함께 McDonald 본부와 가맹점들의 종업원은 2백만명에 달하고 있다.

현재, McDonald 프랜차이즈 라이센스는 미국에서 대략 50만 달러에 구매할 수 있는데, 이는 잠재 가맹점 주들의 안정적인 확보를 위해 가격을 낮춘 것이다. 이러한 지불에 대한 대가로 McDonald는 가맹점 주들에게 광범위한 교육훈련시카고에 있는 그 유명한 햄버거 대학에 방문하는 것을 포함한과 지속적인 지원을 제공하고 있다. 여기에는 광고와 컨설팅도 포함된다. 뿐만 아니라 본부는 매장공사와 부동산 거래 등도 도와주고, 점포운영과 최적 머천다이징도 제안해 준다.

이는 가맹점들이 본부에 더 결속하게 하고 본부를 위해 헌신하게

McDonald는 항상 프랜차이즈를 최우선의 사업모델로 채용해왔다. 미국내 90%이상, 전세계 80% 이상의 점포들이 독립적인 사업자들에 의해 소유되고 운영되고 있으며, 이 중 5,000개 이상 점포의 경영자들은 그 지역의 주민들이다.

한다. Filet 'O Fish, Egg McMuffin, Big Mac 등 몇몇 가장 유명한 제품들은 가맹점 주들에 의해 개발되기도 하였다. 이러한 밀착된 관계에도 불구하고, 이 메뉴들을 하루종일 아침메뉴로 제공하려고 할 때 문제가 되기도 하였다. 몇몇 가맹점주들은 그들이 이러한 정책을 따르기 위해서는 새로운 설비가 필요하고, 요리 및 서빙을 위한 추가 인력도 필요하다고 불만을 나타내기도 하였다. 이러한 고비용의 투자 뿐아니라 저렴한 아침메뉴를 점심이나 저녁까지 판매하면 가맹점의 수익이 줄어들 수 있기 때문이었다.

하지만 McDonald 본부는 이러한 정책이 고객의 수요에 즉각적으로 반응하는 것이라고 믿었다. 수십년간 소비자들은 종일 아침메뉴를 요구해왔다. 이러한 소비자들의 압력은 회사로 하여금 새로운 성장과 수익증가의 기회로 아침메뉴에 대해 기대하게 하였다. 이러한 설득을 가맹점들은 받아들였다.

출처: McDonald's, "Franchising," http://www.aboutmcdonalds.com; McDonald's, "Our Business Strategy," http://www.aboutmcdonalds.com; Hayely Peterson, "McDonald's Franchisees Say All-Day Breakfast Is a Nightmare," Business Insider, August 16, 2015; Robert Lara, "The True, Steamy Story of the Egg McMuffin Hockey Puck Breakfast Turns 40," Adweek August 9, 2013.

개발할 때 도움을 준다. 가맹본부는 자사의 명성을 유지하기 위해, 모든 점포에서 동일한 품질의 상품 및 서비스를 제공할 수 있도록 지도하고 있다. 프랜차이즈는 개인소유 소매업체의 장점과 소매 체인점의 효율적인 운영 방식^{중앙 집중화된 운영 방식}을 결합한 형태이다. 가맹점은 본부에 일정액의 로열티만을 지불하면 되기 때문에, 점포를 성공적으로 이끌기 위한 동기를 충분히 부여받고 있다. 가맹본부도 매출의 로열티를 받기 때문에, 가맹점을 독려하고 신상품과 새로운 체계를 개발하기 위한 동기를 부여 받고 있는 것이다. 광고, 상품 개발, 시스템 개발은 가맹본부가 중앙에서 효율적으로 관리하고 있다. 또한 본부는 상권보호를 통해 가맹점의 고객과 판매영역이 중복되지 않게 하기로 하고 금융서비스를 제공하기도 한다.

하지만 프랜차이즈 시스템은 몇가지 문제점도 가지고 있다. 본부에게 돈을 지불해야하는 것뿐 아니라 가맹점들은 점포 임대료, 인테리어비용^{페인트, 바닥, 조명, 가구배치 등}, 간판, 초도 재고비, 각종 설비구입비 등의 창업비용도 필요로 한다. 이러한 자본비용 뿐 아니라 가맹점은 본부의 사업가이드라인이나 내부규정을 준수해야 한다. 많은 경우 가맹점은 본부로부터 점포운영 물품들을 구매해야 한다. 특히 패스트푸드 프랜차이즈의 경우 상품과 서비스의 표준화를 위해 이를 요구받는다. 프랜차이즈 본부는 또한 McDonald의 요리기구나 Holiday Inn의 침대처럼 특정 신상품의 공급을 위해 필요한 장비를 구매하도록 요구하기도 한다. 일일 운영시간이나 연간 운영일수 또한 본부가 결정하는 것이 일반적이다.

요 약

LO2-1 소매업체 유형(소매업태)을 정의하는 다양한 특성들을 제시할 수 있다.

소매통계를 수집하기 위해 미국은 소매가 판매하는 상품이나 서비스의 유형에 의해 소매업태를 구분한다. 하지만 이러한 분류방법은 소매업체의 주요 경쟁자들을 규정하는데 유용하지 않을 수 있다. 소매시장을 이해하기 위한 더 유용한 방법은 소매믹스, 상품의 다양성과 전문성, 서비스, 입지, 가격 및 촉진정책 등에 의해 구분하는 것이다.

LO2-2 식품 소매업체의 다양한 유형을 구분할 수 있다.

식품 소매업은 눈에 띄는 성장을 해 왔다. 과거에는 슈퍼마켓이 식품 구매자를 위한 유일한 소매업태이었던 것과는 달리, 오늘날 전통적인 슈퍼마켓, 하이퍼마켓과 슈퍼스토어, 한정상품 슈퍼마켓, 도소매클럽, 온라인 식품소매, 편의점 등 다양한 선택 대안이 있다.

LO2-3 일반상품 소매업체의 다양한 유형을 구분할 수 있다.

일반상품 소매업체는 제공하는 상품, 편익 등에 의해 백화점, 대형마트, 전문점, 드럭스토어, 카테고리 전문점, 초가치소매업체, 상설할인소매업체, 아웃렛매장 등 다양한 유형으로 구분될 수 있다.

LO2-4 서비스 소매업체와 상품 소매업체의 차이를 설명할 수 있다.

서비스와 상품의 본질적인 차이로 인해 서비스 소매업체는 종업원의 훈련을 강조하는 반면, 상품 소매업체는 재고관리 이슈를 강조한다. 소매기관들이 변화하는 시장환경에 적응해 오면서 이러한 소매업체들의 유형 간에 교차현상이 나타나고 있다.

LO2-5 소매업체의 소유구조 유형을 설명할 수 있다.

소규모 독립적인 소매업체는 일반적으로 한명의 창업자에 의해 소유되고 운영된다. 이와는 대조적으로 기업형 소매체인은 거대한 조직을 보유하고 있으며 다수의 점포를 운영한다. 개별적인 창업가가 기업형 체인의 장점을 활용할 수 있는 또 다른 유형으로 프랜차이즈 시스템이 있는데, 최근 성장하고 있는 유형이다.

- 상품 구색(Assortment)
- 프랜차이즈(franchising)
- 대형판매(Big box)
- 종합할인점(full-line discount store)
- 상품의 폭(Breadth of merchandise)
- 하이퍼마켓(hypermarket)
- 카테고리 소매업(Catalog retailing)
- 한정 상품군 슈퍼마켓(limited assortment supermarket)
- 카테고리 킬러(Category killers)
- 로카보어 운동(locavore moverment)
- 카테고리 전문점(Category specialist)
- 북미산업분류체계(NAICS: North American Industry Classifi-cation System)
- 재고정리 소매업체(Close-out retailers)
- 상설할인 소매업체(Off-price retailer)
- 재고 정리(Close-outs)
- 아웃렛 점포(Outlet store)
- 위탁점포(Consignment shop)
- 강력 판매구역(Power perimeter)
- 편의점(Convenience store)
- 유통업체 브랜드(Private brand)
- 전통적인 슈퍼마켓(Conventional supermarket)
- 재판매점포(Resale store)

- 백화점(Department store)
- 소매 체인(Retail chain)
- 상품의 깊이(Depth of merchandise)
- 서비스 소매업체(Services retailer)
- 달러점(Dollar store)
- 드럭스토어(Drugstore)
- 단품(SKU: Stock Keeping Unit)
- 내구제(durable goods)
- 전문점(Specialty store)
- 독점 브랜드(exclusive brand)
- 점포 브랜드(Store brand)
- 초가치 식품 소매업체(extreme value food retailers)
- 슈퍼센터(Supercenter)
- 초가치 소매업체(extreme value retailers)
- 중고품 할인점포(Thrift store)
- 팩토리 아웃렛(factory outlet)
- 다양성(variety)
- 공정 거래(fair trade)
- 창고형 클럽(warehouse club)
- 반짝 세일 사이트(flash sale site)
- 도매상 주도 연쇄점(wholesale-sponsored voluntary cooper-ative group)

1. 계속되는 사례 과제

- '비교쇼핑' 문제는 소비자가 아닌, 소매업체의 입장에서 소매점포에 대해서 생각해 볼 수 있는 좋은 기회이다. 이를 통해 소매업체의 입장에서 여러분이 선택한 소매업체의 전략과 경쟁업체가 선택할 전략이 각기 다른 소매믹스에 어떤 영향을 미칠 지에 대해서 생각해보자. 또한, 이 두 소매업체가 PDA, 남성 정장, 음악 CD, 여성용 운동화, 가정용 페인트 등의 특정한 상품 카테고리를 어떠한 방식으로 소비자에게 판매하는 지 비교 해보자. 단, 경쟁 입체는 여러분이 선택한 소매업체와 같은 형태로 같은 상품을 취급하거나, 다른 형태로 비슷한 상품들을 취급할 것이다.
- 여러분은 다음의 사항들을 반드시 고려해야 한다
    - ☞ 두 소매업체가 추구하는 전략 - 이는 각각의 소매업체의 타겟 시장과 그 타겟 시장의 요구를 만족 시키기 위해 취하는 접근 방법을 의미한다
    - ☞ 각각의 업체가 사용하는 소매믹스(점포의 입지, 상품의 종류, 가격, 촉진 활동, 상품의 진열 방법, 점포의 인테리어, 소비자에 대한 서비스)
    - ☞ 각 업체의 상품 카테고리를 고려할 때 그 상품들이 조합된 상태의 다양성과 깊이에 대한 비교
2. Foot Locker와 같은 운동화 전문 매장과 백화점의 스포츠 용품 판매 매장, 그리고 할인 마트의 운동화 판매 코너를 방문해보자. 점포 각각이 얼마나 다양한 상품을 가지고 있으며, 그것을 어떻게 진열했는지 표 2-2와 같은 비교표를 작성해 보자.
3. 2주 동안 여러분이 물건을 구입하는 곳, 구입한 상품의 목록, 그리

고 소비한 금액을 기록해 보고, 부모님께도 같은 내용을 기록하시도록 해보자. 그리고 이 결과를 표로 만들어 보자. 여러분의 소비습관이 부모님과 크게 다른가? 혹은 비슷한가? 여러분 혹은 여러분의 부모님의 소비습관이 이 장의 내용과 일치하는가? 이유는 무엇일까?

4. 당신이 쇼핑하는 식품 소매업체가 어떻게 유기농식품, 로컬푸드, 인종상품, PB상품을 판매하는지 설명해 보자. 만약 여기서 제시한 상품 중 판매하지 않는 것이 있다면 그것이 해당 소매업체의 성장기회가 될 수 있는지 설명해 보자. 그리고 어떤 전략이나 활동들이 경쟁자보다 더 나은 쇼핑경험 제공을 위해 필요한지 제시해 보자. 만약 경쟁자가 더 잘한다고 생각한다면 그들이 무엇을 하고 있는지 말해보고, 그 활동이 현재 식품 소매업체에 도움이 될지도 설명해 보자.

5. 미국의 인구조사국 인터넷 사이트 (www.census.gov/mrts/www/mrts.html.)에 들어가면, 미국 소매업에 대한 정보가 제공되어 있다. 북아메리카 산업 분류 시스템(NAICS: North American Industry Classification System)의 한 달 기준 소매업 매출을 살펴보고, 어떤 카테고리의 소매업체들이 매년 4사분기에 가장 높은 매출을 보이는지 찾아보자.

6. 미국의 대표적인 4대 소매 협회는 National Retail Federation (vwww.nrf.com), the Food Marketing Institute (www.fmi.org), the National Association of Chain Drug Stores (wwvy.nacds.org), 그리고 the National Association of Convenience Stores (www.nacsonline.com)이다. 위의 사이트들을 방문해보고, 각각의 산업이 최근에 직면하고 있는 이슈와 개선사항들에 대해 알아보자.

7. 'Entrepreneur'지가 운영하고 있는 프랜차이즈 전용 웹사이트 (http://www.entrepreneur.com/franchise500)에 접속해서 지난 1년간의 상위 500개 프랜차이즈 기업을 찾아보자. 상위 10개 기업 중 여러분이 물건을 사본 적이 있는 기업은 몇 개인가? 여러분은 그 기업이 프랜차이즈라는 것을 알고 있었는가? 또, 과거의 상위 500개 기업들을 찾아보고 순위에 어떤 변동이 있었는지 알아보자. "About the Franchise 500" 버튼을 눌러서 어떤 요소들이 순위를 결정짓는지 살펴보자. 그리고 프랜차이징을 하는 기업들의 특징은 무엇인지 생각해보자.

토의 질문 및 문제

1. 상품의 다양성(variety)과 전문성(assortment)의 차이점은 무엇일까? 이들이 소매업체의 구조에서 중요하게 여겨지는 이유는 무엇인가?

2. 전통적인 식품 소매업체가 직면하고 있는 경쟁적인 압박은 어떤 것이 있는가?

3. 상설할인 소매업체(off-price retailers)들이 미래에 다른 종류의 업체들과 경쟁하기 위해서는 어떠한 전략을 세워야 할 지 생각해보자.

4. 편의점, 슈퍼마켓, 슈퍼센터, 그리고 창고형 클럽의 소매 믹스를 비교해 보자. 위의 업체들이 식품을 취급하는 방식이 장기적으로 경쟁력이 있을까? 이유는 무엇일까?

5. 세계 최대의 소매업체인 Walmart는 왜 과거보다 낮은 성장을 하고 있는가? 성장속도를 빠르게 하기 위해서는 어떤 전략이 필요한가?

6. 한정 상품군 슈퍼마켓(Limited assortment supermarket)과 초가치 할인점이 빠르게 성장하는 이유는 무엇일까?

7. 같은 브랜드의 테블릿 PC가 컴퓨터 전문매장, 할인매장, 카테고리 전문점(category specialist), 그리고 창고형 클럽에서 판매된다. 소비자가 이 중에 한 곳에서 구입한다고 가정했을 때, 소비자의 입장에서 선택된 업태가 다른 소매업태들에 비해 가지는 장점이 무엇일까?

8. 여러분과 여러분의 부모님이 모두 구입하는 상품들을 생각해보자(예를 들면, 샴푸, 정장, 음원, 전자용품 등). 여러분과 여러분의 부모님은 각각 주로 어떤 종류의 소매업체에서 이러한 상품들을 구입하는가? 만약 차이가 있다면 그 이유를 설명해 보시오.

9. 많은 안경점에서는 시력 검사 서비스뿐만 아니라 안경이나 콘택트렌즈 등의 상품도 취급하고 있다. 쇼핑을 할 때, 서비스와 상품의 차이는 어떻게 다른가? 여러분이 소매업의 경영자라고 생각하고, 소비자가 서비스와 상품 모두를 구입하도록 만드는 상세한 전략을 만들어 보자.

10. 자동차를 구입하거나 렌트할 때, 다양한 서비스와 제품들이 포함된다. 하지만 구입할 때는 제품에 보다 초점을 맞추고, 렌트할 때는 서비스에 초점을 맞춘다. 자동차 판매 딜러와 렌탈 회사의 소매마케팅 전략을 비교해 보시오.

1 "유통업계 위기? 롯데, 신세계가 이커머스 인수합병 주도해야"

"월마트 한국 진출은 '매우 큰 사건'이었다. 국내 유통업이 잠식당할 것이라는 말이 공공연하게 나돌았다." 유통전문가인 오세조 연세대 교수의 말이다. 오 교수는 롯데가 신격호 롯데 명예회장의 업적을 기려 제정한 '상전(象殿) 유통학술상' 대상을 받은 바 있다. 그는 국내 유통학 연구와 산학협력에 지대한 영향을 미쳤고 특히 유통학회 설립과 기반정립에 기여, 많은 후학 교수를 배출한 공헌을 인정받았다.

월마트 '메기론', 되레 유통 경쟁력 키워

1998년 월마트의 국내 첫 진출은 유통업계 '빅 이슈'였다. 오세조 교수는 "우리나라 유통 역사에서 월마트가 들어온 것은 기존 백화점에서 대형마트로 소비 중심이 옮겨간 격변기"라고 했다. 소비패턴 변화를 계기로 월마트, 까르푸 등 외국계 대형 할인업체가 등장했고 1993년11월에는 이마트 창동점 개점을 전후로 유통기업들의 시장 진출이 활발했다.오 교수는 1996년 유통시장 완전 개방 이후 월마트 등이 진입한 때를 "유통업계의 위기이자 기회의 시기였다"고 말했다. 그는 "당시만 해도 업계 전반적으로 긴장감이 없었다. '일본에서 유통 시스템을 그대로 가져오면 되는 것 아니냐' '유통학문이 왜 필요하느냐'는 등의 인식이 팽배했다"고 말했다.

1990년대 후반, 당시는 관심 밖에 있던 유통학문과 산학협력, 유통의 미래에 대한 전략이나 방향 등에 대해 신세계나 롯데 등 대형유통기업뿐만 아니라 정부도 고민하던 시기였다.

우려는 기우였다. 외국계 대형할인점과의 경쟁에서 국내 유통사는 유통업 연구를 시작했고 시장에 뛰어들어 경쟁력을 쌓았다. 이후 월마트와 까르푸는 경쟁에서 밀려 국내 시장에서 철수했다. 오 교수는 "월마트는 '메기' 역할을 했다. 위기의식이 발 빠르게 유통 시스템을 체계화하는 데 도움이 됐다"고 말했다.

롯데 등 이커머스 'M&A' 적극 참여해야

그로부터 20여 년이 흘렀다. 또 한 번의 격변기가 찾아왔다. 이번에는 전자상거래다. 쿠팡·티몬·위메프 등이 소셜커머스 형태로 시작해 이커머스로 업태를 전환하는 등 각자의 길을 걷고 있다. 소비패턴이 오프라인에서 온라인으로 옮겨 가면서 기존 대형마트 등 오프라인 업체는 기세기 꺾였다. 매출은 줄어 적자 늪에 빠졌고 '비상경영'을 선포하며 새로운 길을 모색하고 있다.

오 교수는 티몬 초창기에 자문 역할을 했다. 티몬 창업주인 신현성 전 대표와 사업방향이나 재무 등에 대해 고민하기도 했다. 오 교수는

신동빈 회장은 롯데백화점 강남점에서 진행된 '더콘란샵' 오프닝 행사에 참석하여 세계적인 편집샵인 콘란샵이 롯데백화점에서 첫 선을 보이게 된 것을 축하하며, 롯데가 고객들에게 새로운 라이프스타일과 문화를 선보일 수 있도록 계속 노력해야 한다고 말했다.

"2010년대 초 티몬이 생기고 쿠팡, 위메프가 잇달아 들어 오면서 한 마디로 '전쟁터'였다"며 "처음에는 영세 중소업체들의 마케팅을 대신해주는 개념의 소셜커머스였지만 규모가 커지면서 이커머스로 변화했다. 너무 커지다 보니 제품관리가 안 되고 품질이나 물류 등에서 과부하가 걸리는 상황이 됐다. 한 기업만 남을 때까지 싸우는 구조"라고 말했다.

이어 "과잉경쟁을 하면 어느 누구도 살아남지 못한다"며 "결국 인수합병이나 외국 자본에 의존할 수밖에 없는 구조로 변할 것"이라고 말했다. 오 교수는 롯데가 인수합병 과정에서 중심적인 역할을 했으면 한다고 강조했다. 그는 "외자보다는 롯데나 신세계 등 토종 유통대기업이 이커머스를 끌어안는 방향이 됐으면 한다"고 했다.

'사랑방' 같은 대형마트 만들어야

오 교수는 "이제는 생물처럼 견뎌내고 융합하고 뭉치는 쪽이 살아남는다"며 "온·오프라인이 따로 있는 것이 아닌 유기 결합한 '옴니(Omni)채널'을 바탕으로 상권별, 고객별 맞춤형 서비스와 체험형 매장 도입 등으로 고객이 마트를 '사랑방'처럼 이용할 수 있게 해야 한다"고 말했다. 이어 "대형마트에 유명 음식짐뿐만 아니라 다양한 소매점들이 들어올 수 있게 개방하고 대형마트는 이들 소매점들의 플랫폼이 돼야 한다"고 했다.

마지막으로 오 교수는 유통 수장들에게 하는 조언으로 3가지를 강조했다. 그는 "한국 유통은 신뢰할만하다, 상거래를 믿고 할만하

롯데마트 양평점

다는 인식을 국내외 인들이 갖도록 노력해야 한다"고 했다. 또 그는 "대형마트에 가면 늘 즐겁다는 인식을 알리고 고객을 위해서라면 각 기업이 뭉치고 업계가 함께 혁신한다는 마음을 가져야 한다"고 했다.

(이데일리 2019.12.12. 기사 (강신우기자)에서 발췌 정리함)

2 "신동빈 회장과 2년간 한일 오가며 신유통전략 연구"

1996년 유통시장 완전 개방 이후 월마트가 국내에 진출한다는 소식에 유통기업들은 뒤숭숭했다. 대형마트라고는 신세계 이마트가 1993년 11월 이마트 창동점을 시작으로 할인점 사업을 하고 있었고 홈플러스와 롯데는 시장 진입 전이었다. 홈플러스와 롯데는 각각 1997년 9월 대구점, 1998년 4월 강변점을 시작으로 할인점 사업을 본격화했다.

롯데는 고민이 많았다. 월마트도 국내에 들어오는 상황에서 할인점 사업에 손대지 않을 수 없었다. 백화점부터 편의점, 그리고 대형마트로 이어지는 유통변화를 받아들여야 했다. 1990년대 들어서는 '가격파괴, 유통경로 파괴'라는 새로운 용어가 생겼고 유통시장 개방과 함께 소비패턴의 변화가 급격히 이뤄진 시기였다.

오세조 연세대 경영학과 교수는 "롯데는 '어떤 방향으로 할인점 사업을 개발, 발전시킬 것이냐'는 과제를 안고 있었고 내게 연구와 자문하면서 롯데와의 첫 인연이 됐다"고 말했다.

당시 전략보고서와 함께 오교수의 저서 '할인점 경영(1998년)'이 출간됐다. 할인점 경영에는 할인점 경영전략을 수립하기 위한 기본 개념과 체계를 소개하고 세계 할인점의 발전동향과 주요 할인점의 경영전략에 대해 상세히 기술했다.

이후 2001년 신동빈 롯데그룹 회장과 공저한 '유통을 알면 당신도 CEO'라는 책을 펴냈다. 저술 과정에서 오 교수는 신 회장과 2년간 동행했다. 일본을 오가며 신유통, 프랜차이즈에 대해 연구했다. 오 교수는 "프랜차이즈가 유통에서 가장 발전된 형태였다. 프랜차이즈는 세븐일레븐 재팬이 제일 잘했다"며 "롯데는 이미 1989년 세븐일레븐을 국내서 운영하고 있었는데 좀 더 발전한 프랜차이즈를 연구하고자 하는 의지가 강했다"고 말했다.

오 교수와 신 회장은 일본에서 일본 편의점업계의 '전설'로 불리는 스즈키 토시후미 세븐앤아이홀딩스 전 회장을 만났다. 스즈키 회장은 이들에게 "월마트가 들어오든 그 어떤 할인점이 들어와도 프랜차이즈를 활성화하면 편의점과 유통시장이 더 큰 발전을 하게 될 것"이라고 했다.

오 교수는 신 회장을 "우리나라 유통을 짊어질 분"이라고 치켜세웠다. 당시 신 회장과 유통 전반을 연구하는 과정에서 신격호 명예회장과 신 회장 '부자지간'의 상호존중하는 모습이 인상적이었다고 회고했다. 오 교수는 "신격호 회장은 '글로벌 롯데'를 열망하던 분이었다. 어떻게 해서든 롯데를 세계적인 기업으로 키우고 싶어 했다"며 "신 회장이 신동빈 회장에게 롯데발전에 대한 구상을 말하면 신동빈 회장은 '네, 네' 하며 순종하고 존경하는 자세를 꼭 취했다"고 했다.

(이데일리 2019.12.12. 강신우 기자 기사에서 발췌)

1. Sarah Nassauer, "Sam's Club Aimes to Be Less Like Walmart," *The Wall Street Journal,* August 16, 2015; George Anderson, "Will Sam's New Plan Lead to Sustainable Growth?" *RetailWire,* October 6, 2015; Bryan Roberts and Natalie Berg, Walmart: Key Insights and Practical Lessons from the World's Largest Retailer(Philadelphia: Koran Page, 2012).

2. Richard Hammond, *Smart Retail: Practical Winning Ideas and Strategies from the Most Successful Retailers in the World*(New York: FT Press, 2012).

3. U.S. Census Bureau.

4. Leena Rao, "As Used-CAr Startups Take Off, eBay Motors Faces Uncertain Future," *Fortune,* January 15, 2016.

5. "Sales of Food at Home by Type of Outlet Table," USDA Economic Research Service, 2016.

6. Sarah Halzack, "The Staggering Challenges of the Online Grocery Business," *Washington Post, January* 20, 2015.

7. Heather Haddon, "Attention Shoppers: Yoga in Aisle 3," *The Wall Street Journal,* June 13, 2016.

8. "2016 Top 250 Global Powers of Retailing," *Stores,* January 2016.

9. "top 25 Global Food Retailers 2015," *Supermarket News,* 2015.

10. "2015 Top 75 U.S. & Canadian Food Retailers & Wholesalers," *Supermarket News,* 2015.

11. Conventional Supermarket, "Term Wiki,"(April 27, 2016).

12. *Progressive Grocer,* "Share of Supermarket Sales in the United States in 2015, by Department," Statista-The Statistics Portal, July 2015.

13. Ashley Lutz, "Al안's Secrets for Selling Cheaper Crockeries Than Walmart or Trader Joe's," *Business Insider,* April 8, 2015.

14. "No Limit on Small Grocers' Growth," *RetailWire,* February 2, 2011.

15. George Anderson, "Supermarkets Continue to Give Ground to Other Channels," *RetailWire,* February 19, 2014.

16. Eliza Barclay, "Grocery Stores Are Losing You. Here's How They Plan to Win You Back," *NPR,* March 30, 2015.

17. Katherine Hobson, "Supermarket Prepared Meals: What to Watch Out For," *Consumer Reports,* March 10, 2016.

18. Tim Carman, "Supermarket Customers Are Hot for Takeout," *Washington Post,* February 26, 2013.

19. Marie Clare Jalonick, "Consumers Buying More Organic Products, New Data Show," *NPBS Newshour,* April 15, 2015.

20. U.S. Census, "Quick Facts Table."

21. Northgate Markets Website, Northgate Markets Newsletters.

22. Nick Wingfield, "Thinking Outside the Redbox," *The New York Times,* February 17, 2012; George Anderson, "Kiosk Krazy," *RetailWire,* June 7, 2012.

23. Peter Child, Thomas Kilroy, and James Naylor, "Modern Grocery and the Emerging-Market Consumer:ᄆ Complicated Courtship," *McKinsey Quarterly,* August 2015.

24. Greg Thain and John Bradley, *Store Wards: The Worldwide Battle for Mindspace and Shelfspace, Online and In-Store*(West Sussex, UK: Wiley, 2012).

25. Phil Wahba, "10 Big International Exits by Retailers," *Fortune,* January 16, 2015.

26. Sarah Halzack, "A Case for Costco and Other Warehouse Clubs Having Transformed Retail More Than Amazon," *Washington Post,* September 2, 2015.

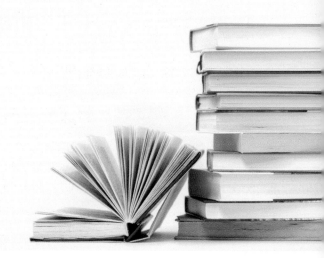

Memo

복합채널과 옴니채널 소매

학습목표

이 장을 읽은 후에 당신은

LO3-1 소매업체들이 사용하는 유통채널에 대해 이해할 수 있다

LO3-2 주요 소매 유통채널에 대한 상대적인 강점을 비교할 수 있다: 매장(점포); 인터넷, 모바일 및 소셜; 카탈로그 및 기타 비매장(무점포) 채널

LO3-3 진정한 옴니채널 전략과 관련된 기회에 대해 설명할 수 있다.

LO3-4 복합채널과 옴니채널 소매업체가 직면한 문제를 분석할 수 있다.

연구에 따르면, 전자상거래와 모바일쇼핑의 확산에 관련한 모든 정보나 이야기들에도 불구하고, 아직까지 약 80%의 상품구매는 그들이 물리적으로 가능한 거리에 있는 오프라인 채널에서 계속 진행이 된다고 한다. 하지만 고객의 약 90% 이상은 온라인 또는 모바일에 나와있는 정보들을 통해 상품을 구매하기 전 사전 조사를 한다고 한다. 따라서 앞으로 유통업체들은 옴니채널로 바뀌어 가고 있는 유통패턴에 대해서 더 이상 간과할 수가 없을 뿐아니라 2020년 코로나역병의 세계적 대유행시대를 지나가면서 옴니채널로의 전환이 유통업체의 생존과 성장의 핵심 사항이 되고 있다.

최근 중국 상해 "인터스포츠" 매장
에 선보인 터치스크린 주문 매장

현재 유행하는 구매 트렌드의 변화는 이러한 옴니채널로의 움직임을 반영하고 있다. 첫째, 실제 매장을 운영하는 많은 소매업체들은 소비자가 모바일을 통해 매장 내 재고를 확인하거나 해당 정보를 웹 사이트에서 검색할 수 있도록 바뀌고 있다. 그들은 소비자가 온라인으로 상품을 예약할 수 있게 하고, 옴니채널에서 행하여 질 수 있는 다양한 옵션들을 고객들이 인지할 수 있도록 매장 내 표지판이나 광고를 통해 정보를 주고 있다. 둘째, 온라인으로 제공하는 서비스들은 매우 다양하다. 온라인을 통해 구매를 하고 매장에서 픽업을 하는 서비스가 허용되는 사례들이 많다. 대표적인 예는 무료 반품 배송, 온라인 구매자와 서비스 담당자를 연결하는 '클릭 주문 click to call' 등이다. 셋째, 대다수의 구매자들이 쇼핑을 시작하도록 디지털 장바구니에 해당 품목을 저장하게 유도한 다음 나중에 구매를 할 수 있게 한다.

이러한 통계적으로 축적된 데이터들은 옴니채널의 방식이 현대 소매 유통업체들에게는 차별화가 아니라 필수적인 기능으로 자리 매김하고 있음을 강하게 시사한다. 소비자들은 오프라인, 모바일 및 온라인 등이 구분없이 서로의 상호 작용을 통해서, 계속적으로 전환되는 일상적인 생활 패턴의 변화에 따라, 여러 다양한 채널에서 소매 유통업체를 찾을 수 있을 것으로 기대한다.

따라서 인기있는 디자이너 브랜드 Rebecca Minfoff는 이러한 기술을 사용하여 패션업계에서 최고의 위치로 자리매김하고 있다. 그가 개발하고, 도입한 '연결 매장connected store' 개념을 뉴욕의 소호SoHo거리에 있는 자사 본점 매장에 공개했다. 이 연결 매장에는 패션쇼, 사진 및 브랜드 이벤트들과 관련이 있거나, 소셜 미디어에서 실제로 발생하는 모든 것을 포함하여 브랜드의 최신 콘텐츠를 보여주는 대화형 미러 디스플레이에 '연결된 벽'을 특징으로 한다. 또한 그 연결된 벽은 고객이 물건을 찾아보고, 탈의실을 요청하고, 그곳에 의류 옵션을 보내고, 음료수 주문까지 할 수 있도록 한다. 드레싱 룸이 준비되면 고객에게는 문자 메시지가 전송된다.

일단 그들이 탈의실에 도착하면, 그곳에서 제품을 인식할 수 있는 거울형 터치스크린과 무선 주파수 식별장치RFID를 특징으로 하는 공간을 만나게 된다. 이 탈의실의 가장 단순하면서도 혁

신적인 기능 중 하나는 고객이 조명을 조
정할 수 있어서 반사를 피해 옷이나 조명
을 세부적으로 더 밝게 보일 수 있다는
것이다.

국내 온라인 사이트 이베이코리아가 오프라인 지하철 광고를 통해
QR코드 결재를 유도하여 판매하는 사진

고객이 모든 것을 해 본 다음 구매 준
비가 되면 터치스크린 디스플레이를 사
용하여 선택한 품목을 직접 결제하는 기
능으로 보낼 수 있다. 고객은 터치스크린
을 통해 전체 매장과 재고목록에 접근할
수 있을 뿐만 아니라 Rebecca Minkoff
앱 및 모바일 사이트에 원활하게 연결할
수 있다. '탈의실 세션을 휴대전화에 저
장'하는 옵션 기능은 고객이 앱을 통해 본인이 옷을 입었을 때를 직접 상상하여 매칭시켜 보거
나, 나중에 입어봤던 옷을 다시 찾아내게 하여 앱을 통해 구매할 수 있거나, 집에 있는 옷장 속
에 그와 비슷한 것이 아직 있는지 다시 한번 확인할 수 있는 기능 등이 있다.

이러한 혁신은 비단 매장에만 적용되는 것이 아니다. 이 브랜드는 최근의 뉴욕 패션 위크에서
#seebuywear 해시 태그를 적용했으며, 시청자가 특정 제품 페이지를 방문하여 사용할 수 있
는 클릭 가능한 카드와 함께 새로운 패션을 선보이는 Rebecca Minkoff 사이트에 게시된 동영
상을 사용했다. 또한 터치스크린에서 동영상을 시청하는 경우, 소비자들은 스크린 동영상에서
모델이 런웨이를 걷는 동안 그들이 차고 있거나 입고 있는 의류 품목의 액세서리를 터치하면
그것을 터치한 자의 쇼핑 폴더에 추가할 수 있게 하였다. 모바일 및 매장을 접목시킨 탁월한 채
널통합으로 인해 새롭게 출시된 지 불과 6개월 만에 Rebecca Minkoff의 기성복 제품 판매가
거의 7배가 증가했다.

LO 3-1
미국과 세계 경제에 있어
소매업의 중요성을 알 수 있다

소매 채널은 소매업체들이 상품 및 서비스를 고객에게 판매 및 전달하는 방식을 의미한다.
소매업체가 사용하는 가장 보편적인 채널은 오프라인 매장이지만 소매업체들은 인터넷,
모바일, 소셜 미디어 및 카탈로그를 비롯한 다양한 비매장 채널을 사용한다. 이 정의는 TV 광
고와 같은 매체와 매체 간의 구별을 강조한다. 채널은 거래를 성사할 기회상품 판매 및 전달를 포함하
지만 매체는 주로 소비자에게 정보를 전달하는 데 사용된다. 소매업체가 채널을 통해 확실하게
일부 정보를 전달하더라도 그 주요 목표는 거래를 성시하는 것이나. 그럼에도 불구하고 매체와
채널의 차이는 모호해지기 시작했는데, 특히 소셜 미디어가 상품 및 서비스 구매 옵션을 확대
하고 제공하는 수단을 개발하면서 그렇게 되었다.

따라서 우리는 소매가 채널 전반에 걸쳐 확산됨에 따라 소매 유통의 진행을 그려볼 수 있다.
소매업체들은 일반적으로 단일채널로 사업을 시작한다. 단일채널이 전통적으로 실제 매장예: 월마

트이었지만 최근에는 소매 웹 사이트예: Amazon일 수도 있다. 단일채널 소매는 소매업체들이 오직 하나의 채널을 통해 고객에게 상품과 서비스를 판매하고 배달하는 경우이다. 시간이 지남에 따라 많은 매장들이 다른 채널로 퍼져 나갔는데, 예를 들어, 오프라인 거래 소매업체들이 자신들의 매장에 인터넷 매장을 추가하거나 온라인 소매업체들이 실제 매장을 여는 것 등이 그러하다. 이러한 확장으로 그들은 복합채널 소매업체가 되었다.

월마트가 운영하고 있는 온라인주문, 오프라인 픽업 서비스

복합채널 소매는 소매업체가 소비자에게 상품 및 서비스를 판매하고 전달하기 위해 하나 이상의 채널을 제공하는 경우이다. 채널들은 그 둘 사이 운영의 통합없이 운영된다. 이런 소매 형태의 탄생은 Sears가 카탈로그를 출시한 지 33년 만인 1925년에 첫 매장을 개설 한 때로 거슬러 올라가는데, 그 때 이전에는 미국 대중들에게 제공되지 않았던 상품들을 제공했다. 이제 매장을 운영하는 거의 모든 대형 소매업체들은 고객들에게 실제 매장에서, 혹은 자신의 웹 사이트에 액세스하여, 혹은 카탈로그 주문으로 상품 또는 서비스를 구매할 수 있는 기회를 제공하는 복합채널 소매업체들이다.

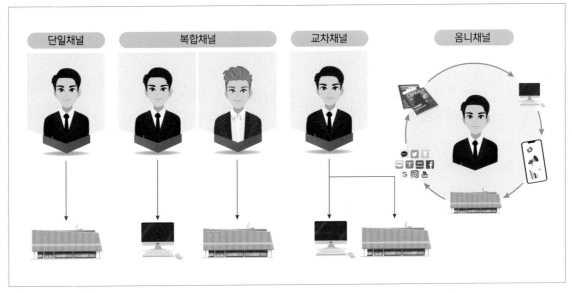

◎ 그림 3-1 단일채널에서 옴니채널 소매로의 진행

복합채널을 보유하는 것은 결국 교차채널 소매 기회를 창출한다. 교차채널 소매를 통해 고객은 실제로 전자메일 쿠폰을 받은 경우, 스마트 폰에 이를 다운로드 한 후 오프라인으로 이동하여 이 쿠폰을 이용하여 상품을 구매한다. 마지막으로, 이런 채널들의 지속적인 확장으로 현대의 소매업체들은 옴니채널 소매를 열망했다. 옴니채널 소매는 모든 소매점의 쇼핑 채널을 사용하여 원활하고 동기화 된 환경을 제공하는 조정된 복합채널 소매서비스를 의미한다. 이러한 다양한 채널은 협업을 통해 효과적으로 고객및 고객 데이터이 소매점 관리 프로세스의 중심이 되도록 보장한다. 단일채널에서 옴니채널 소매에 이르는 과정은 〈그림 3-1〉에 묘사되어 있다.

I 소매 채널의 상대적 강점

이 섹션에서는 소매 채널 또는 소매의 세 가지 유형인 ① 매장 내 소매업, ② 인터넷, 모바일 및 소셜 소매, ③ 카탈로그 및 기타 비매장 소매의 상대적인 강점에 대해 논의한다.

1. 매장점포 소매

LO 3-2
주요 소매 채널의 상대적인
강점을 비교하라; 매장,
인터넷, 모바일 및 소셜; 카탈로그
및 기타 비매장 채널

2장에서 상세히 논의한 다양한 유형의 소매업체들은 일반적으로 대부분의 수익을 자사의 오프라인 또는 매장 채널을 통해 얻는다. 매장은 고객이 매장 이외의 다른 채널예: 모바일, 인터넷, 카탈로그을 통해 쇼핑할 때 얻을 수 없는 여러 가지 이점을 고객에게 제공한다. 각 채널을 통해 이루어진 연간 소매 판매자동차 및 식품 서비스 연간 판매 제외의 예상 비율은 〈그림 3-4〉에 나와 있다. 대다수의 판매는 매장 내 판매의 기능이며 매장 채널을 통해 발생하지만 인터넷 및 카탈로그 채널 또한 상당한 매출을 차지하며 모바일 채널은 가장 높은 성장률을 보인다.

1 제품의 촉각 및 냄새

매장이 제공하는 가장 큰 이점은 고객이 제품을 검사하고 평가할 때 감각, 냄새, 시음, 보기 빛 청취 등의 오감을 모두 사용할 수 있는 기회가 될 것이다. 3차원 및 360도 투영과 같은 신기술은 컴퓨터 또는 휴대 전화 화면에서 제품의 표현을 향상시킬 수 있지만, 이러한 시각적 개선은 고객이 수영복을 입어보거나 초의 향기를 맡을 때 얻는 것과 동일한 수준의 정보를 제공하지는 않는다.

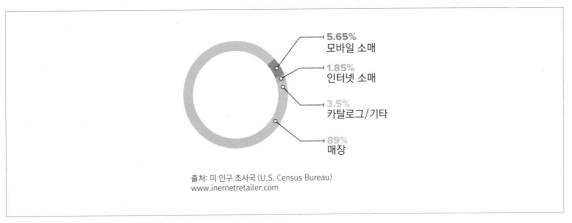

그림 3-4 소매 유형별 미국 소매 판매

2 개인 서비스

소비자는 종종 매장 내 개인 서비스에 대해 불만을 갖거나 비판적일 수 있지만, 영업 사원은 여전히 의미 있고 개인화된 정보를 제공할 수 있는 고유의 기능을 갖추고 있다. 그들은 고객에게 양복이 잘 맞는지 알려주고, 드레스 셔츠와 어울리는 넥타이를 제안하거나, 사업상 이벤트에 적절한 의류에 대한 고객의 질문에 응답할 수 있다.

3 위험 감소

매장의 실제 존재는 감지된 위험을 줄이고 고객의 신뢰를 높이기 때문에 구매에 관련된 문제를 시정할 수 있다. 고객은 매장 내 직원들에게 쉽게 접근하여 결함이 있거나 부적합한 제품 관련 문제를 해결하거나 제품 사용 방법에 대한 추가 정보를 얻을 수 있다.

4 즉각적인 만족

고객은 매장에서 상품을 구입하는 즉시 그 상품을 사용할 수 있다. 예를 들면, 고객이 열이 있거나 최종적인 선물이 필요할 때, Drugstore.com이나 Amazon.com에서처럼 처방전과 선물을 받기 위해서 2~3일 정도를 기다리지 않아도 된다.

5 오락 및 사회 경험

매장쇼핑은 일상 생활에서 휴식을 취하고 친구들과 상호 작용할 수 있게 해주는 자극적인 경험이 될 수 있다. Bass Pro Shops와 같은 매장 경험을 강조하는 소매점의 경우, 쇼핑은 레이저 아케이드, 암벽 등반, 권총 사격장, 대형 실내 폭포 및 낚시 용 수족관이 있는 축제로의 여행과 같음을 강조한다. 매장을 모험으로 바꾸어 놓은 Bass Pro Shops는 고객에게 지역 매장을 방문할 강력한 이유를 부여하면서도 실용적이고 거칠고 이색적인 브랜드로 명성을 굳혔다.

6 현금 결제

매장은 소비자가 현금으로 지불 할 수 있는 유일한 채널이다. 일부 고객들은 보다 빠르고 거래를 즉시 해결하고 이자 지불이나 과도한 부채가 생기지 않기 때문에 현금 지불을 선호한다. 다른 고객들은 보안 우려와 도난 식별 때문에 인터넷을 통해 지불 정보를 전자적으로 보내는 대신 자신의 신용 카드 또는 직불 카드를 직접 사용하는 것을 선호한다.

올랜도의 디즈니 월드와 비교하여 매년 1,200만 명이 넘는 사람들이 Bass Pro Shops를 방문한다. Bass Pro Shops 매장에서 생성되는 여흥은 다른 채널과 비교할 수 없다.

2. 인터넷 소매

인터넷 소매는 전통적인 컴퓨터나 노트북, 다양한 크기의 태블릿, 스마트 폰 등의 무엇을 사용하든 간에, 인터넷을 통해 소비자와 상호 작용하는 소매업체를 대상으로 한다. 컴퓨터를 통해 인터넷에 접속하는 채널을 전자 채널이라고 한다. 모바일 채널모바일 소매, 모바일 상거래 또는 m-commerce라고도 함은 태블릿이나 스마트 폰을 사용하여 인터넷에 액세스하는 것을 의미한다. 소매 관점에서 볼 때, 스마트 폰은 휴대성이 좋고 디스플레이가 작으며 위치 인식이 가능하다는 점에서 기존 컴퓨터와 다르다. 이러한 요인들로 인해 그것은 사용자와 다른 인터페이스 경험을 제공한다. 태블릿은 휴대 전화로 쇼핑하는 것과 관련된 몇 가지 이동성 혜택 및 문제와 함께 컴퓨터를 사용하는데 따른 몇 가지 장/단점을 결합한다.

모든 규모의 전통적인 오프라인 및 카탈로그 소매업체들은 인터넷 채널을 지속적으로 추가하여 고객에게 서비스를 제공하고 여러 면에서 경쟁 우위를 구축할 수 있는 능력을 향상시키고 있다.

① 인터넷 채널을 추가하면 더 많은 제품을 제공할 수 있다.
② 소매업체들은 더 많은 정보를 제공할 수 있다.
③ 소매업체들은 고객에게 제품 및 서비스에 대한 개인화 된 정보를 제공할 수 있다.
④ 그들은 판매자들에게 소비자 쇼핑에 대한 정보를 수집할 수 있는 특별한 기회를 제공한다.
⑤ 인터넷 채널은 소매업체가 새로운 시장에 경제적으로 진입할 수 있는 기회를 제공한다.
⑥ 그들은 모든 채널에서 쇼핑 경험을 향상시키는데 사용할 수 있는 정보를 제공한다.
⑦ 그들이 모은 정보 때문에 인터넷 채널은 소비자 위험을 증가시킬 수 있는데, 이는 소매업체가 경쟁 우위 확보를 위해 해결해야 할 잠재적 위협을 나타낸다.

1 더 깊고 폭 넓은 선택

인터넷 채널을 추가할 때 얻을 수 있는 장점들 중 하나는 소매업체들의 통로를 혼잡하게 하거나 면적을 늘리지 않고도 소매업체가 소비자에게 제공할 수 있는 매우 다양한 대안이 있다는 것이다. 매장 및 카탈로그는 크기에 따라 제한이 된다. 인터넷 쇼핑을 통해 소비자는 다양한 네트워크에서 쉽게 상품을 보고 선택할 수 있다. 개별 소매업체들의 웹 사이트는 일반적으로 매장 또는 카탈로그에서 제공하는 것보다 더 많은 종류의 상품(더 많은 색상, 브랜드 및 크기)을 제공한다. 이 같은 확장 제안은 덜 인기있는 스타일, 색상 또는 크기에 대한 소비자의 요구를 만족시킬 수 있다. 많은 소매업체들은 웹 사이트에 더 많은 상품 카테고리를 제공한다. 예를 들어, Stales. com에서는 청량 음료 및 청소 용품을 매장에서 판매하지 않기 때문에 비즈니스 고객들은 온라인에서 이를 원-스톱 매장으로 볼 수 있다

2 상품 평가에 대한 추가 정보

소매업체가 제공하는 중요한 서비스는 소비자의 구매 결정에 도움이 되는 정보를 제공하는 것이다. 소매 채널들은 고객이 액세스 할 수 있는 정보의 양이 다르다. 매장 채널을 통해 사용할 수 있는 정보의 양은 영업사원의 수 및 교육, 유익한 간판에 할당된 공간 등에 의해 제한이 된다. 마찬가지로 카탈로그 채널을 통해 사용할 수 있는 정보는 카탈로그의 페이지 수에 의해 제한이 된다. 반대로 인터넷 채널을 통해 제공되는 정보는 무제한이다. 이 채널을 통해 제공되는 방대한 양의 정보를 통해 고객은 특정 상품에 대한 정보를 얻는 대신 오히려 문제를 해결할 수 있다.

3 개인화

인터넷의 양방향 특성으로 인해 인터넷 채널의 가장 중요한 잠재적 이점은 각 고객을 위해 경제적인 방법으로 상품 제공 및 정보를 맞춤화할 수 있다는 것이다. 고객은 구매 결정을 내리기에 충분한 정보가 있을 때까지 웹 페이지를 통해 검색을 해서 이런 개인화의 일부를 제어한다. 또한 인터넷 채널을 사용할 때 고객은 정보를 형식화하여 상품에 대한 결정을 효과적으로 비교할 수 있다. 예를 들어, 온라인 쇼핑객은 서로 다른 소매점의 여러 페이지를 동시에 열고 가격을 비교할 수 있다. 소매업체 또한 웹 사이트 디자인을 통해 이런 가격 비교를 용이하게 한다. Office Depot는 고객이 선택한 여러가지 대안에 대한 정보를 나란히 비교 형식으로 제공한다. 대조적으로, 매장 내 고객은 대개 한 번에 하나씩 각 브랜드를 검사한 다음 서로 다른 특성을 기억하여 비교해야 한다.

또한 소매업체들은 인터넷 채널을 통해 상품 및 정보를 맞춤 설정하는 데 보다 적극적인 역할을 수행할 수 있다. 예를 들어, 많은 소매업체들은 실시간 채팅을 제공한다: 고객은 언제든지 버튼을 클릭하고 고객 서비스 담당자와 인스턴트 메시지 전자메일 또는 음성대화를 할 수 있다. 또한 이 기술을 통해 소매업체들은 자동으로 사이트의 고객에게 사전 채팅 초대장을 보낼 수 있다. 이러한 초대의 시기는 방문자가 사이트에서 보낸 시간, 고객이 보고 있는 특정 페이지 또는 고객이 클릭한 제품을 기반으로 할 수 있다. 예를 들어, Suitsupply.com은 단기간에 여러 항목을 검토하면 방문객이 제공하는 것에 더 많은 관심이 있음을 알게 된다. 따라서, 그 사이트에는 친절한 얼굴 제공 도움말이 있는 팝업 창이 표시된다.

인터넷의 대화형 특성은 소매업체가 각 고객에 대한 제품을 개인화할 수 있는 기회를 제공한다. 예를 들어, Amazon.com은 고객에게 웹 사이트에서의 고객의 과거 구매 및 검색 행동을 기반으로 책 및 기타 관심 제품에 대한 정보가 있는 개인화된 방문 페이지를 제공한다. 아마존은 또한 관심있는 고객들이 좋아하는 작가 또는 녹음 아티스트가 새 책을 발표했거나 새 CD를 발표했음을 알리는 전자 메일 메시지를 사용자에게 보낸다. Amazon은 보완 상품 추천을 통해 고객의 쇼핑 경험을 더욱 개인화 한다. 잘 훈련된 영업 사원이 체크 아웃 전에 고객에게 권장 사항을 작성하는 것처럼 대화식 웹 페이지는 구매자에게 고려해야 할 추가 항목에 대한 제안을 할 수 있다.

이베이에서 운영하고 있는 커스터마이즈 상품 추천 서비스

일부 복합채널 및 옴니채널 소매업체들은 컴퓨터의 인터넷 주소로 결정된 시간대, 구매자의 현재 또는 이전 웹 세션과 연결된 여러 속성과 성별을 기반으로 판촉 및 인터넷 홈페이지를 개인화 할 수 있다.

4 확장된 시장 존재

매장에서 쇼핑하는 고객을 위한 시장은 일반적으로 해당 매장과 비교적 가까운 곳에 거주하는 소비자에게만 국한된다. 카탈로그 시장은 인쇄 및 우송 비용이 높고 환경 친화적인 관행에 대한 소비자의 관심이 높아지기 때문에 한계가 있다. 인터넷 채널을 추가함으로써 소매업체들은 새로운 매장을 만들거나 추가 카탈로그 비용이 들지 않아도 시장을 확장할 수 있다. 인터넷 채널을 추가하는 것은 브랜드 이름이 강하고 지역 및 유통이 제한적인 소매업체에게 특히 매력적이다. 예를 들어, Neiman Marcus, REI, IKEA 및 L.L.Bean과 같은 소매업체들은 독창적인 고품질 상품을 제공하는 것으로 널리 알려져 있다. 이 소매업체들이 근처에 매장을 가지고 있다면, 수많은 고객들은 그들이 가지고 다니는 상품을 사려고 먼 거리를 여행할 필요가 없을 것이다.

5 채널들 전반에 걸친 쇼핑 경험 향상을 위한 정보

대부분의 매장 기반 소매업체들은 현금을 지불하거나 제 3자 신용카드를 사용하는 고객에게 개별 거래를 연결할 수 없으므로 고객의 광범위한 구매 내역을 개발하기가 어렵다. 반대로 인터넷을 통한 모든 거래에는 제품을 고객에게 보내는데 필요한 고객 식별 정보와 검색 행위가 포함된다. 이 정보는 고객이 쇼핑하는 방법 및 이유에 대한 가치있는 통찰력을 제공하고 경험에 대해 만족 또는 불만족을 한 사항들을 파악할 수 있다.

이 정보는 여러 가지 방법으로 소매업체에게 유용한데, 첫째는 매장이나 웹 사이트를 디자인하는데 도움이 된다. 사람들이 쇼핑하는 방법을 알면 소매업체들은 매장이나 웹 사이트를 브랜드, 크기, 색상 또는 가격대별로 배치할지 여부를 결정할 수 있다. 둘째, 소매업체가 고객이 구매하고

L.L.Bean은 매장이 비교적 적지만 방대한 카탈로그와 인터넷을 통해 시장을 크게 넓혀준다.

자 하는 품목에 대한 제안을 하는 데 도움을 줄 수 있다. 예를 들어, 고객이 Netflix에서 영화를 선택한 후에 Netflix는 예측 분석 알고리즘을 사용하여 고객이 관심을 가질만한 영화를 추가로 추천한다. 셋째, 고객이 클릭한 내용이나 과거에 구매한 내용을 토대로 소매업체들은 개별 고객에게 재구매 또는 더 많은 구매를 하도록 독려할 수 있는 독특한 프로모션을 제공할 수 있다.

6 인터넷 쇼핑에서 인지되는 위험

일부 소비자는 인터넷 채널을 통해 제품을 구입하는 것에 관심이 있다. 특히, 어떤 소비자들은 신용카드 거래의 보안이 온라인보다 매장에서 더 낫다고 생각하며, 그들 또한 개인 정보 침해 가능성에 대해 우려한다.

많은 소비자들이 신용카드 보안에 대해 계속 염려하고 있지만, 광범위한 보안 문제는 드물다. 거의 모든 소매업체들은 정교한 기술을 사용하여 통신을 암호화한다. 또한 모든 주요 신용카드 회사들은 소매 거래에 대한 소비자 보호를 제공한다. 보안 침해의 결과는 카드 번호를 도난 당한 소매업체에게 훨씬 악화될 수 있다. 보안 침해는 소매업체들의 명성을 훼손시킬 수 있으며 법적 책임에 노출될 수 있다.

또한 소비자는 알지 못하는 상태에서 소매업체들이 인터넷에서 구매 내역, 개인 정보 및 검색 행위에 관한 정보를 수집할 수 있는지에 대해 우려하고 있다. 그들은 이 정보가 앞으로 어떻게 사용되는 것인지에 대해 걱정한다. 그 정보가 다른 소매업체에게 판매되는가? 아니면 소비자가 원치 않는 홍보 자료를 온라인 또는 우편으로 받게 되는가? 개인정보와 관련된 문제는 9장과 13장에 자세히 설명되어 있다.

3. 모바일 소매

태블릿 및 휴대 전화와 같은 휴대 장치를 통한 국내 및 국제 광대역 액세스의 급속한 성장으로 인해 소매업체들은 이 채널의 잠재력을 개발하는데 매우 관심이 있다. 매장과 관련하여 모바일 인터넷 채널은 컴퓨터 기반 전자 인터넷 채널과 동일한 이점을 제공하지만 고유한 이점과 한계가 있다. 특히 고객은 지갑이나 주머니에 장치를 쉽게 휴대할 수 있으므로 어느 곳에서나 소매점에 액세스할 수 있다.

그러나 소매업체들은 서로 다른 장치를 위한 별개의 웹 사이트와 앱을 설계하고 있다. 예를 들어, Anthropologie의 앱에서 소비자는 품목을 탐색하고 가장 매력적인 옵션의 사진을 잘라내서 소셜 네트워크에 추가하고 제품의 간결한 세부 정보를 확인할 수 있다. Collage^{콜라주} 옵션을 사용하면 액세서리 및 보석을 포함한 복장을 세트로 구입할 수 있다. Anthropologie가 자사 앱을 소개하자마자 태블릿을 통해 Anthropologie의 웹 사이트에 액세스하는 구매자의 비율이 6%로 3배나 증가했다. 그 이후로 소매업체들의 매출 성장은 주로 다양한 전자상거래 채널의 확장에 기인한다.

4. 소셜 소매

S-소매로 알려진 소셜 소매는 소셜 미디어 사이트를 통해 구매 거래를 수행하는 것을 의미한다. 이 확장된 채널은 꾸준히 진화하고 상승세를 띠고 있다. 특히 Twitter, Pinterest 및 Instagram과 같은 소셜 미디어 기관들은 사용자가 특집 게시물이나 그림을 클릭하여 판매 프로세스를 시작할 수 있는 구매 버튼을 통합하고 있다. Instagram에서 버튼의 기능은 Facebook 구매 버튼과 유사하다. 즉, 해당 사이트의 광고주는 광고에 구매 버튼을 포함시킬 수 있다. 사용자가 클릭을 하면 그 버튼은 외부 웹 사이트로 연결되어 구매를 완료할 수 있다. 이 과정은 Pinterest에서는

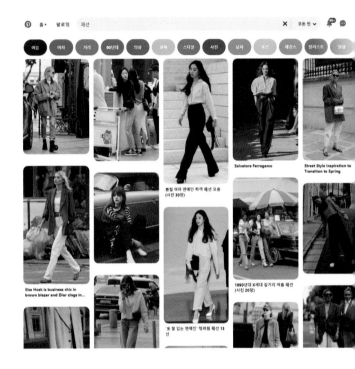

약간 다르다. 구매 가능 핀의 존재는 링크를 클릭하여 사용 가능한 색상, 크기 및 기타 정보에 대한 자세한 정보를 수신할 수 있음을 사용자에게 알려준다. 그들이 구매를 선택하면, 주문은 Pinterest 사이트에서 사용자를 생략하지 않고 판매자에게 직접 전달된다. 이러한 기능은 성공적인 것으로 보인다. 최근의 설문 조사에서 Pinterest 사용자의 93%는 구매를 위해 그 사이트를 사용하고 싶어한다고 응답했다. 소셜 소매는 2012년 30억 달러에서 2015년 140억 달러로 성장했다. 현재 소셜 소매 주문의 최대 숫자는 Facebook에서 나온다.

5. 카탈로그 및 기타 비매장 채널

카탈로그 채널은 고객에게 우편으로 보내는 카탈로그를 통해 소매 서비스가 고객에게 전달되는 비매장 채널이다. 매년 미국 소비자의 약 절반이 카탈로그를 통해 쇼핑한다. 카탈로그 판매가 가장 많은 상품 범주는 마약, 미용 보조기구, 컴퓨터, 소프트웨어, 의류, 액세서리, 가구 및

가정용품이다. 다른 비매장 채널과 마찬가지로 카탈로그는 고객에게 안전 및 편의 혜택을 제공하며 다른 비매장 형식에 비해 몇 가지 고유한 장점을 계속 제공한다. 첫째, 소비자는 컴퓨터, 모바일 장치 또는 인터넷 연결 없이도 거의 모든 장소에서 1년 내내 상품을 보고 주문할 수 있다. 둘째, 소비자는 언제든지 커피 테이블에서 카탈로그에 있는 정보를 참조 할 수 있다. 셋째, 카탈로그는 웹 사이트보다 쉽게 탐색할 수 있다. 그러나 카탈로그의 사용은 불필요한 천연자원 낭비라고 생각하는 소비자그룹의 비난을 받고 있다.

지난 몇 년 동안, IKEA는 웹 사이트를 통해 카탈로그 채널을 보강했다. 특히 IKEA는 증강현실을 포함시켜 광범위하게 배포된 가정용품 카탈로그와 관련된 콘텐츠 및 사용자 경험을 크게 향상시켰다. 구매자는 그들의 스마트폰을 웹사이트의 선택된 페이지 위에 올려놓으면 이미지 갤러리나 비디오와 같은 추가 콘텐츠를 얻을 수 있다. 앱을 다운로드한 후 고객은 카탈로그에 있는 일련의 아이콘과 상호 작용하여 선택한 제품에 대한 자세한 정보를 볼 수 있다. 이 정보는 방법설명 비디오how-to video부터 저장시스템 내부의 X 선 사진, 제품 및 디자이너에 대한 이야기까지 다양하다. 또한 방의 3차원 보기를 통해 사용자는 장식 요소를 만들고 색상 옵션을 탐구할 수 있도록 해준다.

1 직접 판매

또 다른 비매장 채널은 직접판매이다. 직접판매는 판매원이 고객의 집이나 직장 등 편리한 위치에서 직접 대면하는 소매 채널이다. 직접 판매하는 판매원은 직접 상품을 배달하거나, 서비스를 통하여 고객으로부터 이득을 얻게 하거나, 주문한 상품을 편리하게 가져다 주는 역할을 주로 한다. 직접판매는 직접 사람과의 설명이나 설득을 통해서 정보를 얻기 위한 편의성을 가져다 주는, 사람간의 상호 작용이 중요한 유통채널이다. 그러나 광범위한 설명을 포함하여 높은 수준의 개별화된 정보를 제공하는 일은 비용이 많이 든다.

매년 350억 달러보다 더 많은 직접판매가 미국에서는 일어나고 있다. 60% 이상의 상품은 집, 가족돌봄, 가정용품청소용품, 조리도구 등, 건강다이어트, 비타민 등, 개인관리화장품, 쥬얼리, 스킨케어 등의 아이템에서 판매가 되고 있다. 미국의 20만명 이상의 직접 판매원들 중 대부분은 독립된 에이전시이다. 그들은 직접판매 회사에 소속되어 있지 않고 회사로부터 물건을 사서 그것들을 고객에게 판매를 한다. 대부분의 판매되는 케이스는 어떤 회사가 아닌 그들이 정해놓은 지역의 가정주부들에게 접촉하여 판매의 대부분이 이루어진다.

2 자동판매

자동판매는 상품이 고객들에게 잘 보여지는 곳에 자동화된 기기를 통하여 이루어지고, 현금이나 카드를 사용하여 결재를 할 수 있는 시스템을 기반으로 한 채널이다. 자동판매기라고도 부르는 자동판매 기계는 일반적으로 교통량이 많은 편리한 위치에 배치된다. 자동판매 채널 판

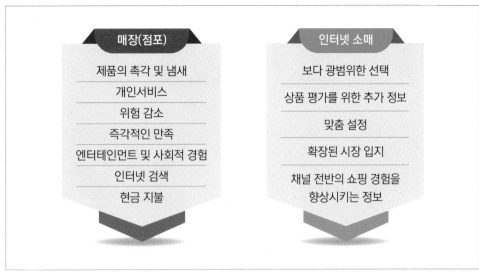

매장(점포)	인터넷 소매
제품의 촉각 및 냄새	보다 광범위한 선택
개인서비스	상품 평가를 위한 추가 정보
위험 감소	맞춤 설정
즉각적인 만족	확장된 시장 입지
엔터테인먼트 및 사회적 경험	채널 전반의 쇼핑 경험을 향상시키는 정보
인터넷 검색	
현금 지불	

⬤ 그림 3-3 주요 채널들이 제공하는 혜택

매의 약 80%는 차가운 음료, 조리된 음식 서비스, 사탕 및 간식에서 나온다. 미국에서 이 채널의 연간 판매액은 60억 달러를 초과한다. 많은 기업가들은 또한 첨단 기술을 통한 자동 판매기의 사용을 재검토하고 있다.

〈그림 3-3〉은 다양한 주요 소매유통 채널의 고유한 이점을 요약한 것이다. 다음 섹션에서는 이러한 채널을 진정한 복합채널 및 옴니채널 경험에 통합함으로써 소매업체들이 더 나은 고객 쇼핑 경험을 제공할 수 있는 방법에 대해 논의한다.

II 복합채널 및 옴니채널 소매업체들이 직면하는 기회

LO 3-3
진정한 옴니채널 전략과 관련된 기회를 설명하라.

소매업체들은 고객에게 제공되는 제품을 개선하고 경쟁 우위를 확보하기 위해 여러 채널을 사용하고 있다. 복합채널 소매를 향한 진화의 전형적인 예는 매장 기반 소매업체 및 카탈로그 업체가 인터넷 채널을 추가하는 경우이다. 그러나 인터넷 채널로 유명한 아마존은 이미 시애틀에 실제 서점을 오픈 했으며 샌디에고에 두 번째 매장을 열 계획이다. 이 매장에는 Amazon에서 구매가능한 최고의 리뷰 도서의 일부만 있다. 자사의 온라인 사이트에서와 마찬가지로 아마존은 고객의 인터넷 검색을 용이하게 하기 위해 선반에 선을 표시하는 대신 커버와 함께 책들을 전시한다. 이 매장에는 Amazon의 Kindle, Fire TV, Fire Tablets 및 Echo가 있다.

복합채널 소매업체를 찾는 방법에 관계없이, 고객들은 한결 같은 옴니채널 경험을 원한다.

Retailing VIEW 3.1

Apple, 옴니채널의 황금 표준

전 세계에서 가장 가치있는 브랜드인 Apple도 옴니채널에서의 황금 표준이 되고 있다. Apple, 그 제품과 심지어 그 제품 포장까지 매장 내에서 온라인 및 모바일까지 단일의 한결 같은 경험을 제공한다. 수년 동안 Apple은 자사 제품 사용 방법을 강조하는 인터랙티브 경험 영역으로 자사의 매장을 사용하여 옴니채널로 나아갔다. 그 매장 디자인, 웹 사이트 디자인, 제품 디자인 및 포장은 모두 Apple이 자사 브랜드와 동일시 하기 위해 열심히 노력했던 깨끗하고 매끈한 단순함을 반영하고 있다. 그에 따라 고객들은 각 터치 포인트에서의 경험이 통합된 것처럼 느낀다.

옴니채널 소매업체들의 경우와 마찬가지로, Apple은 고객이 다른 모델을 테스트하기 위해 매장에 들어가기 전에 온라인으로 제품을 조사하도록 도와준다. 매장에 도착하면 고객은 여러 제품들 중 하나를 사용하여 온라인에 접속하거나, 전용 Genius 담당자와 약속을 잡거나, 새로운 구매 기능을 알아보는 수업에 등록할 수 있다. 또한 모든 Apple 매장 직원들은 신용카드 또는 Apple Pay를 사용하

Apple은 고객들이 다른 모델을 테스트하고 Apple Pay를 사용하여 구매하기 위해 매장에 들어가기 전에 제품을 온라인으로 조사 할 수 있도록 도와준다.

여 매장 어디서나 고객을 도울 수 있는 iPhone을 장착하고 있다. 고객이 맞춤형 Apple Watch를 구매하기로 결정한 경우 매장 직원이 온라인으로 주문하고 고객의 집으로 제품을 배달하도록 도움을 줄 수 있다. 애플스토어에 iBeacon 기술이 도입됨에 따라 옴니채널 기능이 한층 강화되어 고객들이 매장 입구를 걸어 가면 바로 특별 제안과 쿠폰을 받게 된다.

Sources: Sophie Loras, "Four Brands Leading the Way in Multichannel Marketing," Clickz, February 11, 2016; Eyefaster, "The Growth of Omni-Channel Retail: Integrating In-Store, Mobile and Desktop Shopping Channels," Eyefaster, August 11, 2015; Jillian Buttecali, "The Top 4 Omni-Channel Retailers," ID.me, January 15, 2015.

고객들은 영업사원의 도움을 받거나, 점포 내 키오스크를 찾거나, 콜센터에 전화하거나, 웹 사이트에 접속할 때나 관계없이 자신이 인식되어지는 것을 좋아한다. 일단 인식이 되면, 소매업체들은 고객들이 온라인에서 구입하고 매장에서 픽업하거나 그 반대의 경우 조차도 고객들이 편리하게 구매할 수 있도록 도와야 한다.

또한 다양한 채널들은 그들이 제공하는 정보에 일관성이 있어야 한다. Apple은 Retailing View 3.1에서 논의된 바와 같이 효과적인 옴니채널 환경을 제공하는 소매업체들의 대표적인 예를 제공한다.

소매업체들은 다양한 채널을 시너지 효과가 있도록 사용함으로써 이익을 얻는다. 복합채널 및 옴니채널 소매업체들은 하나의 채널을 사용하여 다른 채널에서 제공하는 서비스를 홍보할 수 있다. 예를 들어, 매장 웹 사이트의 URL은 매장 내 표지판, 판매 시점^{POS} 영수증 및 매장 홍보에 사용되는 인쇄 또는 방송에 광고가 될 수 있다. 실제 매장 및 카탈로그 또한 소매업체들의

다른 채널을 위한 광고이기도 하다. 소매업체들의 채널은 특별 매장 이벤트 및 판촉을 발표함으로써 매장 방문 유도에 사용될 수 있다.

복합채널 및 옴니채널 소매업체들은 매장을 활용하여 주문 이행 비용을 낮추고 반품된 상품을 처리 할 수 있다. 그들은 고객에게 배달하기 위해 상품을 모으는 매장을 창고로 사용할 수 있다. 고객들 또한 배송비 지불보다는 소매업체 매장에서 상품을 수거하고 반품할 수 있는 기회를 제공받을 수 있다. 많은 소매업체들은 고객이 실제로 매장에 들어올 경우에는 온라인 또는 카탈로그를 통해 주문할 때에 운송료를 면제한다.

III 복합채널 및 옴니채널 소매업체들이 직면하는 도전들

LO3-4
복합채널과 옴니채널 소매업체들이 직면하고 있는 도전 과제를 분석하라

그러나 〈표 3-1〉과 같이 대부분의 복합채널 소매업체들은 이러한 원활한 고객 대면 프로세스를 아직 제공하지 못했다. 이러한 명백한 진보적인 결여를 관심 부족으로 해석해서는 안된다. 최근 설문 조사 결과에 따르면, 교차채널 조정은 아직 소매업체들의 전체 교차채널 잠재력에 도달하지 않은 경우에도 매우 중요하다고 한다.

복합채널 및 옴니채널 소매업체들이 직면한 과제는 복합채널 및 옴니채널 공급체인 및 정보시스템 문제, 채널 전반에 걸친 일관된 브랜드 이미지, 상품 구색, 가격 책정 문제 및 채널 주변의 문제, 채널 이동 및 쇼루밍을 포함한다.

1. 복합채널 및 옴니채널 공급체인 및 정보시스템

복합채널 및 옴니채널 소매업체들은 다양한 채널에서 고유한 자원뿐만 아니라 다양한 기술을 요구하기 때문에 통합 쇼핑 경험 제공에 여전히 어려움을 겪고 있다. 소매 유통센터^{DC}는 매장채널 지원 시, 제품 상자를 포장하고 공급자의 트럭에서 유통센터^{DC} 재고로 이동한 다음 소매점으로 향하는 새 트럭으로 제품을 옮긴다. 일부 소매업체들은 8장에 설명된 교차 도킹 DC를 사용하는데, 그 과정에서 제품은 DC에서 오직 잠깐 동안만^{하루 미만} 머문다. 그러나 인터넷, 모바일, 소셜 및 카탈로그 채널을 제공하는 DC는 다음과 같은 다른 역할들을 갖는다: 상자에 담긴 상품을 접수한 다음 개별 실 수요자에게 전달하기 위해 재 포장할 개별 품목들을 분류한다. 상자 보다는 개별 품목들을 처리하고 소매업체들 대신에 개별 고객들에게 전달하는 데는 고유의 포장, 다른 형태의 보관 및 주문 선택시스템, 다른 운송시스템 및 중개를 필요로 한다.

표 3-1 교차채널 이행을 제공하는 다중 채널 소매업체들의 비율

교차채널 이행 활동	고 성능 소매업체	기타
온라인 구매, 매장 내 반품	70%	59%
매장 내 구매, 온라인을 통한 이행	70	41
온라인 구매, 매장 내 픽업	50	52
모바일 구매	35	48
소셜 미디어 출처를 통한 구매	30	11
온라인 구매, 모든 매장을 통한 이행	30	30

출처: Omni-channel 2012: Cross-channel Comes of Age, 2012 Benchmark, RSR, June 2012.

이러한 운영상의 차이로 인해 많은 매장 기반 소매업체들은 인터넷 및 카탈로그 운영을 관리하는 별도의 조직을 운영하고 있다. 그러나 복합채널 및 옴니채널 운영이 성숙해지고 더 많은 옴니채널이 되어 감에 따라 소매업체들은 모든 운영을 하나의 조직으로 통합하는 경향이 있다. Walmart와 JCPenny는 처음에는 인터넷 채널을 위한 별도의 조직을 보유했지만 나중에 매장 및 카탈로그와 통합했다.

2. 채널 전반에 걸친 일관된 브랜드 이미지

소매업체들은 모든 채널에서 자신과 상품의 일관된 브랜드 이미지를 제공해야 한다. 예를 들어, 파타고니아는 매장, 카탈로그 및 웹 사이트에서 고품질의 친환경 스포츠 장비를 판매하는 이미지를 강화한다. 이 채널들 각각은 파타고니아 제품에 대한 설명에서 패션이 아닌 기능을 강조한다. 파타고니아의 환경에 대한 우려는 그 매장들에 대한 세심한 조명을 하고, 살충제-집약적이기보다는, 오히려 유기농 면뿐만 아니라 그 의류의 많은 부분에서 재활용 폴리에스테르를 사용하는 것으로 소통을 하고 있다. 그 웹 블로그인 The Cleanest Line www.patagonia.com/blog은 환경 운동, 혁신적인 디자인 및 스포츠 에세이 및 기타 기능에 전념하고 있다.

파타고니아는 패션이 아닌 기능을 강조하여 매장, 카탈로그 및 웹 사이트에서 고품질의 친환경 스포츠 장비를 판매하는 이미지를 강화한다.

3. 상품 구색

일반적으로 각 채널마다 서로 다른 구색이 존재한다. 예를 들어, 복합채널 및 옴니채널 소매업체들은 매장 채널이 아니라 인터넷 채널을 통해 더 광범위하고 심도 있는 상품 구색을 제공한다. 인터넷 채널은 훨씬 더 많은 구색을 갖추고 있기 때문에 보다 다양한 고객 그룹의 요구를 충족시킬 수 있다. 예를 들어, 복합채널 및 옴니채널 의류 소매업체들은, 인터넷 채널에서는 술장식 크기들을 다양하게 전개할 수 있지만, 매장에서는 너무 비싸서 그에 대한 공간을 적절하게 할애해야 한다. 이 채널들은 또한 다양한 유형의 상품에 대한 매출을 창출하는 데 있어 효율성 측면에서 차이가 난다. 예를 들어, 매장 채널은 셔츠의 적합성, 아이스크림 맛의 향 또는 향수 냄새와 같은 중요한 터치 및 느낌 속성이 있는 제품을 판매하는 데 더 적합하다. 다른 한편, 인터넷 채널은 가격, 색상 및 지방 그램과 같은 중요한 육안 속성이 있는 제품을 판매하기 위해 매장 채널만큼 효과적일 수 있다. 이러한 제품에 대한 평가는 인터넷을 통한 육안으로도 충분하다.

4. 가격 책정

가격 책정은 복합채널 및 옴니채널 소매업체들에 대한 또 다른 결정사항이다. 많은 고객들은 채널 전반에 걸쳐 가격은 동일할 것으로 예상한다. 그러나 어떤 경우 소매업체들은 서로 다른 채널에서 직면하는 경쟁 때문에 가격 전략을 조정해야 한다. 예를 들어, BarnesandNoble.com은 Amazon.com과 효과적으로 경쟁하기 위해 인터넷 채널을 통해 매장보다 저렴한 가격을 제공한다

여러 시장에서 매장을 운영하는 소매업체들은 지역 경쟁의 차이를 다루기 위해 동일한 상품에 대해 서로 다른 가격을 책정하는 경우가 많다. 대부분의 고객들은 현지 시장의 가격에만 노출되기 때문에 이러한 가격 차이에 대해 알지 못한다. 그러나 복합채널 및 옴니채널 소매업체들은 고객이 인터넷 가격을 쉽게 확인할 수 있을 때 지역에서의 가격 차이 유지에 어려움을 겪을 수 있다.

5. 채널 이동 감소

인터넷 채널을 통해 고객들은 제품 및 가격에 대한 정보를 검색할 수 있다. 가장 일반적인 복합채널 및 옴니채널 사용은 온라인으로 초기 검색을 수행한 다음 매장에서 구매하는 것이다. 매장과 인터넷 채널이 동일한 소매업체로 알려진다면, 이 회사는 만족할 것이다. 그러나 고객이

채널들 중 하나에서·정보를 수집한 다음 경쟁 업체의 호스팅하는 채널에서 구매하는 경우 소매업체들은 채널 이동의 어려운 문제로 고통을 받는다. 특별히 염려스러운 채널 이동 형태를 쇼루밍 showrooming이라고 한다. 쇼루밍은 소비자가 다른 브랜드와 제품에 대해 알기 위해 매장에 들어갔을 때 저렴한 가격으로 판매되는 동일한 제품을 인터넷에서 검색하는 경우 발생한다. 복합채널 및 옴니채널 소매업체들이 쇼루밍을 줄이기 위해 사용할 수 있는 3가지 접근 방식에는 ① 소비자 서비스 개선, ② 소매업체가 고객에 대해 수집한 독점 데이터를 기반으로 고유 관련 정보 제공, ③ 해당 홍보 소매점에서만 구입할 수 있는 사적인-표식 제품에 대한 판촉 등이 있다. 이러한 접근법은 5장에서 자세히 다룬다. Retailing View 3.2에서는 Warby Parker가 소매업체들에게 고객을 계속 연결하는 방식으로 인터넷 소매 채널 보완을 위해 매장 채널을 성공적으로 시작한 방법을 강조한다.

Retailing VIEW 3.2 Warby Parker, 역 옴니채널 소매업체

Warby Parker는 온라인 소매업체로 출발하여 나중에 실제 매장을 개설하였다. Amazon 및 RentTheRunway와 같은 일부 온라인 소매업체들이 오프라인으로 실험을 한 바는 있지만, Warby Parker는 트렌디한 안경 패션과 강력한 브랜드 이미지를 바탕으로 이 모델에 가장 먼저 나서서 북아메리카에 34개 매장을 열었다. Warby Parker 매장들은 지금까지 광범위하게 성공을 거두고 있다.

또한, 이러한 매장들은 실제로 온라인 채널의 수익성을 향상시킨다. Warby Parker의 독특한 판매 제안은 온라인 고객에게 무료로 무작위 5개의 더미 프레임을 전송하여 구매 이전에 사용해 볼 수 있는 방법을 제공하는 것이다. 이 약속은 브랜드 성공의 핵심이지만, 판매 보장 이전에 매우 높은 운송비가 발생한다. 매장 위치의 존재는 일부 고객들이 집에서 값 비싼 배송비를 지불하는 대신에 매장에 와서 원하는 완벽한 스타일을 찾을 수 있음을 의미한다.

Warby Parker는 이러한 전통적인 소매 형식을 계속 수용하면서 이 소매업에 대한 혁신적인 접근법을 유지하고 있다. 이 회사는 2016년 7월 Snapchat에서 최초로 판매되는 소매업체들 중 하나가 되었다. 고객들은 Warby Parker의 Snapchat 계정에 공개된 코드를 사용하여 독점 선글라스를 구입할 수 있었다. 이 안경은 특히 1주일 전에 브랜드의 Instagram 계정에 접속이 된 후 즉시 매진되었다. 이 게시물에서 Warby Parker는 고객들에게 Snapchat에서 독점적인 내용을 따르라고 했다. 이 조치는 소매 채널로서의 응용 프로그램을 활용하는 돌파구가 되었다.

Sources: www.warbyparker.com; Douglas MacMillan, "Warby Parker Adds Storefronts to Its Sales Strategy," The Wall Street Journal, November 17, 2014; Alyssa Hardy, "Warby Parker Sells Sunglasses on Snap-chat," Teen Vogue, July 21, 2016; Shannon Carlin, "Warby Parker Offers Limited-Edition Sunglasses on Snapchat," Refinery29, July 23, 2016.

LO3-1 소매업체들이 사용하는 유통채널에 대해 이해할 수 있다.

소매 채널은 소매업체가 고객에게 상품 및 서비스를 판매하고 제공하는 방식이다. 소매업체가 사용하는 가장 일반적인 유통채널은 매장(점포)이다. 또한 소매업체는 인터넷, 모바일, 소셜, 카탈로그, 직접우편(DM), 직접판매 및 자동판매기를 포함한 다양한 비매장(무점포) 채널을 사용하여 고객에게 판매한다. 복합채널 소매는 소매업체가 소비자에게 상품 및 서비스를 판매 및 제공하기 위해 둘 이상의 채널을 이용하는 경우이다. 그러나 이 채널은 그 채널들 간의 작업에 대한 통합 없이 작동한다. 복합채널 소매를 넘어서는 단계인 교차채널 소매는 고객이 실제로 여러 채널을 사용하여 구매하는 경우이다. 가장 고급화된 유통채널 유형인 옴니채널 소매는 모든 소매업체의 쇼핑 채널을 사용하여 원활하고 동시성을 갖는 고객 경험을 제공하는 조정된 복합채널 소매 서비스이다.

LO3-2 주요 소매 유통채널에 대한 상대적인 강점을 비교할 수 있다: 매장(점포); 인터넷, 모바일 및 소셜; 카탈로그 및 기타 비매장(무점포) 채널

매장은 비매장 채널을 통한 쇼핑 시 얻을 수 없는 몇 가지 혜택을 고객에게 제공한다. 이러한 혜택에는 제품의 촉감과 냄새, 개인 서비스, 위험 감소, 즉각적인 만족감, 즐거움 및 사회적 경험 그리고 현금 지불이 포함된다.

한편, 인터넷, 모바일 및 소셜 채널에는 여러 가지 장점이 있다. 첫째, 다양한 제품의 선택을 제공할 수 있다. 둘째, 소매업체들이 더 많은 정보를 제공할 수 있도록 한다. 셋째, 소매업체들이 제품 및 서비스에 대한 개인화된 세부 정보를 사용하여 고객에게 맞춤형 정보를 제공할 수 있도록 한다. 넷째, 판매자에게 소비자 쇼핑에 대한 정보를 수집할 수 있는 독특한 기회를 제공한다. 다섯째, 인터넷 및 모바일 채널은 소매업체가 새로운 시장에 경제적으로 진입할 수 있는 기회를 제공한다. 여섯째, 소매업체가 모든 채널에서 쇼핑 경험 개선에 사용할 수 있는 정보를 제공한다. 그러나 일부 소비자는 인터넷 또는 모바일 채널을 통한 제품 구매에 대해 우려하고 있다. 인터넷 및 모바일 채널과 함께 소셜 채널은 소셜 미디어 사이트를 통해 구매 거래를 수행하여 소비자에게 또 다른 구매 기회를 제공한다.

비매장 채널과 마찬가지로 카탈로그 채널은 고객에게 안전 및 편의상 이점을 제공한다. 카탈로그 채널을 사용하여 소비자는 컴퓨터, 모바일 또는 인터넷 연결없이 매일 같이 거의 어디에서나 상품을 보면서 주문할 수 있다. 소비자는 또한 언제든지 카탈로그의 정보를 커피 테이블에서 간단히 참조할 수 있다. 마지막으로 카탈로그는 웹 사이트보다 쉽게 탐색할 수 있다.

LO3-3 진정한 옴니채널 전략과 관련된 기회에 대해 설명할 수 있다.

소매업체가 효과적인 옴니채널 전략을 고안할 수 있다면 몇 가지 이점을 얻을 수 있다. 특히 소비자는 끊김이 없는 경험이라는 아이디어를 좋아하므로 옴니채널 방식은 고객에게 더 호소력이 있다. 또한 옴니채널 소매업체는 보다 비용 효율적으로 소비자가 선호하는 채널에서 제품을 구입할 수 있도록 할 수 있다. 좋은 옴니채널 소매업체는 고객이 매장에서 가지고 다니는 가방에 웹 주소를 강조 표시하는 등 각 채널을 사용하여 타인들에게 홍보한다.

LO3-4 복합채널과 옴니채널 소매업체가 직면한 문제를 분석할 수 있다.

복합채널 소매업체는 각 채널의 관리에 필요한 고유한 기술과 자원으로 인해 모든 채널에서 통합된 쇼핑 경험 제공을 위해 지속적으로 노력하고 있다. 복합채널 소매업체의 중요한 결정은 채널 운영을 통합하거나 각 채널마다 다른 조직에 의존해야 하는 정도에 대한 것이다.

각 채널은 고유한 이점을 제공하므로 다른 채널을 사용하는 고객은 같은 이유로 해당 채널을 사용하지 않는다. 소매업체는 모든 채널에서 회사와 제품에 대한 일관된 브랜드 이미지를 제공해야 한다. 채널별로 상품 구색 및 가격이 유사한 정도는 복합채널 소매업체에 대한 또 다른 어려운 결정을 나타낸다. 마지막으로, 인터넷 및 모바일 채널의 가용성으로 고객은 쇼핑 때마다 제품 및 가격에 대한 정보를 쉽게 검색할 수 있다.

핵심단어

- 라이브 채팅(live chat)
- 소매 채널(retail channel)
- 카탈로그 채널(catalog channel)
- 모바일 상거래(mobile commerce, m-commerce)

- 쇼루밍(showrooming)
- 채널 이동(channel migration)
- 단일채널 소매(single-channel retailing)
- 교차채널 소매(cross-channel Retailing)

- 모바일 소매(mobile retailing)
- 소셜 소매(social retailing, s-retailing)
- 직접 판매(direct selling)
- 복합채널 소매(multichannel Retailing)

- 인터넷 소매(internet retailing)
- 옴니채널 소매(omnichannel retailing)
- 자동판매기(vending machine)

현장학습

1. **연속되는 사례 과제: 쇼핑하기** 2장에서 비교쇼핑 실습을 위해 분석한 것과 동일한 상품 카테고리의 품목을 인터넷에서 쇼핑한다고 가정해요. 소매업체 웹 사이트에서 제공되는 상품 구색, 가격 및 쇼핑 경험을 비교하시오. 원하는 제품을 찾는 것이 얼마나 쉬웠는가? 구색 및 가격은 어땠는가? 계산은 어땠는가? 카테고리 및/또는 하위 카테고리는 어땠는가? 각 카테고리 및 하위 카테고리에 몇 개의 SKU가 있었는가? 사이트의 모양과 느낌, 탐색 및 특수 기능과 같은 사이트의 기능 등에 대해 좋았던 것과 싫었던 점들은 무엇이었는가?

2. **인터넷 검색** J.Crew(www.jcrew.com), JCPenney(www.jcpenney.com) 및 American Eagle Outfitters(www.ae.com) 웹 사이트에서 카키색 바지 한 벌을 구입해보시오. 각 사이트에서의 쇼핑 경험을 평가하시오. 소비자에게 중요하다고 생각하는 특성을 기준으로 사이트와 경험을 비교 및 대조해 보시오.

3. **인터넷 검색** 자신의 결혼식을 계획하고 있다고 가정해보시오. 결혼식 계획에 대한 www.theknot.com과 www.mywedding.com의 유용성을 비교하고 대조해보시오. 사이트의 어떤 기능이 좋은가, 아니면 싫은가? 이런 사이트들에서 제공하는 특정 서비스를 나타내보시오.

4. **인터넷 및 쇼핑 검색** 전자 레인지, 전동 드릴, 디지털 카메라, 믹서기 또는 커피메이커와 같은 상품 범주를 선택하시오. 지역 매장과 인터넷 사이트에서 소매업체의 제품을 비교해보시오. 매장, 인터넷, 모바일 및 소셜 채널을 통해 제공되는 구색의 차이점은 무엇인가? 가격이 같은가, 아니면 다른가? 소매업체가 채널 간의 시너지 활용을 위해 무엇을 했는가?

5. **인터넷 및 쇼핑 검색** 휴대폰과 컴퓨터를 사용하여 Home Depot 및 Mach의 웹 사이트에 액세스하시오. 웹 사이트에 액세스하는 두 가지 방법(휴대폰과 컴퓨터)을 사용하여 상품 검색 시 차이점은 무엇인가?

토의 질문 및 문제

1. 매장 기반 소매업체가 인터넷 채널을 통해 적극적으로 판매를 추구하는 이유는 무엇인가?

2. 복합채널, 교차채널 및 옴니채널 소매업체들 간 차이점은 무엇인가? 각각의 예를 들어보시오.

3. 옴니채널 소매의 어떤 측면이 소비자에게 도움이 되는가?

4. 복합채널을 통해 구매한 소매업체를 선택하시오. 그것이 복합채널, 교차채널 또는 옴니채널 소매업체인가? 답변에 대해 입증해보시오.

5. 앞선 질문에서 선택한 것과 동일한 소매업체를 사용하여 그들은 여러 채널들 간에 자신들의 운영을 얼마나 잘 통합했는가? 그들의 구색과 가격은 얼마나 비슷하고 다른가? 그들은 이런 것들을 다르게 해야만 하는가? 그 이유는 무엇인가?

6. 쇼루밍에 참여하고 있는가? 그렇다면 또는 그렇지 않다면, 그 이유는?

7. 고객의 관점에서, 매장의 장점과 한계는 무엇인가? 인터넷, 모바일, 소셜, 카탈로그 및 기타 비매장 채널의 경우는?

8. 다음 중 인터넷 채널을 통해 가장 성공적으로 판매할 수 있는 상품은 무엇이라고 생각하는가? TV 세트; 컴퓨터 소프트웨어; 하이패션 의류; 의약품; 치약, 샴푸 및 감기 치료제와 같은 건강관리 제품? 그 이유는?

1 코로나發 유통격변기…위기를 기회로 '응답하라 1998'

전문가와 함께 쓰는 스페셜 리포트①
· 코로나19 팬데믹에 韓 유통산업 직격탄
· 脫 오프라인 가속화, 온라인 출혈경쟁 심화…온·오프 모두 위기
· 코로나가 불붙인 온·오프라인 유통 패권전쟁에서 살아남으려면
· 정부에 바란다…"유통은 생물, 대중소기업 선긋기 말고 규제 풀어야"

[오세조 연세대 경영학과 명예교수] 코로나19 팬데믹(대유행)이 국내 산업계를 뒤흔들고 있다. 유통업계도 직격탄을 맞아 소매유통 구조개편이 급격히 이뤄지고 있다. 코로나 사태로 인해 쿠팡, 마켓컬리 등 온라인 유통이 더욱 강세를 보이며, 기존 오프라인 유통업체들은 전반적으로 크게 위축되는 모양새다. 이에 따라 기존 오프라인 유통의 구조조정과 새로운 온라인 유통과의 융합 혹은 병행이 가속화할 것으로 보인다.

소매유통의 구조개편이 급격히 일어났던 것은 이번이 처음이 아니다. 1998년 월마트의 국내 진출은 당시 유통업계의 '빅 이슈'로 기존 백화점에서 대형마트로 소비중심이 옮겨간 격변이었다. 소비 패턴 변화를 계기로 월마트, 까르푸 등 외국계 대형 할인업체가 한국 시장 공략에 나섰다.

외국계 대형할인점과의 경쟁에서 국내 유통사는 유통업 연구를 시작했고 시장에 뛰어들어 경쟁력을 쌓았다. 결과는 사계절이 있고 유행의 변화가 잦은 까다로운 국내 소비자들에 대한 이해도가 높고, 데이터가 쌓인 국내 유통사들의 승리였다. 결국 월마트와 까르푸는 경쟁에서 밀려 국내 시장에서 철수했다.

결과적으로 월마트가 '메기' 역할을 해 증폭시킨 위기의식이 유통 시스템을 발 빠르게 체계화하는 데 도움이 된 것이다. 물론 이때는 유통의 미래에 대한 전략이나 방향 등에 대해 롯데나 신세계 등 대형 유통기업뿐만 아니라 정부도 고민을 하던 시기였다.

오프라인에서 온라인으로 유통의 구조개편이 이뤄지고 있는 지금, 위기 상황에 놓인 오프라인 유통업체들은 돌파구 마련을 위해 온라인으로 사업영역을 넓히고, 대형마트의 구조조정을 단행하는 노력을 하고 있다. 하지만 정부는 여전히 대형마트를 동네상권 보호를 위해 규제해야 할 대상으로만 보고 있다. 업태 간 경쟁구조가 다변화한 지금, 8년 전 전통시장 보호를 위해 시행한 대형마트에 대한 의무휴업 규제는 전통시장보다는 사실상 외국계 기업이 장악하고 있는 온라인 유통만을 키우는 결과를 낳았다. 그 부작용으로 지역경제 위축과 고용 저하 등의 난맥상도 나타나고 있다. 그럼에도 정부는 의무휴업 규제를 복합쇼핑몰까지 확대하는 등 규제를 풀기보단 되레 강화하려는 움직

지난 1998년 국내에 진출한 월마트는 전국에 16개 매장을 운영하다 2006년 이마트에 인수합병됐다. 월마트 코리아 화정점의 간판이 내려가고 이마트 간판이 새롭게 설치되고 있는 모습.(사진=신세계그룹)

임을 보이고 있다.

코로나 팬데믹의 영향으로 국내 유통환경은 대변혁기를 맞게 됐다. 업태 간 경쟁구도는 더욱 복잡해졌고 경계가 허물어지면서 상호 간에 한층 복합적인 영향을 주고받고 있다.

유통(流通)의 사전적 의미는 '공기 따위가 막힘없이 흘러 통한다'이다. 유통은 생물이다. 대·중소기업, 온·오프라인 구분 없이 자연스럽게 흘러야 한다. 정부는 유통업계 규제정책이 작금의 환경변화에 맞는 것인지 자문해 봐야 할 것이다. 새는 한쪽 날개로 날 수 없다.

2 온·오프 유통전쟁에서 살아남으려면…"따로 또 같이 융합하라"

전문가와 함께 쓰는 스페셜 리포트②
· 오프라인서 온라인으로… 코로나에 온·오프 패권전쟁 가속
· 상전(신격호)유통상 1회 수상자 오세조 교수가 말하는 '생존해법'
· 업체·업태·대중소기업·유통기능 간 '융합'만이 살 길

[오세조 연세대 경영학과 명예교수·이데일리 김보경 기자] 코로나 19 팬데믹으로 국내 유통업계는 오프라인 유통에서 온라인 유통으로 급속히 무게 중심이 옮겨가고 있다. 특히 코로나 사태로 인해 언택트(비대면) 소비문화가 더욱 확고히 자리를 잡았다. 유통 회사가 이제 오프라인 점포 선호 고객과 온라인을 선호 고객을 별도의 목표 고객으로 설정해 차별적 마케팅을 전개하고, 가능하면 이들을 관리적으로 융합해 시너지를 낼 수 있는 옴니채널 형식으로 가야 하는 이유다.

온·오프라인 통합 '옴니채널' 진행단계는

인구감소, 언택트 소비 문화 등으로 어려움을 겪는 오프라인 유통업체들은 온라인과 오프라인 매장을 결합해 서비스를 제공하는 옴니채널로의 변화를 시작했다. 이마트는 지난해 분기 첫 적자를 내며 위기감이 감돌았다. 하지만 코로나 사태 이후 신세계통합온라인몰 'SSG닷컴'에 대한 투자가 적절했다는 평가를 받으며 위기가 기회로 작용하고 있다.

대형마트의 위기론 속에서도 이마트의 1~2월 누계 총 매출액은 전년대비 4.7% 증가했다. SSG닷컴의 성장률이 견조했다. 주영훈 유진투자증권 연구원은 "SSG닷컴의 지난달 총거래액은 전년 동기 대비 58% 증가한 것으로 확인된다"며 "1월에 20% 성장한데 이어 성장폭이 두 배 이상 확대된 것"이라고 분석했다.

새벽배송 강화가 코로나19 대응에 효과적이었다. SSG닷컴 새벽배송 권역은 지난해 서울 10개구에서 현재 17개구로 확대했다. 지난해 12월 온라인 전용 물류센터 '네오(NE.O) 3'을 열면서 대량 주문 역량이 더욱 강화됐다.

롯데도 몇 년 전부터 옴니채널 전략을 검토했지만 신세계그룹(이마트)이 좀 더 빠르게 실행했다. 코로나19로 온라인 유통으로의 구조개편에 속도가 붙자 이마트의 성과가 돋보이고 있는 상황이다.

좀 늦었지만 롯데도 옴니채널 전략을 본격화한다. 신동빈 롯데그룹 회장은 최근 일본 니혼게이자신문과의 인터뷰에서 "현재 여러 자회사가 운영 중인 인터넷 쇼핑 사업을 일원화하고 다양한 상품을 롯데 매장에서 직접 수령할 수 있는 시스템을 만들겠다"고 밝혔다.

'롯데온'은 백화점, 마트, 홈쇼핑 등 롯데 7개 유통 계열사가 별도로 운영해온 온라인몰 상품을 통합해 한 번에 검색·구입·결제하도록 한 통합 애플리케이션(앱)이다. 롯데는 롯데온을 통해 오는 2023년까지 온라인 취급액을 지금의 3배인 20조원까지 끌어올린다는 계획이다. 롯데마트는 점포 5km 내에서 주문하면 1시간 이내에 주문 상품이 배달되는 '바로 배송' 서비스를 선보인다. 롯데는 온·오프라인을 연결해 모든 상품을 가까운 롯데 매장에서 받을 수 있는 옴니채널 전략을 완성한다는 구상이다.

오프라인 어려움에도 8년 전 규제 고집하는 정부

유통기업들의 온라인 사업 강화에는 오프라인 사업의 구조조정이 전제한다. 이마트가 기존 오프라인 점포의 30% 이상을 리뉴얼하고 수익에 도움이 안 되는 전문점은 과감히 없애겠다는 계획을 발표했고, 롯데쇼핑은 백화점·마트·슈퍼·롭스 등 총 700여 개 점포 중 약 30%에 달하는 200여 개 비효율 점포를 정리한다고 밝혔다. 업계에서는 롯데쇼핑의 구조조정만으로 4만여 명에 달하는 일자리가 없어질 것으로 추산하고 있다.

소매유통은 생물과 같은 조직으로 소비자의 선택을 받지 못하면 바로 문을 닫아야 하고, 그렇게 되지 않으려면 소비자의 욕구 변화와

소비행태의 변화에 대하여 지속해서 파악해 대응해야 한다. 이런 맥락에서 유통기업들이 구조조정을 통해 체질개선에 나서는 것이다.

이처럼 유통환경이 달라졌지만 정부는 여전히 대형마트에 대한 규제의 끈을 놓지 못하고 있다. 온라인 쇼핑이 주류가 된 상황에서 쿠팡 등 이커머스 업체들은 24시간 쇼핑이 가능하지만 대형마트는 월 2회 의무휴업과 영업금지시간(0~10시) 온라인 배송 금지 규제가 여전하다. 복합쇼핑몰에 대한 규제 강화도 추진하고 있다. 전통시장 등 동네 상권 보호를 이유로 2012년 시작한 대형마트에 대한 의무휴업 제도는 전통시장보다는 온라인 유통을 키워주는 결과를 가져왔다. 온라인과 오프라인의 적절한 균형을 통해 유통산업의 점진적인 발전을 도모하면서 변화에 따른 비용을 줄여야 하는 상황에서 정부의 낡은 규제는 지역경제 위축과 고용의 저하 등 부작용을 가져올 것으로 판단된다.

정부 정책에는 미래 선도적 방향성이 있어야 하는데 유통업계에 지각변동이 일고 있는 지금 정부가 그런 방향성과 계획을 갖고 있는지 묻고 싶을 정도다.

낡은 규제 풀고, 기업 간 융합도 시도해야

정부와 기업 모두 지금까지와는 다른 융합, 상생을 위한 정책을 펴나가야 한다. 오프라인 유통이 비록 구조조정의 대상이 됐지만 지역사회에서의 커뮤니티 역할과 일자리 창출이라는 기능을 아예 무시할 수 없기 때문이다.

각 유통업체가 모든 점포에서, 모든 업태에서, 모든 유통기능에서 다 잘 할 수 없다면 인수·합병이나 공동 투자, 공동 기능 사용, 공동 마케팅, 다양한 콜래보레이션 활동을 통해 끊임없이 새로운 가치 창출을 꾀해야 한다. 롯데나 신세계가 서로 배척만 하지 않고 정보나 물류망을 공유한다든가, 부가가치기 더 많이 나오는 곳으로 일부 사업체를 넘긴다든가 하는 식의 협력이 가능해져야 한다. 유통업체들은 소매, 도매, 물류, 제조, 원자재 조달 등 전체 마케팅시스템의 효율적 구축과 운영을 꾀해야 하며, 이를 위해서는 신뢰할 수 있는 파트너들과 함께 역량을 모아야 한다. 이제 모래알처럼 흩어져서 자체 경쟁력

만으로는 성장하기가 어려운 시대다.

다만 오프라인 유통기업이 기존 이커머스 업체의 인수합병(M&A)에 나서는 것은 쉽지 않을 전망이다. 이커머스 업체를 인수하기에는 누적적자 규모가 상당해 부담스러울 뿐만 아니라 기존에 보유한 유통조직과의 완벽한 융합이 어려울 것으로 판단해서다.

3 위기의 오프라인… 답은 즐길거리, '매장 찾을 이유' 만들라

전문가와 함께 쓰는 스페셜 리포트③
· 이커머스·경기침체·코로나19 삼중고에 '적자' 목전
· 프리미엄 상품·A/S 등 온라인 할 수 없는 서비스로 차별화
· 옴니채널로 영역 확대도…"매장방문 번거롭다는 인식깨야"

[이데일리 함지현 기자]대형마트와 백화점 등 오프라인 유통업체들은 최근 이커머스의 공세와 경기침체에 코로나19 팬데믹(대유행)까지 더해지며 최악의 상황을 맞이하고 있다. 정부의 규제 등에 따른 제한이 있는 것도 사실이지만 이제는 온라인에 밀릴 수밖에 없는 현실을 인정하고 스스로 획기적인 자구책을 마련하는 게 필요하다고 전문가들은 조언한다.

29일 관련업계에 따르면 주요 오프라인 유통업체는 '적자'를 고려해야 할 상황에 몰렸다. 코로나19의 여파다. 확진자가 방문한 매장은 임시 휴업으로 직접적 매출 손실이 발생하고 전염 우려에 따른 매장 방문 기피 현상으로 백화점과 대형마트 등 인구 밀집도가 높은 업종 전체가 타격을 받고 있다. 이로 인해 온라인과의 경쟁에서 힘겨운 싸움을 벌이며 이미 적자를 경험한 대형마트는 물론, 오프라인 유통업계의 정점으로서 꾸준히 상승세를 이어오던 백화점 역시 분기 적자에 빠지게 될 가능성이 제기된다.

위기 상황에 놓인 오프라인 업체들이 돌파구 마련을 위해 할 수 있는 전략은 크게 두 가지로 나뉜다. 온라인이 제공할 수 없는 서비스를 제공하거나, 옴니채널처럼 기존 오프라인 유통에 온라인 성향을 더해 영역을 확대하는 방법이다.

주요 업체들은 이미 고객들을 오프라인 매장으로 끌어들이기 위한 차별화 전략을 실행 중이다.

먼저 롯데백화점은 넷플릭스·유튜브 온라인 동영상 서비스 시장이 성장하고, 코로나19 여파로 '집콕 문화'가 확산하자 본점에서 프랑스의 세계적인 음향기기 브랜드인 '드비알레' 팝업스토어를 운영하는 등 프리미엄 음향 시장 공략에 나섰다. 온라인과 달리 취미를 전문적으로 즐기고자 하는 고객들은 가격이 비싼 프리미엄 상품을 구매 전 직접 테스트해볼 수 있고 사후관리(A/S)가 확실한 백화점에서 상품을 구매하는 경우가 많다는 점을 겨냥한 것이다.

실제로 코로나19 여파로 오프라인 시장이 위축된 가운데서도 지난 2월 10일부터 3월 12일까지 본점의 '프리미엄 음향' 카테고리 매출은 전년 동기 대비 19.2% 증가했다.

이마트는 1인 미디어 및 소셜미디어 확대 추세에 발맞춰 '소니 카메라·렌즈 렌털 서비스'를 실시한다. 고가의 카메라나 방송 장비를 바로 장만하기보다는 대여해 사용해본 후 구매 여부를 결정하거나, 필요할 때만 빌려 쓰는 수요가 늘어날 것으로 예상해서다. 고객들은 소니의 보급형 모델부터 판매가가 1600만원을 호가하는 고급 모델까지 총 37종에 달하는 카메라 렌즈를 대여할 수 있다.

오프라인의 차별화 경쟁력을 높일 수 있도록 A/S 서비스도 강화한다.

일렉트로마트는 현재 전국 5개 점포에서 운영 중인 A/S 센터 수를 연내 총 10여 개까지 확대할 예정이다. 고객들이 원하는 상품과 서비스를 선제적으로 제안하는 것이 오프라인 성장에 도움이 될 것으로 판단한 것이다. 지난해 애플 A/S 서비스센터가 오픈한 일렉트로마트 3개 점포는 평균 14.4%의 매출신장률을 기록하기도 했다.

온라인과 오프라인을 결합한 '옴니채널'에 대한 시도도 이어지고 있다. 옴니채널은 온라인이라는 흐름에 부합하면서 오프라인의 장점을 함께 살릴 수 있는 미래 성장 동력으로 꼽힌다.

롯데마트는 온·오프라인을 통합한 풀필먼트 스토어를 선보였다.

점포 5km 내에서 주문하면 1시간 이내에 주문 상품이 배달되는 '바로 배송'이 핵심이다. 이와 함께 주문한 상품을 시간을 예약해 받을 수도 있으며, 오프라인의 특징을 활용해 매장 픽업·드라이브 픽 등 다양한 서비스도 선택할 수 있다.

롯데마트는 오프라인 위주 고객이 온라인과 오프라인 양방향 구매를 할 경우 월 구매 금액이 25%가량 증가할 것으로 보고 있다. 만약 10만명이 전환한다면 월 54억원, 연 648억원의 매출 증대 효과도 기대하고 있다.

홈플러스 역시 생필품을 앞세워 온라인 주문을 어려워하는 노부모들을 위해 30~50대 고객들이 '효도 쇼핑'에 나서도록 독려하는가 하면, 픽업 서비스를 통해 이커머스 업계 배송 지연 사태의 틈새도 공략하고 있다.

오세조 연세대 경영학과 명예교수는 "오프라인의 장점은 직접 상품을 만져보고 선택할 수 있다는 사실과 보고 먹고 즐길 수 있는 재미 요소가 있다는 점"이라며 "오프라인 매장을 찾는 것이 번거롭다는 인식을 깨기 위해서는 매장을 꼭 찾을 수밖에 없는 획기적인 콘텐츠를 만들어 내는 게 중요하다"고 말했다.

4 진격의 온라인…문제는 출혈경쟁, 맷집 키워야

전문가와 함께 쓰는 스페셜 리포트 ④
· "코로나19로 전 연령층 언택트 소비문화 자리 잡을 것"
· "이커머스, 주류로 성장…적자 버틸 맷집 커질 수도"
· 대규모 출혈은 여전…쿠팡 2조원대 적자 가능성도

[이데일리 함지현 기자]편의성으로 무장한 온라인은 최근 오프라인 소비심리 악화로 인해 또 한 단계 성장을 앞두고 있다. 코로나19로 심화한 언택트(비접촉) 소비문화에 물류의 발전, 서비스 강화, 제품의 질 향상 등으로 인해 소비자들의 구매 빈도가 높아지고 있기 때문이다. 다만 이들은 출혈 경쟁이라는 과제를 안고 있다. 스스로 돈을 벌 수 있는 구조를 만들어내지 못하고 생존 경쟁을 벌이고 있는 탓이다. 이런 이유로 업계에선 심심치 않게 합종연횡설이 흘러나오기도 했다.

오세조 연세대 경영학과 명예교수는 "그동안에는 젊은 층이 중심이었던 온라인 소비가 이번 코로나19를 계기로 전 연령층으로 확대될 조짐을 보이고 있다"면서 "이번 사태로 언택트 소비문화는 더욱 확고히 자리 잡을 것"이라고 전망했다.

실제로 이커머스 업체들은 코로나19 이후 생필품을 중심으로 구매가 더욱 몰리는 상황이다. 대표적으로 쿠팡은 코로나19 이전 하루 220만개였던 하루 배송량이 300만개로 급증했다. 쓱닷컴 역시 하루 80% 수준이던 주문 마감률이 현재 95~99%를 유지하고 있다.

모바일로 쇼핑을 하는 모습.(사진=롯데쇼핑)

코로나19 이전에도 이커머스는 급격한 성장세를 보여 왔다. 산업통상자원부에 따르면 2018년 온라인 매출은 전년 동기 대비 14.2% 성장했다. 오프라인이 0.9% 하락한 것과 대비된다. 2018년에도 온라인 매출은 전년보다 15.9% 늘었었다.

이커머스가 매년 두 자릿수 성장을 이어갈 수 있는 가장 큰 이유는 손가락만으로 상품을 구매할 수 있는 '편리함' 때문이다. 쿠팡의 '로켓 배송'에서 시작된 물류 혁신으로 하루도 채 안 돼 주문한 제품을 받아볼 수 있게 되면서 심리적 거리도 좁혔다. 가격 경쟁력과 제품의 다양성 역시 장점으로 꼽는다. 최근에는 비대면이 새로운 트렌드로 떠오르면서 영역을 구분하지 않고 전반적인 구매가 온라인몰에서 이뤄지는 형국이다. 전망도 밝다. 코로나19로 새롭게 이커머스를 경험한 고객들이 신규 고객으로 정착하게 될 가능성이 매우 높아서다. 지난 2015년 메르스 당시에도 온라인 쇼핑에 소극적이던 40~60대가 온라인으로 대거 유입된 사례가 있다.

이 같은 점을 감안해 이제는 이커머스가 명실공히 국내 유통업계의 '주류'로 거듭나고 있다는 의견도 제기된다.

애플리케이션(앱)·리테일 분석 서비스 와이즈앱은 쿠팡의 지난 2월 결제금액을 1조 6300억원으로 추정했다. 전년 동기보다 68% 증가한 수준이다. 티몬은 상장 작업에 착수했다. 다수의 국내 증권사에 상장을 위한 입찰제안요청서(RFP)를 보냈으며 이르면 다음 달 중으로 상장주관사를 선정하고 상장 작업에 들어갈 예정이다. 뒤늦게 이커머스에 도전한 쓱닷컴은 올해 목표 거래액을 전년 대비 25% 증가한 3조 6000억원으로 잡았다.

업계 관계자는 "코로나19를 계기로 이커머스가 주류로 발돋움하면서 적자가 나더라도 버틸 수 있는 맷집과 기다릴 수 있는 인내심이 생길 수 있다"고 말했다. 관건은 이들의 출혈 경쟁이다. 주문량이 늘어나면 업체에 큰 이익이 될 것 같지만 물류·배송 인력 충원 등 인프라 구축에 들어가는 비용 등을 감안하면 대부분 적자를 감수해야 하는 구조다. 외부 자금 수혈을 불사하더라도 기존 비즈니스 모델을 파괴한 혁신을 진행하면서 소비자 편의성 높이기에 집중한 결과다. 주요 이커머스 업체들이 매각설에 휩싸이는 이유도 이와 밀접한 연관이 있다.

물류 혁신을 주도했던 쿠팡의 경우 매년 적자가 기하급수적으로 늘고 있다. 2014년 1215억원이던 적자는 2015년 5200억원, 2016년 5653억원, 2017년 6388억원에서 2018년 1조 970억원으로 처음으로 1조원을 넘어섰다. 이 같은 규모는 더욱 커져 작년 적자 규모가 2조원까지 늘어났을 것이라는 전망까지 나온다.위메프는 지난

2016년부터 2018년까지 적자가 636억원, 417억원, 390억원으로 매년 감소했다. 하지만 쿠팡의 적자를 감수한 성장을 따라가지 못하면 도태될 수 있다는 위기감에 상품기획자(MD)의 대대적 확충과 신규 파트너사 유치에 공을 들이고 있다. 이에 따라 지난해 적자폭도 대폭 늘어났을 것으로 관측된다.

(이데일리 2020.3.30. 기사에서 발췌 정리함)

참고문헌

1. James B. Stewart, "Walmart Plays Catch Up with Amazon," *The New York Times*, October 22, 2015.
2. *"Amazon's Future: Looking beyond the Balance Sheet,"* Wharton School of Business, October 28, 2014, http://knowledge. wharton.upenn.edu/article/kw-radio-fad-erraff-amazon/.
3. Dan Berthiaume, "Three Reasons Amazon Is Everyone's Competitor," *Chain Store Age*, November 9, 2015.
4. Taylor Soper, "Amazon's Dominance of Online Shopping Starts with Product Searches, Study Shows," *GeekWire*, October 6, 2015.
5. "Amazon Rolls Out Devices That Fill Themselves," *Industry Week*, January 19, 2016.
6. Berthiaume, "Three Reasons"; Nick Wingfield, "Amazon Is Said to Be Planning an Expansion into Retail Bookstores," *The New York Times*, February 2, 2016.
7. Tom Ryan, "Amazon Rolls Out Free Same-Day Delivery," *RetailWire*, May 29, 2015; "Walmart Plans to Test Unlimited Shipping Service," Associated Press, May 13, 2015.
8. Ron Nixon, "Postal Service to Make Sunday Deliveries for Amazon," *The New York Times*, November 11, 2013.
9. Jenn Markey, "Three Things You Need to Know about Amazon's Price Strategy," *Retail Customer Experience*, April 21, 2014, http://www.retailcustomerexperience.com.
10. "In Amazon and Walmart's Battle for Dominance, Who Loses Out?," *Wharton School of Business*, November 13, 2013, http://knowledge.wharton.upenn.edu/article/amazonwalmarts-battle-dominance-future-retail-stake/.
11. https://www.census.gov/retail/index.html.
12. "May 2015 National Occupational Employment and Wage Estimates United States," http://www.bls.gov/oes/current/oes_nat.htm.
13. "11 Facts about Global Poverty," www.dosomething.org.
14. Stephanie Strom, "Walmart Pushes for Improved Animal Welfare," *The New York Times*, May 22, 2015.
15. http://www.wholefoodsmarket.com/mission-values/corevalues/declaration-interdependence.
16. Personal interview with former Trader Joe president Doug Rauch, 2016, found in Grewal et al., "Enhancing Customer Engagement through Consciousness."
17. C. B. Bhattacharya and Sankar Sen, "Consumer-CompanyRelationships with Companies," *Journal of Marketing* 67 (April 2003), pp. 76–88.
18. Ibid.
19. National Retail Federation, "2016 Top 250 Global Powers of Retailing," January 2016, https://nrf.com/news/2016-top-250-global-powers-of-retailing.
20. Phalguni Son, "Home Improvement Retail: A Two-Horse Race for Supremacy," *Market Realist*, March 24, 2015.
21. Mazzone & Associates, "Market Share of Major Retail Companies in the United States in 2015," Statista: The Statistics Portal, October 2015, http://www.statista.com/statistics/473722/market-share-of-major-retail-companies-in-the-us/.
22. Corey Stern, "CVS and Walgreens Are Completely Dominating the US Drugstore Industry," www.businessinsider.com, July 29, 2015.
23. Personal conversation with author.
24. "The World's Billionaires 2007," *Forbes*, March 8, 2003.
25. "Ingvar Kamprad & Family," *Forbes*, July 2016, http://www.forbes.com/profile/ingvar-kamprad/.
26. Elizabeth M. Aguirre, Dominik Mahr, Dhruv Grewal, Ko de Ruyter, and Martin Wetzels, "Unraveling the Personalization Paradox: The Effect of Information Collection and Trust-Building Strategies on Online Advertisement Effectiveness," *Journal of Retailing* 91, no. 1 (2015), pp. 34–49.
27. Susannah Morris, "Where Social Commerce Revenue Comes From," HubSpot, January 14, 2015.
28. Fact Sheet: U.S. Direct Selling in 2015, Washington, DC: Direct Selling Association, 2015.

04 고객 구매 행동

이 장을 읽은 후에 당신은

LO4-1 소비자가 구매의사 결정을 할 때의 과정을 설명할 수 있다.

LO4-2 세 가지 유형의 구매 의사결정과정을 이해할 수 있다.

LO4-3 경제 및 사회적 요인이 구매의사 결정과정에 미치는 영향을 파악할 수 있다.

LO4-4 소매업체가 전체고객을 세분 시장으로 분류하는 이유와 방법을 알 수 있다.

소매업체들이 '베이비붐' 세대의 거대한 표적 시장에 소구할 방법을 깨달을 즈음, 그들 세대의 후손들Millennials이 등장하게 되었다. 1980년대와 2000년 초반 사이에 출생한 이 세대는 대략 미국 인구의 4분의 1약 8천 만명을 차지하고, 미국내 연간 지출은 1조 4천억 불을 넘을 것으로 보이며, 수 년 내에 전체 소매 소비의 약 3분의 1을 차지할 것으로 예측된다. 그러나 이 세대는 제품을 구매할 때 부모들과는 다르게 행동한다. 밀레니얼 쇼핑객들을 온라인이든 직접적이든 점포로 유인하고 많지 않은 용돈을 쓰도록 장려하기 위해서는 완전히 새로운 접근방식이 필요하다. 그것은 소매업체들이 다음 세대가 등장할 때까지 지속되길 원한다면 빨리 배워야 할 교훈일 것이다.

예를 들어, Millennials들은 직업을 갖게 됨에 따라, 자신들의 패션 선택에 대해 조금 더 진지해지고 있고, 어른스러운 다양성을 찾으려 하며, 의상 기본에 관한 경우는 특히 더 그럴 것이다. 하지만 그들은 Millennials 이어서 부모들이 검은 바지나 티셔츠를 살 때 방문했던 점포로 가지는 않을 것이다. 대신에, 주문과 배송이 용이하고 가격이 저렴하며 전통적인 소매업체와 비교되는 다양한 혜택을 제공하는 온라인 소매업체를 선호한다.

이에 대응하여, Macy's는 Millennials을 지지하고 "그들의 삶의 모든 중요한 이정표- 졸업, 첫 인터뷰, 결혼, 자녀 출생신고 그리고 그 이후 다가오는 모든 것-를 위해 언제나 함께 있을 것이다."라고 맹세했다. Macy's의 전반적인 목표는 이 년령대의 고객들이 나이를 먹고, 시간이 지나도, 지속될 수 있는 충성스러운 관계를 함양하는 것이다. 이러한 노력의 일환으로 Macy's는 13개의 새로운 패션 라인을 출시했고, Millennials의 독특한 취향에 어필하기 위해 11개의 유통업체 브랜드를 재포지셔닝 했다.

Macy's는 또한 18세에서 35세 사이의 쇼핑객들을 더 많이 유인할 수 있는 다양한 옵션을 시험하면서 대표적인 뉴욕 플래그십 점포에 4억 달러를 투자하여 재개장하는 노력을 경주했다. 매장의 지하층을 "One Below"로 새롭게 명명하여 확연히 다른 쇼핑 경험을 제공한다. Millennials 들에게 소구할 수 있도록 고안된 상품들 외에도, 머리 손질, 청바지 수놓기, 그리고 시계에 모양 넣기 같은 서비스를 제공한다. 쇼핑객들은 3D 프린터를 이용하여 자신만의 맞춤 보석을 만들 수 있고, 터치 스크린으로 고품질의 셀카를 찍을 수 있다.

젊은 소비자들이 의류보다 개인이나 디지털 서비스에 더 많은 돈을 쓰는 경향이 있고, 높은 수준의 부채^{대부분 학자금 대출}를 안고 있으며, 이전 세대보다 평균적으로 수입이 적다는 인식이 확산되면서 Macy's는 더 많은 할인 가격의 점포를 열어 저가 옵션을 제공하고 있다. 유통업체 브랜드를 많이 도입하여서 비슷한 성과를 달성하고자 한다. 게다가, 많은 젊은 Millennials 들이 부모의 집에서 장기간 이사하는 것을 미루고 있다는 것을 고려하여 Macy's는 점점 더 작은 집이나 그들의 어린 시절 침실까지도 맞출 수 있는 가구를 선보이는 상품 전략을 실행하고 있다.

마지막으로, 커뮤니케이션 부분에서 Macy's는 점점 더 소셜 미디어, 특히 페이스북과 핀터레스트에 의존하고 있다. 이미 QR코드 사용의 선구자인 Macy's는 마케팅 믹스에 다양한 종류의 모바일 자원과 플랫폼을 추가했다. 최근의 조사에서 놀랍게도 응답의 40%가 모바일로 전송된 것으로 밝혀져 Macy's는 모바일 주문 기능을 확대했다. 또한 Millennials 들에게 도달하기 위해 타겟에 맞춰서 상품을 배치했다. Pretty Little Liars 드라마에는 등장인물들이 다양한 Macy's 유통업체 브랜드의 의상을 착용한다. Glamour 나 Vogue 같은 패션 잡지와 제휴를 맺어 Macy's는 이 매력적인 쇼핑 세분 고객군인 가장 젊은 회원들에게 어필하기 위해 그들만의 개학 행사를 주최한다.

Millennials 들이 성장함에 따라, 그들 또는 부모들이 수년간 알고 사랑해온 브랜드들 중 일부는 "우리들과 같이 성장하지 않았다."고 생각한다. 여기 모든 브랜드에 대한 교훈이 있다: 시대가 변함에 따라, 새로운 세대의 쇼핑객들과 연관이 되어있고 관심을 끌기 위해서는 자신들도 변해야 한다.

제1장에서 논의한 바와 같이 효과적인 소매전략은 경쟁업체의 전략보다 고객의 욕구를 더 잘 충족시켜야 한다. 성공적인 소매업체들은 고객 중심적인 사고여야 하는데, 전략적이고 전술적인 결정은 현재와 잠재적 고객들에 의해 달성된 경험을 중심으로 이루어져야 한다. 따라서 효과적인 소매전략을 수립하고 실행하기 위해서는 고객의 욕구와 구매 행동을 이해하는 것이 중요하다.

이 장은 고객이 정보를 어떻게 처리하고 어떤 점포를 자주 가게 되는지, 어떤 채널을 사용할지, 그리고 어떤 제품과 서비스를 구입할지에 대한 결정을 하게 되는 방법에 초점을 맞춘다. 고객들이 구매의사 결정을 수행할 때에 겪게 되는 과정과 구매 과정에 영향을 미치는 요소들에 대해 설명한다. 소매업체들이 개별 고객을 위한 독특한 제품군을 개발하는 것은 전형적으로 비용 효율적이지 않기 때문에, 유사한 욕구와 구매 과정을 가진 세분시장 고객을 대상으로 한다. 따라서, 이 장은 시장세분화가 어떻게 결정되는지에 대해 논의할 것이다. 소매업체들이 소매전략의 대상이 될 세분시장을 어떻게 식별할 수 있는지에 대해 토론하기 위해 구매 과정에 대한 정보를 활용한다.

I 구매 과정

LO 4-1
소비자가 구매의사 결정을 할때의 과정을 설명할 수 있다.

다음의 시나리오는 소비자들이 상품을 구입할 때 겪는 단계를 설명한다. 워싱턴 대학생인 Eva는 직장을 구하기 위해 면접을 보게 되었다. 첫 면접을 위해 Eva는 몇 년 전에 부모님이 사주신 파란색 정장을 입기로 계획했다. 그러나 그 정장을 보니 유행에 뒤떨어졌으며 재킷은 낡기 시작했다. 면접에서 첫 인상을 좋게 보여야 해서 정장 한 벌을 새로 사기로 결정한다.

Eva는 옷차림에 대한 정보를 얻기 위해 인터넷 검색을 하고, 판매중인 옷의 스타일과 가격을 보기 위해 카탈로그를 본다. Eva는 Hello Fashion 같은 패션 블로그도 보고, 친구들이 페이스북에 좋아요를 누른 글들도 보며, 핀터레스트에 찜 해 놓은 글도 본다. 소매업체들의 웹사이트에 가서 모든 정장을 보고 비교한다. 이후 정장을 입어보고 필요하다면 바꿀 수 있도록 점포를 방문하기로 결정한다. American Eagle Outfitters 와 Banana Republic에서 쇼핑하는 것을 좋아하지만, 두 군데 다 비즈니스 정장을 팔지 않는다. 시애틀의 Northgate Mall에 가기 전, 옷을 사러 간다는 글과, 같이 갈 친구를 구한다는 글을 남긴다. Jenny는 Eva의 댓글에 응답하고, 백화점 입구에서 만나기로 결정한다. Besty도 응답했지만 감기에 걸려 휴식이 필요하다고 했다.

Eva와 Jenny는 처음에 Macy's에 가서 직업여성용 판매 부서에서 판매직원을 만난다. 직원은 Eva가 원하는 종류의 정장과 사이즈를 묻고 나서 세 벌을 보여준다. Eva는 Jenny와 정장에 대해서 얘기를 하고 Betsy의 의견을 묻기로 했다. Eva는 사진을 핸드폰으로 찍어 인스타그램에 올린다. Betsy는 세 개 다 마음에 든다고 하고 Eva는 정장을 입어본다.

Eva가 탈의실에서 나왔을 때, 어떤 것을 골라야 할지 확실치가 않았지만 Betsy에게 사진을 더 보낸 후에 Eva, Jenny, 직원은 두 번째 정장이 가장 매력적이며 면접에 적합하다고 결정을 내린다. Eva는 정장의 색, 핏, 옷감, 길이가 마음에 들어 했다. 하지만 드라이 클리닝을 해야 하고 계획했던 것 보다 비싼 것이 걱정이 됐다. Eva는 점포에 또 다른 손님이 바로 같은 종류의 옷을 입는 모습을 보고 매우 전문가처럼 보인다고 말한 후 구매하기로 결정했다.

Jenny와 Eva는 문 쪽을 지나면서 신발 부서를 지나게 된다. Jenny는 Eva에게 "정장에 어울릴 만한 신발을 사야 해!" 라고 말한다. Eva는 Steve Madden pumps 신발이 적절하다고 생각했다. 맞는 사이즈를 찾기 위해 신발을 신어보고 Jenny는 신발이 너무 비싸다고 말한다. Eva는 휴대전화 QRReader 앱을 이용해 UPC 코드를 스캔한 결과 Zappos가 20달러 싸게 팔고, 면세인 것을 알고 자포스에서 신발을 주문해서 다음날 아파트에서 받기로 하였다.

고객 구매결정과정을 설명하면서 Eva의 쇼핑 경험을 생각해 보자. 소비자들이 상품이나 서비스를 구매할 때 경험하는 단계들인 구매 과정은 고객들이 충족되지 않는 욕구를 인식할 때 시작된다. 욕구를 충족시킬 방법에 대해 정보를 찾게 되는데 어떤 상품이 유용할지와 어떻게 구매할 수 있는지에 대한 것이다. 고객들은 서로 다른 소매업체와 점포, 카탈로그 및 인터넷과 같은 상품구매를 할 수 있는 수단을 평가한 다음 오프라인 점포나 인터넷 사이트를 방문하거나 검토할 카탈로그를 고른다. 점포에서는 더 많은 정보를 제공하며 고객들의 추가적인 욕구를 일깨워 준다. 점포의 상품을 평가해본 후, 고객들은 구매를 하거나 더 많은 정보를 얻기 위해 다른 점포를 방문할 수도 있다. 결국 고객들은 구매를 하고, 상품을 사용한 다음, 고객 구매 과정의 구매 후 평가 단계에서 소매점과 그 상품이 욕구를 충족시켰는지 여부를 결정한다.

〈그림 4-1〉에는 소비자들이 소매업체와 채널을 선택하고 특정 품목을 구매하기 위해 거쳐야 하는 구매 과정이 간략하게 설명되어 있다. 그림은 구매 과정이 직선적이라는 것을 말하고 있다. 먼저 채널과 소매점을 선정하고, 그 다음 구체적인 항목을 선정해야 한다. 이런 결정 각각에 대해 고객들은 필요성 인식부터 시작해서 구매 후까지 다섯 단계를 거친다. 그러나 구매 과정의 단계를 논의할 때 고객은 모든 단계를 거치지 않거나 〈그림 4-1〉에 표시된 순서대로 단계를 진행하지 않을 수 있음을 인지해야 한다. 예를 들어, Eva는 점포를 선택하기 전에 이미 정장 브랜드를 결정했을 수도 있고, Macy's에서 판매되는 정장에 대한 정보를 수집했을 수도 있으며, 이 정보를 바탕으로 다른 점포에 가거나 인터넷과 같은 다른 채널을 사용하여 의복 구입을 결정했을 수도 있다.

소매업체들은 소비자들이 자사에서 상품과 서비스를 구매하도록 유도하기 위해 구매 과정을 거치는 동안 소비자들에게 영향을 미치려고 시도한다. 구매 과정의 각 단계는 다음 부분에서 설명된다.

1. 욕구 인식

구매 과정은 소비자들이 충족되지 않은 욕구를 가지고 있다고 인식할 때 촉발된다. 충족되지 않은 욕구는 고객이 기대하는 만족도와 현재의 만족도가 다를 때 발생한다. 예를 들어, Eva는 푸른색 정장을 입고 면접을 볼 수 있다는 가능성에 직면했을 때 자신은 무엇인가를 필요로 한다는 것을 인식했다. 좋은 인상을 줄 수 있는 정장이 필요했고, 낡은 파란색 양복이 이 욕구를 충족시키지 못할 것이라는 것을 깨달았다. 머리가 너무 길고 덥수룩해졌다는 것을 깨닫는 것, 기말고사 후에 기분 좋은 경험을 하고 싶은 욕구를 느끼는 것, 친구가 물건을 산 어떤 것에 대한 메시지를 받는 것처럼 욕구 인식은 명확한 것일 수 있다.

1 욕구의 유형

제품을 구매하는 고객의 욕구는 실용적인 것과 쾌락적인 것으로 분류될 수 있다. Eva가 면접을 위해 정장을 사는 등 구체적인 업무를 수행하기 위해 쇼핑에 나설 때, 실용적인 욕구를 충족시키기 위해 노력하는 것이다. 소비자들이 즐거움을 위해 쇼핑을 할 때는 쾌락적 욕구, 즉 오락적, 감정적 경험에 대한 욕구를 충족시키려 한다. 따라서 소비자의 관점에서 볼 때, 실용적 욕구는 과업과 연관되어 있는 반면에 쾌락적 욕구는 즐거움과 연관되어 있다.

성공적인 소매업체들은 고객들의 실용적인 욕구와 쾌락적인 욕구를 모두 충족시키기 위해 노력한다. 실용적 욕구에 의해 동기

욕구 인식

채널, 점포, 서비스에 관한 정보 탐색

채널, 점포, 서비스 대안 평가

제품, 서비스 구매

구매 후 평가

🔺 그림 4-1 고객의 구매과정

부여된 소비자들은 전형적으로 더 신중하고 효율적인 방식으로 쇼핑을 한다. 그러므로 소매업체들은 실용적인 구매자들을 위해 적절한 정보와 힘들이지 않는 쇼핑 경험을 제공할 필요가 있다. 그러나 쾌락을 즐기는 쇼핑객들은 흥분, 자극, 지위와 힘, 오락, 모험을 원한다.

욕구의 유형은 상황, 제품 범주 및 소비자 가치의 급격한 변화에 따라 다를 수 있다. 예를 들어, 남성 쇼핑객들의 욕구는 전통적으로 의류 쇼핑을 할 때 더 실용적이고, 여성들과 달리 특정 상품을 "둘러 보는" 것에 큰 관심을 가지지 않는다. 예컨대, 결혼식에 새 양복이 필요하다면, 쇼핑하기 전에 약간의 조사를 할 것이다. 그러나, 이후 한두 군데의 점포에 가서 몇 가지 제품을 입어 보고 이내 결정을 내릴 것이다.

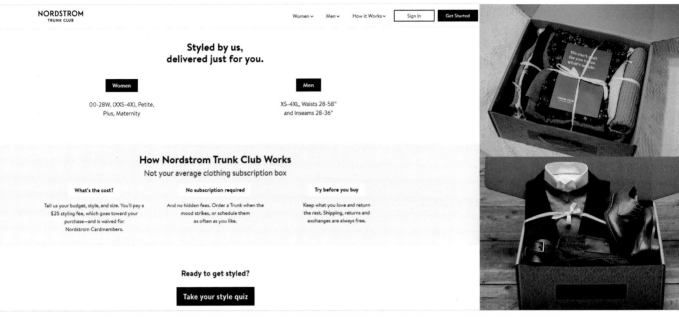

노드스트롬 온라인 Trunk Club에 서명한 남성고객은 스타일 리스트와 인터뷰를 진행하고 매달 의복함을 받게 된다. 반품하지 않는 옷만 지불하면 된다.

남성 쇼핑객을 유치하는 데 관심이 있는 많은 소매업체들이 매장 내 남성 코너의 크기를 늘리고 새로운 상품을 추가했다. Nordstrom도 이 시장에 어필할 수 있는 새로운 방법을 고안해냈다. 온라인 소매점인 Trunk Club은 100여 개 브랜드의 남성복을 보유하고 있으며, 꾸미기를 원하지만 명품 의상에 익숙하지 않은 남성들을 유인하고 있다. 이 독특한 소매 모델에서, 서비스에 등록한 남성들은 스타일리스트와 상담을 한 다음, 매달 옷들로 가득찬 상자를 받는다. 이것들 중 반품하지 않은 옷에 대해서만 지불하면 된다. 따라서, 쇼핑 경험은 덜 번잡하고, 고객의 요구에 맞는 옷을 보장하며, 집에까지 편리하게 배송되고, 더 멋져 보이게 한다.

소매업체들이 쾌락적 욕구를 충족시키는 방법에 대한 몇 가지 다른 예가 다음에 열거되어 있다.

자극 소매업체와 쇼핑몰 관리자는 매장이나 쇼핑몰에서 배경음악, 비주얼 디스플레이, 향기, 고객들에게 카니발 같은 자극적인 경험을 선사한다[16장 참조]. 이런 환경은 소비자들이 일상 생활에서 벗어나 휴식을 취하고 점포를 방문하도록 장려한다. 소매업체들은 또한 카탈로그와 웹사이트에서 흥미진진한 그래픽과 사진으로 고객들을 자극하려고 시도한다.

지위와 영향력 다수의 사람들은 자신이 받는 관심과 존경을 바탕으로 소매점을 선택한다. 예를 들어, Canyon Ranch는 Celebrity Cruise, Oceania, Regent Seven Seas나 Queen Mary2와 제휴하여 매사추세츠 주 레녹스의 고급 헬스 리조트 뿐만 아니라 네바다 주 라스베이거스의 스파 클럽, 그리고 유람선 여행을 제공한다. 모든 Canyon Ranch의 리조트와 스파 서비스, 의료 및 영양 상담, 워크샵, 영적 안정감, 건강에 좋은 미식 요리를 제공하고 있는데 고객의 경험이 핵심 관심 사항이다.

모험　흔히 소비자들은 저렴한 물건을 찾고, 할인이나 낮은 가격인 상품을 찾는 것을 즐기러 쇼핑을 한다. "이기고 싶어하는 게임"으로 여긴다. Marshalls이나 Trader Joe's 같은 할인점, Costco 같은 회원제 도매클럽, Zara 같은 패스트 패션 전문 소매업체들은 고객들이 어떤 종류의 큰 수확을 얻게 될지 기대하게 하고 끊임없이 구색을 달리 함으로써 이러한 요구에 부응한다.

② 상충된 욕구

　대부분의 고객들은 다양한 욕구를 가지고 있는데 이런 욕구들은 종종 충돌한다. 예를 들어, Eva는 DKNY 정장을 입고 싶어 하는데, 이는 자신의 이미지를 향상시키고 대학 친구들로 부터 찬사를 받게 할 것이다. 그러나 이러한 쾌락적 요구를 만족시키는 것은 실용적 요구, 즉 예산 범위 내에서 머물러야 할 필요성과 직장을 구해야 할 필요성과 상충될 수 있다. 지원회사 입장에서는 Eva가 면접을 보기 위해 신입직으로 너무 비싼 정장을 입으면 책임감이 없다고 느낄지도 모른다. 이 장 후반부에서는 고객이 상충되는 욕구들 사이에서 절충하는 방법에 대한 모델을 논의한다.

　욕구와 의사결정 과정은 특별한 상황에 따라 다를 수 있다. 예를 들어, 스키어는 값비싼 고글을 스파이더 회사에서 구매할 수 있지만, 스키복 같은 경우에는 타겟에서 저렴한 걸 구매할 수 있다. 식료품점 쇼핑객은 저렴한 점포브랜드의 페이퍼 타월과 최고급 오렌지 주스를 살 수도 있다. 프리미엄과 저가의 상품을 모두 구매하고 고가이고 지위지향적인 소매업체들과 가격지향적인 점포를 모두 방문하는 이런 패턴을 교차쇼핑이라고 부른다.

③ 욕구인식의 자극

　고객들은 먼저 점포를 방문해서 제품을 구매하거나 온라인에 접속하기 전에 우선 만족스럽지 못한 욕구를 인식해야 한다. 때때로 이러한 욕구는 Eva가 직면한 면접처럼 삶에서 어떤 사건에 의해 자극을 받는다. 그러나 소매업체들은 충족되지 않는 욕구를 자극하기 위해 다양한 접근법을 사용한다. 광고, 이메일, 다이렉트 메일, 홍보 및 특별 이벤트를 통하여 신상품 또는 특별 가격을 전달한다. 유명인사나 텔레비전 캐릭터가 착용한 제품을 보면서 욕구인식을 자극받아 WornOnTV를 방문하기도 한다. 한 소셜 미디어 캠페인에서, 코끼리 바지와 관련되어 어떤 스타일이 그들에게 가상 적합한지 밝히라고 주장하는 성격 퀴즈를 맞추게 하면서 웹사이트와 페이스북 페이지를 방문하게 하고 구매를 고려하도록 독려했다. 예컨데, 점포 내에서, 비주얼 머천다이징과 판매원들은 욕구인식을 자극할 수 있다. 예를 들어, 매장 내에 신발을 전시함으로써 새 정장을 보완하기 위한 신발이 필요하다고 자극할 수 있다.

2. 정보 탐색

일단 고객이 욕구를 확인하면, 일반적으로 욕구를 만족시킬 수 있도록 소매점, 채널 또는 제품에 대한 정보를 탐색한다. Eva는 인터넷에서 검색을 시작했고, Macy's의 판매사원이 보여준 세 벌의 정장과 친구들의 의견을 집약했다. 다른 상황에서, Eva는 여러 소매점을 방문하거나 College Fashion, College Fashionista, Her Campus와 같은 패션 블로그에서 정보를 얻는데 많은 시간을 투자해서 더 많은 정보를 수집했을 수 있다. Flayr를 통해 이용할 수 있는 것과 같이 신기술을 이용하고 소셜 네트워크로부터의 검토와 평가를 참고하고 자신의 선호도와 연결하여 소비자가 좋아할 상품 및 구입처를 정확하게 추천할 수 있다.

1 정보의 원천

고객들은 두 가지 정보원천을 가지고 있다: 내부와 외부. 내적 정보원천은 이름, 이미지 및 다른 점포에 대한 과거의 경험과 같은 고객의 기억 속에 있는 정보이다. 내적 정보의 주요 원천은 고객의 과거 쇼핑 경험이다. 고객에게 노출된 정보의 극히 일부만 기억하더라도, 고객들은 쇼핑 장소와 구매 대상을 결정할 때 활용할 수 있는 광범위한 내부 정보 저장소를 가지고 있다.

외적 정보원천은 많은 출처에 의해 제공되는 정보로 구성된다. 사람들은 구글과 같은 검색엔진을 사용하여 제품과 정보를 검색하고, 제조업체와 소매업체가 관리하는 웹사이트를 방문하며, 전통적인 미디어로부터 정보를 얻고, 블로그를 읽고, 유튜브에서 제품 데모를 보고, 친구에게 직접 그리고 소셜 미디어를 통해 질문한다.

Flayr은 고객에게 선호할 수 있는 제품과 장소를 추천하기 위해 자사의 선호 자료와 고객의 SNS 리뷰와 순위들을 결합하여 활용한다.

고객은 충분한 정보를 제공받지 못하거나 내부 정보가 불충분하다고 판단되면 외적 정보원천으로 눈을 돌린다. 예를 들어, Eva는 친구 Betsy와 Jenny에게 구매 결정을 도와 달라고 요청했다. 마음에 드는 신발 가격이 적당한지 알아보기 위해 온라인 구두 판매자에게 시선을 돌렸다.

② 탐색된 정보의 양

일반적으로, 정보 탐색의 양은 고객들이 검색 비용 대비 검색으로 얻을 수 있다고 믿는 가치에 따라 달라진다. 검색의 가치는 추가 정보가 고객의 구매 결정을 개선하는 정도에서 비롯된다. 탐색을 통해 고객이 더 저렴한 제품을 찾는데 도움이 될까 아니면 더 나은 성능을 제공할 제품을 찾는데 도움이 될까를 검토한다. 탐색 비용에는 고객의 시간과 돈이 포함된다. 한 점포에서 다른 점포로 이동할 때 연료비와 주차비가 소요되나, 주된 비용은 고객들의 시간이다.

기술은 정보 검색 비용을 극적으로 줄였다. 예를 들어, 전 세계적으로 판매되는 상품에 대한 방대한 정보는 스마트폰 검색으로 가능하다. 구글은 쇼핑객들이 사이트를 통해 검색하는 방법에 대한 정보를 소매업체들에게 제공함으로써 간접적으로 소비자 검색을 돕고 있다. 그것은 심지어 대부분의 소매업체들 보다 패션 트렌드를 더 잘 예측할 수 있다고 주장하며, 정보를 소매업체에게 기꺼이 팔려고 한다.

정보 검색의 양은 ① 개별 고객의 특성과 ② 구매가 이루어지는 시장 및 구매 상황의 측면에 의해서도 영향을 받는다. 어떤 사람들은 다른 사람들보다 더 많이 탐색한다. 쾌락적 혜택을 추구하는 구매자들은 일반적으로 과정을 즐기기 때문에 정보를 수집하고 쇼핑을 하는데 더 많은 시간을 할애한다. 제품이나 서비스를 구매하고 사용해 본 경험이 있는 고객은 탐색을 덜 하는 경향이 있다.

정보 탐색에 영향을 미치는 두 가지 시장 및 상황적 요인은 ① 경쟁 브랜드 및 소매점의 수와 ② 구매시간 압박이다. 경쟁이 더 심화되고 고려해야 할 대안이 더 많을 때, 정보 탐색의 양은 증가한다. 그러나, 검색의 양은 심한 시간적 압력이 있으면 감소한다.

③ 정보 탐색의 감소

정보 탐색 단계에서의 소매점이 고객에 대해서 취해야 될 목표는 고객의 탐색을 자사 점포나 웹사이트로 제한하는 것이다. 이 목표에 대한 소매업체의 실적을 측정하는 한 가지 척도는 전환율, 즉 매장에 들어가거나 웹사이트에 접속한 후 동일한 점포나 웹사이트에서 제품을 구매하는 고객의 비율이다.

소매 믹스의 각 요소는 소매업체의 전환율을 향상시키기 위해 사용될 수 있다. Best Buy와 같은 카테고리 전문점은 아주 다양한 상품 구색과 고객이 고려할 수 있는 많은 것을 제공하는데, 이는 고객이 자사의 점포나 웹사이트의 제품들 간에 필요한 비교를 할 수 있도록 한다. 텍사스에 있는 H-E-B 슈퍼마켓 체인은 쇼핑객들이 좋은 기분으로 H-E-B에 머무르고 구매하도록 권장하기 위해 특별히 주의를 기울인다. Sephora에서는 액체 제품들은 브랜드별로 정리해서 전시하는 특징이 있는데 고객들에게 다양한 제품군의 제품을 시용하도록 권하고 있어, 많은 선택권이 있다는 느낌을 제공함으로써 다른 점포에 대한 정보 탐색을 감소시킨다. 많은 소매점포들은 또한 지불 현장에서의 전환을 장려하기 위해 계산대 주변에 물건들을 진열한다.

일단 고객이 점포에 들어 와서는 소매업체가 제공하는 서비스로 정보 탐색을 줄일 수 있다. 직원이 많은 정보를 가지고 있고 권한이 부여된다면 소비자들이 다른 소매업체로부터 추가 정보를 수집할 필요가 없다고 설득할 수 있다. 많은 소매업체들은 직원들이 모바일 기기를 가지고 있어서 현장에서 재고가 얼마나 있는지 확인하게 하고 매장 내의 여러 의류 품목을 가상적으로 매치해 미리 보게 할 수 있게 한다. 예를 들어, Macy's의 판매원은 Eva에게 멋진 스카프를 매치하여 새 정장을 더 전문적으로 보여지게 하는데 도움을 줄 수 있다. 그러나 이

QRReader와 구글의 쇼핑 기능과 같은 앱들, 쇼루밍을 장려하는 앱들, 이들은 소비자들이 제품에 대한 정보를 수집하기 위해 점포를 방문한 다음 소비자들은 온라인에서 구입할 수 있게 하는 어떤 제품에 대한 최적의 가격을 빠르게 찾아내는 행동이다.

런 노력에는 여전히 전통 방식의 세심함과 훈련이 필요하며, 직원들이 고객들을 어떻게 체험에 참여시키고 소비자들이 점포에서 제품을 구매하도록 권고하는지에 대한 감각이 있어야 한다.

마지막으로, 월마트는 매일 저가 전략^{EDLP}을 통해, 일반 정상적 판매 가격과 경쟁업체의 높은 할인 가격 사이의 수준에서 소매 가격이 결정되고 지속되고 있음을 강조한다. 이 전략은 고객들에게 다음에 쇼핑하러 갈 때 다른 점포에서 해당 제품들을 더 낮은 가격으로 살 수 없다고 확신을 주기 때문에 정보 탐색을 감소시킨다. 게다가, 많은 점포들은 경쟁자들이 더 낮은 가격에 같은 제품을 팔고 있다면 환불 보증을 제공한다. 이러한 가격 정책은 고객 정보 탐색을 소매업체가 제공하는 제품으로 제약하게 하는 경향이 있다.

4 인터넷/소셜 미디어/모바일: 정보 탐색 및 가격 경쟁

일반적으로 인터넷, 소셜 미디어, 그리고 모바일 기기에서 사용하는 많은 애플리케이션은 외부 정보를 수집하는 소비자의 능력에 깊은 영향을 미쳤다. 소매업체는 자사 웹사이트와 앱에 자체 정보를 올리는 것 외에 제품 리뷰, 순위, 사진, 동영상 등의 정보를 게시하도록 권장하고 있다. 구매 과정에서 정보를 수집하는 소비자 리뷰가 쇼핑고객의 주요 정보원천으로 부상하고 있다.

쇼루밍, 즉 소비자들이 점포를 방문해서 제품에 대한 정보를 수집한 후에 온라인을 통하여 제품을 구매하는 행동을 의미하는데, QRReader와 구글의 쇼핑 기능과 같은 앱은 그러한 행동을 조장하고 어떤 제품이든지 신속하게 가장 좋은 제품을 찾을 수 있게 해 준다. 소매업체와 제조업체들은 인터넷을 통해 쉽게 가격 정보를 수집할 수 있기 때문에 가격 경쟁이 심화될 것을 우려하고 있다. 전통적으로 동일한 상품을 제공하는 점포 기반의 소매업체는 지리적으로 분리되어있어 가격 경쟁은 제한적이었다. 예전에는 물리적인 거리 때문에 고객들이 가격비교가 어려웠지만 이제는 인터넷, 소셜 미디어, 모바일 앱 때문에 제약을 느끼지 않게 되었다. Best

Buy와 월마트 같은 소매업체들은 가격과 일치하는 보증을 제시함으로써 쇼루밍의 충격을 방지하려고 노력한다.

인터넷, 소셜 미디어, 모바일 앱은 온라인 소비자들이 가격 정보를 수집하는 것을 도울 뿐만 아니라 낮은 검색 비용으로 제품의 품질과 성능에 대한 정보를 제공한다. 제품 품질에 대한 더 많은 정보가 있으면, 고객들은 고품질 제품에 대해 더 많은 비용을 지불할 의향이 있으며, 이는 가격의 중요성을 완화시킬 것이다.

3. 대안의 평가: 다속성 태도모델

다속성 태도모델은 고객이 수집한 정보를 어떻게 사용하여 소매업체, 채널 및 제품을 평가하고 선택하는지를 요약할 수 있는 유용한 방법을 제공한다. 이 모델이 소매전략을 개발하기 위한 프레임워크를 제공하기 때문에 자세히 논의한다.

다속성 태도모델은 고객이 소매업체, 제품 또는 채널을 속성 또는 특성의 집합으로 인식하는 개념에 기초한다. 모델은 ① 관련 속성에 대한 성과 및 ② 고객이 지각하는 속성의 중요성에 기초하여 제품, 소매업체 또는 채널에 대한 고객의 평가를 예측하도록 설계되었다.

1 성과에 대한 신념

이 모델을 설명하기 위해, 젊고 독신인 전문직에 종사하는 여성이 식료품이 필요한데 어떤 점포를 선택할 것인가를 생각해 보자. 그녀는 ① 교외에 있는 슈퍼센터 매장, ② 지역 슈퍼마켓, ③ 인터넷 채널만 운영하는 업체 등 세 가지 대안을 고려한다. 소매업체가 제공하는 상품군에 대한 그녀의 지각은 〈표 4-1〉에 나타나 있다.

〈표 4-1〉의 A에 나와 있는 것처럼 고객은 각 식료품 소매점에 대한 "객관적" 정보를 검토하여 각 소매업체가 제공하는 혜택에 대한 느낌을 가지게 된다. 〈표 4-1〉의 B는 이러한 혜택에 대한 신념을 보여준다. 일부 혜택은 몇 가지 객관적 특성을 결합한다는 점에 유의해야 한다. 예를 들어, 편의성 혜택은 이동 시간, 체크아웃 시간, 제품 발견 용이성을 결합한 것이다. 식료품 가격과 배달 비용은 몇 개의 소매점 중에서 어디서 구매할까하는 경제성 분석에 대한 신념에 영향을 미치게 된다.

각 소매업체가 각각의 혜택을 제공하는 정도가 10점 척도로 나타나 있다. 10은 소매업체가 혜택을 매우 우수하게 제공하는 것을 의미하고, 1은 아주 미흡하게 수행하는 것을 의미한다. 예시에서 모든 혜택에 대해 우수한 성과를 보여 주는 소매업체는 없다. 슈퍼센터는 경제적이고 구색은 장점이지만 편리성은 낮다. 인터넷 식료품점은 가장 편리하지만 경제성이나 구색에는 약점을 가지고 있다.

표 4-1 식료품 소매업체의 특징

A. 판매점에 관한 정보			
점포특성	슈퍼센터	슈퍼마켓	인터넷 그로서리
가격	20% 저렴	평균	10% 고가
배달비($)	0	0	10
쇼핑시간(분)	30	15	0
결제시간(분)	10	5	2
상품, 브랜드, 사이즈의 수	40.000	30.000	4.000
신선한 농산물	Yes	Yes	Yes
신선한 수산물	Yes	Yes	NO
상품 탐색 용이성	어려움	쉬움	쉬움
영양정보 수집 용이성	어려움	어려움	쉬움

B. 점포성과에 대한 신념(평가)			
성과(편익)	슈퍼센터	슈퍼마켓	인터넷 그로서리
경제성	10	8	6
편의성	3	5	10
구색	9	7	5
상품정보 가용성	4	4	8

* 10=Excellent, 1= Poor

2 중요도 가중치

앞의 예에서 젊은 여성은 각 소매업체들이 제공하는 혜택을 그녀가 지각하는 중요성에 기초하여 대안에 대한 전반적인 평가를 수행한다. 또한 혜택에 부여하는 중요성은 10점 만점으로 나타낼 수 있는데, 10점은 혜택이 매우 중요하다는 것과 1은 매우 중요하지 않다는 것을 나타낸다. 이 등급 척도를 사용하여, 이전에 논의된 성과 신념과 함께, 젊은 여성과 4명의 자녀를 둔 부모에 대한 소매업체의 편익의 중요성이 〈표 4-2〉에 나타나 있다. 독신 여성은 경제성이나 구색보다는 편리함과 제품 정보의 가용성을 훨씬 더 중시한다는 사실에 주목해야 한다. 그러나 부모에게는 경제성이 매우 중요한데 비해 편리함과 제품 정보는 그다지 중요하지 않다.

젊은 미혼여성과 자녀를 둔 부모의 중요성 가중치 및 성과 신념은 서로 다르다. 그 결과 서로 다른 식료품점 쇼핑을 선택하게 된다.

📓 표 4-2 점포 평가에 사용된 정보

	중요도		성과 신념		
특성	젊은 미혼 여성	네 자녀를 둔 부모	슈퍼센터	슈퍼마켓	인터넷 그로서리
경제성	4	10	10	8	6
편의성	10	4	3	5	10
구색	5	8	9	7	5
제품정보 가용성	9	2	4	4	8
전반적 평가					
젊은 미혼여성			151	153	221
네 자녀를 둔 부모			192	164	156

* 10=Excellent, 1= Poor

소매업체의 혜택의 중요성은 고객마다 다르며 쇼핑 때마다 다를 수 있다. 예를 들어, 4명의 자녀를 둔 부모가 대량 구매를 할 경우에는 경제성을 강조할 수 있지만, 극소량을 구매할 경우에는 편리함에 중요성을 둘 수 있다. 〈표 4-2〉에서 미혼 여성과 자녀가 있는 부모는 각 점포의 성과에 대하여 동일한 신념을 가지지만, 점포가 제공하는 편익에 대한 중요성에 있어서는 서로 다르다. 일반적으로, 소비자들은 점포의 성과 뿐만 아니라 혜택의 중요성에 대해서도 신념의 정도가 다를 수 있다.

3 소매점포 평가

조사 결과를 보면, 각 대안여기서는, 세 개의 점포들에 대한 소비자의 종합적인 평가는 성과 신념과 혜택의 중요도를 곱한 값들의 합과 밀접한 관계가 있음을 보여준다. 그래서 우리는 젊은 미혼여성의 슈퍼센터에 대한 종합적 평가나 점수를 다음과 같이 도출할 수 있다.

$$
\begin{array}{rcl}
4 \times 10 & = & 40 \\
10 \times 3 & = & 30 \\
5 \times 9 & = & 45 \\
9 \times 4 & = & \underline{36} \\
\text{합계} & & 151
\end{array}
$$

〈표 4-2〉는 미혼여성과 부모의 중요성 비중을 사용하면서 세 개의 대안에 대한 종합적인 평가를 보여준다. 미혼여성인 경우, 인터넷 식품점이 최고 점수인 221점으로 가장 호의적인 평가이다. 그녀는 대부분의 식료품 쇼핑을 위해 인터넷 식품점을 선택할 수도 있다. 반면에 부모의 경우는 대형 슈퍼센터에 최고 점수인 192점을 부여하는데, 아마도 가족이 일주일 동안 소비할

식료품을 이곳에서 구매할 것이다.

고객이 소매점을 선택할 때 실제로 매장 특성을 나열하고, 이러한 특성에 대한 소매점의 성과를 평가하고, 각각의 특징을 결정하며, 각 점포의 전체 점수를 계산한 다음, 가장 높은 점수의 소매점을 방문하는 과정을 거치지 않는다. 다속성 태도모델은 고객의 실제 의사결정과정을 반영하지 않지만, 대안 및 선택에 대한 고객의 평가를 예측할 수 있다. 또한 다속성 모델은 소매제품 구색에 유용한 정보를 제공한다. 예를 들어, 슈퍼마켓이 아마도 빵집을 추가하고 다양한 가공음식을 갖춘 것처럼 구색에서 7에서 10까지로 성과 등급을 높일 수 있어서 부모 고객 그룹들은 슈퍼센터보다 슈퍼마켓에서 더 자주 쇼핑을 할 것이다.

〈표 4-2〉의 고객이 소매점을 평가하고 선택하는데 어떻게 다속성 태도모델을 응용하는가를 보여준다. 고객이 사용할 채널점포, 인터넷, 모바일 및 소셜, 또는 카탈로그 및 기타 무점포 채널을 평가하고 선택하는 방법 또는 소매점에서 구매할 상품을 설명하는 데 같은 모델을 사용할 수 있다. 예를 들어, 이 모델은 Eva가 고려하고 있는 세 벌의 정장 중에서 고르는 최종 선택 대안을 설명하는 데 사용될 수 있다.

4 소매업체를 위한 시사점

이 절에서는 소매업체가 고객의 경험을 향상시키고 더 빈번한 쇼핑을 유도하기 위해 다속성 태도모델을 어떻게 사용할 수 있는지 설명한다. 첫째, 이 모델은 고객이 어떤 판매점을 자주 들르고 어떤 채널을 이용할지 결정하기 위해 어떤 정보를 사용하는지를 보여 준다. 둘째, 소매업체들이 고객의 매장, 채널, 상품 선택에 영향을 미칠 수 있도록 채택하는 전술들을 제시한다.

고객 유치를 위한 프로그램을 개발하기 위해 소매업체들은 다음과 같은 정보를 수집하는 시장조사를 할 필요가 있다:

1. 고객이 고려하는 대안 소매점.
2. 소매업체를 평가하고 선택할 때 고객이 고려하는 특성 또는 혜택.
3. 고객이 평가하는 각 소매점의 특성에 대한 성과.
4. 고객이 특성에 부여하는 중요도 가중치.

이러한 정보를 완비한 소매업체는 고객들에게 자사의 점포이나 인터넷 사이트를 애용하도록 영향력을 행사하기 위해 몇 가지 접근법을 사용할 수 있다.

5 고려대안군에 포함되기

소매업체는 고객이 애호하는 곳이 되기 위해 소매업체를 선택할 때 고객의 고려대안군에 포함되어야 한다. 고려대안군에 포함되기 위해, 소매업체는 고객들이 쇼핑을 하려고 할 때 자사를 기억할 가능성을 증가시키기 위해 프로그램을 개발한다. 소매업체들은 커뮤니케이션 및 입지 결정을 통해 고객의 인지도를 높일 수 있다. 예를 들어, 검색엔진 최적화 기법은 소매업체들이 판매하는 제품을 검색할 때 페이지의 맨 위에 위치하거나 자연적인 결과를 확보할 수 있도록 도와줄 수 있고, 특정 검색어에 대해 나열된 첫 번째 원천임을 확인하기 위해 광고 위치를 확보할 수 있다. 또 자신이 판매하는 카테고리 및 제조업체 브랜드를 기업명과 연계하는 커뮤니케이션 프로그램도 개발할 수 있다. 예를 들어, 구글에서 "NHL 의류"를 검색하는 것은 쇼핑객을 NHL의 사이트로 유인하지만, 두 번째 순위는 더 많은 쇼핑객들을 끌어들이고 광고 위치를 구입하여 관련제품도 보유하고 있다는 점을 알리기 위해 Kohl's 회사를 차지하고 있

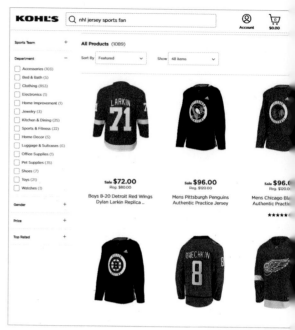

잠재 고객의 고려대안군 내에 들어갈 기회를 늘리기 위해, Kohl은 더 많은 쇼핑객들을 끌어들이고 NHL 의류를 보유하고 있다는 것을 알리기 위해 구글에서 눈에 잘 띄는 광고 위치를 확보했을 수 있다.

다. 스타벅스는 같은 지역에 여러 개의 점포를 배치하여 고객들이 운전하거나 해당 지역을 걸을 때 점포 이름에 더 자주 노출되도록 한다.

소매업체는 소비자의 고려대안군에 포함하는지를 확인한 후, 다음 세 가지 방법을 사용하여 고객의 방문 가능성을 높일 수 있다.

① 매장 성과에 대한 신념의 제고.
② 고객의 중요도 가중치 변경.
③ 새로운 혜택의 추가.

6 성과 신념의 제고

첫 번째는 고객이 소매업체의 성과에 대한 자신의 신념을 바꾸게 하는 방법인데 고객이 지각하는 속성에 대한 소매업체의 성과등급을 향상시켜야 한다. 예를 들어, 〈표 4-3〉의 슈퍼마켓은 4가지 혜택 모두에 대한 등급을 개선함으로써 전반적인 순위를 높이기를 원할 것이다. 슈퍼마켓은 많은 미식음식과 토속 음식을 보유해서 저렴하고 필요한 구색을 갖추게 하여 고객의 순위를 더 높게 만들 수 있다.

소매업체가 모든 혜택에 대해 성과를 향상시키는 데는 비용이 수반되기 때문에, 소매업의 목표 시장에서 고객들이 중요하게 생각하는 혜택에서만 성과를 제고하는데 초점을 맞추어야 한다. 예를 들어, Best Buy는 고객들이 컴퓨터를 수리할 때 오랜 시간 컴퓨터가 없으면 안 된다는 것을 알고 있다. Geek Squad를 통해 온라인, 전화, 1,100개 이상의 매장에서 24시간 내내 지원

을 제공한다. Best Buy는 또한 700명 이상의 직원, 24만 평방 피트의 "Geek Squad City"의 수리 장소를 갖추고 있다. 모든 Geek Squad 요원들은 컴퓨터 수리 및 반환에 걸리는 시간을 줄이는 데 최선을 다해서 일일 4,000대 이상의 노트북을 수리한다.

7 중요도 가중치 변경

고객의 중요도 가중치를 변경하는 것은 매장 선택에 영향을 미치는 또 다른 접근법이다. 한 소매업체는 고객이 자사의 실적이 우수한 혜택에 중점을 두고, 실적이 낮은 혜택의 중요성을 낮추기를 희망한다.

예를 들어, 〈표 4-2〉에 있는 슈퍼마켓이 슈퍼센터에서 쇼핑하는 가족들을 끌어들이려 한다면, 편리함의 중요성을 증가시켜야 한다. 일반적으로 중요도 가중치는 고객의 개인적 가치를 반영하기 때문에 중요도 가중치를 변경하는 것이 성과 신념을 변경하는 것보다 어렵다.

8 새로운 혜택의 추가

마지막으로 소매업체들은 소매업체를 선택할 때 고객이 고려하는 혜택 집합에 새로운 혜택을 추가하려고 한다. Senda는 일반적인 운동기구들을 제공하는 것이 아니라, 맞춤 축구공과 훈련용 조끼와 같은 특이한 물건들을 판매한다. 경쟁사보다 더 다양한 종류의 상품을 제공함으로써 고객들에게 더욱 매력적으로 보이게 하는 것이다. Senda는 또한 경쟁사에서 강조하지 않은 추가적인 이점을 통합했다. 단지 최저임금이 아닌 공정한 임금을 받는 노동자들이 공정거래를 통해 확보된 상품을 제공한다. 공정한 임금은 근로자들이 현지에서 비교적 편안하게 살 수 있다는 것을 의미한다. 공정거래 제품은 저개발국가의 사람들의 복지를 염려하는 소비자들에게는 아주 중요한 혜택이라고 할 수 있다.

4. 상품 또는 서비스 구매

고객들이 반드시 전반적인 평가가 가장 높은 점포를 애용하거나 평가가 높은 브랜드나 상품을 구매하는 것은 아니다. 가장 큰 혜택을 제공하는 제품이나 서비스를 해당 소매업체로부터 구매할 수 없거나, 고객들은 위험이 잠재적 이익을 초과한다고 느낄 수 있다. 또 다른 고객들은 점포에서 이용 가능한 제품들의 다른 특성에서 얼마나 잘 수행되는지에 관계없이 단일 속성에 근거하여 구매 선택을 한다. 예를 들어, Eva는 다른 백화점들이 여성복의 다양한 선택 대안을 가져다줄 지도 모르지만, 지역 점포인 Macy's가 아파트에서 방문하기 편하기 때문에 Macy's를 방문했다. 긍정적인 평가를 구매로 전환시키는 데 성공한 소매업체들의 한 가지 척도는 소매점이나 웹사이트에서 실제 또는 가상으로 포기한 장바구니의 수를 최소화할 수 있는 것이다.

소매업체들은 고객이 긍정적인 평가를 구매로 전환할 가능성을 높이기 위해 다양한 전술을 사용한다. 첫째, 모바일 기기에서 쉽게 구매할 수 있도록 함으로써 상품 구매를 용이하게 하려고 한다. 예를 들어, Kohl's의 모바일 앱은 소비자들이 산 모든 것들과 얻은 정확한 로열티 보상의 기록을 유지하고, 선택한 품목들의 가격을 보여주며, 누적된 보상과 할인이 어떻게 그 가격을 조정할지를 정확히 알려 준다. 게다가 Kohl's의 앱은 고객들이 쇼핑 카트에 물건을 저장하고 여러 기기로 접근할 수 있게 해준다. 예를 들어, 만약 10대들이 점심시간에 Kohl's에서 찾은 새로운 청바지를 부모님이 사주기를 바란다면, 스마트폰을 통해 쇼핑카트에 추가하고, 나중에 부모님에게 직장에서 집으로 돌아온 저녁에 태블릿으로 그 물건들을 검토해 달라고 부탁할 수 있다. 매장에서, 소매업체들은 또한 더 많은 계산대를 열어 매장에 편리하게 배치하거나 판매원을 모바일 체크아웃 단말기를 사용함으로써 상품을 구매하기 위한 실제 대기 시간을 줄일 수 있다. 실제 대기 시간을 줄이는 것 외에도, 줄을 서서 기다리는 고객을 즐겁게 하기 위해 비주얼 디스플레이를 설치함으로써 고객들의 대기 시간을 줄일 수 있다. 많은 인터넷 소매업체들은 또한 방문객들에게 그들이 버린 장바구니 안의 물건들에 대한 알림 이메일을 보낸다.

둘째, 고객의 긍정적인 평가를 강화하는 충분한 정보를 제공함으로써 소매업체들의 긍정적인 구매 의도를 판매로 전환시킬 수 있는 능력을 높일 수 있다. 예를 들어, Eva의 친구 Jenny, 판매원, 그리고 또 다른 잠재 고객들도 Eva의 구매 결정을 지지하기 위해 긍정적인 피드백을 제공했다.

셋째, 소매업체는 구매 실수 위험을 줄임으로써 판매 기회를 높일 수 있다. 예를 들어, 소매업체들은 고객들이 다른 소매업체들로부터 더 낮은 가격에 동일한 상품을 구매할 수 있는 것을 발견하면 자유롭게 반품 정책, 환불을 할 수 있게 한다.

마지막으로, 소매업체들은 종종 구매 결정을 장려하기 위해 긴박감이나 희소성을 유발한다. Zappos.com과 Overstock.com은 고객들에게 쇼핑 카트의 물건이 매진될 것을 말해 준다. 자라와 같은 패스트 패션 소매업체들과 TJX Corporation 같은 할인 판매업체들이 제공하는 한정판들은 고객들이 좋아하는 상품을 볼 때 바로 구매하도록 조건을 부여한다. 그렇지 않으면 다음에 점포를 방문할 때는 품절될 수도 있기 때문이다.

5. 구매 후 평가

고객이 제품을 구매해도 구매 과정은 종료되지 않는다. 고객은 제품을 구매하고 사용한 후 만족스러운지 만족스럽지 못한지를 판단하면서 그 경험을 평가한다. 만족은 점포나 제품이 고객의 기대치를 얼마나 잘 충족시키거나 초과하는지 소비 후 평가한 것이다. 구매 후 평가는 고객의 내적 정보의 일부가 되며, 점포 및 제품 평가 및 구매 결정에 영향을 미친다. 만족스럽지 못한 경험은 고객들로 하여금 소매업체에게 불만을 토로하게 하고, 다른 점포를 이용하게 하며,

미래에 다른 브랜드를 선택하게 할 수 있다. 일관된 높은 수준의 만족도는 점포와 브랜드 충성도를 구축하는데, 이것은 소매업체들에게 경쟁 우위의 중요한 원천이다.

구매 후 평가와 만족도를 높이기 위해 소매업체들은 몇 가지 조치를 취할 수 있다. 첫째로, 고객의 성과를 실망시키지 않기 위해 현실적인 고객 기대치를 세워 주어야 한다. 둘째로, 고객이 구입한 제품의 적절한 사용과 관리에 대한 정보를 제공해야 한다. 셋째, 앞서 언급한 바와 같이 품질 보증은 구입 전후에 위험의 부정적인 느낌을 감소시킨다. 넷째, 우수 소매업체는 고객과 정기적으로 연락을 하여 고객들이 만족하는지 확인하고, 문제가 생기면 해결해 주고, 고객에게 항상 이용 가능하다는 것을 상기시킨다. 이러한 노력은 고객이 다음에 제품을 구매할 때 고객들이 그들의 고려대안군에 소매업체을 포함할 기회를 높여 준다.

II 구매의사결정의 유형

LO 4-2
구매의사결정과정을
이해할 수 있다.

경우에 따라, Eva와 같은 고객들은 앞 절에서 설명한 구매과정의 모든 단계를 거쳐 소매업체를 선택하고 대안 제품을 평가하는 데 상당한 시간과 노력을 소비한다. 다른 상황에서, 구매 결정은 별 생각 없이 자동적으로 이루어진다. 이 절에서는 세 가지 유형의 고객 의사결정과정^{포괄적}

문제 해결, 제한적 문제 해결, 습관적인 문제해결을 살펴 본다.

1. 포괄적 문제해결

포괄적 문제해결은 고객이 자신의 대안을 분석하기 위해 상당한 시간과 노력을 기울이는 구매 결정 과정으로, 일반적으로 구매 결정에 많은 위험과 불확실성을 수반할 때 이 유형을 활용한다. 고객이 고가의 제품이나 서비스를 구입할 때 재무적 위험이 발생한다. 물리적 위험은 고객이 제품이나 서비스가 자신의 건강이나 안전에 영향을 미칠 수 있다고 느낄 때 중요하다. 사회적 위험은 어떤 제품을 다른 사람들이 보는 방식에 영향을 미칠 것이라고 생각할 때 발생한다. 예를 들어, 라식 눈 수술은 세 가지 유형의 위험에 모두 관계될 수 있다. 눈 수술은 비싸고, 잠재적으로 눈을 손상시킬 수 있고, 사람의 외모를 바꿀 수 있다.

소비자들은 중요한 욕구를 충족시키기 위해 구매 결정을 할 때 또는 제품이나 서비스에 대한 지식이 부족할 때 포괄적 문제 해결을 이용한다. 이 상황에서는 위험성이 높기 때문에 고객들은 친구, 가족, 또는 전문가와 상의하기 위해 내적 지식을 넘어선다. 온라인 블로그를 추적하고, 소매업체가 후원하는 사이트와 독립적인 후기 사이트인 온라인 리뷰를 조사하며, Consumer Reports와 같은 출판물에서 리뷰를 읽을 수 있다. 구매 결정 전에 몇몇 소매점을 방문할 수도 있다.

소매업체들은 필요한 정보를 쉽게 이용할 수 있고 이해를 돕는 방식으로 제공하고 환불이나 보증을 약속함으로써 포괄적 문제해결에 직면하는 고객들에게 구매를 자극한다. 예를 들어, 포괄적 문제 해결과 관련된 제품을 판매하는 소매업체들은 웹사이트에 제품과 사양을 기술하는 정보를 제공하고, 점포에 정보 표시장치를 가지고 있으며(예를 들어 구조를 보여주기 위해 반으로 자른 소파 등), 판매원을 활용하여 특징을 보여주고 질문에 응답한다.

2. 제한적 문제해결

제한적 문제해결은 중간 정도의 노력과 시간을 수반하는 구매 결정 과정이다. 고객은 제품이나 서비스에 대한 경험이 있고 위험 수준이 보통일 때 이러한 유형의 구매 과정을 겪는다. 이런 상황에서 고객은 외부 정보보다는 개인 지식에 더 의존하는 경향이 있다. 일반적으로 이전에 구입한 소매점포를 선택하고 과거에 구매한 상품을 선택한다. 고객 구매 결정의 대부분은 제한적 문제 해결 방식으로 이뤄진다.

소매업체들은 이러한 구매 패턴을 강화하여 고객들이 자신들로부터 상품을 구매할 때 습관

소매업체들은 고객의 관심을 끌고 즉각적인 구매 행동을 위해 잘 알려진 POP나 POS 전시를 이용한다.

화시키려고 한다. 그러나 고객들이 다른 곳에서 쇼핑을 하고 있다면 소매업체들은 새로운 정보를 도입하거나 다른 상품이나 서비스를 제공함으로써 이 구매 형태를 벗어나게 해야 한다. 구매행태를 조정하는 일반적인 방법은 쿠폰이다. CVS나 Walgreen과 같은 기업들은 종종 고객들을 자사의 점포에 유도하기 위해 구매한 제품에 대해 높은 할인율 쿠폰을 제공하는데 두 가지 이유이다. 첫째, 고객이 다른 곳에서 쇼핑할 수 있는 기존의 습관을 버리게 하고, 둘째, 고객들이 일단 점포에 들어가면 할인되지 않은 다른 많은 물건들을 종종 구입한다는 것을 잘 알고 있다. 고객들이 이러한 구매를 한 후, 소매업체들은 그들의 소비 패턴을 분석하고 재방문을 위한 표적 쿠폰을 제공한다.

Eva의 구매 과정은 제한적 문제 해결과 포괄적 문제 해결 모두를 보여준다. 그녀의 점포 선택은 구매한 여러 점포의 상품에 대한 지식과 Hello Fashion에 대한 검색을 통해 이뤄졌다. 이러한 정보를 고려했을 때, 점포의 선택 결정이 그리 위험하지 않다고 느꼈다. 그래서 그녀는

Macy's를 방문하기로 결정했는데 제한적 문제 해결 방식을 이용했다. 그러나 Eva는 정장의 구매 과정은 포괄적 문제 해결 방식이다. 이 결정은 자신에게 중요했다. 그래서 그녀는 친구, 판매원, 그리고 다른 쇼핑객으로부터 정장을 평가하고 고르는 정보를 확보하는데 시간을 소요했다.

제한적인 문제 해결의 한 가지 일반적인 유형은 충동 구매, 비계획적 구매인데, 이것은 상품을 본 후 고객이 즉석에서 결정하는 구매 결정이다. 소매업체들은 고객의 관심을 끌기 위해 눈에 띄는 구매 시점POP 또는 판매 시점POS 전시를 사용함으로써 충동 구매를 부추긴다. 소매업체들은 오래 전부터 점포에서 가장 소중한 곳은 구매 시점의 장소라는 것을 인식해 왔다. 점점 더 많은 비식품 소매업체들예: Forever 21이 껌, 박하, 미용 제품, 그리고 계산대에서 다른 재미난 장난감 제품을 제공함으로써 고객들로부터 충동 구매를 유도하려고 하고 있다. 전자 쇼핑객들은 인터넷 소매업체가 홈 페이지에 특별한 제품을 게시하고 계산 직전에 보완적인 제품을 제안하면서 충동 구매를 유도한다.

3. 습관적 문제해결

습관적 문제해결은 의식적인 노력이 거의 또는 전혀 수반되지 않는 구매결정과정이다. 오늘날의 고객들은 시간에 대한 요구가 높다. 이러한 시간 압박에 대처하는 한 가지 방법은 의사결정문제해결 과정을 단순화하는 것이다. 수요가 생기면 고객들은 자동적으로 "지난번 같은 점포에서 산 것과 똑같은 물건을 구매하겠다." 라고 응할 수도 있다. 전형적으로, 이러한 습관적인 의사 결정 과정은 결정이 고객들에게 그다지 중요하지 않고 과거에 구매한 익숙한 상품들을 포함할 때 일어난다. 브랜드나 매장에 대한 충성도가 높을 때 습관적인 의사 결정을 하게 된다.

브랜드 충성도는 고객이 제품 범주의 특정 브랜드를 좋아하고 지속적으로 구매하는 것을 의미한다. 가장 좋아하는 브랜드를 구입할 수 없다면 다른 브랜드로 바꾸기를 꺼린다. 예를 들어, 코카 콜라 음료를 좋아하는 고객들은 어떤 일이 있어도 펩시를 사지 않을 것이다. 따라서 소매업체는 원하는 특정 브랜드를 구비하면 고객의 욕구를 충족시킬 수 있다.

브랜드 충성도는 소매업체들에게 기회와 문제를 동시에 일으킨다. 고객들은 인기 브랜드를 취급하는 매장에 끌리지만, 소매업체들은 이러한 높은 충성도를 지닌 브랜드를 반드시 취급해야 하기 때문에, 인기 있는 제조업체 브랜드의 공급자들과 유리한 조건을 협상하지 못할 수도 있다. 그러나, 유통업체 브랜드가 높은 충성도의 브랜드라면, 소매업체의 충성도는 높아진다.

소매업체 충성도는 고객들이 같은 종류의 상품을 구매하기 위해 동일한 점포를 좋아하고 습관적으로 찾는 것을 의미한다. 모든 소매업체는 고객의 충성도를 높이고자 하며, 편리한 입지7장및 8장 참조, 제조업체 및 유통업체 브랜드의 완전한 상품구색12장, 품절의 감소12장, 고빈도 구매에 대한 보상10장, 훌륭한 고객 서비스 제공17장 등을 통해 달성하고 있다.

구매의사결정과정에 영향을 미치는 사회적 요인

〈그림 4-2〉는 고객의 구매 결정이 경제, 가족, 준거 집단 및 문화의 네 가지 영향력 있는 사회적 요인에 의해 어떻게 영향을 받고 있는지를 보여준다.

1. 경제

LO 4-3
경제 및 사회적 요인이 구매의사 결정과정에 비치는 영향을 파악할 수 있다.

국가 및 세계 경제의 상태는 소비자들이 구매하는 방식에 상당한 영향을 미친다. 세계나 국가 경제가 요동치거나 침체될 때 구매를 줄이거나 더 저렴한 옵션을 찾음으로써 넓은 불확실성과 위험에 대응한다. 경제가 번창할 때, 종종 사치품이나 쾌락적 상품에 더 많은 돈을 소비하려고 하고, 소매점포는 가격 할인을 덜 해도 된다. 그러나 때때로 이러한 경향은 명확하지 않을 때도 있다. 예를 들어, 빠듯한 예산에 직면했을 때, 종종 화장품이나 포장지 같은 값비싸지 않은 사치품에 조금 더 지불한다. 새로운 옷이나 호화로운 선물을 살 여유가 없을지도 모르기 때문에 부담감 없이 조금 더 많은 돈을 쓰는 것을 즐기기 위해 그러한 구매에 조금 더 많은 돈을 지출한다.

국제적 차원에서도 경제는 중요한 역할을 하고 있다. 특정 국가 경제는 서로 상대적으로 강세가 기울어지기도 하고 우월해지기도 한다. 예를 들어, 인도나 중국과 같은 많은 신흥국들은 경제 자유화의 진행 과정에서 시장을 개방했다. 이러한 움직임은 소매업체들이 선진국에서는 일

🔵 **그림 4-2** 구매의사 결정에 영향을 미치는 사회적 요인들

반적이었지만 이전에는 소매 제품에 접근할 수 없었던 새로운 세분 시장 고객군을 대상으로 제품을 판매할 수 있게 되었다. 이 국가의 소비자들은 자국의 경제 역사와 자유경제에서 확대되는 구매력을 반영하며 독특한 수요와 행동을 보여준다.

2. 가족

구매 결정의 대부분은 가족 전체가 소비하거나 사용할 제품이 포함된다. 이전의 구매 과정에 대한 논의는 한 사람이 어떻게 의사 결정을 하게 되는가에 초점이 맞춰졌다. 가족들은 구매 결정을 할 때, 종종 모든 가족이 그것을 필요할지를 고려한다.

예를 들어, 휴가 장소를 선택할 때, 모든 가족들이 의사결정에 참여할 수 있다. 다른 상황에서는 가족 구성원 중 한 명이 의사결정 역할을 맡을 수 있다. 예를 들어, 남편이 식료품을 살 수 있는데, 아내는 식재료를 자녀들이 학교에서 먹을 점심 도시락을 준비하기 위해 사용한다. 이 경우 점

경제가 어려운 상황에서 소비자들은 비싼 구매를 줄일 수도 있지만 립스틱과 같은 작은 사치품에 돈을 부담없이 지출한다.

포 선택 결정은 남편이 할 수도 있지만, 브랜드 선택 결정은 자녀의 영향을 많이 받을 가능성이 크고 아내가 할 수도 있다.

자녀들은 가족의 구매 결정에 중요한 역할을 한다. 리조트 호텔들은 이제 어른들 뿐만 아니라 자녀들의 필요를 충족시켜야 한다는 것을 알고 있다. 하이얏트 호텔 체인은 우편 주문 유아 용품 회사인 Babies Travel Lite와 협력한다. 부모님들이 방을 예약한 후에, 여행에 필요한 모든 기저귀, 유동식, 유기농 유아 음식을 주문할 수 있다. 물품은 체크인 시 준비되므로 가져올 짐의 양이 줄고 편의성도 높아진다. 하이얏트는 더 나이 많은 어린이들을 위해 호텔 안내 데스크에서 빌릴 수 있는 장난감을 제공한다. 게다가 유명한 주방장 Alice Waters와의 협력으로, 호텔 레스토랑의 어린이 메뉴를 개선하여 영양가 높으면서 흥미진진한 식사 옵션을 제공했다.

소매업체들은 또한 가족 구성원 모두의 요구를 만족시킴으로써 가족과 쇼핑하는 소비자들을 끌어들일 수 있다.

3. 준거 집단

준거 집단은 한 사람이 신념, 감정 및 행동을 비교하는 기준으로 사용하는 한 명이나 그 이상의 사람들을 의미한다. 특정 소비자는 가족, 친구, 연예인, 의견 선도자와 같은 다양한 준거 집단을 가질 수 있다. 이러한 준거 집단은 ① 정보를 제공하고, ② 특정 구매 행동에 대한 보상을 제공하며, ③ 소비자의 자아 이미지를 향상시킴으로써 구매 결정에 영향을 미친다.

준거 집단은 직접 대면 또는 전자적으로 또는 관찰과 간접적으로 대화를 통해 소비자에게 정보를 제공한다. 예를 들어, Eva는 자신이 생각하고 있던 정장 정보를 친구로부터 받았다. Eva는 운동복은 테니스 선수 세레나 윌리엄스나 복서 론다 로지 같은 권투선수를 참조하고 캐주얼 의복은 데미 로바토와 케이티 페리로부터 아이디어를 얻는다.

소비자들은 준거 집단을 식별하고 이에 속함으로써 자신의 이미지를 만들어 내고, 강화하며, 유지한

운동복을 고려할 때, Eva는 세레나 윌리엄스를 준거 집단으로 여긴다.

다. 엘리트 사회 계층의 일원으로 보여지기를 원하는 고객들은 Neiman Marcus와 같은 유명 소매점에서 쇼핑을 할 수 있고, 야외활동 애호가들은 L.L.Bean에서 제품을 구입할 수도 있다.

소매업체들은 특히 매장 옹호자 역할을 하고 그룹의 다른 사람들에게 적극적으로 영향을 미치는 준거 집단의 구성원을 식별하고 접촉하는 데 관심이 있다. 점포 옹호자들은 점포를 너무 좋아해서 친구나 가족과 긍정적인 경험을 적극적으로 공유하는 고객들이다. 소비자들은 광고를 너무 많이 봐서 주장이 제기되는 것에 대해 의심을 갖게 된다. 따라서, 고객들은 매장에 대한 정보와 구매할 제품을 자신의 소셜 네트워크에 더 많이 의존한다.

4. 문화

문화는 사회의 대부분의 구성원들이 공유하는 의미, 신념, 도덕, 가치들이다. 사람들의 구매 결정에 영향을 미치는 기본적인 사회적 요인으로 각 소비자가 참여하는 문화는 종종 자신의 준거 집단과 일치한다. 예를 들어, Eva의 문화 그룹에는 라틴계 유산과 거주지역인 태평양 북서부 문화가 포함되어 있다. 이러한 문화적 영향은 그녀의 소비자 행동에 영향을 미친다. Eva가 다니

는 대학의 문화는 다소 유행에 민감하기 때문에, 오래된 정장이 시대에 뒤떨어져 있다는 것을 즉시 알아차리고 유행하는 신발을 구입하는 것을 합리적 행동으로 간주하고 있다.

많은 소매업체들과 쇼핑센터 관리자들은 다른 문화와 하위문화에 호소해야 하는 것이 중요하다는 것을 알고 있다. 예를 들어, 미국 히스패닉 인구는 2016년까지 두 배가 되어 소매 지출의 거의 20%를 차지하고 있다. 많은 소매업체들, 특히 히스패닉 인구가 많은 지역의 슈퍼마켓들은 스페인어를 사용하는 소비자들의 토착 상품에 상당한 공간을 할애했다. 그러나 제품 믹스는 지역에 따라 다를 것이다. 예를 들어, 마이애미는 쿠바와 라틴 아메리카 인구가 많은 반면, 로스앤젤레스와 텍사스는 멕시코에서 온 사람들이 더 많다는 것을 제품에 반영해야 한다. 이중 언어를 사용하는 직원들이 히스패닉 고객을 만족시키는 점포의 중요한 성공 요인이다. 따라서, CVS는 라틴 아메리카계 미국인에게 적절하고 효과적으로 서비스를 제공하고 있는 새로운 계획을 수립했다. 히스패닉계 소유의 초대형 드럭스토어 체인점을 인수하면서 시작되었고, 그 후 마이애미 등 히스패닉계 우위 시장의 점포를 리모델링하여 전진했다. 이러한 개발에 따라, CVS는 새로운 "CVC.Pharmacy y mas" 개념을 시험한다고 발표했다. 핵심 점포에서는 모든 직원이 2개 언어를 사용할 수 있고, 진열대에는 Caf la Llave, Creolina, Agustin Reyes, Suavitel, Fabuloso 등 히스패닉 소비자들에게 친숙한 브랜드들이 진열된다. 쿠바산 커피가 매일 제공될 것이다. 또한, 이 개념을 표방하는 점포는 경쟁력 있는 가격대와 가치있고 가족용도의 제품을 더 많이 제공할 것이다.

코스트코와 같은 몇몇 소매업체는 서로 다른 문화와 하위문화에 호소하기 위해 전략을 조정했다.

IV 시장 세분화

앞 절에서는 ① 개별 고객이 점포, 채널, 제품을 평가하고 선택하는 방법과 ② 의사결정에 영향을 미치는 요인에 초점을 맞추고 있다. 원가효율성을 제고하기 위해 소매업체는 이러한 세분화된 고객을 식별하고 특정 개인 고객의 요구보다는 세분시장의 일반 고객의 요구를 충족하는 목표를 달성하기 위해 제품을 선정한다. 한때 CVS는 모든 소비자에게 호소하려고 했지만, 점차 세분시장인 '비흡연자'에게 자사의 노력을 집중했다.

소매시장 세분화는 비슷한 욕구를 가지고 있기 때문에 같은 소매믹스에 매력을 느끼는 고객 그룹이다. 예를 들어, Millennials 들은 업무로 출장하는 회사 중역과는 다른 욕구를 가지고 있다. 따라서 매리어트는 각 세분시장에 대해 서로 다른 소매 믹스를 갖춘 호텔 체인을 제공한다. 즉, 젊은 층과 힙합을 위한 Marriot의 AC 호텔, 비즈니스 임원 및 회의를 위한 Marriot Hotel 및 Conference Center가 그 예이다.

인터넷은 소매업체들이 개별 고객을 효율적으로 공략하고 1대 1로 제품을 판매할 수 있게 해준다. 이 1대 1 마케팅 개념은 고객 관계 관리와 관련되므로 10장에서 논의된다.

1. 세분 시장의 평가기준

고객들은 여러 가지 다른 방법으로 세분화 된다. 어떤 방법이 최선인지를 결정하는 간단한 방법은 없지만 세분 시장이 실행 가능한 목표 시장인지 그 여부를 평가하는 데 유용한 네 가지 기준은 실행 가능하고, 식별이 가능하고, 규모가 충분해야 하고, 도달 가능해야 한다.

❶ 실행 가능한

세분 소매시장을 평가하기 위한 기본적인 기준은 (1) 세분시장의 고객이 비슷한 요구를 하고, 유사한 이익을 추구하며, 유사한 믹스에 만족해야 하며, (2) 다른 세분시장의 고객의 요구와 차별화 되어야 한다는 것이다. 실행가능성은 소매업체가 해당 세분시장의 요구를 충족시키기 위해 무엇을 해야 하는지 확인해야 한다는 것을 의미한다. 이 기준에 따르면, Banana Republic은 신체 크기의 인구학적 특성을 바탕으로 의류 시장을 세분화하는 것이 의미가 있다라고 할 수 있다. 아담한 사이즈를 착용하는 고객들은 일반 사이즈나 대형 사이즈를 착용하는 고객들과는 다른 니즈를 가지고 있어 독특한 제품 믹스를 제공하는 매장에 매력을 느낀다. 앞에서 논의한 다속성 태도모델의 맥락에서 작은 사이즈를 착용하는 사람들은 일반적으로 적절한 사이즈의 옷을 얻는 것이 더 어렵고, 특정한 욕구를 알고 충족시킬 수 있는 합리적인 판매 직원이 필요하기 때문에 옷의 모양새와 고객 서비스에 더 많은 중요성을 부여한다.

이와는 대조적으로, 슈퍼마켓이 고객의 신체 크기에 근거하여 시장을 세분화하는 것은 의미가 없다. 덩치가 크고 작은 남성과 여성도 아마도 같은 욕구를 가지고 있고, 같은 혜택을 추구하며, 같은 식료품을 사는 구매 과정을 거친다. 세분화 방식은 슈퍼마켓업체가 큰 고객들과 작은 고객들을 위한 독특한 믹스를 개발할 수 없기 때문에 실행 불가능할 것이다. 그러나 가구소득 및 민족성과 같은 지리적 또는 인구통계에 기초한 세분화 계획은 실행 가능할 것이다.

❷ 확인/식별 가능한

확인/식별 가능한이란 소매업체가 어떤 고객이 세분 시장에 포함되어 있는지 판단할 수 있는 것을 의미한다. 고객이 식별 가능 할 때, 소매업체는 ① 세분시장의 규모와 ② 소매업체가 커뮤니케이션과 촉진을 수행하는 표적고객을 결정할 수 있다. 예를 들어, 슈퍼마켓 소매업체들은 인구통계를 사용하여 점포 개설 입지와 판매해야 할 상품계획을 수립하게 된다. 평균 수입이 높은 이웃에는 고급스러운 음식, 세련된 제품, 고가의 육고기를 준비해야 된다. 대학 캠퍼스 근처에 있는 점포에서 간식거리를 많이 구비할 것이다. 또한 세분시장간 중복이 너무 심하면 뚜렷한 마케팅 전략이 필요하지 않다는 것을 의미하기 때문에, 서로 특색이 있어야 한다. 예를 들어, 지역 식료품 점포 체인이 비슷한 인구통계를 가진 사람들을 포함하는 이웃에 점포가 있다면 상품 계획을 변경할 필요가 없다.

3 일정규모 이상의

시장이 너무 작거나 구매력이 미미하다면 소매 믹스 활동을 지원하기 위한 충분한 이익을 창출할 수 없다. 예를 들어, 한 지역의 반려동물 약품의 시장은 표적 세분시장의 역할을 하기에는 충분한 규모가 될 수 없지만 인터넷 채널을 통해 전국 시장에 공급할 수는 있다.

4 접근 가능한

접근 가능이란 소매업체가 세분시장의 소비자에게 도달 가능한 판촉 및 기타 요소를 대상으로 접근 할 수 있음을 의미한다. 예를 들어, AutoZone은 차를 직접 수리하는 남성들이 표적고객이다. 이 세분시장은 잠재 고객들이 자동차 잡지를 읽고, TV에서 NASCAR을 시청하며, 뚜렷한 텔레비전 시청 습관을 가지고 있기 때문에 접근 가능하다.

2. 시장 세분화 접근법

소매 시장 세분화에는 매우 다양한 방식이 이용된다. 모든 소매업체에게 제일 적합한 방법은 없다. 고객 구매 행동에 영향을 미치는 다양한 요소들을 탐색하고 가장 중요한 요소들을 결정해야 한다.

1 지리적 세분화

지리적 세분화는 고객의 거주지에 따라 고객을 나누는 것이다. 소매 시장은 국가 또는 한 국가안의 주, 도시, 동네와 같이 지역별로 세분화 될 수도 있다. 고객들은 일반적으로 편리한 점포에서 쇼핑을 하기 때문에, 소매점들은 보통 자사 점포의 가까운 고객에 초점을 맞춘다.

지리적 특성에 기초한 세분화방법은 식별 가능하고, 실질적이며, 도달 가능하다. 파리 대도시 지역의 거주자를 파악한 다음, 그 중 잠재 고객의 수를 판단하는 것은 용이하다. 또한 파리지역에 커뮤니케이션 대상의 표적고객을 확인하고 점포입지를 정하고 고객이 커뮤니케이션에 반응하고 있는지를 확인하는 것은 비교적 간단하다. 그러나, 지리적으로 다른 곳의 고객들이 비슷한 욕구를 가질 때, 지리적 시장에 의한 독특한 소매 상품을 개발하는 것은 비효율적이다. 예를 들어, 디트로이트의 애호가는 로스엔젤레스에서 데님 매니아와 같은 종류의 청바지를 찾고 있을 것이다. 따라서, 미국의 고급 데님 시장을 지리적으로 세분화하는 것은 유용하지 않을 것이다.

원직물 데님 청바지 같은 제품에는 지리적 세분화는 별로 효과적이지 않을 것이다. 디트로이트에 사는 데님 애호가는 아마도 로스앤젤레스에 거주하는 데님 애호가와 같은 종류의 청바지를 찾고 있을 것이다.

② 인구통계적 세분화

인구통계적 세분화는 연령, 성별, 소득 및 교육과 같은 쉽게 측정되고 객관적인 특성에 기초하여 소비자를 분류한다. 인구통계적 변수는 세분시장을 정의하는 가장 일반적인 수단인데 세분시장의 소비자를 쉽게 식별할 수 있고, 크기를 결정할 수 있으며, 미디어에 의해 도달하고 반응하는 정도를 쉽게 평가할 수 있기 때문이다. 인구통계적 세분화를 통해 소매업체들에게 몇 가지 매력적인 시장을 창출할 수 있다.

그러나 인구통계는 일부 소매업체의 세분시장에 유용하지 않을 수 있는데 이는 구매동기가 인구통계를 초월하여 부여되기 때문이다, 예를 들면, 인구통계는 고급 운동복 애호가에게는 잘 적용될 수 없을 것이다. 한때, 소매업체들은 운동복들이 젊은 운동선수들에 의해 독점적으로 구입될 것이라고 가정했지만, 건강과 피트니스 의류에 관한 사회적 추세로 모든 연령대의 고객이 제품을 구매하게 되었다. 비교적 비활동적인 소비자들도 운동복이 세련되고 편안해야 한다고 생각하고 있다.

③ 지리인구학적 세분화

지리인구학적 세분화는 지리적 특성과 인구통계적 특성을 사용하여 소비자를 분류한다. 이 방식은 "유유상종"의 원칙에 기초하고 있는데 특정 동네의 소비자들은 같은 종류의 자동차, 가전, 의류를 구입하고 같은 종류의 소매점에서 쇼핑하는 경향이 있다.

많이 사용되고 있는 지리인구학적 세분화 방식의 한 가지는 ESRI가 개발한 Tapestry Segmentation System이다. Tapestry 세분화 기법은 사회경제적, 인구통계적 특징을 기준으로 미국의 주거지를 65개의 명확한 세분시장으로 분류하고 있다. 〈표 4-3〉은 세 개의 Tapestry 세분

시장을 보여주고 있다. 미국의 어느 곳이나 비슷한 인구통계와 구매행동을 보여주는 동네들로 나눌 수 있다.

지리인구학적 세분화는 고객이 자신의 근처 동네에 있는 점포를 애호하기 때문에 점포 채널을 관리하는데 특별히 매력적이다. 따라서 소매업체는 점포 입지선정에 활용하고 현지 지역 주민의 선호도에 부합하는 구색을 갖추는데 사용된다. 8장에서 어떻게 지리인구학적 시장세분화 방법이 사용되는지를 설명할 것이다.

표 4-3 Tapestry의 예

	Segment 01 Top Rung	Segment 18 Cozy and Comfortable	Segment 52 Inner City Tenant
LifeMode Summary Group	L1 High society	L2 Upscale Avenues	L8 Global Roots
Urbanization Summary Group	U3 Metro Cities/	U8 suburban Periphery //	U4 Metro Cities //
Household Type	Married–Couple Families	Married–Couple Families	Mixed
Median Age	44.6	41.7	28.8
Income	High	Upper Middle	Lower Middle
Employment	Prof/Mgmt	Prof/Mgmt	Srvc/Prof/Mgmt/Skilled
Education	Bach/Grad Degree	Some College	No HS Diploma; HS; Some Coll
Residential	Single Family	Single Family	Multiunit Rentals
Race/Ethnicity	White	White	White; Black; Hispanic
Activity	Participate in public/civic activities	Dine out often at family restaurants	Play football, basketball
Financial	Own stock worth $75,000+	Have personal line of credit	Have personal education loan
Activity	Vacation overseas	Shop at Kohl's	Go dancing
Media	Listen to classical, all– news radio	Listen to sporting events on radio	Read music, baby, fashion magazines
Vehicle	Own/Lease luxury car	Own/Lease minivan	Own/Lease Honda

4 성격특성적 Psychographic 세분화

성격특성적 세분화란 고객들이 시간과 돈을 어떻게 쓰는지, 어떤 활동을 추구하는지, 세계에 대한 어떤 태도와 의견을 가지고 있는지를 바탕으로 고객을 구분하는 방법이다. 예를 들어, 한 사람은 신체적으로 건강하고 잘 먹어야 한다는 강한 욕구를 가질 수 있으며, 이것은 그 사람이 활동적으로 지낼 수 있는 기회를 찾고 건강한 음식을 소비하는 동기를 부여하며, 마침내 쇼핑하는 점포에까지 영향을 미친다. 성격특성적 세분화는 자기 가치, 자아 개념, 라이프스타일이라는 세 가지를 잘 이해하는 것이다.

자기 가치는 하루에 이루고 싶은 목표가 아니라 삶의 목표인데 사람이 어떻게 삶을 영위하는가를 이끄는 가장 중요한 욕망이다. 자기계발을 멈추지 않은 것이 한 예라고 할 수 있다. 이러한 동기부여는 사람들로 하여금 자신이 어떻게 되고 싶은지에 대한 자아 이미지를 개발하고, 이러한 궁극적인 목표에 도달하는 데 유익한 삶의 방식에 대한 모습을 개발하게 한다. 소매 관점에서, 자기 가치는 세분고객이 점포에서 찾을 수 있는 편익이나 제품을 결정하는 데 도움을 준다.

자아 이미지, 즉 자아 개념은 자기 가치에서 파생된 것으로 사람들이 이상적으로 자신에 대해 가지고 있는 이미지들이다. 예를 들어 자기 계발의 자기 가치를 바탕으로, "탄탄한 몸을 유지한다."라는 목표를 가진 사람은 REI, Lululemon, Patagonia 와 같은 자아 개념과 일치하는 점포를 찾고 제품을 선택한다. 소매업체는 웹사이트, 점포, 제품을 통해 탄탄한 몸을 가지는데 도움을 주는 업체에 적합한 이미지를 전달한다.

성격특성적 구성의 세 번째 요소인 라이프스타일은 우리가 살아가는 방식이다. 가치가 최종 목표를 제공하고 자아 개념이 그 목표의 맥락에서 자신을 보는 방식이라면, 라이프스타일은 목표를 달성하기 위해 삶을 사는 방법이다. 신체적으로 건강하다는 자아모습을 가진 사람들은 스포츠 활동에 자주 참여하고, 헬스 클럽에 가고, 요가를 하며 라이프스타일에 부합되게 운동기구도 구입할 것이다.

가장 널리 사용되는 고객 세분화 도구 중 하나는 Strategic Business Insights가 개발한 VALS^{Values of Life Survey}이다. VALS는 성격특성적, 인구통계, 라이프스타일의 집합부분을 조사하게 된다. VALS의 응답과 독점 알고리즘을 이용한 설문조사에 따르면, 18세 이상의 개인은 〈그림 4-3〉에 표시된 8개와 같이 사전에 분류된 세분시장의 하나에 속하게 된다. 미국과 캐나다에서만 이용되며 다른 국가에서는 언어와 문화의 차이 때문에 그 국가에 맞게 수정하여 조사를 실시해야 한다.

수평적 차원으로 VALS 세분시장은 자아 이미지에 기초하여 주된 동기를 반영한다. 미국 소비자의 주된 동기는 이상, 성취, 자기표현 등 세 가지다. 이상에 의해 주로 동기부여를 얻은 사람들은 지식과 원칙을 내세우게 되며, 성취에 의욕적인 사람들은 개인적인 혜택을 제공하는 제품과 서비스를 찾는다. 주로 자기표현에 의향이 높은 소비자들은 신체활동을 원하고, 영향력을 행사하려는 욕구를 가지고 있다. 수직적 차원에서의 소비자의 자원은, 소득, 교육, 건강, 활동성 수준뿐만 아니라 리더십, 다양성, 정보추구 등이 측정된다. 맨 위에 있는 세분시장은 적은 자원과 더 좁은 세계관을 가진 세분시장 보다 많은 자원과 더 넓은 세계관을 가지고 있다.

기업들은 라이프스타일이 종종 인구통계보다 소비자 행동을 예측하는 데 더 유용하다는 것을 발견하고 있다. 특히, VALS는 왜 다른 소비자 유형이 다른 행동을 보이는지, 그리고 왜 다른 소비자 그룹이 다른 이유로 종종 같은 행동을 보이는지를 설명한다. 인구통계를 공유하는 사람들은 실제로 다양한 심리적 특성을 가지고 있는 경향이 있다. 비슷한 인구통계적 프로필을 가진 두 명의 쇼핑객은 여전히 위험을 감수하는 성향, 사회적 의식 또는 선호하는 편익의 수준이 다를 수 있다. 대학생들과 일용직 근로자들은 비슷한 수입을 얻을지도 모르지만, 매우 다른 심리적 특성 때문에 소득을 사뭇 다르게 소비한다.

그러나 대부분의 라이프스타일 세분화 방식을 사용하는 데는 한계가 있다. 인구통계만큼 객관적이지 않으며, 잠재적인 고객들을 식별하는 것이 더 어렵다. 나이키와 같은 기업은 인구통계적으로 고객들을 남성 혹은 여성으로 쉽게 구별할 수 있고 각각의 세분시장에 다른 마케팅 전략을 구사할 수 있다. 이러한 이유로 라이프스타일 세분화는 종종 다른 세분화 방법과 함께 사용된다. 성격특성적 세분화는 잠재 고객들을 식별하기 위한 수단으로 더 비용이 소요되지만 인구통계보다 더 적합한 마케팅 효용성을 가지고 있다. VALS 그룹에 속한 개인 회원을 확인하고

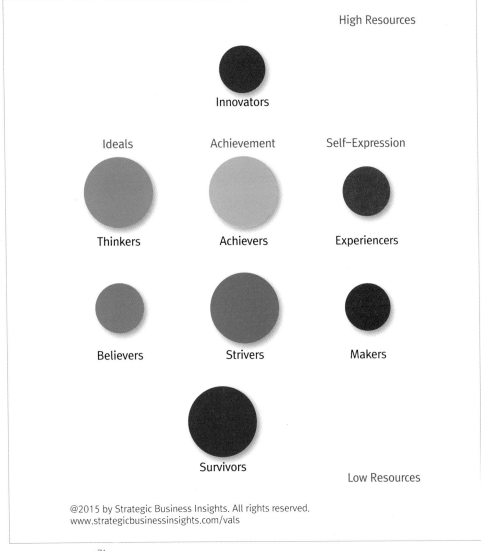

High Resources

Innovators

Ideals　　　　Achievement　　　　Self-Expression

Thinkers　　　Achievers　　　　Experiencers

Believers　　　Strivers　　　　Makers

Survivors

Low Resources

⬥ 그림 4-3　US VALS™ Framework

응답자는 VALS 설문 조사에 응해야 하며, 행동 데이터는 VALS의 국가 데이터 파트너인 GfK MRI를 통해 설문 조사에서 추가 질문을 하거나 VALS가 포함된 데이터 세트와 연결해 활용될 수 있다.

5 구매 상황 세분화

인구통계나 라이프스타일이 같은 고객일지라도 구매행동은 구매 상황에 따라 달라질 수 있다. 소매업체들은 시장을 세분화하기 위해 정기와 비정기 쇼핑과 같은 두 가지 구매 상황을 이용할 수 있다. 예를 들어, 〈표 4-2〉에서 4명의 자녀를 둔 부모는 매주 식료품 구입을 위해 인터넷 식료품점이나 슈퍼마켓보다 슈퍼센터를 더 긍정적으로 평가했다. 그러나 만약 주중에 우유가 떨어지면, 비정기 쇼핑을 위해 도매 클럽보다는 편의점에 갈 것이다. 〈표 4-2〉의 다속성 태도모델에서, 비정기 쇼핑 경우에는 구색보다는 편의성이 더 중요할 것이다. 마찬가지로, 회사 중역은 회사업무이면 컨벤션 호텔을 그러나 가족들과 휴가를 갈 때는 리조트를 이용할 것이다.

VALS와 같은 라이프스타일 시장세분화 도구는 대학생(상단)과 노동자(하단)의 경우와 같이 소득과 같은 인구통계가 비슷하지만 가치와 생활양식이 매우 다를 때 유용하다.

구매 상황 세분화는 세분시장을 평가하는데 좋은 평가를 얻고 있다. 이 방법을 통하면 특정 세분시장의 욕구를 충족시키기 위해 마케팅 실무자가 실행해야 할 과업들을 비교적 쉽게 정할 수 있을 것이기 때문이다. 소매업체나 서비스 제공업체는 제품이나 서비스의 구매자가 누구인지 어떤 상황에서 구매했는지에 근거하여 고객을 판단할 수 있기 때문에 식별 가능하고 접근 가능하다. 세분시장을 식별한 후 그 규모를 가늠할 수 있다.

6 편익 세분화

목표 시장을 결정하는 또 다른 접근방식은 유사한 편익을 추구하는 고객을 집단으로 구분하는 것이다. 이 방법을 편익 세분화라고 한다. 다속성 태도모델에서 동일한 편익에 의해 구분된 고객들은 점포 또는 제품의 속성에 대해 유사한 중요도 비중을 가지게 된다. 예를 들어, 패션과 스타일의 중요성은 높이 평가하고 가격의 중요성은 낮게 평가하는 고객들은 패션을 중요하게 생각하는 세분시장인 반면, 가격을 중요시하는 고객들은 가격을 중시하는 시장을 만들 수 있다. Hershey는 이러한 세분화 방식을 채택하였는데 한입거리 간식을 좋아하는 사람들에게 아몬드 조이, 리즈의 땅콩 버터 컵, 허쉬의 초콜릿과 같은 인기 있는 캔디 바의 한 입 크기의 캔디 묶음을 제공한다. 해외시장의 고객들 욕구도 고려하여 포장지를 수정하였는데, 중국 소비자들이 은보다 금을 선호한다는 시장조사 결과를 반영하여 허쉬는 Kisses 캔디를 포장하는 호일을 바꿨다.

편익세분화는 실행가능성이 높다. 표적 세분시장에 속한 고객이 추구하는 혜택이 무엇인지를 인지하고 있어 소매업체가 그들에게 호소하기 위해 어떤 상품을 기획해야 하는지를 명확하게 보여준다. 그러나 편익 세분화 고객들은 쉽게 식별되거나 접근되지 않는다. 한 사람을 보고 그가 어떤 이익을 추구하는지를 알기는 어렵다. 전형적으로 소매업체들이 사용하는 매체에 대한 표적 청중은 인구통계에 의해 설명되며 추구하는 편익으로 잘 설명되지는 않는다.

⑦ 복합적 세분화 방법

모든 기준을 충족시키는 시장세분화 방법은 없다. 예를 들어, 인구통계적 및 지리적 변수로 분류하는 것이 고객을 식별하고 접근하는 데 이상적이지만, 종종 고객의 욕구와 관련이 없다. 따라서 이러한 고객의 세분화 접근방식은 고객을 유치하는 데 필요한 활동들을 보여주지 못할 수 있다. 대조적으로, 고객이 추구하는 혜택이 무엇인지 아는 것은 효과적인 소매 믹스를 설계하는 데 유용하다, 문제는 어떤 고객이 이러한 이익을 추구하는지를 식별해야만 된다는 점이다. 이러한 이유로, 복합적 세분화 방법은 고객들이 추구하는 편익, 라이프스타일 및 인구통계와 같은 다양한 변수를 이용하고 대상 고객을 식별한다.

CVS는 복합적 세분화 방법을 사용하며 세 개의 세그먼트를 표적고객으로 삼기 위하여 소위 "CVS 성격"을 사용한다. 이러한 각 세분시장에 이름을 붙이고 소매전략을 개발하는 데 사용된다. '캐롤린'은 18~24세 미혼모나 엄마가 된 지 얼마 않 된 여성인데 소득은 낮지만 소매점포를 방문할 때 많은 품목을 구매한다. '바네사'는 소득이 최고수준이며 지출이나 구매 빈도가 빈번한데 성장한 자녀들을 둔 35~54세의 여성이다. 마지막으로 '소피'는 55세 이상의 중간 수입과 건강을 생각하고 자식이 집을 떠나 홀로 사는 여성에 초점을 맞췄다. 이러한 세분시장은 광고, 전단 및 디스플레이를 사용할 수 있는 포지셔닝 메시지를 개발하는 데 유용하다. CVS를 통해 제품을 판매하는 제조업체에게도 이러한 정보가 유용할 것이다. 예를 들어, Dove 목욕 제품을 "캐롤린"의 경우에는 편리하게 활력을 재충전 해주는 용품, "바네사"의 경우에는 일상을 탈출하는 용품, 그리고 "소피"에게는 건강에 도움을 주는 용품으로 포지셔닝 할 수 있다.

LO4-1 소비자가 구매의사결정을 할 때의 과정을 설명할 수 있다.

소비자들은 구매 의사 결정을 내릴 때 몇 가지 단계를 거친다: 욕구 인식, 정보 검색, 대안 평가, 구매 및 구매 후 평가. 소매업체는 구매 과정의 각 단계에서 고객의 구매 결정에 더 가까이 다가갈 수 있는 방법을 이해하는 것이 중요하다.

LO4-2 세 가지 유형의 구매의사결정과정을 이해할 수 있다.

고객의 의사결정의 본질에 따라 구매 과정의 중요성이 결정된다. 구매 의사결정이 중요하고 위험할 때, 구매 과정은 고객이 대안의 정보 검색과 평가에 많은 시간과 노력을 소비하기 때문에 더 길어진다. 구매의사 결정이 고객에게 덜 중요할 때, 구매 과정에 거의 시간을 소비하지 않으며, 습관적으로 이뤄진다.

LO4-3 경제 및 사회적 요인이 구매의사결정과정에 미치는 영향을 파악할 수 있다.

소비자의 구매 과정은 사회적 환경뿐만 아니라 개인적인 신념, 태도, 가치관의 영향을 받는다. 주된 사회적 영향은 경제, 가족, 준거 집단 그리고 문화에 의해 이뤄진다.

LO4-4 소매업체가 전체고객을 세분 시장으로 분류하는 이유와 방법을 알 수 있다.

원가 효율성이 높은 프로그램을 개발하기 위해 소매업체들은 고객을 세분화한다. 시장 세분화는 인구통계, 지리인구통계, 라이프스타일, 사용 상황 및 추구하는 편익을 기준으로 수행된다. 각 접근방식은 장단점이 있기 때문에, 소매업체들은 전형적으로 몇 가지 기준을 복합적으로 고려하여 표적 시장을 정의한다.

- 성격특성적 세분화 (psychographic segmentation)
- 편익 세분화 (benefit segmentation)
- 브랜드 충성도(brand loyalty)
- 지리인구학적 세분화 (geodemographic segmentation)
- 준거 집단 (reference group)
- 구매의사결정과정(buying decision making process)
- 지리적 세분화 (geographic segmentation)
- 소매 충성도 (retailer loyalty)
- 구매 상황 (buying situation)
- 습관적 의사결정 (habitual decision making)
- 소매 세분시장 (retail market segment)
- 쾌락적 욕구 (hedonic need)
- 쇼루밍 (showrooming)
- 복합적 세분화 (composite segmentation)
- 충동 구매 (impulse buying)
- 사회적 위험 (social risks)
- 고려 대안군 (consideration set)
- 정보 탐색 (information search)
- 점포 옹호자 (store advocates)
- 전환율 (conversion rate)
- 교차 쇼핑 (cross- shopping)
- 내적 정보원천 (internal sources)

- 일정규모 이상의/실질적인 (substantial)
- 인구통계적 세분화 (demographic segmentation)
- 라이프스타일 (lifestyle)
- 매일 저가 전략 (everyday low pricing EDLP strategy)
- 제한적 문제 해결 (limited problem solving)
- 포괄적 문제 해결 (extended problem solving)
- 다속성 태도모델 (multiattibute attitude model)
- 비계획적 구매 (unplanned purchasing)
- 외적 정보원천 (external sources)
- 미충족된 욕구 (unsatisfied need)
- 공정거래 (fair trade)
- 물리적 위험 (physical risks)
- 실용적 욕구 (utilitarian need)
- 구매 후 평가 (postpurchase evaluation)
- VALS (values of lifestyle survey)

1. 한 소매점을 방문해 보시오. 그 점포에서 고객 구매 과정의 각 단계에서 고객이 상품을 구매하도록 자극하고 있는 모든 것들을 확인하시오. 대부분의 고객들은 구매의사결정의 어떤 유형에 해당하는가? 여러분이 관찰한 것과 그 소매점을 기준으로, 어떤 방식의 시장세분화방식이 관계되어 있는가? 이 소매점에 이용된 방법들이 가장 최선인가?

2. 슈퍼마켓을 방문해서 고객들이 상품을 선택하고 카트에 싣고 있는 것을 지켜보시오. 상품을 선택하는데 얼마만큼의 시간을 소비하는가? 어떤 고객들은 다른 사람들 보다 시간을 더 소비하는가? 왜 그럴까? 점포 근방과 점포 통로에서 고객의 행동은 다른가? 관찰한 점을 설명해 보시오.

3. 고객의 시장 세분화를 더 잘 이해하기 위해, Strategic Business Insight 회사는 VALS 도구를 개발했는데, 소비자의 명확한 심리적 특성에 따른 심리를 이용하여 시장세분화를 시행하고 있다. SBI 기업의 웹사이트인 www.strategicbusinessinsight.com/vals/presurvey.shtml 를 방문하여 여러분의 가치, 태도, 라이프 스타일에 따른 VALS 프로필을 확인하기 위해 설문서 작성에 참여해 보시오. 여러분의 프로필에 하는가? 아닌가? 어떻게 소매업체가 전략을 계획하고 실행하는데 이 설문의 결과를 효율적으로 활용할 수 있을까?

4. 소매업체는 최적의 입지선정을 위하여 지리적 분류를 기준으로 세분화를 원하고 있다. ESRI의 동네탐색 페이지인 www.esri.com/data/tapestry/zip-lookup을 방문하여 여러분의 고향이나 대학캠퍼스 우편번호를 입력하고 결과를 살펴 보시오. 예를 들어, 레스토랑과 같은 소매업체가 이 지역에 입지 결정을 할 때 어떻게 이러한 결과를 사용할까?

5. 최근의 패션에 대한 정보를 알려주는 다음과 같은 인터넷 사이트를 방문하시오. 예를 들어, 보그 잡지의 www.vogue.com, 얼류어의 www.allure.com, 블론드 샐러드 패션 블로그인 www.theblondesalad.com, 그리고 크래쉬 매거진의 www.carsh.fr 이다. 디자이너가 보고 있는 최근의 의류 패션을 설명하는 간략한 보고서를 작성하시오. 이러한 패션 트렌드 중에서 대학생들에게 인기있는 것으로 어떤 것이 있을까? 그 이유는?

1. 고객 구매 과정은 고객이 상품을 구매했을 때 종료되는가? 설명해 보시오.

2. 호텔과 같은 서비스 소매업체들이 가격, 서비스, 편의시설에 대하여 트위터를 사용하여 어떻게 정보를 제공하거나 질문에 답하는가? 이러한 커뮤니케이션 유형 소매업체의 기대를 어떻게 변화시키고 있는가?

3. 고객 구매 과정 〈그림 4-1〉의 단계를 고려하여, 당신(그리고 당신의 가족)이 대학을 선택하는데 이 과정을 어떻게 사용하였는지를 기술해 보시오. 얼마나 많은 학교를 고려하였는가? 이러한 구매 의사 결정에 얼마나 많은 시간을 투자하였는가? 당신이 어느 학교를 가야할지 결정할 때, 고객 구매 과정의 대안 평가 부분에서 당신이 사용한 객관적이고 주관적인 기준은 무엇인가?

4. 〈표 4-3〉의 Inner City Tenant가 설명되어 있다. Top Rung 세분 시장과 비교하여 은행, 음식점, 약국, 자동차 딜러가 세분시장의 욕구에 부합하기 위하여 어떻게 소매믹스를 수정해야 하는가?

5. 모든 소매업체들의 목적은 소비자들을 점포로 유인하여 그들이 찾고 있는 상품을 점포에서 발견하게 한 후, 구매가 이루어지도록 하는 것이다. 스포츠용품 소매업체는 자신들의 점포에서 소비자들이 운동 장비를 구매하도록 어떻게 확신시켜 줄 수 있을 것인가?

6. 대학 캠퍼스 맞은 편에 있는 가족 소유의 헌책방은 다양한 세분 시장을 확인하기를 원한다. 시장을 세분화하기 위해 점포 주인은 어떤 접근법을 사용할 수 있는가? 결정된 시장 세분 방법을 기초로 하여 두 개의 가능한 목표 세분 시장을 작성해 보시오. 그런 다음, 두 개의 가능한 목표 시장에 가장 적합한 소매 믹스를 비교해 보시오.

7. 점포에서의 쇼핑과 인터넷이나 모바일 기기를 통한 쇼핑을 비교해 볼 때, 구매 의사 결정 과정이 점포나 현지 방문, 쇼핑 소요 시간, 시험해 보는 상표 측면에서 어떻게 다르게 나타날 것인가?

8. 다속성 모델을 사용하여 젊은 미혼 여성과 제한된 수입으로 사는 은퇴한 부부에 맞는 지역 자동차 딜러의 가능한 선택사항을 확인해 보시오(아래 표 참조). 전국 소매 체인은 그들의 점포에 은퇴한 부부를 단골손님으로 만들 기회를 증가시키기 위해 무엇을 할 수 있는가?

	중요도 가중치		성과에 대한 믿음		
속성	미혼 직장 여성	은퇴한 부부	지역 주유소	전국 서비스 체인	지역 자동차 딜러
가격	2	10	9	10	3

중요도 가중치			성과에 대한 믿음		
속성	미혼 직장 여성	은퇴한 부부	지역 주유소	전국 서비스 체인	지역 자동차 딜러
수리시간	8	5	5	9	7
신뢰성	2	9	2	7	10
편의성	8	3	3	6	5

9. 최근에 구매한 경우를 생각하고 어떻게 경제, 사회 요소 (준거 집단, 가족, 문화)가 구매의사결정에 영향을 미쳤을까? 구매결정에 영향을 미치기 위해 어떻게 소매업체가 소셜 미디어를 활용하고 있나?

10. Office Depot/OfficeMax and Staples의 제품들 생각해 보시오. 품목들 중에서 포괄적 문제해결, 제한적 문제해결, 습관적 문제해결에 속하는 서너개 종류를 나열하시오. 만약 고객이 중간 규모의 사업자라면 제품 범주가 각각의 구매결정에서 어떻게 바뀔 수 있는지 설명해 보시오.

참고문헌

1. Dionne Searcey, "Marketers Are Sizing Up the Millennials," *The New York Times*, August 21, 2014.

2. Kristina Monllos, "Millennials Are Flocking to Online Brands for Wardrobe Basics," *Advertising Age*, September 7, 2015.

3. Sandy Smith, "First Comes Love ··· Macy's Woos the Millennial Market," *Stores Magazine*, October 2013.

4. Marina Nazario, "Macy's Has a Master Plan to Capture the Most Difficult Customers," *Business Insider*, October 3, 2015.

5. Kelsey Lindsey, "It's the Age of the Millennial: What That Means for Retail," *Retail Dive*, April 8, 2014.

6. Sarah Mahoney, "Macy's Gets Face(book) Lift, Expands 'Ecosystem,' " *Marketing Daily*, February 29, 2012.

7. For detailed discussions of customer behavior, see J. Paul Peter and Jerry C. Olson, *Consumer Behavior,* 9th ed. (New York: McGraw-Hill, 2009); Michael R. Solomon, *Consumer Behavior: Buying, Having, and Being,* 12th ed. (Hoboken, NJ: Pearson, 2017); Delbert Hawkins, David L. Mothersbaugh, and Roger J. Best, *Consumer Behavior: Building Marketing Strategy,* 12th ed. (New York: McGraw-Hill/Irwin, 2012).

8. Stacy Cowley, "Want to Shop for a Surprise? Try a Subscription Box," *The New York Times*, August 12, 2015.

9. Ran Kivetz and Yuhuang Zheng, "The Effects of Promotions on Hedonic versus Utilitarian Purchases," *Journal of Consumer Psychology* 27, no. 1 (2017), pp. 59–68; Mark J. Arnold and Kristy E. Reynolds, "Approach and Avoidance Motivation: Investigating Hedonic Consumption in a Retail Setting," *Journal of Retailing* 88, no. 3 (September 2012), pp. 399–411.

10. Arnold and Reynolds, "Approach and Avoidance Motivation: Investigating Hedonic Consumption in a Retail Setting."

11. J. P. Misenas, "5 Examples of Brands Using Quizzes in Their Content Marketing," *OutBrain*, February 23, 2016, http://www.outbrain.com/blog/2016/02/5-examples-of-brands-using-quizzes-in-their-content-marketing.html.

12. "StudentAdvisor.com Celebrates Fashion Week with the Top 5 College Fashion Blogs," Student Advisor, http://www.studentadvisor.com/pages/top-5-college-fashion-blogs.

13. Serguei Netessine, Karan Girotra, and Christoph Pennetier, "Geolocation Is Changing the Retail Business Model Yet Again," *INSEAD Knowledge Blog,* November 3, 2014.

14. Moutusy Maity, Mayukh Dass, and Naresh K. Malhotra, "The Antecedents and Moderators of Offline Information Search: A Meta-Analysis," *Journal of Retailing* 90, no. 2 (2014), pp. 233–254.

15. Hiroko Tabuchi, "The Latest Fashion, Trending on Google," *The New York Times*, April 26, 2015.

16. Sungha Jang, Ashutosh Prasad, and Brian T. Ratchford, "How Customers Use Product Reviews in the Purchase Decision Process," *Marketing Letters* 23, no. 3 (2012), pp. 825–838.

17. Lauren Sherman, "Inside Sephora's Branded Beauty Strategy," *Business of Fashion*, September 24, 2013, https://www.businessoffashion.com/articles/intelligence/marc-jacobssephora-lvmh-branded-beauty-strategy.

18. John Lynch and Dan Ariely, "Wine Online: Search Costs Affect Competition on Price, Quality, and Distribution," *Marketing Science* 19 (Winter 2008), pp. 83–104.

19. Tyler Mathisen, "In Geek Squad City, Dead PCs Come to Life," CNBC, January 19, 2012; "Geek Squad," http://www.bestbuy.com/site/electronics/geek-squad/pcmcat138100050018.c?id=pcmcat138100050018.

20. https://sendaathletics.com/manifesto/.

21. Aaron Pressman, "The Department Store App That Outpaced Uber, Tinder, and Nike," *Yahoo Finance*, May 1, 2015.

22. Ruby Roy Dholakia and Miao Zhao, "Retail Web Site Interactivity: How Does It Influence Customer Satisfaction and Behavioral Intentions?," *International Journal of Retail & Distribution Management* 37 (2009), pp. 821–838.

23. Brad Tuttle, "The Passive-Aggressive Way to Haggle Online: Abandon Your Shopping Cart," *Time Moneyland*, September 27, 2012; Claire Cain Miller, "Closing the Deal at the Virtual Checkout Counter," *The New York Times*, October 12, 2009.

24. Deborah J. C. Brosdahl and Jason M. Carpenter, "U.S. Male Generational Cohorts: Retail Format Preferences, Desired Retail Attributes, Satisfaction and Loyalty," *Journal of Retailing and Consumer Services* 19, no. 6 (2012), pp 545–552; Jason M. Carpenter, "Consumer Shopping Value, Satisfaction and Loyalty in Discount Retailing," *Journal of Retailing and Consumer Services* 15 (September 2008), pp. 358–363; Dhruv Grewal, Ram Krishnan, and Joan Lindsey-Mullikin, "Building Store Loyalty through Service Strategies," *Journal of Relationship Marketing* 7, no. 4 (2008), pp. 341–358.

25. Charles Duhigg, "How Companies Learn Your Secrets," *The New York Times*, February 16, 2012.

26. Piyush Sharma, Bharadhwaj Sivakumaran, and Roger Marshall, "Impulse Buying and Variety Seeking: A Trait-Correlates Perspective," *Journal of Business Research* 63 (March 2010), pp. 276–283; David H. Silvera, Anne M. Lavack, and Fredric Kropp, "Impulse Buying: The Role of Affect, Social Influence, and Subjective Well-being," *Journal of Consumer Marketing* 25, no. 1 (2008), pp. 23–33; Ronan De Kervenoael, D. Selcen, O. Aykac, and Mark Palmer, "Online Social Capital: Understanding E-Impulse Buying in Practice," *Journal of Retailing and Consumer Services* 16 (July 2009), pp. 320–328.

27. Lars Meyer-Waarden, "Effects of Loyalty Program Rewards on Store Loyalty," *Journal of Retailing and Consumer Services* 24 (2015), pp. 22–32; Dhruv Grewal, Michael Levy, and Britt Hackmann, "Making Loyalty Programs Sing," working paper, Babson College, 2016.

28. Donald F. Sacco, Aaron Bermond, and Steven G. Young, "Evidence for the Lipstick Effect at the Level of Automatic Visual Attention," *Evolutionary Behavioral Sciences* 10, no. 3 (2016), pp. 213–218; Yu Ma, Kusum L. Ailawadi, Dinesh Gauri, and Dhruv Grewal, "An Empirical Investigation of the Impact of Gasoline Prices on Grocery Shopping Behav-ior," *Journal of Marketing* 75 (March 2011), pp. 18–35; Lisa Bannon and Bob Davis, "Spendthrift to Penny Pincher: A Vision of the New Consumer," *The Wall Street Journal*, December 17, 2009.

29. Ma et al., "An Empirical Investigation of the Impact of Gasoline Prices on Grocery Shopping Behavior"; Christina C. Berk, "Gas Crunch Slams Brands—But Not the Ones You Think," CNBC.com, March 10, 2011; Stephanie Clifford and Andrew Martin, "In Time of Scrimping, Fun Stuff Is Still Selling," *The New York Times*, September 23, 2011; Brad Tuttle, "Smart Spending: Consumer Phrase of the Day: 'Lipstick Effect,'" Time, April 19, 2011.

30. "Hyatt Announces Groundbreaking Children's Menu 'For Kids by Kids' and Three-Course Organic Menu Developed by Alice Waters," press release, July 16, 2012; "Hyatt Hotels & Resorts and Babies Travel Lite Help Families Lighten Their Load by Offering Convenient Alternatives to Packing and Traveling with Baby Supplies," press release, September 22, 2008.

31. George Anderson, "Toys 'R' Us Transformation to Be Built on Fun," *RetailWire*, April 17, 2015; Bryan Pearson, "Run on Fun: Toys 'R' Us Playing Customer Experience to Win against Walmart, Amazon," Forbes, April 16, 2015.

32. Sarah Mahoney, "McKinsey: Retailers Need to Evolve Faster," *Marketing Daily*, November 7, 2013.

33. George Anderson, "CVS Is Muy Serio about Engaging Hispanics," *RetailWire*, June 4, 2015.

34. Kristin Tice Studeman, "From Alexander Wang to Beyonce, Everyone's Doing It: A Look at How Gym-to-Street Became the New Uniform," *Vogue*, October 28, 2014.

35. ESRI, "Tapestry Segmentation Reference Guide" and "Tapestry Segmentation: The Fabric of America's Neighborhood," www.esri.com.

36. ESRI, "Lifestyles—ESRI Tapestry Segmentation."

37. Michael R. Solomon, *Consumer Behavior: Buying*, Having, and Being, 10th ed. (Upper Saddle River, NJ: Prentice Hall, 2012).

38. John Luciew, "Hershey Learns at Retail Stores How to Get Its Candy into Your Head," February 16, 2010.

39. Personal interviews with Helena Faulkes and Robert Price of CVS.

40. Jenna Sauers, "How Forever 21 Keeps Getting Away with Designer Knockoffs," Jezebel, July 20, 2011.

41. John Riccio, "Virtual Dressing Rooms Will Become Reality Sooner Than You Imagined," Digital Pulse, July 27, 2015, https://www.digitalpulse.pwc.com.au/virtual-dressin-grooms

02 PART

소매 전략

Part 01은 소매경영자가 전략을 수립하고 실행할 때의 의사결정들에 대해서 개괄적으로 설명하고 있다: 소매업체의 다양한 유형(소매업태); 소매업체가 소비자들과 상호 작용하며 판매하는 다양한 유통채널 유형-점포(매장), 인터넷, 모바일, 소셜, 카탈로그, 기타 무점포 (비매장) 채널; 소비자가 소매업체, 유통채널, 상품을 선택하는 데 미치는 영향 요인들. 이러한 소매업에 대한 폭넓은 개관은 효과적인 소매전략을 개발하고 실행하는 데 필요한 배경이 되는 정보를 제공한다.

Part 02의 장들은 소매업체에 의해 만들어지는 특정한 전략적 의사결정을 다룬다.

Chapter 05는 소매시장전략의 개발을 설명한다.

Chapter 06장은 시장전략과 연계된 재무전략을 검토한다.

Chapter 07과 Chapter 08은 소매 출점을 위한 입지전략을 살펴본다.

Chapter 09는 정보의 흐름과 상품의 흐름을 통제할 때 이용되는 시스템에 대하여 검토한다.

Chapter 10은 소매업체들이 고객과의 관계를 관리할 때의 접근방법에 대하여 설명한다.

1장에서 개괄적으로 설명한 바와 같이, Part 2에서 검토되는 의사결정들은 표적시장에서 경쟁자를 능가하는 장기적인 이점들을 개발하는데 현저하게 중요한 자원을 투여하는 것이기 때문에, 전술적이기보다는 전략적인 결정이라고 할 수 있다.

Part 03과 **Part 04**는 보다 전술적인 의사결정으로서, 소매전략을 실행하기 위한 상품관리와 점포관리에 관한 내용으로 구성된다. 이들 실행적인 의사결정은 소매업체의 효율성에 영향을 미치며, 이들의 영향은 **Part 02**에서 검토된 전략적 결정보다는 단기적이라 할 수 있다.

Chapter 05 소매시장전략

학습목표

이 장을 읽은 후에 당신은

LO5-1 소매전략이란 무엇인지 정의를 내릴 수 있다.

LO5-2 소매업체들이 어떻게 지속적인 경쟁우위를 구축할 수 있는지 설명할 수 있다.

LO5-3 소매업체들이 추구하는 다양한 전략적 성장기회를 구분할 수 있다.

LO5-4 글로벌 소매업체가 되기 위해 어떠한 형태의 소매업체가 가장 유리한지 알게 된다.

LO5-5 소매업체들은 전략을 개발하기 위해 어떤 단계를 거치는지 알게 된다.

만약 오늘날의 소비자들이 그들이 필요로 하는 모든 것을 얻을 수 있고, 밖으로 나가지 않고도 그들의 집까지 신속하고 저렴하게 배달되게 할 수 있다면, 그들을 점포로 오게 하기 위해서 어떻게 해야할까? 이 질문, 그리고 그 답은 창의적인 소매업체들이 고객들에게 "느린 쇼핑"의 아름다움을 받아들이게 하기 위해 사용하는 소매시장전략에 나타나 있다.

효율성, 속도, 또는 점포내 고객의 동선에 우선순위를 두기보다는 이러한 창의적인 소매업체들은 그들의 점포와 소매방식을 고객이 머무르고, 여유있게 시간을 보내면서 다양한 상품을 체험해 보게 하는 유인책을 제공하도록 설계한다. 예를 들어 Origins은 점포 내에 브랜드의 스킨케어 제품을 뚜껑을 열어 둔 채 진열하고 있다. 고객들은 이로 인해 다양한 브랜드를 직접 체험해 볼 수 있고, 어떤 향이 나에게 맞고, 나에 피부에 가장 느낌이 좋은 브랜드가 무

엇인지 결정할 수가 있다. Origins은 고객들이 유기농과 친환경 제품들에 관심이 있다는 것을 알기 때문에 제품에 모든 성분을 표기하고 있고, 화장품을 체험 매대에 진열해 두고 있다. 기능성 성분이 포함된 생강과 버섯을 직접 구매할 수 없기 때문에 Origins은 그것들이 제품 안에서 어떠한 기능을 하는지도 설명해 주고 있다.

다른 소매업체들은 상당히 넓고, 가치있는 공간을 직접적인 수익창출과 관련이 적은 시설들, 예를 들어, 도서관, 공연공간, 넓은 좌석, 셀카 존 등을 만드는데 사용하고 있다. 더 많은 상품을 진열하기 보다는 점포 내에 상품의 숫자를 의식적으로 줄이고 있다. 이는 점포 내 경험이 더 많은 고객이 더 자주 방문해서 더 많은 시간을 보내게 하는데 중요하다는 것을 알기 때문이다.

이러한 생각을 지지하는 연구들에서는 지속적으로 고객들이 점포 내에서 더 많은 시간을 쓸수록 더 많이 구매한다는 연구결과들을 보고하고 있다. 과거에는 최고급 백화점이 매력적인 레스토랑과 카페에서 고객들이 매장 체류시간의 반쯤은 쉬면서 보내게 하였는데, 최근에는 지역의 드럭스토어조차도 고객들에게 점심식사나 음료수를 제공하고 있다.

최근의 실증연구들도 이러한 생각을 뒷받침해 주고 있다. Club Monaco는 다양한 점포에 그 지역에 특화된 서비스, 예를 들어, Hong Kong 매장에서 farmer's market 행사를 하고, 이에 맞는 매장 데코레이션을 제공했을 때, 고객들은 패션회사가 가정 데코레이션 서비스를 제공하는지를 문의하기도 하였다. 그들은 또한 진열된 가구와 공예품을 구매하기 시작하였다. 이에 아이디어를 얻은 Club Monaco는 고객들이 어떤 상품을 구매했는지에 따라서 몇 개월 단위로 점포내 데코레이션을 바꿔주면서 새로운 방식의 재고회전을 시작하게 되었다.

매력적인 점포 내 체험은 과거에 그 브랜드를 구매한 적 없는 고객들을 끌어들일 수 있다. 예를 들어, Urban Outfitters는 매장에 음악 팬들을 끌어들이기 위해 콘서트를 개최하는 특별한 전략을 통해 그들의 이미지를 변신시키고 있다. 그 콘서트는 다른 곳에서는 볼 수 없기 때문에 콘서트를 보고 싶은 고객들은 Urban Outfitters에 방문할 수밖에 없다.

Restoration Hardware가 Chicago 지역의 점포에 점심식사 매대를 오픈했을 때, 그 전에는 한 번도 점포에 오지 않았지만 주중에 빠른 점심식사를 원하는 고객들을 끌어들일 수 있었다. 사무실 근처에서 빠른 점심을 먹고 싶어하는 고객들은 점심식사 후 수건세트나 바닥깔개처럼 인터넷에서 주로 구매하던 제품들을 사가지고 갔다.

본 장에서 제시되는 소매업체들은 신업태의 출현, 신기술의 도입, 세계화 등으로 점점 더 치열해지는 경쟁에 효과적으로 대응하기 위해 장기적인 전략관점을 가지고 있는 업체들이다. 소매전략은 소매업체가 환경과, 고객과, 경쟁자들에 어떻게 효과적으로 대응하는가를 나타낸다. 1장에서 논의된 소매경영 의사결정과정처럼, 소매전략은 소매세계의 이해와 보다 전술적인 머천다이징 관리, 점포 운영활동 등 소매전략의 실행을 연결시켜주는 개념이라 할 수 있다.

본 장의 첫 번째 부분은 소매전략이라는 용어에 대한 정의를 내리고, 소매전략의 세 가지 중요한 요소 인 표적시장 세분화, 소매업태, 지속적인 경쟁우위에 대해 토의한다. 그 다음에 지속

적인 경쟁우위를 구축하기 위한 방법을 설명한다. 마지막으로 전략적 소매계획과정에 대하여
언급할 것이다.

소매전략이란 무엇인가?

LO 1-2
소매전략이란 무엇인지
정의를 내릴 수 있다

소매전략이라는 용어는 소매업계에서 자주 사용된다. 예를 들어, 소매업체들은 자신들의 상
품전략, 촉진전략, 입지전략, 그리고 유통업체 브랜드^{private brand} 전략에 대해 검토한다. 사실 이 용
어는 너무나 일상적으로 사용되기 때문에 현재 모든 소매결정이 전략적 결정인 것처럼 보인다.
그러나 소매전략은 단순히 소매관리의 또 다른 표현인 것만은 아니다.

1. 소매전략의 정의

소매전략은 ① 소매업체의 표적시장, ② 소매업체가 표적시장의 욕구를 만족시키기 위해 기
획하는 업태, ③ 소매업체가 지속적인 경쟁우위를 구축하기 위해 계획 단계에서 기반으로 삼는
근거를 설명하는 말이다. 표적시장은 소매업체들이 자체적으로 보유하고 있는 자원과 소매 믹
스^{mix}에 초점을 맞추기 위해 계획하는 세분시장들이다. 소매업태는 소매업체의 믹스^{제공되는 상품과 서}
^{비스의 수준, 가격 정책, 광고와 판촉 프로그램, 점포 디자인과 가시적인 광고를 위한 접근 방식, 점포 입지}를 말한다. 이러한 유지 가능한
경쟁적인 이점은 쉽게 모방될 수 없으며, 오랜 기간 유지될 수 있다는 점이다. 다음은 소매전략
의 예들이다.

1 Sephora

값싸고, 품질이 낮은 화장품을 손에 넣기 위해 지역의 드러그스토어를 방문하는 것 또는 최고
급 메이크업을 사기 위해 백화점으로 향하는 것보다 고객들은 Sephora에서 쇼핑하기를 원한
다. 왜냐하면 Sephora는 유명브랜드 뿐 아니라 점포의 자체 브랜드^{private brand}를 취급하면서 고
객들이 처음보는 화장품을 경험할 수 있게 함과 동시에 매장 내에서 즐거운 분위기를 체험할
수 있게 해 주기 때문이다. Sephora는 고객들이 다른 사람들이 써보지 못한 독특하고, 세련된
상품을 찾을 지도 모른다는 기대감을 갖게 하기 위해 의도적으로 덜 알려진 브랜드와 제품들
을 구색으로 갖추고 있다.

소위 말하는 "보물 찾기" 경험은 블로거들의 다양한 메이크업 스타일을 유튜브로 보고, 온라

인 상품평을 읽고 있는 젊은 미용 소비자들에게 그들만의 화장품을 찾는 즐거움을 제공하고 있다. Sephora는 전세계적으로 1,800개 정도의 점포를 운영하고 있고, 그 중 360개는 북미에 있다. Sephora의 "Innovation Lab"은 회사의 지속적인 성장을 위해 끊임없이 점포 내 그리고 e-커머스 기술을 개발하고 있다. 이러한 Sephora의 경쟁력을 아는 JCPenney는 심지어 400개 이상의 Sephora 매장을 "점포내 점포"형태로 운영하고 있다.

2 Lululemon

요가 연습에 필요한 의류와 악세사리를 파는 캐나다의 전문점 체인이다. Lululemon에서 판매하고 있는 제품들은 머리밴드, 대나무 블록, "신선한 물을 마셔요"처럼 건강한 생활을 장려하는 슬로건이 적힌 요가매트 같은 것들이다. 이곳에서만 파는 독특한 아이템 중 하나는 중력으로부터 자유로워진 물방울 느낌을 주게 디자인을 한 그루브바지이다. Lululemon의 의류는 특수한 소재로 만들어졌는데, 악취를 제거할 수 있는 Silverescent와 Luon 기술은 고객들이 땀흘려 요가 운동을 하여도 매력

Lululemon의 소매전략은 요가를 통해 정신적인 풍요로움을 얻고자하는 고객들에게 소구하는 상품들을 판매하는 것이다.

적으로 보이게 한다. Lululemon은 최근 남성고객을 표적고객으로 한 매장을 New York의 SoHo에 개점하였다. 남성용 제품들은 요가복장 말고도 육상, Crossfit 운동을 포함한 모든 종류의 운동복까지 취급하고 있다. Lululemon 점포는 요가나 다이어트 운동처럼 물리적인 측면 뿐아니라 정신적인 측면에서도 건강한 삶을 배우고, 토론하는 커뮤니티를 제공하기도 한다. 이러한 커뮤니티를 만들기 위해 회사는 점포를 개점하기 전에 지역의 홍보대사를 고용한다. 이 홍보대사는 보통 유명한 요가 강사인데, Lululemon 홈페이지나 점포 게시판에 소개되어 있다.

3 Save-A-Lot

1977년 단일 점포로 시작한 SuperValu의 자회사 Save-A-Lot은 1,300개가 넘는 매장으로 성장해 왔고, 미국에서 13번째로 큰 슈퍼마켓 체인이 되었다. Save-A-Lot 점포는 보통 20,000-30,000개의 SKU를 취급하는 전통적인 슈퍼마켓과는 달리 3,000개 SKU로 구성된 제한된 구색을 제공하고 있다. 개별 카테고리의 가장 잘 팔리는 품목만을 취급하는데, 이들 중 대부분은 PB브랜드이다. Save-A-Lot은 이를 통해 비용을 낮춰서 전통적인 슈퍼마켓보다 40% 저렴한 가격으로 제공하고 있다. 이는 Save-A-Lot이 협상력을 갖게 하는데, 고품질의 PB브랜드를 저가격에 제공할 수 있는 상품들을 지속적으로 개발하는 원동력이 되고 있다. 점포가 그로서리 점포 스타일의 진열을 하지 않는 대신 상품들은 즉시 진열대에 진열될 수 있는 상자로 운반된다. 또한 대부분의 고객들은 그들의 포장백을 가져와야 하고, 없으면 사야 한다.

II 소매시장전략의 핵심 개념

LO 5-2
소매업체들이 어떻게 지속적인
경쟁우위를 구축할 수 있는지
설명할 수 있다

앞 장들에서 언급한 개별 소매전략은 ① 표적세분시장의 선정, ② 소매업태 또는 소매믹스 구성요소의 선정, 그리고 ③ 유지가능한 경쟁적 우위의 구축을 포함한다. 이제 소매전략의 이러한 핵심 개념을 살펴보자.

1. 표적시장과 소매업태

소매세분시장은 유사한 욕구를 가진 고객집단과 그들의 욕구를 유사한 소매업태를 통해 충족시키는 소매업체 집단을 의미한다. 〈그림 5-1〉의 그림은 여성의류시장의 경쟁구조를 잘 보여주고 있다. 이 경쟁구조는 다양한 소매업태들이 서로 다른 소매믹스를 제공하는 것을 보여준다.

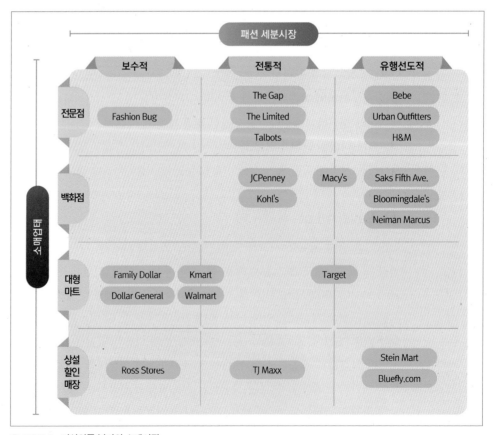

● 그림 5-1　여성의류 분야의 소매시장

우리는 소매시장을 구매자와 판매자가 만나는 특정한 장소가 아니라 비슷한 욕구를 가진 일단의 소비자 집단과 이런 소비자 집단의 욕구를 만족시키기 위해 비슷한 소매업태를 사용하는 일단의 소매업체로 정의한다.

〈그림 5-1〉은 여성의류 부문의 일련의 소매시장을 나타낸다. 많은 소매업태가 좌측에 기재되어 있다. 각각의 업태는 해당 고객에게 서로 다른 소매믹스를 제공한다. 고객부문은 이 보기의 상단에 기재되어 있다. 제 4장에서 언급하였듯이, 각 부문들은 고객의 인구통계, 라이프스타일, 구매 상황 혹은 추구하는 편익에 근거하여 정의된다. 이 예에서, 우리는 시장을 세 가지 세분시장으로 나눈다. 즉, 유행에 전혀 관심이 없는 보수주의자, 고전적인 스타일을 추구하는 전통주의자, 그리고 가장 유행하는 제품을 원하는 유행 선도자로 나눈다. 〈표 5-1〉에서 표의 각 칸은 두 개 이상의 소매업체들이 서로 경쟁하는 잠재적인 소매시장을 묘사한다. 예를 들어, 지리적으로 같은 위치에 있는 WalMart와 K-Mart는 보수적인 고객을 표적시장으로 하여 할인점의 형태로 경쟁한다. 반면, Saks와 Neiman Marcus는 유행 선도형 소비자 시장을 겨냥하는 백화점 형태로 서로 경쟁한다.

〈그림 5-1〉의 여성의류 시장은 가능한 여러가지 사례 중 하나에 불과하다. 여기서 소매업체는 확장되어 판매 대리점과 인터넷 소매를 포함할 수 있다. 이 시장은 패션 동향에 의해 세분화되기 보다는 제 4장에서 설명된 다양한 접근방법을 사용하여 세분화될 수 있다. 〈그림 5-1〉이 여성 소매의류시장을 설명할 수 있는 유일한 방법은 아니지만, 이것은 소매시장이 소매업태와 고객세분시장에 근거하여 어떻게 정의 될 수 있는지 보여준다.

기본적으로 〈그림 5-1〉은 여성의류 소매업체들이 서로 경쟁하는 전쟁터로 묘사된 것이다. 이 전쟁터에서의 전략적인 위치는 소매전략의 처음 두 가지 요소인 표적세분시장과 소매업태를 가리킨다. Target이 여성의류 시장을 겨냥한 소매전략을 개발하는 과정에서 직면하고 있는 상황을 고려해 보자. Target은 〈그림 5-1〉에 나타난 15개의 모든 시장에서 경쟁해야 할까, 아니면 한정된 일련의 소매시장에 초점을 두어야 할까? Target이 한정된 시장에 초점을 두기로 결정한다면 어떤 시장을 겨냥해야 할까? 이 질문에 대한 Target의 대답은 이 회사의 소매전략을 정의하고, 이 회사가 자원을 집중하기 위해 어떤 계획을 세우고 있는지 보여준다.

2. 지속적인 경쟁우위의 구축

소매전략의 마지막 요소는 지속적인 경쟁우위를 구축하기 위해 소매업체들이 취하는 접근방식이다.

지속적인 경쟁우위는 경쟁에서 장기적으로 기업이 유지할 수 있는 장점을 말한다. 그러나 몇 가지 장점들은 장기적으로 지속될 수 있는 반면, 다른 장점들은 경쟁자들에 의해 즉시 모방될 수 있다. 예를 들어, Peets Coffee&Tea가 단순히 저가에 커피를 제공하는 것만으로는 Starbucks에 대해 장기적인 우위를 점하기는 어려울 것이다. 만약 Peets Coffee&Tea가 가격 할인으로 고객을 유인하는데 성공했다면, Starbucks는 Peets Coffee&Tea가 취한 전략을 알고 몇 시간 내로 가격 할인에 대응할 것이다. 비슷한 예로, 소매업체들이 보다 광범위하고 깊이 있는 상품 선정을 한다고 해도 장기적인 우위를 유지하는 것은 어렵다. 보다 광범위하고 깊이 있는 상품 선정으로 많은 고객을 유인한다면, 경쟁사들은 자신의 점포에 동일한 품목을 구입하기만 하면 될 것이다.

〈표 5-1〉는 경쟁 업체보다 더 많은 장점을 확보하기 위해 소매업체들이 사용할 수 있는 몇 가지 방법들을 보여준다. 이 보기가 완전한 것은 아니지만, 소매업체들이 참여할 수 있는 모든 사업 활동에서 경쟁우위를 갖추게 하는 기반을 제공할 수 있다. 경쟁우위를 구축하는 것은 소매업체가 소매시장에서 자신의 주변에 진입장벽을 쌓는 것을 의미한다. 이 진입장벽은 외부의 경쟁업체들이 이 소매업체의 시장에서 고객과 접촉하는 것을 어렵게 만든다. 소매업체가 매력적인 시장 주변에 진입장벽을 구축한다면 경쟁업체들은 이 장벽을 부수려고 시도할 것이다.

시간이 지나면서 모든 경쟁 우위 요소들은 이러한 경쟁으로 인해 약화되겠지만, 높은 진입장벽을 구축함으로써, 소매업체는 장기적으로 자신의 우위를 지속시키고 경쟁 압력을 최소화하는 동시에 이익을 향상시킬 수 있다. 따라서 지속적인 경쟁우위를 구축하는 것은 장기적인 재무성과를 위한 핵심 요인이 된다.

소매업체가 지속적인 경쟁우위를 확보할 수 있는 세가지 주요 요소는 ① 고객과 강한 관계를 구축하는 것, ② 공급자와 강한 관계를 구축하는 것, ③ 효율적인 운영을 달성하는 것이다. 이 세가지 요소들을 통해 다섯가지 자산을 개발 할 수 있는데, 이 다섯가지 자산은 충성고객, 강한 벤더관계, 효과적인 인적자원, 효율적인 시스템, 그리고 매력적인 입지 등이다.

표 5-1 지속적인 경쟁우위 개발을 위한 방안

경쟁우위의 원천	경쟁우위의 지속성	
	오래 지속되지 않는 방안	오래 지속되는 방안
고객 충성도(10장, 15장)	습관적인 반복 구매; 인근 지역의 제한된 경쟁으로 인한 반복 구매	고객과의 정서적인 연결을 통한 브랜드 이미지 구축; 소비자에 대한 보다 심층적인 이해의 발전과 활용을 위한 데이터베이스의 사용
입지(7장, 8장)		편리한 입지
인적자원관리와 점포관리(15장)	보다 많은 종업원	성실하고 전문 지식이 많은 직원
물류와 정보시스템(9장)	더 큰 웨어하우스; 자동화된 웨어하우스	벤더와의 시스템 공유
독특한 머천다이징 (11장, 12장)	보다 많은 상품; 보다 많은 상품구색; 보다 낮은 가격; 보다 높은 광고 예산; 보다 많은 판속 활동	독점적인 상품
벤더와의 관계(12장)	한정된 대안으로 인한 벤더로부터의 반복 구매	획득 노력의 조정; 부족 상품의 획득 능력
고객 서비스(17장)	운영 시간	지식이 많고 도움이 되는 판매원

3. 고객과의 관계-고객충성도

고객 충성도는 고객이 어떤 소매업체의 점포에서만 쇼핑하겠다고 스스로 약속하는 것을 의미하며, 고객 애호도라고도 한다. 충성도는 단순히 하나의 소매업체를 다른 소매업체보다 선호한다는 의미 이상이다. 예를 들어, 충성스런 고객들은 비록 경쟁자가 근처에 점포를 열어 약간 낮은 가격으로 자동차 정비서비스를 제공하더라도 Jiffy Lube를 계속 이용할 것이다. 소매업체들이 충성도를 구축할 수 있는 몇 가지 방법은 ① 강력한 브랜드 이미지의 구축, ② 명확하고 정확한 포지셔닝, ③ 충성도 프로그램, 그리고 ④ 고객 커뮤니티 결성에 의한 고객과의 관계강화를 통해서이다.

1 브랜드 이미지

소매업체들은 동일한 업태에 있는 경쟁자들 속에서 그들의 입지를 굳히기 위해 브랜드 이미지를 형성시키고자 한다. 예를 들어, 패스트푸드나 햄버거, 프랜치프라이를 생각하는 고객은 바로 McDonald's를 떠올릴 것이다. McDonald's의 이미지는 빠른 서비스, 일관된 품질, 깨끗한 화장실같은 많은 호의적인 신념들을 포함한다. 그럼에도 불구하고 만약 McDonald's의 이미지가 호의적이지 않다면 고객들은 브랜드 이미지가 더 혁신적이고, 즐거움이 있는 Burger King을 선호할 것이다. 이 경우 고객들은 햄버거를 먹기 위해 다른 점포에 가지 않을 것이고, 좀 멀더라도 좋아하는 브랜드의 점포로 갈 것이다.

이처럼 강한 브랜드 이미지는 충성심을 촉진시킨다. 왜냐하면, 브랜드는 구매실패의 위험을 줄여주고, 높은 수준의 품질을 보증해 주기 때문이다. 마찬가지로 소매업체의 브랜드 이미지는 그 소매업체를 믿게 하고, 고객과의 정서적인 유대감도 갖게 한다.

2 포지셔닝

소매업체의 브랜드 이미지는 포지셔닝전략을 반영한다. 여기서 포지셔닝이란 고객의 마인드에 경쟁사와 차별화된 자사의 이미지를 창출하는 소매믹스의 설계와 실행을 뜻한다. 포지셔닝은 고객의 마인드_{소매관리자의 마인드가 아님}에 있는 이미지가 중요함을 강조한다. 따라서 소매업체는 자사의 이미지가 무엇인지 연구하고, 이 이미지가 표적시장의 고객이 원하는 것과 일치하는지 점검해야 할 필요가 있다. 지각도^{perceptual map}는 고객의 이미지와 소매업체의 선호도를 나타내기 위하여 사용된다.

〈그림 5-2〉는 여성 의류를 판매하는 소매업체들의 가설적인 지각도이다. 이 지도의 두 가지 차원인 패션 스타일과 서비스는 소비자가 소매점포에 대한 자신들의 인상을 형성하는 과정에서 사용하는 두 가지 중요한 특징들을 나타낸다. 지각도는 지도상에 있는 두 개의 소매업체의 거리로서, 두 개의 소매업체가 고객에게 얼마나 유사하게 느껴지는지를 나타내줄 수 있도록 개

유행선도적

Zara
Forever 21   ⑥
Bebe

Neiman Marcus
Saks Fifth Ave.   ④
Bloomingdale's
Nordstrom

Marshalls   ③
TJ Maxx
Macy's

Banana Republic
The Limited
Target   ②   Abercrombie and Fitch   ⑤ JCPenney
The Gap
American Eagle Outfitters
Old Navy

제한된 서비스   양질의 서비스

Talbots
Chico's
⑦

Sears

①
Walmart

Kmart

전통적

🔺 그림 5-2   여성의류시장의 가상적인 지각도

발견 것이다. 예를 들어, 소비자들은 Neiman Marcus와 Sak's Fifth Ave는 소비자들이 이들을 동일한 서비스와 유행을 제공하는 업체로 보기 때문에 지도에서 서로 매우 가깝게 위치해 있다. 반면 Nordstrom과 Marshalls는 소비자들이 이들을 매우 다른 업체라고 여기고 있기 때문에 멀리 떨어져 위치해 있다. 여기서 주목해야 할 점은 서로 가까이 위치한 소매업체들은 소비자들이 비슷한 혜택을 제공하는 업체로 느끼기 때문에 서로 치열하게 경쟁한다는 것이다.

이 예를 근거로 Macy's는 양질의 서비스와 함께 적절하게 유행을 반영하는 여성 의류를 제공한다는 이미지를 가지고 있다. T.J. Maxx는 낮은 수준의 서비스와 함께 보다 유행성 있는 의류를 제공 한다. Sears는 낮은 수준의 서비스와 함께 유행을 타지 않는 여성 의류를 제공하는 소매업체로 보여 진다.

이상점^{지도에서 점으로 표시된}은 서로 다른 세분시장에서 소비자 관점에서 본 이상적인 소매업체의 특징을 나타낸다. 예를 들어, 세분시장^{segment} ❸의 소비자들은 낮은 서비스를 제공하면서도 유행의 첨단을 걷는 의류를 제공하는 소매업체를 선호하는 반면, 세분시장 ❶의 소비자는 보다 전통적인 제품을 원하고 서비스에는 상관하지 않는다. 이상점과 소매업체의 위상^{📍로 표시됨}사이의 거리는 해당 부문의 소비자들이 어떻게 소매업체를 평가하는지를 의미한다. 이상점에 보다 근접해있는 소매업체들이 멀리 떨어져있는 소매업체들보다 소비자들로부터 보다 호의적인 평가를 받는다. 따라서 세분시장 ❻의 소비자들은 Neiman Marcus보다 Forever 21과 Bebe를 더 좋아하는데, 그 이유는 Forever 21과 Bebe가 자신들이 이상적이라고 생각하는 소매업체의 이미지에 보다 근접해있기 때문이다.

3 독특한 상품

일반적으로 소매업체가 상품을 통해 점포 충성도를 향상시키기는 어렵다. 왜냐하면 경쟁업체들이 똑같은 브랜드를 매입하고 판매할 수 있기 때문이다. Victoria's Secret, Apple, Lululemon 같은 전문점들은 다른 곳에서 살 수 없는 특별한 상품을 판매해서 고객충성도를 향상시킨다. 그들은 또한 독특한 상품에 어울리는 점포 내 경험을 제공해주기도 한다. 많은 소매업체들이 PB^Private-label Brand: 유통업체 브랜드를 통해 고객 충성도를 유지하고 있다. Costco의 고급 PB

Victoria's Secret 같은 전문점은 다른 곳에서 살 수 없는 특별한 상품을 판매해서 고객충성도를 향상시킨다.

인 Kirkland Signature는 강한 브랜드 이미지와 Costco에 대한 충성도를 창출하고 있다. 이 브랜드의 강한 고품질 이미지는 Costco 점포의 품질 이미지도 높여주고 있다. 점포 브랜드 개발과 관련된 문제들은 제12장에서 자세히 다루어질 것이다.

4 고객서비스

또한 소매업체들은 높은 수준의 고객서비스를 통해 충성도를 구축한다. 그러나 좋은 서비스를 계속해서 제공하는 것은 어렵다. 고객서비스는 기계와는 달리 소매 직원에 의해 제공되는데, 서비스질이 항상 유지되기가 쉽지 않다. 왜냐하면 서비스는 직원들의 교육훈련, 동기부여, 기분상태에 따라 달라지기 때문이다. 좋은 고객서비스를 제공하는 소매업체들은 장기간에 걸쳐 직원들에게 서비스의 일관성에 대한 중요성을 교육시킨다.

고객서비스 부문에서의 명성을 구축하기 위해서는 상당한 시간과 노력이 요구되지만, 훌륭한 서비스는 가치있는 전략적 자산이 된다. 일단 소매업체가 서비스에서 명성을 획득하게 되면 이 회사는 장기적으로 서비스 우위를 지속시킬 수 있는데, 그 이유는 경쟁업체가 이에 필적할 만한 명성을 쌓는 것이 어렵기 때문이다. 예를 들어, Ritz-Calton 호텔은 뛰어난 서비스로 유명한데, Malcolm Baldrige 국가품질상을 수상한 유일한 호텔이자 최초의 서비스회사이며, 두

번이상 수상한 업체이다. Ritz-Calton 호텔의 종업원들은 매일 15분 미팅을 갖는데, 이 때 전통적인 서비스보다 훨씬 뛰어난 서비스 사례를 의미하는 "WOW Stories"를 공유한다. 예를 들어, 음식 알러지가 심한 고객을 위해 다른 나라의 음식점에서 구입한 특별한 계란과 우유를 제공한 사례도 있다. 제17장에서는 소매업체들이 어떻게 서비스 우위를 개발하는지에 대해 논의할 것이다.

5 고객관계관리 프로그램 Customer Relationship Management Program

고객관계관리 프로그램은 충성도 프로그램 loyalty program 또는 다빈도 고객 프로그램 frequent-shopper program 이라고도 불리는데, 소매업체에 가장 가치있는 고객의 충성도를 구축하는데 초점을 맞추고 행해지는 활동들이다. 이러한 프로그램은 전통적으로 고객들이 구매한 상품이나 서비스의 양에 따라 제공되는 고객보상을 포함한다. 예를 들어, 항공사들은 정해진 거리를 비행한 여행자들에게 무료 항공권을 제공하고, 지역의 샌드위치 가게는 10번 구매한 고객에게 무료로 샌드위치를 제공하기도 한다.

이 프로그램들에 의해 제공되는 할인은 고객충성도를 향상시키지 못할 수 도 있다. 고객들이 경쟁 소매업체의 충성도 프로그램에 동시에 가입하고 있을지도 모르고, 여러 업체의 단골일 수도 있다. 그러나 충성도 프로그램에 의한 고객의 쇼핑행동 데이터를 분석해 보면 충성도 프로그램이 고객의 충성도를 구축하고 유지하는데 도움을 준다는 것을 알 수 있다. 예를 들어, CVS Caremark의 CRM 프로그램은 고객들의 방대한 정보를 드럭스토어들에게 제공해서 매출을 올리게 하고 있다. 만약 고객이 그들의 처방에 따라 한달에 한번만 쇼핑을 한다면, CVS Caremark는 1주일 후에 종료되는 인센티브를 제공하여 고객들이 좀 더 자주 오게 할 수 있다. 또한, 만약 고객이 자주 구매하지만 객단가가 20달러 미만인 경우, CVS Caremark는 고객이 방문할 때마다 25달러를 구매하게 하는 인센티브를 제공해 준다. 전국브랜드만 구매하는 고객들이 PB를 구매하게 인센티브를 제공하기도 한다. CVS는 또한 고객 데이터를 이용해서 특정 가정이 유사한 특징을 가진 다른 가정보다 더 적게 구매하는 아이템을 찾아주기도 한다. 이 가정에게는 1+1 쿠폰을 제공해서 특정 아이템을 더 구매하게 유도할 수 있다. 이처럼 충성도 프로그램을 통해 구축된 데이터는 소매업체가 충성고객과 개인적인 관계를 구축하게 도와준다. CRM 프로그램은 10장에서 더 자세히 다룰 것이다.

6 소셜미디어를 이용한 소매 커뮤니티 구축

몇몇 소매업체들은 소매 커뮤니티를 구축하기 위해 그들의 웹사이트와 소셜미디어를 이용한다. 소매 커뮤니티는 특정 소매업체에 대한 관심을 공유하는 소비자들의 집단이다. 커뮤니티의 회원들은 소매업체의 활동에 대한 정보를 공유한다. 커뮤니티에 대한 참여는 단순히 소매업체 Facebook의 팬이 되는 것부터 그들의 경험을 공유하기 위해 회원들간 실제 모임을 갖는 것까지 다양하다. 회원들이 커뮤니티에 참여를 많이 할수록 그 소매업체에 대한 감정적인 태도나 충성도를 크게 만든다.

4. 협력업체들과의 관계

경쟁 우위를 얻는 두 번째 접근은 소매업체에게 상품이나 서비스를 제공하는 회사들과의 강한 관계를 구축하는 것이다. 부동산 개발업자, 광고 대행사, 배송회사 등과의 관계가 그 예이다. 하지만 가장 중요한 관계는 상품을 공급하는 벤더와의 관계이다. 예를 들어 Walmart와 P&G는 처음에는 공급체인 효율성을 향상시키는데 관심이 있었다. 하지만 오늘날, 두 파트너는 서로 중요한 사업정보를 공유한다. 이를 통해 월마트는 P&G 신상품의 출시계획을 더 잘 수립할 수 있고, Walmart에서만 볼 수 있는 P&G 기획상품들을 개발하기도 한다. Walmart는 P&G에 판매데이터를 제공해서 P&G가 생산계획을 보다 잘 수립하게 하고, Just-In-Time 재고관리를 통해 재고수준을 낮출 수 있게 하고 있다. 이처럼 서로 간의 관계를 강화시킴으로서 소매업체와 벤더업체는 상호이익이 되는 자산과 프로그램을 개발할 수 있다. 벤더와의 관계는 고객과의 관계처럼 오랜 시간에 걸쳐 개발되고, 경쟁자에 의해 쉽게 무너지지 않을 수 있다. 12장은 소매업체들이 벤더와 상호이익의 장기관계를 구축하기 위해 어떻게 하는지 설명되어 있다.

5. 내부운영 효율성

외부 협력업체, 고객, 그리고 벤더업체와의 강한 관계에 추가해서 소매업체는 더 효율적인 내부운영을 통해 경쟁 우위를 달성할 수 있다. 효율적인 내부운영은 소매업체가 경쟁사에 대해 비용적인 우위를 갖게 하거나 같은 비용으로 고객들에게 경쟁사보다 더 많은 편익을 제공할 수 있게 해 준다. 회사의 규모가 클수록 전통적으로 높은 내부 운영효율성을 가지고 있다. 대형 소매업체는 효율적인 시스템을 개발하는데 더 많은 비용을 투자할 수 있고, 더 많은 매출을 통해 이 고정비용을 회수할 수 있다. 규모에 더해서 내부 운영 효율성을 향상시키는 다른 방법들은 인적자원 관리와 정보 및 공급체인 관리 시스템이다.

1 인적자원관리

소매는 노동집약도가 높은 사업이다. 종업원들은 고객에게 서비스를 제공하고, 고객충성도를 구축하는데 중요한 역할을 한다. 몇몇 소매업체들은 종업원을 장기적으로 절감되어야 하는 비용으로 보고 있다. 하지만 Costco처럼 크게 성공한 소매업체들은 실제로 점포직원들에게 많은 투자를 하면서도 경쟁사에 비해 낮은 가격, 안정적인 재무성과, 그리고 더 나은 고객서비스 수준을 달성하고 있다. 그들은 종업원들에게 적게 투자하는 것이 점포 운영을 더 비효율적으로 만들어서 이익이 줄어들게 한다는 사실을 알고 있다. 전문성이 있고, 숙련되면서 회사의 목표에 몰입된 종업원들은 소매업체의 성공을 지원하는 결정적인 자산이라 할 수 있다. 때문에 Wegmans나 Costco처럼 이러한 사실을 잘 아는 소매업체들이 점점 더 시장을 장악해 나가고 있다.

② 물류와 정보시스템

잘 설계된 물류와 정보시스템을 사용하는 것은 소매업체에게 운영비용을 줄이는 기회를 제공하고, 고객이 원하는 상품이 원하는 시간에 원하는 장소에 공급될 수 있게 한다. Walmart와 벤더들 간 정보의 흐름은 신속하고 효율적인 상품의 보충과 품절률 감소를 가능하게 해 준다. 때문에 Walmart의 물류와 정보시스템은 경쟁사가 극복할 수 없는 비용 우위를 가능하게 한다. 이에 대해서는 9장에서 자세하게 다루겠다.

정보시스템을 공급체인 효율성 향상에 활용하는 것에 더해, 정보시스템을 통해 수집된 구매 데이터는 소매업체에게 최적 상품구색 뿐 아니라, 특정 고객의 니즈에 맞는 촉진활동을 가능하게 해 준다. 고객의 구매행동에 대한 이러한 데이터는 가치있는 자산이고, 경쟁사에게 쉽게 모방되지 않는 경쟁 우위를 제공한다. 이러한 정보시스템의 적용은 9장에서 보다 자세히 다루겠다.

③ 입지

고객과의 관계, 벤더와의 관계, 효율적인 내부운영이 경쟁우위의 중요한 원천임에 틀림없다. 하지만 아마도 가장 중요한 것은 아마도 입지일 것이다. 전통적으로 소매업을 하는데 있어 가장 중요한 것이 무엇이냐고 묻는다면 첫 번째도 입지, 두 번째도 입지, 세 번째도 입지라고들 말해 왔다. 입지는 두가지 이유에서 경쟁 우위를 만드는데 결정적인 기회를 제공한다고 할 수 있다. 첫째, 입지는 점포가 소비자를 단골로 만드는데 가장 중요한 요인이다. 대부분의 사람들이 그들이 살고 있는 곳에서 가장 가까운 슈퍼마켓에서 쇼핑한다는 것은 당연한 일이다. 둘째, 입지는 쉽게 따라할 수 없기 때문이다. Walgreens가 교차로의 가장 좋은 입지에 점포를 개점하면 CVS는 그 자리에 갈 수 없고, 두 번째로 좋은 자리에 갈 수 밖에 없다.

Starbucks는 입지 측면에서 강력한 경쟁우위를 유지해 왔다. 미국 전역에 걸쳐 확장하면서 Starbucks는 신시장에 진입하기 전에 기존 시장의 좋은 입지를 모두 차지하였다. 예를 들어, Starbucks가 다른 지역으로 확장하기 전에 Seattle지역에 100개 이상의 점포를 개점한 상태였다. Starbucks는 종종 가까운 지역에 몇 개의 점포를 오픈하기도 한다. 심지어 Vancouver의 Robson and Thurlow 교차로 두 모퉁이에는 Starbucks 점포가 2개 있기도 하다. 이처럼 높은 점포밀도를 유지하면서 Starbucks는 경쟁자가 진입하는 것 뿐 아니라 좋은 위치를 찾는 것 자체도 어렵게 만든다. 입지의 평가와 선택에 관해서는 7장에서 다루겠다.

Retailing VIEW 5.1

최고 가치의 의미: Whole Foods의 목적기반 마케팅

Texas Austin에 단일 점포로 시작한 초창기 때부터 Whole Foods는 "미국에서 가장 건강한 그로서리 점포"라는 명성을 누려왔다. 유기농의 지역생산제품 뿐 아니라 방부제를 넣지 않는 포장식품을 판매하는 것으로 유명했고, 가격도 비쌌다.

그러던 Whole Foods가 매출의 감소와 수익의 감소에 직면하면서 사람들은 이 그로서리 체인이 가격을 낮추어서 소비자의 가치인식을 높여야 한다고 제안하였다. 하지만 Whole Foods는 가치는 가격과는 다른 개념이라고 생각하며 그 제안을 거절하였다. 자신의 경쟁우위를 유지하기 위해서는 가격을 낮추고, 저품질 상품을 공급해서는 안된다고 생각했다. 대신 몇가지 다양하고, 가치있고, 유지가능한 경쟁우위 구축 아이디어를 생각해 내었다.

처음 시작으로, "책임재배 농산물 등급제Responsibly Grown Rating Program"를 도입해서 모든 농산물을 환경에 미치는 영향에 따라 구분하였다.

Whole Foods의 친환경 인증은 육류와 수산물에 대해서 지속가능성과 책임성을 가진 공급업체를 구분해 낸다.

만약 벤더가 환경파괴에 미치는 영향이 적으면 "우수good" 등급으로 구분한다. 그리고 해당 벤더가 버려지는 플라스틱과 비닐을 최소화해서 벌들의 서식지를 보존하는 노력을 한다면 "탁월better" 등급을 얻게 된다. 만약 해당 벤더가 농부의 작업 환경에 재생원료를 사용한 친환경에너지를 사용한다면 "최상best" 등급을 얻게 된다. 예를 들어, 농부의 환경영향을 평가하는 항목 중에는 농장의 흙 속에 얼마나 많은 벌레들이 살고 있는지 측정하는 것도 있다. 이러한 Whole Foods의 정책은 육류와 어류 품목까지 확대되었고, 2018년부터는 유전자 변형 성분이 함유된 모든 식품의 진열선반에 함유여부를 표시하였다.

이러한 선도적인 노력과 함께, Whole Foods는 "Values Matter"라는 광고캠페인을 개발했다. 이 광고는 Whole Foods에서 쇼핑하는 소비자는 책임있고, 공정한 벤더로부터 공급받은 상품임을 안심해도 된다는 내용을 강조하고 있다. 예를 들어, Whole Foods에서 구입하는 모든 소고기는 소들에게 돌아다닐 수 있는 공간을 주는 책임있는 목장에서 사육된 소이다.

Whole Foods는 "가치는 다른 가치들과 분리될 수 없다"는 아이디어를 고객들의 마음에 심어 주기 위해, 다소 높은 가격대를 유지하였다. 이는 고객들이 상품을 구매할 때 언제나 모든 정보를 알 수 있고, 자신있게 상품을 선택할 수 있게 하였다.

출처: Stephanie Strom, "Whole Foods to Rate Its Produce and Flowers for Environmental Impact," The New York Times, October 15, 2014: Stuart Elliot, "Whole Foods Asks Shoppers to Consider a Value Proposition," The New York Times, October 19, 2014, http://www.nytimes.com; "Whole Foods Market," https://en.wikipedia.org.

6. 경쟁우위의 다양한 원천

일반적으로, 소매업체들은 지속적인 경쟁우위를 구축하기 위해 저비용이나 뛰어난 서비스와 같이 한가지 방식에만 의존하지 않는다. 이들은 자신들 주변에 가급적 높은 진입장벽을 쌓기 위해 다양한 방식을 활용한다. 예를 들어, McDonald의 성공은 충성고객의 형성, 벤더와 좋은 관계의 유지, 효율적인 정보 및 물류시스템을 통한 비용절감, 그리고 편리한 위치의 제공 등으로 이루어진 것이다. 이 모든 분야에서 전략적인 자산을 구축하는 것을 통해, McDonald는 패스트푸드 시장에서 강한 경쟁적 위치를 차지해 왔다.

독특한 상품과 고객 충성도에 더해, IKEA는 강한 브랜드 이미지와 점포내 경험제공을 통해 경쟁우위를 구축하고 있다. 또한 Walmart는 강력한 벤더와의 관계를 통한 규모의 우위를 토대로 탁월한 가치를 제공하는 소매업체라는 명확한 포지셔닝을 가지고 있다. 앞서 언급한 Starbucks는 입지의 우위, 독특한 상품, 결속된 종업원, 강력한 브랜드명, 커피 생산자와의 강한 관계 등을 조합하여 경쟁자가 따라오기 매우 힘든 우위를 갖게 되었다. Retailing View 5.1은 Whole Foods가 유지가능한 경쟁우위의 원천을 어떻게 구축했고, 어떻게 확대해 나가는지 보여주고 있다.

III 성장전략

LO 5-2
소매업체들이 추구하는 다양한 전략적 성장기회를 구분할 수 있다

소매업체들이 추구하는 네 가지 형태의 성장 기회시장침투, 시장 확장, 소매업태 개발, 다각화가 〈그림 5-3〉에 나와 있다. 수직선은 소매업체의 현재시장과 성장기회를 지닌 시장간의 시너지, 즉 표적시장이 현재 추구하고 있는 시장인지 또는 새로운 시장인지를 가리킨다. 수평선은 소매업체 유형과 성장기회를 지닌 소매업체 유형 사이의 시너지, 즉 현재의 업태를 이용하는지 혹은 새로운 업태를 요구하는지를 가리킨다.

1. 시장침투

시장침투 기회는 현재의 소매업태를 사용하여 기존의 고객을 향해 직접 투자하는 것과 관련된다. 구체적으로, 해당 소매업체의 표적고객의 고객 중에서 자사의 점포에서 쇼핑하지 않는 고객을 유인하고, 현재의 고객들로 하여금 보다 자주 점포를 방문하여 보다 많은 상품을 구입하

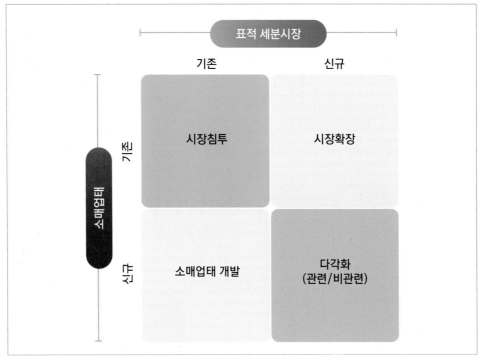

◐ 그림 5-3 성장기회

도록 유도함으로써, 매출 증가를 시도하는 것이다.

시장침투를 증가시키기 위한 방법에는 표적시장에 보다 많은 점포를 개설하고, 기존 점포의 영업시간을 보다 늘림으로써 새로운 고객을 유인하는 것이 있다. 다른 방법은 충동구매를 유도하는 상품을 진열하고 다른 상품을 끼워 팔도록 판매 직원들을 훈련시키는 것이다. 교차판매 cross selling는 한 부서의 판매 직원 들이 자신들의 고객에게 다른 부서의 상품을 함께 판매하도록 시도하는 것이다. 예를 들어, 고객에게 드레스를 판매한 판매 직원이 그 고객을 액세서리점으로 데리고 가서 그녀에게 이 드레스와 어울릴 핸드백이나 스카프를 판매하는 것이다. 교차판매는 기존의 고객으로부터 매출을 증가시키는 데에 기여한다.

2. 시장확장

시장확장 기회는 새로운 시장에서 기존의 소매업태를 이용한다. 예를 들어, Dunkin Donuts는 전통적인 그들의 표적시장인 미국 북동부 바깥지역으로 신규점포를 개점해 왔다. Chico's가 White House Black Market을 인수했을 때도 시장확장 전략을 성장기회로 삼았다. Chico's는 White House Black Market과 유사한 소매업태인 Mall기반 패션 전문점이었다. 하지만 Chico's의 표적시장은 30세 이상 여성인 반면 White House Black Market은 젊은이들을 겨냥하고 있었다. 이와는 대조적으로 Chico's가 35세에서 55세 여성을 대상으로 속옷을 판매하고 있는 Soma를 인수했을 때는 시장침투전략을 사용하였다. 하지만 Chico's와 Soma는 서로 다른 상품을 공급했다. Retailing View 5.2는 Starbucks의 이탈리아 시장확장 전략을 보여주고 있다.

Retailing VIEW 5.2 Starbucks의 이탈리아 시장확장 전략

Starbucks가 진출하는 74번째 나라는 누구도 Starbucks에 대해 생각조차 하지 못했던 첫 번째 장소이기도 하다. Starbucks의 잘 알려진 이야기처럼 Howard Schultz는 이탈리아의 에스프레소 문화를 사랑했고, 그 문화를 미국으로 가져왔다. 하지만 이 문화의 새로운 버전과 Starbucks를 세계적인 브랜드로 만든 경험은 이탈리아의 전통적인 에스프레소 소비문화와는 다른 것이었다. 때문에 많은 사람들이 과연 이 국제 확장전략의 성공에 대해 궁금해 했다.

특히, 이탈리아에서는 에스프레소 휴식은 작은 바에서 작은 컵과 컵받침을 받고, 진한 커피를 서 있는 동안 빨리 마신다. 고객들은 몇 분 동안 날씨, 축구, 정치 등에 대해 이야기를 하지만 몇 분 후에는 다음 손님을 위해 나가 주어야 한다.

물론 Starbucks에서의 경험은 완전히 다르다. 일부 전통주의자들에게는 단맛이 나는 커피와 종이컵을 가지고 오래 머무르면서 커피를 마시는 것은 우스꽝스럽고, 맞지 않다고 생각될 것이다.

그러나 몇가지 증거들은 전통적인 커피 바와 Starbucks같은 컨셉의 커피샵 모두가 공존할 수 있음을 보여준다. Arnold Coffee는 점포가 4개인 체인인데, Starbucks 모델을 채용했고, 무료 wi-fi, 베이글과 브라우니, 시나몬케익 등도 제공한다. 심지어 점포의 모토가 "The American Coffee Experience"이다. 특히 젊은 소비자들은 "전통적인 이탈리아 바는 2초에 에스프레소를 내려받는데, 이것은 내가 원하는 것이 아니예요. 내가 원하는 것은 공부하고, 친구를 만

누가 무엇을 누구에게 판다는 것인가? Starbucks는 이탈리아의 커피문화를 미국으로 가져왔다. 그리고 지금 다시 이탈리아로 미국의 커피문화를 침투시키려고 하고 있다. 한편, 이탈리아 체인인 Arnold Coffee는 "The American Coffee Experience"를 모토로 내 걸고 있다.

나고, 휴식하는 곳이예요."라고 말한다. 이것은 정확히 Starbucks가 제공하는 것이기 때문에 Starbucks는 이탈리아 진출에 자신감을 가지고 있다. 동시에 현지화 노력도 하고 있다. 첫 번째 점포인 Milan점에서 Starbucks는 다른 나라에서 보다 에스프레소를 더 강조하였다. 또한 지역의 농부에게 우유와 몇가지 식품들을 조달하였다. 이탈리아 저녁에 도시 구석구석에 인어공주 로고가 나타나는 것은 시간문제일 것이다.

Source: Dan Liefgreen and Chiara Albanese, "Can Starbucks Sell Espresso Back to Italians?," Bloomberg, June 16, 2016.

3. 소매업태 개발

소매업태 개발 기회는 동일한 표적시장의 고객에게 다른 소매믹스를 가진 새로운 소매업태를 제공하는 방식이다. 영국에서 탄생한 Tesco는 본질적으로 동일한 표적시장에게 몇가지 다양한 식품 소매업태를 선보이면서 소매업태 개발전략을 수행해왔다. 가장 작은 것은 Tesco Express로 278m² 정도이다. 이 점포는 고객들의 집이나 직장과 가까운 거리에 위치해 있다. Tesco Metro는 650~1,400m²로 도시의 중심지에 위치하며 매우 다양한 간편식 식품들을 제공하는데 특화되어 있다. Tesco Superstore는 4,645m²에 달하고, 가장 오래된 형태이다. 마지막으로 Tesco Extra는 5,574m² 이상이고, 식품과 비식품, 집에서 입는 옷부터 정원 가구의 커버까지 광범위한 상품을 원스톱으로 구매할 수 있다.

4. 다각화

다각화 기회는 현재 전념하고 있지 않는 세분시장에 대해 새로운 소매 업태를 제공하는 것과 관련된다. 다각화 기회는 사업 간에 관련적일 수도 있고 아닐 수도 있다.

1 관련 vs. 비관련 다각화

관련 다각화는 현재의 표적시장이나 소매업태가 새로운 사업기회와 공통점이 있는 경우이다. 이런 공통점은 동일한 물류나 경영 정보시스템을 사용하거나, 비슷한 표적시장과 동일한 신문에 광고하면서 같은 공급업체로부터 구매를 하는 것일 수도 있다. 대조적으로 비관련 다각화는 현재의 사업과 미래의 사업 사이에 어떠한 공통점도 없다.

인수합병을 통해 Home Depot는 HD Supply라고 하는 도매빌딩 공급사업에서 연매출 30억 달러 이상을 달성했다. 경영진은 이러한 성장전략이 기업의 소매사업과 시너지를 창출한다고 생각했다. 왜냐하면 Home Depot는 이미 도급업자들에게 유사한 상품들을 팔고 있었기 때문이다. Home Depot는 이 성장기회가 표적고객이 유사하고, 새로운 대형 계약자 시장을 현재 Home Depot가 사용하고 있는 소매믹스를 활용해서 대응할 수 있기 때문에 관련 다각화라고 보았다. 추가적으로 Home Depot는 소매시장, 도매시장 모두와 거래하기 때문에 주문의 규모를 통해 비용을 절감할 수 있다는 것을 깨달았다.

그럼에도 불구하고, 나중에 알게 되었는데, HD Supply는 실제로는 비관련 다각화이었다. HD Supply가 거래한 대형 계약자 시장은 주로 파이프, 잡동사니, 그리고 콘크리트처럼 Home Depot에서 제한적으로만 팔고 있는 상품들이 거래되고 있었다. 이러한 것들을 경쟁입찰을 통해 대형 계약자들에게 판매하는 것, 부피가 큰 제품을 배송하는 것 등은 Home Depot이 잘하는 영역이 아니었다. 그래서 Home Depot는 이 회사를 다시 팔고 자신의 핵심적인 사업에 집중하였다.

☑ 수직적 통합

수직적 통합은 소매업체가 도매 또는 제조에 투자하는 다각화 방식의 하나이다. 예를 들어 어떤 소매업체는 PB를 기획하는 수준을 넘어서 그것을 생산할 수 있는 공장을 소유하기도 한다. 소매업체가 후방통합을 하는 것은 제품을 생산하는 것인데, 그들은 위험이 높은 투자를 해야 한다. 왜냐하면 제품을 만드는데 필요한 기술들은 파는데 필요한 기술과 다르기 때문이다. 추가적으로 소매업체와 제조업체는 고객이 다르기도 하다. 소매업체의 고객은 소비자인데 반해 제조업체의 고객은 소매업체가다. 따라서 제조업체의 마케팅활동은 소매업체의 그것과는 다르다. PB상품을 기획하는 것은 일종의 다각화이다. 왜냐하면 그것은 소매업체의 고객에 대한 지식을 바탕으로 하기 때문이다. 하지만 실제로 제품을 만드는 것은 비관련 다각화라고 할 수 있다.

5. 전략적 기회와 경쟁우위

일반적으로 소매업체들은 자신들이 현재 가지고 있는 소매전략과 매우 유사한 기회 속에서 가장 큰 경쟁우위를 가진다. 따라서 소매업체들은 익숙한 시장, 유사한 운영방식의 소매업태 시장에 진출하는 것이 가장 성공적일 것이다.

소매업체들이 시장 확장을 추구할 때, 이들은 소매업태를 운영함에 있어 자신들이 가지고 있는 강점에 기반을 두며, 기존에 가지고 있는 경쟁우위를 새로운 시장에 이용한다. 소매업태 확장 기회는 해당 소매업체가 현재의 고객에게 얻은 명성과 성공에 기반을 둔다. 비록 소매업체가 새로운 업태 운영에 따른 경험과 성공이 없더라도, 이 소매업체는 충성도가 높은 고객을 이 업태로 유인할 수 있다고 기대한다. 하지만 소매업체들은 다각화 기회를 추구할 때 가장 낮은 경쟁우위를 가진다. 따라서 이 기회들은 매우 위험하다.

국제적인 성장 기회

LO 5-4
글로벌 소매업체가 되기 위해 어떠한 형태의 소매업체가 가장 유리한지 알게 된다

본 장에서 우리는 국제시장으로의 확장을 통한 성장기회 유형을 보다 심도있게 다룬다. 이 성장기회는 국내시장의 포화상태를 겪고 있는 대형 소매업체에게 더욱 매력적이다. 전세계 20개의 대형 소매업체 중 오직 3개만 하나의 국가에서 운영되고 있다. 해외시장에 진출함을 통해 소매업체들은 그들의 매출을 증대시키고, 노하우와 시스템을 확대 적용할 수 있으며 공급업체에게 더 큰 협상력을 가질 수 있다. 하지만 국제시장으로의 확장은 소매업체가 다양한 정부규제,

문화전통, 소비자 기호, 공급체인, 언어를 극복해야 한다는 점에서 위험이 크기도 하다. Retailing View 5.3에서 묘사된 것처럼 Uniqlo같은 소매업체에게도 해외고객과 국내고객 니즈의 균형을 맞추는 것은 어려운 일이다.

우리는 먼저 해외 확장에 대한 다양한 기회들이 가지는 매력에 대해 논의할 것이다. 그리고 해외로 확장하는 것의 핵심 성공요소를 제시할 것이고, 마지막으로 소매업체가 국제시장으로 진입하기 위한 방식들을 검토할 것이다.

Retailing VIEW 5.3 Uniqlo: 경계가 없는 브랜드

일본의 의류소매업체 Uniqlo는 1개의 점포로 시작하였다. 하지만 현재 18개의 다른 나라에 진출하였고, 지속적으로 확장하고 있으며 가까운 미래에 매년 100개의 점포를 추가할 계획을 가지고 있다. 회사의 근간은 고품질의 의류를 소비자가 구입가능한 가격으로 판매할 수 있는 능력에 있다고 할 수 있다. 이는 Uniqlo가 일관되게 새로운 패션을 생산하고 유통시키고, 촉진활동을 수행할 수 있게 하고 있으며, Zara와 같은 패스트 패션업체로 성장하게 하였다. 하지만 Uniqlo의 창업자는 단순히 패션회사로 알려지는 것을 원치 않고, 패션산업 내에서만 머물러 있고자 하지도 않는다.

오히려 Uniqlo는 독특한 표적시장 선정 방식을 가지고 있다. 특정 시장에 초점을 두는 대신에 Uniqlo는 글로벌 시장 전체에서 다양한 표적고객을 대상으로 활동하는 "진정한 글로벌 브랜드"가 되기를 희망하고 있다. 예를 들면, 패션 디자이너, 전문직, 그리고 그 사이에 있는 모든 사람이 입을 수 있는 옷을 만들고 싶어 한다. 한 나라에서 모든 사람에게 인기있는 브랜드를 창조하는 것은 어렵다. 하지만 그것을 전세계로 확장한다면 지수함수형태로 어려움이 증가할 것이다.

특정 국가와 전세계 국가 고객들을 균형있게 만족시키기 위해 Uniqlo는 광범위한 대중에게 인기 있는 제품을 생산하는 지역의 디

Uniqlo는 모든 장소에서 모든 사람에게 어필하는 글로벌 브랜드를 만들기 위해 시장세분화를 하지 않는다.

자이너들과 파트너십을 체결한다. 이 전략은 잘 이행되는 것처럼 보인다. 2016년에 Uniqlo는 거의 800개의 점포를 일본 이외의 시장에 개점하였고, 가까운 미래에 더 많은 점포를 해외에 개점할 것으로 예측된다.

출처: Marianne Wee-Slater, "Uniquely Uniqlo: Creating a 'Borderless' Apparel Brand," Today, July 1, 2016; "UNIQLO Business Strategy," UNIQLO, http://www.fastretailling.com; http://www.uniqlo.com; UNIQLO, "Annual Report 2015," UNIQLO, February 26, 2016.

1. 국제시장의 매력도

국제 기회의 매력도를 결정하는데 종종 사용되는 세가지 요인은 (1) 그 나라 소매시장의 잠재시장규모, (2) 글로벌 소매업체의 진입에 대한 지원정도, (3) 매출과 이익의 위험 또는 불확실성 등이다. 이 세가지 요인의 세부항목들은 〈표 5-2〉에 제시되어 있다. (+)와 (-)는 그 세부요인들이 긍정적 또는 부정적으로 연관되어 있다는 것을 의미한다.

몇몇 국가 특성들의 중요도는 진입하려는 국가의 평가에 따라 달라진다. 예를 들어 Gamestop과 같은 비디오 게임 소매업체는 19세 미만의 인구비율이 65세 이상 인구비율보다 큰 국가를 선호한다. Neiman Marcus와 Cartier처럼 비싼 상품을 판매하는 고급 패션 소매업체는 저소득층보다 고소득층이 많은 나라를 선호한다. 해외 시장 진출을 고려하는 대부분의 소매업체는 잘 만들어진 관리 지침들을 사용하는 성공적인 다국적 소매업체들이다. 때문에 그들은 현대식 소매, 더 나은 인프라, 더 많은 도시인구 등을 가진 국가를 선호한다. 추가적으로 강한 자국내 소매업체가 없고 안정적인 경제적 정치적 환경을 가진 국가라면 더 인기가 있다.

〈표 5-2〉에서 제시된 요인들은 지수로 개발돼서 국가들의 매력도를 점수화 할 수 있다. 예를 들어, 〈그림 5-4〉는 국제 소매시장을 시장잠재력국가 잠재요인과 국가 지원요인과 위험 측면에서 측정하여 20개의 가장 매력적인 국가를 도식화한 결과이다. 20개 국가 중 10개는 떠오르는 국가들이다. 이 떠오르는 국제시장들 중 소매업체들에게 가장 인기 있는 국가는 Brazil, Russia, India, China이고 줄여서 BRICs라고 불리운다. 하지만 〈그림 5-4〉에서 Russia는 높은 위험 때문에 빠져 있다. India와 China 두 나라는 크고 매력적인 소매시장을 가지고 있다. 하지만 두 나라는 소매업체가 진입하는데 다양한 기회와 위협요인을 가지고 있다.

표 5-2 국제 시장의 잠재, 지원, 위험요인

국가 잠재요인	국가 지원요인	국가 위험요인
인구(+)	현대적 소매 시장점유율(+)	정치 안정성(+)
인구성장률(+)	인프라(도로, 철도 등)(+)	친기업적 법과 규제(+)
GDP(+)	도시인구(+)	은행 대출 가능성(+)
GDP성장률(+)	국내 소매업체 시장점유율(+)	국가 부채(-)
1인당 GDP(+)	국제 소매업체 시장점유율(+)	범죄율(-)
소매 매출(+)	대형 소매업체 시장점유율(+)	부정부패 정도(-)
소매 매출성장률(+)		
1인당 소매매출(+)		
소득분포(+ 또는 -)		
국민연령(+ 또는 -)		

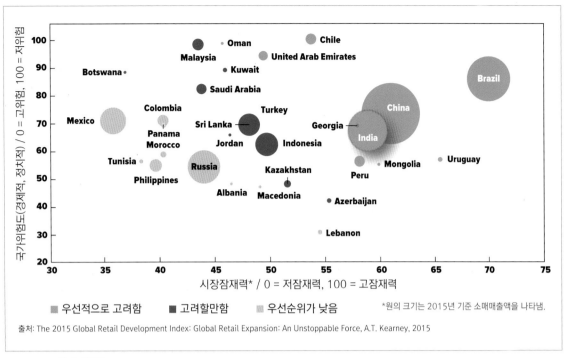

출처: The 2015 Global Retail Development Index: Global Retail Expansion: An Unstoppable Force, A.T. Kearney, 2015

🔺 그림 5-4 국가 매력도

1 인도

가장 급성장하는 경제를 가지고 있는 인도는 조직화된 기업형 소매 부문과 비조직화된 일반 소매부문으로 나뉜다. 먼저 일반 소매부문은 지역의 Kirana^{동네 구멍가게}, paan/beedi점, 편의점, 그리고 손수레 상인들로 구성되어 있다. 인도인 대부분은 전통시장이나 수백만 개의 Kirana에서 쇼핑을 한다. 인도 소매의 5%미만이 기업형 소매부문이다. 인도의 교육수준이 높고, 출세의 열망이 강한 중간 계급은 더 세련된 소매환경과 글로벌 브랜드를 원하는데, 국제 소매업체들이 표적으로 삼고 있는 고객이다.

세계 최대의 다원적 민주주의 국가이고, 매우 많은 문화와 22개의 공식 언어를 가진 인도는 사실 분리된 시장들의 집합체라고 할 수 있다. 과거에는 정부 규제가 해외 기업의 소매 투자를 엄격하게 제한하고 있었지만, 최근에는 일부 규제들이 완화되고 있다. 물론 여전히 해외 소매업체들은 점포를 개점하고, 상품을 진열하기까지 매우 많은 규제들에 적응해야 한다. 예를 들어, 상품을 다른 주로, 심지어 같은 주에서 이동시키는데도 세금을 내야 한다. 하지만 해외 기업들은 더 이상 현지 회사와 파트너를 체결할 필요는 없게 되었다. 이는 국제 소매업체인

인도에서는 대부분의 소비자들이 소형의 독립적인 소매점포에서 쇼핑을 한다.

IKEA, Apple, Walmart 등이 인도진출을 시도하게 하였다. 하지만 새로운 룰이 생겼는데, 소매업체들은 그들이 판매하는 상품의 30%를 지역에서 생산된 제품으로 구성하여야 한다. 이 점이 IKEA에게는 인도진출을 어렵게 만들고 있다. Apple은 도시지역에서는 일부 성공을 거두어 왔다. 하지만 시골에 침투하는 것은 여전히 어렵다. 또한 규제들이 완화되었다고 해도 Walmart는 인도시장으로의 진입을 포기하였다.

② 중국

소매부문을 생각하면 최소한 중국이 인도보다는 정부 규제가 덜 까다롭다. 그리고 해외직접투자도 환영받고 있다. 중국은 AT Kearney의 Global Retail Develoment Index^{GRDI}를 기준으로 보았을 때 최고의 떠오르는 소매시장이다. 곧 8조달러 시장이 될 것이고, 미국을 초월할 것이다. 7개의 글로벌 식품 소매업체^{Auchan, Carrefour, Ito-Yokado, Metro, Tesco, Wlamart, Seven&I}가 중국에서 적극적인 활동을 하고 있지만 대부분은 동족 해안의 대도시인 상하이, 베이징, 광저우, 선전 등에서 이루어지고 있다. 현대 유통에 필요한 인프라 또한 지속적으로 개발되고 있다. 예를 들어, 중국의 고속도로 밀도는 미국과 비슷한 수준이 되 가고 있고, 높은 수준의 공항을 다수 가지고 있으며, 철도망 또한 급속한 발전을 이루고 있다.

하지만 중국에서의 비즈니스는 녹녹하지만은 않다. 운영비용이 점점 증가하고 있고, 우수한 관리인력을 찾는 것, 유지하는 것 모두 힘들며 공급체인이 여전히 비효율적이다. Walmart, 7-Eleven, Home Depot같은 회사들은 높은 폐점율을 경험하거나 중국에서 철수하고 있는 반면 Carrefour와 Metro처럼 확장하고 있는 회사도 있다.

③ 브라질

브라질은 남미에서 가장 큰 인구와 가장 강한 경제를 가진 나라이다. 다수의 가난한 사람들과 소수의 갑부 가문들로 이루어진 나라이다. 브라질의 소매업체들은 신용거래나 할부거래를 포함해서 저소득층을 대상으로 매우 혁신적인 영업방식을 개발해 왔다. 갑부 가문들은 사치품과 그것을 파는 소매업체들의 주요 고객이다. 이 갑부들이 전체 인구의 거의 10%임에도 불구하고, 브라질 인구 2000만명 시장규모와 비슷하며 이것은 호주 전체 시장규모보다 조금 적은 수치이다.

④ 러시아

러시아에서 시장진입의 장애요인은 비교적 적다. 하지만 더 심각하다. 2015년에 소매성장 측면에서 최상위 나라에 포함되긴 하였지만, 경제와 정치이슈가 소매성장에 위험요인이 될 수 있다. 그럼에도 시장 자체가 너무 커서 대부분의 소매기업들이 무시하지 못한다. 부패가 심하고, 다양한 정부기관들이 적절한 뇌물없이는 영업활동을 어렵게 만든다.

소매업체들은 또한 심각한 물류문제에 직면하게 된다. 국경선과 항구에서는 지체현상이 매우 심각하고, 컨테이너의 숫자도 매우 부족하다. 70%이상의 국제 컨테이너 운송이 St. Petersburg 항구에서 이루어져서 매우 혼잡하기도 하다. 또한 러시아 국내산 상품의 품질이 매우 나빠서, 지역 공급업체에서 상품을 조달받는 것도 어렵다. 해결책은 아마도 러시아에서 붐이 일고 있는 Amozon이나 Alibaba같은 e-커머스일 수 있다. 특히, 러시아의 인터넷 시장은 8천 3백만 고객을 보유하고 있어서 유럽에서 가장 많고, 매년 10%에 가까운 성장을 하고 있다.

추가적으로 러시아의 공격적인 국제관계 개입으로 인한 국제 제재가 기름값의 변동과 함께 재정적인 위기를 야기하고 있다. 불확실한 국제관계는 소매업체에게 더 많은 도전을 요구한다. McDonald's의 일부 매장은 미국-러시아의 긴장된 관계 때문에 발생한 것으로 보이는 러시아 기관에 의한 해킹시도를 발견했다고 주장하였다. 그러나 McDonald's는 지속적으로 매장을 확대하고 있고, 여기에는 시베리아 지역의 20개 신규점포 출점계획도 포함된다.

2. 국제적 성공을 위한 핵심요소

국제적 성장 기회를 성공적으로 활용한 소매업체들이 가지고 있는 네 가지 특징은 ① 국제적으로 유지가능한 경쟁 우위 ② 적응성 ③ 국제적 문화 ④ 재무적 자원이 있다.

◼ 국제적으로 유지가능한 경쟁 우위

국제시장에 진입하는 것은 소매업체의 핵심 경쟁우위를 기본으로 한 확장기회와 일치될 때 성공적일 수 있다. 예를 들어, WalMart, ALDI는 국제 시장에서 성공한 기업들이다. 이들은 고객 의사결정의 중요한 요인으로 가격을 내세웠으며, 물류인프라는 그들의 로지스틱 역량 개발을 위해서 기업이 할 수 있는 것들을 가능하게 해 주었다. 반면, H&M, Zara 또한 국제적으로 성공한 기업인데, 이들은 유행하는 상품들을 낮은 가격으로 판매하는 전략을 세웠다.

몇몇 미국 소매업체들은 글로벌 시장에서 경쟁우위를 가지고 있는데, 그 이유는 미국문화가 많은 나라에서 특히 젊은 층에 스며들어 있기 때문이다. 인터넷과 Facebook 같은 소셜 미디어, MTV같은 네트워크 때문에 미국의 패션 트렌드는 떠오르는 국가들의 젊은 층에게 퍼져왔다. 글로벌 MTV세대는 차보다는 콜라를, 샌들보다는 Nike를 밥보다는 치킨 맥너겟을, 현금보다는 신용카드를 선호한다. 중국의

중국의 주요 도시들애서 McDonald's를 포함해서 많은 미국 점포들과 식당들이 운영되고 있다.

주요 도시는 KFC, Pizza Hut, McDonald's 같은 미국의 레스토랑이 인기 있다. 상하이와 베이징은 거의 400개 Starbucks 매장이 있고, 심지어 Starbucks가 들어오기 이전에는 커피를 마시지 않던 곳도 있다. 하지만 중국의 도시 거주자들은 친구를 기쁘게 하거나 새로운 라이프스타일의 상징으로 Starbucks를 이용한다. 비록 중국에서 서구의 상품들과 점포들이 높은 품질과 좋은 서비스를 제공한다고 여겨지는 것도 그 이유이지만 어떤 면에서는 중국 소비자들이 미국의 문화 자체를 원한다고도 볼 수 있다.

② 적응성

국제 시장에서 성공하기 위한 두 번째 핵심 경쟁우위는 적응성이다. 해외에 진출하려는 소매업체들은 국제시장에서 성공하기 위해 문화적 차이와 로컬시장의 욕구를 위한 핵심전략이 무엇인지를 명확히 인식해야 한다. Retailing View 5.4는 7-Eleven이 인도네시아에서 성공하기 위해 어떻게 상품구색을 바꾸었는지 보여준다.

수요의 피크 타임에 대한 차이는 각 나라마다 다양하다. 미국에서는 많은 점포들이 8월에 판매가 잘 되며, 이 시기에는 학용품 혹은 의류에 대한 재고를 많이 비축해둔다. 하지만 유럽에서 8월은 수요가 많지 않은 시기이다. 왜냐하면 대부분의 사람들이 휴가에 돌입하기 때문이다. 또한 일본은 4월이 학용품에 대한 수요가 많은 시기이다.

점포 설계와 배치 또한 종종 나라마다 차이를 보이는데, 미국의 할인점은 일반적으로 큰 규모로 설계하는 것이 표준이라고 생각한다. 하지만 유럽이나 아시아의 경우 어떠한 공간에는 할증금이 부과 되며, 점포들은 작은 공간에 맞춰 설계되는 것이 대부분이다. 어떠한 문화의 사회적 규범은 남성복과 여성복을 서로 옆에 배치할 수 없게끔 규정하기도 한다.

정부 규제와 문화적 가치는 또한 점포 운영에 영향을 준다. 휴일, 업무시간, 파트타임 근로자에 대한 규정 등에 대한 것들은 각각의 문화마다 차이가 있다. 따라서 이에 대한 깊이 있는 이해가 요구된다. 예를 들어서, 라틴아메리카 문화는 매우 가족 중심적이기 때문에, 라틴 아메리카의 직원을 고용할 때에는 이들의 근무시간을 조정할 필요가 있다. 영국의 드러그스토어 체인인 Boots의 일본 점포에서는 점원들을 서서 서비스를 하게끔 하는데, 이는 일본의 고객들은 점원들이 앉아서 계산을 하면 매우 무례하다고 생각하기 때문이다. 하지만 독일의 소매업체들은 점원들이 앉아서 일하도록 한다. 독일의 소매업체들은 점원들이 반드시 제품의 포장까지 할 수 있게끔 하기 위해서이다. 또한 독일에서는 시즌별 판매가 특정한 주에 이루어지고, 특정한 제품 카테고리에 적용되며, 할인되는 제품의 양 또한 한정적이다.

③ 국제적 문화

글로벌 기업이 되려면 사고도 글로벌로 해야 한다. 그것은 자국의 문화와 경제기반을 다른 나라에 이입하는 것만으로는 충분하지 않다. 이 점에서, Carrefour는 매우 글로벌하다. Carrefour는 글로벌 기업으로 확장하는 초기에, 각국에 자민족중심주의를 천천히 줄이는 것부터 시작하였다. 더 나아가서 글로벌 관점에서 Carrefour는 항상 현지 경영진의 발전을 격려하였고, 해외 운영에서 거의 철수하지 않았다. Carrefour의 경영진 역시 국제적인데 홍콩에 포르투갈 출신의 지역담당 관리자가 프랑스와 중국 직원과 함께 일하고 있다. 마지막으로, 미국의 기업에

Retailing VIEW 5.4 7-Eleven은 인도네시아에서 유행하는 놀이터이다

Jakarta에서 힙스터들은 아이스커피와 나초를 먹으며, 가십을 나누고, 라이브 음악을 듣고, 친구들에게 문자하기 위해 지역의 놀이터에 모인다. 이러한 일종의 놀이는 인도네시아 젊은이들에게 인기 있어서 아무런 생산적인 일을 하지 않으면서 둘러앉아서 수다를 떠는 것을 의미하는 "nongkrong"이란 말로 대변된다. 몇 년동안 가장 인기 있는 모이는 장소는 길가에 있는 "warung"이라고 알려진 음식 매점이었다. 하지만 warung은 또다른 인기 있는 "nongkrong" 장소인 7-Eleven에 그 자리를 내어주고 있다.

이러한 변화는 7-Eleven이 인도네시아에서 시도하는 새로운 전략 때문에 발생한 것이다. 7-Eleven은 기존 소형 슈퍼마켓에 좌석을 배치하고, 볶음밥, 필로우빵, 치즈샌드위치처럼 저렴한 즉석 음식을 판매하였다. 또한 집에서 먹고 싶어하는 고객을 위해 가정식 식사를 배달하기도 하였다. 이 메뉴는 점포 매출의 거의 90%를 차지한다.

Jakarta는 야외 놀이공간이 없기로 유명하다. 그래서 이런 작은 놀이터들은 효과적으로 고객들을 끌어들이고 있다. 비록 인도네시아에 176개 밖에 없지만 7-Eleven은 이러한 성공을 바탕으로 Jakarta 뿐 아니라 인근 도시들에도 더 점포를 늘려서 인도네시아 전체에 2,500개를 목표로 하고 있다. 새로운 입지의 다수는 몰 내부나 최근 오픈한 인도네시아 증권거래소처럼 오피스 빌딩 내부가 될 것이다.

이 전략은 또한 프랜차이즈가 시장의 65%를 차지하고 있는 젊은

7-Eleven은 인도네시아 젊은이들이 친구들과 노는 곳으로 인기가 있다

층을 겨냥하고 있음을 의미한다. 이러한 밀레니얼들은 7-Eleven에서 하루 종일 인터넷을 검색하고, 친구와 만난다. 가장 정보통신망이 잘 구축된 나라 가운데 하나인 인도네시아에서 고객들은 7-Eleven 매장에서 지속적으로 SNS에 새로운 내용을 업로드하고 있다.

7-Eleven은 이러한 새로운 서비스만 제공하는 것이 아니라 전통적으로 판매하는 Big Gulps 텀블러, Slurpee 쥬스, 도너츠, 커피 등도 여전히 팔고 있다. 하지만 세계에서 가장 많은 무슬림이 사는 곳이기 때문에 술은 지역주민의 허락을 받고 판매한다.

출처: Wataru Suzuki, "Indonesia Holds Promise, Pitfalls for 7-Eleven," Nikkei Asian Review, October 16, 2014; Hannah Adulla, "Indonesia: 7-Eleven Operator Outlines Expansion Plans," Just-Food, April 28, 2014; Sara Schonhardt, "7-Eleven Finds a Niche by Adapting to Indonesian Ways," The New York Times, May 28, 2012; Anthony Deutsch, "7-Eleven Becomes Indonesia's Trendy Hangout," Financial Times, September 13, 2011.

서 발견되는 해외 의무 근무를 개념을 장려하지 않는다. Carrefour의 임직원에게 있어 해외근무는 프랑스로 돌아가 승진하는 것을 목표로 하는 것이 아니라 그 자체로서 중요한 의미를 갖는 것이다. Carrefour의 글로벌 문화는 조직 내의 전파 속도도 매우 빠른 것으로 알려져 있다. 지역 내 관리자 및 직원들의 만남으로 이루어진 "위원회"의 글로벌 경영 조직은 글로벌 문화의 인식을 증진시키기 위해 활용된다. 이는 Carrefour가 글로벌 전략에서 추구하는 가시적 결과에서도 확인된다. Carrefour 는 선진국과 개발도상국 모두를 포함한 30개의 국가에서 30년 이상의 국제적인 경험을 가지고 있다.

4 재무적 자원

국제적인 시장으로의 확장은 장기적인 관심과 철저한 계획을 요한다. 소매업체들은 그들이 국제적인 기업으로 변화하려고 할 때, 단기간에 많은 수익을 산출하는 것이 어렵다는 것을 발견한다. 비록 WalMart, Carrefour, Office Depot, 그리고 Costco와 같은 회사들이 종종 초기에 새로운 글로벌 시장에서 성공을 하는데 어려움이 있을지라도, 큰 규모의 회사들은 일반적으로 재무 상태가 좋으며, 성공하기에 충분히 긴 계획에 투자를 유지할 능력을 가지고 있다.

3. 진입전략

소매업체들이 해외 시장으로 진입하는 접근 방식은 직접투자, 합작투자, 전략적 제휴, 그리고 프랜차이즈의 네 가지이다.

1 직접투자

직접투자는 외국에 점포를 세우고 이를 운영하는 부서나 지사에 투자하고 소유하는 방식이다. 이 진입 전략은 가장 높은 수준의 투자를 요구하고 소매업체를 높은 위험에 노출시키지만 가장 높은 잠재적 수익을 가진다. 직접투자의 한가지 이점은 소매업체가 운영에 대한 완전한 통제권을 가지는 것이다. 예를 들어, McDonald's는 국내 공급업체들이 자사의 세부적인 요구사항을 만족시킬 수 없었을 때 아예 롤빵 제조공장을 건설했고, 영국 시장 진입시 이 전략을 선택했다.

2 합작투자

합작투자는 진입하는 소매업체가 그 지역 소매업체와 자원을 공동으로 이용하여 소유권, 통제권, 이익이 공유되는 새로운 회사를 설립할 때 나타난다. 성공적인 합작투자 사례는

WalMart와 멕시코의 CIFRA, Crabtree & Evelyn과 일본의 Daiei 등을 들 수 있다.

합작투자는 진입 업체의 위험을 감소시켜 준다. 게다가 지역 파트너는 시장에 대한 정보를 제공하고, 공급업체와 부동산을 이용할 수 있도록 해준다. 많은 외국 기업들은 공동소유권을 요구하는데, 만약 파트너가 동의하지 않거나 정부가 이익의 본국 송환에 대해 규제를 할 경우 이런 진입 방식에 문제가 발생할 수 있다.

3 전략적 제휴

전략적 제휴는 독립 기업들 사이의 공동 관계를 말한다. 예를 들어, 외국 소매업체는 직접 투자를 통해 국제 시장으로 진입할 수 있지만, 물류와 창고 보관 활동을 수행하기 위해서는 지역 업체와 제휴를 할 수도 있다.

4 프랜차이즈

프랜차이즈는 위험이 가장 낮고 투자도 가장 적게 요구된다. 그런데, 진입 업체의 통제력이 제한적일 수 밖에 없기 때문에 이익 실현 가능성은 감소하고, 현지 경쟁업체의 탄생으로 인한 위험은 증가된다.

해외에 프랜차이즈 회사가 설립되면, 가맹계약을 해지하거나 간판을 바꿔 경쟁자가 되는 위험도 가지게 된다. 이 경우 소매업체의 국제화는 잠재 경쟁자를 만드는 꼴이 되기도 한다. 하지만 영국의 Marks&Spencer 처럼 50개 이상의 나라에서 가맹점을 개점하는 소매업체들을 보면 위험에 비해 이익이 큰 것도 사실이다.

V 전략적 소매계획 과정

전장에서 우리는 소매전략의 요소들을 살펴보았고, 유지가능한 경쟁우위의 구축방법, 소매 성장 기회, 글로벌 성장기회를 평가하고 추구하는데 고려해야할 요소 등에 대해 살펴보았다. 본 장에서 우리는 소매업체들이 현재 상황을 분석하고, 그들이 추구할 전략을 선택하는 과정을 살펴볼 것이다.

전략적 소매계획 과정은 소매업체가 전략적 소매계획을 개발하기 위해 거치는 일련의 절차를 말한다^{그림 5-5 참조}. 이것은 소매업체가 표적시장을 어떻게 선정하고, 적절한 소매업태를 어떻게 결정하며, 유지가능한 경쟁우위를 어떻게 구축하는 지를 말한다. 〈그림 5-5〉에 타나난 바와 같

1. 사업미션을 정의하라	
2. SWOT분석을 수행하라 · 내부환경(강점과 약점) 분석 · 외부환경(기회와 위협) 분석	
3. 전략적 기회를 파악하라	
4. 전략적 기회를 평가하라	
5. 세부목표를 정하고 자원을 배분하라	
6. 전략수행을 위해 소매믹스를 개발하라	
7. 성과를 평가하고 조정하라	

⬢ 그림 5-5   전략적 계획 과정

이 언제나 전체 과정을 거칠 필요는 없다[7단계]. 예를 들어, 소매업체는 성과를 평가한 뒤 1단계가 아닌 바로 2단계의 SWOT분석으로 갈 수 있다. 이 계획과정은 소매기업내 다양한 수준의 전략 계획과정에서 사용된다. 예를 들어, Tesco의 기업전략계획은 기업의 자원들을 다양한 부문, 즉 Tesco, Tesco Extra, Tesco Express, Tesco Metro, Tesco Homeplus, Dotcom Only, One Stop, Dobbies 등에 어떻게 할당할 것인지와 관련되어 있지만 각각의 부문은 부문 고유의 전략계획을 개발한다.

우리는 소매계획 과정에서 토의한 각각의 세 단계를 Kelly Bradford가 시행하고 있는 계획 과정에 적용하고자 한다. Kelly는 시카고 지역에 두 개의 점포를 가진 소규모 체인인 Gifts To Go를 소유하고 있다. 92m^2 크기의 한 점포는 도시 중심가에 있고, 다른 하나는 상류층이 사는 교외 쇼핑몰에 있다. Gift To Go의 표적시장은 50~500달러 사이의 선물을 고르는 고소득 층 남녀들이다. 이 점포는 수공예 보석과 공예품, 정교한 도자기와 유리 그릇, 향수, 시계, 필기 도구, 독특한 물건 등 다방면에 걸친 제품을 선별해 놓고 있다. 이 점포는 가족 기념일과 생일 이 다가올 때 판매 직원과 인간관계를 맺고 있는 많은 충성도 높은 고객을 확보하였다. 많은 경우에 고객들은 판매 직원의 판단에 충분한 신뢰를 하기 때문에 직원으로 하여금 선물을 고르도록 한다. Bradford 사장은 직원을 가족의 일부로 대하기 때문에 Gift to Go의 이직률은 업계에서 낮은 편이다. 회사는 전직원의 건강보험료를 납부해 주고, 회사의 이익을 공유하기도 한다.

1. 제1단계: 사업의 미션을 정의하라

전략적 소매계획 과정의 첫 번째 단계는 사업의 미션을 정의하는 것이다. 사업의 미션 기술서mission statement는 소매업체의 목적과 이 업체가 책임지고자 계획하는 활동 범위에 대한 폭 넓은 설명을 말한다. 공개 기업의 목적은 주가를 높이고 배당금을 지불함으로써 주주의 부를 최대화하는 것이다. 소규모의 개인소유 기업은 수입 최대화보다는 일정 수준의 수입을 제공하고 위험을 회피하는 것 등과 같이 서로 다른 목적을 가진다. 예를 들어, Build-A-Bear Workshop의 설립자이자 CEO인 Maxine Clark은 회사의 목표를 말하면서, "우리는 우리의 점포가 있는 지역의 커뮤니티에게

Build-A-Bear Workshop의 지속적인 어린이 건강과 복지에 대한 관심의 일부로서, 암으로 생명을 잃은 소녀인 Nicki Giampolo를 기념하기 위한 Nicki Bear 시리즈를 선보였다. 매출의 일부는 건강문제로 고통받고 있는 어린이들이 정상적인 삶을 살 수 있도록 지원하는 프로그램에 기부된다.

받은 것을 돌려주어야 한다"고 강조했다. 또한 어린이의 건강과 복지에 대한 지속적인 관심의 일부로서 암으로 생명을 잃은 소녀 Nicki Giampolo를 기념하기 위한 Nicki Bear 시리즈를 선보였다. 매출의 일부는 건강문제로 고통받고 있는 어린이들이 정상적인 삶을 살 수 있도록 지원하는 프로그램에 기부된다. 소규모의 개인 기업 소유주들은 종종 수익을 극대화하는 것보다 특정 수준의 수익을 달성하면서 불확실성을 피하는 것 같은 다른 목표들을 갖기도 한다.

미션 기술서 작성시 경영자들은 다섯 가지의 질문에 답해야 한다. ① 우리는 어떤 사업 분야에 있는가? ② 앞으로 우리 사업은 어떻게 될 것인가? ③ 누가 고객인가? ④우리의 핵심역량은 무엇인가? ⑤ 우리는 무엇을 성취하기 원하는가? Gifts To Go의 미션 기술서에는 "Gifts To Go의 미션은 시카고에서 고가 선물 분야의 선두 소매기업이 되고, 소유주에게 매년 10만 달러의 안정된 수입을 제공하는 것이다."라고 되어 있다. 미션 기술서는 소매업체의 목적과 소매업체가 책임지고자 하는 활동 범위를 정의하기 때문에 Gifts To Go의 미션은 이 회사의 경영자가 시카고 외부의 소매 기회나, 저가의 선물 판매 기회는 고려하지 않을 것이며, 연 소득에서 10만 달러를 창출할 회사를 위험에 빠뜨릴 모험을 전혀 하지 않을 것임을 나타낸다.

2. 제2단계: SWOT 분석을 수행하라.

전략계획 과정에서 미션을 기술적으로 정의하고 목적을 설정한 후에는 SWOT 분석을 실시하여야 한다. SWOT 분석은 소매업체의 내부환경_{강점과 약점} 분석과 외부환경_{기회와 위협} 분석을 포함한다.

1 내부환경 분석

SWOT 분석에서 가장 중요한 측면은 소매업체가 경쟁업체에 비해 가지고 있는 강점과 약점에 근거하여 자사의 독특한 역량을 결정하는 것이다. 이러한 독특한 역량은 고객충성도, 벤더와의 좋은 관계같은 소매업체가 가지고 있는 자산, 지식, 기술을 의미한다. 또한 이런 강점과 약점은 업체가 아주 능숙하게 기회를 잡고 환경이 주는 위협을 피할 수 있도록 방향을 제시해준다. 〈그림 5-6〉은 강점과 약점 분석을 수행함에 있어 고려해야 할 문제를 개략적으로 나타낸 것이다.

또한 〈표 5-3〉은 Kelly Bradford가 Gift To Go의 강점과 약점을 분석한 것이다.

2 외부환경 분석

외부환경분석은 소매업체의 기회와 위협에 대한 것이다. 이 기회와 위협은 소매업체의 성과에 긍정적 또는 부정적 영향을 미치는 환경요인이다. 여기에는 시장요인, 경쟁요인, 환경요인이 포함되는데, 일반적으로 통제가 어렵다. 〈그림 5-7〉은 이 세가지 요인들을 구체적으로 제시하고 있다.

표 5-3 Gift To Go의 강점과 약점 분석

관리 역량	제한적임. 두 명의 제품 구매 관리자와 상대적으로 경험이 부족한 한 명의 직원이 협력하고 있다. 회계법인이 이 회사의 재무 기록을 갖고있지만, 고객 데이터베이스를 개발하고 활용하는 능력은 없다.
재무 자원	양호함. Gifts To Go는 재무가 없고 은행과의 관계도 좋다. Kelly는 주식에서 번 25만5천달러를 저축했다.
운영시스템	형편없음. Kelly는 Gifts To Go가 상대적으로 낮은 경상비를 가지고 있다고 느낀 반면 컴퓨터 기반의 재고관리시스템이나 경영 및 고객 정보시스템이 없다. 경쟁업체(지역 백화점, 카탈로그 및 인터넷 소매 업체)는 보다 우수한 시스템을 보유하고 있다.
상품제공 역량	좋음. Kelly는 독특한 상품 선택 능력이 있고 독특한 상품을 제공하는 공급업체와 뛰어난 관계를 가지고 있다.
점포관리 역량	뛰어남. 이 회사의 관리자와 판매 직원들의 역량은 뛰어나다. 이들은 고객에게는 매우 친절하고 회사에 는 충성스럽다. 직원과 고객에 의한 도난은 최소의 수준을 유지하고 있다.
입지	뛰어남. 두 곳의 Gifts To Go 점포 입지는 매우 좋다. 시내에 위시한 점포는 시무실 근무자에게 편리하다. 교외 쇼핑센터에 위치한 점포는 교통량이 매우 많은 접점 지역에 있다.
고객	좋음. Gifts To Go는 백화점 선물코너만큼의 매출 규모는 아니지만, 충성스러운 고객 기반은 가지고 있다.

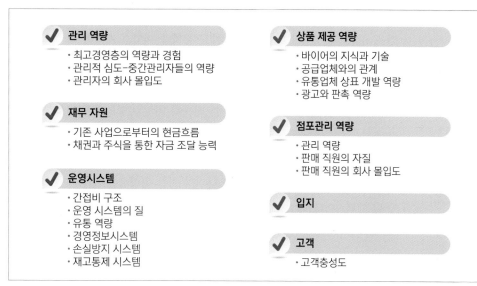

그림 5-6 강점과 약점 분석

① 시장요인

소비자와 이들의 구매 패턴에 관련된 몇 가지 중요한 요인은 시장규모와 성장, 매출 주기, 계절 주기이다. 일반적으로 소매 매출액으로 측정되는 시장규모는 소매업체에 대한 투자에 상응하는 수입 창출의 기회를 가리키기 때문에 중요하다. 대규모 시장은 대형 소매기업에게 매력적이다. 그러나 이런 대규모 시장들은 세분시장에 초점을 맞출 수 있는 기회를 더 많이 제공하기 때문에 소규모 기업들에게도 마찬가지로 매력적이다.

성장 중인 시장은 이미 포화상태이거나 쇠퇴하는 시장보다 매력적이다. 예를 들어, 전문점 소

그림 5-7 기회와 위협분석 요인

매시장은 백화점 소매시장보다 빨리 성장하고 있다. 일반적으로 성장 중인 시장에서는 포화상태인 시장보다 경쟁이 덜 치열하기 때문에 매출 이익과 가격이 더 높다. 성장하는 시장에서는 새로운 고객이 점포를 이용하기 시작하는 단계이기 때문에, 이들은 점포에 대한 강한 충성심이 없으며, 그에 따라 새로운 점포로 발길을 돌리기 쉽다.

기업들은 경기순환주기가 자신들의 매출에 미치는 영향력을 최소화하는데 관심이 있다. 따라서 경제 환경에 영향을 받는 제품가령 자동차와 주요 가전 제품들을 파는 소매시장은 경제 환경에 영향을 받지 않는 소매시장가령 식품보다 매력이 떨어진다. 일반적으로 계절주기를 많이 타는 시장은 성수기에는 많은 자원이 요구되지만, 그 나머지 기간 동안에는 자원이 충분히 활용되지 않기 때문에 덜 매력적이다. 계절적 주기때문에 생기는 이런 문제를 최소화하기 위해, 예를 들어 스키 리조트들은 사계절 동안 매출을 일으키기 위해 여름 휴가철용 상품을 판촉한다.

Gift To Go를 위한 시장 요소의 분석을 위해 Kelly Bradford는 선물 시장, 특히 시카고 지역에 있는 선물 시장의 크기, 성장, 주기성, 그리고 계절적 주기에 대한 정보를 얻기 위해 도서관으로 갔다. 그녀는 자신의 분석을 바탕으로 시장 요인은 매력적이라는 결론을 내렸다. 보다 값비싼 선물들을 위한 시장은 규모가 크고 성장 중이며 경기주기에 영향을 받지 않는다. 유일한 부정적 요소는 발렌타인데이, 부활절, 6월결혼 시즌, 그리고 크리스마스가 최고 경기를 누리는 계절적 주기라는 것이었다.

② 경쟁요인

소매시장에서 경쟁의 성격은 진입 장벽, 공급업체의 교섭력, 경쟁자, 강력한 새로운 업태의 위협 같은 것에 의해 영향을 받는다. 소매시장은 경쟁적 진입 비용이 클 때 더욱 매력적이다. 진입장벽은 기업들이 시장에 진입하는 것을 어렵게 만드는 소매시장의 조건이다. 이러한 조건들은 ① 규모의 경제, ② 고객충성도, ③ 입지의 확보가능성 등이다.

먼저 규모의 경제는 소매업체의 규모로 인한 비용우위이다. 규모의 경제를 가지고 있는 대형 경쟁사가 장악하고 있는 시장은 매력이 없다. 예를 들어, 드럭스토어는 두 개의 대기업인 Walgreens와 CVS에 의해 장악되어 있기 때문에, 소기업을 경영하는 기업가는 이 분야를 피할 것이다. 이들 기업들은 소기업에 대해 상당한 경쟁우위를 가진다. 왜냐하면 이런 대기업들은 제품을 보다 저렴하게 구매하고 최신 기술에 투자하며 보다 많은 점포에 걸쳐 간접비를 분산시키면서 보다 효율적으로 운영할 수 있기 때문이다.

이와 유사하게 충성도 높은 고객층을 가진 잘 구축된 소매기업이 장악하고 있는 소매시장 역시 이익실현 가능성이 제한적이다. 예를 들어, Atlanta에서 Home Depot에 대한 높은 고객충성도는 경쟁사들이 Atlanta 시장에 진입하는 것을 어렵게 만든다.

마지막으로 입지 확보가능성은 경쟁사가 진입하는 것을 방해할 수 있다. 예를 들어, Staples는 미국 북동부 시장에서 선도자이기 때문에 경쟁자들보다 좋은 입지를 가지고 있고, 이것이 경쟁우위의 비결이다.

진입장벽은 양날을 가진 칼과 같다. 높은 진입장벽을 가진 소매시장은 이 장벽이 경쟁을 제한시키기 때문에 현재 이 시장에서 경쟁하는 소매업체들에게는 매우 매력적이다. 그러나 높은 진입장벽을 가진 시장은 진입하려는 소매업체들에게는 매력이 없게 된다.

또 다른 경쟁 요인은 공급업체의 교섭력이다. 소수의 공급업체들이 제품을 장악한 시장은 매력이 없다. 이런 상황에서는 공급업체들이 가격을 비롯한 다른 조건들배송일자 등을 좌지우지할 수 있는 기회를 가지며 소매업체의 이익을 줄일 수 있다. 예를 들어, 패션 화장품 시장은 Estee LauderEstee Lauder, Clinique, Prescriptive, Aveda, Tommy Hilfiger, MAC, Origins 등의 브랜드와 L'OrealMaybelline, Giorgio Armani, Redken, Lancome, L'Oreal, Ralph Lauren 등의 브랜드의 두 공급업체들이 가장 인기 있는 고급 브랜드들을 제공하고 있기 때문에 매력이 줄어든다. 백화점들은 유행하는 이미지를 주기 위해서는 이런 브랜드가 필요하기 때문에 이 공급업체들은 제품을 고가에 판매할 수 있는 힘을 가지게 된다.

마지막 경쟁 요인은 소매시장에서의 경쟁의 정도이다. 경쟁정도는 경쟁업체가 어떤 마케팅활동에 대해 반응하는 빈도와 강도를 말한다. 경쟁 정도가 높으면 가격 전쟁과 종업원 빼내기가 일어나고, 광고와 판촉비가 증가하며, 잠재 이익이 하락하게 된다. 과열된 경쟁으로 가는 조건들에는 ① 비슷한 규모의 많은 경쟁사들, ② 성장의 둔화, ③ 높은 고정비용, ④ 경쟁하는 소매업체들 사이의 차별성의 결여 등이 있다. Kelly Bradford가 Gifts To Go에 대한 경쟁 요인을 분석하기 시작했을 때, 그녀는 자신의 경쟁업체를 파악하는 것이 쉽지 않음을 깨달았다. 시카고 지역에 비슷한 상품과 가격을 판매하는 선물 가게는 없었지만, 고객이 이런 종류의 선물을 구입할 수 있는 장소는 많았다. 그녀는 자신의 주요 경쟁업체를 백화점, 공예품 전시장, 카탈로그, 그리고 인터넷 소매업체로 파악했던 것이다. Kelly는 선물 소매를 지원하는 고객 데이터베이스 개발에 일정부문 규모의 경제가 있다고 느꼈다. 대형 공급업체가 없다는 것은 선물 사업

화장품 선두 회사인 Estee Lauder와 L'Oreal이 대부분의 인기 있는 선호브랜드를 공급하고 있기 때문에 화장품 산업에 진입하는 것은 어렵다.

이 백화점 전체 사업의 핵심 부분이 아니기 때문에, 공급업체의 교섭력이 문제가 되지 않고 경쟁 정도가 미미하다는 것을 의미했다. 게다가 다양한 소매업체에 의해 판매되는 상품들은 소매업체들을 차별화할 수 있는 상당한 기회를 제공했다.

③ 환경요인

환경변화는 시장 매력도에 영향을 줄 수 있고, 기술적, 경제/소비자/사회적, 그리고 규제적 변화를 포함한다. 소매시장이 기술적으로 큰 변화가 있을 때 기존 경쟁자들은 신기술을 사용하는데 익숙한 신규 경쟁자의 진입에 취약하다. 예를 들어, 최근 많은 전통적인 점포기반 소매업체들은 옴니채널 전략을 완벽하게 구사하는데 애를 먹고 있다.

하지만 이러한 변화에 주의를 기울이는 것은 좋은 기회가 될 수 있다. Hot Topic은 처음에는 Mall에 입지한 다른 소매업체들과는 달리 Y세대를 표적으로 하여, 특색있는 상품을 야만인 테마 상품인 문신, 피어싱, 스파이크 헤어, 그리고 올블랙 패션과 함께 판매하였다. 그럼에도 불구하고, 기간이 거듭될수록 10

Hot Topic의 10대에 대한 경쟁우위는 대중문화, 인디뮤직 장면에서 온 ? 그래서 Hot Topic은 Local Static이라 불리는 무료 어쿠스틱 공연을 하?

대들의 취향이 변하였고, 손님이 줄었고, 매출이 정체되었다. 이 상황을 분석하면서 Hot Topic은 자신들의 경쟁 우위가 야만인 이미지에서 온 것이 아니라 대중문화와 인디뮤직 장면에서 온 것임을 알아냈다. 이에 따라 작은 아방가르드 밴드가 그려진 티셔츠 재고를 늘렸다. Suicide Squad 영화의 등장인물들에서 영감을 받은 독특한 패션을 생산하였다. 점포는 큰 음악과 어두운 벽, 콘서트 전단과 선곡된 음악들이 적힌 게시판 뿐 아니라 Local Static이라고 불리는 무료 어쿠스틱 공연으로 가득찼다.

다음으로 경제적, 소비자적, 그리고 사회적 변화 또한 소매시장의 매력도를 결정할 때 중요한 외부환경 요인들이다. 많은 지방 정부들이 Walmart가 지역에 진입하는 것을 막아 지역의 소매업체들을 보호하려고 노력한다. 심지어 New York시의 경우 시장과 시의회는 Walmart가 소상인들과 종업원 임금에 부정적인 영향을 미친다고 보고, Walmart의 개점을 막아왔다. Walmart가 최저임금을 인상한다고 발표했을 때, 이러한 방해는 약해졌지만 2016년 현재까지 New York은 고객들의 요구에도 불구하고 Walmart가 없다.

소매업체들은 각각의 환경적 요소에 대한 세가지 질문에 대답할 필요가 있다.

1. 새로운 기술과 규제 혹은 상이한 사회적 요소와 경제 여건 등 어떤 새로운 변화가 일어날 수 있는가?

2. 이런 환경의 변화가 일어날 가능성은 어느 정도인가? 어떤 핵심요소가 이러한 변화의 발생 가능성에 영향을 미치는가?

3. 이 변화는 어떻게 소매시장, 기업, 경쟁업체에 각각 영향을 미칠 것인가?

Kelly Bradford 사장이 환경을 분석했을 때, 그녀의 주된 관심사는 선물 시장에서 전통적인 카탈로그와 인터넷 소매업체의 성장 잠재력이었다. 선물은 인터넷 소매업체 편에서 보면 이상적인 품목인 것처럼 보인다. 일반적으로 고객들은 자신을 위해서 제품을 구입하지 않기 때문에 점포 방문에서 별다른 편익을 얻지 못한다. 비록 선물을 고르는 사람이 제품을 보고 만질 수 있다고 해도 선물을 받는 사람이 그 선물에 대해 어떻게 느낄지 모르기 때문이다. 게다가 Gifts To Go의 많은 고객들은 선물을 직접 전달하기보다 점포로 하여금 선물을 배달시킨다. 마지막으로 Kelly는 인터넷 소매업체가 고객에 대한 정보를 효과적으로 수집한 다음, 선물을 줄 경우가 발생할 때 해당 고객을 대상으로 판촉을 벌이고 여러 가지 제안을 할 수 있다고 생각했다.

3. 제3단계: 전략적 기회를 파악하라

SWOT분석이 끝난 다음 단계는 소매 매출을 증가시키기 위한 기회를 파악하는 것이다. Kelly Bradford는 현재 전문점 업태를 가지고 선물 소매업에서 경쟁하고 있다. Kelly가 고려하고 있는 전략적 대안은 소매시장 매트릭스와 〈표 5-4〉의 성장 기회로 정의된다. 이런 성장 기회들 중 일부는 Kelly사장의 사업 미션을 재정의 하는 것과 관련되었음을 주목하라.

표 5-4 Gift To To의 전략적 기회에 대한 평가

성장기회	시장 매력도	경쟁위상
현재의 점포 규모와 점포 내 제품 양을 늘인다.	저	고
시카고 지역에 선물 매장을 더 많이 연다.	중	중
시카고 외곽 지역(새로운 지리적 부문)에 선물 매장을 연다.	중	저
현재의 점포에서 저가의 선물을 판매하거나 저가의 선물을 판매하는 새로운 점포(새로운 이익부문)를 연다.	중	저
같은 매장이나 새로운 매장에서 같은 고객에게 의류나 기타 다른 제품을 판매한다.	고	중
인터넷을 사용하여 같은 세분시장에 비슷한 선물 제품을 판매한다.	고	저
10대들을 겨냥한 의류매장을 오픈한다.	고	저
저가 선물을 판매하는 카테고리 전문점을 오픈한다.	고	저

4. 제4단계: 전략적 기회를 평가하라

전략적 계획과정의 네번째 단계는 SWOT분석에서 파악된 기회를 평가하는 것이다. 평가는 지속 가능한 경쟁우위를 구축하여 평가된 기회로부터 장기적인 이익을 거둘 수 있는 잠재력이 있는가를 결정하는 것이다. 따라서 하나의 소매업체는 자사가 가진 강점과 경쟁우위를 활용하는 기회에 초점을 두어야 한다. 시장 매력도와 소매업체의 강점과 약점 모두 전략적 기회를 평가하는데 고려된다. 가장 큰 투자는 소매업체가 강한 경쟁우위를 가지고 있는 시장 기회에 대해 이뤄져야 한다. 다음은 Kelly가 실시한 비공식적 분석이다.

5. 제5단계: 세부목표를 정하고 자원을 배분하라

전략적 투자 기회를 평가한 후 전략적 계획과정의 다음 단계는 각각의 기회를 위해 세부적인 목표를 설정하는 것이다. 소매업체의 전체적 목표는 기업의 사명에 포함된다. 세부적인 목표는 전체 목표를 향한 과정을 측정할 수 있는 있도록 설정된 목표이다. 따라서 이런 세부적인 목표들은 세 가지 요소를 가지고 있다. ① 진척된 정도를 측정할 수 있는 지수 등 추구하는 목표 성과 수준, ② 목표 달성을 위한 시간계획, ③ 목표 성취에 필요한 투자 규모가 그들이다. 일반적으로 성과 수준은 투자 수익, 매출 혹은 이익 같은 재무적 영역이다. 일반적으로 사용되는 또 다른 목표인 시장점유율은 측정하기가 보다 쉽고 회계정보_{회계 법칙에 의해 크게 영향을 받을 수 있는}에 근거한 재무적 척도보다 객관적이다. 조사에 의하면 많은 사업 분야에서 시장점유율이 장기적 이익가능성을 나타내는 좋은 지표라고 한다.

6. 제6단계: 전략수행을 위해 소매믹스를 개발하라

계획과정의 제6단계는 투자가 이뤄질 각각의 기회를 위한 소매믹스를 개발하고 업적을 관리하고 평가 하는 것이다. 소매믹스의 요소와 관련된 결정들은 제 3부와 제 4부에서 논의된다.

7. 제7단계: 성과를 평가하고 조정하라

계획과정의 마지막 단계는 전략의 결과와 실행 프로그램을 평가하는 것이다. 만약 소매업체가 목표를 달성하고 초과한다면 변화는 필요치 않게 된다. 그러나 만약 소매업체가 목표 달성에 실패한다면 재분석이 요구된다. 일반적으로 이런 재분석은 수행 프로그램을 검토하는 것으로 시작하지만 전략^{혹은 사업의 미션까지도}이 재고될 필요가 있음을 지적한다. 이런 결론은 새로운 상황분석 등 새로운 계획과정을 시작하는 결과를 낳을 것이다.

8. 실제 세계의 전략적 계획

〈그림 5-5〉의 계획과정은 전략적 결정이 연속적인 방식으로 이뤄짐을 나타낸다. 사업 미션이 정의된 후 상황분석이 수행되고, 전략적 기회가 파악되며, 대안평가, 목표설정, 자원배분, 수행계획전개의 단계를 거친 후 마지막으로 성과가 평가되고 조정이 이루어진다. 그러나 실제 계획과정에서는 단계들 사이에 상호작용이 이루어진다. 예를 들어, 비록 사업의 미션에 대안이 포함되지 않는다 해도 SWOT분석은 기업들이 재고해 볼 논리적 대안을 제시해 줄 수 있다. 따라서 미션은 다시 정의될 필요가 있다. 수행 계획의 전개는 기회에 대한 자원 배분이 목표 달성에 충분치 않음을 나타낼 수 있다. 이 경우 목표를 수정하거나 자원을 늘리거나 이 사업 기회에 전혀 투자하지 않을 수도 있다.

요 약

LO5-1 **소매전략이란 무엇인지 정의를 내릴 수 있다.**

소매전략은 ① 소매업체의 표적시장, ② 소매업체가 표적시장의 니즈를 만족시키기 위해 활용할 자원과 소매업태, ③ 소매업체가 유지가능한 경쟁우위를 구축하기 위한 기반을 결정하는 것이다.

LO5-2 **소매업체들이 어떻게 지속적인 경쟁우위를 구축할 수 있는지 설명할 수 있다.**

소매업체가 지속적인 경재우위를 확보할 수 있는 세가지 주요 요소는 ① 고객과 강한 관계를 구축하는 것, ② 공급자와 강한 관계를 구축하는 것, ③ 효율적인 운영을 달성하는 것이다.

LO5-3 **소매업체들이 추구하는 다양한 전략적 성장기회를 구분할 수 있다.**

소매업체들은 현재의 소매업태를 사용하여 기존 고객에 대한 판매를 증대시키는 시장침투전략, 현재의 소매업태로 새로운 시장에 진출하는 시장확장전략, 기존 고객과 동일한 표적시장의 고객에게 새로운 소매업태를 제공하는 소매업태 개발전략, 새로운 세분시장에 새로운 소매업태를 개발하여 진출하는 다각화전략으로 구분할 수 있다.

LO5-4 **글로벌 소매업체가 되기 위해 어떠한 형태의 소매업체가 가장 유리한지 알게 된다.**

글로벌 소매업체가 되려면 ① 국제적으로 유지가능한 경쟁우위가 있어야 하고, ② 현지시장에 적응할 수 있는 적응성, ③ 국제적 문화에 대한 심도있는 이해, ④ 장기적으로 투자할 수 있는 재무적 자원이 필요하다.

LO5-5 **소매업체들은 전략을 개발하기 위해 어떤 단계를 거치는지 알게 된다.**

소매업체들은 ① 사업미션 정의, ② SWOT분석, ③ 전략적 기회파악, ④ 전략적 기회평가, ⑤ 목표설정과 자원배분, ⑥ 소매믹스 개발, ⑦ 성과평가와 조정의 단계를 거친다.

- 벤더의 교섭력(bargaining power of vendors)
- 진입장벽(barriers to entry)
- 경쟁적 대립 관계(competitive rivalry)
- 교차판매(cross-selling)
- 고객관계관리 프로그램(customer relationship management program)
- 고객 충성도(고객 애호도, customer loyalty)
- 직접투자(direct investment)
- 다각화 성장 기회(diversification growth opportunity)
- 프랜차이즈(franchising)
- 다빈도고객 프로그램(frequent-shopper program)
- 합작 투자(joint venture)
- 충성도 프로그램(loyalty program)
- 시장확장 성장 기회(market expansion growth opportunity)
- 시장침투 성장 기회(market penetration growth opportunity)
- 미션 기술서(mission statement)
- 기회와 위협분석(opportunities and threats analysis)
- 지각도(perceptual map)
- 포지셔닝(positioning)

- 유통업체 브랜드(private-label brands)164
- 관련 다각화 성장 기회(related diversification growth opportunity)
- 소매 커뮤니티(retail community)
- 소매업태(retail format)
- 소매업태 개발 성장 기회(retail development growth opportunity)
- 소매 세분시장(retail market segment)
- 소매전략(retail strategy)
- 규모의 경제(scale economies)
- 점포 브랜드(store brand)
- 전략적 제휴(strategic alliance)
- 전략적 소매 계획 과정(strategic retail planning process)
- 강약점 분석(strengths and weaknesses analysis)
- 지속가능한 경쟁 우위(sustainable competitive advantage)
- SWOT분석(SWOT analysis)
- 표적 시장(target market)
- 비관련 다각화(unrelated diversification)
- 수직적 통합(vertical integration)

현장학습

1. **계속되는 사례 과제** 계속되는 과제에 대해 당신이 선택했던 회사의 분석을 준비해 보시오. 직접 경쟁자와 표적 시장, 포지셔닝을 밝히고, 경쟁사에 대한 전략, 소매업태(소매믹스의 요소들-상품 다양성과 구색, 가격, 입지) 그리고 경쟁사에 대비한 경쟁 우위를 개발하기 위한 기반도 밝혀 보시오. 경쟁사 대비 소매업체의 강점과 약점, 기회와 위협도 나타내 보시오. 또, 회사가 운영되지 말아야 하는 국가와 소매업체가 특정 나라에 들어가야 하는지의 여부도 추천해 보고, 만약 그렇다면 어떻게 해야만 하는지 설명해 보시오.

2. **인터넷 실습** IKEA(www.ikea.com)와 Starbucks(www.starbucks.com)의 웹사이트를 방문해 보자. 이 사이트들의 외관과 분위기는 이 점포들의 점포 내 경험과 일치하는가?

3. **인터넷 실습** WalMart(www.walmartstores.com), Carrefour(www.carrefour.fr), RoyalAhold(www.ahold.com), 그리고 Metro AG(www.metro.de)의 웹사이트를 방문해 보자. 어느 체인이 가장 글로벌한 전략을 가지고 있는가? 설명해 보시오.

4. **쇼핑경험** 비슷한 상품 카테고리와 카터(cater)를 동일한 표적 시장에 판매하는 두 개의 점포를 방문해 보자. 그들의 소매업태(소매믹스의 구성요소들)는 얼마나 비슷한가? 또는 얼마나 다른가? 그들은 어느 기반에서 지속가능한 경쟁 우위를 가지고 있는가? 또, 어느 점포가 좀 더 강한 경쟁우위를 가지고 있다고 생각하는지 설명해 보시오.

1. 본 장의 앞부분에서 논의되었던 세 개의 소매업체(Sephora, Lu-lulemon, Save-A-Lot) 각각의 전략과 경쟁적 우위의 기반에 대해 설명해 보시오.

2. 소매업체를 선정하고, 경쟁적 전략 우위를 어떻게 개발할 수 있는지 설명해 보시오.

3. 소매업체를 선정하고, 그 소매업체가 사용하는 시장침투, 소매업태 개발, 시장확장, 다각화 성장 전략의 예를 들어보시오.

4. 당신이 가장 좋아하는 소매업체를 선정하라. 선정된 소매업체를 포함하여 동일한 유형의 상품을 판매하는 소매업체, 그리고 표적 소비자 세분시장(이상점)을 포함하는 〈그림 5-2〉와 같은 포지셔닝 맵을 그리고, 그것을 설명해 보시오.

5. McDonald's의 SWOT 분석을 해 보자. 미션은 무엇인가? 강점과 약점은 무엇인가? 다음의 10년 동안 McDonald's가 직면할 환경적 위협은 무엇인가? 이러한 위협들에 어떻게 대처할 수 있을 것인가?

6. Neiman Marcus와 PetSmart의 지속가능한 경쟁 우위의 기반은 무엇인가? 그것들은 지속가능한 것인가, 아니면 쉽게 모방될 수 있는 것인가?

7. 당신이 레스토랑을 오픈하는 데 관심이 있다고 가정해 보자. 〈그림 5-5〉에 나타난 전략적 계획 과정의 단계를 거쳐 보시오. 지역 레스토랑 시장의 SWOT 분석을 실행하고, 대안을 확인하고 평가해 보자. 그리고 레스토랑에 알맞은 표적시장과 소매믹스를 선택해 보시오.

8. The Gap은 Old Navy, Banana Republic, INTERMIX, Athleta를 포함한 몇 개의 체인을 소유하고 있다. 이러한 각각의 소매 개념을 고려하였을 때, GAP이 추구하는 것은 어떤 유형의 성장 기회인가? 본래의 GAP 체인과 무엇이 가장 큰 시너지를 낼 수 있는가?

9. 효과적인 충성도 프로그램을 가졌다고 생각하는 점포나 서비스 제공자를 확인해 보자. 그리고 그것이 왜 효과적인지 설명해 보시오.

10. 아직은 아니지만, 다른 국가에서 성공할 수 있을 것이라고 생각하는 소매업체를 선정해 보자. 그리고 그것이 왜 성공할 것이라고 생각하는지 그 이유를 설명해 보시오.

11. Amazon.com은 책을 판매하는 인터넷 소매업체로 시작하였다. 그 후, 식료품, DVD, 의류, 소프트웨어, 여행 서비스, 그리고 거의 모든 것으로 사업을 확장하였다. 이러한 사업 확장이 Amazon.com에게 유익한 비즈니스가 될 것이라는 가능성의 측면에서, 이것들의 성장 기회를 평가해 보자.

부록 - 대학경영 혁신도 서비스 소매경영기법으로 풀 수 있다

우리 경제의 위기는 대학교육의 위기와 직결된다. 대학은 코로나 사태 전에도 입학생 감소, 등록금 동결 및 인하, 입학금 폐지의 재정난 3중고에 시달려 왔으며, 재정난 심화는 교육여건의 악화로 연결돼 왔다. 이러한 가운데 이번 코로나 사태는 온라인 교육 준비와 진행 비용, 중국인 유학생 휴학에 따른 등록금 수입 감소, 방역비 및 격리비 증대 등으로 재정적 심각성을 한층 더 심화시킬 것이다. 이제 정부는 이번 사태를 맞으며 대학교육의 틀을 변화시키는 획기적인 정책의 전환을 꾀해야 하며, 대학들도 생존을 위한 혁신적 노력에 적극적으로 동참하지 않으면 한계 대학부터 급격히 도태될 것으로 예상된다.

정부는 우선 일반 대학의 원격강의 20% 제한 규제와 학교 외부에서 이뤄지는 수업방법 제한 규제를 재검토해야 한다. 이제 학생들 입장에서 대면 수업강의와 비대면 원격강의를 선택하게 하고 나아가 양자를 병행, 학생마다 가장 효과적인 학습이 이뤄지도록 유도해야 할 것이다. 이러한 규제 혁신으로 대학마다 자율성을 강화, 미국의 미네르바 대학이나 프랑스의 에콜42와 같은 미래지향적인 대학을 장려해야 한다. 획일화에서 다양성으로 대학평가 패러다임을 전환해 대학별 특성에 맞는 교육내용과 방법의 차별화를 꾀함으로써 더욱 다양한 형태의 대학을 출현시켜야 한다. 나아가 국내외 대학 간의 교육 내용과 방법의 상호 교류와 융합을 통해 학생들의 선택지를 넓히고, 대학 내 그리고 대학 간 획기적인 구조 조정도 꾀해야 할 것이다.

포스트코로나시대와 4차산업혁명시대를 맞이하여, 대학혁신은 그동안 없던 길을 개척해 나가야 하고 이를 위한 상상력과 창의력 발현이 필수적이라 할 수 있다. 정부정책도 이러한 맥락 속에서 정책의 비전과 마스터플랜을 가지고 대학가와 지속적인 협의와 소통을 통해 창의적인 정책 개발과 전략적인 재정 지원에 앞장서야 할 것이다. 정부정책의 혁신과 함께 대학도 교육시장에 바탕을 둔 융합혁신적 경영 사고로 대학혁신을 창의적으로 추진해야 할 것이다. 대학의 존립과 미래 성장을 위해서는 시장, 즉 수요자와 경쟁자 차원에서 초월적 교육 서비스를 제공할 수 있도록 학내외 관련된 모든 요소를 융합할 수 있어야 하며 이에 대한 변화와 혁신을 지속해서 경주해야 할 것이다.

이를 위해 서비스 소매경영기법을 숙지하고 이의 원리를 잘 활용하는 것도 중요한 해법이 될 수 있다. 소비자 접점에서 소비자 가치를 극대화하기 위해 시장의 변화에 따라 생물처럼 움직여야 하는 활동이 소매이며 이를 관리하는 것이 소매경영이라 할 수 있다. 미국 등 선진국 대학들은 국내외적으로 치열한 경쟁을 헤쳐 나가기 위해 소매경영의 원리를 대학경영에 도입하고 있다. 대학경영에 소매경영의 원리를 도입해 보면, 우선 대학의 형태가 어떠해야 하는지에 대한 개념을 정립해야 한다. 소매업태의 개념은 백화점, 할인점, 전문점, 쇼핑몰, 온라인 업체, 복합 소매업태, 옴니채널 등 다양하다. 대학의 경우 설립 이념과 중장기 예측과 전략을 바탕으로 소매업태의 개념을 활용해 대학의 형태를 정립하고 미래 변화에 따라 생물처럼 유연하게 변화시켜 나가는 것이 바람직하다. 물론 미래 수요와 경쟁의 변화를 예측하기가 쉽지 않더라도 미래의 대학 모습을 통찰력을 가지고 선도적으로 그려나가야 한다.

대학의 형태가 정립되면 다음으로 대학의 핵심 수요자가 누구인지, 그들이 어떠한 욕구를 지니고 있으며, 언제, 어디서, 어떻게 대학을 선정하는지를 분석해야 한다. 핵심 고객의 욕구와 수요를 명확히 이해하고 같은 대학 형태의 경쟁자에 비해 확실한 경쟁력 우위를 지니고 있는지를 면밀히 살펴보아야 한다. 이제 대학은 확실한 킬러 콘텐츠를 지속해서 개발하지 않으면 살아남지 못하는 시대가 온 것이다.

상기에서와 같이 표적시장을 명확히 한 후, 이에 대한 시장전략과 재무전략을 수립해야 한다. 대학의 시장전략은 대학의 비전과 목표를 우선 정립하고, 다음으로 대학이 처해 있는 상황에 대한 분석을 체계적으로 해야 한다. 상황 분석은 대학의 외부환경에서의 기회와 위협, 경쟁대학들에 대해 상대적으로 가지는 강점과 약점에 대한 분석을 말한다.

상황분석이 끝난 다음 단계는 대학을 성장 발전시키기 위한 기회를 파악하고 대학의 매력도와 경쟁력을 고려, 평가해야 한다. 여기서 성장전략으로는 △기존 표적 수요자들을 대상으로 더욱 다양한 프로그램과 서비스를 개발해 대학을 성장시키는 전략 △잠재표적 수요자들이 있는 새로운 지역이나 연령층을 공략하는 전략 △새로운 단과대학이나 프로그램을 개발해 대학을 성장시키는 전략 △기존 대학과는 별도의 대학이나 대학원을 통해 성장하는 전략 등도 자세히 검토해 봐야 한다. 그리고 국제적인 성장기회도 늘 검토해야 한다. 최근 미르네바대학의 글로벌 성장모델은 좋은 예가 될 것이다. 앞으로 블록체인 기술 기반의 글로벌 대학도 선보일 것으로 예상된다. 대학의 재무전략은 사회공공성 차원에서 그리고 대학 브랜드의 수월성을 제고시키는 것을 전제로 산관학 협력사업이나 대학 경쟁력과 연관된 수익성 사업을 적극적으로 권장하도록 해야 할 것이다.

대학 마케팅전략과 재무전략을 바탕으로 대학의 중장기 차별화전략으로서 △대학 부지의 선정과 확대 △온라인 스쿨의 도입 △대학 정보시스템과 공급체인 관리 △학내 외 대학 고객, 즉 학생·학부모·동문·교직원 등과의 지속적 관계관리 등을 대학의 사정에 맞게 체계적으로 수행해야 한다. 전술적으로는 학교 교육 서비스의 다양화와 전문화 수준 결정, 등록금과 서비스 비용 책정, 교육 서비스별 커뮤니케이션 믹스의 개발, 교직원과 학내 시설 관리, 학교 설계와 디자인 관리, 학내외 고객 서비스 등을 효율적으로 수행해야 한다.

이제 대학이 국내외 경쟁에서 살아남기 위해서는 소매경영의 원리를 대학경영에 잘 접목해 변화에 살아 움직이는 생물과 같은 대학 조직으로 변모시켜야 할 것이다. 정부는 이러한 대학의 자율적 혁신을 공익적 큰 틀에서 벗어나지 않는다면, 적극적으로 지원하는 노력을 중앙과 지방 정부가 융합해 창의적이며 지속해서 전개해야 할 것이다.

한편 국내외 대학교육 환경 변화에 선도적으로 대응하기 위해서는 21세기 창조사회형 대학 패러다임도 필요하다. 첫째 전통과 역사에 의존하기보다 끊임없는 창조와 혁신을 해야 하고, 둘째 기존 전공 분야의 선택과 집중보다 경계 파괴를 통한 융복합 전공을 창출해야 한다. 셋째 국내 최고기준을 지향하기보다 글로벌 최고와 최초를 지향해야 하며, 넷째 선진학계를 모방하기보다 선도적 연구와 교육을 창조해야 한다. 다섯째 단기 성과주의와 규모보다 질적 장기 성과주의와 영향력을 추구해야 하고, 여섯째 국내 타 대학들과의 경쟁보다 글로벌 리딩 대학들과의 협력과 시너지가 요구된다. 일곱째 획일성과 표준화를 통한 경제성보다 다양성과 유연성을 통한 공동가치 창출이 중요하며, 여덟째 중앙집권화와 통제중심 행정보다 분권화와 자율성을 통한 창조혁신 행정, 그리고 하드웨어 중심 관료적 행정보다 소프트웨어 중심 서비스 행정이 필요하다.

이제 대학은 글로벌 교육환경의 변화와 21세기 창조사회형 대학 패러다임을 바탕으로, 4차 산업혁명 시대에 걸맞는 장단기 발전전략을 수립해야 한다. 이를 위해 초월적 조직과 인력을 준비해야 하고, 니아기 국내외에서 강력한 융합혁신적 네트워크를 구축해야 한다.

출처 : 한국대학신문(http://news.unn.net) 오세조 연세대 교수의 리더스칼럼과 ULC칼럼 기고문을 발체 정리한 것임)

참고문헌

1. Ellen Byron, "The Slower You Shop, the More You Spend," *The Wall Street Journal*, October 20, 2015; Tom Ryan, "Should Retailers Slow Down Shopping?," *RetailWire*, October 30, 2015.

2. Sarah Halzack, "The Sephora Effect: How the Cosmetics Retailer Transformed the Beauty Industry," *Washington Post*, March 9, 2015.

3. www.savealot.com, Jon Springer, "Save-A-Lot Files for Potential Spin-Off," *Supermarket News*, January 7, 2016.

4. Tom Ryan, "Do Vertical Retailers Have a Customer Engagement Edge?," RetailWire, March 16, 2016.

5. http://patapsco.nist.gov/Award_Recipients/index.cfm.

6. Carmine Gallo, "How the Ritz-Carlton Inspired the Apple Store," Forbes, April 10, 2012; Carmine Gallo, "Employee Motivation the Ritz-Carlton Way," *BusinessWeek*, February 29, 2008.

7. Jason M. Carpenter and Vikranth Balija, "Retail Format Choice in the US Consumer Electronics Market," International *Journal of Retail & Distribution Management* 38 (2010), pp. 258–274; Kåre Skallerud, Tor Korneliussen, and Svein Ottar Olsen, "An Examination of Consumers' Cross-Shopping Behaviour," *Journal of Retailing and Consumer Services* 16 (May 2009), pp. 181–189.

8. J. P. Misenas, "5 Examples of Brands Using Quizzes in Their Content Marketing," *OutBrain*, February 23, 2016, http://www.outbrain.com/blog/2016/02/5-examples-of-brands-using-quizzes-in-their-content-marketing.html.

9. http://mystarbucksidea.force.com/; Hesham, "My Starbucks Idea [Case Study]."

10. http://www.industryweek.com/supplier-relationships/how-sharing-data-drives-supply-chain-innovation; http://www.wsj.com/articles/WalMart-and-p-g-a-10-billionmarriage-under-strain-1465948431.

11. Zeynep Ton, "Why 'Good Jobs' Are Good for Retailers," Harvard Business Review, January–February 2012; T. Russell Crook, Samuel Y. Todd, James G. Woehr, and David J. Ketchen Jr., "Does Human Capital Matter? A Meta-Analysis of the Relationship between Human Capital and Firm Performance," Journal of Applied Psychology 96, no. 3 (2011), pp. 443–456.

12. Igor Ansoff, "Strategies for Diversification," *Harvard Business Review* 35 (September–October 1957), pp. 113–124.

13. http://www.tesco-careers.com/stores/.

14. "Global Powers of Retailing 2016," *Deloitte*, January 2016, p. 12. 24. Nyshka Chandran, "Next Largest Retail Market: Take a Wild Guess," CNBC, February 13, 2015.

15. https://www.atkearney.com/consumer-products-retail/global-retail-development-index; Marianne Wilson, "China Is Top Emerging Retail Market," The Chain Store Age, June 1, 2015.

16. Alex Lawson, "Analysis: Retailing in China," Retail Week, April 20, 2012; Robert A. Rogowsky, "China Retail Market Booming and Evolving," *China Daily*, August 3, 2012, pp. 2–12.

17. Li Jiaboa and Li Woke, "Foreign Companies Adapt to China's Changing Retail Landscape," *China Daily*, May 31, 2013.

18. Wilson, "China Is Top Emerging Retail Market." 31. James Marson, "At E-Commerce Firms, Russia Rises," *The Wall Street Journal*, November 12, 2013.

19. eMarketer, "Number of Internet Users in Russia from 2013 to 2019 (in Millions)," *Statista*, February 4, 2016, http://www.statista.com/statistics/251818/number-of-internetusers-in-russia/.

20. "Russia," Internet Live Stats, http://www.internetlivestats.com/internet-users/russia/.

21. "Working in Spain," https://www.internations.org/spain-expats/guide/working-in-spain-15498; "What Their Sunday Trading Laws Say about the French," *The Telegraph*, September 24, 2015.

22. www.carrefour.com.

23. Michael R. Czinkota and Ilkka A. Ronkainen, *International Marketing*, 9th ed. (Mason, OH: Thomson South-Western, 2009).

24. www.marksandspencer.com.

25. Donald Lehman and Russell Winer, *Analysis for Marketing Planning*, 7th ed. (Burr Ridge, IL: McGraw-Hill/Irwin, 2007).

26. Linda Stallworth Williams, "The Mission Statement," *Journal of Business Communication* 45, no. 2 (2008), pp. 94–119.

27. Maxine Clark, founder and chief executive bear at Build-A-Bear Workshop.

28. Michael Porter, "Strategy and the Internet," *Harvard Business Review*, March 2001, pp. 63–78; Michael Porter, *Competitive Strategy* (New York: Free Press, 1980).

29. Al McClain, "Consumers to NYC: We (Still) Want Walmart!," *RetailWire*, August 13, 2015.

Chapter 06 재무전략

학습목표

이 장을 읽은 후에 당신은

LO6-1 소매업체의 전략적 목표를 이해할 수 있다.

LO6-2 전략적 이익 모델을 사용해 재무성과를 창출하는 두 가지 방법을 비교할 수 있다.

LO6-3 성장기회를 분석하는데 있어서 전략적 이익모델의 유용성을 설명할 수 있다.

LO6-4 소매업체들이 그들의 성과를 평가하기 위해 사용하는 측정방법을 이해할 수 있다.

우리가 최고의 소매업체 또는 최고의 브랜드와 같이 어떤 카테고리에서 최고의 멤버를 식별하려고 할 때, 가장 큰 도전요소 중 하나는 "최고"가 무엇을 의미하는지를 정의하는 데 있어서 사용할 기준을 선택하는 것이다. 상위 100대 소매업체의 한 연례보고서에 따르면, 그 주요 요소는 회사가 옴니채널의 역할에 대한 수행 유무에 달려있다. 일부는 온라인에서 시작되어 오프라인 점포를 얻기 위해 확산해 나갔고, 다른 이들은 정반대의 길을 택했다. 일부는 모바일 용량을 확장하기 위해 기존 카탈로그 채널을 활용했다. 이러한 성공적인 기업들은 진화의 경로에 관계없이 고객이 선호하는 채널은 무엇이든지 간에 제공할 수 있다.

그것은 성공하기 위한 쉬운 처방처럼 들릴지 모르겠지만, 현실은 그것보다는 훨씬 더 어렵다. 한 분석가는 "오늘날의 까다로운 옴니-쇼퍼들은 자신들이 무엇을 원하는지 알고 있다. 그들은 소매업체들이 그들이 원하는 무엇이나, 그들이 원하는 어느 곳에서나, 그들이 원하는 언제든지 제공하기를 원한다. 그리고 가치에 중점을 둔 그들은 자신만의 개성과 니즈를 충족하기를 원하고 그것을 구입한다. 그러나 그 편리성에 더 많은 돈을 지불하려고는 하지 않는다."

이러한 도전적이고 상반된 요구에 직면하여, 상위 소매업체들은 고객들의 늘어나는 수요를 충족시키면서도 그들이 이익을 얻을 수 있도록 효과적인 재정 전략을 개발한다. 예를 들어, 그들은 높은 수요의 품목에서 재고 부족이 발생하거나 다른 품목에서 과다한 재고가 생기지 않도록 자신들의 재고를 관리한다. 이러한 오류는 꽤 상당한 비용을 발생시킨다. 최근의 한 분석에 따르면, 과잉 재고, 재고 부족, 반품으로 인한 수익 손실은 믿기 어렵겠지만, 매년 약 1조 7,500억 달러에 이른다. 과잉 재고에 관련된 웹사이트에서도 이용 가능한 풍부한 상품의 재고를 가진 옴니채널 소매상들은 종종 너무 많은 재고를 가지고 있다. 재고가 너무 방대하기 때문에 어떤 개별적인 품목들은 등한시 되어 소비자들은 그것들이 구매가능하다는 것 조차 인식하지 못한다. 약 1,230억 달러의 매출 손실의 원인으로 설명되는 과잉재고는 일반적으로 분석 및 예측 소프트웨어의 비효율적인 사용을 의미한다. 부분적인 해결책으로서, 어떤 소매업체들은 Nordstrom이 팔리지 않은 상품을 Nordstrom Rack 매장으로 빠르게 이전하는 것과 같이 대체 채널을 잘 이용하고 있다.

미국 소매 연합[NRF]과 디지털 컨설팅회사 FitforCommerce의 옴니채널 소매 지수를 살펴보면, 어떤 유통업체가 그들의 웹사이트와 모바일 앱에서 오프라인 매장 내 가용성에 관한 정보를 가장 잘 제공하고 있느냐를 평가한 결과, BJ's Warehouse Club, GameStop, Lowe's, PetSmart 그리고 Staples가 최고 순위를 기록하였다. 이 전략은 소매업체들이 재고 목표를 달성하는 동시에 재고 부족이나 잘못된 진열로 인해 발생할 수 있는 고객들의 불만을 피할 수 있도록 도와준다. 월마트의 경우만 해도, 판매를 위한 총 재고 물량은 증가했지만, 재고 부족으로 연간 30억 달러의 손실이 발생한 것으로 확인되었다.

마지막으로, 모든 반품을 없애는 것은 불가능할 수도 있지만, 더 나은 운영으로 소매업체들은 그들 자신의 실수에서 비롯된 반품을 피할 수 있을 것이다.

한 소매업체는 최근에 소비자들이 그들이 반품해야 하는 온라인 주문 건의 사진을 보내도록 하는 경연대회를 열었다. 이 사진들 중 다수는 끈이 없이 보내진 지갑이나 고객 주문이 파란색에 대한 분명한 선호도를 나타냈는데도 불구하고 빨간 모자를 보낸 것과 같은 불필요한 오류들을 보여주었다. 이러한 불필요한 반품[예: 고객의 선호나 선택에 의한 것이 아닌 것]은 소매업체들에게 2,460억 달러의 손실을 발생시킨다.

그러므로 명시된 목표가 옴니채널이 되는 것 또는 가장 효과적으로 고객들에게 봉사하는 것, 성공과 "최고"가 되는 것은 여전히 같은 것에 달려있을지 모른다. 소매업체가 고객과 만나는 어디에서든지, 신중하게 정한 표적 시장들에 어필할 수 있는 전략을 개발하고, 수익 창출뿐만 아니라 그들이 업계에서 최고 중의 하나라는 것을 확신시킬 수 있도록 가장 적은 실수를 하며 효율성을 추구하여야 한다.

재무적 목표와 목적은 소매업체 시장전략의 통합적 부분이다. 5장에서는 소매업체들이 어떻게 전략을 개발하고 지속 가능한 경쟁우위를 구축하여 지속적인 수익을 창출하는지를 살펴보았다. 본 장에서는 소매업체의 성과와 시장전략을 평가하기 위해 재무분석을 어떻게 사용하는지를 살펴보고, 소매업체의 실적이 기대 이상 또는 이하인 이유를 평가하고, 실적이 기대에 미치지 못할 경우 취할 수 있는 적절한 조치에 대한 통찰력을 제공한다.

예를 들어, 우리가 5장에서 설명한 것과 같이, Gifts To Go의 소유주인 Kelly Bradford는 사업을 계속해서 성공하고, 회사의 수익성을 높이고, 연간 10만 달러의 수입을 실현하고 싶어하기 때문에 그녀가 얼마나 사업을 잘 하고 있는지 알아야 할 필요가 있다. 그녀의 실적을 평가하기 위해, 그녀는 매일 영업종료 후에 영수증들을 합산할 수 있다. 그러나 매출이라는 이 간단한 측정방식은 그녀가 재정적으로 잘하고 있는지에 대한 완전한 평가를 제공하지 못하며, 심지어 오해의 소지가 있을 수 있다. 예를 들어, 그녀는 매출이 기대에 부합하고 그녀의 회계사가 그녀의 사업이 수익성이 있다는 것을 확인해주지만, 정작 그녀는 새로운 상품을 사거나 직원들에게 지불할 현금이 없다. 이렇게 되면, Kelly는 문제의 원인이 무엇이며, 이를 극복하기 위해 무엇을 할 수 있는지를 판단하기 위해 자신의 사업을 분석할 필요가 있다.

본 장에서는, 우선적으로 소매업체들이 가지고있는 목표의 종류를 검토한다. 그런 다음 전략적 이익모델을 소개하고, 이를 사용하여 원하는 재무 성과 달성을 위한 두 가지 경로를 논의한다. 이 모델의 사용을 설명하기 위해, 우리는 서로 다른 소매전략을 가진 성공한 두 소매업체인 Walmart와 Nordstrom의 재무 성과에 영향을 미치는 요소를 검토하고 비교하고자 한다. 그리고 나서 Kelly Bradford가 고려하고 있는 성장 기회 중 하나를 평가하기 위해 모델이 어떻게 사용될 수 있는지를 보여준다. 본 장의 마지막 부분에서는 상품 관리 및 점포 운영 의사결정의 성과를 평가하는 생산성 측정 방법을 검토한다.

I 목표 그리고 목적

LO 6-1
소매업체의 전략적 목표를
이해할 수 있다

제5장에서 설명한 것과 같이, 전략적 계획수립 과정의 첫 단계는 소매업체의 목표와 소매업체가 수행할 활동 범위를 구상하는 것을 포함한다. 이 목표들은 소매업체의 전략 개발과 소매업체가 달성하고자 하는 특정한 성과목표의 방향성을 이끈다. 목표가 달성되지 못했을 때, 소매업체는 올바른 조치를 취해야 한다는 것을 알고 있다. 소매업체가 취할 수 있는 세 가지 목표의 유형으로는 ① 재무적, ② 사회적 그리고 ③ 개인적 목표가 있다.

1. 재무적 목표

한 회사의 재무성과를 평가할 때, 대부분의 사람들은 이익에 집중한다: 소매업체의 작년의 이익 또는 작년 전체 매출에서의 이익 비중은 얼마나 되는가? 올해는 그리고 미래에는 어떠한가? 그러나 적절한 재무성과 측정은 이익이 아니라 총자산수익률^{ROA}이다. ROA$^{Return\ on\ assets}$는 기업이 보유한 자산에서 발생하는 이익이다. 한 소매업체가 적어도 1년에 100만 달러의 이윤을 내는 것을 재무적 목표로 삼을 수 있지만, 그 소매업체는 원하는 100만 달러를 벌기 위해서 그들이 사용해야만 하는 자산을 반드시 고려해야 한다. 그런데 이 소매업체가 100만 달러를 버는 데 필요한 자산이 500만 달러$^{20\%\ ROA}$였다면 기뻐하겠지만, 만약 100만 달러의 수익을 내기 위해 4,000만 달러를 사용해야 했다면 반대로 실망할 것이다.

2. 사회적 목표

사회적 목표는 살기 좋은 세상으로 만드는 더 넓은 광의의 개념과 관련있다. 예를 들면, 소매업체들은 특정 지역의 사람들이나 소수자들 혹은 장애를 가진 사람들에게 고용기회를 제공하는데 관심을 가질 수 있다. 다른 사회적 목표에는 환경친화적인 제품과 같은 특별한 상품을 제공하거나, 체중 감량 프로그램과 같은 개인 건강 향상을 위한 혁신적 서비스를 제공하거나, 지역사회 행사 후원 등이 포함될 수 있다. Retailing View 6.1은 신발 및 다양한 상품의 판매로 전 세계의 불우한  사람들에게 놀랄만한 혜택을 제공한 한 소매 창업가의 사례를 보여주고 있다.

재무적 목표와 비교했을 때, 사회적 성과 목표는 측정하기가 더 어렵다. 그러나 에너지 사용과 과잉 포장의 구체적인 감소, 재생 가능한 자원의 사용 증가, 그리고 United Way와 Habitat for Humanity와 같은 비영리 단체에 대한 지원과 같이 명확한 사회적 목표를 설정할 수도 있다.

3. 개인적 목표

많은 소매업체들, 특히 작고 독립적인 사업을 영위하는 소유주들은 자기만족, 사회적 지위, 존경과 같은 개인적으로 중요하게 생각하는 목표들을 가지고 있다. 예를 들면, 서점의 경영주는 책 읽기를 좋아하는 사람들이나 책 서명 판촉행사를 위해 점포를 찾는 작가들과의 교류를 통해서 개인적인 만족이나 보상을 찾으려 할 수 있다. 유명한 명소 같은 점포를 운영함으로써, 소

TOMS Shoes의 사회적 목표 달성을 위한 One for One

2006년 Amazing Race의 두 번째 시즌에 출전한 후, Blake Mycoskie는 가난에 찌든 아르헨티나를 방문했다 신발 없이 걸어 다니는 수많은 어린이들을 포함. 전통적인 아르헨티나 알파가타 신발은 신발산업에 있어 간단하고 혁명적인 해결책을 가지고 있기 때문에, 그는 미국 시장을 위한 알파가타를 재출시함으로써 아르헨티나의 가난한 가정에 신발을 제공하기 위해 나섰다. 이를 실현하기 위해 Mycoskie는 One for One 웹사이트에서 소비자들이 구매한 모든 신발 한 컬레 마다 가난하게 살고 있는 어린이에게도 새 신발 한 컬레를 제공하는 일에 전념했다. 그가 설명하듯이, "나는 가진 것이 거의 없는 사람들인, 남미 사람들의 정신에 너무나 압도당했다. 그래서 나는 즉시 더 하고 싶다는 욕망과 책임감에 사로 잡혔다."

초기 아이디어의 성공은 Mycoskie가 아르헨티나 스타일의 고전적인 알파가타 구두의 한계를 넘어서게 했다.

그래서 오늘날 TOMS는 끈이 있거나 없는 Cordones, 여성과 남성 모두를 위한 Bortas, 남성만을 위한 Stitchouts, 여성만을 위한 Wedges와 Wrap Boots, 그리고 물론 어린이와 유아들을 위한 Youth 와 Tiny TOMS를 판매한다. 또한 채식주의자와 재활용 신발 라인을 추가하고, 선글라스로도 확장되었는데, 여기에서 One for One 철학에 따라 판매되는 선글라스 모든 쌍에 대해, TOMS는 시력을 잃을 위험이 있는 세계의 다른 누군가에게 약, 안경, 수술과 같은 시력 관리도구를 제공한다. TOMS는 또한 커피, 가방, 배낭을 추가했다. 고객이 TOMS 라인의 커피를 구매하면 일주일치의 안전한 물이 어려움에 처한 사람에게 돌아간다. 고객이 구매한 가방마다 TOMS는 헬스케어 담당자가 산모들이 안전한 출산을 하는 것을 돕도록 하는 물건들과 교육프로그램을 제공한다. 배낭 구입의 대가로 교사, 학교 상담사, 그리고 다른 학교 직원들에게

Achieving societal objectives is important to Blake Mycoskie, founder, CEO, and chief giving officer of TOMS Shoes.

왕따 예방과 개입 교육을 제공한다.

이러한 사회적 책임의 비즈니스 모델은 특히 쇼핑도 하고, 사회화도 하면서 동시에 세상을 구하는 것도 하기를 원하는 선진국의 밀레니얼 소비자들에게 어필한다. TOMS 신발을 신는 것은 그들 자신의 사회적 책임에 대한 공개적인 선언을 제공하는 일종의 패션 성명이다. 대부분 수천 개의 TOMS 대학 클럽에 속해 있는 TOMS 매니아들은 그들의 소셜미디어 네트워크를 통해 TOMS에 대한 그들의 사랑을 확인하고 다른 사람들이 그 운동에 참여하도록 권장한다. 연간 매출이 2억 5천만 달러 이상으로 추산되는 가운데, TOMS는 미국을 포함한 70개 이상 국가의 어린이들에게 6천만 컬레 이상의 새 신발을 제공했다.

Sources: www.toms.com; Ed Hammond and Elizabeth Paton, "Shoemaker Toms Put Up for Sale," Financial Times, June 9, 2014; Ricardo Lopez, "It's Doing Well by Doing Good," Los Angeles Times, January 25, 2012, p. B.1; Gregory Ferenstein, "TOMS Shoes Generation Y Strategy," Fast Company, June 9, 2010.

매업체 경영주는 지역사회에서 널리 존경 받는 리더로 인정받을 수도 있다.

사회적, 개인적 목표가 어떤 소매업체에게는 중요한 목표이겠지만, 모든 소매점의 경우 재무적 목표에 관심을 가질 필요가 있다. 아니면 실패할 가능성이 높다. 그러므로 본 장의 이하에서는 재무적 목표와 이를 달성하기 위한 능력에 영향을 미치는 요소들에 대해 면밀히 살펴볼 것이다.

II 전략적 이익모델

〈그림 6-1〉에서 설명되었듯이, 전략적 이익모델strategic profit model은 총자산수익률 ROA에 의해 측정된 회사의 재무적 성과에 영향을 주는 요인들을 요약하는 방법이다. 총자산수익률은 기업이 소유한 자산과 비교하여 얻는 이익을 측정하기 때문에 기업과 그 주주들에게 중요한 성과 척도다.

각각 2,000만 달러의 순 매출로 100만 달러의 이익을 창출하는 두 소매점은 얼핏 보면 비교가 될 만한 실적을 가지고 있는 것처럼 보일 수도 있다. 그러나 이러한 소매업체들의 성과는 한 소매업체의 자산이 1,000만 달러, 다른 한 소매업체의 자산이 2,500만 달러라면 사뭇 달라 보인다. 이윤을 얻기 위해 다른 업체보다 더 적은 자산이 필요하기 때문에 첫 번째 기업의 실적이 더 높을 것이다. 그러므로 소매업체는 이익에만 관심을 가질 수 없다. 이윤을 창출하는 데 필요한 자산의 균형을 맞춰서 효율적으로 이윤을 창출해야 한다.

순이익률%은 기업의 순이익세금, 이자수익, 특별손익을 제외한 후을 순매출액으로 나눈 것을 말한다. 따라서, 그것은 매 달러의 매출에서 발생하는 이익을 반영한다. 소매업체의 순이익률이 5%인 경우,

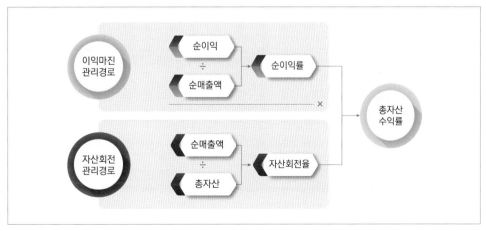

○ 그림 6-1 전략적 이익모델

소매업체가 판매하는 상품이나 서비스의 매출 1달러당 0.05달러의 이익을 창출한다.

자산회전율은 소매점의 순매출액을 총자산으로 나눈 것이다. 이 재무 수치는 기업의 자산 투자의 생산성을 평가하며, 자산 1달러당 얼마의 매출을 창출하는지를 나타낸다. 만약 어떤 소매업체의 자산회전율이 3이라면, 그 회사 자산 1달러당 3달러의 매출을 창출한다는 것을 의미한다.

소매업체의 ROA는 두 요인의 곱으로 결정된다.

$$순이익률 \times 자산회전율 = 총자산수익률(ROA)$$

$$\frac{순이익마진}{순매출액} \times \frac{순매출액}{총자산} = \frac{순이익마진}{총자산}$$

전략적 이익모델에서 사용되는 이 두 요인들은 ROA가 두 가지의 활동인 이익마진 관리와 자산회전 관리로 구성되어 있음을 나타낸다. 그러므로 높은 ROA는 순이익률 비중과 자산회전율 수준의 다양한 조합에 의해 달성될 수 있음을 의미한다.

높은 ROA를 달성하기 위한 서로 다른 접근방식을 이해하기 위해서, 〈표 6-2〉와 같이 두 개의 매우 다른 가상의 소매업체의 재무적 성과를 살펴보자. La Chatelaine Bakery는 자산회전율은 10이고, 순이익률은 단지 1%로 결국 ROA는 10%이다. 베이커리 사업은 자사의 상품을 차별화하기 힘든 경쟁이 매우 치열한 시장이기 때문에 이익률이 낮다. 소비자들은 동일 지역에 있는 다른 빵집이나 다양한 대형소매점의 제과코너에서 구운 빵 종류를 살 수 있을 정도로 경쟁 대안이 많다. 그런데 매우 낮은 재고자산 수준을 가지고 있기 때문에 자산회전율은 상대적으로 높다빵은 구워진 날 모두 팔고 있다..

반면에 Lehring Jewelry는 빵집보다 열 배나 높은 10%의 순이익률을 가진다. 매우 높은 순이익률을 갖는데도 불구하고 보석가게는 빵집과 같은 ROA를 가진다. 왜냐하면 1이라는 매우 낮은 자산회전율을 갖기 때문이다. Lehring은 매우 높은 재고수준과 팔리기까지 몇 달이 걸리는 상품을 많이 가지고 있기 때문에 Lehring의 자산회전율은 빵집과 비교해서 매우 낮다.

다음 섹션에서는 ROA의 이 두 가지 구성 요소를 자세히 살펴보겠다. 우리는 이러한 비율과 기업의 소매전략 사이의 관계를 살펴보고, 이러한 재무 수치가 어떻게 전통적인 회계 정보로 성과를 평가하는 데 사용될 수 있는지를 설명한다. 서로 다른 소매전략의 재무적 의미를 설명하기 위해, 우리는 Nordstrom과 Walmart의 재무 성과를 비교한다. 이 두 소매점의 소매전략은 Retailing View 6.2에 설명되어 있다.

📝 표 6-1 수용할 만한 ROA를 성취하는 서로 다른 접근 방식

	순이익률	×	자산회전율	=	총자산수익률
La Chatelaine Bakery	1%		10 회		10%
Lehring Jewelry Store	10%		1 회		10%

6.2 Nordstrom과 Walmart: 서로 다른 소매전략을 사용하는 성공적인 소매업체

Nordstrom

Nordstrom은 시애틀의 작은 신발 판매업체에서 오늘날과 같은 일류 패션 전문 소매업체로 변신했다. 그 기업의 중심적인 목적 -고객들이 단순히 패션을 사는 것이 아니라 스타일을 소유하도록 돕는 것-은 그들을 훌륭한 고객서비스로 유명한 소매체인으로 만들었다. Nordstrom은 직원들에게 고객과의 연계를 장려하고 그들이 할 수 있는 한 최선을 다해 고객을 도울 수 있도록 권한을 부여한다. 더하여 직원들에게 감사 카드를 보내고, 가정배달과 개인적인 약속을 제공하고, 쇼핑객들에게 다음 판매정보에 대해 알리기 위해 개인적인 전화를 한다. 고객 서비스에 대한 강조는 회사의 모든 측면에 영향을 미쳤는데, 심지어 반품정책에도 이렇게 나타나고 있다, "Nordstrom 종합 소매점이나 온라인 Nordstrom.com에는 공식적인 반품 정책이 없다. 우리의 목표는 고객을 돌보는 것인데, 그것은 점포에서나 온라인에서나 반품이나 교환을 쉽게 하는 것을 포함하며, 우리는 무료 배송과 무료 반품을 제공한다." 이러한 고객중심의 모델은 인상적인 상품구색과 함께 Nordstrom을 3년 연속으로 미국인이 가장 선호하는 소매점으로 성장할 수 있도록 만들었다.

Walmart

Walmart의 설립자 Sam Walton은 1962년에 Arkansas 주에 1호점을 열었다. 지금 Walmart는 거의 30개국에서 11,500개 이상의 점포를 가지고 있는 세계에서 가장 크고 가장 잘 알려진 소매 체인점 중 하나이다. 월마트의 전자상거래 웹사이트는 11개국에서 이용 가능하다. 2016년 Walmart의 수입매출은 가격, 접근성, 경험, 그리고 구색을 중심으로 한 네 가지 전략을 바탕으로 거의 5,000억 달러에 달했다. 이 초대형 유통업체가 확인한 바와 같이, "우리는 고객들이 원하고 필요한 것뿐만 아니라 고객이 어디에서 그것을 원하

고 또 어떻게 그것을 경험하고 싶은지를 이해한다", 이 전략의 초석은 월마트의 일상적 저가EDLP 모델로서, 월마트는 정상적인 비 할인 가격과 경쟁사의 초 할인 판매가격 사이의 수준에서 소매가격을 정하고 이의 연속성을 유지한다. 월마트는 비교적 낮은 이윤을 얻을 정도로 저렴한 가격에 제품을 판매하면서 소비자들에게 원스톱 쇼핑의 궁극적 목적지가 되도록 하는 방대한 구색을 유지하고 있다. 게다가, 월마트는 자사의 비용을 낮추는것에 열성이며, 자사의 개인 트럭들과 현대적인 유통 및 풀필먼트센터를 통해 우수한 운영 기술을 터득함으로써 이를 해내고 있다.

월마트는 대량 구매를 선호하는 고객을 위해 코스트코와 같은 회사와 경쟁하는 샘스클럽도 운영하고 있다. 샘 월튼이 샘스 클럽을 열었을 때, 그것의 목표 시장은 소상공인들이었고 그들이 상품을 사는 것을 절약하도록 돕는 것이 목표였다. 그러나 샘스 클럽과 같은 도매 클럽들은 여전히 창업자들에게 매력적이고 매일 약 50만 명의 사업주들을 돕고 있음에도 불구하고, 점점 더 가족이 있는 소비자들에게 인기를 얻어가고 있다.

Sources: "Nordstrom, 'About Us,' " http://shop.nordstrom.com/c/about-us?origin=breadcrumb; Nordstrom, Inc., "Annual Report," 2014; Christian Conte, "Nordstrom Built on Customer Service," Jacksonville Business Journal, September 7, 2012, http://www.bizjournals.com/jacksonville/print-edition/2012/09/07/nordstrom-built-on-customer-service.html?page=all; Andrés Cardenal, "How America's Favorite Retailer Is Crushing the Competition," The Motley Fool, April 14, 2015, http://www.fool.com/investing/general/2015/04/14/how-americas-favorite-retailer-is-crushing-the-com.aspx; Dallas Business Journal, October 17, 2014; http://corporate.walmart.com.

📑 표 6-2　Nordstrom과 Walmart 손익계산서

	Nordstrom 손익계산서 (FY1/30/2016)	Walmart 손익계산서 (FY1/31/2016)
	백만달러 기준	백만달러 기준
순매출액	$14,437	$ 482,130
매출원가 차감	9,168	360,984
총이익	5,269	121,146
영업비 차감	4,168	97,041
영업이익	1,101	24,105
기타 수익,이자, 세금 차감	501	9,411
순이익마진	600	14,694
비율		
매출대비 총마진율	36.50%	25.13%
매출대비 영업비율	28.87%	20.13%
매출대비 영업이익마진율	7.63%	5.00%
매출대비 순이익마진율	4.16%	3.05%

출처: Walmart 10K, filed March 30, 2016; Nordstrom, Inc. 10K, filed March 14, 2016

1. 이익마진 관리경로

이익마진 관리경로를 조사하는 데 사용되는 정보는 소매점의 손익계산서income statement-다른 말로는 the statement of operations 또는 profit and lossP&L statement라고도 함-에서 확인할 수 있다. 손익계산서는 기업의 일정 기간일반적으로 3개월 또는 1년 동안의 재무성과를 요약한다. 〈표 6-2〉는 Walmart와 Nordstrom의 연례 보고서에서 발췌한 손익계산서를 보여준다. 전략적 이익모델의 이익마진 관리경로 부분의 구성요소는 두 소매점에 대해 〈그림 6-2〉에 요약되어 있다.

1️⃣ 이익마진 관리경로의 구성요소

이익마진 관리경로의 구성요소는 순매출, 매출원가COGS, 총마진, 영업비, 이자 및 세금, 순이익마진이다. Retailng View 6.3과 같이, 소매점이 여러 채널을 사용하여 상품을 판매할 때 이러한 요소들은 몇 가지 독특한 특성을 가지고 있다. 순매출은 특정 기간 동안 상품 판매와 관련해 소매업체가 받은 총 수입에서 손상된 상품에 대한 반품, 할인, 촉진공제를 차감한 것이다.

매출원가COGS는 소매업체가 판매한 물품에 대해 납품업체인 벤더에게 지불하는 금액에 운송

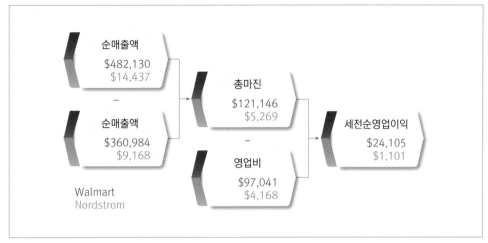

비용을 더한 금액이다. 총이익이라고도 하는 총마진은 순매출에서 매출원가를 뺀 것이다. 매장 운영비용과 기업간접비 등을 고려하지 않고 판매한 상품으로 얼마나 이익을 내고 있는지를 표시하기 때문에 소매업에서 중요한 측정방법이다.

일부 소매업체들은 벤더로부터의 지불과 같은 상품 판매와 관련된 추가적인 수입원을 가지고 있다. 예를 들어, 식료품 소매업체들은 종종 그들 점포의 공간에 대해 벤더들에게 청구하는데, 이것은 슬롯팅 수수료 또는 슬롯팅 수당이라고 알려져 있다. 소매업체는 또한 납품 지연과 같이, 벤더로부터 받은 상품이 구매 계약의 모든 조건을 충족하지 못할 경우, 벤더에게 과금 수수료를 지불하도록 요구할 수 있다. 벤더로부터의 이러한 지급은 일반적으로 손익계산서 상에서 매출원가[COGS]의 감소로 기록된다.

총마진 = 순매출액 − 매출원가

판매 및 일반관리비[SG&A]라고도 하는 영업비는 판매원과 관리자에 대한 급여, 광고, 유틸리티, 사무용품, 감가상각, 상환, 소매점의 창고에서 매장까지의 운송비, 임대료와 같은 정상적인 사업 운영과 관련된 간접 비용이다.

영업이익마진은 총마진에서 영업비를 뺀 것이다. 소매업 경영 의사결정에서 우리는 보통 영업 이익에 초점을 맞춘다. 왜냐하면 그것은 소매업체들이 비영업적인 이익/비용, 이자 및 세금과 관련하여 내리는 재무적 결정이 아니라 소매업체의 근본적 영업 성과를 반영하기 때문이다.

영업이익마진 = 총마진 − 영업비

마지막으로, 순이익마진 또는 순수입은 영업이익마진에서 개점 또는 폐점 비용, 인수, 신용카

Retailing VIEW 6.3 온라인 채널의 비용과 수익 계산

현대 유통업체들은 경쟁력을 유지하기 위해 옴니채널 전략으로 눈을 돌리고 있다. 만약 그들이 걱정할 필요가 있는 것이 판매 수준이었다면, 사용된 채널들은 문제가 되지 않을 것이다. 그러나 채널마다 마진이 다르다. 옴니채널 소매업체의 경우, 온라인 판매와 매장 판매 간의 서로 다른 이익 효과는 상당히 클 수 있다. 최근 조사에 따르면, 옴니채널 소매점의 16% 만이 영업에서 이익을 내고 있으며, 이들 중 67%는 추가 비용 상승을 예상하고 있다.

그 이유는 바로 판매 채널의 성격과 관련이 있다. 오프라인 매장에서는 20명의 고객에게 판매하는 비용과 50명의 고객에게 판매하는 비용은 거의 동일하다. 즉, 아무리 많은 고객들이 점포에 들어오더라도, 그 점포는 이미 문을 열고, 종업원을 배치하고, 재고를 비축하고 있다. 따라서, 각각의 추가 판매는 소매업체가 모든 비용을 지불한 후에 얻는 이익을 증가시킨다. 이와 대조적으로 온라인에서 판매되는 각 제품은 상품을 고르고 포장하고 배송하는 새롭고 독특한 비용을 유발한다. 만약 50명이 청바지를 산다면, 20명이 청바지를 산 것보다 소매업체가 그것을 배송하는데 지불하는 비용이 훨씬 더 클것이다.

옴니채널 운영은 배송비 뿐만 아니라 취급, 반품, 의사결정 비용도 증가시킨다. 예를 들어, 받은 각 주문에 대해, 소매업체는 어떤 채널을 사용하여 공급할 것인지를 결정해야 한다. 현지 매장에 있는 직원을 보내서 물건을 고르고, 포장해, 배송해야 하는가? 중앙집중화된 유통센터에서 조달해서 처리해야 하는가? 제조사가 고객에게 직접 배송하도록 요청해야 하는가?

게다가, 소매업체들은 매번 어느 채널을 통해 반품 받은지 알 수 없으며, 인터넷 쇼핑객들은 구입하기 전에 제품을 만지거나 느낄 수 없기 때문에 온라인 구매에 있어서는 반품이 훨씬 더 빈번하다. 따라서 소매업체는 반품된 물품을 다시 판매할 수 없을 경우 추가 배송, 재입고할 인력, 잠재적 손실 등 반품 비용을 처리해야 한다.

따라서 Kohl's의 경우, 온라인 판매로 벌어들인 이익은 매장에서 팔리는 동일한 상품에 대해 벌어들인 이익의 약 절반이다. Target과

BestBuy 둘 다 온라인 채널이 성장함에 따라 예상 수익이 계속 감소할 것이라고 발표했다. 그러나 Kohl's의 최고 경영자인 Kevin Mansell은 "나는 고객들이 온라인에서 구매하든 아니면 매장에서 구매하든 상관없다. 우리는 매출에 주목한다"라고 말한다. 고객들이 온라인 주문의 편리함을 요구하기 때문에 이 관점에 주목할 필요가 있다. 비록 기업들이 적게 벌더라도, 그들은 웹의 존재가 필요할 것이다. 물론 모든 사람이 동의하는 것은 아니다. 유럽의 할인 판매점 Primark는 많은 수요에도 불구하고 온라인 판매에서 결코 이익을 얻을 수 없다고 인식하고 인터넷으로부터 손을 떼고 있다.

이에 대응하여 소매업체들은 물류, 운송, 재고 능력을 포함한 옴니채널 성과를 향상시킬 방법을 찾아야 한다. 소매업체들이 경쟁력을 유지하기 위해 옴니채널 환경을 조성해야 한다면, 그들은 또한 정보 수집과 데이터 분석에 집중해야 하며, 이는 그들의 운영에서 가장 효율적인 전략과 가장 적절한 절충전략을 찾을 수 있게 할 것이다.

Sources: Suzanne Kapner, "Internet Drags Down Some Retailers' Holiday Profit," The Wall Street Journal, December 1, 2014; Tom Ryan, "Omnichannel Puts Retailers in the Red," RetailWire, April 20, 2015.

드 프로그램 등과 같은 소매점의 기본 운영과 관련이 없는 다른 수입이나 비용을 뺀 것을 의미한다. 순이익마진을 얻기 위해서는 영업이익에서 이자와 세금도 뺀다. 순이익마진은 ROA를 계산하는 데 사용된다.

$$순이익마진 = 영업이익마진 - 기타수입 \text{ 또는 } 비용 - 이자 - 세금$$

② 이익마진 관리경로의 성과분석

〈표 6-2〉의 매출, 총마진, 영업이익마진, 순이익마진 수준은 두 유통업체의 재무성과에 대한 유용한 정보를 제공한다. 그러나 유통업체들의 규모가 다를 때는 실적을 비교하기 어렵다. 만약 Nordstrom이 Walmart와 실적을 비교하는 데 관심이 있었다면, Walmart의 매출이 Nordstrom보다 거의 35배나 크기 때문에 Walmart의 총마진과 영업이익마진이 훨씬 클 것으로 예상할 수 있다. 따라서 손익계산서 수치의 차이의 일부는 소매업체의 실적 차이가 아니라 규모차이에서 기인한다. 따라서 소매업체의 실적을 평가하고 다른 소매업체와 비교할 때는 분모에 순매출액을 넣은 비율을 사용하는 것이 유용하다. 이익마진 관리경로의 세 가지 유용한 비율은 총마진율, 매출대비 영업비율, 매출대비 영업이익마진율이다.

$$\frac{총마진}{순매출} \times 100 = 총마진율(in\%)$$

$$Walmart: \frac{\$121,146}{\$121,146} \times 100 = 25.13\%, \quad Nordstrom: \frac{\$5,269}{\$14,437} \times 100 = 25.13\%$$

총마진율%은 총마진을 순매출로 나눈 값이다. 소매업체는 ① 다양한 종류의 상품 성과 ② 자사의 실적을 매출 수준이 높거나 낮은 다른 소매업체와 비교하기 위해 이 비율을 사용한다.

Walmart는 Nordstrom의 35배에 가까운 매출을 올리고 있지만, Nordstrom은 더높은 총마진율을 가지고 있다. 총마진율의 이러한 차이는 그 회사들의 소매전략에서 비롯될 수 있다. 백화점, 특히 노드스트롬과 같은 고급 백화점은 일반적으로 풀라인 종합할인점보다 총마진율이 높은데, 그 이유는 명품 패션 상품과 개인 서비스에 관심이 많고 기꺼이 돈을 쓸 용의가 있는 가격 민감도가 낮은 고객들을 타겟으로 하고 있기 때문이다. 즉 고객들은 Nordstrom 의 유명 디자이너의 하이패션 드레스에 대해서는 프리미엄 가격을 지불할 의향이 있지만, 월마트의 순백의 티셔츠 6팩이나 1파운드 Great Value 커피에 대해서는 매우 경쟁적이고 저렴한 가격을 기대하고 있다.

총마진과 마찬가지로 영업비율도 기업 간 비교를 용이하게 할 수 있다. 백화점의 경우 할인점과 같은 다른 소매 형태보다 영업비가 더 높은 경향이 있기 때문에 상대적으로 높은 총마진을 달성하는 것이 중요하다. Nordstrom은 매장 대부분이 프리미엄 몰에 위치해 있기 때문에 고객 서비스와 판매 비용, 매장 외관 유지 비용, 평방 피트당 임대 비용 등에 상대적으로 더 많은 비용을 지출한다. 대신 할인점은 백화점보다 상대적으로 적은 관리 인력으로 운영된다. 월마트의 매입비용은 상대적으로 낮은 편인데, 왜냐하면 월마트는 상대적으로 적은 수의 일상 가공상품 SKU와 관련된 간단한 구매 과정을 거치므로 더 적은 수의 매입자가 필요하기 때문이다. 대신 Nordstrom은 자사 매입자들을 전 세계의 패션 시장에 보내는 비용을 포함해서 자사가 보유할 패션 의류를 구입하는 과정이 더 복잡하고, 비용이 더 많이 드는 상황에 직면해 있다. Walmart는 그런 지출을 할 필요가 거의 없음에도 불구하고 Walmart의 영업비율이[20.1%]이 Nordstrom[28.9%]보다 현저히 낮은 이유는 무엇일까? 그 이유의 일부는 Nordstrom에 비해 더 저렴한 비용이 드는 점포 위치를 선택한 Walmart의 전략적 선택에서 비롯된다.

$$\frac{영업비}{순매출} \times 100 = 영업비율(\text{in \%})$$

$$\text{Walmart: } \frac{\$97,041}{\$482,130} \times 100 = 20.13\%, \text{ Nordstrom: } \frac{\$4,168}{\$14,437} \times 100 = 25.13\%$$

총마진 및 영업비와 유사하게, 순매출의 백분율로 표현되는 영업이익마진율%은 기업간 비교를 용이하게 한다. 이는 영업이익 마진을 순매출로 나눈 것이다.

Nordstrom의 영업이익마진율은 Walmart보다 50% 더 크다. 그 이유는 Nordstrom의 영업비율이 역시 더 높은데도 불구하고, Nordstrom의 총마진율이 Walmart보다 훨씬 높기 때문이다. 따라서 전략적 이익모델의 이익마진 관리경로는 Nordstrom이 Walmart보다 실적이 우수하다는 것을 의미한다. 그러나 자산회전 관리 경로는 다른 측면을 이야기한다.

$$\frac{총마진-영업비}{순매출} \times 100 = 영업이익마진율(\text{in \%})$$

$$\text{Walmart: } \frac{\$121,146-\$97,041}{\$482,130} \times 100 = 5.00\%, \text{ Nordstrom: } \frac{\$5,269-\$4,168}{\$14,437} \times 100 = 7.63\%$$

마지막으로, 순이익마진율 또한 기업간 비교를 용이하게 한다. 그것은 순이익을 순매출로 나눈 값이다.

$$\frac{순이익마진}{순매출} \times 100 = 순이익마진율(\text{in \%})$$

$$\text{Walmart: } \frac{\$14,964}{\$482,130} \times 100 = 5.00\%, \text{ Nordstrom: } \frac{\$600}{\$14,437} \times 100 = 7.63\%$$

2. 자산회전 관리경로

소매업체의 자산회전 관리경로를 분석하는 데 사용되는 정보는 주로 소매업체의 재무상태표구 대차대조표에서 나온다. 손익계산서는 일정 기간일반적으로 1년 또는 분기 동안의 재무성과를 요약하는 반면, 재무상태표는 소매업체의 재무상태를 특정 시점일반적으로 회계연도 말에 대해 요약한다. Nordstrom과 Walmart의 재무상태표는 〈표 6-3〉에 표시되어 있으며, 전략적 수익모델의 자산회전 관리경로의 구성요소는 〈그림 6-3〉에 나타난다.

1 자산회전 관리경로의 구성 요소

자산은 기업이 소유하거나 관리하는 경제적 자원예: 재고자산, 건물, 컴퓨터, 점포 설비이다. 자산에는 유동자산과 비유동자산의 두 종류가 있다. 우리는 이 자산들이 Nordstrom과 Walmart의 재정적인 그림 내에서 어떻게 작용하는지를 검토한다.

보통 1년 이내에 현금으로 전환할 수 있는 자산을 유동자산이라 한다. 소매업체의 경우 유동자산은 주로 현금, 상품재고, 외상매출금 같은 자산들이다. 현금 및 현금등가물에는 통화, 수표, 단기통장, 3개월 이내 만기가 도래하는 투자가 포함된다. 전통적인 소매업체들은 그들의 일상사업을 수행하기 위해 최소한의 현금과 현금 등가물을 필요로 한다.

📋 표 6-3 Nordstrom과 Walmart의 재무상태표

	Nordstrom 손익계산서 (FY1/30/2016)	Walmart 손익계산서 (FY1/31/2016)
	백만달러 기준	백만달러 기준
현금 및 현금 등가물	595	8,705
상품재고	1,945	44,469
기타 유동자산	474	7,065
총유동자산	3,014	60,239
부동산 및 비품	3,735	11,0171
무형자산	435	23,040
기타 비유동자산	514	370
총 비유동자산	4,684	139,342
총자산	7,698	199,581
재고자산회전율	4.71	8.12
자산회전율	1.88	2.42
총자산수익률(ROA)	7.79%	7.36%

출처: Macys 10K Report, filed April 4, 2007, for fiscal year ending January 31, 2007, p.F7; Costco 10K Report, filed November 17, 2006, for fiscal year ending September 3, 2006, p.43.

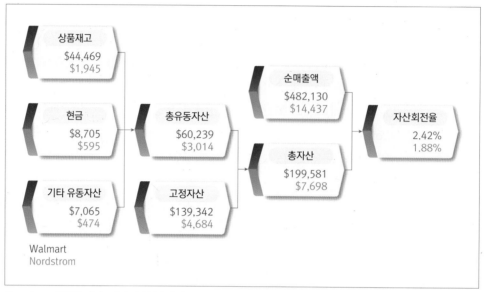

● 그림 6-3   전략적 이익모델의 자산회전 관리 경로

상품 재고는 소매업체의 생명줄이다. 소매업체가 존재하는 주된 이유는 상품 재고를 판매하기 위함이다. 적절한 시간과 장소에서 적절한 양으로 적절한 상품을 구할 수 있는 것은 매우 중요하다. 더 많은 상품들을 비축하는 것은 고객들이 원하는 것을 찾을 기회를 증가시키기 때문에 판매를 증가시킨다. 그러나 이것은 또한 소매업체들의 자산 투자를 증가시킨다. Retailing View 6.4는 크라우드 펀딩이 어떻게 전통적인 재고 모델을 전환시킬 수 있는지를 설명하고 있는데, 이는 소매업체들에게 최소한의 재고만을 보유할 수 있도록 한다.

소매업체가 재고에 대한 투자를 얼마나 효과적으로 활용하는지를 측정하는 재고자산회전율도 소매실적 평가에 중요한 비율이다. 재고자산회전율은 특정 기간^{보통 1년} 동안 점포 전체적으로 재고자산 회전이 평균적으로 몇 번 정도 일어나는 지를 보여준다. 그것은 1년 기간 동안의 매출원가를 그 기간 동안의 평균 재고수준^{원가로 표현됨}으로 나누어 계산된다. 일부 소매업체는 소매가치^{예를 들어 순매출을 평균재고로 나누는}를 사용한 등가 재고자산회전율 계산을 사용하기도 한다. 평균재고에 대한 대용치는 재무상태표에 보고된 회계연도 말의 재고자산 가치를 말한다. 재무상태표에 보고된 재고수준은 평균 수준이 아니라 회계연도 마지막 날의 수준임을 유의해야 한다. 평균 재고 수준을 보다 정확하게 측정하기 위해서 소매업체들은 연간 매일의 재고 수준을 조사해 이를 365로 나눈다^{10장 참조}.

$$\frac{배출원가}{평균\ 재고비용} = 재고자산\ 회전율$$

$$\text{Walmart:} \ \frac{\$360,984}{\$44.469} \times 100 = 8.12, \quad \text{Nordstrom:} \ \frac{\$9,168}{\$1,945} \times 100 = 74.31$$

크라우드 펀딩 캠페인에 기반한 재고 수준

크라우드 펀딩은 종종 비교적 적은 액수로 많은 사람들에게 돈을 기부하도록 설득함으로써 특정 프로젝트를 지원하기 위해 기금을 모은다. 이는 영화제작자들이 그들의 영화를 제작할 수 있게 했고, 음악가들이 그들의 앨범을 녹음할 수 있게 했으며, 정치 후보자들이 정치 캠페인을 운영할 수 있게 했다. 최근에 등장한 일부 사례에서, 이 펀딩은 소매 기업가들이 대규모 재고의 위험과 비용을 부담하지 않고 그들의 혁신적인 제품을 고객에게 제공할 수 있는 수단을 제공하기도 했다.

패션 소매업체들은 자신들의 재고를 구매할 때와 그 재고에 대한 수요가 확실해질 때 사이의 근본적인 차이에 항상 직면한다. 결과적으로, 재고 관리는 그들에게 특히 어려운 일이며, 종종 소매점포의 선반은 인기 있는 패션상품은 거의 없고 인기 없는 옵션으로 채워지는 상황을 맞이하곤 한다. 크라우드 펀딩으로 소매업체들은 실제 주문을 받기 전까지는 생산 착수를 피할 수 있다. 그들은 또한 얼마나 많은 원단을 구입해야 하는지, 얼마나 많은 단추가 필요할지도 정확히 알 수 있어, 공급망 비용을 줄이는데 도움을 받을 수 있다.

Kickstarter에서 빈티지한 디자인의 란제리 브랜드 Black-bird Underpinnings가 4만 달러 이상을 모금해 자사 제품의 완전한 생산을 감당할 수 있는 공장을 찾기도 했다. 10년차 후디는 5만 달러를 모금할 계획이었지만 Kickstarter사용자들에게 너무 인기가 많아서 목표치를 넘어 100만 달러 이상을 모금하였다.

남성 데님 브랜드인 Gustin은 전통적인 소매점 패션 모델은 회사와 고객 모두에게 너무 비용이 높다고 판단하고는, 그들의 첫 크라우드 펀딩 캠페인을 Kickstarter에 의존했다. 그들의 프리미엄 데님 제품은 지역의 소매 부티크에서 205달러에 판매되고 있었다. 처음에는 Kickstarter를 통해, 그리고 지금은 독자적인 크라우드 펀딩 사이트를 통해, Gustin은 생산을 시작할 만큼 각 스타일에 대한 충분한 주문이 있을 때까지 기다린다. 이 접근법으로 생 셀베지 데님 청바지를 81달러까지 싸게 판매할 수 있다. Gustin은 가격 혜택 외에도 혁신적 전략이 어떻게 폐기물을 전체적으로 줄여서 지속가능성을 높이는 지를 강조한다. 고객이 소매 사이트에서 직접 주문할 때마다 고객과 긴밀한 연락을 유지하고 있어 고품질의 보장도 제공한다.

그러나 성공 사례들은 여전히 비교적 드물다. 만약 크라우드 참여자에 설득력 있는 어필이 없다면, 기본적인 패션 브랜드들은 무시되는 경향이 있다. 패션 고객들은 일반적으로 그들의 옷을 사기 위해 60일에서 90일을 기다리는 것을 좋아하지 않는다. 영화나 정치 캠페인과 달리 크라우드 펀딩을 통해 패션을 판매하는 것도 반품 측면에서 난제를 일으키는데, 정상적인 비즈니스 모델이 '지금 사고 지불하지만 크라우드펀딩은 지금 사고 받기를 기다린다'는 점에서 더 문제가 될 수 있다.

Sources: Rachel Brown, "Kickstarter Fashion: Retail Disrupter, or Oxymoron?," San Francisco Chronicle, January 27, 2016; Ellen Huet, "Crowdfunding Might Be Right Fit for Fashion Startups," SFGate, January 3, 2014; Christina Desmarais, "How 3 Kickstarter Projects Beat the Odds," Inc., May 8, 2013; https://www.weargustin.com.

Walmart의 재고자산회전율은 Nordstrom보다 2배 가까이 빠르다. 따라서 우리는 Walmart 소매전략의 성격과 판매 상품 등을 고려할 때 Walmart의 재고자산회전율이 더 높을 것으로 예상할 수 있다. 즉, Walmart의 대부분 품목은 식품, 배터리, 가정용품, 기본 의류제품과 같은 주요한 저가 상품들이다. Nordstrom의 주축인 의류패션과 달리 이런 상품들은 신속하게 보충될 수 있다. Walmart 매장은 일반적으로 남자 정장

셔츠와 같은 특정 상품군에서 SKU가 상대적으로 적다. 반면 Nordstrom은 500개 SKU의 남성 정장 셔츠^{다양한 색상, 크기, 스타일, 브랜드}를 보유할 수 있다. 백화점과 같이 대규모의 상품구색은 상대적으로 높은 재고 투자를 필요로 하며, 이는 재고자산회전율을 둔화시킨다.

비유동자산은 1년 이내에 현금으로 전환할 가능성이 없는 자산이 비유동자산이다. 소매업체의 경우 비유동자산은 주로 고정자산과 무형자산을 포함한다. 소매업에서 주요 고정자산은 건물, 물류 센터, 고정장치^{예: 디스플레이 랙} 및 장비^{예: 컴퓨터, 배달 트럭}이다. 무형자산에는 특허권이나 영업권 등 비물리적 자산이 포함된다. 재정상태표에는 브랜드 이미지, 고객 충성도, 고객 서비스, 정보 및 공급망 시스템, 인력^{헌신적이며, 아는 것이 많은 직원}, 고객 구매 행동과 선호도에 대한 데이터베이스 등 지속 가능한 경쟁 우위^{제5장에서 설명}를 개발하기 위해 소매업체가 사용하는 주요 자산이 대부분 포함되지 않는다는 점에 유의해야한다. 이러한 요인은 중요한 자산이지만 회계사의 평가를 받을 수 없기 때문에 재정상태표에 포함되지 않는다^{그것들이 인수되는 상황이 아닌 한}. 따라서 이러한 자산은 장기적인 재무성과를 창출하는 데 중요하지만, 자산수익률 계산에는 포함되지 않는다.

$$\frac{순매출}{총자산} = 자산\ 회전율$$

$$Walmart: \frac{\$482,130}{\$199,227} = 2.42, \quad Nordstrom: \frac{\$14,437}{\$7,698} = 1.88$$

② 자산회전 관리경로의 성과 분석

자산회전율은 전략적 이익모델에서 자산 관리 요소의 성과를 평가하는 데 사용된다. 순매출액을 총자산으로 나눈 것이다. Walmart의 자산회전율은 Nordstrom보다 25% 더 크다. 이들의 자산회전율의 차이는 Walmart의 더 높은 재고자산회전율과 더 낮은 점포 내 고정자산 비용에 기인한다. 앞에서 언급했듯이, 기본적인 상품을 싼 가격에 판매하는 Walmart와 같은 소매업체들은 Nordstrom과 같은 소매업체들이 판매하는 패션 의류보다 일반적으로 재고자산회

전율이 더 높다. 또한 Nordstrom 매장은 일반적인 Walmart 매장에 비해 고정장치, 조명, 마네킹, 바닥재 등 훨씬 더 비싼 고정자산을 포함한다.

3. 이익마진 관리경로와 자산회전 관리경로를 결합하기

이익마진 관리경로의 측면에서 Nordstrom은 더 높은 영업이익률을 가지고 있어 Walmart보다 수익성이 좋다. 하지만 Walmart는 자산회전율이 더 높다. 전반적인 전략과 소매 형식을 감안할 때 이러한 유형의 성과는 예상되지만, 두 소매점 모두 이러한 주요 비율에 대한 실적을 높이기 위해 노력한다. 예를 들어, Nordstrom과 같은 백화점들은 Zara나 H&M 같은 성공적인 패스트 패션 소매상들을 모방한 공급체인망과 매입시스템을 개발하기 위해 노력하고 있는데, 이는 수요와 공급을 맞추기 위해 더 적은 수의 상품을 더 자주 배달할 수 있게 해준다. 이렇게 평균 재고와 총자산은 낮아지면서 동시에 판매량이 증가함으로써 결국은 재고와 자산의 회전율이 증가하게 된다. Walmart와 같은 할인점들은 대신에 신선한 유기농 농산물, 육류, 준비된 음식을 더 많이 제공함으로써 총마진을 늘리려 하고 있다. 비록 대부분의 전문가들이 좀 더 패셔너블한 의류를 제공하려는 노력에 미련을 갖고 있지만, Walmart는 이 상품화 전략을 이윤을 증가시키기 위한 방법으로 여긴다.

총자산수익률^{ROA}로 측정한 두 소매점의 전반적인 실적은 두 가지 경로의 영향을 고려하여 결정할 수 있는데, 이는 순이익률에 자산회전율을 곱하는 것이다. Nordstrom은 Walmart에 비해 영업이익률이 현저히 높았고, 순이익률도 훨씬 높았다. 그러나 Nordstrom의 자산회전율 실적은 Walmart보다 저조했다. 그 결과, ROA가 측정한 두 소매점의 전반적인 실적은 놀라울 정도로 비슷하다.

	자산회전율	×	순이익률(%)		자산수익률
Walmart:	2,42	×	3.05%	=	7.38%
Nordstrom:	1.88	×	4.16%	=	7.82%

4. 재무성과 향상을 위한 시사점

전략적 이익모델의 이익마진 관리경로와 자산회전 관리경로는 재무성과를 개선하기 위한 서로 다른 접근법을 제시한다. 이익마진 관리 경로에 초점을 맞추면 매출을 늘리거나 매출원가나 영업비를 줄임으로써 영업이익을 증가시킬 수 있다. 예를 들어, Walmart는 더 많은 고객을 유치하기 위해 판촉 행사를 늘림으로써 매출을 늘릴 수 있다. 이러한 매출 증가는 판촉비용에 소요되는 비용보다 더 많은 총마진을 창출할 수만 있다면, Walmart의 영업이익률과 ROA에 긍정적인 영향을 미칠 것이다. 또한 매출 증가는 Walmart의 자산회전율을 증가시킬 수 있는데, 이는 매출액은 늘어나지만 자산은 그대로 유지되기 때문이다.

자산회전 관리경로를 보면, Nordstrom은 매장 내 재고량을 줄임으로써 자산회전율을 높일 수 있다. 그러나 재고 수준을 낮추면 고객이 사고 싶은 제품을 찾지 못해 다른 곳에서 쇼핑을 할 수 있기 때문에 실제로 매출이 감소할 수 있다. 만약 그들이 불만을 토로하기 위해 친구들에게 말하거나, 부정적인 온라인 리뷰를 올리거나, 트위터와 같은 소셜 미디어를 사용한다면, 수요가 있는 상품의 재고 부족은 판매와 이익에 연쇄적으로 해로운 영향을 미칠 수 있다.

전략적 이익모델은 두 가지 중요한 문제를 설명한다. 첫째, 소매업체와 투자자는 재무성과를 평가할 때 영업이익률/순이익률과 자산회전율을 모두 고려해야 한다. 기업은 이익률과 자산 회전율을 모두 효과적으로 관리함으로써 높은 성과^{높은 ROA}을 달성할 수 있다. 둘째로, 소매업체는 전략적 이익모델의 두 가지 요소에 대한 전략적 의사결정의 시사점을 고려할 필요가 있다. 예를 들어, 가격을 인상하면 이익마진 관리경로의 총마진과 영업이익 마진을 증가시킬 수 있다. 그러나 가격 상승은 매출 감소로 이어질 수 있으며, 이는 총마진과 순영업이익마진 모두에 부정적인 영향을 미칠 수 있다. 동시에 자산 수준이 그대로 유지된다고 가정하면 자산회전율이 감소할 것이다. 따라서 가격결정과 같은 하나의 전략적 변수의 간단한 변화도 전략이익모델에 여러 가지 영향을 미칠 수 있는데, 이 모든 것들은 ROA에 미치는 영향을 결정할 때 고려되어야 한다.

III 성장 기회 평가

LO 6-3
성장기회를 분석하는데 있어서 전략적 이익모델의 유용성을 설명할 수 있다.

성장기회를 평가하기 위한 전략적 이익모델의 활용을 설명하기 위해, 제 5장에서 Kelly Bradford가 주목하고 있는 기회를 살펴보자. Kelly Bradford는 시카고 지역에 2개 점포를 가진 Gifts To Go라는 체인사업을 소유하고 있다는 것을 기억하자. 그녀는 몇 가지 성장 옵션을 고려하고 있는데, 그 중 하나는 www.Gifts-To-Go.com. 이라는 인터넷 채널을 개설하는 것이다. 그녀는 이 채널의 시장 규모가 크지만 매우 경쟁적이라고 판단했다. 이제 그녀는 제안된 온라인 채널에 대한 재무 분석을 실시하고, 그리고 Gifts To Go 점포와의 예상 매출을 비교하며, 2가지를 결합한 사업의 재무 성과를 결정해야 한다. 먼저 이익마진 관리경로를 살펴본 뒤 자산회전 관리경로를 살펴보겠다. 〈표 6-4〉는 Kelly의 Gifts To Go 매장에 대한 손익계산서 정보와 Gifts-To-Go.com과 결합된 사업에 대한 그녀의 실적추정치를 보여준다.

1. 이익마진 관리경로

Kelly는 Gifts-To-Go.com을 연간 44만 달러의 매출을 올리는 사업으로 발전시킬 수 있다고 생각한다. 그녀는 인터넷 채널에 의해 그녀의 점포 매출이 다소 줄어들 것으로 예상한다. Gifts-To-Go에서 상품을 샀을 몇몇 고객들은 더 이상 그들의 구매를 위해 그녀의 점포에 가지 않을 것이다. 그녀는 또한 인터넷 채널이 일부 점포 판매를 자극할 것이라고 생각한다. 그녀의 웹사이트에서 선물 아이템을 보는 고객들은 점포를 방문해서 구매를 할 것이다. 따라서 그녀는 인터넷 채널이 도입된 후에도 매장 매출이 그대로 유지될 것이라는 가정 하에 분석을 수행하기로 한다.

1 총마진 Gross Margin

Kelly는 Gifts-To-Go.com에서 오프라인 매장과 같은 가격에 기본적으로 같은 상품을 판매할 계획이다. 따라서 그녀는 점포 매출의 총마진율이 Gifts-To-Go.com 매출의 총마진율과 동일할 것으로 예상한다

$$\frac{\text{총마진}}{\text{순매출}} \times 100 = \text{총마진율}$$

$$\text{점포}: \frac{\$350,000}{\$700.000} \times 100 = 50\%, \ \text{Gifs-To-Go.com}: \frac{\$220,000}{\$440,000} \times 100 = 50\%$$

2 영업비 Operating Expenses

처음에 Kelly는 임대료를 내지 않아도 되고 잘 훈련된 영업사원을 둘 필요가 없기 때문에, Gifts-To-Go.com의 경우 매출대비 영업비율이 더 낮을 것이라고 생각했다. 그러나 그녀는 웹사이트를 유지하고, 주문을 처리하고, 배송 준비를 하기 위해 종업원을 고용해야 하기 때문에, Gifts-To-Go.com의 매출대비 영업비율이 단지 아주 조금만 더 낮다는 것을 발견했다.

또한 Gifts To Go 매장은 기존의 확보된 고객군과 가시성이 좋은 교통 요지에 위치해 있다. 비록 그녀의 현재 고객들 중 일부는 그녀의 매장 내 프로모션을 통해 웹사이트에 대해 알게 되겠지만, Kelly는 그녀의 새로운 채널에 대한 인식을 만들고 그녀의 매장을 잘 모르는 사람들에게 알리기 위해 광고와 홍보에 투자해야 할 것이다.

$$\frac{\text{영업비}}{\text{순매출}} \times 100 = \text{영업비율(in\%)}$$

$$\text{점포}: \frac{\$250,000}{\$700,000} \times 100 = 35.7\%, \ \text{Gifs-To-Go.com}: \frac{\$220,000}{\$440,000} \times 100 = 34.1\%$$

📝 **표 6-4** Giftts To Go 성장 기회에 대한 손익계산서 정보

손익계산서	Gifts To Go 점포	Gifts-to go.com(예상)	병행할 경우
순매출액	$700,000	$440,000	$1,140,000
(–) 매출원가	350,000	220,000	570,000
총마진	350,000	220,000	570,000
(–) 영업비	250,000	150,000	400,000
영업이익	100,000	70,000	170,000
(–) 이자비용 및 세금	40,000	24,000	64,000
순이익	$60,000	$46,000	$106,000
비율	32,200	24,500	56,700
총마진율	50.00%	50.00%	50.00%
영업비율	35.7%	34.1%	35.1%
영업이익률	14.3%	15.9%	14.9%
순이익마진율	8.6%	10.5%	9.3%

3 순영업이익마진 Net Operating Profit Margin

두 영업형태의 매출액 대비 총마진과 영업비 비중이 거의 같을 것으로 예상했기 때문에, Gifts-To-Go.com은 조금더 높은 영업이익마진율을 창출할 것으로 예상된다.

$$\frac{\text{영업비}}{\text{순매출}} \times 100 = \text{영업비율(in\%)}$$

$$\text{점포:} \frac{\$250,000}{\$700.000} \times 100 = 35.7\%, \text{Gifs-To-Go.com:} \frac{\$220,000}{\$440,000} \times 100 = 34.1\%$$

순매출에서 차지하는 비중으로 표현되는 순이익마진율은 순마진^{또는 순이익}을 순매출로 나눈 값이다. Gift-To-Go.com은 훨씬 더 좋은 순이익마진율을 창출할 수 있다.

2. 자산회전 관리경로

이제 두 가지 영업형태를 〈표 6-5〉의 재정상태표 정보를 통해 자산회전 관리경로를 사용해서 비교해 보자.

Kelly는 Gifts-To-Go.com이 Gifts to Go 매장에 비해 재고자산회전율이 높을 것으로 추정하는데, 이는 Gifts to Go 매장이 비교적 적은 판매물량을 각각 2개 매장의 재고를 통해 처리하는 반면, Gifts-To-Go.com은 대규모 판매량을 처리하는 하나의 중앙집중화된 유통센터에

표 6-5   Giftts To Go 성장 기회에 대한 재정상태표 정보

재무상태표	Gifts To Go 점포	Gifts-to-go.com(예상)	병행할 경우
현금	$175,000	$131,000	$306,000
상품재고	175,000	70,000	245,000
총유동자산	350,000	201,000	551,000
고정자산	30,000	10,000	40,000
총자산	380,000	211,000	591,000
비율			
재고자산회전율	2.00	3.14	2.33
자산회전율	1.84	2.09	1.93
총자산수익률(ROA)	15.8%	21.8%	17.9%

서 재고를 통합처리하기 때문이다. 또한 Gifts-To-Go.com은 여러 공급업체와 관계를 맺어 "생산자 직송으로 보내거나", 벤더로부터 직접 고객에게 상품을 발송할 것이다. 이런 상황에서 Gifts-to-Go.com은 재고 투자가 없다.

$$\frac{\text{매출원가}}{\text{평균재고}} = \text{재고자산회전율}$$

$$\text{점포:} \frac{\$350,000}{\$175,000} = 2.0, \text{ Gifs-To-Go.com:} \frac{\$220,000}{\$70,000} = 3.1$$

Gifts To Go의 매장 공간은 임차한 것이다. 따라서 Kelly의 고정 자산은 매장의 고정 장치, 조명 및 기타 임대 자산 개선물, 그리고 판매 시점POS 단말기와 같은 장비로 구성된다. Kelly는 또한 그녀의 점포를 미적으로 좋게 보이게 하는 자산에도 투자했다. Gifts-To-Go.com은 자사 웹사이트로 발주된 주문의 이행을 아웃소싱하고 있어 창고자산이 없다. 따라서, 이의 고정 자산은 웹사이트와 주문을 처리하는 컴퓨터 시스템이다.

그녀가 예상한 대로, Gifts-To-Go.com의 예상 자산회전율이 Gifts To Go 매장의 그것보다 더 높은 이유는 Kelly가 Gifts-To-Go.com의 재고 자산회전율이 더 높을 것이고, 다른 자산은 더 낮을 것이라고 추정하기 때문이다.

$$\frac{\text{순매출}}{\text{총자산}} = \text{자산회전율}$$

$$\text{점포:} \frac{\$700,000}{\$380,000} = 2.0, \text{ Gifs-To-Go.com:} \frac{\$440,000}{\$211,000} = 3.1$$

Kelly의 Gifts-To-Go.com의 순이익마진율과 자산회전율 추정치가 그녀 매장의 그것보다 높기 때문에, Gifts-To-Go.com은 더 높은 ROA를 달성한다. 따라서 이 전략적 이익모델 분석은 Gifts-To-Go.com이 Kelly에게 재정적으로 실행 가능한 성장 기회임을 보여준다.

	자산회전율		순이익마진율	=	자산수익률(ROA)
점포	1.84	×	8.6%	=	15.8%
Gifts-To-Go.com	2.09	×	10.5%	=	21.8%

3. 다른 의사결정 분석을 위한 전략적 이익모델 사용

Kelly가 고려할 또 다른 투자는 어떤 상품을 주문할 것인지, 언제 상품을 재주문할 것인지, 언제 팔리지 않는 상품에 대한 가격을 내릴 것인지에 대한 더 나은 결정을 내리는 데 도움이 될 컴퓨터화된 재고관리시스템을 설치하는 것이다.

만약 그녀가 이 시스템을 구입한다면, 잘 팔리고 있는 상품들은 더 많은 재고 비중을 가지게 되고 재고 고갈의 가능성은 거의 없을 것이기 때문에 매출이 증가할 것이다. 그녀의 총마진율 또한 증가할 것인데, 이는 상품 판매가 부진한 많은 상품들의 가격인하를 하지 않아도 되기 때문이다.

자산회전 관리경로를 보면, 컴퓨터 시스템의 구입으로 그녀의 고정자산은 구입된 시스템의 양만큼 늘어나겠지만, 그녀가 더 효율적으로 살 수 있기 때문에 그녀의 재고자산회전율은 증가하고 재고자산 수준은 감소할 것이다. 따라서 매출액이 총자산보다 더 큰 비율로 증가하기 때문에 그녀의 자산회전율은 아마도 증가할 것이다. 재고 시스템에 들어가는 추가적 원가가 재고 수준의 감소보다 더 적으면, 총자산은 실제로 감소할 것이다.

IV 성과목표의 선정과 측정

LO 6-4
소매업체들이 그들의 성과를 평가하기 위해 사용하는 측정방법을 이해할 수 있다

이전 섹션에서는 ROA와 그 구성요소를 포함해 소매업체의 전반적인 재무성과를 평가하는 데 사용되는 지표들에 대해 논의하였다. 이 절에서는 소매업체가 보유한 특정 자산예를 들어 종업원, 부동산, 상품 재고의 성과를 평가하는 데 사용되는 몇 가지 지표를 검토한다. 소매업체들은 그들 회사의 실적을 평가하고 목표를 설정하기 위해 이 지표들을 사용한다.

성과목표를 설정하는 것은 모든 기업의 전략적 경영과정에 필수적인 요소다. 성과목표는 ① 바람직한 성과에 대한 진행률을 측정할 수 있는 수치지표, ② 목표를 달성할 수 있는 기간, ③ 목표 달성에 필요한 자원을 포함해야 한다. 예를 들어, "합리적인 이익 창출"은 좋은 목표가 아니다. 왜냐하면 성과를 측정하는 데 사용할 수 있는 구체적인 목표를 제공하지 않기 때문이다. 무엇이 합리적인가? 언제 수익을 실현하고 싶은가? 2021년 한 해 동안 매장 내 디스플레이, 컴퓨터 장비, 재고 등에 50만 달러를 투자해 10만 달러의 수익을 올리는 것이 더 나은 목표일 것이다.

1. 하향식 대 상향식 과정

대형 소매조직에서 목표를 설정하는 데는 하향식 접근법과 상향식 접근법이 함께 사용된다. 하향식 계획이란 목표가 조직의 상단에서 설정되고 더 낮은 운영 단으로 전달되는 것을 말한다. 소매 조직에서 하향식 계획은 전반적인 소매전략을 개발하고 광범위한 경제, 경쟁 및 소비자 동향을 평가하는 기업 임원들과 주로 관련된다. 이 정보로 그들은 회사의 성과 목표를 개발한다. 그런 다음 이러한 전반적인 목표는 다시 각 매입자와 상품 범주, 각 지역이나 점포 그리고 심지어 매장 내 특정 파트와 해당 파트에서 일하는 판매원에 대한 구체적인 목표들로 세분화된다.

전반적인 전략은 상품 다양성, 구색 및 제품 가용성과 더불어 매장 크기, 위치, 고객 서비스 수준 및 유형을 결정한다. 그런 다음 각 매입자와 상품 관리자에 대한 성과 목표를 설정한다. 이 과정은 11장에서 검토된다.

마찬가지로 회사의 성과목표는 점포관리자의 목표로 세분화된다. 그리고 다시 매장의 파트별 관리자와 개별 판매원으로 흘러 들어간다. 매장의 판매원에 대한 목표를 설정하는 과정은 14장에서 논의한다.

이 하향식 계획은 상향식 계획 접근법에 의해 보완된다. 상향식 계획은 모으고 합쳐져서 회사의 전반적인 목표로 발전할 수 있는 성과 목표들을 개발하는 회사의 하위 레벨과 관련된다. 매입자와 매장 매니저들은 그들이 성취할 수 있는 것을 추정하고, 그들의 추정치는 조직의 상위로 전달되어 결국 기업 임원들에게 전달된다. 조직의 상부에서 내려온 목표와 하위직 직원들이 정한 목표 사이에는 상충되는 의견 불일치가 종종 있는데, 이는 협상을 통해 해결된다. 예를 들어, 점포 관리자는 그 지역의 주요 고용주가 2,000명의 종업원들을 해고할 계획을 발표했기 때문에 그가 설정한 매출 10% 성장을 달성하지 못할 수도 있다. 운영 관리자들이 목표 설정 과정에 참여하지 않는다면, 그들은 목표를 받아들이지 않을 것이고, 따라서 그 목표를 달성하려는 동기가 줄어들 것이다.

2. 누가 성과에 대한 책임을 지는가?

소매 조직의 각 수준에서, 사업부와 사업부 관리자는 그들이 통제할 수 있는 수익, 비용, 현금 흐름 및 ROA 기여도에 대해서만 책임을 져야 한다. 따라서 조직의 여러 수준에 걸쳐 영향을 미치는 비용(예: 기업 본사 운영과 관련된 인건비 및 자본 비용)을 하위 수준에 임의로 할당해서는 안 된다. 예를 들어, 점포의 경우, 판매, 판매직원 생산성, 직원 및 고객의 절도로 인한 매장 재고 감소, 에너지 비용 등을 기준으로 성과 목표를 설정하는 것이 적절할 것이다. 만약 매입자가 잘못된 결정을 내려서 그 상품을 처분하기 위해 가격을 낮춰야 하고 이에 따라 이익이 타격을 받는다면, 그 결과로 인한 점포 이익 감소를 근거로 점장의 실적을 평가하는 것은 공평하지 않다.

성과 목표와 평가지표는 문제 영역을 정확히 파악하는데 사용될 수 있다. 성과가 계획된 수준 그 이상 또는 그 이하로 나온 이유는 반드시 조사되어야 한다. 아마도 목표를 정하는 데 관여하는 관리자들은 예측은 잘 하지 못할 것이다. 만약 그렇다면, 그들은 예측에 대한 훈련이 필요할지도 모른다. 또한 매입자들은 보증된 것보다 더 많은 재고예산을 얻고 결과적으로 더 높은 보너스를 얻기 위해서 회사의 재무목표에 기여하는 그들 사업부의 능력을 잘못 말했을 수도 있다. 어느 경우든 투자 자금이 잘못 배분될 수 있다.

실제 성과는 관리자가 통제할 수 없는 상황으로 인해 계획에서 예측한 바와 다를 수 있다. 예를 들어, 불황이 있었을 수도 있다. 경기 침체가 예측되지 않았거나 예상보다 더 심각하거나 더 오래 지속되었다고 가정할 때, 다음과 같은 몇 가지 관련 질문이 있을 수 있다. 얼마나 빨리 계획이 조정되었는가? 가격 및 판촉 정책이 얼마나 빠르고 적절하게 수정되었는가? 한마디로 매니저가 불리한 상황을 해결하기 위해 반응한 것인가, 아니면 그 반응이 상황을 더 악화시킨 것인가?

3. 성과 목표와 측정

많은 요인들이 소매업체의 전반적인 성과에 기여하고 있으며, 이로 인해 성과를 평가할 수 있는 단 하나의 척도를 찾기는 어렵다. 예를 들어, 매출은 소매점의 활동 수준을 측정하는 세계적 공용 척도다. 그러나 전략적 이익모델에서 알 수 있듯이, 매장 관리자는 가격을 낮추어 매출을 쉽게 늘릴 수 있지만, 결과적으로 그 상품에서 실현되는 이익(총이익)은 타격을 입을 것이다. 한 가지 지표를 최대화하려는 시도는 다른 지표를 낮출 수 있다. 따라서 관리자는 자신의 행동이 다중적 성과 지표에 어떻게 영향을 미치는시 이해해야 한다.

소매업 운영을 평가하는데 사용되는 척도는 ① 결정이 이루어지는 조직의 수준과 ② 관리자가 통제하는 자원에 따라 달라진다. 예를 들어, 점포 관리자들이 관리하는 주요 자원은 영업 비용(판매직원의 임금, 점포의 조명과 온도와 관련된 유틸리티 지급 등)을 위한 공간과 돈이다. 따라서 매장 관리자들은 평방 피트당 매출, 직원 비용 및 에너지 비용이 매출에서 차지하는 비중과 같은 성과 지표에 초점을 맞춘다.

4. 성과 측정의 유형

〈표 6-6〉은 다양한 소매점의 성과 측정지표를 투입 지표, 산출 지표, 생산성 지표의 세 가지 유형으로 구분한다. 산출 지표는 소매업체의 투자 의사결정의 결과를 평가한다. 예를 들어, 매출, 수익, 총마진 및 순마진은 모두 산출 지표들이고, 소매업체의 투입이나 자원할당 의사결정을 평가하는 방법들이다. 생산성 지표투입 대비 산출 비율는 소매업체가 얼마나 효과적으로 자원을 사용하는지즉 투입 부문에의 투자에서 얼마나 거두는지를 결정한다.

투입 지표는 소매업체가 산출물 또는 결과를 달성하기 위해서 할당하는 자원 또는 돈이다. 예를 들어, 상품 재고량의 양과 선정, 매장 수, 매장 규모, 직원, 광고, 가격인하, 매장 시간, 프로모션 등이며, 이는 모두 투입에 대한 경영적인 의사결정이 필요하다.

일반적으로 생산성 지표는 투입에 대한 산출의 비율이기 때문에, 서로 다른 사업부의 성과를 비교하는 데 매우 유용하다. Kelly Bradford의 두 점포가 크기가 다르다고 가정해 보자. 하나는 5천 평방피트를, 다른 하나는 1만 평방피트를 가지고 있다. 규모가 클수록 매출이 더 많이 발생하고 비용이 더 많이 들 것이기 때문에 단지 투입이나 산출만으로 매장 실적을 비교하기는 어렵다. 그러나 규모가 더 큰 점포는 평방피트당 210달러의 순매출이 발생하고 규모가 더 작은 점포는 평방피트당 350달러의 순매출이 발생해서 규모가 더 큰 점포가 더 낮은 공간 생산성을 보여준다면, 켈리는 비록 더 작은 점포가 더 낮은 매출액을 창출하고 있음에도 불구하고 더 효율적으로 운영되고 있음을 알 수 있다.

표 6-6 소매업체의 성과를 측정하는 지표

조직의 수준	산출(OUTPUT)	투입(INPUT)	생산성(OUTPUT/INPUT)
기업 (전체 기업의 평가지표)	· 순매출액 · 순이익 · 매출, 수익 증가, 비교가능 점포 매출	· 판매공간면적(평방피트) · 직원수 · 재고자산 · 광고비	· 자산수익률 · 자산회전율 · 직원 인당 매출액 · 평방피트당 매출액
상품관리 (상품 카테고리를 위한 평가지표)	· 순매출액 · 총마진 매출성장	· 재고수준 · 가격인하액 · 광고비 · 상품원가	· 총투자수익률(GMROI) · 재고자산회전율 · 매출액 대비 광고비 · 매출액 대비 가격인하
점포 운영 (점포 및 점포내 부서를 위한 평가지표)	· 순매출액 · 총마진 · 매출 성장	· 판매공간 면적(평방피트) · 유틸리티 비용 · 판매원 수	· 평당, 직원 인당, 혹은 판매시간당 순매출액 · 매출액 대비 유틸리티비용 · 재고 감축

*이 생산성 척도들은 공통적으로 투입/산출 비율로서 표현된다.

1 기업성과

기업 수준에서 소매업체의 경영진은 상품 재고, 매장 공간 그리고 종업원의 세 가지 중요한 자원투입을 보유하고 있으며, 이를 통해 매출 및 이익산출을 창출할 수 있다. 따라서 이러한 자산의 활용에 대한 효과적인 생산성 지표에는 자산회전율 및 재고자산회전율, 판매공간의 평방피트당 매출, 직원당 매출 등이 포함된다.

본 장에서 논의했듯이, ROA는 영업이익률과 자산회전율을 합친 종합적인 생산성 지표이다. 종합적 성과를 측정하는 또 다른 지표는 비교 가능한 점포의 매출 성장동일 점포의 매출 성장이라고도 함으로로, 적어도 1년 이상 영업을 한 점포들의 매출 성장을 비교한다. 매출 성장은 점포당 창출되는 매출을 증가시키거나 점포 수를 증가시킴으로써 발생할 수 있다. 비교 가능한 점포의 매출 성장은 매출 성장의 첫 번째 요소를 평가하며, 따라서 소매점이 핵심 사업 개념을 얼마나 잘 수행하고 있는지를 보여준다. 신규 점포는 작년 매출에서 성장한 것이 아니라 작년에 매출이 없었던 곳에서 새로 생겨난 매출을 나타낸다. 따라서 비교 가능한 점포의 매출이 감소하면 소매점이 신규 점포를 더 많이 개점하고 있기 때문에 전반적인 매출이 증가하고 있다고 하더라도 소매점의 근본적인 사업 접근방식이 고객들로부터 호응을 얻지 못하고 있음을 의미한다.

2 상품관리 척도

상품 관리자가 통제하는 중요한 자원투입은 상품 재고다. 또한 상품 관리자들은 초기 가격을 설정하고 상품이 판매되지 않을 때는 가격을 낮출 수 있는 권한을 가지고 있다즉, 가격 인하. 마지막으로, 그들은 상품에 지불된 가격을 놓고 벤더들과 협상을 한다.

재고자산회전율은 재고 관리를 위한 생산성 지표로, 회전율이 높을수록 재고관리 생산성이 더 높아짐을 의미한다. 총마진율은 상품 공급업체벤더와 협상하고 이익을 창출할 수 있는 상품을 선별해내는 상품 관리자의 성과를 나타낸다. 상품 할인가격인하도 상품 구매 의사결정의 질을 측정하는 지표가 된다. 만약 상품 관리자들이 높은 가격 인하 비율을 가지고 있다면, 그들은 일부의 상품을 원래의 소매 가격으로 팔 수 없기 때문에, 그들은 적절한 상품구색을 적절한 양으로 가지고 있지 않을 지도 모른다. 총마진 및 할인율은 생산성 지표이지만, 일반적으로 생산성 지표가 산출을 투입으로 나누는 방식인 것과는 달리, 이것들은 투입을 산출로 나누는 방식으로 표현된다.

3 점포운영 척도

점포 관리자들이 통제하는 중요 자산은 점포 공간의 사용과 점포 직원의 관리다. 따라서 매장 운영 생산싱 지표는 판매공간 1제곱 피트당 매출과 직원 1인당 매출또는 일부 직원이 파트타임으로 근무한다는 점을 감안한 근무 시간당 매출을 포함한다. 점포 관리는 직원과 고객에 의한 절도재고 축소라고 함, 매장 유지 및 에너지 비용조명, 난방, 공기 조절을 관리하는 역할도 한다. 따라서 점포 관리자의 성과를 평가하기 위해 사용되는 일부 다른 생산성 지표는 재고 축소와 매출에서 차지하는 비중으로서의 에너지 비용이다.

5. 성과 측정: 벤치마킹의 역할

본 장에서 논의했듯이, 성과를 평가하는 데 사용되는 재무적 지표들은 소매업체의 시장전략을 반영한다. 예를 들어, Walmart는 Nordstrom과 사업전략이 다르기 때문에 이익률이 낮다. 그러나 월마트의 재고와 자산 회전율이 상대적으로 높기 때문에 수용할만한 ROA를 얻는데, 이는 덜 유행하는 주요 품목들의 보다 제한된 상품 구색을 비축하는 전략 때문이다. 이와는 대조적으로, Nordstrom은 유행하는 의류와 액세서리에 넓고 깊은 상품 구색을 제공한다. 따라서 재고와 자산 회전율은 더 낮다. 영업이익률과 순이익률이 상대적으로 높아서 결국 Walmart와 비슷한 ROA가 나온다. 즉, 소매업체의 성과는 소매업체의 전략에 의해 영향을 받기 때문에 단순히 개별적인 지표만을 보는 것만으로는 정확하게 평가할 수 없다. 소매업체의 성과를 더 잘 평가하기 위해서는 벤치마크 대상과 비교해 볼 필요가 있다. 일반적으로 사용되는 두 가지 벤치마크는 ① 시간에 따른 소매업체의 실적과 ② 소매업체의 성과를 경쟁업체의 성과와 비교하는 것이다.

시간 경과에 따른 성과를 평가하기 위해, 소매업체는 자사의 최근 실적을 자사의 이전 달, 분기 또는 연도의 실적과 비교한다. 그리고 나서 어떤 결과의 차이에 대한 이유를 판단할 필요가 있다. 예를 들어, ROA가 증가한다면, 소매업체가 자산회전율이나 영업이익률을 개선했기 때문인가? 그리고, 만약 변화가 있었다면, 왜 그런 일이 일어났을까?

경쟁사 대비 성능을 벤치마킹 하기 위해 소매업체는 동일한 고객을 놓고 직접적인 경쟁사가 어떻게 성과를 냈는지를 고려할 것이다. 즉, Nordstrom은 직접적인 경쟁자가 아니기 때문에 Walmart에 대해 벤치마킹 하지 않을 것이다. 대신에, Macy's가 최근에 얼마나 잘 해냈는지를 고려할 것이며, 반면에 Walmart는 Target 이나 Amazon을 벤치마킹 할 것이다.

요 약

LO6-1 소매업체의 전략적 목표를 이해할 수 있다.

이 장에서는 소매업체의 재무전략의 몇 가지 기본 요소를 설명하고, 소매전략이 기업의 재무 성과에 어떤 영향을 미치는지를 살펴본다. 소매업체가 수행하는 전략은 재정적, 사회적 및 개인적 목표를 달성하기 위해 준비된다. 그러나 재무적 목표는 공공 소유의 대형 유통업체에게도 가장 중요하다.

LO6-2 전략적 이익 모델을 사용해 재무성과를 창출하는 두 가지 방법을 비교할 수 있다.

전략적 이익 모델은 재무 비율과 소매전략의 복잡한 상호 관계를 이해하는 수단으로 사용된다. 소매업체의 유형에 따라 재무적 운영 특성이 다르다. 구체적으로, Nordstrom과 같은 백화점 체인은 Walmart와 같은 풀라인 종합할인점보다 일반적으로 수익률이 높고 회전율이 낮다. 그러나 수익률과 회전율이 ROA로 결합되면 비슷한 재무성과를 달성할 수 있다.

LO6-3 성장기회를 분석하는데 있어서 전략적 이익모델의 유용성을 설명할 수 있다.

이 장에서는 소매업체들이 소매전략을 개발하면서 직면하는 상호 보완적 거래의 재정적 영향을 이해하도록 돕는 것 외에도, 전략적 이익 모델이 어떻게 성장과 투자 기회를 평가하는 데 사용될 수 있는지를 설명한다.

들이 사용된다. 전략적 이익 모델의 ROA비율은 기업 경영을 담당하는 소매 경영진의 성과를 평가하는데 적절하지만, 다른 보다 구체적인 활동에 대해서는 다른 지표들이 더 적합하다. 예를 들어, 재고자산회전율과 총마진은 매입자에게 적합한 반면, 점포 관리자는 평방피트당 또는 직원당 매출 또는 총마진에 관심을 가져야 한다.

LO6-4 소매업체들이 그들의 성과를 평가하기 위해 사용하는 측정 방법을 이해할 수 있다.

소매 조직의 다양한 측면을 평가하기 위해 다양한 재무 성과 지표

핵심단어

- 자산(assets)
- 자산회전율(asset turnover)
- 상향식 계획(bottom-up planning)
- 현금 및 현금등가물(cash and cash equivalents)
- 과금수수료(chargeback fee)
- 매출원가(cost of goods sold(COGS))
- 크라우드펀딩(crowdfunding)
- 유동자산(current assets)
- 고정자산(fixed assets)
- 총마진(gross margin)
- 총마진율(gross margin(in%))
- 총이익(gross profit)
- 손익계산서(income statement)
- 투입 지표(input measure)
- 무형자산(intangible assets)
- 재고자산회전율(inventory turnover)
- 순수입(net income)
- 순이익마진(net profit margin)

- 순이익마진율(net profit margin(in %))
- 순매출(net sales)
- 비유동자산(noncurrent assets)
- 영업비(operating expenses)
- 영업비율(operating expenses (in %))
- 영업이익마진(operating profit margin)
- 영업이익마진율(operating profit margin(in %))
- 산출 지표(output measure)
- 생산성 지표(productivity measure)
- 손익계산서(profit and loss(P&L) statement)
- 총자산수익률(return on assets(ROA))
- 동일점포 매출증가율(same-store sales growth)
- 판매비 및 일반관리비(selling, general, and administrative (SG&A) expenses)
- 슬로팅 수수료(slotting allowance)
- 슬로팅 비용(slotting fee)
- 전략적 이익모델(strategic profit model (SPM))
- 하향식 계획(top-down planning)

현장학습

1. **계속되는 과제** 계속 과제를 위해 선택한 소매업체와 유사한 상품 카테고리지만 매우 다른 타겟 시장에서 판매하는 또다른 점포의 재무 성과를 평가해 보시오. 당신의 점포가 높은 마진/낮은 회전율의 점포라면, 낮은 마진/높은 회전율의 점포와 비교해 보시오. 당신은 그 점포의 웹사이트에 있는 IR 섹션이나 Hoovers Online, 혹은 www.scc.gov.의 Edgar files에서 볼 수 있는 그 점포의 최신 연간보고서에서 이러한 정보를 얻을 수 있다. 두 점포 사이에서 총마진율, 영업비율, 영업이익마진율, 재고자산회전율, 자산회전율 그리고 총자산수익률이 차이가 나는 이유를 설명해 보시오. 어떤 소매업체가 전반적으로 더 나은 재무성과를 이루었는가?

2. **인터넷 연습** Nordstrom과 Walmart의 최신 연간보고서를 찾아서 이익마진 관리모델과 자산회전 관리모델의 숫자들을 업데이트할 재무정보를 이용해 보시오. 그들의 재무성과에서 어떤 유의미한 변화가 있었는가? 이 두 소매업체에서 주요한 재무비율이 그렇게 다른 이유는 무엇인가?

3. **쇼핑하러 가기** 당신이 좋아하는 점포에 가서 매니저와 인터뷰해 보시오. 그 소매점이 어떻게 성과목표를 세우는지를 알아보고 본 문제에 제시된 과정과 관련해서 그 점포의 과정을 평가해 보시오.

1. 상품 관리 활동 및 점포 운영 활동과 같은 소매점 전체의 활동을 평가할 주요 생산성 비율은 무엇인가?

2. 이러한 비율이 소매점 운영에 있어 어떤 분야에서는 적절하고 다른 분야에서는 적절하지 않은 이유는 무엇인가?

3. 창업자들이 그들이 시작하고 있는 소매업 사업에 대해 가질 수 있는 목표 유형의 예는 무엇인가?

4. 매입자의 실적은 종종 총마진율에 의해 측정된다. 왜 이 조치가 영업이익률이나 순이익률보다 더 적절한가?

5. 한 슈퍼마켓 소매점에서 셀프 체크아웃 POS 단말기의 설치를 고려하고 있다. 이렇게 계산대 인원을 셀프 체크아웃으로 교체하는 것이 소매업체의 전략적 이익모델의 요소에 어떤 영향을 미칠 것인가?

6. Macy's 와 Costco 는 다른 고객층을 목표로 삼아왔다. 당신은 어떤 소매업체가 더 높은 총마진을 가질 것으로 기대하는가? 매출대비 더 높은 영업비는? 더 높은 영업이익마진율은? 더 높은 재고자산회전율과 자산회전율은? 더 높은 ROA는? 그렇게 생각하는 이유는 무엇인가?

7. 왜 투자자들은 매출성장보다 비교할만한 점포 매출에 더 무게를 두는가?

8. Blue Nile은 고객과의 상호작용을 위해 인터넷 채널만 사용하는 보석 소매점이다. 당신은 Blue Nile 과 멀티채널을 운영하는 Zales 와 같은 보석 소매점 간에 전략적 이익모델과 주요 생산성 비율에서 어떤 차이점이 있을 것으로 기대하는가?

9. Urban Outfiters의 2016년 재정상태표 및 손익계산서에서 얻은 다음의 정보를 활용하여 전략적 이익모델을 구성해보라.(수치들은 백만 달러 기준)

순매출	$ 2,473.8
매출원가	$ 1,316.2
영업비	$ 575.8
재고자산	$ 250.1
외상매출금	$ 36.7
다른 유동자산	$ 68.9
고정자산	$ 690.0

10. 당신의 친구 한 명이 소매업체 중에서 어떤 기업의 주식을 사려고 고려하고 있다. 당신의 친구는 당신이 소매유통에 관한 강좌를 듣고 있다는 것을 알고 Costco에 대한 당신의 의견을 물을 것이다. 당신의 친구는 Costco가 낮은 영업이익을 가지기 때문에 투자하기에 좋은 기업이 아니어서 걱정하고 있다. 당신은 친구에게 어떤 충고를 해주겠는가? 그 이유는?

참고문헌

1. David P. Schulz, "Top Retailers 2015," *Stores Magazine*, July 2015.

2. Sandy Smith, "Lost and Found," *Stores Magazine*, July 2015.

3. Dan Berthiaume, "And the Top Omnichannel Retailers Are …," *Retailing Today*, October 2, 2015.

4. Ibid.

5. See www.accountingcoach.com/blog/item-in-cash-and-cash-equivalents.

6. Andrew Martin, "Wal-Mart Promises Organic Food for Everyone," *Bloomberg*, November 6, 2014, http://www.bloomberg.com/news/articles/2014-11-06/wal-mart-promises-organicfood-for-everyone; Ravi Vij, "How Walmart Makes Money:Understanding Walmart Business Model," *Revenues & Profits*, November 6, 2015, http://revenuesandprofits.com/howwalmart-makes-money-understanding-walmart-businessmodel/.

Chapter 07 점포 입지

학습목표

이 장을 읽은 후에 당신은

LO7-1 소매업체가 이용 가능한 점포입지 유형을 이해할 수 있다.
LO7-2 비계획적인 입지 유형을 파악할 수 있다.
LO7-3 쇼핑센터 유형 별 특징을 분석할 수 있다.
LO7-4 비전통적인 소매 입지를 이해할 수 있다.
LO7-5 입지 별 소매전략을 이해할 수 있다.
LO7-6 입지 선정에 있어서의 사회적 및 법적 고려사항을 검토할 수 있다.

모바일 쇼핑족은 집, 사무실, 학교 등 모바일 인터넷이 가능한 모든 곳에서 원하는 소매점을 모두 방문할 수 있다. 따라서 소비자들을 오프라인 점포로 방문하게 하는 것은 모든 소매업체들에게 더욱 큰 도전이 되고 있다. 소비자들을 점포에서 더 멀리 떨어진 곳에서 운전해 오고, 주차하고 점포로 들어오게 하기까지는 더욱 어렵게 되었다. 게다가, 오프라인 점포들은 다른 소매점포와의 경쟁도 심화되고 있다. 지난 수십년 간 이어온 빌딩 붐은 '전국 각지에 점포 과잉'을 초래했다. 소매업체보다 더 많은 소매 공간이 있을 때 소매업체들은 원하는 입지를 선택할 수 있다. 소매업체들은 퇴색 중인 쇼핑몰 내의 입지보다 독립형 아웃렛을 더 매력적으로 보고 있다. 따라서 일각에서는 수십년 후에는 전통적 쇼핑몰이 없어질 것이라고 내다보고 있다.

하지만 '왕좌의 게임'에서 나오는 캐릭터처럼 죽는다는 것이 쇼핑몰의 몰락은 아닐 것이다. 오히려 변화된 상황은 독특한 컨셉이라는 새로운 기회가 될 것이다. 몇몇 새로운 쇼핑몰들은 지역 사회와 도심의 오래된 개념으로 자리잡게 될 것이다. 그리고 쇼핑몰은 먼 곳에 거주하는 소비자들을 방문하게 하고, 쇼핑몰에 더 오래 머물게 하기 위해 현대 기술을 수용하고 엔터테인먼트를 강화할 것이다. 또한, 일각에서는 쇼핑몰이 갖는 의미와 어떤 유형의 소매업체들이 입점해야 하는지에 대해 재정의하려고 한다. 입지 관련 해결책과 대응방안들을 차례로 살펴보자.

첫째, 오늘날 많은 젊은이들은 부모 세대가 지향하던 교외 생활보다는 시내에서 제공하는 편리함과 엔터테인먼트 요소를 추구한다. 하지만 쇼핑몰은 건물과 주차시설을 위한 넓은 땅이 필요하기 때문에 대부분이 시내 외곽에 있다. 소비자들이 운전하고 쇼핑몰로 갈 때에는 단순히 쇼핑보다는 엔터테인먼트와 사회화를 위한 폭넓은 서비스에 더 많은 비용을 기꺼이 지불한다. 현대 쇼핑몰은 서비스 제공업체들^{미용실, 애견미용사, 세탁업소 등}이 의류, 식품에서 어린이 장난감 기차에 이르기까지 다양한 상품을 판매하는 소매업체들과 섞여 있어 예전의 시내중심가처럼 보인다. 이런 쇼핑몰은 '라이프스타일센터' 혹은 '타운센터'라고 불리며, 전통적인 근린 상가나 도심지를 대체하고 있다. 센터 내 많은 시설들은 산책하기 좋은 인도, 매력적인 할인 이벤트와 함께 날씨가 좋을 때 즐길 수 있고, 다른 사람들과 커뮤니케이션이 가능하도록 설계한 최소한 몇몇 야외 요소의 특징이 있다.

둘째, 쇼핑몰은 옛날 향수보다는 최신 기술을 활용하여 더 많은 사람들이 방문하도록 하기 위해 새로운 방향으로 발전하고 있다. 전 세계 관광객들이 영하 40도를 넘나드는 미네소타를 방문하게 하는 관광명소인 'Mall of America'를 고려해 보자. 그들은 "향상된 서비스 포털^{Enhanced Service Portal, ESP}"을 통해 관광객들을 끌어들이고 있다. 예를 들면, 최근 폭풍설 시즌에, 소셜 미디어 채널을 통해 테마파크 무료 패스와 승차권을 제공하여 약 10만 명의 쇼핑객들을 끔찍한 교통 정체를 극복하면서 쇼핑몰로 모여들게 했다. 쇼핑몰 관리자는 유명 밴드가 매장을 방문할 것이라는 뉴스를 트윗하면 개별 상점에서 직접 홍보하는 것보다 더 많은 팬이 방문한다는 것을 알고 있다. 따라서 팬들이 사랑하는 보이밴드^{boy band}를 쉽게 찾을 수 있도록 쇼핑몰 내 팬미팅 장소를 트윗한다. 쇼핑객들은 위치태그를 하면 주차 위치, 선호하는 점포 지도, 수유실 위치를 포함한 유용한 정보를 받을 수 있다. 뿐만 아니라 고객들은 ESP를 통해 쇼핑몰 내의 레스토랑에 도착하기 몇시간 전에 식사 예약을 할 수도 있다. 그리고 타지 관광객들이 마니아폴리스 폴 공항^{Minneapolis-St. Paul airport}행 셔틀을 기다리는 동안 쇼핑할 수 있도록 몇시간동안 짐을 보관해 주는 부가서비스도 있다.

셋째, 경쟁심화와 임대료 하락^{기존 유인점포(anchor store)의 철수를 포함}에 직면한 일부 쇼핑몰은 소매 제공업체의 범위 확대를 포함하여 유인점포를 재정의하고 있다. 많은 쇼핑몰 부동산사업자들은 중

요한 위치에 식료품 및 잡화점을 입점시키고 있다. 전통적인 유인점포와 유사하게, 그로서리$^{gro-}$ ^{cer}업체들은 소비자가 필요한 제품을 판매하고, 잘 알려진 브랜드를 제공하기에 쇼핑몰의 상당 부분의 면적을 할당해준다. 또한 쇼핑몰은 소비자들의 원스톱$^{one-stop}$ 쇼핑 편의성을 향상시켜 소매 입점업체들에게 혜택을 약속한다. 식료품을 구매하러 간 소비자들은 최신 유행을 확인하기 위해 몇 몇 점포를 둘러보게 될 것이다. 또 다른 옵션은 헬스장과 체육관을 유인점포로 하여, 많은 고객들이 정기적으로 방문하는 일상적인 현장이 되게 한다. 운동할 때마다 방문하기에 쇼핑몰에 대해 매우 익숙하여 턱시도나 선물을 살 때도 다시 방문할 가능성이 높다.

다음 통계에서도 쇼핑몰의 어려움을 확인할 수 있다. 미국에서만, 최근 몇 년 동안 약 25개의 쇼핑몰이 문을 닫았고, 또 다른 60개의 쇼핑몰이 문을 닫을 위험에 처해 있다. 생존 쇼핑몰 중 5분의 1은 공실률이 적어도 10%이며, 3%의 쇼핑몰은 공실률이 40%로 "죽고 있음"을 나타냈다. 전통적 쇼핑몰 대부분이 과거로 남게 되겠지만 오늘날의 쇼핑몰과 미래 쇼핑몰들은 그들의 입지적 장점 활용 방안을 찾고 있다. 한 소매업 분석가가 지적하듯이, "15년 전에 당신이 만약 부동산 개발업체나 집주인에게 그로서리 스토어나 헬스장을 쇼핑몰에 두겠다고 말했다면, 그들은 당신을 거들떠보지도 않았을 것이다. 하지만 지금 그들의 쇼핑몰 내에 그로서리 스토어나 헬스장이 있을 뿐만 아니라 효자 역할을 하고 있다."

"**소**매에서 가장 중요한 세 가지가 무엇인가?"라는 질문에 대한 가장 일반적인 답변은 "첫째도 입지, 둘째도 입지, 셋째도 입지"라는 것이다. 소매업에 있어 점포 입지는 왜 이와 같이 중요한 요인인가? 첫째, 입지는 고객이 점포를 선택할 때 최우선적인 고려사항이기 때문이다. 예를 들어, 세차할 곳을 선택할 때, 사람들은 주로 집이나 직장에서 가장 가까운 장소를 선택한다. 이와 유사하게 대부분 고객들은 가장 가까운 슈퍼마켓에서 쇼핑한다.

둘째, 입지 결정은 지속적인 경쟁 우위가 될 수 있기 때문에 전략적으로 중요하다. 좋은 입지는 고객들에게는 가장 매력적인 위치이며, 한편 경쟁자들에게는 최상의 입지 우위를 쉽게 모방하지 못하게 한다. 따라서 경쟁자들은 두 번째로 좋은 위치로 밀려나게 된다.

셋째, 입지 결정에는 위험이 따른다. 일반적으로 소매업체가 입지를 선택할 때, 부동산을 사거나 개발하기 위해 상당한 금액을 투자하거나 장기간 임대 계약을 체결해야 한다. 소매업체들은 5년~15년 기간의 임대 계약을 하는 것이 일반적이다.

본 장의 첫 번째 부분에서는 계획적인 입지, 비계획적인 입지, 전통적 입지 등 소매업체의 입지 유형과 상대적 이점에 대해 알아볼 것이다. 그리고 입지 결정이 소매업체의 전략에 어떻게 부합되는지 살펴볼 것이다. 예를 들어, 7-eleven 편의점에게 가장 좋은 입지가 하이마트와 같은 카테고리 전문점에게는 최적의 입지가 아닐 수 있다. 마지막으로, 소매업체의 위치 결정에 영향을 미치는 사회적 및 법적 고려사항에 대해 검토해 볼 것이다. 다음 장에서는 점포 입지 선정에 관련된 문제점과 특정 입지에 대한 평가 방법 그리고 임대 계약 체결 방법에 대해 살펴볼 것이다.

I 입지 유형

LO 7-1
소매업체가 이용 가능한 점포입지
유형을 이해할 수 있다

소매점포의 입지 유형은 다양하며 입지 유형 별 장단점이 있다. 기본 입지 유형에는 비계획적인 입지독립입지와 도시입지와 계획적인 입지쇼핑센터가 있다. 비계획적 입지는 어떤 점포를 개발할 것인가, 어디에 특정 점포를 위치시킬 것인지, 어떻게 운영할 것인지 등에 대하여 집중적인 관리를 받지 않는다. 계획적인 입지에서는, 쇼핑센터 개발자 혹은 매니저가 영업시간과 같은 점포 운영을 통제하는 정책을 만들고 시행한다. 쇼핑센터의 관리자는 주차 공간 등 공통시설CAM: Common area maintenance들을 관리한다. 관리자는 또한 보안, 주차장 조명, 쇼핑센터의 외부 간판, 고객들을 끌기 위한 광고와 특별 이벤트와 같은 업무들도 책임지고 있다.

소매업체들은 특정 입지 유형을 선택할 때 일련의 입지선정 고려사항들의 상쇄작용trade-off을 평가한다. 입지선정 고려사항에는 상권의 크기, 점포 비용임대비, 유지비, 전기세 등, 보행자와 자가운전 고객들의 교통 문제, 매장 운영의 제한, 고객 접근 편의성 등이 있다. 상권은 특정 소매 입지를 이용하는 고객들을 포함하는 지리적 지역이다. 다음 장에서는 입지 유형 별 특징에 대해 살펴볼 것이다.

II 비계획적인 입지

LO 7-2
비계획적인 입지 유형을
파악할 수 있다

비계획적인 입지에는 독립입지, 도시입지 및 시내중심가가 있다.

1. 독립입지

독립입지는 다른 소매업체와 연결되지 않은 개별적이고 독립된 소매 입지이다. 그러나 다른 독립입지나 쇼핑센터와 근접한 지역에 위치할 수도 있다. 독립입지의 장점은 높은 접근성과 주차시설 등 고객 편리성이다. 차량 통행 편의성과 주행 중인 고객들을 끌어들일 수 있는 가시성이 높고, 합리적인 임대료, 그리고 간판, 영업시간, 상품 등에 관한 제한이 계획적인 입지보다 적다.

독립입지는 또한 여러 가지 단점도 있다. 첫 째로, 한번에 원스톱 쇼핑할 정도로 많은 소매업체들이 없을 때는, 상권이 제한적이다. 그리고 독립입지는 공통 지역 유지비를 분담할 소매점이 없기에 쇼핑센터에 비해 운영비용이 높다. 마지막으로 독립입지는 일반적으로 보행자 통행이 적은 지역에 위치해 있기 때문에 지나가다 들릴수 있는 고객 수가 제한적이다.

일부 소매업체들은 고객들에게 더 나은 쇼핑 경험을 제공하기 위해 계획적인 입지에서 독립입지로 전환하고 있다. 미국의 대형 드럭스토어 체인CVS들 역시 드라이브스루를 통한 접근성, 더 넓은 매장 면적, 상품 취급에 있어서의 낮은 제한 등으로 인해 독립입지를 선택한다.

아웃파셀outparcels은 쇼핑센터의 다른 상점과 연결되지 않지만, 쇼핑센터 내에 있는 특히 주차장에 있는 독립 점포이다. 다른 독립 점포와 비교할 때 장점은 고객들이 드라이브스루를 통한 편의성, 넓은 주차 공간, 거리에서 볼 수 있는 시야를 제공해 줄 수 있다는 것이다. 아웃파셀은 패스트푸드점과 은행에 인기가 있다.

2. 도시입지

도시입지는 중심상업지역, 도심지역inner location, 고급주택지역gentrification location 등 세 가지 유형이 있다. 소매업체들은 세 가지 유형의 지역 특징을 반영하여 상품을 취급하고 있다. 점포 선택에 있어서, 도시 소비자들은 교외 소비자들과 달리 제품 구색이 더 넓고 깊은 점포를 찾기보다는 쇼핑 시간 절약에 더 중점을 둔다. 오피스디포Office Depot의 도시 점포는 교외 점포의 약 5분의 1 크기인 465m²정도이다. 그리

고 선반은 약 1.8m 높이로, 교외 점포보다 훨씬 짧아 방문객들이 빠르게 둘러 볼 수 있다. 통로 위의 표지판들은 간결하여 고객들이 둘러보는데 시간을 절약해 준다. 교외에 있는 오피스디포 매장은 9,000개의 SKU를 판매하고 있으나 도시에 있는 매장은 절반밖에 되지 않는다. 그리고 상품은 즉시 보충품목펜 대 재고품목복사용지의 조정에 초점을 맞추고 있다.

도시입지에 있는 소매업체들도 세 가지 유형의 시장 소비자들의 독특한 니즈를 인지하고 있다. 예를 들어, 두 개의 가까운 거리에 있는 월그린스토어Walgreens stores를 고려해보자. 뉴욕 유니온광장에 있는 점포의 주 고객은 지하철을 이용하는 출퇴근족들과 관광객들이다. 반면, 북쪽으로 몇 블록 떨어진 점포의 주 고객은 대부분이 지역 주민들이다. 유니온광장 점포는 화장품, 스낵 및 우산과 같은 상품들을 취급하고 있다. 지역 주민이 주고객인 점포는 청소용품, 치약 등 가정용품들로 더 많이 비축되어 있다. 도시지역에서 살고 일하는 사람들은 쇼핑하러 갈 때 대

중교통을 이용하거나 걷는 경향이 있기 때문에 화장지 24팩 같은 부피가 큰 물건을 사는 것을 꺼리고 인터넷 쇼핑채널과 배달 서비스를 적극적으로 이용하기도 한다.

1 중심상업지역 Central Business District, CBD

중심상업지역은 도시 내의 전통적인 금융 및 상업지역이다. 중심상업지역은 대중교통의 중심지로 일상 활동 때문에 주중의 근무시간에는 보행자 통행량이 많다. 하지만 저녁 시간대와 주말에는 사람들이 적다. 도시의 교통 정체로 차량 통행의 제한과 주차 문제는 소비자의 편의성을 감소시킨다. 중심상업지역의 인근 지역에는 많은 주민들이 거주하고 있다.

미래 지향적인 도시 계획자 및 도시 지도자들과 함께 일하는 도전적인 개발자들은 점차적으로 더 많은 사람들이 밤과 주말에 중심상업지역으로 모여들도록, 엔터테인먼트 중심의 중심상업지역을 재창조하고 있다. 중심상업지역 재개발 사업에서 소매점포는 전체의 3분의 1을 차지하고 나머지는 주거로 사용된다. 예술, 꽃, 식물, 야외 의자 및 특별한 조명으로 화려하게 장식되어 있다. 그리고 사람들이 많이 모이게 하기 위해 밴드 등 이벤트를 진행하기도 한다. 그리하여 도시 주민들과 교외 거주자들은 다양한 엔터테인먼트 행사 전후에 중심상업지역으로 모여들어 오후나 저녁 시간을 보내고 있다.

2 도심지역 Inner city

미국의 도심지역은 대도시의 저소득층 거주 지역을 말한다. 일부 소매업체들은 도심지역이 위험하고 다른 장소에 비해 수익이 낮다고 생각해서 도심지역에 점포를 개점하는 것을 피했다. 도심지역의 소득 수준이 인근에 비해 낮음에도 불구하고, 대다수의 도심입지 소매업체들은 높은 판매량과 마진으로 인해 결과적으로 높은 이윤을 얻고 있다.

하지만 이런 이익에 대해 윤리적 문제를 제기하고 있다. 도심지역 주민들과 공공정책 옹호자들은 도심지역 내 식료품점의 상품 또는 공급품 부족에 대해 우려를 표시하고 있다. 식료품점에서는 신선한 고기와 상품 대신, 가격이 저렴하고 제품 유통기한이 길고, 건강에 좋지 않은 포장 음식으로 채워져 있다. 결과적으로, 많은 도심지역 소비자들은 식량사막 Food Deserts에 부닥치게 된다. 즉, 일반적으로 식료품 가게나 농산물 직거래 시장에서 제공되고 있는 신선한 과일, 야채, 유제품, 통곡물, 그리고 다른 웰빙푸드들을 적당한 가격에 살 수 없다.

소매업체들은 도심지역 거주자들에게 필요한 서비스와 일자리를 제공하고, 더 많은 재산세를 납부하고 있으며, 이는 도심지역의 재개발 사업에 중요한 역할을 한다. 그러나 도심 재개발도 논란의 여지가 있다. 지방정부는 종종 좋은 위치의 건물과 토지를 구매할 권리를 이용하여 개발자에게 높은 가격으로 판매한다. 게다가, 재개발로 인해 거주자들은 인상된 가격에 의해 쫓겨나고, 교통 정체와 주차 문제에 직면해야 한다.

한국의 도심지역은 미국과 구별된다. 한국의 도심지역은 재래시장이 많이 자리잡고 있어 신선한 식품이 매우 풍부하다. 하지만 상권의 재개발로 거주자들은 인상된 입주 가격에 의해 다른 지역으로 이사해야만 하는 문제는 미국과 비슷한 양상을 보이고 있다.

3 고급주택 지역 Gentrified Residential Area

도심지역의 입지에 대한 설명에서 알 수 있듯이, 도심지역은 고급주택 지역으로 전환될 것이다. 즉, 빈민가 지역의 사무실, 주택 및 소매업체의 리모델링과 재건축 과정을 통해 기존의 저소득층 거주자를 대체하여 보다 부유한 사람들이 유입된다. 젊은 전문직종사자들과 은퇴한 공무원들이 이사 올 것이며, 거주 지역 근처에서 쇼핑, 레스토랑 및 엔터테인먼트의 편의를 즐길 것이다. 일반적으로 교외에 위치한 Nordstrom Rack, Whole Foods, Target, Walmart, Office Depot, Home Depot 및 Costco와 같은 잘 알려진 소매점은 도시에 소규모 매장을 개점하고 있다. 유명한 소매업체의 입점은 재개발의 절정이라 할 수 있다. 예를 들어, 로스앤젤레스의 뉴에이쓰 & 그랜드 아파트 단지에 Whole Foods가 오픈했을 때 고급주택 건설이 완공되었다. 로스앤젤레스 다운타운의 중심에 위치한 새로운 복합 단지에 주민들이 입주하기 전에 많은 매장이 오픈해 있었다.

서울의 성수동은 작은 공장들이 많이 모여 있었던 곳이다. 서울숲의 조성과 함께 겔러리 아포어란 고급 아파트가 들어섰고, 서울숲과 한강을 마주한 트리마제, 그리고 아크로포레스트의 완성으로 고급주택 지역으로 부각되고 있다. 그 지역의 대부분 사람들은 비싸진 가격으로 인해 다른 곳으로 이사를 해야만 했고, 대신 연예인 등 부유층이 유입되고 있다. 성수동은 이미 서울숲이라는 공원과 인근에 이마트 본사가 있는 할인점이 먼저 있던 곳이기도 하다.

3. 시내중심가 Main Street

시내중심가는 대도시의 외곽이나 대도시 내에 있는 소형구역이나 부가적인 상업지역에 위치해 있는 전통적인 쇼핑지역을 가리킨다. 지난 30년 동안 미국 소도시의 많은 시내는 도심과 비슷한 붕괴를 경험했다. Walmart 및 기타 대형 소매점들이 도시의 외곽 지역에서 독립형 상점을 열었을 때 지역 소매업체들은 경쟁에서 밀려 폐업하였다. 이에 대응하여, 소도시에서는 재개발 사업을 통해 주민들을 도심으로 유입시켰으며, 소매업체들의 역할이 컸다.

소비자와 소매업체를 끌어들이기 위해 재개발업자들은 할인 소매업체보다 더 나은 쇼핑 경험을 제공하는 데 중점을 둔다. 그리고 지역의 거리는 보행자통로로 바뀌고 있다. 주요 횡단보도 옆의 그늘이 있는 벤치는 그늘진 휴식 공간을 제공하여 쇼핑객들을 더 오래 머물게 한다. 부동산 소유자는 또한 그들이 필요한 수리, 새로운 표지판, 매력적인 입구, 주의를 끄는 창문, 멋진 차양 등 점포 외관을 유지보수하고 향상시키면 보조금을 받을 수 있다. 또한, 도시 관리자는 포장된 보도와 최신 가로등으로 둘러싸고 있는 조경으로 도심의 미관을 개선하기 위해 노력한다.

시내중심가는 앞서 살펴본 중심상업지역과 많은 부분에서 특성이 비슷하나 점포 비용은 보다 적다. 시내중심가는 직장인의 수도 적고, 점포들이 많지 않아 전체적 선택 폭이 좁아 주요 중심상업지역만큼 많은 사람들을 끌어들이지 못한다. 그 뿐만 아니라 시내중심가는 일반적으로 주요 중심상업지역에서 즐길 수 있는 엔터테인먼트와 여가 활동도 제공하지 않는다. 마지막으로, 도시 계획 담당 기관이 점포운영에 제한을 주기도 한다.

III 쇼핑센터와 계획적인 입지

LO7-3
쇼핑센터 유형별 특징을
분석할 수 있다

본 절에서는 〈표 7-1〉에 요약된 여러가지 유형의 쇼핑센터와 계획적인 입지Shopping Centers and Planned Retail Locations를 살펴볼 것이다. 쇼핑센터는 독립된 단일 부동산으로서 계획, 개발, 소유 및 관리되는 소매 및 기타 상업 시설 그룹이다. 여러 점포들이 한 장소에 밀집되어 있어 쇼핑센터는 각 점포들이 따로 떨어져 있을 때 보다 더 많은 소비자를 유인하게 된다. 쇼핑센터 개발자와 관리자는 소비자들에게 하나의 편리한 장소에서 종합적인 쇼핑 경험을 제공하기 위해 상호 보완적인 소매업체들을 신중하게 선정한다.

임대계약에 의하면, 일반적으로 쇼핑센터 내의 소매업체들이 점포 규모/판매량, 매출액을 기준으로 공동지역 유지Common area maintenance, CAM 비용의 일부를 부담할 것을 명시한다. 쇼핑센터 관리자는 운영 시간, 간판, 심지어는 점포 내에서 판매되는 상품의 종류까지 제한할 수 있다.

대부분의 쇼핑센터에는 최소한 한 두 개의 고객 유인점포anchor라고 불리는 주요 소매업체가 있다. 고객 유인점포들은 많은 고객을 끌어들여, 결과적으로 다른 소매업체들에게 쇼핑센터가 더욱 매력적으로 보이기에 쇼핑센터 개발업자들은 특히 관심을 갖는다. 개발자들은 고객 유인점포들을 쇼핑센터에 입주시키기 위해 임대료 인하 등의 특별 조건을 제시한다.

쇼핑센터는 쇼핑센터 개발, 소유, 또는 관리 전문회사인 쇼핑센터 부동산 관리회사가 관리한다. 쇼핑센터의 관리에는 소매점 임차인과 임대차 계약 선정 및 협상, 공동지역 유지, 소비자 유치 마케팅 및 보안이 포함된다.

표 7-1 쇼핑센터 입지 유형

	규모 (1,000sq. ft.)	상업지역 (miles)	연간 점유 비용 ($ per sq. ft.)	쇼핑 편의성	보행자 교통	자동차 교통	운영 제약	전형적 입주업체
네이버후드/ 커뮤니티 쇼핑센터	30 ~ 350	3-6	8-20	높음	낮음	높음	중간	슈퍼마켓, 할인매장
파워센터	250 ~ 600	5-10	10-20	중간	중간	중간	약간	카테고리 전문점
지역 및 초지역 쇼핑몰	400 ~ 1,000	5-25	10-70	낮음	높음	낮음	높음	백화점과 전문 의류 매장
라이프스타일 센터	150 ~ 800	5-15	15-35	중간	중간	중간	중간에서 높음까지	전문의류/가정용품 매장, 식당가
아웃렛센터	50 ~ 400	25-75	8-15	낮음	높음	높음	약간	상설할인매장/팩토 리 아웃렛
테마/페스티벌 센터	80 ~ 250	N/A	20-70	낮음	높음	낮음	높음	전문점, 식당

* 1,000 sq.ft. = 92.7m^2 = 28.1평
출처: Personal communications with industry executives.

1. 네이버후드/커뮤니티 쇼핑센터

네이버후드/커뮤니티 쇼핑센터Convenience, Neighborhood, and Community Shopping Center, 스트립쇼핑센터는 야외 점포open-air store로 한 단위unit로 관리되는 줄로 배치되어 있고, 보통 점포 앞에 주차장이 있다. 가장 일반적인 형태로는 직선형, L자 모형, 역 U자 모형이다. 역사적으로, "스트립센터"라는 용어는 직선 배치 형태의 쇼핑센터를 말한다.

비교적 작은 규모의 쇼핑센터편의, 네이버후드센터는 약 929 ~ 5,574m^{2}로 전형적으로 슈퍼마켓에 의해 주도되고, 편리한 쇼핑을 위해 설계되었다. 이런 센터에는 약 10-15개의 작은 소매업체들이 모여 있으며, 빵집, 식료품, 드라이클리너, 꽃집, 세탁소, 미용실, 우편 서비스 등이 포함된다. 더 큰 규모의 쇼핑센터커뮤니티센터는 약 2,323 ~ 4645m^{2}로 상설할인매장off-price retailer이나 카테고리 전문점과 같은 적어도 하나의 대형 할인점이 있다.

이러한 쇼핑센터들의 주요 장점은 고객들에게 편리한 입지와 편리한 주차, 그리고 낮은 임대료이다. 단점은 소규모 센터들은 상권이 작고, 여가시설과 음식점이 부족하다. 그리고 날씨가 좋지 않을 때의 대비책이 없다. 결과적으로 네이버후드/커뮤니티센터들은 큰 실내 쇼핑몰처럼 많은 고객들을 끌어들이지 못한다.

The Children's Place, Kohl's, Marshalls와 같은 전국적인 체인점은 네이버후드/커뮤니티 센터의 편리함을 제공함으로써 쇼핑몰 기반의 점포들과 경쟁한다. 이러한 입지에서 소매업체들은 낮은 제품 가격을 제공낮은 임대료 등 요인할 수 있고, 고객들은 점포앞에서 바로 주차할 수 있다.

Retailing VIEW 7.1 애플스토어가 바꾼 쇼핑몰 관행

인기 있는 쇼핑몰에 입점한 소매업체는 쇼핑몰 운영자에게 평방 피트 당 매출액에 따라 임대료를 지불하는 것이 관행이다. 그러나 세입자별 쇼핑몰 트래픽 효과가 다르다는 점에서, 쇼핑몰 운영회사는 점포 별 요구하는 임대료가 다르다. 주로 다른 점포 고객이 유입되는 소규모 전문 소매업체의 경우, 평방 피트 당 매출액의 최대 15%를 임대료로 지불한다. 고객 유인점포이고 대부분 고객을 끌어들이는 백화점들은 때로는 임대료를 전혀 지불하지 않는다.

그러나 매장 매출액에 따라 임대료를 지불했던 관행은 애플스토어에 의해 변하기 시작했다. 애플은 전세계에 450개의 애플스토어를 갖고 있으며 이 중 265개가 미국에 있다. 디자인이 잘되어 있고 편안한 점포를 방문하기를 원하는 애플 팬들로 인해 애플은 과거에 다른 소매업체들은 할 수 없었던, 더 많은 소비자들을 쇼핑몰로 몰려들게 하고 있다. 일부 추정치에 의하면 애플스토어의 입점으로, 쇼핑몰의 평균 유동 인구가 약 10% 증가한다고 한다. 애플스토어 점포 당 년 평균 매출액은 평방 피트 당 6,000 달러이며, 매출액이 가장 높은 애플스토어는 평방 피트 당 10,000달러이다. 반면, 미국에서 효율이 가장 높다는 플로리다에 있는 South Bal Harbor Shops의

연평균 매출액은 평방 피트 당 약 3,000 달러에 불과하다.

쇼핑몰과 다른 점포에게 돌아가는 가치를 주지하면서, 애플은 관행상 지불해야 하는 임대료에 상당한 할인을 요구하여 평방 피트 당 매출액의 2% 이상을 지불하는 것을 거부하고 있다. 비록 애플의 임대료는 다른 소매점들보다 훨씬 낮지만, 애플은 백화점이 누리는 무임승차까지는 얻지 못한다. 왜냐하면, 애플스토어를 방문하는 사람들은 종종 쇼핑몰 내의 다른 점포에서 쇼핑을 하지 않고 전자제품 전문점과 Genius Bar로 직진하기 때문이다. 반면에 백화점들은 쇼핑몰 내의 다른 점포에 소비자 공급자 역할을 하기 때문에 전반적으로 그 가치가 더 크다. 또한, 쇼핑몰 운영자는 애플스토어로 인해 증가된 쇼핑몰 고객 트래픽을 지적하면서 다른 임차인에게 더 높은 임대료를 요구할 수 있다.

Sources: Suzanne Kapner, "Apple Gets Sweet Deal from Mall Operators," The Wall Street Journal, March 10, 2015; Krystina Gustafson, "Malls That Rake in the Most Sales per Square Foot," CNBC, June 8, 2015.

2. 파워센터

파워센터Power Center는 주로 대형 할인업체들로 구성된 쇼핑센터를 일컫는다. 예를 들어, 할인점Target, 할인 잡화점marshall's, 회원제 할인매장Costco, 카테고리 전문점Lowe's, Staples, Michaels, Barne & Noble, Circuit city, Sports Authority, Toys "R" US등이 있다. 전통적인 스트립센터와는 다르게 파워센터에는 전문점 입점업체가 거의 없다. 상당수 파워센터는 실내 쇼핑몰 근처에 위치한다.

파워센터는 낮은 임대료와 적절한 소비자 편익, 그리고 차량 및 보행자 통행량의 적정한 수준을 제공한다. 파워센터는 카테고리 전문점에서 매출이 증가하면서 그 수가 증가하게 되었다.

현재 상당수의 파워센터는 몇몇 지역 쇼핑몰보다 규모가 더 크며, 거의 비슷한 상업지역을 가지고 있다.

3. 쇼핑몰

쇼핑몰Enclosed Shopping Malls은 다른 쇼핑입지에 비해 여러 장점이 있다. 첫째, 쇼핑몰은 아주 다양한 종류의 소매업체뿐만 아니라 쇼핑과 엔터테인먼트를 함께 즐길 수 있어 많은 고객을 유치할 수 있고, 쇼핑몰의 공간은 매우 크다. 중년 이상의 고객들은 운동 삼아 쇼핑몰에서 걸어 다닌다. 비록 일부 쇼핑몰은 저녁에 청소년 출입을 제한하기도 하지만 청소년들은 쇼핑몰에서 친구들과 만나서 시간을 보낸다. 따라서, Retailing View 7.1 에서 살펴본 것과 같이 특히 애플 스토어가 입점해 있는 쇼핑몰의 경우, 상당한 보행자 통행량을 발생시킨다. 둘째, 고객들은 날씨에 대해 염려할 필요가 없다. 추운 겨울이나 더운 여름이나 쇼핑이 가능해 고객들에게 매력적이다. 셋째, 쇼핑몰은 소매업체들에게 다른 점포들과 비슷한 영업방식을 요구한다. 예를 들어, 대부분의 주요 쇼핑몰에서는 통일된 영업시간을 강요한다.

그러나 쇼핑몰은 몇 가지 단점들이 있다. 첫째, 쇼핑몰 임대료는 스트립센터, 독립입지, 그리고 대부분 중심상업지역보다 더 비싸다. 둘째, 소매업체들은 자신의 영업에 대한 쇼핑몰 관리자들의 통제를 달가워하지 않을 수도 있다. 예를 들어, 대부분의 쇼핑몰에는 진열창이나 간판을 통제하는 엄격한 규약이 있다. 셋째, 쇼핑센터 내 점포 간 경쟁이 심화될 수 있다. 여러 전문점이나 백화점에서 아주 유사한 제품을 팔거나 서로 아주 가까운 위치에 있을 수도 있기 때문이다. 넷째, 독립입지, 스트립센터, 파워센터는 고객들이 점포 앞에 주차할 수 있고, 점포에 들어갔다가 자신들이 원하는 것을 구매한 후 할 일을 계속 할수 있기 때문에 편리하다. 다섯째, 일부 쇼핑몰은 건축된지 50년도 넘었으나 대규모 리모델링을 하지 않아서 황량하고 매력이 없다. 오래된 일부 쇼핑몰들은 쇼핑몰에 적절하지 않은 인구계층이 있는 장소에 위치해 있다. 왜냐하면 인구가 근교에서 더 먼 근교로 그리고 준교외로 이동하기 때문이다. 여섯째, 특히 백화점 분야에서 소매산업분야 합병으로 인해 잠재적인 고객 유인점포 임차인의 수가 감소하여, 일부 쇼핑몰은 소매업체들을 쇼핑몰로 흡인하는 힘이 감소하였다. 마지막으로, 인터넷 채널을 통한 매출액 증가는 소매 점포 채널의 매출액을 잠식하고 있다.

이러한 이유들 때문에 쇼핑몰 고객수와 매출액이 감소해 왔고, 경쟁 업체들과 가까이 있는 쇼핑몰들은 파산하였다. 그리고 쇼핑몰 관리자와 개발자들은 일부 부지를 재개발하려고 한다. 일부 재개발 사업자는 관습에 얽매이지 않은 세입자들과 합의하여 세입자들의 관공서, 교회, 병원, 위성 대학 캠퍼스 등을 통합하여 복합적인 공간을 탄생시킨다. 미국에서 가장 오래된 쇼핑몰인 아케이드Arcade 역시 주거용 "마이크로 아파트"로 바꾸어 놓았다. 사람들은 여전히 유행하는 의류뿐만 아니라 다양한 서비스를 위한 원스톱 서비스를 찾고 있다. 광진구에 위치한 스

⊙ 그림 7-1　원스톱 라이프 공간을 추가한 복합 쇼핑몰, 스타시티몰

타시티몰을 예로 들 수 있다. 스타시티몰 내에는 롯데백화점, 롯데시네마, 이마트, 크고 작은 전문점, 다이소, 서점, 약국, 식당 등 다양한 점포들이 모여 있는 원스톱 라이프 공간이다. 아침부터 저녁까지 쇼핑, 식사, 영화에서부터 다양한 엔터테인먼트를 한꺼번에 해결 할 수 있다.

노후화 된 쇼핑몰과 상업지역의 인구 통계 변화에 대처하는 또 다른 접근 방식은 현재 시장 니즈에 맞춰 제품을 제공하는 것이다. 쇼핑몰이 매우 환영받을 수 있기 때문에 지역사회는 소매 목적지라기 보다는 주말의 집처럼 보이게 한다.

세포라^{Sephora} 및 H & M과 같은 몇몇 쇼핑몰에 입점한 소매업체들은 고객들을 끌어들였으며, 메이시^{Macy} 및 노드스트롬^{Nordstrom}과 같은 고객유인점포는 업그레이드된 쇼핑몰의 혜택을 받고 있다. 또한 라디오젝^{Radio Shack}과 같은 전통적인 쇼핑몰 내 기존 입주자들의 폐점으로, 로스^{Ross} 및 TJ Maxx와 같은 할인 판매점들이 혜택을 보고 있다. 쇼핑몰 운영자들은 입주자를 채우기 위해 상대적으로 낮은 임대료를 제공하고 있어 할인 판매점들은 낮은 임대료에 더 좋은 입지를 차지할 수 있게 되었다. 이러한 재개발 노력과 신규 입주자들로 인하여 몇몇 쇼핑몰은 전반적으로 개선되었다.

4. 라이프스타일센터

라이프스타일센터는 전문점, 엔터테인먼트, 그리고 분위기 있는 레스토랑이 옥외로 배열되어 있는 쇼핑센터이며, 분수와 도로 시설물과 같은 디자인 분위기와 편의시설을 갖추었다. 라이프스타일센터는 사람들이 점포를 거닐며, 점심을 먹고, 공원 벤치에 앉아 친구들과 대화를 나누는 작은 도시의 중심가와 비슷하다. 따라서, 센터들은 상업지역에 거주하는 소비자들의 라이프스타일에 부응하기 위해 노력한다. 라이프스타일센터는 전문 소매업체들에게 특히 매력적이다.

사람들은 단지 점포와 레스토랑 때문에 라이프스타일센터에 끌리는 것이 아니라 팝업 분수, 아이스크림 카트, 스틸트 워커stilt walker, 풍선 예술가, 마술사, 얼굴 화가, 콘서트 그리고 다른 행사들과 같은 야외 공간의 매력 때문이다.

라이프스타일센터는 야외공간open-air이기 때문에 나쁜 날씨는 소비자들의 유동에 방해가 될 수 있다.

롯데몰 이시아폴리스점은 롯데백화점이 국내 첫 도입한 라이프스타일센터로 여가시설과 쇼핑몰이 함께 어우러져 있는 것이 특징이다.

라이프스타일센터들은 주차가 쉬워 쇼핑객들에게 매우 편리하다. 그리고 점유 비용이 낮아 쇼핑몰보다 임대료가 상당히 낮다. 그러나 보통 라이프스타일센터는 쇼핑몰에 비하여 소매 공간이 작고, 상업지역도 협소하기 때문에 고객수도 적다. 하지만 많은 라이프스타일센터들은 소득이 높은 거주지역의 주변에 위치하여 높은 구매 객단가로 낮은 고객 수를 보완하고 있다. 마지막으로, 라이프스타일센터는 아래에 설명되는 대규모 복합용도개발의 한 부분이기도 하다.

5. 복합용도개발

복합용도개발Mixed-Use Developments은 쇼핑센터, 사무실, 주거 건물, 호텔, 엔터테인먼트 및 기타 다른 용도의 공간을 한 장소에 결합해 놓은 것이다. 복합용도개발은 모든 필요한 것을 포함한 환경을 제공하여 소비자들이 근거리에서 일하고 살고 즐길 수 있도록 한다.

복합용도개발은 장기리 통근에 지친 사람, 이웃 간의 사회적 거리감에 지친 사람, 자신이 좋아하는 일을 위해 더 많은 시간을 소비하고 싶은 라이프스타일, 참된 공동체에서 살 기회를 찾는 사람들에게 매력적이다. 그리고 복합용도개발은 추가적인 고객을 창출하기 때문에 소매업체에게도 인기가 좋다. 복합용도개발은 편안하고 보행 중심의 환경을 제공하고, 공간을 효율적으로 사용하기 때문에 정부, 도시계획자, 환경론자에게도 인기가 좋다. 왜냐하면 쇼핑몰 하나만 짓는 것과 쇼핑몰이나 주차장 위에 추가적으로 사무공간을 건설하는 것의 토지비용은 똑같기 때문이다.

플로리다주 보카 레이턴Boca Raton에 위치한 규모 39,948m²의 지역 쇼핑몰 보카몰은 1974년에 개점했다. 몇십년이 지난 후, 보카몰은 다른 지역에서의 인구 증가와 경쟁 쇼핑몰의 보카몰 고객 유인 등 두 가지 문제로 어려움을 겪었다. 기존의 핵심 점포들과 다수의 전문점들이 보카몰을 떠났다. 보카몰은 철거되었고, Mizner Park라는 복합용도개발이 성사되었다. Mizner Park는, 거리의 한쪽 지상층 점포 위쪽에 사무실 건물, 거리 반대편의 점포 위층에는 주거공간이 있다.

6. 아웃렛센터

아웃렛센터는 주로 제조업체 및 소매점의 아웃렛 점포를 포함한 쇼핑센터이다. 아웃렛센터는 고객을 오래 머물게 하기 위해서 영화관, 레스토랑, 게임장 등 엔터테인먼트 요소가 강한 시설들이 있다. 게다가 점점 더 많은 고급 패션 브랜드와 디자이너들은 적게 투자하고 이월상품을 사려는 소비자들을 끌어들이기 위해 아웃렛센터에 매장을 오픈하고 있다.

전형적으로, 아웃렛센터는 도심지역에서 멀리 떨어져 있다. 도심에서 멀리 떨어져 있는 지역은 임대료가 저렴하여, 아웃렛스토어는 백화점 및 정가에 브랜드를 취급하는 전문점들과의 경쟁을 줄일 수 있다. 그러나 아웃렛센터가 점점 일반화되면서 소비자들은 더 가까운 곳에 센터를 더 많이 오픈 할 것을 기대하고 있다. 미국의 경우, 최근 1년 동안 오픈한 아웃렛센터 중 70%는 거주자가 1백만 명 이상에 달하는 대도시 지역에 있다. 서울의 경우는, 역세권에 대부분 위치해 있다. 롯데쇼핑주의 경우, 프리미엄아웃렛파주, 이천, 김해, 광명, 동부산, 기흥 등 6개과 일반 아웃렛서울역, 고양터미널, 청주 등 16개을 구분하여 운영하고 있다. 롯데쇼핑주의 프리미엄아웃렛 입지는 백화점과 일반 아웃렛이 있는 서울보다는 지방을 선택하였다. 프리미엄아웃렛은 어린이가 있는 가족뿐만 아니라 친구, 연인들이 함께 즐길 수 있게끔 롯데시네마, 레스토랑, 게임장, 어린이 놀이터 등 엔터테인먼트 요소를 강화시켰다. 그리고 타 지역 고객유인을 위해 지역 특색을 살려 함께 즐길 수 있는 여행 코스도 소개하고 있다.

관광은 고객들을 아웃렛센터로 유인하는 주요 요인이다. 그러므로 많은 아웃렛센터들은 관광객들의 접근이 편리한 유명 관광지 근처에 위치해 있다. 몇몇 센터 개발자들은 실제로 수백

⬥ 그림 7-1　롯데 프리미엄 아웃렛 점포별 특징

마일에 있는 사람들을 점포로 오도록 버스투어를 계획하기도 한다. 결과적으로 몇몇 아웃렛센터의 주요 상권은 1.6km 혹은 그 이상이다. 아웃렛센터는 유럽, 일본, 중국에서도 인기가 매우 많다. Retailing View 7.2는 중국에서 독특한 테마를 가진 고급 아웃렛센터 사례이다.

Retailing VIEW 7.2 중국의 고급 패션소비자들을 위해 "이탈리아"는 지금 고속열차로 달리고 있다.

중국에 있는 플로렌티아마을 아웃렛센터는 전국의 젊고 부유한 고객들을 끌어들이고 있다.

베이징과 텐진 사이에 이탈리아 마을을 재현한 테마 쇼핑몰이 있다. 2014년에 430만 명이 넘는 관광객이 찾았던 플로렌티아 마을은 200개가 넘는 명품 브랜드가 있으며, 관광객들은 좁은 거리와 광장이 있는 16세기 이탈리아 마을을 둘러보기 위해 모여든다. 관광객들은 역사 여행을 경험하는 동안, 아르마니, 페라가모, 프라다, 펜디 불가리, 몬클러를 포함한 이탈리아 명품 브랜드의 쇼핑에 빠져든다. "콜로스섬" 근처에, 토드스, 토리 버치, 마크 바이 제이콥스, 브룩스 브라더스 등 브랜드는 자체 점포를 유지하고 있으며, 고객들은 펜디, 버버리, 프라다를 찾기 위해 44개의 대운하 프롬네이드Grand Canal Promenade를 거슬러 이동한다.

2015년, 중국은 세계 최대의 위조품 생산지역이면서도, 가장 큰 럭셔리시장이며 그 가치는 약 170억 달러에 달한다. 관광객들은 기

차를 타고 아침에 플로렌티아 마을에 도착한다. 그들은 대부분 젊고, 부유한 중국인들이다. 그날 늦게, SUV를 타고 온 유명 디자이너 옷을 입은 부유한 여성들이 방문한다. 그들은 주말 관광객 무리를 피해 다닌다.

중국인 소유의 아웃렛센터가 10년 넘게 운영되고 있지만, 톱 브랜드를 입점시키지 못해 성공에는 한계가 있다. 톱 브랜드들은 아웃렛에서 판매함으로 인한 자체 브랜드 이미지를 떨어뜨릴가 우려한다. 여기에서 교훈은, 아웃렛 몰은 이미지가 매우 중요하며, 럭셔리 제품을 파는 장소처럼 보여야 한다는 것이다. 따라서 플로렌티아 마을은 독특한 환경을 만들어냈다. 고객들은 "이국적인" 건축, 카페, 고급 브랜드를 모두 즐길 수 있을 뿐만 아니라 디자이너 제품을 약 70% 할인된 가격에 구매할 수 있다.

이러한 성공에 힘입어 플로렌티아마을의 설립회사인 RDM그룹은 2020년 현재 홍콩, 상하이와 광포광동성에 위치 등 중화권에 총 6개 센터를 운영하고 있다. 플로렌티아마을의 성공은 글로벌 럭셔리시장에 영향을 주고 있다. 2015년 중국 해외 관광객의 명품 소비는 15년만에 처음으로 감소했다. 비록 다른 글로벌요인들 때문에 관광객들이 유럽에서의 전반적인 지출이 감소했을 수도 있지만, 중국이 세계 명품 시장의 약 3분의 1을 차지한다는 점을 고려할 때, 중국 고객의 지출 감소에 주목해야 한다.

출처: http://www.florentiavillage.com/j-en/aboutus.html; Yanie Durocher, "Discount-Chic in China: Florentia Village Brings Italian Glamour to Outlet Shop- ping, Jing Daily, February 11. 2015; Cherry Cao, "Italian Retailer Eyes 5 More Out- lets." ShanghaiDaily.com, January 23. 2015: Christopher Horton, When It Comes to Luxury, China Still Leads," The York Times. April 5. 2016: "Luxury Goods New Spending by Chinese Tourists Down 24 PCT in March, Reuters, April 15, 2016; Christopher Carothers. "A New Outlet for China's Consumerism," The Wall Street Journal. March 8. 2012, Peter Foster. "China Builds Replica of Italian Town Called Florentia Village," The Telegraph. June 27. 2011.

7. 테마/페스티벌센터

테마/페스티벌센터는 독특한 테마를 개별적인 점포는 물론 건축 디자인과 상품에 반영한 쇼핑센터이다. 테마/페스티벌센터는 새로운 형태의 쇼핑센터이다. 1970년 후반에 한 민간 개발자가 보스턴의 역사적인 페네일홀^{Faneuil Hall}을 "페스티벌 마켓"으로 재탄생시켰다. 목적은 테마/페스티벌센터가 일반적인 교외 쇼핑몰보다 더 재미있고 흥미롭게 개발하여 더욱 많은 관광객들과 지역 방문객들을 끌어들이기 위한 것이다. 이후 Baltimore's Inner Harbor와 라스베이거스의 베네치아호텔에 있는 Grand Canal Shops을 테마 아이디어로 건축했다.

처음 오픈 했을 때, 일부 페스티벌센터들은 방문객들을 끌어들이고 범죄와 인구감소 문제를 겪고 있는 도심의 되살리기에 성공했다. 하지만 지금은 테마를 갖춘 일반 점포 그리고 근처의 다른 소매업체들과 치열한 경쟁을 하고 있으며, 페스티벌센터들은 사람들에게 관광객 호객으로 보여지고 있어, 현지인들이 기피하고 있다. 1985년에 Lower Manhattan에 있는 Pier17에 오픈한 테마쇼핑센터는 South Street Seaport를 테마로 하였다. 그러나 수십 연간 성공하지 못하자, 새로운 건물주는 3층 건물을 헐고 그것을 소매점, 주거지, 상업공간이 있는 복합용도개발로 재개발하였다.

8. 옴니센터

쇼핑몰, 라이프스타일센터와 파워센터 컨셉을 결합한 새로운 쇼핑센터가 개발되고 있으며, 이러한 형태의 센터는 공식 명칭은 없지만 옴니센터라고 지칭할 수 있다.

옴니센터는 더 많은 세입자들에게 비용을 분산시킴으로써 공동지역 비용을 낮추고 더 많은 쇼핑객과 더 긴 쇼핑 시간 유발을 원하는 입점업체의 요구가 반영되었다. 그리고 옴니센터는 증가하고 있는 고객들의 교차 쇼핑^{WalMart 소비자들이 Cheesecake}

Joh's Town Center

Factory와 Nordstrom's를 애용하는 것 경향과 모든 것을 제공하는 곳에 가서 시간을 절약하고자 하는 고객들의 욕구도 반영하고 있다. 예를 들어, 플로리다 잭슨빌에 있는 27만 9천m² 규모의 Joh's Town Center는 세 개 구역이 있다. 즉, Dillard's Department Store가 목적점포 역할을 하고 있는 라이프스타일센터, 딕스포츠용품 및 반스앤노블 서점이 유인점포 역할을 하는 커뮤니티센터, 그리고 치즈케이크팩토리와 P.F.Chang's Restaurant가 유인점포 역할을 하는 Main Street가 있다.

IV 비전통적인 입지

LO7-4
비전통적인 소매 입지를
이해할 수 있다.

팝업스토어, 점포 내 점포 및 키오스크는 많은 소매업체들의 또 다른 입지 대안이다. Retailing View 7.3은 Subway 매장의 비전통적인 입지들에 필요한 상호 조정에 관한 것을 다루고 있다.

1. 팝업스토어 및 기타 임시 입지

팝업스토어는 신제품이나 몇몇 제품군을 위한 임시매장이다. 팝업스토어는 길거리 판매상, 주말 예술품 전시회와 같은 축제나 콘서트, 여의도 벚꽃축제나 단풍축제에서 다양한 먹거리 혹은 악세서리 매장, 강원도 등 지역의 농민들이 직접 나와 판매하는 농산물 직거래 시장을 예로 들 수 있다. 미국 도시들은 이러한 임시 소매업체들을 환영한다. 왜냐하면, 이러한 임시 소매업체들은 사람들을 유입하고, 활력과 매출을 유발하기 때문이다.

하지만 높은 임대료를 지불하는 기존의 소매업체들은 일부 임시 소매업체들이 경쟁 상품을 판매하기 때문에 환영하지는 않는다.

쇼핑센터의 공실이 증가하고 입주비용도 감소함에 따라 소매업체들과 제조업체들은 이런 빈 공간에 팝업스토어를 끌어들인다. 팝업스토어는 계절성이 강한 소매업체들에게 특히 매력적이다.

토이즈러스는 몇년 동안 팝업스토어에서 실험적으로 오픈했다. 토이저러스는 별도의 익스프레스 매장을 시작하였으며, 그리고 휴가 시즌을 앞둔 몇 개월 동안 메이시 Macy's 매장에 소규모 임시 매장을 개설하였다다음 섹션, '점포 내 점포' 참조.

도시들은 주변 지역들을 되살리기 위해 팝업스토어 컨셉을 채택했다. 캘리포니아주의 오클랜드는 도심지의 지정 지역에서 혁신적인 소매 컨셉 테스트에 동의할 경우 팝업 후드 컨셉Pop-Up Hood 소매업체에게 6개월 동안 임대 공간을 무료로 제공한다. 팝업스토어는 부유한 뉴 잉글랜드인들의 여름 휴양지인 햄튼에서 성황을 이룬다. 고급 부티크는 상대적으로 적은 투자로, 즉시 소비할 준비가 되었거나 나중에 집으로 돌아온 후에도 브랜드를 구매할 수 있는 고객에게 서비스를 제공 할 수 있다.

2011년, Subway는 맥도날드를 제치고 세계에서 점포 수가 가장 많은 체인점으로 자리매김했다. Subway는 비전통적인 입지에 매장을 열어 급속한 성장을 해왔다. 예를 들어, Subway는 브라질의 가전제품 매장, 캘리포니아의 자동차 전시장, 사우스캐롤라이나의 굿윌 GoodWill 매장, 독일의 유람선 등 비전통적인 입지에 매장을 개설하였다. 가장 주목할 만한 장소 중에 하나는 뉴욕에 있는 One World Trade Center 건설 현장인데 105층 건물의 각 층이 완공될 때마다 Subway도 다음 층으로 올라갔다. Subway의 체인점 최고 개발 책임자[CIO]는 "우리는 어디가 됐던지 샌드위치를 원하는 고객이 있는 곳을 찾을 것이다. 고객에게 더 가까이 갈수록 더 좋습니다."고 말했다. 그는 특이한 장소에 입점해 있는 10,500개 이상의 Subway 매장을 가르키면서 "비전통적인 것이 전통이 되고 있다"고 덧붙였다.

Subway는 메뉴가 샌드위치이기에 튀기고 굽는 장비가 필요한 전통적인 패스트푸드식당보다 간단하여 이례적인 시간에 개점해도 별 문제가 없다. 병원과 종교 시설들은 Subway가 전통적인 패스트푸드 음식에 비해 상대적으로 신선하고 건강한 샌드위치를 지향하기 때문에 Subway에 보다 호의적인 태도를 갖고 있다.

그러나 Subway는 종종 비전통적인 입지에서 점포를 오픈 할 때 약간의 수정을 해야 한다. 예를 들어, Cleveland의 유태인 공동체에

서 오픈할 때, 코셔 Kosher를 메뉴에 포함했다. 치즈는 콩제품으로 바꾸었고, 유대 안식일을 준수하여 금요일 오후부터 토요일 내내 문을 닫는다.

Subway가 뉴욕의 저소득 지역인 Buffalo의 True Bethel 침례교회에서 개점을 했을 때, 교회 지도자와 긴밀한 관계를 유지해야 했었다. 교회 지도자들은 성도들을 지원하고 일자리 창출을 목적으로 교회의 한 코너에 가맹점을 개점하기 위해 여러 패스트푸드 본사와 접촉했다. 하지만 Subway만이 공간활용이 유연하고 교회 시간에 맞춰 개점할 수 있었다. Subway는 회사 간판을 교회밖에 부착하지 않을 것과 주차 문제로 예배를 방해하지 않을 것을 약속했다.

Sources: http://www.subway.com/en-us/aboutus/history; http://www.aboutmcdonalds. com/content/mcd/investors.html; Subway Restaurants, "Subway Restaurant Goal to Add More Than 2,500 Locations Worldwide in 2015," PR Newswire, May 17, 2015; Jonathan Maze, "How Much Bigger Can Subway Get?," Restaurant Finance Monitor, May 6, 2014; Julie Jargon, "Unusual Store Locations Fuel Subway's Growth," The Wall Street Journal, March 10, 2011; Alan J. Liddle, "10 Non-Traditional Subway Restaurants," Nation's Restaurants, July 26, 2011.

2. 점포 내 점포

점포 내 점포는 소매업체가 다른 독립 소매업체가 운영하는 점포에서 소매 공간의 일부를 임대하는 계약을 포함한다. 호스트 소매업체는 기본적으로 매장 내 소매점 공간을 "전대[다시 빌려줌]" 한다. 매장 내 점포 매니저는 제품 구색, 재고, 인력 및 시스템을 관리하고 판매 또는 수익의 일

정 비율을 호스트에게 지불한다. 식료품점들은 지난 몇 년간 커피 전문점, 은행, 사진관 및 병의원과 같은 서비스 제공자들과 점포 내 점포 형태를 시도하고 있다. 스타벅스는 많은 소매점포에서 카페를 운영하고 있다.

미국의 백화점들은 전통적으로 미용실, 고급 보석, 모피 소매업체와 같은 다른 소매업체에게 공간을 임대해왔다. 이전 섹션에서 언급한 바와 같이 Macy는 토이저러스 및 Best Buy와 같은 다양한 파트너를 대상으로 실험을 했다. Macy 내에 입점한 Mini Best Buy는 약 28m²의 공간에 태블릿, 스마트폰, 스마트워치, 오디오 장치, 액세서리를 판매한다. 전통적인 Best Buy 매장에서와 같이 삼성은 강한 존재감을 가지고 있다. 가장 최신의 멋있는 전자 제품들을 제공함으로써 Macy는 거의 모든 사람들을 위한 쇼핑 목적지로 되고 있다.

Macy의 경우는 미국에서 주목할 만한 사례이지만, 유럽, 일본과 중국에 있는 대부분 백화점들은 점포 내 점포 소매업체들의 집합이라고 볼 수 있다. 예를 들면, 베이징의 고급 백화점인 모던플라자는 매장 내 모든 공간을 명품 브랜드 세트로 "임대"하고, 브랜드들은 모던플라자 내에 매장을 운영하고 있다. 그래서 모던플라자는 소매업체라기보다는 쇼핑몰 매니저 역할을 한다.

점포 내 점포는 내부 매장들과 호스드 소매입체에 상호 이익이 될 수 있다. 예를 들어, 에이스 하드웨어Ace Hardware는 최근 소비자들에게 더 많은 편의를 제공하는 복합적인 매장 프론트를 만들기 위해 지역 식료품점 및 소규모 체인점들과의 협력 계획을 발표했다. 새로운 계획은 에이스가 새로운 방향으로 성장할 수 있게 한다. 식료품점과 에이스 프랜차이즈를 소유한 지역 식료품점의 경우, 소매 혁신은 더 많은 매장 트래픽을 유도하게 한다. 고객의 경우, 단 한 번의 방문으로서 식료품과 견과류를 모두 구매할 수 있다.

일반적으로 입점한 매장들은 타켓 마케팅을 위해 보행자 트래픽이 높은 좋은 입지를 차지한다. 그리고 호스트 소매업체는 매출을 늘리고 브랜드 이미지를 높인다.

하지만 이 약정과 관련된 위험도 존재한다. 시간이 지날수록, 호스트나 점포 내 점포는 타켓 시장 및/또는 브랜드 이미지에 있어서 시너지 효과보다는 서로 상충될 수도 있다

3. 상품 키오스크

상품 키오스크Merchandise Kiosks는 일반적으로 쇼핑몰이나 공항, 대학 캠퍼스 또는 사무실 건물 로비 등의 통로에 위치하는 소규모 판매 공간이다. 일부는 직원이 있기도 하며, 쉽게 이동할 수 있는 소형 상점이나 카트 형태와 유사하기도 하다. 또 다른 형태는 21세기 버전의 자동판매기이다. 예를 들어, Apple 키오스크는 iPod 및 기타 대용량 Apple 제품을 판매한다.

쇼핑몰 운영자들은 키오스크를 활용하는 것이 빈 공간에서 임대 수익을 창출하고 방문객들에게 다양한 종류의 상품을 제공할 수 있는 기회로 생각한다. 쇼핑몰들은 SK텔레콤, KT 등 이동통신 사업자에서부터 이스라엘 사해 화장품과 같은 소규모 틈새 제품에 대해서도 관심을 갖

고 있다. 키오스크는 고객들에게 즐거움을 제공할 뿐만 아니라 전체 쇼핑몰의 추가 판매로 이어진다. 그리고 키오스크는 계절적 수요에 맞춰 재빠르게 변할 수 있다.

쇼핑몰 내에서 키오스크 입지를 정할 때, 관리자들은 기존 입점 업체들의 니즈에 민감하다. 키오스크는 점포 앞을 막지 않도록 주의하거나, 입점업체의 이미지와 맞지 않는 키오스크를 피하기도 하고, 더 나아가 유사한 제품을 판매함으로써 직접적 경쟁을 피하려고 조심한다.

V 입지와 소매전략

LO 7-5
입지별 소매전략을
이해할 수 있다.

입지 유형의 선정은 소매업체의 전략을 강화한다. 그러므로 입지 유형결정은 구매행동, 표적시장의 크기, 그리고 소매업체의 표적시장에서의 포지셔닝과 일관성을 유지해야 한다.

1. 소매업체의 목표시장에서의 소비자의 구매행동

소비자들이 방문할 점포를 선택하는데 핵심적인 요소는 자신들이 처해 있는 구매상황이라고 할 수 있다. 세 가지 유형의 구매 상황으로는 편의쇼핑, 비교쇼핑, 그리고 전문쇼핑이 있다.

1 편의쇼핑

소비자들이 편의쇼핑을 하는 경우, 소비자들은 그들이 원하는 상품이나 서비스를 구하는 것에 소요되는 노력을 최소화하는 것에 중점을 둔다. 그들은 브랜드나 소매업체에 무관심하고 가격에 민감하지 않다. 그러므로 편의쇼핑 소비자들은 브랜드와 소매업체 평가에 많은 시간을 쓰지 않고 가능한 한 빠르고 쉽게 구매하기를 원한다. 편의쇼핑은 휴식 시간에 커피 한잔, 주유, 아침 식사를 위한 우유 구매를 예로 들 수 있다.

편의쇼핑을 하는 고객을 표적으로 하는 빠른 서비스의 식당, 편의점이나 주유소와 같은 소매업체의 경우, 고객들의 접근이 용이하고, 쉬운 주차를 위해 점포를 고객들 가까이에 위치시키며, 고객들이 원하는 것을 쉽게 찾을 수 있도록 한다.

따라서 편의점, 약국, 패스트푸드점, 슈퍼마켓 및 할인점은 대부분 네이버후드 스트립센터나 독립 입지를 선택한다. 중심상업지역^{CBD}이나 시내중심가^{Main Street} 입지는 이동 중, 출퇴근 중, 또는 다른 심부름 중인 사람들에게 편의쇼핑을 위한 주요 입지이다.

2 비교쇼핑

비교쇼핑을 하는 소비자들은 자신들이 원하는 상품과 서비스 유형에 대하여 개략적인 생각을 가지고 있으나, 브랜드, 모델, 특별한 소매업체에 대하여 단골이 될 만큼 강한 선호를 가지고 있지 않다. 왜냐하면, 구매 결정은 소비자들에게 더 중요하기 때문에 그들은 정보를 탐색하고 대안 제품들을 비교하기 위해 더 노력한다. 소비자들은 가구, 가전제품, 의류, 전자제품, 공구 등을 구매할 때 일반적으로 이러한 구매 행동을 보인다.

예를 들어, 가구 소매업체들은 서로 서로 옆에 입점하여 "가구거리"를 형성하고자 한다. 서울 아현동 가구거리, 논현 가구거리에 가 보면 가구 소매업체들이 거리를 형성하고 있다. 이와 같이 경쟁업체들이 서로 가까이 입점해 있기 때문에 소비자들은 비교쇼핑이 가능해지고 그 지역으로 고객을 유인할 수 있다. 쇼핑몰들은 패션 의류를 비교쇼핑 하고자 하는 고객들에게 똑같은 이점을 제공한다. 따라서 백화점과 의류전문 소매업체들은 쇼핑몰에 입점한다. 같은 쇼핑몰에 입점함으로써, 그들은 패션 의류의 비교쇼핑에 관심이 있는 더 많은 잠재고객을 유인할 수 있다. 비록 독립 입지에 비해 쇼핑몰로 들어가는 것이 더 불편할지라도 고객이 비교쇼핑을 하는 것은 더 쉽게 된다.

카테고리 전문점들은 앞서 언급했듯이 전문점들을 한 곳에 입점시킴으로써 비교쇼핑의 이점을 제공한다. 소비자들은 노트북 등 전자제품을 비교쇼핑할 때 할인마트의 가전 코너를 방문하는 것보다는 용산전자상가 혹은 강변, 신도림 테크노마트에 가서 필요한 모든 전자제품을 비교하고 쇼핑한다. 동대문에 위치한 의류 쇼핑몰들이 불편하더라도 패션의류 비교쇼핑을 위한 목적 입지가 되듯이, 카테고리 전문점들은 고객들이 불편하더라도 찾아가는 목적점포^{Destination Stores}라고 볼 수 있다. 카테고리 전문점들은 파워센터에 입점하는데, 이는 비용을 절감하고 자신들의 위치에 대한 인지도 제고가 주목적이며, 고객을 유인하는 다수의 소매업체들의 이점과 크로스 쇼핑의 가능성을 부수적으로 기대하고 있다. 기본적으로, 파워센터는 목적점포들의 집합체라고 할 수 있다.

3 전문쇼핑

고객들이 전문쇼핑을 할 때 자신들이 무엇을 원하는가를 알며, 대체물을 용납하지 않는다. 그들은 브랜드와 소매업체에 대한 충성도가 높으며, 자신이 원하는 것을 소유하기 위해, 필요하다면 추가적인 노력을 기꺼이 지불 할 것이다. 이러한 구매 상황의 예로는, 유기농 야채, 고급 자동차, 고가의 도로/산악용 자전거 구매가 있을 수 있다. 소비자가 전문쇼핑할 때 단골로 삼는 소매업체들은 목적지 점포들이며, 단골점포는 목적점포가 된다. 따라서 고객들은 독특한 제품을 구매하기 위해 불편한 입지라도 기꺼이 방문할 것이다. 독특한 상품이나 서비스를 판매하는 소매업체들에게 편리한 입지는 그렇게 중요하지 않다.

2. 목표시장의 규모

소매업체의 입지 유형 선택에 영향을 미치는 두 번째 요소는 소매업체 근처의 목표시장의 크기이다. 좋은 입지는 목표시장에 유입되는 고객이 많은 입지이다. 따라서 중심상업지구CBD에 위치한 편의점의 경우, 근처에서 살거나 일하는 많은 고객들로 인해 유지된다. 마찬가지로 월마트Walmart는 넓은 지역에서 많은 고객을 끌어들이기 때문에 월마트 옆에 위치한 비교쇼핑 매장은 잠재적으로 좋은 입지이다. 특화된 상품을 파는 점포는 근처에 고객

테슬라의 전기자동차

밀집도의 높고 낮음의 중요성이 떨어진다. 왜냐하면 고객들은 이러한 유형의 상품을 구매하기 위해서 기꺼이 찾아갈 의향이 있기 때문이다. 예컨대, 포르쉐를 찾는 사람들은 딜러가 어디에 있든 운전해 갈 수 있기 때문에 다른 자동차 딜러 근처나 목표 시장 가까이 있을 필요가 없다. 그러나 테슬라Tesla의 경우, 브랜드와 상품을 가능한 많은 사람들에게 알리는 것이 목적이기 때문에 사람들이 즉시 $120,000로 전기 자동차를 구입할 준비가 되어 있지 않았더라도 의도적으로 교통량이 많은 지역에서 혁신적인 대리점 입지를 정한다.

3. 개별 소매업체의 독특함

마지막으로, 독특하고 차별화된 것을 제공하는 소매업체들은 서로 비슷한 상품들을 판매하는 소매업체들에 비해 입지의 편의성이 중요하지 않다. 예컨대, Bass Pro Shops는 독특한 상품 구색과 점포 분위기를 제공한다. 고객들은 이 점포가 어디에 입점하든지 찾아 올 것이며, 점포 위치가 목적지가 될 것이다.

VI 사회적 및 법적 고려사항

LO 7-6
입지 선정에 있어서의 사회적 및
법적 고려사항을 검토할 수 있다.

소매업체는 입지를 선정하고 운영할 때 사회적 및 법적 고려사항을 조사해야 한다. 이러한 제한 사항은 많은 지역 사회가 도시의 무분별한 확장에 대한 일반적인 우려를 반영하며, 특히 대형 소매점을 오픈 할 때 제한 사항이 보다 구체적이다.

미국 내 매장 위치에 대한 제한은 상대적으로 적지만, 세계 다른 지역에서는 위치 결정이 더욱 제한적이다. 예를 들어, 서유럽과 아시아에는 인구 밀도가 높고 도시 환경에서 생활하고 쇼핑하는 인구가 더 많다. 따라서 소매할 수 있는 공간이 줄어들고 사용 가능한 공간은 사용 비용이 높다. 또한 많은 서유럽 국가들은 소매를 특정 지역으로 제한하며 건축할 수 있는 매장의 크기도 제한한다.

한국의 '유통산업발전법'은 유통산업의 효율적인 진흥과 균형 있는 발전을 꾀하고, 건전한 상거래 질서를 세움으로써 소비자를 보호하고 국민경제의 발전에 이바지한다는 취지하에 출범하였다. '유통산업발전법'에는 대형 유통업체에 대한 제한 등이 포함된다.

1. 도시 확장

도시 확장은 도시 중심지 외부의 교외 및 농촌 지역에서 주거 및 쇼핑센터 개발의 확장을 말한다. 한국의 위성도시 확장 및 신도시와 비슷한 개념이다.

미국인들은 고속도로 시스템과 교외 지역의 발전으로 생활 방식이 많이 바뀌었다. 교통이 개선됨에 따라 사람들은 자가용으로 먼거리를 이동하여 직장에 가고 쇼핑한다. 그 결과, 많은 시내 소매업체들이 폐업했고, 부동산 가치와 세금 수입도 감소했다. 도심의 쇠퇴 외에도 자동차 여행 증가, 농지 손실, 빈곤층 확대, 인종과 경제의 분리로 인한 혼잡 및 대기 오염이란 문제도 발생하고 있다.

유럽의 경우, 도시의 무분별한 확산과 도시의 한계를 벗어난 대형 소매업체의 영향을 매우 우려하고 있다. 유럽 연합은 대형 소매업체의 성장을 억제하고 지역 소매업체의 경쟁을 돕기 위해 규모를 제한하고 도심지영국 하이 스트리트의 재개발을 보조하고 있다.

대한민국의 수도권은 서울특별시를 중심으로 인천광역시와 경기도군사분계선 이북 지역은 제외를 아울러 가리킨다. 수도권의 면적은 대한민국 전체 면적의 11.8%를 차지하는데, 행정자치부 인구통계에 따르면 2019년 12월의 주민등록 인구는 2천 592만 5천 명으로 대한민국 총 인구의 50%이다. 수도권뿐만 아니라 위성도시의 확장에 있어서 도시의 한계를 벗어나고, 지역의 기존 상권에 위협이 되는 대형 소매업체들의 입점에 대해 제한이 있다.

2. 대형 소매업체 반대

Walmart, Target, Costco 및 Home Depot과 같은 대형 소매업체는 지역 커뮤니티에 매장을 구축할 때 많은 저항을 받을 때가 있다. 한국의 경우도 이마트, 롯데마트 등 대형 소매업체가 지역 사회에 입점할 때 지역 사회의 반대가 매우 크다.

대형 소매업체들의 진입으로 말미암아 재래시장, 규모가 작은 마트 등 지역 상권의 붕괴 및 소비자들의 선택권 박탈로 이어질 수 있기 때문이다.

미국 등 많은 국가들에서도 대형 소매업체와 지역 사회 간의 논의가 계속되고 있다. 일부 지역 사회는 소매업체가 종업원에게 정해진 임금을 지불하거나 직원을 위한 저비용 주택에 자금을 제공하기로 동의 할 때 대형 점포 건축을 허용하기도 한다.

한국의 경우, 대형마트와 관련한 규제는 "유통산업발전법"에서 찾아 볼 수 있다. 대기업이 운영하는 대형마트들이 매년 거리 곳곳에 늘어나면서 손님들이 몰렸고 이에 따라 골목상권이 죽어간다는 논란이 일기 시작했다. 한국정부는 2012년 전통 시장과 소상공인을 살리겠다며 대형마트 신규 출점과 영업시간을 제한한다는 내용 등을 "유통산업발전법"에 포함시켰고 현재까지 유지 중이다. 현행 "유통산업발전법"상 3,000m² 이상 면적을 가진 대형마트는 매월 공휴일 중 2일을 의무 휴업일로 해야 하기 때문에 문을 열 수 없다. 롯데마트를 예를 들면 영업시간이 오전 10시부터 오후 11시 까지이고, 매월 2일을 휴업하고 있다. 다음 섹션에서 설명하는 구역제 Zoning는 지역 사회에서 대형 소매업체를 제한하기 위해 사용하는 방법 중 한가지이다.

3. 구역제

미국의 지방 정부는 구역제 Zoning를 통해 특정 지역의 토지 사용을 규제하여 거주민과 사업체의 기존 사용을 보호하고 지역 사회의 정체성 보존을 장려한다. 따라서 구역제는 맥도날드 McDonald가 주택가에 프랜차이즈를 개설하는 것을 막을 수 있다. 프랑스 및 독일과 같은 나라에서는 지역이 아니라 국가적인 차원에서 구역제의 규정과 계획을 시행한다.

도시 지역에서 구역제 조례는 특정 지역 또는 특정 장소에서 허용되는 5 가지 범주의 활동 주거, 상업, 혼합 주거 및 상업, 산업 또는 특수을 명시한다. 또한, 대부분의 구역 지정 규정에는 지역이 고밀도 고층 건물을 수용 할 수 있는지 또는 저밀도 단독 주택으로 제한 될 수 있는지를 나타내는 것과 같은 세부 밀도 제한이 포함된다.

예외가 있을 수는 있으며, 대부분의 조례는 차이가 부여되기 위해 충족되어야 하는 조건을 나타낸다. 예컨대, 한국 "유통산업발전법"에 의하면 대형 소매업체의 신규 출점에 있어서, 출점하려는 곳 근처에 있는 재래시장 상인과 합의가 이뤄지지 않으면 출점이 어렵도록 한 '상생협약'이라는 규제가 있다.

4. 건축법규

건축법규는 건물의 유형, 표지판, 주차장 크기와 유형 등이 특정 장소에 사용되는 것 관련 법적 규제이다. 어떤 건축법규는 특정 주차장 사이즈와 특정 건축 디자인을 요구한다. 예를 들어, 뉴멕시코주 산타페에서 건축법규는 빌딩들에 전통적인 진흙 벽토 스타일을 유지하도록 요구한다.

1 간판

간판은 특정 장소의 이미지에 영향을 줄 수 있다. 간판 크기나 스타일은 건축법규, 토지별 건축조례, 심지어 쇼핑센터 내규에 의해 제한 될 수 있다. 예를 들면, 노스 마이애미 비치의 Bal Harbor Shops의 경우, 세일 홍보 간판을 포함한 모든 간판에 대해서 개별 소매업체가 사용하기 전에 쇼핑센터 관리자의 승인을 반드시 받아야 한다.

2 주류허가법

주류허가는 지역에 따라 다르다. 예를 들어, 달라스의 네이버후드센터에서는 그 어떤 주류도 판매할 수 없고, 다른 지역에서는 와인과 맥주 판매는 가능하다. 이러한 규제는 레스토랑과 술집 외의 소매업체에도 영향을 끼친다. 예를 들어, 주류의 사용을 제한하는 테마/페스티벌 쇼핑센터의 경우, 야간에만 고객에게 주류를 팔 수 있다.

요약

LO7-1 소매업체가 이용 가능한 점포입지 유형을 이해할 수 있다.
입지에 대한 결정은 소매업체에게 매우 중요하다. 왜냐하면 입지는 고객이 점포 선택 결정에서 가장 영향력 있는 고려 사항 중 하나이기 때문이다. 입지결정은 지속 가능한 경쟁 우위 개발에 적용되어 전략적인 의미를 갖는 한편 위험적 요소도 있다.

LO7-2 비계획적인 입지 유형을 파악할 수 있다.
가장 기본적인 두가지 입지유형에는 비계획적인 입지(독립입지와 도심입지)와 계획적인 입지(쇼핑센터)가 있다. 비계획적인 입지는 어떤 점포를 개발할 것인지, 어디에 입점시킬 것인지, 어떻게 운영할 것인지 등에 대하여 집중적인 관리를 받지 않는다. 비계획적인 입지는 독립입지, 도심입지 및 시내중심가가 있다. 독립입지는 고객 편리성, 차량 통행량과 가시성이 높고 점포 임대료가 낮고 제한 사항이 적다. 그러나 독립입지는 운영비용이 높고 상권이 작다는 단점이 있다. 일반적으로 도심입지는 쇼핑몰보다 점포 비용이 낮고 차량 통행이 제한적이며, 주차 문제로 인해 소비자 편의성이 떨어진다. 많은 중심상업지구, 도심지역 및 시내중심가 입지는 고급주택화, 세금 인센티브 및 낮은 경쟁으로 인해 과거보다 실용성이 높은 옵션이 되었다.

LO7-3 쇼핑센터 유형별 특징을 분석할 수 있다.
쇼핑센터는 여러 점포들이 한 장소에 모여 있어, 각 점포들이 따로 떨어져 있을 때 보다 더 많은 소비자를 유인하게 된다. 개발자와 쇼핑센터 관리자는 소비자들에게 하나의 편리한 장소에서 종합적인 쇼핑 경험을 제공하기 위해 상호 보완적인 소매업체들을 신중하게 선정한다. 소매업체를 위한 쇼핑센터 유형은 매우 다양하다. 소매업체들은 스트립센터 혹은 파워센터, 쇼핑몰, 라이프스타일센터, 테마/페스티벌센터 또는 아웃렛센터에 입점할 수 있다.

LO7-4 비전통적인 소매입지를 이해할 수 있다.
팝업스토어, 점포 내 점포 및 키오스크는 많은 소매업체들의 또 다른 입지 대안이다. 팝업스토어는 특히 계절성이 강한 소매업체에게 매력적이다. 점포 내 점포는 소매업체가 다른 독립 소매업체가 운영하는 점포에서 소매 공간의 일부를 임대한다는 계약을 포함한다. 점포 내 점포는 내부 매장들과 호스트 소매업체에게 상호 이익이 된다. 키오스크는 주로 통로에 위치한 소규모 판매 공간이다. 쇼핑몰은 키오스크가 소규모이기 때문에 상대적으로 저렴한 비용으로 소매업체들에게 판매 기회를 제공한다. 그러나 쇼핑몰 내에 위치해 있을 때, 기존의 소매업체들에게 해로울 수 있다.

LO7-5 입지 별 소매전략을 이해할 수 있다.

입지 유형의 선정은 소매업체의 전략을 강화한다. 따라서 입지 유형 결정은 구매 행태, 표적시장의 규모, 소매업체의 표적시장에서의 포지셔닝과 일관성을 유지해야 한다. 세 가지 구매 유형의 고객들은 서로 다른 입지 유형이 적합하며, 구매유형에는 편의쇼핑, 비교쇼핑, 전문쇼핑이 있다.

LO7-6 입지 선정에 있어서의 사회적 및 법적 고려사항을 검토할 수 있다.

사회적, 법적 고려사항은 종종 독립적인 점포와 쇼핑센터의 입지와 운영을 제한한다. 이러한 제한사항은 많은 지역 사회가 도시의 무분별한 확장에 대한 일반적인 우려를 반영하며, 특히 대형 소매점을 오픈 할 때 제한 사항이 보다 구체적이다. 쇼핑센터 개발업자와 소매업체들은 지역 사회에 점포를 개점하기 전에 구역제 조례와 건축법규를 고려해야 한다.

핵심단어

- 유인점포(anchor)
- 건축법규(building codes)
- 중심상업지역(central business district, CBD)
- 공통지역 유지(common area maintenance, CAM)
- 커뮤니티 쇼핑센터(community shopping center)
- 비교쇼핑(comparison shopping)
- 편의쇼핑(convenience shopping)
- 크로스 숍(cross-shop)
- 목적점포(destination store)
- 독립 입지(freestanding site)
- 고급주택화(gentrification)
- 총 임대 가능 지역(gross leasable area, GLA)
- 도심지역(inner city)
- 라이프스타일센터(lifestyle center)
- 중심가(Main Street)
- 상품 키오스크(merchandise kiosk)
- 복합용도개발(mixed-use development, MXD)
- 네이버후드센터(neighborhood shopping center)
- 옴니센터(omnicenter)
- 아웃렛센터(outlet center)
- 옥외점포(outparcel)
- 계획적인 입지(planned location)
- 팝업스토어(pop-up store)
- 파워센터(power center)
- 쇼핑센터(shopping center)
- 쇼핑센터 관리회사(shopping center property management firm)
- 전문쇼핑(specialty shopping)
- 점포 내 점포(store-within-a-store)
- 스트립쇼핑센터(strip shopping center)
- 테마/페스티벌센터(theme/festival center)
- 상업지역(trade area)
- 비계획적인 입지(unplanned location)
- 도시 붕괴(urban decay)
- 도시 스프롤(urban sprawl)
- 구역 설정(zoing)

현장학습

1. 쇼핑센터 내 소매업체 하나를 선택하고, 쇼핑센터 관리자를 인터뷰하시오. 쇼핑센터 관리자가 생각하는 최고의 입점 소매업체와 선정 이유에 대한 보고서를 작성하시오. 당신이 선택한 소매업체에 대해 관리자는 어떻게 생각하는지? 관리자의 평가 기준은 무엇인지?

2. www.faneuilhallmarketplace.com과 www.cocowalk.net를 방문하시오. 어떤 유형의 센터인가? 공통점과 차이점을 나열하시오. 두 소매업체의 타켓시장은 누구인가?

3. 당신이 가장 선호하는 쇼핑센터를 방문하여 입점 업체 믹스를 분석하시오. 입점 업체들은 상호 보완적인가? 센터 전반의 성장을 위해 어떠한 입점 업체 믹스 변화가 필요한가?

4. 라이프스타일센터를 방문하시오. 어떤 입점 업체들이 있는가? 센터 주변의 인구 특성에 대하여 설명해 보세요. 이 라이프스타일센터에 오기 위해 얼마나 멀리에서부터 운전하고 오는가? 이 라이프스타일센터는 어떠한 유형의 소매 입지와 경쟁하고 있는가?

5. 자신이 가장 선호하는 쇼핑몰 홈페이지를 방문하여, 입점 업체 수, 전문 업체의 카테고리 수, 식당의 수, 제공되는 엔터테인먼트 유형 등을 기준으로 설명하시오. 이러한 소매업체 구색의 장단점은 무엇인가? 이 쇼핑몰의 독특한 특징은 무엇인가?

6. 이마트, 롯데백화점, ABC마트 등이 입점해 있는 파워센터를 방문하시오. 같은 장소에 어떤 다른 소매업체들이 있는가? 이러한 점포 믹스가 고객과 소매업체에게 어떠한 이점을 주는가?

토의 질문 및 문제

1. 소매업체들에게 있어 점포 입지 선정이 왜 중요한가?

2. 당신이 가장 좋아하는 점포를 선택한 후, 그 점포의 표적시장과 현재 입지에 대하여 강점과 약점을 설명하시오.

3. 급격히 성장하고 있는 가정용품센터 Home Depot는 전형적으로 파워센터나 독립입지에 위치한다. Home Depot와 같은 업체에게 각 입지의 강점은 무엇인가?

4. 당신이 컨설턴트라고 가정하였을 때, GS25, 밀리오레, 현대자동차와 같이 서로 다른 세 가지 유형의 점포에게 입지 선정에 있어 가장 중요한 한 가지 요인은 무엇이라고 조언하겠는가?

5. 소매업체들은 어려움을 겪었던 중심상업지구에 쇼핑센터와 독립입지를 개발하고 있다. 이 과정을 고급주택화라고 통칭하고 있는데, 몇몇 사람들은 윤리적이고 사회적인 효과에 대해 의문을 갖는다. 이러한 고급주택화의 이점과 문제점은 무엇인가?

6. Staples와 Office Depot는 모두 강력한 복합채널 전략을 가지고 있다. 이러한 업체들의 입지선정에 있어 인터넷은 어떠한 영향을 미치는가?

7. 많은 쇼핑몰의 푸드코트에 음식점들이 모여 있다. 이것의 이점과 불리한 점은 무엇인가?

8. 왜 Payless ShoeSource는 지역 쇼핑몰이 아닌 네이버후드쇼핑센터에 위치하는 것일까?

9. 당신의 집과 대학교 부근에 있는 쇼핑몰은 쇼핑과 엔터테인먼트 경험을 잘 결합하고 있는가??

10. 도시 르네상스에 투자한 큰 도시들을 생각해 보자. 고급주택화 계획의 어떠한 요소가 지역 거주민과 관광객 모두 그 장소에서 쇼핑하고, 먹고, 관광하는데 시간을 소비하게 하였는가?

참고문헌

1. Nelson D. Schwartz. "The Economics (and Nostalgia) of Dead Malls," *The New York Times*, January 3, 2015.

2. Sandy Smith. "Reinventing the Mall," *Stores*, June 2014: Schwartz. "The Economics (and Nostalgia) of Dead Malls"; Barbara Thau. "Retail's Dirty Open Secret: Store Traffic Declines Are Shaking Up the Shopping Experience," *Forbes*, June 24, 2016.

3. Bernice Hurst, "Stepping Back in Time to Re-Imagine the Future of Malls," *RetailWire*, April 17, 2015.

4. Smith, "Reinventing the Mall."

5. Krystina Gustafson, "What's Different about Tomorrow's Mall: You Never Have to Leave," CNBC.com. April 22, 2014.

6. Hurst, "Stepping Back in Time to Re-Imagine the Future of Malls"

7. Smith. "Reinventing the Mall."

8. Gustafson, "What's Different about Tomorrow's Mall "

9. Schwartz, "The Economics (and Nostalgia) of Dead Malls."

10. Gustafson, "What's Different about Tomorrow's Mall."

11. eData, International Council of Shopping Centers.

12. Stephanie Clifford, "Retailers' Idea: Think Smaller in Urban Push," *The New York Times*, July 25, 2012.

13. http://www.clevelaiidgatewaydistrict.com/history/; Keith Schneider, "Cleveland Turns Uptown into New Downtown," *The New York Times*. November 2011. p. B.7; Sue Halpern. "Mayor of Rust," *The New York Times Magazine*, February 13, 2011. pp. 30-35

14. Mari Gallagher, "USDA Defines Food Deserts," *Nutrition Digest* 33, no.1 (2010), http://americannutritionassociation.org/newsletter/usda-defines-food-deserts.

15. Andrew Soergel, "Millions of Food Desert Dwellers Struggle to Get Fresh Groceries," *US News and World Report*, December 7, 2015; Kelly Brooks, "Research Shows Food Deserts More Abundant in Minority Neighborhoods,"

Johns Hopkins Magazine, Spring 2014, http://huh.jhu.edu/niagazine/2014/spring/ racial-food-deserts/.

16. David Bornstein. "Conquering Food Deserts with Green Carts," *The New York Times*, April 18, 2012; Terry Pristin, "With a Little Help, Greens Come to Low-Income Neighborhoods," *77te New York Times*, June 17, 2009. p. B6.

17. Stephanie Clifford. "Retailers" Idea: Think Smaller in Urban Push," *The New York Times*, July 25, 2012; Shan Li, "Target Plans Another Urban-Format Store for Los Angeles," *Los Angeles Times*, May 1, 2012.

18. S. Irene Virbila, "Whole Foods Opening Downtown at 8th and Grand, with Roy Choi's Chego," *Los Angeles Times*, November 3, 2015.

19. A. D. Pruitt. "A Strip-Mall Revival." *The Wall Street Journal*, September 26. 2012, p. Cl 1.

20. Robert J. Gibbs, *Principles of Urban Planning and Development* (New York: Wiley, 2011); Brandon Rogoff. "The Performance of U.S. Shopping Centers," *ICSC Research Review* 16. no. I (2009), pp. 8-10?

21. Kate Murphy, "Revitalizing a Dead Mall (Don't Expect Shoppers)." *The Wall Street Journal*, October 30, 2012; KrisHudson, "The Malaise Afflicting America's Malls," *The WallStreet Journal*, March 1.2012.

22. Thau. "Retail's Dirty Open Secret."

23. Kris Hudson, "Malls Make Way for Grocers," *The Wall Street Journal*, August 5, 2012; Andrea Chang, "Malls Are Morphing into One-Stop Shops." *Los Angeles Tinies*, November 12, 2011.

24. Miriam Jordan, "Mall Owners Woo Hispanic Shoppers," *The Wall Street Journal*, August 13, 2013; Jeff Mitchell, "Northridge Mall in Salinas Aims to Capture Latino Customers," *The Californian*, March 9, 2012; David Ferry, "Land Battle Stirs Richmond." *The Wall Street Journal*, June 16. 2011.

25. Tim McLaughlin. "Bargain Retail Lifts U.S. Shopping Centers as Big Names Stumble." *Reuters*, March 16, 2014; Shelley DuBois, "The American Mall: Back from the Dead." *Fortune*. February 15, 2011.

26. Maria Matzer Rose, "Easton Shuffle," *Columbus Dispatch*, January 31, 2010; Tim Feran, "Easton Town Center Has Become Such a Popular Fixture. It's Hard to Remember That Its Concept Was a Risky Decision," *Columbus Dispatch*, July 5, 2009.

27. www.icsc.org/srch/lib/Mixed-use_DefinltioD.pdf.

28. www.miznerpark.com/.

29. Sascha M. Pardy, "Outlet Centers Rise to the Top during Recession," *COStar Group News*, September 30. 2009.

30. http://www.sinion.coni/mall/the-outlets-at-orange.

31. Tiffany Hsu, "With Luxury Brands, Outlet Centers Give Malls a Run for Their Money," *Los Angeles Times*. April 26. 2014.

32. Suzanne Kapner, "Retailers' Lines Blur on Outlet Stores," *The Wall Street Journal*, October 12. 2014.

33. Eliot Brown, "As Urban Centers Rebound, Some Themed Marketplaces Appear Generic and Dated," *The Wall Street Journal*. March 9, 2012; Charles V. Bagli. "Despite Amenities. South Street Seaport Redevelopment Plans Stall over a High Rise," *The New York Times*, February 16, 2015: Konrad Putzier, "Howard Hughes to Self-Fund Seaport Development," *The Real Deal*. May 10, 2016, http://therealdeal.com/2016/05/10/howard-hughes-to-self-fund-seaport-development/.

34. www.simon.com/mall/default.aspx7ids857.

35. Stephanie Clifford and Peter Lattman. "Toys 'R' Us. in a Box," *The New York Times*, April 7. 2012. p. B.l; Peter Evans, "Pop-Up Shops Go Mainstream," *The Wall Street Journal*, September 3, 2012; Tiffany Hsu."Toys R Us to Open Holiday Pop-Up Shops in Macy's," *Los Angeles Times*, October 10, 2012; David Kaplan, "A Permanent Trend of Pop-Up Shops." *McClatchy-Tribune Business News*. December 3. 2011.

36. Peter Gareffa, "2017 Volvo S90 Showcased at Manhattan Pop-Up Store" F2dmunds.com, June 28, 2016.

37. Alyssa Bailey and Sarah Lindig, "Kanye's 'Life of Pablo' Pop-Up Was as Insane as You Could've Guessed." *Elie*, March 19, 2016.

38. http://ww w.popuphood.com/consulting.html.

39. "Pop-Up Shops Proliferate in the Hamptons," *Crain's New York Business*, July 7. 2016. http://www.crainsnewyork.com/article/20160707/REAL_ESTATE/160709943/how-the hamptons-became-a-pop-up-breeding-ground.

40. "The Economic Incentives of the 'Store-within-a-Store' Retail Model," *Knowledge@Wharton*, September 2. 2(X)9.

41. George Anderson, "Best Buy to Open Shops Inside of Macy's Stores," *RetailWire*, September 9. 2015.

42. Xing Chen, "Modern Plaza Beijing." *GoShop Beijing*. January 3. 2012. http://goshopbeijing.com/modern-plaza-beijing-310.html.

43. Ian Ritter, "Ace Hardware Partners with Regional Supermarkets to Create One-Stop Shopping," SCT. August 25. 2014.

44. Nurun, "Tesla Motors: A Retail Experience That Reinvents the Way Cars Are Sold." http://www.nurun.com/en/case-studies/tesla-motors-retail-kiosks/.

45. PBS. "Store Wars: When Wal-Mart Comes to Town," www.pbs.org/itvs/storewars/.

46. "Nation of Shop Critics," *The Economist. January* 21, 2012.

지 구상의 거의 모든 사람들은 스타벅스의 간판, 포스터 및 컵에 새겨진 녹색 인어 로고를 알고 있다. 스타벅스는 70여 개 나라에 24,000개 이상의 점포가 있으며 사람들에게 집과 직장 외에 머물 수 있는 제 3의 장소를 제공하고 있다.

지난 10년 동안 스타벅스의 수백 개 신규 오픈 점포들이 실적 부진으로 문을 닫자 다양한 자료 기반의 폭넓은 통찰력에 대한 필요성이 더욱 높아졌다. 점포들의 폐점 이유를 분석한 스타벅스 글로벌시장 기획 담당 매니저인 패트릭 오하간^{Patrick O'Hagan}은 대부분의 점포들은 절대로 오픈하지 말았어야 했다고 말했다. 하지만 데이터가 너무 많아 입지 선정 담당 식원들도 유의미한 입지 선정을 도출하기 어려웠다.

스타벅스는 1990년대부터 ESRI GIS^{ESRI's Geographic Information System} 기술을 활용해 왔지만, ESRI GIS에서 제공하는 예측분석은 최근에야 완벽하게 구현하였다. 새로운 입지 계획뿐만 아니라 특정 입지에서의 확장 메뉴 옵션을 고려할 때도 ESRI GIS 기술을 통해 수집한 정보를 활용한다. 스타벅스는 ArcGIS 온라인 시스템을 사용하여 지도 형태로 ESRI GIS 데이터를 그래픽으로 보여준다. ESRI GIS 데이터에는 소프트웨어가 관련 기준에 따라 분석한 위치 정보와 인구통계학적 세부사항이 포함되어 있다. 예를 들어, 중국의 어느 한 작은 도시에서 새로운 사무실 빌딩이 올라가면, 직원들의 집이 어디이고, 어디에서 근무하는지를 예측한 후, 어디에서 새 점포를 오픈할지를 판별한다. 스타벅스는 이러한 데이터를 "ESRI GIS의 목적지"라고 불리우는 스타벅스의 Atlas 응용 프로그램에 입력한다.

ESRI GIS 기술은 스타벅스가 새 점포의 이상적인 입지 선정뿐만 아니라, 점포 유형 결정에서도 활용된다. 예를 들어, 계획된 많은 새 점포는 드라이브스루 윈도우를 특징으로 할 수 있고 다른 점포들은 보다 작고, 고객의 최고 편의를 특징으로 할 것이다. 더 나아가, 데이터는 단맛을 좋아하는 소비자가 있는 점포에 더 많은 쿠키나 케이크 옵션을 포함하는 등 메뉴에 무엇을 포함할지를 정의한다. ESRI GIS 기술은 핸드폰, PC 등 다양한 플랫폼에서 접속 가능하기때문에 현장에 있는 입지 전문가들은 첨단 기술을 통한 통찰력과 실제 관측치를 결합하여 분석할 수 있다. Atlas 시스템은 스타벅스가 저녁 목적지로 될 수 있는 일부 점포의 메뉴에 와인 추가를 고려하라고 제안했다. 최근에 새로 오픈한 점포, 특히 미국에 있는 점포의 지속적으로 높은 수익을 창출하고 있는 결과를 보면, 새로운 접근방식은 효과적임이 입증되고 있다.

스타벅스는 인구통계학적 자료 외에도 모바일 앱을 정보의 소스로 많이 사용한다. 예를 들어, 모바일 앱은 누가, 어디서, 무엇을 주문하느냐 하는 정보와 모바일 앱의 사용빈도가 높은 지역 정보를 제공한다. 최근 분석결과 스마트폰 소유자가 적은 일부 지역에서도 많은 사람들이 모바일 기기를 소지하고 있음을 나타냈다. 스타벅스는 즉시 해당 지역에 점포를 오픈하고 모바일 앱을 통해 지역 소비자들에게 다가가기 위해 노력하고 있다.

일단 적합한 장소에 적합한 유형의 스타벅스 점포가 오픈되면 위의 모든 도구들은 소비자 트래픽 증가에 도움을 주고 있다. 예를 들어, 소프트웨어는 날씨 정보와 뉴스가 지도에 통합이 가능하도록 한다. 특정 도시에 폭염이 시작될 쯤, 기온이 상승하기 전주에 시원한 프라푸치노를 홍보하며, 목마른 단골들이 다니는 길에 시원한 음료들을 준비하여 더위를 식히게 한다.

제 5장에서는 입지 선정의 전략상 중요성을 강조했다. 입지 선정이 모든 다른 전략적 의사 결정과 마찬가지로 전략적 우위를 창출할 수 있지만, 동시에 위험요소도 존재한다. 왜냐하면, 입지 선정에는 많은 자원이 소요되기 때문이다. 적합한 위치에 점포를 오픈할 때, 주로 5년 혹은 그 이상의 임대차 계약을 하거나, 대지를 매입하고 점포 건물을 건축한다. 만약 점포의 매출 실적이 기대보다 저조하면, 소매업체는 다른 당사자가 입주하여 임대 또는 점포 빌딩을 매입하게 하더라도 투자비 회수가 쉽지 않다.

제 7장에서는 소매업체가 고려 가능한 입지 유형과, 특정 유형의 소매업체가 특정 유형의 입지에 적합한 이유를 살펴보았다. 본 장에서는 소매업체의 특정 입지 선택 방법에 대해 자세하게 살펴 볼 것이다.

소매 점포 입지를 선정할 때, 많은 양의 자료분석과 정교한 통계모델의 사용이 필요하다. 왜냐하면, 대부분의 소규모 소매업체들은 입지에 대한 의사결정이 빈번하지 않기에 최고의 부동산 전문 분석가를 직접 고용하는 것은 경제적이지 않다. 그러므로 소규모의 소매업체는 입지 선정을 위해 지리적, 인구통계학적인 자료를 제공하는 회사나 부동산 컨설팅 회사의 서비스를 활용한다. 스타벅스와 같은 대형 체인점들은 전문가로 전향하여 새 점포의 입지 선정에 필요한 방대한 양의 데이터 처리를 도울 수 있다. 그러나 모든 첨단 기술이 있더라도 입지 선정에서의 예술적 요소는 계속 존재한다.

본 장에서는 소매업체들의 점포 입지 선정 절차와 리스 협상 과정을 순차적으로 검토할 것이다. 초반부에는, 소매업체가 일반 권역에서 입지 선정 시 고려하는 요소들과 특정 지역에서 영업활동을 위한 점포의 수를 결정하는 요소들을 살펴볼 것이다. 다음으로, 특정 입지 평가의 다양한 접근 방법과 특정 위치의 점포의 기대 매출액 평가 방법을 살펴볼 것이다. 마지막으로, 소매업체가 점포를 위한 리스 계약을 체결할 때 협상 시 필요한 다양한 조건들을 살펴볼 것이다.

I 입지 선정 및 점포 수 결정 기준

LO8-1
입지 선정 및 점포 수 결정 기준을 이해할 수 있다.

본 섹션의 첫 번째 부분은 소매업체가 입지 선정 시 분석하는 지역에 대해 설명하고 두 번째 부분은 기존 점포가 위치한 지역에 대한 평가와 한 개 지역 내에서 점포 수를 결정할 때 필요한 고려사항들에 대해 살펴볼 것이다.

1. 광역통계지역MSA

소매업체가 입지를 선정할 때는 나라가 될 수도 있고, 또는 미국의 특정 주, 혹은 도시 안에 있는 특정 지역과 같은 구체적인 지역일 수도 있다. 미국 소매업체들은 광역통계지역MSA, Metropolitan Statistical Area에 주로 집중한다. 왜냐하면, 소비자들은 MSA 지역 내에서 쇼핑하는 경향이 있고 입지 기회 분석을 위한 인구통계학적 자료 역시 주로 MSA를 근간으로 직싱되기 때문이다.

MSA는 높은 수준의 경제력과 핵심 지역사회와 인접해 있는 인구 5만 명 이상의 핵심 도시 지역이다. 예를 들어, MSA에 있는 많은 사람들은 직장은 도심지역에 있지만 근교에 거주한다. MSA는 한 개 혹은 여러 개의 자치주county로 구성될 수 있고, 명칭은 대표적인 자치주의 이름을 따른다. 예를 들어, 신시내티-미들타운Cincinnati-Middletown MSA는 17개 자치주인디애나주 3개, 켄터키 주 8개, 오

하이오주 6개의 인구 2,157,719명으로 구성되어 있고, 몬태나주 미줄라^{Missoula} MSA는 인구 114,181명의 한 개 자치주로 구성되어 있다.

이와 반대로, 마이크로폴리탄통계지역^{μSA, Micropolitan statistical area.}은 미국 대도시에서 최대 100마일까지 떨어진 지역이다. μSA는 비록 대도시만큼의 강한 매력과 경제적 가치는 높지 않지만, 생산능력이 상당하고 많은 거주자들에게 합리적인 주거시설을 제공한다. MSA나 μSA는 중심 도시의 핵심 인구를 말하기 때문에 그 명칭과 상관없이, μSA는 대도시 지역보다 더 클 수도 있다. 가장 큰 μSA는 뉴햄프셔-버몬트주^{Claremont-Lenanon}에 위치한 클레어몬트-레나논^{Claremont-Lenanon}이며, 인구가 217,510 명 있다.

한국의 경우, 광역도시를 하나의 행정단위로 묶어 지방자치단체로서 광역시^{廣域市}라고 부르고 있다. 광주, 대구, 대전, 부산, 울산, 인천이 이에 해당한다. 한국은 1개 특별시, 6개 광역시, 1개 특별자치시, 8개 도, 1개 특별자치도로 나뉘어져 있다.

2. 점포입지 평가의 고려사항

소매업체에게 최고의 점포입지는 지속적으로 높은 수익을 창출시키는 지역이다. 수익의 지속적 창출에 영향을 미치는 입지 평가 요소들로는 ① 경제적 환경, ② 경쟁, ③ 소매업체의 표적시장과 현지 지역 인구와의 전략적 적합성, 그리고 ④ 점포 운영비용이 있다^{<그림 8-1>} 참조. 지역 입지 평가의 요소들은 제 5장에서 언급한 소매업체들이 신규 사업 또는 해외시장 진출 등에 투자할 때 고려하는 요소들과 비슷하다.

⬧ 그림 8-1   지역이나 상권의 수요에 영향을 미치는 요소들

1 경제적 환경

입지는 장기적으로 재원을 투자해야 하기 때문에 지역의 제반 수준과 인구의 증가 및 고용률을 검토하는 것이 중요하다. 지역에 인구가 많고, 완전고용 상태에 있다는 것은 높은 구매력과 높은 매출액 창출 가능성을 뜻한다.

그러나 미래 최적의 소매환경은 인구와 고용의 성장률 만으로는 충분하지 않다. 소매입지 분석은 반드시 얼마나 오래 지속 성장 가능한지와, 이것이 어떻게 수요와 점포 내에서의 상품의 판매에 영향을 미칠 것인지를 추정할 수 있어야 한다. 지역이 한 산업에 특화되어 있고, 다

롯데역이라고도 불린다는 서울역 롯데아울렛

양한 산업으로 다각화되지 않는다면, 지역 경제는 주기적으로 하강할 가능성이 있기 때문에 매력적인 지역이 아니다. 예를 들어, Detroit, Michigan 등 일부 공업지대 도시들의 경제는 자동차와 같은 특정 산업에 대한 의존도가 높기 때문에 경기의 영향을 크게 받는다.

또한, 특정 지역에서 고용률이 빠르게 증가했다면, 그 원인 파악도 중요하다. 예를 들어, Washington의 Seattle 동쪽은 Microsoft의 본사가 인접해 있기 때문에 소매업체에게 바람직한 장소이다. 하지만 이 곳 소매업체의 매출은 Microsoft사의 재무성과와 불가분의 관계에 있다.

대부분의 경우, 인구가 증가하고, 성장하고 있는 지역이 하락하는 지역에 비해 인기가 있다. 그러나 Subway와 같은 일부 소매업체들은, 현재는 거주자가 별로 없지만 주변과 교외 지역이 궁극적으로는 지속적인 수요를 창출할 만큼 충분히 성장할 것을 기대하고, 새로운 스트립쇼핑센터에 입점하기도 한다.

2 경쟁

한 지역에서의 경쟁 수준 또한 소매업체의 상품 수요에 영향을 미친다. 월마트의 초기 성공비결은 경쟁이 거의 없는 작은 도시에서의 점포 입지 전략이다. 월마트는 소규모 도시에 거주하는 소비자에게 가성비가 높은 상품을 제공했다. 월마트가 입점하기 이전에는 시골에 살고 있는 소비자들은 작고, 구색이 부족한 점포에서 잡화만을 구매하거나 운전하여 대 도시까지 가서 쇼핑을 해야만 했다.

저소득층 주거지역 인근 지역은 예전에는 매력적이지 않는 입지였지만, 지금은 Chili's, Denny's, IHOP 등 고급 레스토랑 체인점들이 많이 입점해 있다. 이러한 레스토랑에게 있어서, 소외된 도시 입지는 최소의 경쟁수준, 쉽게 접근할 수 있는 많은 노동력, 그리고 주민들의 비교적 높은 가처분소득 등 매력이 높은 지역이다.

Retailing View 8.1은 유행하는 의류의 시장경쟁이 낮은 소도시를 타겟으로 한 스테이지스 토어Stage Store의 성공 사례이다.

스테이지스토어Stage Stores는 회사규모가 10억 달러이고, 약 850개의 점포를 운영하고 있음에도 불구하고 대부분의 점포가 소도시에 있고 서로 다른 점포명으로 운영되기에 잘 알려지지 않고 있다. 스테이지스토어의 전 회장이자 CEO인 Andy Hall는 "비즈니스 모델의 장점은 우리에게 경쟁자가 없다는 것이다"라고 말했다. 그리고 "대부분의 소도시들은 우리의 두개 점포를 수용할 만큼도 크지 않다. 1등만이 승자다"라고 말했다. 소도시에 있는 스테이지스토어의 가장 가까운 경쟁자는 40km 떨어져 있는 지역 쇼핑몰과 온라인 사이트들이다.

850개 점포 중에 550개 이상이 주로 반경 16km 이내에, 인구 5만명 미만의 작은 도시 내 스트립센터에 입점해 있다. 또 다른 150개의 점포들은 인구가 약 5만 ~ 15만명의 중간 규모의 도시에 있다. 스테이지스토어는 팔라이스로열Palais Royal, 빌스Bealls, 구디즈Goody's, 피블스Peebles, 스테이지Stage라는 브랜드명으로 운영하고 있다. 스테이지스토어는 전략적으로 식료품점, 드럭스토어 및 월마트와 같은 주요 할인점과 가까운 곳에 스테이지스토어 브랜드를 입점시키고자 한다. 소비자들은 월마트에서 식료품과 내구 소비재를 구입하고 스테이지스토어에서 의류를 구입한다. Lee, Levi's, Calvin Klein, Izod, Nike,

스테이지스토어의 자회사인 Bealls는 디자이너 패션 의류와 액세서리 관련 경쟁자가 거의 없는 작은 마을을 공략하고 있다.

Nautica, Dockers, Nine West, Clinique, Estee Lauder 등 유명브랜드가 전체 매출액에서 85%를 차지한다.

Andy Hall 전 CEO는 소도시 중심이라는 단점 때문에 많은 투자자들이 간과한다고 말한다. 영업사원과 소비자는 서로 알고 있을 가능성이 높으며 점포에서 그들은 돈독한 관계를 유지하고 있다.

Source: www.stagestores.com; David Kaplan, "Stage Stores' Strategy Pays Off Big in Small Towns," Houston Chronicle, August 1, 2011.

3 표적시장과의 전략적 적합성

경제적 환경과 경쟁 요소만으로 입지의 모든 것을 설명할 수 없다. 상권은 소매업체들의 표적시장 안에 있고 소매업체의 단골이 되는 소비자들이 있다. 그러므로 그 지역의 정확한 인구통계적 자료와 라이프스타일에 관한 정보를 반드시 가지고 있어야 한다. 한 지역의 가족 규모와 구성에 대한 자료는 성공을 결정하는 중요한 요소일 수 있다. 예를 들어, 전자제품, 가전제품 및 가정용품 상점인 La Curacao는 히스패닉 소비자를 대상으로 한다. 남캘리포니아와 애리조나에 11개 점포가 있는데 모두 적어도 250,000명의 히스패닉계 사람들이 사는 지역이다. 한편, 토이저러스Toys "R" Us는 상권 내 인종 구성은 중요한 요소가 아니며, 어린아이가 있는 가구가 집중해 있는 지역에 관심이 높다.

4 점포 운영비용

서울 강남과 강북의 점포 운영비용에 차이가 많이 나듯이 점포의 운영비용은 지역마다 다를 수 있다.

소매업체의 점포 운영비용은 또한 동일한 소매업체가 다른 지역에서 운영하고 있는 점포와의 지역적 근접성에 따라 달라진다. 예를 들면, 만약 한 점포가 다른 점포 혹은 소매업체 유통센터와 가까운 곳에 위치해 있다면, 점포까지의 상품 운송비용과 운송시간을 절약할 수 있다.

3. 지역 내의 점포 수

소매업체가 점포 입지를 위한 장소를 선택했다면, 다음 단계는 한 지역에서 운영 가능한 점포 수를 결정해야 한다. 일견 소매업체가 각 MSA에서 최선의 장소 한곳만을 선택할 것이라고 예상 할 것이다. 하지만 규모가 큰 MSA에서는 규모가 작은 MSA보다 더 많은 점포를 운영해도 된다. 그러나 규모가 가장 큰 MSA일지라도 한 지역 내에서 운영될 수 있는 점포의 수는 한계가 있다. 소매업체는 한 지역에서 다점포를 운영하는 경우 발생될 비용 절감과 매출액 자기잠식 등의 사업요인을 반드시 고려해야 한다.

1 다점포 운영을 통한 규모의 경제

대부분의 소매업체 체인점들은 규모의 경제를 통해 판촉과 유통비용을 절감할 수 있기 때문에 한 지역에서 다수의 점포를 개점한다. 소매업체가 한 지역에 한 개의 점포만 있을 경우에나 20개 점포가 있을 경우에나 광고 총비용은 같다. 그리고 한 MSA 내의 다점포들은 하나의 같은 유통센터를 활용할 수 있다. 월마트와 같은 체인점은 점포 지원이 가능한 유통센터가 있는 지역으로만 확장해 나간다. 콜스Kohl's가 플로리다Florida 시장 진출 시, 잭슨빌Jacksonville과 오랜도Orlando 지역에 14개의 점포를 같은 날에 개점한 것도 이와 같은 이유에서다.

2 자기잠식Cannibalization

소매업체들은 한개 MSA 내에 다수의 점포를 입점시킴으로써 규모의 경제를 달성할 수 있지만, 한 지역 내에 너무 많은 동종업 점포의 증가로 개별 점포의 수입이 감소할 수 있다. 예를 들어, 특정 MSA에 점포 4개를 개점했을 때, 점포 별 각각 20억 원의 매출이 발생한다고 가정하자. 네 개 점포의 위치가 서로 떨어져 있기 때문에 소비자들은 그들과 가까운 곳에 위치한 점포만의 단골이 되고, 점포의 자기잠식은 일어나지 않는다. 이때 소매업체가 다섯 번째 점포를 기존 점포와 가까운 곳에 오픈 할 경우, 소매업체는 점포의 증가로 인한 20억 원의 매출액 증가를 기대할 수 있다. 새 점포도 기존 점포들과 같은 수준의 매출액을 기대할 것이다. 하지만 전체 증가한 매출액은 15억 원이 될 것이다. 왜냐하면, 신규 점포로 인해 점포에서 가장 가까운 기존 점포의 매출액은 20억 원에서 18억 원으로 감소할 것이고, 신규 점포의 매출액은 그 지역에서 다섯 번째로 좋은 입지에 있기 때문에 17억 원에 불과할 것이기 때문이다. 즉 신규 점포는 가장 가까운 점포의 매출액을 잠식하기 때문에 매출 총액에서 15억 원를 기여한다.

소매업체의 주요 목적은 체인 회사 전체 수익을 최대화하는 것이기 때문에, 소매업체들은 이윤이 계속 증가하는 한, 또는 경제적 측면에서는 점포 신설로 얻는 수익이 증가할수록, 혹은 한계수익이 한계비용보다 많은 한 계속해서 점포를 개점할 것이다. 〈그림 8-2〉의 3개 지도 중, 지도 1은 서울시 내의 롯데마트 분포이며, 지도 2는 서로 가장 가까이 위치한 4개 마트이다. 지도 3은 지도 2에서 자기잠식 현상이 보이는 두 마트를 위성지도로 확대하였다. 구체적으로, 지도 2는 서로 가까이에 위치한 4개의 롯데마트에서 도보로 3분^{노란색}, 6분^{분홍색}, 10분^{파란색} 거리에 있는 고객 위치를 보여준다. 본 사례에서 마트 간 거리와 소요 시간은 네이버지도 기반^{직선거리에 따른 소요} ^{시간}으로 측정하였다^{상권은 점포로부터의 거리를 반경으로 한 동심원은 아니다. 260페이지의 '상권 정의하기'를 참고}. D마트^{강변점}는 A 마트^{월드타워점}, B마트^{잠실점}와 한강을 사이에 두고 있다. 그리고 C마트^{송파점}와 A, B마트의 거리는 각각 약 27km 떨어져 있다. 따라서 마트 C, D는 마트 A, B와 서로 겹치지 않고 자기잠식이 매우 낮다. 하지만 A마트인 월드타워점과 B마트인 잠실점은 불과 760m밖에 떨어져 있지 않다. 즉, 거리상으로 볼 때, 월드타워점과 잠실점의 자기잠식은 매우 높아 보인다. 하지만 월드타워점과 잠실점은 송파대로를 사이에 두고 롯데월드, 롯데월드타워, 석촌호수를 끼고 있고 주택은 없다.

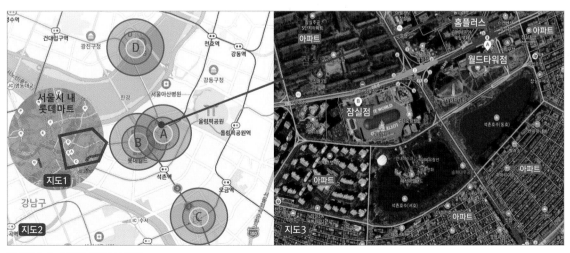

🔺 그림 8-2　점포의 단골손님 위치

반면, 월드타워점에서 도보로 3분거리에 경쟁업체인 홈플러스가 있다. 그리고 홈플러스와 월드타워점을 끼고 주변에 아파트단지들이 자리잡고 있어 월드타워점은 잠실점과 자기잠식이 이루어지는 것 보다는 홈플러스의 고객을 흡수해 올 수 있다. 본 사례는 도보 기준으로 설명하였지만 운전을 기준으로 할 때는 잠실점, 월드타워점, 그리고 홈플러스의 입지요소들^{주차장, 엔터테인먼트,} ^{머천다이징 등}이 단골손님을 만드는데 작용을 할 것이다.

프랜차이즈 방식으로 운영될 경우, 프랜차이즈 본부와 가맹점들은 목적이 다르기 때문에 한 지역 내의 적정한 입점 점포 수에 관한 논쟁이 발생할 수 있다. 프랜차이즈 본부는 전체 점포의 매출에 의한 로열티로 수입을 얻기 때문에, 모든 점포에서 매출을 최대화하기를 원한다. 그러나 가맹점은 오직 해당 점포에서 나오는 매출과 수익에만 관심을 둔다. 본부는 가맹점들만큼 자기잠식에 민감하지 않다. 갈등의 수준을 줄이는 방법으로, 대부분의 프랜차이즈 계약은 다른 가맹점으로부터 오는 시장 자기잠식을 막기 위해 가맹점에게 독점적인 지리적 운영권을 제공한다.

II 점포 입지 평가

LO 8-2
점포 입지 특성을 이해할 수 있다.

한 지역 내에서 점포의 위치들을 결정한 이후, 소매업체가 다음으로 해야 할 것은 특정 입지들을 평가하고 선택하는 것이다. 소매업체들은 의사결정 시 ① 입지의 특성, ② 그 입지에 위치한 점포의 상권 특성, ③ 그 입지에 위치한 점포에서 창출될 예상 매출액 등 세 가지 요소를 고려해야 한다. 앞의 두 가지 평가 요소는 일반적으로 초기 조사 과정에서 고려된다. 세 번째 요소인 점포별 매출 규모 예측은 좀 더 복잡한 분석 접근법이 요구된다.

1. 입지 특성

점포의 매출액과 입지의 선정에 영향을 주는 다섯 개 요인이 있다. 즉, ① 입지의 교통 흐름과 입지의 접근성, ② 주차 공간, ③ 점포 외관, ④ 인접한 소매업체, ⑤ 제약사항과 비용 등 요인이다.

1 교통 흐름과 접근성

점포의 매출에 영향을 미치는 가장 중요한 요소 중의 하나가 교통 흐름, 즉 차량 교통량과 유동인구의 수이다. 교통량이 많을수록 더 많은 소비자들이 소매점에 들어와 쇼핑할 가능성이

높다. 따라서 소매업체는 입지의 매력도를 측정할
수 있는 교통 통계량을 자주 이용한다. 교통량 조
사는 상품과 서비스의 충동구매와 식료품, 편의점,
세차장과 같은 자주 가는 소매업체에게 매우 중요
하다. 이와 반대로, 컨테이너스토어와 같은 목적지
소매업체에게 있어 교통량은 그리 중요하지 않다.

상당한 교통량을 발생하는 공항들은 소매 공간
을 판매하거나 임대 사업을 하고 있다. 공항에는
평상시에 너무 바빠서 쇼핑할 수 없는 비즈니스 여
행객들과 국제 여행객들을 포함하여 구매력이 높

공항은 시간을 갖고 쇼핑하는 잠재 고객이 많기때문에 소매업체들에게 매력적인 입지이다.

은 소비자들이 끊임없이 오가고 있다. 승객들은 비행기 탑승 전에 가족 또는 친구들에게 줄 선물을 고를 수 있는 '황금시간'을 남겨둔다.

하지만 많은 교통량은 항상 많은 소비를 일으키지는 않는다. 소매 입지의 매력을 평가하기 위해 사용되는 도로의 교통 트래픽 양은 오해를 불러일으키기도 한다. 교통 트래픽의 양은 한 지역의 활동 수준을 합리적으로 추정하지만 실제로 특정 소매점포에 들리거나 쇼핑한 상황에 대한 정도까지는 알수 없다. 미국의 대부분의 쇼핑센터는 출퇴근 혹은 다른 일로 운전자들이 많이 다니는 도로와 고속도로 옆에 위치해 있다. 이처럼 일일 교통 트래픽 양이 출퇴근시간대에 편향되어 점포 접근에 대한 잘못된 정보를 제공하기도 한다. 또한 교통 트래픽 양은 24 시간 동안 수집되고 평균 트래픽으로 보고되는 반면, 소매업체는 일반적으로 매일 8 ~ 12 시간 동안만 운영된다.

교통량만큼 중요한 것은 고객이 얼마나 쉽게 드나들수 있는가를 의미하는 입지의 접근성이다. 미국의 경우, 고속도로나 간선도로 근처에 위치하고, 교통 신호와 차선이 점포로 들어오기 쉬운 상권은 접근성이 좋은 상권이다.

강이나 산과 같은 자연 장애와 철로, 주요 고속도로 및 공원과 같은 인공 장애도 접근성에 영향을 미칠 수 있다. 이 장애들이 특정 입지에 미치는 영향은 주로 상품이나 서비스를 위해 소비자들이 장애들을 극복하고 점포로 오는가에 달려 있다. 예를 들어, 고속도로변 한쪽 방향의 길에만 슈퍼마켓이 있다면, 반대편 쪽 거주자들은 쇼핑하기 위해 길을 건너와야만 한다.

보다 정확한 교통량 척도는 몇몇 전문기업에서 제공하는 쇼핑센터 내 점포 입구에서 수집된 쇼핑센터에 진입한 소비자의 수이다. 이는 실제로 쇼핑센터를 방문한 소비자들의 수를 보다 정확하게 보여준다. 게다가, 이 데이터는 교통량 전문기업이 제공하는 연간 평균 교통량이 아니라 연중 매일매일의 개별적인 데이터이며, 계절별 또는 주week 별 비교에 기반한 보다 상세하고 타겟화된 분석이 가능하다.

미국의 대부분 소비자들은 쇼핑센터에 운전하고 가기 때문에, 입지를 평가할 때 차량 교통량 또한 중요한 고려사항이다. 그러나 소비자가 쇼핑센터에 운전하고 가지 않는 중국과 같은 나라들의 현장을 분석하거나, 쇼핑몰이 인접해 있는 도시의 입지를 평가할 때는, 유동인구와 대중교통의 접근 가능성에 관한 입지분석이 더 중요하다.

2 주차 공간

주차시설의 양과 질은 쇼핑센터의 전체적인 접근성의 중요한 요인이다. 주차공간이 충분하지 않거나 점포에서 너무 멀리 떨어져 있으면 고객들은 그 지역에 들어가기를 꺼려할 것이다. 반면, 빈공간이 너무 많으면, 쇼핑센터는 실패했거나 인기가 없는 센터로 보일 수 있다. 쇼핑센터의 표준적인 황금비율은 59:1,000소매점 공간 1,000제곱미터 당 59대 면적이고, 대형 슈퍼마켓의 경우 1,000제곱미터당 108대에서 161대의 면적이다.

Best Buy 점포의 주차장은 고객의 접근성 향상에 기여한다.

소매업체들은 일별, 주별, 계절별로 쇼핑센터를 여러번 관찰해야 한다. 소매업체들은 또한 직원용 주차공간의 확보, 자가용을 이용하는 쇼핑 고객의 비율, 쇼핑객이 아닌 사람들의 주차, 쇼핑 동선 등도 평가해야 한다.

쇼핑센터의 확장으로 이용 가능한 주차시설의 양과 밀접하게 관련된 이슈는 그 지역의 상대적 혼잡도이다. 혼잡도는 기다림을 초래하는 자동차나 사람의 복잡한 정도를 가리킨다. 고객에게 만족할만한 수준의 혼잡도가 필요하다. 너무 혼잡하면 쇼핑의 속도를 떨어뜨리고 고객을 짜증나게 만들며 이는 매출액 하락으로 이어진다. 반면, 어느 정도 높은 수준의 혼잡도는 고객에게 즐거움을 주고 매출을 촉진시킨다.

3 점포 외관Visibility

점포 외관은 소비자가 거리에서 점포를 보게 하는 능력을 말한다. 충성도가 높은 고객이 있는 점포는 점포 외관이 덜 중요하지만, 대부분의 소매업체들은 점포의 확 트인 시야를 원한다. 관광센터나 대도시 등 유동인구가 많은 지역의 점포는 길에서 쉽게 눈에 띌 수 있는 것이 특히 중요하다.

소비자의 모바일 기기 사용 증가로 인해 점포 외관에 대한 기준은 어느 정도 바뀌었다. 소비자들은 스마트폰으로 원하는 점포 위치를 쉽게 검색하여 상세한 정보를 받을 수 있다. 점포가 목적지이고, 혹은 소비사들이 휴대폰 검색으로 점포를 찾을 수 있으면 전통적인 점포 외관의 가시성 기준은 약화될 수 있다. 즉, 점포 가까운 지역에서 걸어다니는 잠재적 고객들을 식별하고 바로 그 순간에 점포 관련 정보를 받아 볼 수 있는 기술을 사용할 수 있다. 현대 모바일 시대에는 점포 외관 가시성의 의미가 다소 변하기 때문에, 일부 소매점들은 최상의 입지에 대한 개념에 변화를 줘야 할 것이다.

4 인접 소매업체

경쟁업체와 상호 보완적인 소매업체들이 있는 위치는 교통체증을 발생시킬 수 있는 잠재력을 가지고 있다. 상호 보완적인 소매업체들은 표적고객이 같으며, 서로 다른 종류의 경쟁적이지 않는 상품을 제공한다. 예를 들어, 표적고객이 가격에 민감한 소비자들이면서 한정된 구색을 갖춘 Save-A-Lot 슈퍼마켓은 Big-Lots, Family Dollar 및 월마트와 같은 가격에 민감한 소비자를 표적으로 삼고 있는 다른 소매업체들과 동일한 위치에 입점하는 것을 선호한다.

패스트푸드 식당, 자동차 대리점, 골동품점, 심지어 신발과 의류 점포까지 한 쇼핑몰 안에 바로 옆에 위치해 있는 것을 인지한 적이 있는가? 제 7장에서 소개된 바와 같이 소비자들은 이러한 종류의 상품들이 밀집해 있는 편리하고, 비교와 대조가 용이한 쇼핑 장소를 찾는다. 소비자들은 편의점과 같이 결정을 쉽게 할 수 있거나 제품 쇼핑과 같이 점포를 돌아 볼 수 있게 좋은 구색을 갖춘 쇼핑 장소를 원한다. 이렇게 그룹화 된 장소의 접근은, 비슷하고 상호 보완적인 소매 활동을 하는 집단이 같은 종류의 소매 활동을 하는 단독 점포보다 일반적으로 매출이 더 높다는 누적유인의 원칙에 근거한다.

5 제약사항과 비용

본 장의 마지막 부분에서 다루겠지만, 소매업체는 쇼핑센터의 리스 협상안에 소매업체의 유형에 제약을 가할 수 있다. 일부 제약은 소매업체에게 쇼핑센터가 더 매력적으로 보이게 한다. 예를 들어, 남성 의류 전문 소매업체는 같은 쇼핑센터 안의 다른 남성 의류 전문점의 입점을 반대하는 리스 협상을 선호할 것이다. 스트립센터 내 꽃집은 고객 유인 소매업체인 식료품점이 센터에서 나가면 센터를 자주 방문하는 사람들의 수가 현저히 줄어들기 때문에 임대차 계약을 해제할 수 있다고 명시할 수 있다. 소매업체들은 길거리에서 봤을 때 상호명이 쉽게 보이는 것을 막는 쇼핑센터의 간판 크기 제한은 선호하지 않을 것이다. 본 장의 마지막에서 리스 협상 과정의 제약조건과 비용에 관한 문제들을 다룰 것이다.

2. 쇼핑센터 내 위치

쇼핑센터 내 위치는 매출액과 점유비용 모두에 큰 영향을 미친다. 좋은 위치일수록 점유비가 높다. 스트립쇼핑센터에서는 슈퍼마켓과 가장 가까운 위치들은 더 많은 소비자들을 끌어모으기 때문에 더 비싸다. 그래서 충동구매자들을 끌어들일 수 있는 꽃집이나 샌드위치 가게는 슈퍼마켓과 가까운 곳에 있고 싶어할 것이다. 하지만 소비자가 충동구매를 하지 않는 신발 수선

가게는 목적점포이고, 수선 서비스가 필요한 소비자는 수선가게를 찾아가기 때문에 신발 수선 가게는 슈퍼마켓에서 멀리 떨어진 트래픽이 적은 위치에 있을 수 있다.

이 점은 여러 층의 쇼핑몰 입지를 평가할 때에도 동일하게 적용된다. 최신 유행하는 의류 비교 쇼핑에 참여하는 소비자들을 수용하는 점포는 의류 비교 쇼핑객의 목적점포인 백화점과 가까이에 있는 값비싼 장소에 밀집해 있는 것이 유리하다. 백화점을 드나드는 의류 쇼핑객들은 백화점 근처에 위치한 전문 점포들에게 이끌릴 것이다. 그러나 풋로커Foot Locker와 같은 목적점포는 가장 비싼 장소에 입지할 필요가 없다. 왜냐하면, 고객들 중 다수가 이런 유형의 제품을 판매하는 곳이 어디에 있는지를 알기에 구매 의도가 있다면 찾아가기 때문이다.

또 다른 고려사항은 비슷한 표적을 가진 점포들을 서로 가까이 입지시키는 것이다. 요점은 고객들이 상품 분류가 잘 된 곳에서 쇼핑하기를 원한다. 이것은 유사하고 상호 보완적인 점포들이 함께 무리지어 있는 것이 독립적으로 있는 것보다 더 큰 유인력을 가진다는 누적유인cumulative attraction 원칙에 근거한다.

III 상권 정의하기

LO8-3
상권 분석방법을 파악할 수 있다.

교통량, 접근성 및 다른 입지 특성을 충족시키는 몇 개의 입지를 결정한 이후 다음 단계는 매출액 예측을 위해 상권에 관한 정보를 수집하는 것이다. 소매업체는 각각의 입지에 대한 상권의 정의가 필요하다. 먼저 상권에 대한 정의를 내린 후, 소매업체는 다양한 정보를 이용하여 상권 내의 소비환경을 보다 자세하게 이해하는데 사용할 수 있다.

1. 상권의 정의

상권은 점포의 매출과 고객들이 창출되는 지리적으로 인접한 구역을 말한다. 상권은 점포로부터의 거리를 반경으로 한 동심원이 아니다. 상권은 점포까지의 운전 거리에 영향을 주는 도로의 위치, 고속도로, 강 또는 마을과 같은 자연 장애를 기초로 한 불규칙한 다각형이다. 경쟁 점포의 위치 또한 실제 상권의 배열에 영향을 줄 수 있다.

제 1차 상권은 쇼핑센터 혹은 점포가 고객의 50~70%를 흡수하는 지리적 영역이다. 제 2차 상권은 매출을 기준으로 2차적인 중요성을 가지며, 20~30%의 고객을 창출하는 영역이다. 제 3차 상권 또는 주변 상권최고 외곽선은 먼 거리에서 가끔 쇼핑하러 오는 남아있는 고객들을 포함한다. 이 소비자들은 집 근처에 적합한 쇼핑 시설이 없거나, 출퇴근 시 혹은 우연히 점포나 센터 주변을 지나가면서 쇼핑을 하는 장거리 쇼핑 고객일 것이다.

세 개의 권역을 거리보다 운전시간을 기준으로 정의하는 것이 보다 더 좋은 방법일 수 있다. 그러므로 제 1차 상권은 운전 시간을 기준으로 고객이 5분 이내에 점포에 도착할 수 있는 지역으로 정의할 수 있고, 제 2차 상권은 15분 이내에 도착할 수 있는 지역, 제 3차 상권은 15분 이상 떨어져 있는 거리를 의미한다. 상권의 구역은 소매업체의 유형에 따라 달라진다. 소비자들이 일반 상점에 가기 위해 16분 동안 운전해 가지만 체육관이나 요가 스튜디오로 가는데는 12분밖에 걸리지 않는 것과 같다. 그리고 소비자들은 결혼업체[23분]나 치과 의사와 의원[21분]를 방문하기 위해서는 더 멀리 운전할 수도 있다. 인구통계학적 특성은 또한 상권과 운전시간 선택에 영향을 미칠 수 있다. 젊은이들은 결혼 관련 점포로 더 멀리 갈 의향이 있을 것이다. 여성들은 남성들과 비교해 볼 때, 미용실을 방문하는 데 5분 더 걸리거나 요가 수업에 가는데 3분 더 걸리더라도 본인이 선호하는 점포를 방문한다.

Bass Pro Shops에는 많은 점포들과 많은 상품들이 있으며, 또한 재미있는 엔터테인먼트 환경이 조성되어 있어 매우 큰 상권을 형성하고 있다.

그러나 지리적 영역을 기준으로 다양한 영역의 고객과 그들의 특징에 대한 정보 수집은 운전시간보다 지리적 영역을 기준으로 하는 것이 더 쉬울 수도 있다. 따라서 소매업체들은 운전시간보다는 거리[입지로부터 3, 5, 10 마일]를 기준으로 구역[zone]을 결정하기도 한다.

2. 상권 크기에 영향을 미치는 요소

실제 상권의 영역은 상권의 접근성, 자연 혹은 인공 장애, 경쟁의 강도, 팔리는 상품, 상품의 종류와 구색 및 대체 상품의 위치 등 요소들에 의해 결정된다.

예를 들어, 중심상업지역에 위치한 스타벅스의 제 1차 상권은 2-3개의 블록이 될 것이다. 이케아[IKEA]를 가기 위해 서울에 있는 사람들은 경기도까지 운전해 갈 것이다. '레저의 모든 것'을 추구하는 Bass Pro Shops는 소비자들이 재미있고 경험적인 장소에 가기 위해 평균 50마일 이상을 운전한다고 주장한다. 전문점은 고객에게 다양한 상품과 브랜드의 큰 선택의 폭을 제공한다. 이러한 이유로 고객들은 일정 거리를 운전해서 점포로 간다. 일반적으로 목적점포는 큰 상권을 가지며, 사람들은 이곳으로 쇼핑하러 오기 위해 먼 거리를 기꺼이 달려온다.

3. 소매입지를 위한 상권 측정

소매업체들은 고객스포팅customer spotting을 통해 점포가 있는 지역의 상권을 평가 및 결정할 수 있다. 고객스포팅은 얼마나 많은 고객이 그 지역상권에 살고 있는지를 점포의 위치와 관련하여 지도상에 위치를 표시하는 과정이다. 고객의 주거 주소는 고객에게 직접 물어보거나, 인터넷 구매 정보, 또는 데이터 웨어하우스에 의해 개발된 소비자 충성도 프로그램 혹은 모바일 앱 사용자로부터 데이터를 수집할 수 있다. 고객스포팅을 통해 모아진 자료는 두

가지 방식으로 처리될 수 있다. 수작업으로 지도에 각 고객의 입지를 표시하거나, 본장의 서론 부분에서 설명한 스타벅스가 활용한 것과 유사한 GISGeographic Information System를 사용하는 방식이 있다. GIS는 다음 섹션에서 살펴볼 것이다.

다채널 및 옴니채널 소매업체는 카탈로그 및 인터넷 판매 데이터를 사용하여 고객을 파악하고, 해당 정보를 사용하여 잠재적 점포 입지를 평가한다.

기존 입지보다 신규 점포의 입지 평가가 더 어렵다. 소매업체들은 일반적으로 기존 점포로부터 수집된 정보를 새 점포의 상권을 평가하는데 사용한다. 예를 들어, 만약 롯데마트가 입지나 고객을 포함한 유사한 특징을 가진 몇몇 점포의 상권을 안다면, 기존 점포의 특징 공유로 신규 점포의 상권을 쉽게 예측할 수 있다.

4. 상권관련 정보원천

점포입지의 잠재성을 자세하게 분석하기 위해서는 상권 내의 소비자와 경쟁업체 관련 정보가 필요하며, 관련하여 ① 전국 센서스 자료와 ② 지리정보시스템GIS: geographic information systems이 있다.

▌1▌ 전국 센서스 조사를 통한 인구통계학적 자료

센서스는 한 나라의 인구통계학적, 사회적, 경제적 특성의 단면을 보여준다. 미국의 경우, 매 10 년마다 각 가정으로부터 인구통계학적 자료성별, 나이, 민족, 교육, 결혼 여부 등를 수집한다.

한국의 센서스 조사는 5년을 단위로 실시한다. 인구주택총조사. 즉, 한국의 모든 사람과 주택

의 규모 및 특성을 파악하기 위한 국가기본통계조사이다. 이는 국가가 주관이 되어 통일된 기준에 따라 조사 대상의 총수와 그 개별적 특성을 일일이 조사하는 전국적 규모의 통계조사다.

비록 센서스 자료는 특정 상권의 소비자 환경을 이해하는 것에 도움을 주지만, 몇 가지 한계점을 갖고 있다. 첫째, 5년, 10년 단위로 수집되는 자료를 기초로 하고 있어 예측이 상당히 정확하기는 하지만 매우 최신 데이터는 아니다. 둘째, 자료가 특정 사용자에게는 유용하지 않다. 센서스 자료를 특정 상품과 서비스의 위치를 결정하기 위한 상권 검색에 사용하는 것은 쉽지 않다. 그러므로 대부분의 소매업체는 잠재 점포를 위한 상권을 분석하는 민간업체가 제공하는 GIS 자료에 의존한다.

2 지리정보시스템^{GIS} 공급업체

지리정보시스템^{GIS, Geographic Information System}은 지리적 정보를 저장, 검색, 매핑^{지도에 표시} 및 분석하는 데 사용되는 하드웨어 및 소프트웨어 시스템이다. GIS시스템의 주요 특징은 지구상의 특정 지역을 나타내는 위도와 경도의 좌표와 연관되어 있다는 것이다. 시스템 내의 정보는 강과 도로뿐만 아니라, 공간적인 특징의 기술적인 정보를 조합한 거리의 주소와 주소상의 거주자의 특징과 같은 공간적인 특징을 포함하고 있다.

Claritas^{www.claritas.com/sitereports/DefaulLjsp}를 구매한 ESRI^{Environmental Systems Research Institute www.esri.com}와 Nielsen, Mapinfo^{www.pitneybowes.com/us/location-intelligence / gis-data-sets.html}를 구매한 Pitney Bowes와 같은 기업들은 고객의 구매행동과 라이프스타일 등 다른 정보 원천과 인구통계학적 자료를 취합한 서비스를 제공한다. 게다가, 그들은 사용자 친화적 인터페이스를 제공함으로써 데이터의 이용과 분석을 용이하게 하였다. 또한 주로 소매업체가 빠르게 이용할 수 있도록 지도를 통하여 시각적으로 보여준다.

GIS 회사들은 소매업체들에게 고려 중인 장소의 거리 주소가 있는 회사들 중의 하나를 제공할 수 있다. 이 시스템은 한 지점을 중심으로 반경 3마일, 5마일, 10마일 안에 거주하고 있는 거

표 8-1 GIS 보고 자료

· 성별(gender)	· 직업(occupation)
· 수입(income)	· 출퇴근 시간(travel time to work)
· 가처분 소득(disposable income)	· 출퇴근 방법(transportation mode to work)
· 순자산(net worth)	· 세대 구성(household composition)
· 교육수준(education)	· NAICS 분류에 의한 가계 지출(household expenditures by NAICS categories)
· 연령(age)	· 지리 인구통계적 세분시장(geodemographic market segment)
· 인종(race/ethnicity)	· 시장잠재력지수(market potential index)
· 고용 상태(employment status)	· 소비잠재력지수(spending potential index)

주민의 5년 이내의 추정치 정보들을 포함한다.

또한 GIS 회사들은 소비자의 라이프스타일, 소비 지출 잠재력 및 경쟁업체들의 위치에 대한 자료를 제공한다. 한 상권의 거주자가 구매한 상품과 서비스에 대한 보고 관련 예는 〈표 8-1〉에 나와 있다.

3 태피스트리 세분화 Tapestry Segmentation

ESRI를 포함한 다른 GIS 공급자들은 사람들의 라이프스타일과 구매행동에 대한 센서스를 취합하고 데이터를 조사하여 미국의 지리학적 지역을 분류하는 방식을 개발했다. 이 분석은 "사람은 비슷한 사람들끼리 모인다 birds of a feather flock together"라는 전제를 기초로 하고 있다. 특히 같은 주거지역에 거주하는 사람들은 비슷한 라이프스타일과 소비행동 패턴을 가지는 경향이 있다.

ESRI 커뮤니티 태피스트리 세부 설계는 미국의 모든 주거지를 인구통계학적 및 사회경제적 특성에 기초하여 67개의 카테고리로 분류하였다. 〈표 8-2〉는 시카고의 100 S. Wacker Drive의 반경 24km 지역의 가상 자료이다. 〈표 8-2〉의 상권에 대한 자료에서 가장 큰 분류는 메트로 렌터스 Metro Renters다. ESRI에 따르면, 메트로 렌터스 거주자들은 젊고 평균 나이는 31.8세, 고등교육을 받은 미혼의 뉴욕, 로스앤젤레스, 시카고 등 미국 대도시의 전문직 종사자들이다. 그들의 평균 수입은 $52,000이다. 그들 대다수는 혼자 혹은 친구와 함께 고층 아파트를 임대하여 거주한다. 그들은 여행하고, 친환경 상품을 선호하며, 요가나 활강 스키와 같은 운동을 하며, 컴퓨터로 TV쇼와 영화를 관람하고, 태블릿 또는 스마트폰 등 모바일 기기를 통해 잡지와 신문을 읽는 등 연결성이 높고, 정치적으로 진보적인 특성이 있다.

4 소비잠재력지수 Spending Potential Index

ESRI 소비 지출 데이터베이스는 제품 혹은 서비스 관련 자료이다. 변수에는 총지출, 가구당 평균 지출액 및 소비잠재력지수 SPI가 포함된다. SPI는 제품별 지역 평균 지출액과 국가 평균 지출액을 비교한 것이며, 지수 100은 평균치이다. 예를 들어, SPI가 120이면 지역 소비자의 평균 지출은 전국 평균보다 20%가 더 많고, SPI가 80이면 지역 평균 지출이 전국 평균보다 20% 낮음을 나타낸다 〈표 8-2 참조〉.

5. 상권 내 경쟁

소매업체들은 상권 내 거주민들에 대한 정보 외에 상권 내의 경쟁의 정도와 유형에 대한 정보가 필요하다. 지역 내의 소매업체 경쟁관련 정보는 GIS 공급업체뿐만 아니라 다른 정보 원천도 존재한다. 예를 들어, 대부분 소매업체의 웹 사이트는 모든 현재 점포 입지뿐만 아니라 미래의 입지도 나열한다. 경쟁 정보의 다른 원천으로는 무역협회, 상공회의소, 체인스토어가이드[출판사: CSG Information Services, www.csgis.com] 및 지자체나 정부에서 출판하는 책자 등이 포함된다.

표 8-2 상권내 소매 지출의 GIS 자료

소매 상품 및 서비스 지출 견본

Proposed Location
100 S Wacker Dr,
Chicago, IL 60606-4006

위도: 41.8805
경도: -87.63715
반경: 1.6km

입지 유형: 반경

Top Tapestry Segments:		인구통계학적 요약	2010	2015
Metro Renters	68 4%	인구	45,534	50,151
Laptops and Lattes	23 4%	세대수	24,338	26,808
City Strivers	2.7%	가족수	7,223	7,843
Main Street USA	1.8%	평균연령	35.7	35.8
Metropolitans	1.6%	세대당 평균 수입	$81,441	$100,632

	소비잠재지수	평균 지출액	합계
의류 및 서비스	120	$2.87394	$69,945,928
남성	112	$515.65	$12,476,953
여성	104	$861.55	$20,968,522
아동	121	$485.96	$11,827,277
신발류	84	$349.13	$8,497,153
시계 보석류	173	$335.43	$8,163,589
의류 제품 및 서비스	357	$329.21	$8,012,434
컴퓨터			
가정용 컴퓨터 및 하드웨어	169	$324.62	$7,900,647
가정용 소프트웨어 및 주변기기	169	$48.15	$1,171,788
엔터테인먼트 및 레크레이션	155	$4,996.06	$121,594,105
입장료	155	$960.54	$23,377,534
클럽의 멤버십 비용	155	$253.65	$6,173,216
스포츠 이벤트 및 여행 비용	145	$154.42	$3,756,356
영화/극장/오페라/발레 입장료	172	$260.56	$6,341,578
스포츠 이벤트 및 여행 입장료	149	$88.77	$2,160,410
레크레이션 교육비용	147	$201.16	$4,895,736
데이트 비용	257	$1.98	$48,236
TV/Video/음향 시설	161	$2,003.60	$48,763,617
지역 안테나 및 케이블 텔레비전	157	$1,130.81	$27,521,629

IV 점포 입지를 위한 잠재력 평가

LO 8-4
새 점포의 예상 매출액을
파악할 수 있다

상권 정보를 활용하여 상권 내 점포의 잠재적 매출액 추정 방법에는 ① 회귀분석과 ② 유추 분석 방법이 있다.

1. 회귀분석

회귀분석은 새로운 점포의 매출을 예측할 때 기존 점포의 매출에 영향을 미치는 요소가 동일하다는 가정에 기초하고 있다. 소매업체는 다중회귀분석이라는 통계모델을 활용하여 기존 점포의 매출액을 사용하여 향후 매출액을 예측한다. 다중회귀분석 통계기법은 본 장에서 논의된 점포 외관과 접근성 등 지역 특성, 인구통계학적 자료와 각 지역별 라이프스타일 등 상권의 특성과 같은 더 넓은 범위의 요인들의 영향을 동시에 고려할 수 있다.

다음의 예를 생각해 보자. 아래와 같은 요인들이 스포츠용품점 체인점의 매출에 영향을 미치고 있다고 하자. 회귀분석 모델을 통해 분석해 보면, 점포의 매출을 예상할 수 있다^{거주자에서 숫자} ^{275는 다중회귀분석을 이용해 예측된 요소의 가중치이다.}

점포 매출액 = 275 × 상권 내 가계의 수 ^{이동거리 15분 이내}

+ 1,800,000 × 상권 내 가계 중 15세 이하 어린이의 비율

+ 2,000,000 × 상권 내 가계 중 테피스트리 분류에 의한 "Aspiring Youg: 열망하는 젊은이"의 비율

+ 8 × 쇼핑센터의 평방피트

+ 250,000^{거리에서 볼 수 있는 경우}

+ 300,000^{센터 내에 월마트가 있는 경우}

스포츠용품 소매업체는 다음과 같은 두 지역을 고려할 것이다. A장소에 대한 예상 매출액을 회귀모델을 이용해 계산해 보면,

A장소 점포의 매출액 = \$7,635,000 = 275 × 11,000

+ 1,800,000 × 0.7

+ 2,000,000 × 0.6

+ 8 × 200,000

+ 250,000 × 1

+ 300,000 × 1

B장소 점포의 예상 매출액은 다음과 같다.

B장소 점포 매출액 = $ 6,685,000 = 275 × 15,000

$$+ 1,800,000 \times 0.2$$
$$+ 2,000,000 \times 0.1$$
$$+ 8 \times 250,000$$
$$+ 250,000 \times 0$$
$$+ 300,000 \times 0$$

모델에 의하면 A장소가 더 적은 수의 인구와 작은 크기의 쇼핑센터를 가지고 있음에도 불구하고 예상 매출액이 더 높음을 알 수 있다. 이는 표적시장15세 미만의 어린이 및 Aspiring Young Tapertry의 프로필이 상권의 프로필에 더 적합하기 때문이다.

2. 유추분석

소매업체들이 회귀분석을 이용하기 위해서는 수많은 점포를 통해 수집되는 상권과 지역 특성에 대한 자료가 필요하다. 소규모 체인점들은 회귀분석을 이용할 수 없기 때문에 비슷하지만 좀 더 주관적인 유추분석을 이용한다. 유추분석을 이용할 때, 소매업체들은 입지와 상권의 특성을 대부분의 성공한 점포와 비슷한 점을 가진 입지를 찾는 등 간단한 방법을 이용한다. 유추분석 접근 방법은 다음 섹션에서 다뤄진다.

입지 선정 사례: Edward Beiner Purveyor of Fine Eye Wear

LO 8-5
입지 선정 과정을 파악할 수 있다.

Fine Eyewear파인아이웨어의 Edward Beiner Purveyor에드워드베이너 퍼비어는 12개 점포를 가진 플로리다의 고급 패션 안경 전문 소매업체이다.

사우스 마이애미South Miami에 있는 점포는 쇼핑센터에서 볼 수 있는 엔터테인먼트와 레크리에이션 요소가 적다. 그 지역의 다른 문제점은 아열대 기후로부터 막을 수 없는 폭우, 보안 및 주차이다. 그러나 그 지역의 장점으로는 임대료가 상대적으로 낮고, 보행자 통행량이 많고, 점포에 대한 제약이 거의 없으며, 고급 패션 안경을 취급하는 경쟁업체가 없다는 것이다.

South Miami의 입지가 최고이기 때문에 Edward Beiner 안경점은 South Miami에 신규

점포를 오픈하고자 한다. Edward Beiner 안경점은 평가를 통해 몇몇의 잠재적인 위치를 확인했다.

Edward Beiner 안경점은 유추분석을 이용하여 다음의 순서로 업무를 수행했다.
1. 경쟁상황을 분석한다.
2. 현재의 상권을 정의한다.
3. 상권 특성을 분석한다.
4. 현재 상권의 특징과 잠재 입지들의 일치 여부를 검토한다.

1. 1단계: 경쟁 분석

Edward Beiner가 고려하고 있는 네 곳의 잠재적 입지에 대한 경쟁 분석은 〈표 8-3〉에 나타나 있다. Edward Beiner는 업계에서 제공되는 자료를 이용해 먼저 개인당 매년 판매되는 안경의 수를 측정했다[제 2열]. 상권의 인구수는 ESRI 자료를 사용하였다[제 3열]. 제 4열은 안경 판매를 위한 잠재 상권으로 제 2열과 제 3열을 곱한 수이다.

제 5열의 상권에서 판매되는 안경의 수는 경쟁 점포를 방문하여 추정된다. 제 6열의 상권 내에서 안경의 잠재 판매량은 제4열에서 제5열을 뺀 수이다. 상권의 잠재된 비율은 제 6열을 제 4열로 나눠서 나온다. 예를 들어, South Miami에서 발생되는 총 안경 판매량이 1만 7,196개이고, 그 상권에서 추가적으로 9,646개가 더 판매 될 수 있기 때문에, 이 지역의 안경시장은 56.1%가 미개발 된 상태로 있다. 수치가 클수록 경쟁의 정도는 낮다.

제 8열인 경쟁의 상대적 수준은 제 7열을 기준으로 주관적으로 측정된다. 상권의 다른 안경점과는 달리, Edward Beiner 안경점은 매우 배타적인 상품을 판매한다. 그러나 일반적으로 상권 잠재력이 높을수록 경쟁의 상대적 정도는 낮다.

〈표 8-3〉의 분석에 의하면, 경쟁환경만 고려할 때, Edward Beiner 안경점은 B입지가 가장 적합하다. 상권의 잠재성은 높고 경쟁은 상대적으로 낮다. 하지만 상대적 경쟁은 고려해야 할 한 가지 요소에 불과하다.

2. 2단계: 현재 상권의 정의

현재의 고객에 대한 데이터 웨어하우스로부터 나온 고객스포팅 자료를 기초로, ESRI의 GIS 자료를 사용하여 상권을 이동거리를 기준으로 구분하였다. 5분 이내의 이동거리는 제 1차 상권, 10분 이내의 이동거리는 제 2차 상권, 20분 이내의 이동거리는 제 3차 상권이다.

표 8-3 잠재입지에 대한 경쟁 분석

(1) 상권	(2) 안경/년/사람	(3) 상권인구	(4) 총 잠재 안경수	(5) 추정안경매출	(6) 상권잠재단위	(7) 상권 잠재비율	(8) 상대적 경쟁수준
South Miami	0.2	85,979	17,196	7,550	9,646	56.09%	낮음
Site A	0.2	91,683	18,337	15,800	2,537	13.83	중간
Site B	0.2	101,972	20,394	12,580	7,814	38.32	낮음
Site C	0.2	60,200	12,040	11,300	740	6.15	높음
Site D	0.2	81,390	16,278	13,300	2,978	18.29	중간

Edward Beiner 안경점이 Main Street에 위치했기 때문에, 상권이 지역 쇼핑몰 안에 위치했을 때 보다 더 작을 수 있다. 그러나 Edward Beiner 안경점은 상업지역에서 여러 안경점 중 하나이다. 같은 지역에 유사한 제품을 취급하는 점포가 있으면 상권의 영역이 확장된다. 선택영역이 확장되어 많은 고객들이 상권 안으로 유입된다. 게다가 Edward Beiner 안경점의 상권은 여러 경쟁업체가 입점해 있는 대형 쇼핑센터 남쪽 지역에 국한되어 있다.

3. 3단계: 상권 특성 분석

Edward Beiner 안경점은 상권에 대한 정의를 한 후, 상권 특성 자료들을 검토하였으며, 다음과 같은 흥미로운 정보를 확보하였다.
- 가구당 평균 소득은 9만 2,653달러이다.
- 27.6%의 가구의 수입은 7만 5,000달러에서 14만 9,000달러이며, 13.7%의 가구의 수입은 15만 달러 이상이다. 즉, Edward Beiner 안경점을 중심으로 3마일 이내의 지역은 매우 부유한 지역이다.
- Edward Beiner 안경점 주변지역 인구의 50%가 라틴아메리카계이다.

4. 4단계 : 현재 상권의 특성과 잠재입지의 일치성 검토

Edward Beiner 안경점은 최근의 상권에 대한 분류가 고소득, 많은 사무직 근로자, 상대적으로 높은 장년층 비율, 상류층의 지리학적 분류, 고가 안경점의 상대적으로 낮은 경쟁 등으로 생각했다. 〈표 8-4〉는 이러한 다섯 가지 요소에 대해 Edward Beiner 안경점의 현재 입지와 향후 가능성 있는 네 곳의 입지를 비교한 것이다.

표 8-4 새로운 입지를 위한 4가지 잠재 위치

점포 입지	가구당 평균소득	사무직 인구	45세 이상의 인구비율	주요 지리인구 통계적 분류	경쟁 정도
Edward Beiner	$100.000	높음	37%	Top One Percent	낮음
Site A	60,000	높음	25	Young Immigrant Families	중간
Site B	70,000	낮음	80	Gray Power	낮음
Site C	100,000	높음	30	Young Literate	높음
Site D	120,000	높음	50	Upper-Income Empty-Nesters	중간

비록 입지Site A의 잠재 고객들은 일반적으로 사무직 직종에 근무하더라도, 상대적으로 수입이 낮고 비교적 젊은 층이다. 젊은 이민 가족들은 어린 가족이 있는 경향이 있어, 비싼 안경이 최우선적인 소비상품이 아니다. 한편, 이 지역의 경쟁 정도는 중간이다.

입지 B를 둘러싸고 있는 Gray Power 집단은 중간 정도의 소득을 가진 은퇴한 사람들이다. 경쟁이 낮고 대부분의 거주인들은 안경이 필요하지만, 유행보다 가치에 관심을 더 기울인다.

입지 C지역에 거주하는 Young Literate젊은 지식인 계층은 고소득자들로서 유행에 강한 관심을 보인다. 직업이 있지만, 집이나 아파트에 가구를 들여놓고, 학자금 대출 등을 갚는 것에 관심이 있다. 그들은 Edward Beiner 안경점의 다양한 유행상품의 진가를 인정하지만 가격이 비싸다고 느낀다. 또 다른 고급 안경점들이 그 지역에 이미 들어와 있다.

입지 D는 Edward Beiner 안경점을 위한 최고의 장소이다. 거주자들은 고소득의 나이든 전문직 종사자들이다. 부유층과 지식층은 고급 안경 같은 세련된 성인 사치품의 소비자들이다. 중요한 것은 이러한 지리적인 분류가 현재 Edward Beiner 안경점의 두 개의 큰 상권인 상위 1% 계층과 Wealthy Seaboard Suburbs부유한 교외 해안가 거주 계층과 비슷하다는 것이다.

불행하게도 유사한 상황을 찾는 것은 항상 본 사례처럼 쉽지는 않다. 유사성이 약할수록 입지 선정이 더욱 어려워진다. 소매업체가 상대적으로 적은 수의 점포 수를 가질 때가령 20개 이하, 유추분석이 최선일 경우가 많다. Edward Beiner 안경점과 같이 한 개의 점포만을 가진 소매업체도 유추분석 방식을 사용할 수 있다. 점포의 수가 늘어나면서 의미 있는 방식으로 자료를 분류하는 것이 더욱 어려워진다. 회귀분석과 같은 보다 분석적인 기법이 필요하다.

VI 리스 협상

LO 8-6
리스 협상 유형을 이해할 수 있다.

특정한 입지가 선정되어도 소매업체는 리스의 유형과 조건 등 수 많은 의사결정을 해야 한다.

1. 리스의 유형

리스에는 비율 리스와 고정비율 리스 등 두가지 유형이 있다.

1 비율 리스 Percentage Lease

다양한 리스 유형이 있지만, 매출액 기반의 리스방식인 비율 리스가 가장 일반적인 형식이다. 임차인들은 평당 매출액의 일정 비율을 관리비로 지불한다. 대부분의 쇼핑몰은 비율 리스를 선호한다. 왜냐하면, 소매 리스는 일반적으로 5년에서 10년까지 이어지기 때문에 매출액 상승이나 물가 상승에 의해 임대료가 상승하락할 때, 양쪽 모두에게 공정하기 때문이다.

상한가 비율 리스는 임대인이나 소유주에게 상한가를 정해놓고 매출액의 비율에 따라 임차료를 지불하는 방식이다. 상한가 비율 리스 계약은 일정한 수준의 매출액 이상일 경우에도 정해진 임차료만 지불함으로써 소매업체의 높은 성과를 보장하고 있다. 하한가 비율 리스 계약은 소매업체의 매출액과는 관계없이 정해진 최소한의 임대비용을 지불하는 유형이다.

또 다른 유형의 비율 리스 방법으로는 매출에 대한 비율을 적용하지만 매출이 상승할 때마다 임대료가 감소하는 이동 비율 리스 계약이 있다. 예를 들어, 소매업체는 매출이 20만 달러까지는 4%를 지불하고, 매출이 20만 달러 이상이 되면 3%의 임대료를 지불한다. 상한가 비율 리스 방법과 같이 이동비율리스 계약 방법은 높은 수익을 내는 소매업체를 대상으로 한다.

2 고정 비율 리스 fixed rate lease

두 번째 기본적인 유형으로는 고정 비율 리스가 있다. 소매업체들은 계약기간 동안 월별로 일정한 액수의 금액을 지불한다. 고정 비율 리스는 소매업체와 소유주가 얼마의 금액을 지불해야 하는지를 정확히 알고 있다. 그러나 고정 비율 리스는 비율 리스 방식만큼 다양하지 않아 흔히 사용되지는 않는다. 고정 비율 리스의 변형된 모델로는 누진 리스 방식이 있는데, 누진 리스는 일정한 기간동안 정액 임대료를 지불하고 이후에는 임대료가 상승되는 방식이다. 예를 들어, 임대료가 처음 3년 동안은 한달에 천달러였다면, 그 이후의 5년은 1,250달러를 지불하는 방식이다.

2. 리스의 조건

리스가 공식적인 계약이지만, 소매업체의 상대적인 힘과 필요사항을 반영하여 수정될 수 있다. 임대료 외에도, 리스 계약의 일부 다른 협상 가능한 조항으로는 공동임대조항, 사용금지조항 배타적 사용조항 그리고 공동지역 유지 비용이 있다.

1 공동임대조항

일부 소매 리스에는 공동임대조항이 포함되어 있다. 공동임대조항들에는 쇼핑센터의 일정 비율을 임대해야 하거나 특정 점포가 입점해 있어야 할 것을 요구할 수 있다. 예를 들어, 갭The Gap이 쇼핑몰에 입점할 때 갭만이 입점하기를 원치 않는다. 갭과 서로 보완이 되는 브랜드로는 Banana Republic, Old Navy두 브랜드 모두 갭 소유, Aeropostale, American Eagle Outfitters, Ann Taylor, bebe 등이 있다. 위의 6개 소매업체 중 적어도 3개 이상이 센터 내에 입점해야 한다는 갭의 임대 계약 요건을 보는 것은 드문 일이 아니다.

이러한 조건을 위반할 경우, 계약 시 공동임대조항이 있는 소매업체들은 임대료 인하를 요구하거나 아예 탈퇴할 수 있다. 지난 몇 년 간, 공동임대조항은 특히 중요해졌다. 그것은 대형 체인점을 포함한 많은 소매업체들이 파산한 결과 점포 공실을 만들어냈던 적이 있기 때문이다.

2 사용금지조항

사용금지조항은 소유주가 리스 계약을 통해 제한 사업에 종사하는 임차인을 제한한다. 많은 소매업체들은 건물주가 주차공간은 많이 차지하고, 고객 유인 효과는 없는, 예를 들어, 볼링장, 스케이트장, 회의 장소, 치과 또는 부동산 사무실 등 업체들과 계약하는 것을 원하지 않는다. 또한 소매업체들은 쇼핑센터 전체 이미지에 해를 가할 수 있는 시설들의 공간 사용의 제한을 원한다. 사용금지조항은 술집, 당구장, 게임장, 장외 경마 도박장, 마사지업소, 포르노 시설들의 입점 금지를 명시하고 있다.

3 배타적 사용조항

배타적 사용조항은 쇼핑센터가 경쟁상품을 판매하는 다른 소매업체와의 리스 계약을 금지하고 있다. 예를 들어, 할인점 리스 계약에서 소유주는 다른 할인점, 잡화점, 귀중품 점포와 계약할 수 없다는 것을 명시할 수 있다.

일부 소매업체들은 점포의 정면 모습에 특별히 신경을 쓴다. 예를 들어, 여성복 전문 점포는 고객들이 점포 안을 들여다 볼 수 있게 하기 위해서 점포의 앞부분은 마루부터 천장까지 가능한 한 큰 유리로 되어 있어야 함을 명시한다. 다른 소매업체들은 거리에서 점포를 바라볼 때 아무런 장애물이 없는 것이 중요하기 때문에 소유주가 주차공간에 아무것도 두지 못하도록 열거한다. 옥외점포^{outparcel}는 쇼핑센터 내의 주차 공간 안에 있는 건물^{은행이나 맥도날드 등}이나 키오스크^{자동 입출금기기 등}이지만 쇼핑센터에 물리적으로 부속된 건물은 아니다.

4 공동지역 유지 비용

소매 리스에서 공동지역 유지관리^{CAM} 조항들은 종종 가장 광범위한 협상을 요구한다. 이 조항들은 전통적으로 보도나 주차장을 포함한 공동 지역을 관리하는데 대한 책임을 부여한다. 현대판 조항에는 세입자가 자본 개선 사업에 기여하거나, 새 지붕을 올리는 비용을 지불하거나, 인접한 토지 구획의 구입에 참여하는데 동의 등 책임을 확장했다. 임대업자들은 확대된 공동지역 유지관리 조항 내용을 단순 운영비라고 부른다. 어떤 경우에는 공동시설 유지관리 비용이 임대료보다 더 많을 때도 있다.

LO8-1 입지 선정 및 점포 수 결정 기준을 이해할 수 있다.

소매업체들이 점포입지 평가 시 고려하는 4가지 사항에는 경제적 환경, 경쟁, 표적시장과의 전략적 적합성, 점포 운영비용이 있다. 인구가 많고 증가하고 있으며, 경쟁이 적고, 소매업체의 표적시장과 일치한 지역이 더 매력적이다. 마지막으로, 운영비용도 고려해야 한다. 한 지역에서의 점포 수를 결정할 때 소매업체는 점포들의 증가로 인한 규모의 경제와 점포 간 자기잠식 확대로부터 발생하는 매출액과 수익을 결정해야 한다.

LO8-2 점포 입지 특성을 이해할 수 있다.

입지의 특성들은 점포 매출액에 영향을 미친다. 입지 선정 시 고려해야 하는 사항들은 (1) 교통 흐름과 접근성, (2) 주차, (3) 점포 외관, (4) 인접 소매업체, (5) 제약 사항과 비용 등이 있다.

LO8-3 상권분석 방법을 파악할 수 있다.

상권은 전형적으로 1차, 2차, 3차 구역으로 나뉜다. 상권의 경계는 고객들에게 어떻게 접근 가능한지, 그 지역에 존재하는 자연과 물리적 장애물, 점포가 있는 쇼핑 지역의 유형, 점포의 종류, 그리고 경쟁 정도에 따라 결정된다. 상권을 평가하기 위한 두 가지 정보 출처는 센서스 자료와 GIS이다

LO8-4 새 점포의 예상 매출액을 파악할 수 있다.

소매업체는 상권을 설명하는 데이터를 확보 한 후 분석 기술을 활용하여 수요를 예측한다. 회귀분석은 기존 점포의 매출액에 미치는 다양한 요인들의 영향을 평가하고, 관련 정보를 기반으로 하여 새로운 입지의 매출액을 예측하는 통계모델이다. 유추분석은 가장 쉬운 방법 중 하나이며, 소규모 소매업체에게 특히 유용할 것이다. 회귀분석과 같은 논리로, 소매업체는 유사한 지역의 점포에서의 매출을 기준으로 신규 점포의 매출을 예측할 수 있다.

LO8-5 입지 선정 과정을 파악할 수 있다.

Fine Eyewear(파인아이웨어)의 Edward Beiner 안경점은 새로운 입지를 선정할 때 유추분석을 사용하였다. Edward Beiner 안경점 사례는 (1) 경쟁 분석, (2) 현재 상권의 정의, (3) 상권의 특성, (4) 현재 상권의 특성과 잠재 입지들의 일치 등 요인이 어떻게 작용되었는지를 보여준다.

LO8-6 리스 협상 유형을 이해할 수 있다.

소매업체들은 리스 조건을 협상해야 한다. 리스는 공식 계약이지만, 소매업체의 상대적 힘, 쇼핑센터 관리 및 소매업체의 특정 요구를 반영하여 변경할 수 있다. 이러한 리스 조건은 입지비용에 영향을 미치며 소매 활동을 제한할 수 있다. 리스에는 두 가지 기본 유형인 비율 리스와 고정 비율 리스가 있다. 임대료 외에, 리스 계약의 일부 협상 가능한 측면은 공동임대조항, 사용금지조항, 배타적 사용조항 및 공동지역 유지비용 조항이 있다

핵심단어

- 접근성(accessibility)
- 유추분석(analog approach)
- 인공 장애물(artificial barrier)
- 블록그룹(block group)
- 센서스(census)
- 센서스 블록(census block)
- 공동지역 유지비용조항(common area mainterance(CAM) clause
- 혼잡(congestion)
- 공동임대조항(cotenancy clause)
- 누적유인(cumulative attraction)
- 고객스포팅(customer spotting)

- 배타적 사용조항(exclusive-use clause)
- 고정 비율 리스(fixed-rate lease)
- 주변 상권(fringe trading area)
- 지리적정보시스템(geographic information system, GIS)
- 누진 리스(graduated lease)
- 광역통계지역(metropolitan statistical area, MSA)
- 마이크로폴리탄 통계지역(micropolitan statistical area, μSA)
- 자연 장애물(natural barrier)
- 옥외점포(outparcel)
- 비율 리스(percentage lease)
- 상한가 비율 리스(percentage lease with a specified maximum)

- 하한가 비율 리스(percentage lease with a specified mini-mum)
- 제1차 상권(primary trading area)
- 사용금지조항(prohibited-use clause)
- 회귀분석(regression analysis)
- 제2차 상권(secondary trading area)
- 이동 비율 리스(sliding scale lease)
- 소비잠재력지수(Spending Potential Index, SPI)
- 제3차 상권(tertiary trading area)
- 상권(trade area)
- 교통 흐름(traffic flow)
- 점포 외관(visibility)

현장학습

1. 소매업체를 선택하고, 소매업체가 운영하고 있는 점포의 입지를 평가하시오. 상권의 크기와 유형은 어떠한가? 그 지역의 긍정적인 측면과 부정적인 측면을 기술하시오. 경쟁업체의 점포와 비교해 보시오.

2. 쇼핑몰을 방문하여 지도에 점포의 위치를 표시하시오. 점포들이 논리적인 방식으로 집단을 형성했는지 분석하시오. 예를 들어, 모든 고급 점포들이 모여 있는가? 쇼핑객들이 주변의 다른 점포들과 비교를 할 수 있도록 소매업체들의 상품이 적절하게 혼합되어져 있는가?

토의 질문 및 문제

1. 소매업체가 점포를 위한 입지를 평가할 때 고려하는 요소는 무엇이 있는가? 소매업체는 점포를 위한 상권을 어떻게 정의하는가?

2. True Value Hardware는 새로운 점포를 개점하고자 한다. 입지 두 곳을 고려하고 있으며, 두 곳 모두 중간 정도의 소득 수준의 네이버후드센터에 있다. 한 지역은 20년 정도 된 네이버후드커뮤니티이며 잘 관리되고 있다. 다른 지역은 새롭게 계획된 커뮤니티로 최근에 건설되었다. 어떠한 입지가 True Value Hardware에게 더 적합한가? 그 이유는 무엇인가?

3. 상권은 주로 점포나 쇼핑센터로부터 유발되는 동심원으로 묘사된다. 왜 이러한 방법들을 이용하는가? 대안적인 방법을 제시하시오. 여러분이 만약 점포를 가지고 있다면, 상권을 분석하기 위해 어떠한 방법을 이용할 것인가?

4. 새로운 점포에 대한 수요를 예측하는데 어떤 상황에서 유추분석

을 사용하는가? 회귀분석은 어떤 경우에 사용하는가?

5. 소매업체들은 쇼핑몰의 1층이나 2, 3층을 선택한다. 일반적으로 1층은 가장 좋은 상품을 판매하지만 가장 비싼 장소이다. The Body Shop과 Foot Locker와 같은 전문점이 2, 3층을 선택하는 이유는 무엇인가?

6. 소매업체가 고급주택화와 성장 경험이 있는 도시 지역에 첫 번째 매장을 개설하려고 할 때 빌딩 소유자와 어떤 임대 협상을 해야 할까?

7. 만약 여러분이 Taco-Bell의 프랜차이즈 점포를 갖는 것을 고려한다면, 점포를 위해 교통의 유형, 인구, 소득수준, 고용상태, 경쟁 중 어떠한 것을 알고 싶은가? 잠재적인 입지를 위해 어떤 다른 시장조사가 필요한가?

참고문헌

1. "About Us," http://ww w.starbucks.coni/about-us/com-pany-inforniation/starbucks-company-profile.
2. ESRI Australia. "Coffee Beans and Business Strategy," https://esriaustralia.com.au/retail.
3. http://www.census.gov/population/metro/.
4. www.icuracao.com.
5. Thomas J. Holmes, "The Diffusion of Wal-Mart and Econ-omies of Density," *Econometrica* 79, no. 1 (January 2011), pp. 253-302.
6. "Directory," https://www.mallofamerica.com/shop-ping/map.
7. https://www.census.gov/geo/reference/gtc/gtc bg.html.
8. 16. http://www.esri.com/landing-pages/tapestry.

정보시스템과 공급체인관리

이 장을 읽은 후에 당신은

L09-1 공급체인관리로 발생하는 전략적 이점을 이해할 수 있다.
L09-2 공급체인에서의 정보의 흐름을 알 수 있다.
L09-3 공급체인에서 상품의 흐름을 이해할 수 있다.
L09-4 공급체인 구축에 있어서의 고려사항과 새로운 트렌드를 알 수 있다.

Fast Fashion은 유행에 민감한 고객들에게 유행상품을 저렴하게 제안한다. 최신 유행을 따르고 싶지만 동시에 매우 한정된 예산을 가졌거나, 가격이 더 비싼 제품을 몇 달마다 구매하는 대신 유행상품을 몇 주마다 구매하고자 하는 사람들이 표적고객이다. 이 전략은 스페인 라코루냐에 위치한, 세계적인 전문의류업체인 ZARA에 의해 개척되었는데, 이는 공급체인을 가로지르는 정보와 제품의 시기적절한 흐름을 요구한다. ZARA 매장의 매니저들은 항상 손에 보고용 장치를 가지고 있다. 그 손바닥 만한 크기의 장치들은 스페인에 있는 자사의 사무실과 바로 연결되어 있으며, 각 매장으로 들어온 고객의 요구를 정확하게 매일 보고할 수 있다.

예를 들어, 한 고객이 매장에서 본 분홍색 셔츠의 보라색 옵션을 원할 때, 매니저들은 이 정보를 즉각적으로 스페인에 있는 디자이너들에게 보낸다. 디자이너들은 셔츠의 원단을 생산하는 공장과 컴퓨터로 소통한다. 그러면 공장과 가까이 사는 기술자들에 의해 자동화된 기계가 작동된다 ZARA는 저렴한 자원을 가진 아시아에서 염색되지 않은 원단을 구하고, 대부분의 원단을 의류로 제작하기 위해 스페인과 포르투갈로 보낸다. 고도로 자동화된 23곳의 공장에 있는 로봇들은 셔츠를 만들고 보라색 염료를 섞는다. 생산의 마지막 단계로 갈리시아, 스페인 그리고 북부 포르투갈의 공장 근처에 위치한 300명의 집단 또는 소규모의 기술자들이 제품에 대한 최종적인 책임을 수행한다. 마지막으로 적시배송을 보장하기 위해 유럽의 매장들은 트럭을 통해, 나머지 지역들은 항공 운송을 통해 셔츠가 운송된다.

ZARA를 경쟁사들보다 뛰어나게 만드는 주된 장점은 즉각적인 대응과 조직화된 공급체인이다. ZARA는 공장의 위치를 스페인에 있는 본사 사무실과 지리적으로 가까운 곳으로 선택한다. 이러한 선택은 인건비를 상승시키지만 동시에 소통을 원활하게 하고, 운송비와 시간을 감소시키며, 매장에 신제품이 진열되는 시간 또한 줄여준다. 또한 가격책정 및 부착과 같은 공급체인 기능의 수정에 유연성을 제공해 신속한 처리를 가능하게 한다. 매장 직원들이 의류를 도착지로부터 매장까지 정확하게 옮길 수 있도록 상품을 창고의 선반에 걸어 놓을 수 있다.

뿐만 아니라 대부분 경쟁사들의 신제품 해상운송 횟수가 시즌당 몇번에 불과할 때, ZARA는 모든 매장에 각각 배송하기 위해 며칠에 한번씩 운송한다. ZARA에서는 2주면 그 보라색 셔츠가 매장에 도착하지만, 대부분의 백화점과 특화된 의류 매장들은 같은 업무를 수행하기 위해서는 몇 달이 걸린다. 왜냐하면 Fast Fashion 시스템은 짧은 리드타임을 보장하고, ZARA의 어느 매장이든 다음 수송품이 오기 전에 재고가 바닥나는 일은 없기 때문이다. 이렇듯 생산과 수송을 적은 양으로 하게 되면, 패션업계에서의 드문 실수에서도 빠르게 회복할 수 있다. 공급체인의 효율성은 ZARA가 팔리지 않은 제품을 셀 필요가 없다는 것을 뜻한다^{팔리지 않아 끝내 가격을 인하} ^{한 제품들이 업계 평균의 절반 수준이다}. 그럼에도 여전히 ZARA가 1년마다 만개의 신제품과 4만개의 새로운 재고 관리 코드^{SKU}를 운영 한다는 건, 그만큼 높은 연간 성장률을 의미한다.

이 거대한 스케일의 ZARA 물류 센터의 주당 평균 운송량은 250만개에 가까운데, 이 전설적인 공급체인의 효율성이 동맥경화에 걸릴 위험에 처한 적이 있다. 패션 트랜드는 빠르게 변화하는 특징을 가지는데, 그렇기에 ZARA의 매장에 있는 제품 또한 그래야 한다. 실망한 얼굴의 고객을 본 어떤 판매 매니저들은 인기가 많은 제품의 재고 소진을 피하기 위해 추가로 주문했지만 전반적으로 폭등한 수요가 재고수준을 초과해 주문량보다 적게 받는 경우가 있다. 일부 품목의 경우 ZARA는 가장 당황스러운 공급체인 시나리오에 직면했었다: 다른 점포가 고객의 요구를 충족시키기 위해 동일한 재고를 간절히 간청했음에도 불구하고, 재고품은 사용되지 않은 채 한 장소에 보관 비용을 소비하고 있었다.

이에 대응하여 ZARA는 경험과 산더미 같은 데이터를 실행가능한 정보로 바꾸는 새로운 수학적 과정을 채택했다. 이 모델들은 같은 품목의 판매에 대한 이전의 트렌드와 함께 점포 관리자의 독특한 상품 보충 요청들을 고려한다. 인기 있는 사이즈를 구할 수 없을 경우, 모든 사이즈의 의류를 판매장에서 제거하는 등 상품 진열 관행이 변경되었다. 이러한 관행은 고객의 사이즈에 맞지 않을 수 있는 품목을 발견할 수 없다는 점에서 고객의 불만을 줄이는 데 도움이 된다. 그것은 또한 배송량을 감소시킨다; 만약 중간 사이즈를 제공할 수 없다면, 작은 사이즈와 큰 사이즈 또한 배송되지 않는다. 대신, 이러한 나머지 사이즈들은 여전히 모든 사이즈의 재고를 가지고 있는 점포들로 보내져 거기서 고객들에게 이용 가능하게 한다.

Joe Jackson은 아침에 일어나 샤워를 하고 옷을 입고, 주방으로 가서 한 잔의 커피와 베이글을 준비한다. 그는 베이글을 얇게 잘라 토스터오븐에 넣는데 오븐이 작동하지 않자 당황한다. 그가 신문을 읽으며 구워지지 않은 베이글을 커피와 함께 먹고 있을 때, Target사가 Michael Graves 토스터오븐을 세일한다는 것을 알게 된다. 그 토스터오븐은 훌륭해 보인다. 그래서 그는 퇴근길에 오븐을 구입하기 위해 Target사의 점포에 들린다. 그는 선반 위에 진열된, 광고되었던 Michael Graves 모델을 발견하고 구입한다.

Joe는 Target점포에서 Michael Graves 모델과 구매가능한 다른 모델이 있을 것이라고 예상했지만, Target사가 Michael Graves 오븐과 다른 모델의 오븐이 점포에서 구매가능한지 확인할 수 있는 최신정보와 공급체인관리시스템을 활용하고 있다는 것은 깨닫지 못한다. Joe가 토스터오븐을 구입했을 때, 그의 거래에 관한 정보가 자동적으로 Target사의 정보시스템을 통해 지역물류센터, Minneapolis시에 있는 Target사의 본사 가전 기획자 그리고 중국의 벤더에 전송된다. 지역물류센터DC: Distribution Center는 점포 상품의 인수, 보관, 재배송을 위한 시설로서, 소매업체, 제조업체, 물류전문업체 등에 의해서 운영된다. 컴퓨터정보시스템을 통해 모든 Target사 점포의 토스터오븐 재고 수준을 점검하고, 중국의 벤더로부터 지역물류센터와 풀필먼트센터FCs: Fulltillment Centers로 운반되고, 각 점포나 개인 고객에게 배송된다. 지역물류센터와 비슷하지만, 풀필먼트센터는 점포로 운송하는 대신 고객에게 직접 배송한다. 위성추적시스템을 사용하여 지역물류센터, 풀필먼트센터와 각 점포로의 운송현황을 파악하고, 토스터오븐을 운반하는 배와 트럭의 이동경로도 파악된다.

물론 Target사는 항상 점포에 많은 물량을 유지함으로써, 토스터오븐과 다른 제품들의 가용성을 보장할 수도 있다. 그러나 수많은 단품을 저장하는 것은 매우 넓은 공간과 추가적인 재고관리에 상당한 투자가 요구될 것이다. 그래서 Target사는 최소한의 재고관리를 유지하면서 고객들이 구매하기를 원할 때는 상품을 구비하고 있어야 한다.

이 장에서는 공급체인관리와 정보시스템을 통해 어떻게 소매업체들이 전략적인 이점을 얻을 수 있는지에 대해 설명해 나갈 것이다. 그리고 공급체인에서 정보와 상품의 흐름을 설명한다. 마지막으로 지역물류센터를 활용하거나, 점포 직접배송 또는 기능 일부를 아웃소싱할지 등 공급체인의 구조에서 소매업체가 어떤 선택을 할 수 있는지에 대한 결정과 트렌드를 알아보도록 한다.

Ⅰ 공급체인관리와 정보시스템을 통한 전략적 우위 창출

LO 9-1
공급체인관리로 발생하는 전략적 이점을 이해할 수 있다.

1장에서 논의된 바와 같이, 소매업체는 상품을 제공하는 벤더공급업체와 소비자를 연결한다. 소비자의 욕구와 니즈를 측정하고, 고객들이 상품을 원할 때 구입 가능하게 하기 위해, 공급체인의 다른 이해관계자들 즉 도매업체, 벤더, 운송회사와 협력하는 것이 소매업체의 책임이다. 도매업체는 제조업체로부터 상품을 구입해서 소매업체에게 재판매하는 중간상이다. 단순화된 공급체인이 〈그림 9-1〉에 설명되어 있는데, 벤더는 상품을 물류센터V1과 V3의 경우나 직접 점포V2의 경우로 배달한다. 물류센터로 배송하는 것과 점포로 직접 배송하는 것 사이의 상대적인 우위는 본

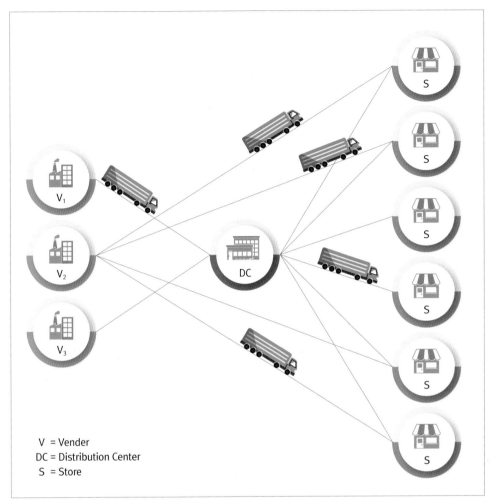

V = Vender
DC = Distribution Center
S = Store

● 그림 9-1 공급체인의 예시

장 후반에 논의될 것이다.

공급체인^{공급망}관리는 벤더에서 소매업체의 고객으로 이어지는 상품의 흐름을 효율적이고 효과적으로 관리하기 위해 회사가 사용하는 일련의 활동 및 기술을 지칭한다. 이러한 활동은 고객이 원하는 수량의 제품을 적절한 시간에 선호하는 장소에서 받을 수 있도록 한다.

소매업체들은 그들의 공급체인을 운영하는 데 있어서 점점 더 주도적인 역할을 한다. 소매업체가 영세한 경우는 더 큰 공급업체나 물류업체가 언제, 어디서, 어떻게 물건을 배달할 것인지를 주도했지만, 글로벌 소매업체의 출현과 통합으로 이제는 많은 소매업체가 공급체인관리에서 지배적인 역할을 한다. 이 장 후반부에서 다루겠지만, 소매업체들은 제품의 생산, 촉진, 물류, 구색, 재고수준을 계획하기 위해 제조업체와 고객의 구매행동데이터를 공유하는 등 밀접하게 협업하기도 한다. 효율적인 공급체인관리는 소매업체에게 중요한데, 이는 상품가용성의 확대와 재고자산회전율의 개선으로 인한 전략적 이점과 높은 투자수익율의 제공 때문이다.

1. 전략적 우위

5장에서도 언급했듯이, 전략적 우위는 소매업체로 하여금 평균이상의 자산수익율을 가능하게 하는 독특하고 지속가능한 이점이다. 물론 모든 소매업체들이 경쟁우위를 점하기 위해 노력하지만, 모든 소매업체들이 정보와 공급체인시스템으로부터 전략적 우위를 창출할 수는 없다. 그러나 만약 그들이 우위를 창출한다면, 경쟁자들이 이를 모방하기는 어렵기 때문에 그 우위는 지속될 수 있다.

예를 들어, Walmart의 주요 성공 요인은 정보와 공급체인관리 시스템이다. 비록 경쟁자들이 이러한 이점을 인식했을지라도, 네 가지 이유에서 그들이 Walmart의 시스템과 같은 수준의 업무성과를 달성하기는 어렵다. 첫째, Walmart는 긴 시간동안 시스템 개발에 지속적인 투자를 계속해왔다. 둘째, 이 투자를 정당화하기 위해 규모의 경제를 실현했다. 셋째, 그들의 공급체인은 조직 내에서 실행되므로 경쟁자들이 파악하고 모방하기 쉽지 않다. 이 시스템은 타 기업들이 쉽게 구매할 수 있는 소프트웨어가 아니다. 넷째, 모든 직원들과 회사 각 부서의 종합적인 노력이 Walmart의 최고 경영진과 조직 문화의 의해 지원되었다.

하지만 이러한 이점에도 불구하고, Walmart에서는 최근에 품절상황으로 인해 30억 정도의 손실이 발생했다. 그 이유는 소매업체에게 점포의 재고유지를 위해 아래와 같이 다양한 활동이 요구되고 있기 때문이다.

- 지역물류센터, 풀필먼트센터와 점포별로 각 카테고리와 단품마다 정확하게 예측된 매출과 필요한 재고수준
- 점포에서 상품요청 시 정확한 수량을 지역물류센터로부터 보충
- 판매량을 모니터링하여 판매 예측오차를 발견
- 지역물류센터에서 각 점포로 정확한 양의 상품전달
- 현재 상품의 위치를 보여주는 정확한 정보유용성
- 벤더와의 정확하고 시의적절한 주문
- 바이어와 마케팅 관리자간의 특판과 판촉상품 배달 및 명확한 조정
- 반품제품의 수거 및 처리

2. 상품가용성Product Availability의 확대

효율적인 공급체인은 고객에게 두 가지 혜택을 제공한다. ① 품절의 감소와 ② 고객에 맞는 상품 구색의 확보가 그것이다. 그리고 이들은 매출증가와 원가절감, 재고회전율 증가 및 가격인하로 연결된다.

1 품절의 감소

품절은 고객들이 원하는 상품을 구매하지 못하는 경우를 말한다. 만약 Joe가 Target 점포에 갔을 때 토스터오븐이 점포에 충분하지 않아 품절되었다면 어떤 일이 벌어졌을까? Joe는 우선 점포로부터 교환권을 받은 후, 집으로 돌아와 상품의 재고가 채워질 때 할인가격으로 구매할 것이다. 그러나 Joe는 점포를 오가는 시간낭비를 했다. 또는 품절로 인하여 Joe가 대신 다른 모델을 구매하려 했거나, 당장 토스터오븐을 구매하기 위해 Amazon에 접속할 수도 있다. 그는 Amazon에서 토스터오븐을 구매하면서 추가구매를 할 수도 있다. 뿐만 아니라 그 이후에도 Joe는 Target 점포에서 쇼핑하기를 꺼려할 것이고, 그의 친구들에게 그가 겪은 부정적인 경험을 말하거나, 트위터에 후기를 올릴 수도 있다. 이러한 상황은 Target이 공급체인관리를 잘했다면 피할 수 있는 일이다.

효율적인 공급체인관리는 품절을 감소한다.

일반적으로 품절은 장·단기적으로 상당한 매출과 이익의 감소를 유발한다. 의류고객 데이터에 따르면, 고객이 품절을 경험하게 되면 17%는 다른 브랜드를 구매하고, 39%는 그 제품을 구매하기 위해 다른 점포로 가버리며, 남은 44%는 쇼핑 자체를 멈추게 된다. 더군다나 또다시 품절을 경험하게 된 고객은 일반적으로 다른 소매점포로 옮겨 버린다. 매년 미국 소매업체의 품절로 인한 손실은 1,300억 달러에 달한다.

2 고객에게 부합되는 상품구색

정보시스템의 또다른 혜택은 공급체인관리를 활용하여 정확한 상품이 정확한 점포에서 가용할 수 있게 해준다는 점이다. 전국규모 소매체인들은 기후에 기초하여 상품구색을 갖추고 있다겨울 동안에 북쪽 지방의 점포에서는 양모 스웨터를, 남쪽 지방의 점포에서는 면 스웨터를 보유한다. 요즘 소매업체들은 거래를 분석하고 지역시장의 고객특성을 고려한 복잡한 통계방법을 사용하여 많은 상품구색을 갖추고 있다.

3. 투자수익률Return on Investment: ROI의 증대

소매업체 입장에서는 효율적인 공급체인과 정보시스템을 이용하여 투자수익률을 향상시킬 수 있다. 왜냐하면 시스템은 재고를 늘리지 않고도 총매출과 순이익을 증가시키기 때문이다. 고객에게 매력적인 상품구색이 갖추어질 때 순매출액은 증가한다. Joe의 토스터오븐 구매를 생각해 보라. 훌륭한 정보시스템을 갖춘 Target은 특별 판촉기간에 각 점포에서 Michael Grave 토스터오븐을 얼마나 팔 것인지 정확하게 예측하게 할 수 있었을 것이다. 공급체인관리시스템을 사용하여 점포에 충분한 재고가 확실히 가용되도록 하였고, 모든 고객들이 그들이 원하는 것을 구매할 수 있게 하였다.

효과적인 판매량 예측으로 소매업체는 가격인하를 초래하는 재고과잉상황을 줄임으로써 매출총이익을 개선할 수 있다. .

순이익은 매출액을 늘리고 비용을 줄이면 개선된다. 정보시스템은 소매업체들에게 특별매입 기회의 이득을 주고, 낮은 가격에 상품을 매입할 수 있도록 매입부서와 벤더의 조정을 용이하게 하여, 소매업체의 이익율을 개선한다. 효과적인 판매량예측으로 소매업체는 가격인하를 초래하는 재고과잉 상황을 줄임으로써 매출총이익을 개선할 수 있다.

공급체인을 효율적으로 운영함으로써, 소매업체들은 재고유지를 위해 적은 예비물량을 보유해도 된다. 따라서 재고수준이 낮아지고, 재고목록에 대한 투자도 낮아져 총자산 또한 낮아지며, 자산과 재고회전율은 모두 높아지게 된다.

II 공급체인을 통한 정보의 흐름

LO9-2
공급체인에서의
정보의 흐름을 알 수 있다.

정보는 고객에서 점포로, 지역물류센터와 풀필먼트센터 사이에서, 제조업체와 도매업체 그리고 원재료의 공급업자들 사이에서 흐른다. 〈그림 9-2〉는 Joe가 Target 점포에서 토스터오븐을 구매했을 때의 정보흐름을 도식화한 것이다. 정보흐름은 다음의 순서를 따른다:

- **정보흐름 1단계**고객에서 점포로: POS^Point-Of-Sale 터미널에서 직원은 토스터오븐 패키지 위에 부착된 UPC^Universal Product Code 상표를 스캔하고, 고객은 영수증을 발급받는다. UPC 상표는 상품의 제조업체, 제품 설명, 특별포장에 대한 정보, 그리고 판촉정보를 알려주는 13자리 코드를 포함한 흑백 바코드이다. 미래에는 조금 있다 논의될 RFID 상표로 교체될 것이다.
- **정보흐름 2단계**점포에서 바이어로: 거래정보는 POS 터미널에 기록되고, 컴퓨터로 Target의 바이어들에게 전송된다. 판매정보는 재고관리시스템에 통합되어 판매량을 점검하고 분석하여, 토스터오븐 재주문 결정이나 가격변경, 판촉결정 등에 사용된다. 바이어들은 판매량, 상품

진열, 향후 판촉 등에 대한 정보를 점포로 보낸다.

- 정보흐름 3단계바이어에서 벤더(제조업체)로: 각 Target 점포와 온라인에서 확보된 정보는 소매업체에 의해 집계되어 주문을 위해 벤더로 보내진다. Target의 바이어는 벤더와 직접적으로 의사소통하며 정보를 얻고 가격, 선적일자, 판촉행사 또는 상품 관련 이슈 등을 협의한다.

- 정보흐름 4단계점포에서 벤더(제조업체)로: 어떤 경우에는, 매출거래자료가 점포에서 직접 벤더로 전송될 수도 있으며, 벤더가 상품을 물류센터와 점포에 선적할 시기를 직접 결정할 수도 있다. 또 상품이 빈번하게 재

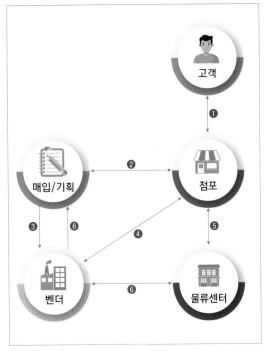

▲ 그림 9-2　정보의 흐름

주문될 경우에는, 주문과정이 상품기획부서를 우회해서 자동적으로 이뤄질 수도 있다. 소매업체와 벤더의 협업으로 고객의 니즈를 더 만족시킬 수 있다.

- 정보흐름 5단계점포에서 물류센터로: 점포는 Target 물류센터와 선적을 협의하고 재고수준을 확인하기 위해 의사소통한다. 점포의 재고가 특정 수준으로 떨어질 때, 더 많은 토스터오븐들이 점포로 운반되고 운송정보는 Target사의 컴퓨터 시스템으로 보내진다.

- 정보흐름 6단계벤더(제조업체)에서 물류센터와 바이어로: 벤더는 Target사의 물류센터로 토스터오븐을 운송할 때, 사전발송통지문ASN을 물류센터에 보낸다. ASNAdvanced Shipping Notice은 구체적으로 무엇이 운송되어지고, 언제 배달되는지를 물류센터에 알려주는 문서이다. 그리고 물류센터는 특정 시간과 날짜 그리고 특정 하역장에 배달하기 위한 트럭들을 선정한다. 화물이 물류센터에 도착할 때, 바이어는 통보하고 벤더에 결제가 이뤄진다.

1. 데이터 웨어하우스Data Warehouse

POS에서 수집된 구매정보<그림 9-2>의 정보흐름 2단계는 데이터 웨어하우스라고 알려져 있는 방대한 데이터베이스에 입력된다. 데이터 웨어하우스를 이용하여 임원진은 회사가 전반적으로 어떻게 운영되고 있는지 파악할 수 있는데, 상품본부별, 지역별 혹은 회사 전체를 기준으로 자료를 볼 수 있다. 바이어는 특정일, 특정 점포에서 특정 제조업체에 대해 더욱 관심을 가질 것이다. 소매

업체의 여러 분석가들은 상품을 개발하고 지속적으로 보충하기 위한 수많은 의사결정을 위하여 웨어하우스로부터 자료를 추출하고 있다.

어떤 경우에는 벤더들이 데이터 웨어하우스에 접속하여 소매업체와 전자문서교환이나 공급체인관리시스템을 통해 의사소통한다.

〈그림 9-2〉의 정보흐름 ❸, ❹와 ❻에서는 소매업체와 제조업체가 전자문서교환을 통해 자료를 교환한다. 전자문서교환EDI: Electronic Data Interchange이란 소매업체와 제조업체 간의 상업적인 문서를 컴퓨터로 교환하는 것을 말한다. 판매데이터, 발주서, 인보이스, 반품데이터 등이 교환된다. EDI를 통해서 벤더는 발주량 변동, 주문처리상황, 소매가격과 운송경로뿐만 아니라 보유재고량, 프로모션, 가격변동에 대한 정보를 전송할 수 있다. EDI는 경로 상 구성원들이 더 신속하고 정확하게 의사소통할 수 있게 해준다.

2. 벤더에 의한 재고관리VMI와 협력적인 계획, 예측, 보충CPFR

벤더에 의한 재고관리VMI: Vendor-managed inventory는 벤더가 각 점포별로 소매업체의 재고수준을 유지하는 책임을 짐으로써 공급체인의 효율성을 향상시키기 위한 방법이다. 소매업체의 데이터 웨어하우스에서 자료를 공유하고 EDI를 통해 정보를 교환함으로써 상품이 필요하게 되는 시점의 재고수준이 되면 제조업체는 자동으로 소매업체의 점포나 물류센터로 제품을 보낸다.

이상적인 조건에서는 최소 재고를 유지함과 동시에 재고부족을 줄이고, 소매업체의 즉각적인 요구를 충족시키면서 재고를 보충한다. 공급에 대한 소매업체의 요구를 조화시킬 뿐만 아니라 VMI는 벤더와 소매업체의 비용을 줄일 수 있다. 벤더의 판매원들은 더 이상 점포에 있는 상품에 대한 주문을 하기 위해 시간을 쓸 필요가 없으며, 그들의 역할은 새 상품을 팔고 관계를 유지하는 것으로 바뀐다. 고객인 소매업체와 상품기획자들은 재고수준을 파악하고 주문을 할 필요가 없어진다.

VMI의 사용은 새로운 접근은 아니다. Frito-Lay와 제과류, 사탕, 음료수 벤더들은 슈퍼마켓 가판대에 대한 그들 상품의 재고를 오랫동안 관리해왔다. 그러나 기술 진보로 VMI가 더욱 정교해지고 있다.

향상된 수준의 협력이지만 VMI의 활용에는 한계가 있다. 벤더가 특정 상품에 대해 공급체인을 조정하지만, 그들은 소매업체들이 취하는 어떤 다른 행동들이 미래의 상품 판매에 어떠한 영향을 미칠지 알 수 없다. 예를 들어, 펩시는 코카콜라가 슈퍼마켓에 새로운 음료의 판촉활동을 3주간 진행할 거라는 사실을 알지 못할 것이다. 이러한 상황에 대한 인지없이 펩시는 슈퍼마켓으로 대량의 상품을 보낼 수도 있다. 전통적인 VMI에서 어쩔 수 없이 발생하는 쌍방향 의사소통의 부재를 극복하기 위한 CPFRcollaborating, planning, forecasting, and replenishment 협력적인 계획, 예측, 보충은 공급체인 효율성과 상품 보충을 향상시키기 위해 소매업체와 벤더 사이의 수요예측과 관련된 정보를 공유하고 협력적인 계획을 수립하는 것이다. 소매업체는 판매와 재고정보를 VMI 기법에서는 서로 공유하지만, 벤더는 재고를 관리할 의무가 있다. 대조적으로 CPFR은 소매업체와 벤더 협력의 보다 발전된 형태이다. 이는 사업 전략, 홍보 계획, 신상품 개발과 도입, 생산 계획, 리드 타임과 같은 독점 정보도 서로 공유하는 것을 의미한다.

공급체인을 통한 상품의 흐름

LO9-3
공급체인에서
상품의 흐름을 이해할 수 있다.

〈그림 9-3〉은 Target처럼 물리적 점포에 의해 운영되는 대형 소매업체의 상품 흐름을 보여준다. 주문을 고객에게서 직접 받고 상대적으로 적은 양이 출하된다는 점을 제외하고는 온라인 채널의 상품 흐름도 비슷한데, 이러한 주문을 처리하기 위해 풀필먼트센터의 기능이 다소 다르게 작동된다. 전반적으로 상품 흐름은 다음과 같다:

① 토스터오븐이 벤더로부터 Target의 물류센터로 이동하거나

② 벤더가 직접 Target 점포로 상품을 보냄

③ 상품이 물류센터를 거쳐서 점포로 가게 된다면

④ 고객이 구매함

상품흐름은 벤더가 상품을 소매업체의 물류센터 혹은 점포직접배송 중 결정을 내리는 것을 포함한다. 일단 물류센터로 가면 상품이 점포로 배송되기 전 몇 가지의 작업이 요구되는데, 이러한 작업은 공급체인별로 다르게 나타난다.

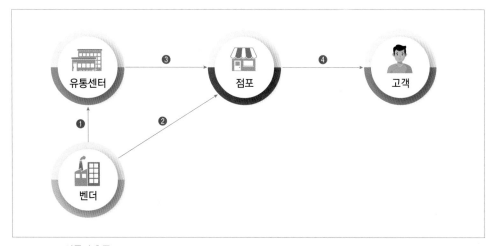

△ 그림 9-3 상품의 흐름

1. 물류센터 vs 점포 직접배송

〈그림 9-3〉에서 설명한 것처럼 벤더는 상품을 소매업체 점포로 직접 보낼 수도 있고DSD: direct store delivery, 경로 2, 물류센터로 운송할 수도 있다경로 1. 제조업체와 소매업체가 서로 협력하지만, 이에 대한 적절한 결정은 주로 소매업체에 의해 이루어지며, 상품의 특성과 수요의 본질에 달려있다. 물류센터 또는 점포 직접배송 중 보다 나은 방법을 택하기 위해서는 소매업체들은 각각의 대안과 고객서비스와 관련된 총비용을 고려해야 한다.

다음은 물류센터를 이용했을 때의 장점들이다.

- 소매업체가 점포별로 예측을 하는 것보다 물류센터에서 모아진 점포의 통합된 자료로 예측할 때, 더 정확한 매출예측이 가능하다. 하나의 물류센터에 의해 서비스되는 Target사의 50개 점포를 생각해보자. 이 시스템에서 각 점포는 일반적으로 오븐을 5개씩 총 50개를 보유한다. 각 점포에 상품을 운반함으로써 소매업체는 상품이 너무 많은지 적은지 일어날 수 있는 실수의 가능성 50가지를 예측해야 한다. 대안으로 대부분의 재고를 물류센터로 운반하고 그들이 필요로 하는 추가적인 토스터오븐을 점포로 공급함으로써, 개개인의 점포의 예측오차를 최소화하고 상품의 품절을 막을 수 있다.

- 물류센터를 이용하기 때문에 개별 점포에서는 적은 수량의 상품만을 보유해도 되므로 전체적으로 물류투자비를 줄일 수 있다. 만약 점포가 물류센터로부터 빈번하게 배달을 받을 수 있다면, 점포에서는 예비로 상대적으로 적은 상품만 보유하면 된다.

- 상품이 필요할 때만 물류센터로부터 주문하기 때문에, 상품이 매진되거나 너무 많이 보유하는 상황을 피하기 쉽다

- 소매 공간은 일반적으로 물류센터의 공간보다 훨씬 비용이 많이 들며, 반면 물류센터는 소매 점포보다 장비가 잘 갖춰져 있다. 따라서 많은 소매업체들이 개별 점포보다 물류센터에 상품을 비축하고, 이곳에서 판매 준비를 하는 것이 비용면에서 효율적이다. 그러나 물류센터가 모든 소매업체에게 적합한 것은 아니다. 만약 소매업체가 소수의 점포만 가지고 있다면, 물류업체 비용은 보장되지 않을 것이다. 또한 많은 점포가 대도시 지역에 집중되어 있다면 공급업체에 의해 상품이 통합되고 한 지역에서 모든 점포로 바로 배달될 수 있다. 점포 직접배송은 상품을 점포로 더 빠르게 배달할 수 있는데, 이 방식은 부패하기 쉬운 상품육류나 농산품 등, '최신상품을 처음으로 판매하는 곳'이라는 이미지를 제고하는데 영향을 주는 상품예를 들면, 비디오 게임,

Dolly Madison의 빵은 지역물류센터를 거치지 않고 바로 소매점포로 배송되어 가장 신선한 상태로 고객에게 제공될 수 있다.

그렇지 않으면 유행이 지난 상품 등을 위해 사용된다. 결론적으로 몇몇 공급업체들은 소매업체에게 점포 직접배송 서비스를 제공하여 그들의 상품이 적절하고 신선하게 선반 위에 진열되는 것을 보장하였다. 예를 들어, 직접 슈퍼마켓에 Frito-Lay 과자류를 배달하는 직원들은 선반에 오래 진열되었거나 신선하지 않은 상품들은 새 상품으로 대체하고, 빈 진열대는 새상품으로 보충하여 깔끔하게 진열하는 역할을 하고 있다.

점포 직접배송은 상품을 더 빠르게 배달할 수 있기 때문에 부패하기 쉬운 상품에 사용된다.

2. 물류^{풀필먼트}센터

물류센터는 입하운송 조정, 상품수령, 검수, 저장 그리고 크로스도킹, 상품출하준비, 출하운송 조정기능 등을 수행한다. 풀필먼트센터도 같은 기능을 수행하지만, 점포보다 고객에게 직접 배송하기 때문에 상품출하준비를 할 필요가 없다. 물류센터에서 수행하는 업무를 설명하기 위해 토스터오븐이 Target 물류센터로 이동되는 과정을 생각해 보자.

1 입하운송Inbound Transportation 관리

예전에는 바이어가 벤더와 거래할 때 상품의 구색, 가격협상 그리고 공동판촉 계획에 초점을 두었다. 최근에는 바이어들과 상품기획자들은 상품의 물리적인 흐름조정에 더 관심을 가진다. 바이어가 일반적으로 상품의 구매와 수익성에 책임을 가지는 한편, 기획자들은 재무계획과 상품분석 그리고 점포할당에 책임을 진다.

바이어는 토스트오븐을 트럭에 실어서 특정 시간에 물류센터로 배달할 수 있도록 준비하는데, 이는 물류센터에는 하루 100개의 적재 플랫폼이 할당되어 있기 때문이다. 그리고 특정 트럭의 상품 대부분은 그날 저녁에 점포로 배달될 것이다. 기상악화 등으로 지연된 상품은 물류센터로의 배송을 조율하는 담당자가 다음날 아침시간으로 운송을 재배치하고, 배송시간 지연에 따른 벌금을 그 회사에 지불한다. 비록 많은 공급업체들이 운송비용을 지불하지만, 몇몇 소매업체들은 이러한 비용을 흡수하기 위해 벤더와 직접 협상한다. 이들은 직접 운송회사와 협상하고 많은 벤더의 화물을 통합하면 상품비용을 더 낮출 수 있고 상품흐름을 더 잘 통제할 수 있다고 생각한다.

2 UPC와 RFID를 사용한 상품수령과 검수

상품수령은 물류센터에 도착한 상품을 받고 기록하는 절차이다. 검수는 주문한 상품이 제대로 배달되었는지와 파손의 유무를 확인하는 절차이다.

예전에는 검수작업이 매우 노동집약적이고 많은 시간을 요하는 작업이었다. 그러나 오늘날에는 EDI를 사용하는 많은 물류센터에서 이 과정이 생략되지는 않았지만 최소화되었다. 사전발송통지문ASN: Advance Shipping Notice은 각 상자에 무엇이 들어 있는지 물류센터에 통보한다. UPC 라벨이나 RFID로 상자의 내용물이 확인된 화물상자는 수령과 확인을 거치면서 스캔이 되고 기록이 된다. RFIDRadio frequency Identification는 컨테이너의 내용물이나 개별 상품에 저장된 데이터를 무선주파수를 이용하여 비접촉으로 읽어내는 인식시스템이다.

3 저장과 크로스도킹

상품이 수령되고 확인된후, 저장되거나 크로스도킹된다. 상품이 저장될 때, 상품상자는 컨베이어 시스템과 포크리프트 트럭에 의해물류센터의 바닥에서부터천장으로 놓여 있는 랙rack으로 운반된다. 그 후 점포에서필요로 할 경우, 포크리프트기사가 랙으로 가서 상자를픽업하여 컨베이어 시스템에놓는다. 이 컨베이어는 상자

크로스도킹에는 사람이 필요없다. 자동화된 컨베이어 시스템에 의해 운반되기 때문이다.

를 점포로 출발하는 트럭의 하역장으로 보내게 된다.

크로스도킹된 상품은 특정 점포를 위하여 벤더에 의해 재포장된다. 상자 위에 부착된 UPC나 RFID 라벨은 배송될 점포의 정보를 나타낸다. 벤더는 또한 상자 안의 각 품목에 가격표를부착할 수도 있다. 상품이 들어오는 수하장에서 점포로 가는 하역장으로 바로 보내지기 때문에 이를 크로스독crossdocked되었다고 한다. 상자 위에 부착된 UPC나 RFID 라벨을 읽는 센서에의해 상자는 컨베이어 시스템으로 자동운반된다. 크로스도킹된 상품은 점포로 배송되기 전에단 몇 시간 정도만 물류센터에 머물게 된다.

상품의 판매율과 부패가능성, 유행가능성 등이 크로스도킹될지 저장될지를 결정한다. 예를들어, 토스터오븐이 빠르게 판매된다면, Target은 그 상품을 물류창고에 쌓아두려고 하지 않을것이다. 비슷한 이유로 유행을 타는 패션 상품이나 부패하기 쉬운 육류 등은 크로스도킹된다.

4 상품 플로어 레디 Floor-Ready

몇몇 상품을 위해서는 상품 플로어 레디를 위한 추가적인 업무가 물류센터에서 이루어진다. 플로어 레디 상품은 판매를 위한 진열대에 위치시키기 위한 준비를 하는 상품을 말한다. 상품 준비는 티케팅과 마킹, 몇몇 의류의 경우에는 옷걸이에 놓는 것혹은 RFID 칩을 부착하는 것 등을 포함한다. 영국의 소매업체인 Tesco는 상품이 바로 판매될 수 있는 상태로 배송하여 물류센터나 점포에서는 최소한의 조작과 분류만 해도 되게끔 한다. 판매가능한 상품을 공급업체로부터 받아 재빨리 점포로 이동시키기 위해 Tesco는 상품이 팔레트보다는 롤케이지에 보관되기를 요구한다. 그러면 점포 종업원들은 쉽게 상품을 이동시킬 수 있다. 점포의 창고에는 2~3일 분량의 재고만이 보관되어 있어, 재고수준을 낮게 유지하고 공급업체로부터 적은 양의 상품을 정확하게 공급받는 것이 비용을 절감하는데 매우 중요하다. [Retailing view 9.1]은 IKEA가 독특하고 혁신적인 공급체인관리로 상품 플로어 레디에 대해 완전히 새로운 정의를 내리게 한 사례를 소개한다.

5 티케팅 Ticketing 과 마킹 Marking

티케팅과 마킹은 상품에 가격과 식별 라벨을 부착하는 일인데, 소매업체를 위해서는 점포에서보다는 물류센터에서 수행하는 것이 좀 더 효과적이다. 물류센터에는 장소를 따로 마련하고 라벨을 붙이는 과정이 효과적으로 수행될 수 있으며, 옷걸이에 옷을 걸 수도 있다. 반대로 점포에서 상품 플로어 레디를 하게 되면, 복도를 막고 판매원들의 신경을 고객에게 집중할 수 없다. 소매상의 관점에서 보더라도, 플로어 레디 상품을 배송하도록 공급업자에게 요구하는 것이 더 나은 방법이며, 시간을 많이 소비하는 티케팅과 마킹 과정을 전체적으로 줄일 수 있다.

6 점포로 상품을 배송하기 위한 준비

하루의 업무를 시작할 때, 물류센터의 컴퓨터 시스템은 각 점포별로 그날 배송되어야 할 상품의 목록을 작성한다. 각각의 상품에 대해 pick ticket과 배송라벨이 생성된다. Pick ticket은 각각의 상품을 보관 장소로부터 얼마나 많이 가져와야 하는가를 나타내는 서류나 포크리프트 트럭에 표시되는 화면을 말한다. 포크리프트 트럭기사는 보관 장소로 가서 pick ticket상에 나타난 수량만큼 판지상자를 가져온다. 상자에 부착된 UPC 배송라벨은 배송되어야 할 점포를 나타내고, 상자는 점포로 출발하는 트럭이 있는 수하장으로 자동적으로 보내지는 컨베이어 시스템에 놓여진다. 몇몇 풀필먼트센터에서는 이러한 작업이 로봇에 의해 이루어진다.

7 점포로 상품 배송

물류센터에서 점포로 가는 수송관리는 점점 더 복잡해지고 있다. 대부분의 물류센터는 매일 50개에서 100개의 유출수송 outbound 경로를 운영한다. 이런 복잡한 수송에서의 문제를 관리하

Retailing VIEW 9.1 The IKEA Way

스웨덴에 본사를 두고 있는 글로벌 소매업체 IKEA는 다양한 디자인의 기능성 홈퍼니싱 제품을 저렴한 가격에 제공한다. 품질이 우수한 제품을 만들어 고가에 팔거나 품질이 떨어지는 제품을 만들어 싼 가격에 팔기는 쉽지만, IKEA는 비교적 품질이 좋은 제품을 낮은 가격에 판매하는 등 가성비cost-effective가 좋고 혁신적인 제품을 추구한다. "더 나은 생활을 위한 적절한 해결책"을 제공하기 위한 노력으로, IKEA는 많은 사람들이 집을 마련하고 장식하는 방식을 근본적으로 바꾸었다. 스웨덴의 작은 기업에서 약 50개국에 350개 이상의 매장이 있는 현재의 위치에 이르기까지 기업이 성장하고 확산되면서, 수백만 명의 고객들은 가구를 미리 조립해서 구입해야 하는 품목이 아니라 스스로 조립할 수 있는 것으로 간주하게 되었다. 판매준비로 소비자가 집에 가져갈 수 있는 상자 안에만 가구를 포장하면 된다. 유통센터나 매장에서 물건을 조립하는 노동력은 필요로 하지 않는다.

IKEA만의 독특한 접근법은 공장 바닥에서부터 시작된다. 제품 개발자와 디자이너는 생산 장비와 원재료를 효율적으로 사용하고 폐기물을 최소한으로 유지하기 위해 공급자와 긴밀하게 협력한다. 일찍이 IKEA 제품 개발자가 문door 공장을 견학하면서 보드 온 프레임board-on-frame 구조에 대해 배웠는데, 이는 나무 판 사이에 재생 골판지를 삽입, 무게는 줄이고 제품 강도는 한층 강화시키는 공법으로 비용 효율적이고 환경 친화적인 기술이다. IKEA 엔지니어들은 이와 유사하게 단단한 테이블 다리를 속이 빈 테이블 다리로 교체하여 배송되는 테이블의 무게와 그것들을 만드는 데 필요한 원자재 양을 모두 줄였다. 또한 소파를 하나의 유닛이 아닌 조각으로 팔도록 재설계하여 소매업체가 상자 안에 죽은 공기를 넣지 않고 훨씬 작은 박스에 모든 조각을 넣을 수 있게 했다. IKEA의 "우리는 공기를 싫어한다"고 주장하면서 포장용기와 운송용기에 있는 불필요한 공간을 없애

IKEA의 가구는 고객들이 집으로 가져가 조립할 수 있는 상자에 포장되어 있다. 쓰레기와 운송비를 줄이기 위해 빈 공간이 없는 박스에 맞춰 가구를 설계한다.

면 더 많은 유닛을 트럭에 장착할 수 있게 되고, 재입고하는 데 필요한 배송 횟수를 줄여 운송비를 대폭 절감할 수 있다고 하였다. 결과적으로 이 모든 것은 IKEA의 가격경쟁력으로 이어졌다. 이러한 다양한 시도로 IKEA는 기존 고객들의 충성도를 유지하고 끊임없이 새로운 고객을 유치하며, 매년 약 10%의 성장을 필요로 하는 562억 달러의 야심찬 성장 목표를 2020년까지 달성하겠다는 의지를 보이고 있다. 공급체인에 있어서의 효율성을 높이려는 노력이 궁극적으로 다른 곳에서는 구할 수 없는 더 나은 제품, 더 나은 가격으로 이어진다고 강하게 믿고 있다. 이는 저렴한 비용, 환경 훼손 최소화로 이어지면서 IKEA의 결정적인 성장 비법이 되었다.

Sources: IKEA, "Flat Packs, Stacks and How We Ship Them," http://www.ikea.com/ms/en_US/the_ikea_story/working_at_ikea/work_areas_logistics.html; "IKEA," https://en.wikipedia.org/wiki/IKEA; Matt McCue, "IKEA: For Delighting Customers at Each and Every Turn," Fast Company, February 9, 2015, http://www.fastcompany.com/3039598/most-innovative-companies-2015/ikea; Saabira Chaudhuri, "IKEA's Favorite Design Idea: Shrink the Box," The Wall Street Journal, June 18, 2015; Deniz Caglar, Marco Kesteloo, and Art Kleiner, "How IKEA Reassembled Its Growth Strategy," Strategy-1Business, May 2012; Yongquan Hu and Huifang Jiang, "Innovation Strategy of Retailers: From the View of Global Value Chains," 6th International Conference on Service Systems and Service Management, 2009, pp. 340-345.

기 위해 물류센터는 정교한 경로와 스케줄 컴퓨터 시스템을 이용한다. 이 시스템은 가능한 효율적인 경로를 개발하기 위하여 점포위치, 도로 상황 그리고 수송활동의 제약 등을 고려한다. 그 결과 점포에게 정확한 도착예정시간이 제공되고, 운송수단이 최대한 활용된다.

3. 적시재고시스템Just-in-Time Inventory System을 활용한 재고관리

오늘날 유통관리는 기업들이 직면하고 있는 다양한 유통 문제에 대한 최신 해결책을 제공한다. 1900년대 초까지만 해도 가장 혁신적인 기업들조차 창고에서 고객에 이르는 주문을 이행하기 위해 15일에서 30일 또는 그 이상의 기간이 필요했다. 일반적인 주문-배달 과정은 보통 전화, 팩스 또는 이메일을 사용한 주문작성, 신용승인 및 창고할당을 위한 수동 시스템을 사용한 주문처리 그리고 실제배송 등의 여러 단계를 거쳤다. 일이 잘못될 수도 있고, 또 실제로 자주 잘못되기도 했다. 예를 들어, 주문된 상품이 없어지거나, 잘못 배달되거나, 출하량이 정확하지 않은 일 등이다. 이러한 실수는 고객들에게 상품을 판매하는데 걸리는 시간을 연장시켰고 비용을 증가시켰다.

이러한 어려움에 직면한 기업들은 공급체인의 각 수준소매업, 도매업, 제조업에 재고를 비축하기 시작했지만, 필요 없는 곳에 재고를 보관하는 것은 막대한 낭비가 된다. 제조업체가 창고에 많은 재고를 가지고 있다면, 그것은 그 물품들을 판매함으로써 얻을 이익을 얻지 못하는 것뿐만 아니라 그 창고를 유지하고 지키기 위해 비용도 지불해야 한다.

따라서 자라, 망고, H&M 그리고 유니클로와 같은 많은 회사들은 1950년대에 도요타가 개발한 관행을 채택했다. 적시재고시스템, 소매업체에서는QRQuick Response시스템으로도 알려진, 기존의 재고관리보다 더 적은 상품을 자주 배달하는 재고관리 시스템이다. 회사는 고객이 구매를 원하는 그 시점에 상품을 구매한다. 적시재고시스템의 이점은 줄어든 리드타임물품의 발주로부터 그물품이 납입되어 사용할 수 있을 때까지의 기간, 제품가용성을 높이고 재고투자비용을 낮추는 것이다.

1 리드타임 감소

서류거래의 필요성을 제거함으로써 JIT의 EDI 시스템은 리드타임을 감소시킨다. 리드타임이 감소할수록 소매업체의 수요예측 정확도가 높아져 재고량도 감소한다.

2 상품가용성 증대와 재고투자비용 감소

대체적으로 고객수요를 만족시키는 기업의 능력은 상품가용성이 높아질수록 증대하기 때문에 예비재고를 보유하기 위한 재고투자비용도 높아지기 마련이다. 그러나 JIT는 재고가 줄어들어야 고객수요를 만족시킬 수 있는 능력이 증대된다. H&M같은 업체는 판매 기간에 가까워서야 구입계약을 하거나 제품을 생산하기 때문에, 재고투자비용은 감소된다. H&M은 적은 양의 상품을 자주 배송받기 때문에 적은 양의 재고만을 보유한다.

JIT에서 상품가용성으로 고객수요에 대응하는 능력은 빈번한 배송의 결과이다. 예를 들어, H&M이 M 사이즈의 빨간 티셔츠의 재고가 부족하다면 JIT 시스템에서의 리드타임은 전통적인 소매업체보다 더 짧다. 따라서 H&M은 빨간 티셔츠가 도착하기 전에 품절될 가능성이 거의 없는 것이다.

3 JIT 시스템 비용

업체들이 JIT로 큰 혜택을 볼 수 있지만, 그것에 비용이 들지 않는 것은 아니다. 빈번한 배송은 유통기능을 더 복잡하게 만든다. 소량배송을 빈번하게 하는 것은 비용도 많이 들고 조정도 어렵다. 그러므로 JIT 시스템은 유통경로구성원들간의 정보 교환과 시스템 구축 등 긴밀한 협력이 요구된다.

IV 시스템 설계 이슈와 트렌드

LO9-4
공급체인 구축에 있어서의 고려사항과 새로운 트렌드를 알 수 있다.

이번 장에서는 아웃소싱과 사용할 공급체인의 유형 등 공급체인결정에 영향을 주는 최근의 이슈들을 정리해보고자 한다.

1. 아웃소싱outsourcing

작업을 최소화하고 자산과 인력활용을 좀 더 생산적으로 하기 위해서, 몇몇 소매업체는 물류기능을 아웃소싱한다. 많은 전문업체들은 공급활동이나 개별업무를 수행하는데 매우 효율적이다. 벤더에서 물류센터로, 물류센터에서 소매점포로, 또는 풀필먼트센터에서 고객에게로 상품을 배송할 수 있는 회사들이 많이 있다. 소매업체들은 상품들을 보관하기 위해 창고를 소유하기보다는 독립회사가 소유하고 운영하는 공동창고를 사용할 수 있다. 소매업체들은 특정활동을 아웃소싱하기 보다는 그들의 상품을 수송대행기관^{freight forwarder}들을 이용하여 보관과 배송을 조정할 수 있다. 수송대행기관은 광범위한 서비스를 제공하는데 운송경로 추적, 수출 준비 및 배송문서 작성, 화물공간 예약^{또는 화물공간이 필요할 때까지 물품입고}, 요금협상 및 운송통합, 필요에 따라 화물 보험처리 또는 보험청구 등이 그것이다.

1 아웃소싱의 장점과 단점

아웃소싱의 가장 큰 장점은 독립적인 업체가 공급체인 업무를 소매업체가 직접 수행하는 것보다 더 낮은 비용에 효율적으로 수행할 수 있다는 점이다. 업체들은 다수의 소매업체의 업무를 일괄처리하기 때문에 규모의 경제를 이루어 비용을 절감할 수 있다. 예를 들어, 독립적인 트럭회사는 특정 점포에 제품을 배송하고 돌아오는 길에 다른 소매업체를 위한 제품을 트럭에 적재할 가능성이 더 많다. 게다가 전문업체들이 매우 많기 때문에 비용절감을 위해 경쟁입찰도 가능하다.

그러나 소매업체가 공급체인 업무를 아웃소싱하면 더이상 해당 업무의 경쟁우위를 점할 수 없다. 만약 아웃소싱하여 비용을 절감하고 있다는 사실을 해당 소매업체의 경쟁업체가 알게 된다면, 그들 역시 같은 업체와 계약하여 같은 성과를 낼 수 있게 될 것이다.

2. 풀^{Pull} 공급체인 전략과 푸시^{Push} 공급체인 전략

소매업체가 해야 할 또 다른 공급체인 결정은 풀 전략과 푸시 전략 중에 선택을 하는 것이다. 이전에 서술한 정보와 상품의 흐름은 상품주문이 POS 터미널에 의해 계산된 판매 데이터를 기준으로 점포에서 발생되는 풀^{pull} 공급체인 전략을 설명하고 있다. 일반적으로 이러한 종류의 공급체인에서 상품의 수요는 공급체인을 통해 끌어당긴다. 다른 대안인 푸시^{push} 공급체인 전략은 예측수요에 근거하여 상품을 점포에 할당하는 것이다. 일단 수요예측이 이루어지면, 상품의 정해진 양이 물류센터와 점포로 예정된 시간 간격대로 운송된다.

풀 공급체인 전략은 과잉 재고나 재고 품절의 가능성이 더 적다. 왜냐하면 점포는 소비자의 수요에 근거하여 필요시에 상품을 주문하기 때문이다. 풀 전략은 재고자산회전율을 증대시키고 고객 수요에 더 민감하게 대응하므로 수요가 불확실하거나 예측하기 힘들 때는 더 효과적이다.

일반적으로 풀 전략이 더 이상적이지만 모든 상황에서 가장 효율적인 것은 아니다. 첫째, 풀 전략은 그것을 지원하기 위해 더 많은 비용과 복잡한 정보시스템이 요구된다. 둘째, 몇몇의 상품들을 위해 소매업체들은 수요에 근거하여 재고수준을 자주 조정해서는 안 된다. 예를 들어, 의류업계에서는 이러한 주문은 한달 전에 미리 이루어져야 한다. 왜냐하면 이러한 주문은 쉽게 바꿀 수 없고, 상품의 주문량이 결정될 때 점포로 사전할당되기 때문이다.

3. RFID Radio Frequency Identification 장치

풀 전략 지원에서 RFID는 소매업체와 벤더 모두에게 이점을 제공한다. 소매업체에게는 재고수준의 정확한 측정을 적당한 가격에 실시간으로 받아볼 수 있다. 앞서 언급되었듯이 RFID는 무선 주파수를 이용하여 개별 품목, 선적 상자와 컨테이너에 부착된 정보를 식별하여 확인하고 전송할 수 있도록 하는 기술이다. 이 장치는 전통적인 바코드와 비교하여 두 가지 장점이 있는데 첫째,

무선주파수식별(RFID) 장치는 식별 정보를 전송하는 태그로 개별 품목, 배송 상자, 컨테이너 등에 부착된다.

더 많은 데이터를 담을 수 있고 저장된 데이터를 업데이트 할 수 있다. 예를 들어, 공급체인에서 제품이 어디에 있는지, 물류센터에서 어디에 저장되어 있는지를 추적할 수 있다. 소매업체는 이 데이터를 가지고 재고수준과 품절을 획기적으로 줄일 수 있다. 둘째, 눈에 보이는 바코드 선이 없어도 정보를 얻을 수 있다. 따라서 RFID는 모든 개별품목이 제조업체부터 점포에서 팔리는 순간까지 정확하게 실시간으로 추적할 수 있다. 그리고 UPC 바코드로부터 데이터를 얻기 위해 해야 하는 '대고 찍는' 작업을 할 필요가 없다. Walmart, Macy's, Marks & Spencer 등 대형 소매업체들은 이미 RFID를 도입하였다.

GameStop이 최신 유행하는 게임기 10개를 막 수령한 상황을 가정해보자. 이 점포는 5개의 게임기를 판매했고, 나머지 5개는 종업원에 의해 도난당했다. GameStop의 재고통제시스템은 5개의 게임기가 여전히 매장 진열대에 있다고 여기기 때문에 더 이상의 제품을 보충하지 않는다. 게임기를 구매하고자 하는 고객은 불만스러워하며 더 이상 GameStop을 최신 게임기를 구매할 수 있는 좋은 장소로 생각하지 않을 것이다. 이러한 문제를 해결하기 위해서는 GameStop은 수시로 진열대에 몇 개의 제품이 남아있는지를 확인하여 재고통제시스템에 나타난 수치와 비교하여 차이가 있다면 바로잡아야 한다. 만약 게임기에 RFID가 부착되어 있었다면 진열대에 각 제품들은 무선 신호를 보냈을 것이다. 분실된 제품으로부터는 아무런 신호가 없기 때문에 재고통제시스템은 정확한 데이터를 실시간으로 받았을 것이다. 재고부족은 감소되고 판매원들은 제품의 재고를 확인하는 시간을 고객 서비스에 할애할 수 있을 것이다. RFID의 또 다른 장점은 절도를 감소시키는 것이다. 기술은 상품이 항상 어디에 있는지 정확히 공급체인 속에서 추적할 수 있다. 이는 운송, 물류센터, 소매점에서의 절도를 감소시키는데 도움이 된다.

RFID의 채택을 방해하는 주된 장애물은 비용이다. 태그의 가격은 5센트에서 30센트이다. 게다가 직원 재교육과 기술통합 등 실행을 위한 일회성 비용도 추가된다.

4. 카탈로그 주문과 인터넷 주문을 수행하기 위한 공급체인

고객으로부터 인터넷과 카탈로그 주문을 수행하기 위한 공급체인과 정보시스템은 전통적인 오프라인 점포를 지원하는 것과는 다르다. 전형적인 물류센터는 상대적으로 적은 수의 상자^{car-ton}를 벤더로부터 받아 점포로 배달하는 설계를 지니고 있다. 반면에 온라인 채널을 지원하는 풀필먼트센터는 벤더로부터 동일한 상자들을 받지만, 고객에게 매우 많은 양을 발송하도록 설계되어있다. 게다가 오프라인 채널을 지원하기 위한 정보시스템은 제품에 초점을 맞추어 각 점포에 올바른 수량이 배송되는지를 확인하지만, 온라인 채널을 지원하는 정보시스템은 고객에 초점을 맞추어 올바른 고객이 올바른 상품을 수령하는지를 확인한다.

왜냐하면 다른 채널을 지원하기 위해서는 완전히 다른 창고 설계가 요구되기에, 물리적 점포에 기반을 둔 소매업체들이 온라인 채널을 추가할 때는 아웃소싱을 하거나, 개별 소비자들에게 운송을 위해 현재 물류센터에 별도 지역을 지정하거나, 다른 풀필먼트센터를 구축하거나, 아니면 점포 내에서라도 주문에 대한 선별과 포장을 해야 한다.

풀필먼트센터 구축 대신에 Macy's는 기존의 매장을 사용하는데, 이에 대해 한 임원은 "우리는 지난 153년간 창고를 건설해 왔다. 우리는 그것들을 점포라고 불렀다"라고 언급했다. 이런 센터들은 재고관리를 용이하게 수행할 수 있는데, 재고가 너무 많은 매장에서 초과수량을 배송한다. 온라인 주문은 가장 가까운 매장에서 주문처리 하므로 배송비용과 시간을 절감할 수 있다.

하지만 점포의 종업원을 이용하여 주문을 수작업으로 이행하는 것은 상대적으로 비효율적이기에 소매업체들은 오프라인과 온라인 채널의 업무를 수행하기 위해 별도의 창고를 운영해야 하는지, 풀필먼트센터를 결합하여 모든 채널에 동일한 센터를 사용할지, 대신 매장을 이용할지에 대해 이견이 있다. 예를 들어, 한 센터로부터 모든 채널에 분배를 지원하기 위해 필요한 재고는 적다. 하지만 이런 잠재적 시너지는 제한적일 수 있으며, 각 지역의 운영 차이로 비효율성을 야기할 수 있다.

효율성이 높기로 유명한 Walmart의 경우, 온라인 주문의 배달기반 공급체인은 최근 기업의 홍보내용 중 하나이다. 한정된 영역에서 이용할 수 있는 쉬핑패스 서비스^{Shipping Pass service}는 매년 49$를 비용으로 회원들에게 이틀 이내에 수백만 개의 인기 상품을 무료로 배달해 줄 것을 약속한다. 반면에 비회원들은 배달까지 6일을 기다려야 하고, 총 50$ 미만의 주문에서는 운송비용을 지불해야 한다. 이를 위해 Walmart는 150개가 넘는 유통센터와 협력하는 8개의 전자상거래 전용창고를 포함한 훌륭한 유통망을 활용한다. 무엇보다도 Walmart는 4600개가 넘는 매장과 6000대 이상의 트럭으로 온라인 주문에 대한 소비자의 접근성을 높일 계획이다.

반면에 Amazon은 이미 그들의 사이트에 들어오는 주문에 대한 강력한 공급체인을 갖추고 있다. 프라임 서비스는 10년이 넘게 성공적으로 운영되어 왔는데, 연 99$의 비용으로 대부분의 상품의 경우 익일내 무료배송을 약속하며, 이에 다양한 컨텐츠의 즉각적인 제공까지 포함된다.

Amazon은 소유 매장이나 운송선단이 부족하지만 다양한 배달 서비스와 계약을 맺고 있어, 신속하고 정확하게 소비자들의 문 앞에 상품박스를 배달한다.

5. 드롭쉬핑Drop Shipping

드롭쉬핑Drop shipping 또는 소비자 직배송consumer direct fulfillment은 소매업체들이 소비자로부터 주문을 받아 이러한 주문을 벤더에게 전달하는 시스템이다. 그런 다음 벤더는 소비자들에게 상품을 직접 배송한다. 이러한 시스템은 부피가 크거나 무거운 재료들로 만들어지는 제품예를 들어, 목재

Retailing VIEW 9.2 로보틱 공급체인

로봇에 대한 논의는 더 이상 아무도 집안일을 하지 않아도 되는 환상적인 미래에 대한 비전 등에서 일반적으로 이루어졌다. 그러나 로봇의 현실적인 적용은 소비자들이 매일 구매하는 제품에 어떻게 접근하는지에 대해 더 큰 잠재력을 보이고 있다.

중소형 소매업체를 비롯한 대형상가, 음식점 등 다양한 곳에서 일손부족 문제를 겪고 있다. 특히 마트와 같은 공간에서는 직원들이 재고 파악, 카운터 업무, 진열대 정리 등의 여러 업무를 동시에 병행해야 한다. 이와 같은 상황에서, 심베 로보틱스Simbe Robotics의 스캔 로봇 Tally가 대안이 될 것으로 보인다.

Tally는 이미 Schnucks Markets 및 Giant Eagle 매장에서 그 활용성을 입증한 바 있다. 유지보수가 별도로 필요 없는 이 로봇에는 40개 이상의 센서가 탑재돼있어, 장애물을 피하면서 선반을 스캔할 수 있다. 아울러 카메라, 컴퓨터 비전 및 기계학습을 통해 재고까지 파악할 수 있는데, 대략 시간 당 15,000개의 제품을 확인할 수 있다.

특히 가격에서부터 제품 배치, 가용성, 특별 프로모션을 파악할 수 있어 직원들과 협업하는 데에도 효과적이다. 이 시스템은 전략적으로 매장을 스캔하고, 품절, 오류 등의 사항을 파악해 즉각 대응하게 된다. 따라서 지루하고 힘든 업무는 자동화하고, 인력은 보다 향상된 서비스를 제공할 수 있게 됐다

Source: Jim Rock, "Autonomous Robots Are Changing the Way We Build and Move Products around the World," TechCrunch, January 10, 2016.

나철을 배송하는 회사들 사이에서 선호되었다. 소매업체 관점에서는, 드롭쉬핑은 벤더가 소비자들에게 상품공급에 들어가는 비용과 위험을 부담하기에 소매업체의 공급체인 비용과 투자를 줄일 수 있다. 벤더는 물류센터를 운영하고 구축해야 하며, 직원또는 로봇을 고용하고 비용을 지불하여 재고를 관리하고 개개인의 주문을 골라 포장을 해야 한다. 드롭쉬핑은 소비자로부터 개개인의 주문을 이행할 자체 물류센터가 없는 소매업체에게 특히 매력적이다. 하지만 드롭쉬핑은 배송시간을 연장하고 비용을 증가

월마트와 같은 소매업체들은 고객들에게 온라인 구매를 제공하는데, 만약 이것이 효과적으로 이루어지면 고객 경험을 향상시킬 수 있다.

시킬 수 있으며, 특히 다른 벤더들로부터 여러 물품을 주문한 소비자들에게 더 그럴 수 있다. 게다가 소매업체들은 고객에게 언제 어떻게 배송하는지에 대한 관리를 하지 않는다. 마지막으로 반품을 처리하는 과정도 문제가 될 수 있다.

6. 점포픽업

소매업체들은 고객들에게 직접 배송하기보다는 온라인으로 구매 한 고객이 직접 점포에 방문해서 상품을 수령할 수 있도록 한다. 온라인으로 주문한 상품을 받기 위해 매장에 들어오는 고객들이 매장 내에서 추가구매를 할 수도 있어 이러한 옵션을 제공한다. 온라인구매/점포픽업 옵션이 성공하기 위해서는 소매업체가 적시에 주문을 이행할 수 있도록 하는 주문할당 시스템 기술에 투자할 필요가 있으며, 또한 채널 전반에 걸쳐 일관된 기능을 수행하는 옴니채널 소매업체여야 한다. 즉 소매업체들은 온라인에서 보이는 상품들이 실제로 판매가능하고 수령할 준비가 되어있는지 확인해야 하며, 이는 재고관리 시스템의 높은 정확도를 필요로 한다.

그 매장에 대한 신속하고 정확한 판매 알림도 중요하다. 소매업체는 그로 인해 모바일 물품관리기술mobile task management을 갖추어야 한다. 모바일 물품관리기술은 무선 네트워크 및 모바일 장치로 수요통지를 수신하고 신속하게 대응을 가능하게 한다. 이런 해결책은 주문된 항목에 가장 가까운 관계자가 물리적으로 이를 당겨 사용가능여부를 확인하도록 한다.

만약 소매업체가 제품이 공급체인 내에서 원활하고 효과적이며 효율적으로 이동하여 개별 고객의 주문이 매장에서 제 시간에 제공될 수 있도록 한다면, 이는 고객에게 특별한 점포픽업의 경험을 제공할 수 있으며 미래에 고객이 매장으로 돌아오도록 유도할 가능성이 있다.

7. 회수물류 Reverse Supply Chain

마지막으로 고객들에게 상품이 전달된 후에도 소매업체들은 여전히 그들의 공급체인에 대한 결정을 해야 한다. 회수물류란 고객 또는 점포에서 반품된 상품을 회수하여 적절히 처리하는 과정이다. 회수물류 시스템은 파손되었거나, 회수되거나, 더 이상 고객에게 판매되지 않거나, 판매시즌이 끝났거나, 상품이 잘못 배송되었거나, 판매가 중단되거나, 점포나 물류센터에 과잉재고로 반품된 상품을 처리한다. 반품된 상품은 고객에서 소매점 또는 풀필먼트센터로, 소매점에서 물류센터로, 또는 물류센터에서 벤더로 반품되는 것을 포함한다.

고객이 점포로 반품하면 해당 점포는 반품된 제품을 모아서 물류센터나 중앙회수센터로 보낸다. 정교한 시스템을 가진 소매업체는 각 품목의 정보를 정보시스템에 입력하여 제품회수과정을 평가하는데 사용되게 한다. 반품된 제품이 센터에 도착하면 소매업체는 제품을 검사하고 어떻게 처리할지를 결정하는데, 벤더에게 환불받거나, 수리나 재포장을 하거나, 재판매를 하거나 혹은 아웃렛에서 판매하거나, 기부하거나 재활용 등을 할 수 있다. 재정비하여 적은 양을 운송하는데 많은 비용이 들기 때문에 몇몇 벤더들은 반품에 대한 반품할인율을 소매업체와 협상하여 소매업체가 제품을 처분하게끔 한다.

회수물류는 도전적인 작업이다. 〈그림 9-3〉에 나타난 상품 흐름과 회수물류의 차이점은 통합화, 제품의 양, 유통방식 그리고 비용투명성이다.

첫째, 물류센터에서 제품을 보내는 전방흐름은 소수의 물류센터에서 많은 점포나 고객에게 보내지지만, 회수물류에서는 반대로 많은 곳에서 보내진 제품들이 소수의 회수센터에서 통합된다. 둘째, 전방흐름의 목적은 일관된 품질이지만 회수물류는 그 일관성의 부족으로 인해 생긴 것이다. 셋째, 전방흐름에서 유통계획은 매우 신중하게 계획되고 사전에 정해진다. 하지만 회수물류에서는 임시적이고 즉각적인 계획이 예측할 수 없는 형태로 이루어진다. 넷째, 전방흐름은 지속적으로 표준화된 비용체계에서 비용투명성을 추구하지만, 어떤 비용부담도 표준화되지 않은 회수물류에서는 비용투명성이 적절한 목표는 아니다.

두 가지 이유로 인터넷 채널에서의 회수물류에는 더 주의가 필요하다.

첫째, 온라인 채널에서의 반품율이 오프라인보다 훨씬 높다. 온라인 채널에서 구매한 제품을 반품하는 비율은 오프라인 점포에서 구매한 제품보다 4배 가량 높은데, 이는 급성장하는 온라인 채널의 성장세 속에서 굉장히 많은 양이 되어 비용도 크게 증가하였다.

둘째, 회수물류 시스템의 효율성은 환경지속가능성에 영향을 주는데, 회수물류에서는 포장과 선적 자재들이 배출되기 때문이다. 만약 소매업체가 회수물류 시스템에서 반품제품을 통합하여 보내 운송비를 줄이고, 반품된 상품의 처리를 최적화할 때 유해배출과 에너지 사용량을 줄일 수 있다. 녹색공급체인관리는 표준화된 사업관행이 되고 있다.

LO9-1 공급체인관리로 발생하는 전략적 이점을 이해할 수 있다.

공급체인관리는 제조업체로부터 소매업체의 고객까지 상품 흐름을 효율적·효과적으로 관리하기 위한 일련의 활동이자 기법이다. 이러한 활동들은 고객으로 하여금 요구한 수량의 상품을 원하는 장소에서 적당한 시간에 구매할 수 있도록 한다. 효율적인 공급체인관리는 소매업체로 하여금 적은 품절, 맞춤 구색, 그리고 높은 자산수익율의 이점을 제공한다.

LO9-2 공급체인에서의 정보의 흐름을 알 수 있다.

소매업체의 정보시스템은 물류센터로부터 소매점포로 그리고 풀필먼트센터에서 최종고객으로의 상품흐름에 따라 이루어진다. 벤더와 소매업체간의 커뮤니케이션 대부분은 인터넷의 전자데이터 교환을 통해 이루어진다. 대부분의 다점포 소매업체들은 자체 물류센터와 풀필먼트센터를 보유하고 있다. 가끔은 상품이 한시적으로 물류센터에 보관되지만 그 외에는 바로 입고되었다가 출고된다. 소매업체들은 데이터 웨어하우스를 구축하여 고객과 구매내역 관련 정보를 즉각적으로 제공받는다. 어떤 경우에는 소매업체가 이러한 정보를 그들의 벤더와 공유하여 공급체인관리를 통한 상품 개발에 이용하기도 한다.

LO9-3 공급체인에서 상품의 흐름을 이해할 수 있다.

대형소매업체 대부분은 자체 물류센터를 보유하고 운영한다. 물류센터에서 실행되는 작업은 입출고 교통 관리, 물품의 입출하 및 검수, 저장과 크로스도킹 그리고 상품을 판매준비(floor-ready)하는 것이다. 몇몇 상품들은 제조업체에서 바로 소매점포로 운송되기도 한다. 전자상거래나 카탈로그 거래에서는 상품이 풀필먼트센터에서 바로 고객에게 배송된다.

LO9-4 공급체인 구축에 있어서의 고려사항과 새로운 트렌드를 알 수 있다.

공급체인관리 구축에 있어서 소매업체들은 아웃소싱 여부, 풀/푸시 시스템 결정, RFID의 이점과 비용, 물류센터와 풀필먼트센터를 통한 배송, 회수물류 등의 다양한 이슈들을 고려하고 결정해야 한다.

핵심단어

- 사전발송통지문(advanced shipping notice, ASN)
- 귀로화물(backhaul)
- 바이어(buyer)
- 검수(checking)
- 협력적 예측보충시스템(collaborative planning, forecasting and replenishment, CPFR)
- 크로스도킹 물류센터(cross-docking distribution center)
- 데이터 웨어하우스(data warehouse)
- 발송자(dispatcher)
- 점포직배송(direct store delivery, DSD)
- 물류센터(distribution center)
- 드롭쉬핑(drop shipping)
- 전자정보교환(electronic data interchange, EDI)
- 플로어 레디(floor-ready merchandise)
- 화물 운송업자(freight forwarders)
- 풀필먼트센터(fulfillment center)
- 즉시배송시스템(just-in-time system, JIT system)
- 리드타임(lead time)
- 모바일업무관리(mobile task management)
- 아웃소싱(outsource)
- 판매시점 정보관리 터미널(point-of-sale terminal, POS terminal)
- 영업창고(public warehouse)
- 풀/푸시공급체인(pull/push supply chain)
- 신속대응시스템(quick response inventory system, QR system)
- 무선인식(radio frequency identification, RFID)
- 우선교환권(rain check)
- 수취(receiving)
- 회수물류(reverse supply chain)
- 품절(stockout)
- 공급체인관리(supply chain management)
- 티케팅과 마킹(ticketing and marking)
- 유니버셜 프로덕트 코드(Universal Product Code, UFC)
- 공급자주도형 재고관리(vendor-managed inventory, VMI)
- 도매업체(wholesaler)

현장학습

1. **연속되는 사례 과제** 당신이 선택했던 계속되는 과제에 대해 소매업체의 점포 관리자와 인터뷰하시오. 소매업체의 정보와 공급체인 시스템을 평가하고 설명하는 보고서를 작성하시오. 이번 장을 참고하여 관리자에게 물어볼 질문지를 만드는데, 다음과 같은 질문을 포함시킬 수 있습니다: 어디에 물류센터가 있는가? 제조업체로부터 점포로 직접배송을 하는가? 얼마나 자주 점포배송이 이루어지는가? 상품이 판매를 위해 준비완료 상태로 입고되는가? 점포에서 재고부족 비율은 얼마인가? 소매업체는 푸시 시스템 혹은 풀 시스템을 사용하는가? 점포가 재고로 보유할 상품과 수량을 결정하는데 무엇을 고려하는가? 소매업체는 VMI, EDI, CPFR 또는 RFID를 사용하는가?

2. **인터넷 과제** www.barcoding.com/ 바코드 회사 홈페이지를 접속하여 retail, warehouse management, RFID를 검색해 보시오. 이 회사는 어떻게 기술을 활용하여 소매업체의 정보 시스템과 공급체인관리를 지원하는가?

3. **인터넷 과제** www.rfidjournal.com/ RFID Journal에 접속하여 공급체인관리와 관련된 최근 이슈들을 검색해 보시오. 최근 기사 중 하나를 요약하고, 고객들의 쇼핑 경험을 개선하고 공급체인상에서의 효율성을 향상시키는 핵심적인 요소에 대해 설명해 보시오.

토의 질문 및 문제

1. 소매시스템과 관련된 약어에는 VMI, EDI, CPFR, RFID 등이 있다. 이런 용어들은 어떻게 서로 관련이 되어 있는가?

2. 효율적인 공급체인관리시스템이 어떻게 소매점의 제품이용 수준을 향상시키고, 재고 투자를 줄이는지 설명하시오.

3. 이번 장은 소매업체에게 이익이 되는 정보시스템과 공급체인관리에 대한 최근 트렌드를 제시한다. 소매업체는 이러한 트렌드에서 어떻게 이익을 얻는가?

4. 어떤 유형의 상품이 소매업체 물류센터에서 크로스도킹 되는가? 이유는 무엇인가?

5. 왜 많은 의류 소매업체들이 ZARA와 비슷한 공급체인시스템을 채택하지 않는가?

6. 풀 시스템과 푸시 시스템의 차이점을 설명하시오.

7. 소비자들은 재고부족에 대해 다음과 같은 5가지의 반응을 보인다. 타점포에서 구매, 타브랜드의 상품으로 대체, 동일 브랜드의 상품으로 대체, 구매의 지연, 상품구매 포기이다. 자신의 구매행동에 대해 생각해보고 다양한 상품 카테고리에 따라 보여지는 다양한 반응을 설명하시오.

8. 재고부족으로 인한 구매포기는 연간 수백만 달러에 이른다. 소매업체들과 벤더들은 재고부족을 줄이고 판매증진을 위해 어떤 기술을 활용하고 있는가?

9. UPC란 무엇인가? 이 코드는 제조업체와 물류업체, 소매업체로 하여금 공급체인에서 상품을 어떻게 추적하는가?

10. 왜 몇몇 소매업체들은 UPC 대신 RFID를 사용하는가?

참고문헌

1. Ben Latham, "How Retailers Can Learn from Fast Fashion to Beat the Weather," *Retail Week*, April 20, 2016; Seth Stevenson, "Polka Dots Are In? Polka Dots It Is! How Zara Gets Fresh Styles to Stores Insanely Fast—within Weeks," *Slate*, June 21, 2012; Suzy Hansen, "How Zara Grew into the World's Largest Fashion Retailer," *The New York Times*, November 9, 2012; Greg Petro, "The Future of Fashion Retailing—The Zara Approach," *Forbes*, October 25, 2012; Vertica Bhardwaj and Ann Fairhurst, "Fast Fashion: Response to Changes in the Fashion Industry," *International Review of Retail, Distribution and Consumer Reearch* 20 (February 2010), pp. 165–173; Felipe Caro et al., "Zara Uses Operations Research to Reengineer Its Global Distribution Process," *Interfaces* 40 (2010), pp. 71–84; Carmen Lopez and Ying Fan, "Case Study: Internationalisation of the Spanish Fashion Brand Zara," *Journal of Fashion Marketing and Management* 13, no. 2 (2009), pp. 279–296.

2. See http://www.marketingpower.com/_layouts/Dictionary.aspx.

3. Paige Baltzan, M: Information Systems, 3rd ed. (New York: McGraw-Hill Education, 2014); Donald Bowersox, David Closs, and M. Bixby Cooper, *Supply Chain Logistics Man-*

agement, 4th ed. (New York: McGraw-Hill, 2013).

4. Bob Trebilcock, "Creating Competitive Advantage," *Supply Chain Management Review* 16, no. 6 (November 2012), pp. S61–S67.

5. Sandy Smith, "Lost and Found," *Stores Magazine*, June 2015.

6. Smith, "Lost and Found."

7. T. Wu, S. Huang, J. Blackhurst, X. Zhang, and S. Wang, "Supply Chain Risk Management: An Agent-Based Simulation to Study the Impact of Retail Stockouts," *IEEE Transactions on Engineering Management* 60, no. 4 (2013), pp. 676–686; Dhruv Grewal, Praveen Kopalle, Howard Marmorstein, and Anne L. Roggeveen, "Does Travel Time to Stores Matter? The Role of Merchandise Availability," *Journal of Retailing* 88, no. 3 (2012), pp. 437–444; Walter Zinn and Peter C. Liu, "A Comparison of Actual and Intended Consumer Behavior in Response to Retail Stockouts," *Journal of Business Logistics* 29, no. 2 (2011), pp. 141–159.

8. http://www.marketingpower.com/_layouts/Dictionary.aspx.

9. http://www.vendormanagedinventory.com.

10. G. P. Kiesmüller and R. A. C. M. Broekmeulen, "The Benefit of VMI Strategies in a Stochastic Multi-Product Serial Two Echelon System," *Computers and Operations Research* 37, no. 2 (2010), pp. 406–416; Dong-Ping Song and John Dinwoodie, "Quantifying the Effectiveness of VMI and Integrated Inventory Management in a Supply Chain with Uncertain Lead-Times and Uncertain Demands," *Production Planning & Control* 19, no. 6 (2008), pp. 590–600.

11. *2016 Global Responsibility Report*, Walmart, Bentonville, Arkansas; Andrew Winston, "How Walmart's Green Performance Reviews Could Change Retail for Good," HBR Blog, October 2, 2012; Stephanie Rosenbloom, "Wal-Mart Unveils Plan to Make Supply Chain Greener," *The New York Times*, February 25, 2010.

12. Kevin Scarpati, "Tesco Big Price Drop Helped by Supply-Chain Management," *Supply Chain Digital*, September 23, 2011, http://www.supplychaindigital.com; Michael Garry, "Supply Chain Systems Seen Boosting Tesco's U.S. Stores," *Supermarket News* 55, no. 43 (2007).

13. www.businessdictionary.com/definition/freight-forwarder.html.

14. John Hagel III and John Brown, "From Push to Pull: Emerging Models for Mobilizing Resources," *Journal of Service Science*, 2011, pp. 93–110; Huaqin Zhang and Guojie Zhao, "Strategic Selection of Push-Pull Supply," *Modern Applied Science* 2, no.1 (2008).

15. Dan Berthiaume, "TechBytes: Five Hot Tech Trends from NRF 2015," *Chain Store Age*, January 20, 2015, http://www.chainstoreage.com/article/techbytes-five-hot-tech-trendsnrf-2015.

16. "Increasing Adoption of RFID Technology Will Significantly Propel the Global Inventory Management Software Market in the Retail Sector until 2020, Says Technavio," *Business Wire*, July 13, 2016, http://www.businesswire.com/news/home/20160713005033/en/Increasing-Adoption-RFID-Technology-Significantly-Propel-Global; Cleopatra Bardaki, Panos Kourouthanassis, and Katerina Pramatari, "Deploying RFIDEnabled Services in the Retail Supply Chain: Lessons Learned toward the Internet of Things," *Information Systems Management* 29, no. 3 (2012), pp. 233–245; Massimo Bertolini, Eleonora Bottani, Gino Ferretti, Antonio Rizzi, and Andrea Volpi, "Experimental Evaluation of Business Impacts of RFID in Apparel and Retail Supply Chain," *International Journal of RF Technologies: Research and Applications* 3, no. 4 (2012), pp. 257–282; Philip Trocchia and Thomas Ainscough, "Consumer Attitudes toward RFID Tracking in the Retail Environment," *Review of Business Information Systems* 16, no. 2 (2012), pp. 67–72.

17. "RFID Use Reaching a 'Tipping Point,' " *RetailWire*, March 30, 2015, http://www.retailwire.com/discussion/rfid-usereaching-a-tipping-point/; "Retailers' RFID Programs HaveMajor Implications for Relationships with Suppliers," *Chain-Link Research*, February 8, 2013; Bill McBeath, "What Retailer Mandates Mean for Suppliers," *ChainLink Research*, February 6, 2013.

18. George Anderson, "Will RFID Take Off Now That Tag and Hardware Prices Have Dropped?," *RetailWire*, April 19, 2013.

19. Phil Mahba, "Macy's CEO Sees Stores Borrowing Ideas from Online," *Bloomberg Businessweek*, April 12, 2012.

20. Tom Ryan, "Walmart Tests Matching Prime Delivery Speed, *RetailWire*, May 17, 2016.

21. Jen Mosscrop, "The Fulfillment Option That Brings Customers Back in Store," *Chain Store Age*, March 25, 2014.

22. Tom Ryan, "The True Cost of Returns," *RetailWire*, January 4, 2016.

23. V. G. Venkatesh, "Reverse Logistics: An Imperative Area of Research for Fashion Supply Chain," *IUP Journal of Supply Chain Management*, March 2010, pp. 77–89.

24. Shelly Banjo, "Rampant Returns Plague E-Retailers," *The Wall Street Journal*, December 22, 2013.

25. Remy Le Moigne, "Why Reverse Logistics Is an Essential Part of the Circular Economy," *Circulate*, June 8, 2016, http://circulatenews.org/2016/06/why-corporations-will-have-to-investin-their-reverse-logistics/.

고객관계관리(CRM)

이 장을 읽은 후에 당신은

LO 10-1 고객관계관리 과정에 대해 서술할 수 있다.

LO 10-2 고객구매데이터를 수집하는 방법을 이해할 수 있다.

LO 10-3 고객 데이터 및 표적 고객을 분석하는 방법에 대해 설명할 수 있다.

LO 10-4 다빈도 구매고객 프로그램을 개발하는 방법에 대해 설명할 수 있다.

LO 10-5 효과적인 CRM 프로그램을 실행하는 여러가지 방법을 설명할 수 있다.

K roger는 월마트에 이은 미국에서 두 번째로 큰 식료품 기업으로, 매출액이 1,090억 달러에 이르는 세계 3위의 유통업체이다. 그 위상은 고객데이터를 수집하고 분석하여 경쟁우위를 구축한 후, 고객관계관리에 그 데이터들을 사용하는 일련의 전략적 의사결정의 결과이다. Kroger는 식료품 업계에서 가장 높은 충성도프로그램 참여율을 기록하고 있다.

Kroger의 CRM은 2001년 영국에 본사를 둔 컨설팅 회사인 Dunnhumby와 함께 일하면서 시작되었다. 두 회사는 판매시점에서 얻어낸 신용카드 정보, 전화번호 등 고객으로부터 수집하는 모든 데이터를 Kroger의 의사결정에 도움되는 유용한 정보로 전환하는 역힐을 수행하는 'Dunnhumby USA'라는 합작회사를 만들었다. 앞서 4장에서 논의한 바와 같이 소매업체는 나이, 소득, 교육수준 등 인구통계적 변수를 이용해 시장을 세분화하는 경우가 많으나, 이는 매출 예측력이 떨어진다. Dunnhumby USA의 분석을 통해 Kroger는 인구통계적인 것보다 실제 구매행동에 기반한 더 나은 시장세분화 전략을 개발할 수 있게 되었다

대부분 슈퍼마켓과 마찬가지로 Kroger의 주요 통신도구는 판매 상품의 특징을 담은 주간 신문 회람이다. 카테고리 매니저는 회람에 포함할 상품을 지정하고, 상품 카테고리의 중요성, 벤더가 제공하는 특별 프로모션, 광고된 품목을 통해 벌어들일 Kroger의 이윤 등에 따라 지면을 할당한다. 그러나 회람에 담을 품목을 선택하는 방법은 경쟁업체 대부분이 하는 것보다 더 정교한 방법이다. 개개인의 '장보기'에서 고객이 구매한 품목을 분석함으로써 Dunnhumby USA는 기존 방법을 개선하고 주간 회람 광고의 효율성을 증가시켰다. 특히 구매 데이터를 통해 다른 품목의 판매를 즉각적으로 높일 수 있는 보완상품을 발견할 수 있었다. 예를 들어, 고객들이 얇게 썬 '델리 로스트 소고기'를 구입할 때 다른 델리 고기, 치즈, 머스터드, 마요네즈, 신선한 호밀빵을 함께 사는 경향이 있다. 하지만 델리 칠면조를 살 때는 이런 추가품목을 사진 않는다. 따라서 다른 상품들의 구매를 함께 일으키는 로스트 소고기가 주간 회람에 싣기에 더 바람직한 후보상품이다.

Kroger는 분기별로 다빈도 구매고객 리스트 상의 고객에게 5천 5백만 건 이상의 충성고객 우편물을 발송한다. 이 우편물에는 특정 고객이 통상적으로 구매하는 상품뿐 아니라 비슷한 성향을 가진 고객의 구매 특징을 바탕으로 해당 고객이 좋아할 거라고 예측되는 상품에 대한 광고까지 실려 있다. 예를 들어 핫도그, 켈로그 코코아 크리스피, 그리고 많은 동물모양의 크래커를 구입한 데이터를 토대로, 고객이 아이가 아직 어린 가정의 한 사람이라는 것이 예측된다면, Kroger는 그 가족에게 우유 쿠폰을 제공한다.

이러한 정밀한 세분화 기능은 Kroger가 고객에게 호감을 얻고 고객의 충성도를 높이는데 도움이 될 뿐만 아니라 점포 내 분류, 상품 위치 및 판촉 디자인에 대한 더 나은 의사결정을 할 수 있게 한다. 충성도 프로그램 외에도 Kroger는 고객과의 긴밀한 관계를 유지하기 위해 최고의 고객 서비스를 제공한다. 최근의 허리케인 사태 이후 Kroger는 점포가 물에 잠겼음에도 불구하고 개점을 했다. 심지어 Kroger 직원들은 바닥에서 오수를 치워내는 중에도 고객들이 물자를 필요로 하고 있다는 것을 인식하고 있었다. 그 당시 Kroger는 그 지역에서 유일하게 문을 연 점포였다. Kroger는 행복한 직원들이 더 나은 서비스를 제공한다는 이상적인 기업 경영철학을 가지고 있다. 이들은 점포와 상품에 대한 정보를 조언할 수 있는 지적인 능력을 가진 직원들을 확보하고 있으며, 직원들은 기꺼이 고객들과 소통하고 있다. Kroger는 직원들에게 업계 평균보다 훨씬 많은 급여를 지급함으로써, Kroger에서 오래 일하며 고객들과 긴밀한 관계를 발전시킬 수 있는, 우수하고 행복한 직원들로 지속되게 하고 있다.

Sources: Hayley Peterson and Ashley Lutz, "Why Kroger Is America's Most Underrated Grocery Store," Business Insider, March 6, 2015; Jack Neff, "Tesco Splits with Kroger on Dunnhumby to Form New Marketing Shop," Advertising Age, April 27, 2015; Dhruv Grewal, Michael Levy, and Britt Hackmann, "Making Loyalty Programs Sing," Working Paper, Babson College, 2013; Josh Pichler, "Firm Remakes Retailers' Knowledge of Shoppers," Cincinnati Enquirer, January 31, 2013; Josh Pichler, "DunnhumbyUSA Combs through Data to Help Retailers Reward Their Most Loyal Customers," Cincinnati Enquirer, January 31, 2013.

비즈니스관련 간행물이나 기업들은 더 고객중심이어야 하고 고객 경험과 고객 관계를 더 좋게 관리해야 한다며, 고객관계관리의 중요성에 대해 강조하고 있다. 기업들은 고객 데이터를 수집하고 분석하는 컴퓨터 시스템에 수십억 달러를 투자하고 있다. 이러한 움직임으로 인해 당신은 고객을 이웃의 인기 많은 새로운 꼬마 정도로 생각할 수도 있다. 그러나 고객은 당연시 여겨지는 오랜 친구 그 이상이다.

다음의 예를 보자. 샤리 애스트는 이번 달 세 번째 출장 중이다. 그녀는 보스턴 로간 공항에서 그녀가 가장 좋아하는 Ritz-Carlton 호텔까지 택시를 탄다. 도어

리츠 칼튼은 선호고객에게 개인화된 서비스를 제공한다.

맨은 "리츠칼튼에 다시 오신 걸 환영합니다. 애스트 씨" 라는 인사와 함께 택시 문을 열어준다. 접수 데스크에 다가가자 담당자가 그녀를 알아보고, 객실 키를 건네준다. 룸에 들어간 그녀는 보스턴 시내의 풍경이 한 눈에 들어오는 뷰, 싱글 퀸 사이즈 침대, 여분의 베개와 담요, 그녀의 전화와 연결된 팩스, 가장 좋아하는 과일과 과자가 담긴 바구니 등 그녀가 좋아하는 모든 것들이 준비되어 있음을 보게 된다.

샤리 애스트의 경험은 리츠 칼튼 고객관계관리 프로그램의 한 예이다. 고객관계관리CRM: Customer Relationship Management는 소매업체에게 있어 가장 가치있는 고객의 충성도를 규명하고 구축하기 위한 일련의 활동이다. 충성도 프로그램, 단골고객 프로그램이라고도 부른다. CRM을 통해 기업은 충성고객 기반을 개발하고 고객의 지갑점유율을 높일 수 있다.

기존 기업들은 더 많은 고객들이 자신의 점포를 방문하거나 카탈로그를 보거나 웹사이트를 방문하도록 독려하는데 집중했다. 이러한 목적을 수행하기 위해 고객을 매장으로 유혹하기 위한 대중매체를 이용한 광고, 판매촉진 등의 방법을 사용했다. 하지만 이러한 접근은 기존 고객과 잠재 고객을 동일한 방식으로 대하는 것으로, 그들은 모두 같은 내용의 메시지와 프로모션 안내를 받게 된다.

오늘날 기업들은 표적화되고 개인화된 상품, 서비스 및 판촉을 통해 자사 우수고객들에게 더 많은 가치를 제공함으로써 고객 충성도를 개발하고 지갑점유율을 높이는데 주력하고 있다. HSN의 CEO인 Mindy Grossman은 "최고의 고객 한 명을 대체하려면 열 명의 새로운 고객이 필요할 것"이라고 확신했다. 기업들이 신규고객이나 수익성이 덜한 기존 고객들로부터 매출을 창출하려고 시도하는 것보다, 그들의 우수고객을 유지하고 매출을 증가시키려 할 때 더 많은 이익을 얻는다는 연구결과가 그녀의 견해를 뒷받침하고 있다. 이 장의 다음 부분에서는 CRM 프로그램의 목적과 CRM 프로세스의 요소에 대해 보다 심도 있게 논의한다.

I 고객관계관리CRM 과정

CRM 과정의 목적은 기업의 우수 고객들 사이에서 충성심을 개발하고 구매 행동을 반복하게 만드는 것이다. 단순히 고객을 만족시키고 반복적인 방문을 하게 준비하는 것만으로는 충분하지 않다. 고객은 특별한 충성심이 있어서가 아니라 오직 자신의 집에서 가장 편리하게 이용할 수 있다는 이유만으로 동네 슈퍼마켓만을 애용할 수도 있다. 만약 다른 슈퍼마켓이 조금 더 좋은 조건의 상품을 내놓으며 개점한다면, 비록 반복 구매 고객

롯데면세점 최상위 고객만을 위한 스타라운지 카페

이었음에도 불구하고 그 고객은 새로운 슈퍼마켓으로 즉시 전환할 수도 있다.

이와는 달리 고객충성도는 고객이 특정 기업의 상품과 서비스를 구매하는데 전념하고 있으며, 그들의 참여를 끌어들이려 하는 경쟁업체의 활동에도 어느 정도는 저항할 것이라는 걸 의미한다. 고객이 정말로 충성도가 높다면 새로운 슈퍼마켓의 상품이 조금 더 좋더라도 새 슈퍼마켓으로 쉽게 바꾸려 하지 않을 것이다.

충성고객은 단지 기업에 대해 호감을 갖는 것 이상으로, 정서적인 연결을 바탕으로 기업과의 유대관계를 발전시킨다. 이 감정적 유대감은 개인적인 연대이며, 고객들은 기업이 친구라고 느낀다. 기업에 대한 호감은 그들로 하여금 반복적인 구매를 하도록, 친구와 가족에게도 추천하도록 북돋운다.

리테일 믹스의 모든 요소는 고객 충성도의 개발과 반복적인 구매 행동에 기여한다. 고객 충성도는 매력적인 브랜드 이미지를 만들고, 독점적인 상품을 제공하고, 접근하기 편한 위치로 자리잡고, 매력적인 구매 경험을 제공함으로써 향상될 수 있다. 개인적인 관심과 고객 서비스는 충성심 개발을 위한 가장 효과적인 두 방법이다. 많은 소규모의 독립 식당들은 마치 이웃처럼 기능함으로써 충성심을 구축하는데, 이런 까페에서는 웨이터가 고객들의 이름을 일일이 기억하고 있으며 그들의 취향 또한 알고 있다. Nordstrom은 우수고객들을 개업 축하행사에 초대하고, 쇼핑 파티를 열어주고, 컨시어지와 무료 환복을 제공해 준다. 이러한 것들은 기업과 소비자를 개인적으로 연결해 주어 어떤 경쟁업체도 그 고객들을 끌어내기 어렵게 하기 때문에 할인혜택을 제공하는 것보다 훨씬 효과적이다. 이 장에서 논의된 CRM 프로그램 및 활동은 소매업체의 서비스 제공을 개인화하고 우수고객이 받는 가치를 높이기 위해 정보 시스템과 고객 데이터를 사용한다. 개인화된 가치는 또한 직원들이 고객과 직접 대면하여 제공할 수도 있다. 이러한 유형의 개인화에 대해서는 17장에서 더 자세히 논의된다.

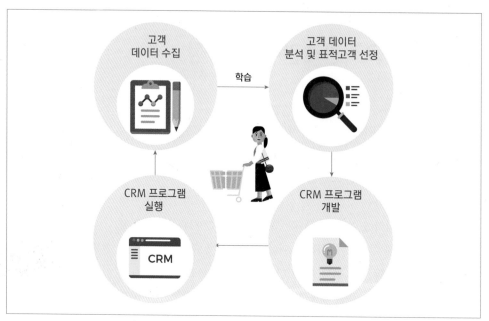

⬢ 그림 10-1 CRM 프로세스 사이클

1. CRM 프로세스의 개요

〈그림 10-1〉은 ① 고객 구매 데이터의 수집, ② 고객 데이터 분석 및 표적 고객의 확인, ③ 다빈도 구매고객 프로그램을 통한 CRM 개발, ④ CRM 프로그램의 실행 등 CRM의 네 가지 활동을 통해 고객 데이터가 고객 충성도와 반복구매행동으로 전환되는 반복 과정을 보여준다. 이 프로세스는 소매업체의 고객에 대한 데이터 수집 및 분석과 그것을 통한 우수고객 식별에서 시작된다. 분석 결과는 고객 데이터를 표적 고객에게 최적화된 가치를 제공하기 위한 정보와 활동으로 변환되고, 고객과의 맞춤형 커뮤니케이션을 통해 실행된다.

II 고객구매데이터의 수집

LO 10-2
고객구매데이터를 수집하는
방법을 이해할 수 있다.

CRM 과정의 첫번째 단계는 고객 데이터베이스를 구성하는 것이다. 고객 데이터베이스는 9장에서 언급한 데이터 저장고의 일부분이다. 이는 기업이 고객에 대해 수집한 모든 정보를 포함하며 차후 CRM 활동의 토대가 된다.

1. 데이터 저장고 Data Warehouse

이상적인 데이터 저장고는 다음과 같은 정보를 포함하고 있어야 한다.

- **거래정보** Transactions: 구매일자, 구매한 SKU색상 및 사이즈 등, 지불한 가격, 이익 수준, 특별한 판매촉진이나 마케팅 활동에 따른 구매 여부 등 고객 구매 시 만들어진 모든 기록이 이에 해당한다.
- **고객 접점** Customer contacts: 기업의 웹사이트 방문, 매장 내 키오스크kiosk를 통한 조사, 블로그나 페이스북 페이지에 달린 코멘트, 반품, 업체 콜센터와의 통화, 거기에 고객에게 보낸 이메일이나 카타로그처럼 소매업체에서 시작된 정보 등 소매업체와 연결된 모든 상호작용의 기록이다.

고객의 거래 내용은 POS 단말기로부터 수집되고 고객 데이터베이스에 저장된다.

- **고객 선호 정보** Customer Preferences: 옷 사이즈뿐만 아니라 고객이 제일 좋아하는 색상, 브랜드, 소재, 향기 등 고객이 무엇을 좋아하는지에 대한 정보이다.
- **서술적 정보** Descriptive Information : 시장세분화 시 고객을 설명하는 인구통계적 변수 및 심리적 변수에 관한 정보이다.

같은 데이터 창고의 다른 회원 역시 소매업체와 상호작용을 한다. 그러므로 고객의 보다 완벽한 모습을 보기 위해서는 소매업체는 개인적인 정보와 점포가 가진 정보를 통합할 수 있어야 한다. Richard는 웨스트포트와 그리니치, 코네티컷에 있는 가족경영 의류 체인점이다. 이 회사는 체인점의 데이터 창고를 모두 활용해 점포 수준의 구매 정보와 개별적인 구매정보를 모두 분석해서, 배우자가 다른 배우자에게 선물을 준비하는 것을 돕는다. 데이터 창고는 또한 소비행태 변화와 습관까지도 추적한다. 스타일, 브랜드, 크기, 선호색, 취미, 때로는 애완동물 이름, 골프 핸디캡과 함께 기념일, 생일, 심지어 이혼과 두 번째 결혼까지도 추적한다.

2. 정보 식별 Identifying Information

소매업체가 고객이 무점포 채널을 이용한 데이터베이스를 구축하는 것은 상대적으로 쉽다. 무점포에서 상품을 구매하기 위해서는 이름이나 주소 등 배송을 받기 위한 정보를 제공해야 하기 때문이다. 또한 구매할 때 멤버십 카드를 제시해야 하기 때문에 회원제 대형마트를 애용하는 고객들의 구매내역을 추적하는 것도 어렵지 않다. 소매업체가 자사의 신용카드를 발행하고 있다면, 고객이 신용카드를 신청할 때 청구서 발송을 위한 고객 주소를 확보할 수 있을 것이다. 그러나 점포 소매업체의 경우 고객 확인을 위한 정보를 확보하는 것은 상대적으로 어렵다. 왜냐하면 이들은 현금, 비자나 마스타 같은 제3자 신용 카드, 애플 페이 등 모바일 지갑으로 결제하기도 하기 때문이다.

이러한 문제를 극복하기 위해 점포기반 소매업체는 ① 정보 확인 요청, ② 인터넷과 점포의 구매 데이터 연결, ③ 다빈도 구매고객 프로그램 제공, ④ RFID칩을 상품에 부착 등 네 가지 방법으로 접근한다.

1 정보 확인 요청

일부 기업은 판매사원들로 하여금 판매과정에서 고객에게 전화번호, 이메일 주소, 이름, 집 주소와 같은 정보 확인을 요청하도록 하고 있다. 이후 정보는 고객과의 모든 거래 연결 시 사용된다. 하지만 어떤 고객들은 판매사원이 그들의 사생활을 침해한다고 느끼기 때문에 정보 제공을 꺼리기도 한다.

2 인터넷과 점포의 구매 데이터 연결

고객이 비자나 마스터카드 등 제3자 신용카드를 사용하여 매장에서 구매할 경우, 소매업체는 고객정보를 정확히 확인할 수 없다. 그러나 고객이 같은 신용카드를 소매점 홈페이지에서 쇼핑을 위해 사용하면서 배송정보를 제공하면, 소매업체는 매장 및 전자채널을 통해 신용카드 구매 데이터에 연결할 수 있다.

3 다빈도 구매고객 프로그램 제공

다빈도 구매고객 프로그램, 일명 충성도 프로그램은 특정 소매업체에 충성도가 있는 고객을 구분하고 보상을 제공하는 프로그램이다. 고객 거래정보는 POS기기에서 카드가 읽히는 순간 자동적으로 저장된다. 소매점에서 카드를 사용하여 구매하는 경우 할인을 제공받게 함으로써, 고객들이 이러한 프로그램에 등록하고 자신에 대한 몇 가지 세부적인 정보를 제공하도록 이끈다. 이러한 다빈도 구매고객 프로그램은 이 장의 다음 부분에서 더 깊이 논의한다.

4 RFID 칩을 상품에 부착

RFID는 아마도 고객의 구매과성에서 이루어지는, 고객이 인식하지 못하는 가장 편리한 접근일 것이다. 매장에 있는 RFID 리더는 고객이 들고 다니는 집기나 구매하려는 상품에 부착된 RFID를 통해 고객의 개인정보를 수집할 수 있다. 게다가 전세계적인 위성 추적시스템을 사용하여 고객이 매장 어디에 있었는지에 대한 정보 역시 수집할 수 있다.

3. 사생활과 CRM 프로그램

고객의 태도, 선호도 및 구매 행동에 대한 데이터를 수집하고 분석함으로써 기업은 표적고객의 정보를 활용하고 프로모션을 통해 고객에게 더 큰 가치를 제공할 수 있다. 하지만 많은 고객들은 기업이 세부적인 개인정보를 수집할 때 자신들의 사생활이 침해받지 않을까 걱정한다. 고객이 기업을 신뢰한다 하더라도 데이터가 안전하지 않을 수도 있고 다른 업체에 팔릴 수도 있음을 우려한다.

1 프라이버시 문제

개인정보의 정의에 대해서는 명확한 합의가 이루어지지 않고 있다 하더라도 소비자가 자신들의 프라이버시가 침해되었다고 느끼는 정도는 다음에 따라 달라진다.

- 시장 거래를 할 때 제공한 개인정보에 대한 통제 : 소비자들은 거래를 위해 기업이 수집하는 고객정보의 양이나 내용에 대해서 자신들이 결정할 수 있다고 느끼는가?
- 개인정보의 수집 및 활용과 관련한 지식 : 소비자들은 자신의 어떤 정보가 수집되고, 기업이 어떻게 그 정보를 활용하고 또 어떻게 다른 부서와 공유하는지 알 수 있는가?

이러한 고민은 특히 온라인 소비자의 경우 더욱 크다. 왜냐하면 쿠키 등을 사용하면서 고객이 의식하지 못한 채 다량의 정보가 수집되기 때문이다. 쿠키는 고객이 웹사이트를 재방문하거나 웹사이트를 네비게이션 프로그램으로 검색하면 방문자로 인식하는 문자파일이다. 쿠키 안의 정보는 고객이 일일이 자신을 확신시키지 않고 패스워드를 입력하지 않아도 다시 방문하는 웹사이트에 방문하게 해 준다. 하지만 쿠키는 또한 컴퓨터 이용자들이 본 다른 페이지, 방문한 다른 사이트, 온라인에서 비용을 얼마나 소비하는지, SNS상에서의 소통 등에 관한 데이터까지도 수집할 수 있다.

2 고객 프라이버시의 보호

미국의 경우 기존의 소비자 사생활 법안은 정부 기능과 신용 보고, 비디오 대여, 은행 및 건강관리와 관련된 정보 보호로 제한된다. 따라서 의회는 의료와 같은 다른 분야의 규제 감독을 모방하고 유사한 프라이버시 보호를 요구하는 새로운 법안을 계속 고려하고는 있지만, 대부분 소비자 데이터의 프라이버시는 보호되지 않는다. 그래서 다음과 같이 사전 예방적인 태도를 취하는 기업들이 고객들의 신뢰를 높일 수 있다.

- 고객의 사생활에 영향을 미칠 수 있는 선택을 하기 전에 마케팅, 법률, 인사, IT 등 다양한 부서의 동의를 요하는 전략적인 "Priavcy by design" 접근방식을 채택한다.
- 사용 중인 기간 동안만 고객 데이터를 보존한 후 폐기한다.
- 소비자가 개인정보에 접근하고 편집할 수 있는 방법을 검토하고 실행한다.
- 더 나은 보안 수단을 구입한다.

• 개인정보 보호관리자를 임명하여 조직 전체에 개인정보보호 문제를 전달하고 회사가 개인정보보호 정책을 제대로 준수하고 있는지를 점검한다.

EU, 호주, 뉴질랜드, 캐나다의 소비자 사생활 관련 법률은 보다 엄격하다. 소비자 프라이버시에 관한 EU 지침의 일부 조항은 다음과 같다.

• 기업은 '거래 완료'와 같이 목적이 분명한 경우에 한해 고객 정보를 수집할 수 있다.
• 그 목적은 정보가 수집되고 있는 소비자에게 공개되어야 한다.
• 정보는 특정 목적에 부합하게 사용되어야 한다.
• 기업은 미리 밝힌 목적을 위해서만 정보를 보관할 수 있다. 만약 다른 용도로 이 정보를 사용하고자 한다면 새로운 정보수집 절차를 거쳐야 한다.

기본적으로 EU의 관점은 소비자가 자신의 개인정보를 소유하기 때문에 기업이 개인정보를 공유하기 위해서는 소비자가 명시적으로 동의하도록 해야 한다는 것이다. 이 계약을 '안내'라고 한다. 이와는 대조적으로 미국의 개인정보는 일반적으로 공공영역에 속하는 것으로 간주되며, 소매업체는 원하는 어떤 개인정보든 사용할 수 있다. 그렇기 때문에 미국 소비자들은 소매업체에게 회원 탈퇴를 하는 등 자신의 개인정보를 사용하지 말아달라고 분명히 언급해야 한다. 개인정보는 공정하고 목적에 맞게 수집되어야 하고, 관련성, 정확성, 보안성이 있어야 한다는 공감대가 형성되고 있다. 기업은 소비자의 동의 없이 개인정보를 다른 업체에 넘겨서는 안되며, 이를 고객에게 확신시켜줄 수 있는 방법을 찾아야 한다.

III 고객데이터 분석 및 표적 고객의 확인

LO 10-3
고객 데이터 및 표적 고객을 분석하는 방법에 대해 설명할 수 있다.

CRM 프로세스의 다음 단계〈그림 10-1〉 참조는 고객 구매데이터를 분석하여 소매업체가 우수 고객에게 제공하는 가치를 높이기 위한 프로그램을 개발하는 데 도움이 되는 정보로 변환하는 것이다. 고객충성도는 소매업체의 수익에 큰 영향을 미친다. 고객 데이터베이스를 분석하는 두 가지 목적은 ① 기업의 우수 고객을 구분하는 것, ② 소매업과 관련한 의사결정을 향상시킬 수 있는 방법을 모색하는 것이다. 이 두 가지 목적에 대해 논의하고자 한다.

1. 우수고객 확인Identifying the Best Customers

CRM 목적 중 하나는 세분시장 중 기업 이익에 가장 높게 기여하는 고객을 확인하는 것이다.

소매업체는 종종 각각의 소비자들을 그들 기업에 어떻게 가치 있게 만들 것인지를 위해 고객 데이터베이스 내 정보를 사용한다. CLV^{Customer Life Value}, 고객생애가치라고 불리는 고객의 가치는 소매업체와의 관계 전반에 걸쳐 소매업체의 이익에 고객이 얼마만큼 기여하느냐이다. 기업은 일반적으로 CLV를 예측하기 위해 고객의 구매데이터를 활용한다. 하지만 CLV 측정을 위해서는 지난 수개월간의 구매 이력을 상세하게 살펴보아야 한다.

예를 들어 셜리는 지난 12월 한달동안 400달러의 상품을 구입하고, 마샤는 12월 10달러, 1월 10달러, 2월 20달러, 3월 25달러 등 구매가 꾸준히 이어져 9월 35달러, 10월 50달러, 11월 65달러를 구매해 12개월동안 총 355달러의 상품을 구입했다고 치자. 어떤 여성이 가장 높은 CLV를 가지고 있는가? 즉, 미래의 기업에게 가장 가치있는 고객은 누구인가? 기업이 두 여성의 구입금액만을 고려한다면, 셜리를 가장 가치있는 고객으로 규정할 수도 있다. 하지만 기업이 고객의 구매데이터를 더 깊이 분석한다면, 마샤가 자주, 그리고 최근까지도 상품을 구입했기 때문에 더 가치 높은 고객이라 결론지을 것이다. 비록 셜리가 지난 12개월동안 더 많은 매출을 올려준 고객이라 하더라도, 미래에 더 많은 상품을 구입할 것이라 예측되는 구매 패턴을 보여주는 것은 마샤이기 때문이다.

이 예에서 CLV는 고객의 수익성이 아니라 매출에 기반한다. 그러나 소매업체의 우수 고객을 파악하기 위해 구매 데이터만을 사용하는 것은 잘못된 결과를 가져올 수도 있다. 예를 들어, 항공사들은 마일리지 비행에 기초하여, 자주 비행하는 소비자에게 보상을 부여한다. 이 프로그램들은 1등석을 타고 전액을 지불함으로써 항공사의 이익에 큰 기여를 하는 고객들과 똑같이 저비용, 저수익 비행을 하는 고객들에게도 동일한 보상을 제공하는 셈이다. 정교한 통계 방법은 일반적으로 셜리나 마샤와 같이 각 고객에 대한 CLV를 추정하는 데 사용된다. 이러한 심층 분석은 단순히 매출뿐 아니라 고객의 구매에 따른 총 마진과 구매와 관련된 비용까지도 고려한다. 구매한 상품의 30%를 반품하는 고객은 거의 반품하지 않는 고객보다 CLV가 낮다.

2. 소매 분석 Retail Analytics

기업은 고객으로부터 수집한 데이터를 사용하여 각 고객의 CLV를 측정할 수 있다. 본 장의 나머지 부분에서는, 기업이 전략을 개발하고 더 나은 결정을 내리기 위해 데이터 저장고의 자원을 어떻게 이용하는지 설명한다. 리테일링 뷰 10.1은 드럭스토어 체인 CVS가 광범위한 고객 데이터베이스를 분석하여 통찰력을 얻는 방법에 대해 설명한다.

소매 분석은 고객 데이터의 분석을 통해 소매 의사결정을 개선하고자 하는 전략적인 기법과 모델의 응용이다. 데이터 마이닝 Data mining은 검색 기술에 의존해 빅데이터를 사용하여 고객의 구매 패턴에 대한 새로운 통찰력을 발견하는 정보처리 방식이다. 데이터 마이닝의 가장 인기 있는 애플리케이션 중 세 가지는 장바구니 분석, 타겟팅 프로모션, 상품 배분계획이다.

일반적으로 충성도 프로그램은 고객들에게 더 많은 가치를 제공하는 효과적인 수단을 제공한다. 특히 CVS ExtraCare는 미국의 가장 오래되고 가장 큰 프로그램으로서 플래그쉽 충성도 프로그램을 대표하고 있다. 이 프로그램은 20년 가까이 운영되고 있으며, 미국 사람 셋 중 한 명은 ExtraCare 카드를 가지고 있다. 따라서 일년에 9천만 이상의 가구에서 사용하고 있다.

ExtraCare 프로그램의 첫번째 초점은 고객에게 고객이 고마워할, 적절하고 개인화된 서비스를 제공하여 고객의 지속적인 구매행동을 독려한다는 것이다. 최근 들어 이 프로그램은 여러 유통망으로 확산되어, 고객들은 인쇄물, 온라인, 또는 모바일 앱을 통해 서비스에 접촉할 수 있게 되었다. 예를 들어, 소비자들은 새롭게 출시된 온라인이나 모바일 장치를 통해 옴니채널 My WeeklyAd 프로그램에 접근하거나, 매장에 있는 쿠폰 키오스크에서 충성도 프로그램 카드를 스캔하고 즉석에서 쿠폰을 프린트할 수 있다.

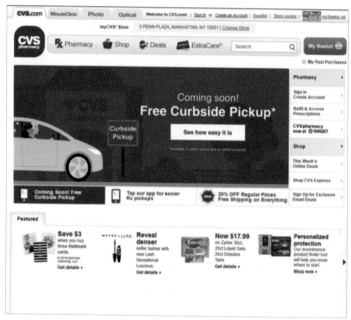

CVS의 ExtraCare 충성도 프로그램은 고객들에게 밀접하고 기쁨을 줄 수 있는 개인화된 서비스를 제공하며, 그들의 지속적인 구매행동을 독려한다.

프로그램에 반응하고 부가판매를 일으키는 고객들을 독려하기 위한, 독특하고 밀접하고 평판 좋은 구매경험을 제공하기 위해 CVS는 고객 데이터 분석에 심하게 의존한다. CVS는 각 회원들이 일으키는 방대한 양의 구매시점 정보를 수집하고, 구매된 품목 중에서 흥미롭거나 예상밖의 관련성을 밝히기 위해 이 데이터들을 분석한다. 예를 들어, 항상 그렇지는 않지만 바디 제품이나 헤어 제품을 구매하는 고객들이 화장품을 구입하기도 한다는 것, 사람들은 일반적으로 5주마다 새 치약을 산다는 것 등 중요하고 유용한 구매 패턴을 알아내었다.

장바구니에서 함께 보이는 품목간의 확실한 관련성을 이용함으로써 CVS는 귀중한 인사이트를 얻을 수 있으며, 이는 고객들의 구매행동을 유도하기 위해서는 각 고객에게 개인화된 제안을 해야 함을 보

여주었다. 따라서 만약 ExtraCare 회원이 비누나 콘디셔너를 산다면 그녀는 립스틱 쿠폰을 받게 될 것이다. 4~5주동안 치약을 사지 않은 고객이라면 고가의 치약 브랜드를 구매하기 위한 특별한 인센티브를 제공하는 쿠폰을 받게 될 것이다. 또한 CVS는 고객이 매 방문 시 더 많은 구매를 하도록 독려하는데 이 분석을 사용한다. 고정적으로 20달러를 소비하는 고객이라면 다음 방문 때 30달러를 소비할 수 있을 특별한 혜택을 받게 된다. 최종적으로 데이터 분석은 CVS에게 어떤 충성도 프로그램이 가장 성공적이였느냐 그렇지 않았느냐 하는 중요한 인사이트를 준다. 예를 들어, 팬톤 등 특정 브랜드의 샴푸 쿠폰은 전체 카테고리, 즉 다양한 샴푸 브랜드에 사용할 수 있는 프로모션보다 덜 효과적이라는 것을 알려 주었다.

Sources: Elyse Dupré, "CVS/Pharmacy Devotes ExtraCare to Its Loyalty Program," DM News 36, no. 8 (2014), pp. 19-22; Stephanie Clifford, "Using Data to Stage-Manage Paths to the Prescription Counter," The New York Times, June 19, 2013, http://bits.blogs.nytimes.com.

1 장바구니 분석 Market Basket Analysis

장바구니 분석은 고객이 한번의 쇼핑에서 구입하는 장바구니에 담긴 상품을 검색하는 데이터 마이닝 도구이다. 이 분석은 같은 장바구니에 보여지는 다른 상품에 근거하여 상품을 매장 어디에 배치해야 하는지, 어떤 상품을 함께 프로모션하면 좋을지 제시해 줄 수 있다.

장바구니 분석을 실행하기 위해, 컴퓨터 프로그램은 두 제품을 동시에 구매하는 횟수를 헤아린다. 종종 인용되는 장바구니 분석의 예는 금요일 저녁 6시에서 7시 사이의 많은 장바구니, 특히 남자들의 장바구니에 맥주와 아기 기저귀가 들어 있다는 것이다. 맥주와 아기 기저귀와의 상관관계는 기저귀가 대개 큰 포장으로 나오

장바구니 분석은 고객이 한번의 쇼핑에서 구매하는, 장바구니에 담긴 상품을 검색하는 데이터 마이닝 도구이다. 그 결과는 상품의 진열 위치, 동반구매 상품의 결정에 활용된다.

기 때문에 생겨나는 것으로, 살림을 위한 대부분의 쇼핑을 하는 아내들이 기저귀 구입은 남편에게 맡긴다. 남편들은 주중의 끝에 기저귀를 살 때 주말에 마실 맥주 역시 사고 싶어진다. 슈퍼마켓은 이러한 구매 패턴을 발견하자 기저귀 옆에 프리미엄 맥주 진열대를 놓았다. 프리미엄 맥주가 기저귀 옆에 너무 편리하게 놓여 있기 때문에 남성들은 저렴한 제품을 구입하기 위해 굳이 맥주 통로에 가기보다는 그냥 프리미엄 맥주를 사는 경향이 있다.

분석된 장바구니를 통해 어떻게 제품 위치를 변경했는지에 대한 또 다른 예는 다음과 같다.

- 바나나는 미국 식료품 카트에서 가장 흔한 품목이기 때문에 슈퍼마켓에서는 종종 바나나를 곡물 통로와 농산물 코너에 모두 놓는다.
- 티슈는 냅킨과 같이 종이류 통로에 있지만 감기약과도 같이 있다.
- 스푼은 가정용품 코너에도 있으며, 밀가루나 쇼트닝과 같은 제빵용 원자재 옆에도 매달려 있다.
- 손전등은 철물 통로에도 놓이고 시즌 상품인 할로윈 의상과도 같이 놓인다.
- 케이크는 빵 선반에 있지만, 커피 옆에서도 살 수 있다.
- 해충제는 사냥용 제품과도, 가정용 세정용품과도 판매된다.

2 타겟팅 프로모션

매장에서 제품을 어느 곳에 배치할지 의사결정을 지원하는 것 외에도, 장바구니 분석은 다양한 의사결정과 프로모션에 대한 통찰력을 제공하는 데 도움이 될 수 있다. 예를 들어, 기업은 고객이 일반적으로 특정 브랜드의 컨디셔너와 샴푸를 동시에 구매한다는 것을 발견할 수 있다. 이 정보로 기업은 고객들이 더 높은 마진의 샴푸를 정가에 구입할 것으로 예상하여 컨디셔너에 대한 특별 할인을 제공할 수도 있다.

3 상품 배분계획

관리자들은 각 카테고리에서 어떤 상품을 취급할지 결정을 해야 한다. 이러한 배분결정을 돕기 위해 고객 데이터를 활용한다. 소매업체의 가장 가치있는 고객이 어떤 제품을 구입하는지 분석함으로써, 관리자는 그들의 배분계획을 계속 유지할지 아닐지를 확인할 수 있다. 예를 들어, 분석 결과 생애가치가 가장 높은 고객들이 어느 고급 머스터드 브랜드에 충성도가 매우 높다는 것을 발견했다. 그러나 카테고리 내 매출은 10위에 불과하기 때문에 소매업체는 배분 시 이 브랜드를 제외하는 것을 고려할 수도 있다. 그러나 결과적으로 소매업체는 더 이상 이 고급 브랜드가 자사 매장에 비치되지 않을 경우, 높은 고객생애가치를 지닌 고객들이 다른 소매업체로 이탈할 것을 우려해 이 머스터드 브랜드를 계속 공급하기로 결정할 것이다.

Ⅳ 다빈도 구매고객 프로그램을 통한 CRM 구축

LO 10-4
다빈도 구매고객
프로그램 개발 방법에 대해
설명할 수 있다.

앞서 언급했듯이 다빈도 구매고객 프로그램은 반복적인 구매 행동에 보상을 주는 노력을 하고 있다. 이러한 프로그램의 두 가지 목표는 ① 고객 데이터를 거래에 연결하는 데이터 웨어하우스를 구축하고, ② 반복적인 구매 행동과 충성도를 장려하는 것이다. 첫 번째 목표의 의미는 앞 절에서 논의하고, 두 번째 목표의 의미는 다음 절에서 검토하기로 한다.

1. 다빈도 구매고객 프로그램의 효과

다빈도 구매고객 프로그램은 데이터 웨어하우스를 구축하는 데는 유용하지만, 장기적인 고객충성도 구축에는 특별히 유용하진 않다. 소비자가 경쟁 소매업체들이 제공하는 프로그램들간에 느끼는 인식 차이는 거의 없다. 대부분의 프로그램에서는 단순하게 프로그램에 등록하는 모든 고객이 이용할 수 있는 가격 할인을 고객들에게 제공하고 있다. 이러한 할인혜택은 가격을 중요시하는 구매자들에게 매력적이지만, 높은 고객생애가치를 가진 고객에게는 반드시 그렇지는 않다. 덧붙여 다빈도 구매고객 프로그램을 기반으로 한 경쟁우위는 거의 지속되

다빈도 구매고객 프로그램은 고객이 경쟁업체에서 제공하는 모든 프로그램에 참여하기 때문에 효과에 한계가 있다.

지 않는다. 어떤 프로그램인지 매우 잘 드러나서 경쟁자들이 쉽게 모방할 수 있기 때문이다. 또한 이러한 프로그램 대부분은 매우 비싸다. 1%의 가격 할인은 대형 소매상들에게 약 1억 달러를 벌어줄 수 있는데, 이것은 그들이 로열티 프로그램을 운영하기 위해 최대 3천만 달러를 투자한 후에야 가능하다. 그 외에도 IT 비용, 마케팅 비용, 훈련 등 프로그램을 유지하기 위해 매년 최대 천만 달러까지 계속해서 투자해야만 한다. Retailing View 10.2에서 보여주듯이 식료품업계의 새로운 충성도 프로그램은 단순히 할인을 제공하는 것 이상이 되고 있다.

마지막으로, 충성도 프로그램은 수정하거나 정정하기가 어렵다는 단점이 있다. 일단 프로그

Retailing VIEW 10.2 Whole Foods, 식료품을 넘어선 충성도 프로그램

많은 식료품 소매업체들은 특정 품목에 대한 할인을 제공하거나 연료 구매와 관련된 캐시백을 제공하는 충성도 프로그램을 운영하고 있다. 그러나 구조와 제안이 거의 동일한, 차별화되지 않은 할인과 혜택을 제공하는 프로그램들은 종종 늘어난 수익을 통해 매장에 혜택을 주는 것보다 프로그램을 유지하는데 더 많은 비용을 쓰게 한다. 연구들은 그들의 기본 즉 고객이 더 많은 충성도를 갖게 하는 목적를 이루는데 실패했다는 것을 보여준다.

Whole Foods는 다른 식료품점과 큰 차이는 없지만 충성도 프로그램에 대한 시각은 조금 다르다. 다른 매장이 문을 닫거나 프로그램 규모를 축소할 때 Whole Foods는 비록 시범 프로그램일 뿐이긴 해도 신속하게 그들의 첫번째 프로그램을 시작했다. 이 프로그램을 런칭한 근거는 별로 놀랍지 않다. 지역 농산물이나 유기농 옵션의 비축이 주는 이점을 경쟁업체들도 더 많이 활용함에 따라, 가격할인 프리미엄을 가진 Whole Foods의 경쟁 우위는 무너지기 시작했다. 경쟁 우위를 지속하기 위해서는 다음 단계를 취할 필요가 있었다.

충성도 프로그램의 도입과 함께 Whole Foods는 그들의 가격점을 정당화하고 다른 것과 차별화 할 수 있는 새로운 방법을 모색했다. 충성도 프로그램은 쿠폰이나 무료선물 차원을 넘어 진행되었다. 일주일에 한번 생선을 사는 충성고객에게는 스시 쉐프와 함께 하는

Whole Foods의 충성도 프로그램이 가진 특징은 각 개인의 구매이력에 기초를 둔 개인화된 보상이다.

쿠킹 클래스를, 저칼로리 식단을 선호하는 쇼핑객에게는 영양사와의 미팅을 제공하는 등 고객 개개인의 구매이력에 기초를 둔 개인화된 보상이 이루어졌다.

프로그램 회원들은 자신의 ID 카드를 점원에게 다루게 할 수도, 모바일 앱을 사용하여 자신의 구매내용을 직접 등록할 수도 있다. Whole Foods가 예견했듯, 각각의 유통채널에서의 구매내역은 앱을 통한 지불과 함께 실시간으로 편리하게 통합된다.

Source: Fred Thompson, "Why Luxury Retailers Should Watch Whole Foods' New Loyalty Rewards Pilot," Luxury Daily, December 8, 2014.

램이 고객 구매경험의 일부가 되고 나면, 아주 작은 변화가 생기더라도 소매업체는 이를 고객에게 알려야만 한다. 만약 이러한 변화가 고객들이 느끼기에 프로그램 상의 혜택을 어느 정도 잃게 되는 것이라면, 맨먼저 상대적으로 충성도가 낮은 고객들로부터 시작해 부정적인 반응이 강하게 일어날 수 있다.

2. 다빈도 구매고객 프로그램을 더 효과적으로 만드는 법

다빈도 구매고객 프로그램은 반복적인 구매를 촉진하고 고객 충성도를 향상시키기 위해 노력한다. 진정한 충성도를 키우기 위해 소매업체는 자발적인 헌신뿐만 아니라 고객과의 감정적 연계가 필요하다. 스타우호텔 대표는 시카고에서 발이 묶인 단골 고객이 차를 수배하는 것을 도와주고, 그녀의 남편에게 전화를 걸어 그녀의 무사함을 알려 줌으로써 단골고객의 충성심을 얻었다. 소매업체는 단순한 데이터 수집과 단기적 판매효과를 넘은, 다빈도 구매고객 프로그램으로 만들기 위해 ① 계층형 보상을 제공, ② 고객생애가치에 따른 VIP 대우, ③ 자선 활동과의 연계, ④ 선택권 제공, ⑤ 모든 거래에 대한 보상, ⑥ 프로그램을 투명하고 단순화하기 등을 수행해야 한다.

1 계층형 보상을 제공

계층이 높아질수록 더 많은 보상을 제공하는 구조는 하나의 소매업체만을 거래하여 더 높은 계층으로 도달할 수 있도록 고객에게 인센티브를 제공한다. 어떤 프로그램들은 할인과 포인트를 결합하기도 한다. 예를 들어, 100에서 150달러 미만 구매고객에게는 5달러, 150에서 250달러 미만 구매 고객은 10달러, 250달러 이상의 구매 고객은 15달러의 할인을 해주는 것과 같다. 250달러가 넘어가면 소비자들은 포인트를 모아 로컬 야구 경기 티켓이나 무료 셔츠와 같은 특별하고 독특한 보상으로 대체받을 수도 있다.

계층적인 프로그램에서 중요한 사항은 소비자들이 성취할 수 있다고 믿을 수 있는 계층구조로 디자인해야 하는 것이다. 다빈도 구매고객의 경우 평소 소비와 밀접한 생활을 하기 때문에 그들은 자신이 얻을 수 있는 계층형 보상을 쉽게 계산할 수 있다. 계층간 간격이 도달하기 불가능할 정도로 너무 벌어져 있는 경우에는 구매 빈도나 다빈도 구매고객 프로그램에 참여하는 경향이 덜할 수 있다.

2 고객 생애가치에 따른 VIP 대우

소비자들은 그들이 특별한 사람으로 대우받는 것에 반응한다. 따라서 효과적인 프로그램은 구매에 대한 할인을 넘어 독특한 보상을 제공하는 것이다. 예를 들어, GameStop은 PowerUp Rewards 프로그램에서 타겟 고객들에게 NASCAR 경주 티켓을 제공하거나 코믹콘을 가로지르는 백스테이지 게임을 제공함으로써 레이싱과 판타지 비디오 게임에 더 많은 돈을 쓰도록 독려했다. 보상은 소매업체의 목표 시장과 일치해야 하며, 고객이 매우 특별하다고 느끼도록 해야 한다. 고액의 노드스트롬 구매고객에게는 개인적인 단독 쇼핑의 밤이 중요할 수 있는 반면, 애플 고객들에게는 회사 시설을 혼자 둘러볼 수 있도록 하는 것이 더 흥미로울 수 있다. 또한 이러한 이벤트는 등록 및 이벤트 참석에 초대될 수 있는 충분한 점수를 고객들이 추구할 수 있도록 사전에 홍보해야 한다. Retailing View 10.3은 Neiman Marcus InCircle 프로그램이 어떻게 우수고객들에게 적극적으로 어필하는지를 설명한다.

Retailing VIEW 10.3 InCircle, Neiman Marcus의 지갑점유율 구축

Neiman Marcus는 소득 기준 상위 2%의 소비자를 타겟으로 하고 있으며, 이것은 매장에 오는 사람들이 교육을 잘 받고 견문이 넓다는 것을 의미한다. 이 세련된 방문객들은 CRM 모범사례라고 여겨지는 InCircle의 다빈도 구매고객 프로그램에 매력을 느낀다.

InCircle 프로그램은 점포 신용카드에 링크되어 있으며, Neiman Marcus에서의 연간 구입액에 따라 6 등급으로 분류되어 다양한 혜택이 제공된다. 써클 1은 1,000달러 미만 구입고객이며, 프레지던트 레벨은 그해 75,000~600,000달러를 소비한 고객을 의미한다.

등급에 따라 고객은 신용카드로 결제되는 매 달러마다 2~5의 인써클 포인트를 받는다. 10,000 포인트를 쌓을 때마다 회원은 100달러의 기프트카드를 받는다. 게다가 그들은 등급에 따라 또다른 혜택 입점한 식당에서의 할인, 무료 수선, 배달, 간편 주차, 모피 보관, 무료 수리, 보석류 세척, 이름 새김, 구두나 핸드백 수선, 모노그래밍, 살롱에서의 할인 등을 제공받는다. 예를 들어, 일년에 75,000 달러를 소비하는 고객은 패션쇼에서 보았던 상품이 매장 어디에 진열되어 있는지 콘시어지로부터 도움을 받을 수도 있고, 회원제 레스토랑에 예약을 할 수도 있고, 심부름을 시키거나 옷장 상담을 할 수도 있다.

InCircle 회원들은 인써클 웹사이트에서 자신의 포인트 적립을 빠르게 확인할 수 있다. 그들은 특별한 이벤트를 알려주는 이메일이나 그들이 새로운 등급으로 올라갔음을 알려주는 공지를 받는다. 또한 Neiman Marcus 내부용 TIme Warner의 발행물인 Entree 매거진을 받는다. 그리고 인써클 회원들의 가치를 향상시키는데 도움이 될 피드백을 요청받기도 한다.

점포의 판매 담당자는 고객의 주된 구매와 점포에서의 행동을 통해 눈에 띄지 않게 고객에 대한 인사이트를 수집한다. 일단 관계를 맺으면 판매자는 고객이 좋아하는 브랜드의 신상품이 도착했다는 것을 알리는 등 고객과 직접적으로 접촉한다. 판매 담당자는 그 당시에 인써클 회원들이 원하는 품목이 무엇인지 알아내기 위해, 또한 선물포장이나 보관 방법 등 이용가능한 서비스 등을 활용하기 위해 매장 안에서 활발하게 움직인다.

이처럼 다빈도 구매고객 프로그램은 고객에게 큰 가치를 제공하며, 프로그램 역시 Neiman Marcus에게 상당한 혜택을 주고 있다. 인써클 회원들은 보상을 받지 못하는 고객보다 11회 이상 더 소비하며, 이는 소매업체 총 수익의 약 40%에 해당한다.

Sources: Sarah Jones, "Effective Loyalty Programs Hinge on Engaging Consumers Beyond Sign-Up," Luxury Daily, January 13, 2016; Adele Chapin, "More Than 40% of Neiman Marcus Shoppers Are Millionaires," Racked, August 5, 2015; www.incircle.com; www.neimanmarcus.com; 10K 2015 Neiman Marcus annual report.

❸ 자선 활동과의 연계

많은 프로그램들이 자선적인 장치와 연결되어 있다. 예를 들어, 팸퍼즈 보상프로그램 참가자들은 어린이 건강을 위해 헌신하는 자선단체에 기부함으로써 그들의 포인트를 상환할 수 있다. 그러나 비록 이러한 이타적인 보상이 다빈도 구매고객 프로그램의 효과적인 요소가 될 수 있다 할지라도 프로그램의 핵심이 되기는 어렵다.

❹ 선택권 제공

모든 고객이 동일한 보상에 동일한 가치를 부여하진 않는다. 그러므로 최상의 구매고객 프로그램은 고객에게 선택권을 주는 것이다. 영국의 Sainsbury 슈퍼마켓 체인은 고객이 그들의 Nectar point를 다양한 파트너 기업의 상품권에도 사용할 수 있게 허용하였다. 씨저스 엔터테인먼트는 그들의 카지노나 리조트에 가기 위해 비행기를 타야 하는 고객들과 그들의 시설 가까이에 사는 고객들에게 다른 프로그램을 제공한다. 그들은 또한 프리세일즈 쇼 티켓을 구입할 수 있는 기회뿐만 아니라 충성도 프로그램 회원이 씨저스 프라퍼티 레스토

Pampers의 보상 프로그램은 고객이 어린이 건강을 지키는 자선 단체에 기부할 때 포인트를 사용하는 것을 허용하고 있다.

랑에서 비회원보다 더 좋은 가격 혜택을 받을 수 있는 토탈 리워즈 멤버 프라이싱도 소개했다.

웨스틴, 쉐라톤, 포 포인츠 체인 등을 소유하고 있는 스타우드 호텔은 스타우드 선호 게스트 프로그램을 통해 포인트 보유자들에게 럭셔리한 경험을 위한 경매에 입찰할 기회를 주는, 모멘츠라고 불리는 프로그램을 진행하고 있다. 참석자들은 콘서트 전 무대 뒤에서 콜드플레이를 만나거나 로레나 오초아 프로와 골프를 치거나 유명한 페르세 식당에서 저녁을 먹으면서 쉐프를 만나는 등 다양한 독점 행사에 참가할 수 있는 권한을 얻기 위한 경매를 위해 자신이 쌓아놓은 포인트를 사용한다.

❺ 모든 거래에 대한 보상

소매업체가 모든 고객의 거래 데이터를 수집하고 반복적인 구매를 장려하기 위해서는 온라인이나 오프라인 등 특정 유통망을 통한 구매가 아닌, 선택된 상품의 모든 구매에 대해 보상할 필요가 있다. 고객은 거의 첫 번째 구매를 통해 고객 계층의 도입부에 진입할 수 있어야 한다. 예를 들어, 세포라는 카드를 신청하는 순간 고객은 뷰티 인사이더로 지정된다. 일단 100 포인트를 얻으면, 그들은 무료 샘플을 받을 자격을 갖게 된다.

6 투명하고 단순한 프로그램 제공

효과적인 프로그램은 고객들이 그들의 지출과 이용 가능한 보상을 쉽게 추적할 수 있도록 한다는 점에서 투명하다. 투명하고 편리할 때 충성도 프로그램은 빠르게 구매고객의 소비 활동에 있어 필수불가결한 요소가 될 수 있다. 이에 따라 카드나 쿠폰을 기억하도록 요구하는 대신, 모바일 앱을 통해 고객이 보상을 받고 상환받을 수 있는 스마트폰 연동 프로그램 사용이 늘고 있다. 버튼 누르기 한번으로 구매고객들은 자신의 포인트 합계, 원하는 보상에 도달하기 위해 얼마나 더 많은 돈을 써야 하는지, 오늘 가장 좋은 상품으로 포인트를 치환할 수 있는지 알 수 있다.

충성도 프로그램 역시 단순할 때 효과는 더욱 높아진다. 규칙과 규정이 혼란스러운 프로그램은 소비자들에게 전혀 매력적이지 않다. 일부 항공사들은 기한이나 상환에 대한 복잡한 규정이 그들의 충성 프로그램을 사실상 쓸모 없게 만든다는 비난을 받아왔다. 단순하고 어렵지 않은 프로그램들은 몇 가지 옵션을 지속적으로 믿을 수 있게 제공함으로써 크게 성공할 수 있다.

V CRM 프로그램의 실행

LO 10-5
효과적인 CRM 프로그램을
실행하는 여러가지 방법을
설명할 수 있다.

CRM의 마지막 단계는 다빈도 구매고객 프로그램 등 프로그램을 실제로 실행하는 것이다〈그림 10-2〉.

1. 고객 피라미드Customer Pyramid

대부분의 소매업체들은 비교적 소수의 고객이 그들 이익의 상당부분을 만들어 준다는 것을 알고 있다. 이 상황은 20%의 고객으로부터 80%의 매출이나 이익이 창출된다고 해서 종종 80-20 법칙이라고 부른다. 소매업체는 고객생애가치 점수를 기초로 하여 그들의 소비자를 두 개의 집단으로 구분할 수 있다. 첫번째 집단은 생애고객가치 상위 20%에 해당하는 고객이며, 두번째 집단은 그 나머지에 해당한다. 그러나 베스트와 나머지, 이러한 이분법은 나머지라고 분리된 80% 고객 속에서의 중요한 차이점을 고려하기 어렵다. 나머지 범주의 대다수 소비자들은 잠재적으로 베스트, 적어도 좋은 고객이다. 일반적으로 세분화 계획에서는 〈표 10-2〉에서처럼 소비자를 네 개의 집단으로 나눈다. 이러한 분류는 소매업체들로 하여금 각각의 시장에 더 효과적인 전략을 개발할 수 있도록 한다.

• **플래티넘 세그먼트**: 고객생애가치 상위 25%에 해당하는 고객으로 구성된다. 전형적으로

● 그림 10-2 고객 피라미드

충성도가 가장 높은 고객이며, 가격에 민감하지 않은 특징을 갖는다. 이 25%에 해당하는 고객들은 소매업체가 판매하는 많은 상품을 구입하고 종종 가격보다 고객 서비스에 더 많은 가치를 부여한다.

- **골드 세그먼트**: 고객생애가치 차상위 25%에 해당하는 고객으로 이루어진다. 이들이 상당량의 상품을 구매한다 할지라도, 플래티넘 고객보다는 충성도가 낮으며 다른 경쟁 소매업체를 이용하기도 한다. 의사결정에 있어서 가격이 큰 역할을 하기 때문에 골드 고객들의 수익성 수준은 플래티넘 고객의 것보다 적다. CRM 프로그램의 중요한 목적 중의 하나는 골드 레벨의 고객을 플래티넘 고객으로 올라갈 수 있게 인센티브를 제공하는 것이다.

- **아이언 세그먼트** : 이 25%에 해당하는 고객들은 어느 정도의 상품을 구매하지만 특별한 대우를 받기에는 소비수준, 충성도, 수익성이 충분치 않다. 이들을 피라미드의 더 높은 단계로 올라가게 하는 것은 가능하다 할지라도 한정된 수입, 가격 민감도, 또는 다른 소매업체와의 충성도 공유 등과 같은 이유때문에 추가로 사용된 비용이 결과에 비해 가치가 없을 수도 있다.

- **리드 세그먼트** : 가장 낮은 고객생애가치를 가지고 있는 고객들로서, 기업의 수익에 있어 부정적인 기여를 한다. 그들을 관리하기 위해서는 많은 주의가 필요하지만 리드 세그먼트에 속하는 소비자들은 많은 양을 구입하진 않는다. 그들은 구매할 때 종종 세일상품을 사거나 반품 특권을 남용하기도 한다. 그들은 심지어 소매업체에 대해 다른 사람들에게 불평함으로써 추가적인 문제를 일으킬 수도 있다. 결론적으로 소매업체는 이 고객들에게 주의를 기울이지 않는 편이 낫다.

다음 절에서 소매업체가 우수고객을 유지하고, 좋은 고객을 높은 고객생애가치를 가진 고객으로 전환하고, 수익성이 없는 고객들을 제거하기 위해 사용하는 프로그램에 대해 논의한다.

2. 고객 유지 Customer Retention

소매업체가 고객을 유지하고 지갑 점유율을 높이기 위해 사용하는 두 가지 접근법은 개인화와 커뮤니티이다.

1 개인화 Personalization

CRM 전략이 지닌 큰 한계를 넘어서기 위해 고객 피라미드의 플래티넘 세그먼트<표 10-2>와 같은 마켓 세그먼트가 개발되었고, 각각의 세그먼트들은 다양한 다수의 고객들에 의해 구성된다. 따라서 어떤 일반적인 방법이 특정 고객에게는 가장 매력적이 될 수도 있고, 같은 세분시장 안의 다수의 고객들에게는 그렇지 않을 수도 있다. 높은 CLV고객생애가치를 지닌 플래티넘 고객 중에서도 25세 독신 여성의 니즈는 두 아이가 있는 49세 워킹맘의 니즈와는 상당히 다르다. 개별 고객 수준의 정보 확보와 이에 대한 분석 기법의 발달로 인해 이제 소매업체들은 경제적으로 개별 고객에게 고유의 편익을 제공하고 메시지를 전달할 수 있게 되었다. 어떤 소매업체들은 우수고객의 충성도를 형성하고 유지하기 위해 종종 고품질의 개인화된 서비스를 제공한다. Saks Fifth Avenue와 Neiman Marcus처럼 상류층 백화점은 그들의 우수고객에게 옷장 컨설팅을 제공한다. 이 컨설턴트들은 매장이 개점하지 않았을 시간이나 고객의 사무실 또는 자택에서 특별한 연출과 피팅을 진행한다. 노드스트롬은 초대받은 이들에게만 새로운 의상 라인을 보여주기 위한 프라이빗한 파티를 연다. Saks Fifth Avenue는 모피제품의 무료 보관, 맞춤 정장, 럭셔리한 크루즈에서 캡틴 테이블에서의 디너를 제공한다. 덴버에 있는 남성의류 전문점인 Andrisen Morton의 판매사원들은 종종 고객에게 직접 접촉한다. 브리오니 수트 신제품이 매장에 도

Saks Fifth Avenue와 같은 상위층 소매업체들은 그들의 우수고객에게 독특한 개인화된 혜택과 표적화된 메시지를 제공한다.

착했다던가 하면 그들은 과거의 브리오니 수트를 구매한 경험이 있는 고객에게 전화하기도 하고, 구입의사가 없다고 하더라도 고객이 한동안 구매하지 않았던 상품 구입 시 사용할 수 있는 100달러 상당의 개런티를 제공하기도 한다.

소규모의 고객집단이나 개인 고객에 대한 프로그램을 개발하는 것을 일대일 소매활동이라고 부른다. 소도시의 많은 소매업체들은 항상 일대일 소매활동을 해 왔다. 그들은 고객 한 사람한 사람에 대해 다 잘 알고 있으며, 고객이 매장에 들어오면 이름을 부르며 안부를 묻기도 하며, 고객이 좋아하는 상품을 미리 알고 이를 추천하기도 한다. 이러한 소매업체 주인은 머릿속에 있는 정보를 활용하는 것이기 때문에 특별히 고객 데이터가 필요한 것도 아니고 데이터 마이닝이 필요하지도 않다. 하지만 대부분의 대형 소매 체인점과 그 종업원들은 고객에 대한 개인적인 정보가 부족하다. 따라서 CRM은 대규모 소매업체가 마치 소규모 지역 소매업체가 해 왔던 고객응대와 같은 방식으로 고객을 대할 수 있도록 돕는다.

개인화의 또다른 면은 소매업체의 비즈니스 결정에 우수 고객들을 포함시킨다는 것이다. 어떤 소매업체는 자신들이 고려하고 있는 대안을 평가하기 위한 포커스 그룹에 우수 고객이 참가하기를 요청한다. 고객은 그들이 소비하는 것이 단지 돈뿐만이 아니라 의견도 있다는 것에 가치를 느끼며, 따라서 충성도가 올라간다. 덴버 매디슨 가의 TAG/Burger and Bar는 고객들이 이메일, 페이스북, 트위터를 통해 오리지널 햄버거 콤비네이션 영수증을 보내도록 유도해 공동체 의식을 조성한다. 또한 매달 가장 좋은 메뉴를 선정하고, 한달동안 이에 대한 판매를 촉진한다. 우승자는 이 상품이 제공되는 한 달 동안 자신이 원하는 만큼 먹을 수도 있다.

고객이 받게 되는 개인화된 보상이나 편익은 소매업체와 판매원이 가지고 있는 고유한 고객 정보에 기초한다. 고객 데이터 창고 안에 있는 이 정보는 경쟁자가 접근할 수도, 사용할 수도 없다. 따라서 지속적인 경쟁 우위를 개발할 수 있는 기회를 준다.

정보의 효과적인 활용은 CRM 과정에서 긍정적인 피드백으로 돌아온다〈그림 10-1〉. 반복되는 고객 구매로 인해 증가된 고객 데이터는 소매업체가 고객에게 더욱 개인화된 편익을 제공할 수 있게 도와준다.

2 커뮤니티 Community

고객 유지와 충성도를 구축하기 위한 두 번째 접근방식은 고객들 사이의 공동체 의식을 발전시키는 것이다. 커뮤니티는 소매업체에 대한 고객의 충성심과 소매업체 스폰서가 일으키는 활동에 의해 만들어진 고객 그룹이다. 커뮤니티 구성원들은 다른 사람들과 그들 자신을 구분지으면서, 일반적인 관심사와 커뮤니티 활동에 참여했던 경험을 서로 공유한다. 또한 그들은 커뮤니티의 새로운 회원을 이끌 의무를 느끼고 자신들의 경험과 제품지식을 공유함으로써 커뮤니티의 다른 멤버들을 돕는다. 이렇게 커뮤니티에 계속 참여함으로써 고객들은 특정 소매업체의 단골로 이루어진 '가족'으로부터 떠나고 싶어하지 않게 된다.

3. 고객 전환: 좋은 고객을 우수고객으로 전환

고객 피라미드의 관점에서^{그림 10-2}, 고객이 구매를 많이 하게 만드는 것을 철과 금에 해당하는 고객을 플래티넘 고객으로 전환한다는 뜻에서 고객 연금술^{alchemy}이라고 한다. 기존 고객에게 더 많은 상품과 서비스를 제안하여 결국 고객의 지갑점유율을 증대시키는 부가 판매가 고객 연금술의 한 방법이다.

소매업체의 고객 데이터베이스는 부가 판매의 기회를 제공한다. 많은 소매업체들이 고객들의 구매이력에 관한 자료를 그들에게 또 다른 상품을 제안하기 위해 활용한다.

Amazon.com은 추천을 통한 부가판매 창출의 달인이다. 과거 구내이력을 바탕으로 한 개인화된 권고는 소비자들이 웹사이트를 처음 방문할 때 이루어진다. 만약 그들이 책에 대한 더 많은 정보를 얻기 위해 아래로 스크롤하면, 그 사이트는 조사 중인 책을 구매한 고객들에 의해 구매된 다른 책들을 보여준다. 그런 다음 두 권의 책, 즉 검토 중인 책과 보완하면 좋을 책을 묶어 할인된 가격으로 제공한다.

4. 수익이 나지 않는 고객의 관리

많은 경우에 있어 하위 계층의 고객들은 고객생애가치가 마이너스일 수 있다. 이 고객들이 점포에서 구매를 할 때마다 해당 소매업체는 돈을 잃는 셈이다. 카탈로그 소매업체의 경우 반복적으로 서너 개의 상품을 구입하여 그 중 한 개를 제외한 모든 물건을 반품하는 고객이 있다. 반품된 상품 두 세개를 처리하는 비용은 고객이 구매를 유지하고 있는 한 가지 상품에서 나오는 이익보다 훨씬 크다. 전국소매협회는 이러한 반품 행위가 소매업체의 연간 손실액 90억 달러에 이르는 것으로 추산하고 있다.

하위 계층의 고객들은 일정 기간 동안 소매업체로부터 구매를 중지했다가 거래를 재개했기 때문에 그 계층에 있는 것일 수 있다. 예를 들어, 어떤 고객은 불만이 있거나 경쟁자가 더 매력적인 제안을 해서 떠났지만 6개월이나 1년이 지난 뒤 새로운 고객으로 돌아오기도 한다. 그런데 이들의 재가입은 이익보다 비용을 더 초래한다. 이렇듯이 수익이 나지 않는 고객에게 더 이상 서비스를 제공하지 않는 것을 고객 피라미드 용어에서는 납덩이^{lead} 제거라고 한다.

또 다른 방법으로는 ① 납덩이 고객 만족을 위해서는 비용이 덜 들어가는 제안을 하는 것, ② 불필요한 비용 발생에 대해 고객에게 부담을 지우는 방법 등이 있다. 예를 들어, 매일 7만통의 콜을 받아야 하는 소매업체라면 이 중 3/4은 자동응답과 같은 방식으로 건당 1달러 미만으로 처리되지만, 콜 센터로 넘어가는 나머지 건수들은 건당 13 달러의 비용을 차지한다. 이러한 상황에서 소매업체는 기여도가 가장 낮은 2만 5천명의 납 고객에게는 단순한 계정과 가격 문의는 반드시 웹사이트로 방문할 것을 요구한다. 고객 각각의 이름에 표시를 달아서 특정 발신자는 통화 시 자동화된 장치에 의해 바로 자동응답기계로 연결된다.

LO 10-1 고객관계관리 과정에 대해 서술할 수 있다.

고객관계관리 프로그램은 소매업체의 우수고객의 충성도를 규명하고 구축하기 위해 설계하는 일련의 활동이다. 충성도 프로그램 또는 다빈도 구매고객 프로그램이라고도 부른다. 충성 고객은 소매업체에게 아낌없이 충성하고 경쟁업체에게로 쉽게 전환되지 않는다. 고객가치 증가에 의한 충성도 구축 외에도, CRM 프로그램은 소매업체가 그들의 우수고객으로부터 벌어들이는 지갑점유율을 증가시키기 위해 설계된다. 고객관계관리는 소매업체가 충성도를 증가시키기 위해 고객을 독려하는 일련의 노력, (1) 고객 구매데이터 수집, (2) 고객 구매데이터 분석 및 표적 고객의 확인, (3) 다빈도 구매고객 프로그램을 통한 CRM 개발, (4) CRM 프로그램 실행의 반복적인 과정이다.

LO 10-2 고객구매데이터를 수집하는 방법을 이해할 수 있다.

소매업체는 소비자에 대한 방대한 데이터를 수집해서 데이터 저장고에 저장한다. 이 데이터를 모으기 위해 소매업체는 판매시점에서 직접 물어보거나 온라인 상에서 획득하거나 고객이 충성도 프로그램에 가입하기 위해 지원서를 작성하는 것으로부터 가져온다. 수집된 모든 정보가 개개의 고객 거래에 정확하게 연결된다. 확언하긴 어렵더라도 고객 태도, 선호도, 구매행동에 대한 정보 수집 및 분석은 소매업체로 하여금 타겟에 더 가깝게 판매촉진하고 그들의 고객에게 더 많은 가치를 제공할 수 있게 한다.

그런데 많은 소비자들은 소매업체들이 디테일한 개인정보를 수집할 때 사생활을 침해하지 않을까 우려한다. 개인정보는 공정하게 수집되고, 목적에 맞게 행해지고, 합리적으로 보안이 유지되어야 한다는 공감대가 커지고 있다. 증가하는 개인정보 보호규정에 동참하기 위해 많은 소매업체들은 그들 고객의 정보를 보호하기 위한 보안 방법을 만들기 위해 적극적으로 노력하고 있다.

LO 10-3 고객 데이터 및 표적 고객을 분석하는 방법에 대해 설명할 수 있다.

소매업체는 자사의 우수고객을 구분해 내고 소매업과 관련한 의사결정을 위한 방법을 모색하기 위해, 고객 구매 데이터 및 표적집단을 분석해야 한다.

데이터 마이닝은 빅데이터 분석을 이용하여 고객의 구매 패턴에 대한 새로운 통찰력을 발견하는 정보처리 방식이다. 장바구니 분석, 타게팅 프로모션, 상품배분계획 등이 대표적이다.

LO 10-4 다빈도 구매고객 프로그램 개발 방법에 대해 설명할 수 있다.

다빈도 구매고객 프로그램은 (1) 고객과 거래를 연결하는 고객 데이터 베이스의 구축, (2) 반복구매 행동과 충성도 독려라는 두 가지 주요 목적을 제공해야 한다. 다빈도 구매고객 프로그램은 고객 데이터 창고를 구축하는데는 효과적이지만, 장기간의 고객 충성도를 확실히 유지시키는데 크게 유용한 것은 아니다. 고객의 충성도 효과를 향상시키기 위해서 다빈도 구매고객 프로그램은 (1) 계층형 보상구조, (2) 고객 생애가치에 따른 VIP 대우, (3) 자선활동과의 연계, (4) 선택권 제공, (5) 모든 거래에 대한 보상, (6) 투명하고 단순한 보상 프로그램 등을 추구해야 한다.

LO 10-5 효과적인 CRM 프로그램을 실행하는 여러가지 방법을 설명할 수 있다.

고객에 대한 여러 가지 정보를 사용해서 소매업체는 그들의 우수고객의 충성도를 구축하기 위한 프로그램을 개발해서, 우수고객의 지갑점유율을 증가시켜야 하고(골드 고객을 플래티넘 고객으로 전환), 수익성이 없는 고객을 관리해야(납덩어리 제거) 한다. 소매업체가 그들의 우수고객에게 충성도를 구축하고 지속시키기 위해 사용하는 네 가지 접근이 있다: (1) 다빈도 구매고객 프로그램을 시작하고, (2) 특별한 고객 서비스를 제공하고, (3) 개인화된 서비스를 제공하고, (4) 공동체 의식을 구축하는 것 등이다. CRM 데이터에 의해 이익이 나지 않는 소비자를 관리하기 위해, 소매업체들은 그들에게 서비스를 제공하기 위한 더 저렴한 방법을 개발하거나, 그렇지 않으면 그 고객들을 완전히 제외시킬 필요가 있다.

핵심단어

- 부가판매 (add-on selling)
- 고객 데이터베이스 (customer database)
- 고객관계관리 (customer relationship management, CRM)
- 데이터 마이닝 (data mining)
- 80-20 법칙 (80-20 rule)

- 다빈도 구매고객 프로그램 (frequent shopper program)
- 고객 생애 가치 (lifetime customer value)
- 충성도 프로그램 (loyalty program)
- 장바구니 분석 (market basket analysis)
- 일대일 소매 (1-to-1 retailing)

- 유통업체 신용카드 (Private-label credit card)
- RFM 분석 (RFM analysis)

- 지갑점유율 (Share of wallet)

현장학습

1. 계속되는 과제: 현장학습을 하기 위해 당신이 선택한 소매업체의 점포관리자와 인터뷰해보자. 점포에서 다빈도 구매고객 또는 충성도 프로그램이 제공되고 있는지, 매출과 수익을 증가시키는 요소로서 효과적인지 관리자에게 질문해보자. 매니저가 왜 이런 의견을 갖게 되었는지, 프로그램의 효율성을 증가시키기 위해 무엇을 하고 있는지도 밝혀보자. 그리고 상점 내 다른 고객들에게 왜 그들이 회원인지/ 회원이 아닌지 물어보고, 프로그램 참여가 그들의 구매행동과 소매업체의 관계에 어떻게 영향을 미치는지를 알아보자.

2. 인터넷 연습 : 당신이 자주 방문하는 소매업체 사이트를 방문해보고, 개인정보 정책에 대해 비교해보자. 어떠한 정책이 당신의 개인정보에 대한 걱정을 덜어주는가? 그 이유는 무엇인가? 어떠한 정책 혹은 정책의 부재가 당신의 걱정을 높이는가? 그 이유는 무엇

인가? 어떤 정책은 당신의 개인정보가 보호받는다는 편안함을 당신에게 준다. 왜 그러한가?

3. 인터넷 연습: Economic Privacy Information Center (www. epic.org)의 웹사이트를 방문하여 그 단체에 의해 제기되고 있는 이슈들을 살펴보자. 이 감시단체는 무엇이 가장 중요한 이슈라고 생각하고 있는가? 이러한 이슈들은 소매업체와 소비자들에게 어떠한 영향을 미칠 것인가? 이 감시 기구가 소매업체의 가장 중요한 사생활 침해문제라고 생각하는 것은 무엇인가? 미래에는 이 주제가 어떻게 변화할 것 같은가?

4. 인터넷 연습: 1-800-Flowers Fresh Rewards Landing 홈페이지를 방문해서 Fresh Reward 프로그램을 읽어보자. 이 회사의 CRM 프로그램은 그들의 우수 고객을 돕고, 사업을 확장하고, 고객 충성도를 높이는데 어떻게 도움을 주고 있는가?

토의 질문 및 문제

1. 고객관계관리(CRM)란 무엇인가? 고객으로서 당신이 참여하고 싶은 CRM 프로그램에 대해 설명하시오.

2. 소매업체들은 왜 고객생애가치를 중요시하는가? 소매업체들은 과거 고객구매 행동을 통해 향후 어떻게 고객 유지를 해야하는가?

3. 왜 어떤 고객들은 낮거나 부정적인 CLV 가치를 가지고 있는가? 소매업체들은 수익에 미치는 영향을 최소화하기 위해 이러한 고객들에게 어떤 접근법을 취할 수 있는가?

4. 고객들이 슈퍼마켓에 제공하는 다빈도 구매고객 프로그램에 의한 개인정보 노출을 우려하는 이유는 무엇인가? 그리고 슈퍼마켓은 이러한 우려를 최소화하기 위해 무엇을 할 수 있는가?

5. 왜 대부분의 다빈도 구매고객 프로그램은 충성도를 구축하는데 있어 효과적이지 않은가? 그들을 더 효과적으로 만들기 위해 무엇을 할 수 있을까?

6. 다음 중 CRM 프로그램을 도입함으로써 가장 큰 이익을 얻을 수 있는 소매업체 유형은 무엇인가? 이유는 무엇인가? (a) 슈퍼마켓, (b) 은행, (C) 자동차 딜러 (d) 가전제품 소매점

7. 대학 로고가 있는 의류 및 선물을 판매하는 지역 점포를 위한 CRM 프로그램을 개발해 보자. 고객에 대해 어떤 유형의 정보를 수집해야 하며, 이 정보를 사용하여 점포 판매 및 수익을 늘리는 방법은 무엇인가?

8. 소매업체가 거래 시 고객을 구분하기 위해 사용할 수 있는 다른 방법은 무엇인가? 각 접근법의 장단점은 무엇인가?

9. CRM 프로그램은 소매업체의 우수 고객과의 관계를 구축하는데 초점을 둔다. 그런데 이와 같은 혜택을 받지 못하는 일부 고객들은 차별 대우를 받기 때문에 속상해 할 수도 있다. 이 부정적인 반응을 최소화하기 위해 소매업체들은 무엇을 해야 하는가?

10. 좋아하는 쇼핑 장소 중 하나를 생각해 보자. 이 소매업체들은 어떻게 고객 충성도와 만족도를 만들어내고, 반복 방문을 장려하고, 고객과 소매업체간의 정서적 유대를 구축하고, 고객의 기호를 알아내고, 우수고객에게 기억할 만한 경험과 개인적인 관심을 제공하고 있는가?

참고문헌

1. Kroger—2015 Annual Report, I Kroger, 2016, http://eproxymaterials.com/interactive/kr2015/.

2. "2014 Global 250 Retailers," *Stores Magazine*, January 17, 2016.

3. Interview reported in Dhruv Grewal, Michael Levy, and Britt Hackmann, "Making Loyalty Programs Sing," Working Paper, Babson College, 2016.

4. Scott A. Neslin, "Customer Relationship Management," in The *History of Marketing Science*, Russell S. Winer and Scott A. Neslin, eds. (Hackensack, NJ: World Scientific Publishing, 2014), pp. 289–318; V. Kumar and Werner Reinartz, *Close Customer Relationship Management: Concept, Strategy and Tools* (New York: Springer, 2012); Francis Buttle, *Customer Relationship Management* (Hungary: Routledge, 2012).

5. V. Kumar, Ankit Anand, and Hyunseok Song, "Future of Retailer Profitability: An Organizing Framework," *Journal of Retailing* 93, no. 1 (March 2017), pp. 96–119; Bernhard Swoboda, Bettina Berg, Hanna Schramm-Klein, and Thomas Foscht, "The Importance of Retail Brand Equity and Store Accessibility for Store Loyalty in Local Competition," *Journal of Retailing and Consumer Services* 20, no. 3 (May 2013), pp. 251–262.

6. Jack Mitchell, *Hug Your Customers: The Proven Way to Personalize Sales and Achieve Astounding Results* (New York: Hyperion, 2003).

7. Elizabeth M. Aguirre, Dominik Mahr, Dhruv Grewal, Ko deRuyter, and Martin Wetzels, "Unraveling the PersonalizationParadox: The Effect of Information Collection and Trust-Building Strategies on Online Advertisement Effectiveness," *Journal of Retailing* 91, no. 1 (2015), pp. 34–49; Jeff Chester, "Cookie Wars: How New Data Profiling and Targeting Techniques Threaten Citizens and Consumers in the 'Big Data' Era," in *European Data Protection*, Serge Gutwirth, Ronald Leenes, Paul De Hert, and Yves Poullet, eds. (New York: Springer, 2012), pp. 53–77; Jodie Ferguson, "Consumer Attitudes toward Sharing Personal Health and Shopping Information: A Hierarchical Model to Understanding Privacy Concerns," *Marketing Theory and Applications*, 2012, pp. 140–149.

8. Marc Roth, "The Retailer's Guide to Big Data," CSN, March 30, 2015; Federal Trade Commission, *Protecting Consumer Privacy in an Era of Rapid Change* (Washington, DC: Author, March 26, 2012).

9. https://www.ftc.gov/tips-advice/business-center/guidance/how-comply-privacy-consumer-financial-information-rulegramm.

10. V. Kumar and Werner Reinartz, "Creating Enduring Customer Value," *Journal of Marketing* 80, no. 6 (November 2016), pp. 36–68; Yao Zhang, Eric T. Bradlow, and Dylan S. Small, "Predicting Customer Value Using Clumpiness: From RFM to RFMC," *Marketing Science* 34, no. 2 (2014), pp. 195 –208; V. Kumar, Lerzan Aksoy, Bas Donkers, Thorsten Wiesel, Rajkumar Venkatesan, and Sebastian Tillmanns, "Undervalued Customers: Capturing Total Customer Engagement Value," *Journal of Service Research* 13 (2010), pp. 297–310; V. Kumar, "Customer Lifetime Value-Based Approach to Managing Marketing in the Multichannel, Multimedia Purchasing Environment," *Journal of Interactive Marketing* 25, no. 2 (2010), pp. 71–81.

11. Emmitt Cox, *Retail Analytics: The Secret Weapon* (Hoboken, NJ: Wiley, 2011).

12. Charu C. Aggarwal, *Data Mining*: The Textbook (New York: Springer, 2015); Gordon S. Linoff and Michael J. Berry, *Data Mining Techniques: For Marketing, Sales, and Customer Relationship Management*, 3rd ed. (Hoboken, NJ: Wiley, April 2011); Alexander Tuzhilin, "Customer Relationship Management and Web Mining: the Next Frontier," *Data Mining and Knowledge Discovery*, 2012, pp. 1–29.

13. Don Peppers, "When Loyalty Programs Are a Waste of Money," *Fast Company*, March 2, 2012.

14. Alexandra Berzon, "Starwood Perks Up Loyalty Program," *The Wall Street Journal*, February 1, 2012.

15. Kolowich, "7 Customer Loyalty Programs That Actually Add Value"; Nideau and Singer, "The Secret to Creating Loyalty Programs That Actually Work"; Bryan Pearson, "How to Create Loyalty Programs Consumers Will Actually Get Excited About," *Fast Company*, January 11, 2013; Erdener Ortan, "How to Implement a Customer Loyalty Program?," *Erdener Ortan's blog*, October 20, 2012; Don Peppers, "5 Best Practices for Loyalty Programs," *Fast Company*, July 8, 2012.

16. http://www.pampers.com/en-us/rewards/make-a-donationto-the-march-of-dimes; Bryan Pearson, "How to Align Your Loyalty Program with Your Company's Charitable Works," *Retail Customer Experience*, December 5, 2014.

Memo

03 PART

상품
관리

Part 02는 소매업체가 하는 전략적인 결정들, 즉 소매시장전략과 이와 연결된 재무 전략의 개발, 점포입지 선정, 정보와 상품의 흐름을 통제하기 위해 사용하는 시스템, 그리고 고객과의 관계를 관리하기 위한 접근 방법 등에 대해 살펴 보았다. 이러한 결정 요소들은 전술적이라기 보다는 전략적인데, 목표 소매

시장 부분에서의 경쟁을 위해 장기적인 이점들을 개발하기 위한 중요한 자원들과 관련된 것이기 때문이다.

Part 03에서는 소매전략을 수립하기 위한 보다 전술적인 상품관리에 대한 결정들을 살펴보고자 한다.

Chapter 11는 소매업체가 그들의 상품을 어떻게 관리하는지, 즉, 상품기획과정, 성과평가, 판매예측, 구색계획수립, 적절한 재고수준, 점포로의 상품할당, 재고관리 활동에 대한 모니터링 등을 다룬다.

Chapter 12은 소매업체가 벤더로부터 어떻게 상품을 매입하는지, 즉, 취급 브랜드 결정, 협상과정, 벤더와의 관계 구축 등을 알아본다.

Chapter 13은 소매업체가 상품과 서비스의 가격을 어떻게 책정하고 조정하는지를 다룬다.

Chapter 14는 소매업체가 브랜드 이미지를 구축하고 고객들과 의사소통하기 위한 접근 방법들에 대해 알아본다.

그리고 이어지는 4부에서는 인적자원과 점포관리에 대한 결정 요소들을 다루게 된다.

Chapter 11

상품기획과정 관리

학습목표

이 장을 읽은 후에 당신은

LO 11-1 상품관리 조직과 성과측정을 설명할 수 있다.

LO 11-2 지속성 상품과 유행성 상품의 상품관리 과정을 비교할 수 있다.

LO 11-3 상품 카테고리 매출의 예측 방법을 설명할 수 있다.

LO 11-4 상품구색 개발을 위한 요소들의 장단점을 설명할 수 있다.

LO 11-5 적절한 재고수준을 어떻게 결정하는지를 설명할 수 있다.

LO 11-6 상품관리 시스템을 분석할 수 있다.

LO 11-7 다점포 소매업체가 어떻게 점포별 상품을 할당하는지를 설명할 수 있다.

LO 11-8 소매업체가 어떻게 상품관리에 대한 성과를 평가하는지 알 수 있다.

어떤 소매업체들에게는, 오프라인 점포에서 더 많은 재고를 보유하고 상품구색을 넓히는 것이 온라인에서의 매출을 증가시키는 답이 될 수도 있다. 논리적이지 않은 주장이라고 보일 수도 있겠지만 옴니채널 소매업에 대한 이전 논의를 보면, 지속적으로 변화하는 시장에서 소매업체는 소비자가 원하는 상품을, 그들이 원하는 시간과 장소에 구비하기 위해 새로운 방식으로 생각하고 재고해야 한다는 끊임없는 요구와 직면하고 있다.

전통적인 모델에서는 점포 내에 재고가 많을수록 고객들이 사려고 하는 상품이 결품이 될 확률이 줄어든다. 그러나 이것은 점포의 운영비와 연관된 비용들을 증가시키기 때문에, 손익을 계산하기 위해서는 중요한 품목에 대해서는 결품을 내지 않으면서 동시에 필요 이상의 과다재고가 되지 않도록 점포에서 보유해야 하는 상품의 정확한 양을 규정하는 것이 수반된다. 온라인 판매 모델에서는 이 비용들 중 몇몇은 거의 없는데, 온라인 소매업체는 점포 내 상품의 진열이나 고객 응대를 위한 판매인력 채용은 필요없기 때문이다. 대신, 온라인 소매업체는 상대적으로 저렴하게 물류센터에 상품을 보유하고 있다가 고객으로부터 주문이 들어오면 개별 고객들에게 상품을 보내면 된다.

그러나 새로운 옴니채널 환경에서는, 이 두 모델은 복합적으로 적용되어 보다 복잡한 알고리듬을 만들어 내면서 다양한 문제들을 해결하도록 한다. Target은 점포내에서는 재고수준을 높여 더 많은 상품을 보유하고, 이 재고로 온라인 주문까지 처리할 수 있도록 한다.

이러한 전략은 많은 의문들을 불러 일으켰지만, Target은 이 결과에 상당히 만족했다. 최근 발표된 데이터에서 점포 내 재고 성과가 약 20% 향상되었으며, 배달 거리를 최소화 하는 지역 점포의 재고로 온라인 주문의 약 30%를 해결할 수 있었다. Target은 점포 내 재고수준을 약 4% 증가시키긴 했지만, 최근 분기에서 온라인 매출이 34% 신장했으며 주요 경쟁사인 월마트의 매출을 능가했다고 한다.

Target은 지금까지는 이러한 전략이 성공적이었지만 과거에 특정 상품을 중심으로 상품구색을 가져갔던 소매업체들이 상품구색을 확장하고 넓혀가고 있기 때문에 새로운 경쟁 상황에 직면하고 있다. Target은 GMS이기 때문에 고객들이 종종 온라인으로 구매하는 상품예. 책과 점포에서 개인적으로 고르는 것을 선호할만한 상품예. 화장지 등 다양한 상품을 보유하고 있다. 그러나 미국 소비자들의 평균 점포방문 횟수는 3.8% 줄고, 더 많은 소매업체들이 그들 스스로를 한번의 점포방문으로 이 모든 것을 해결할 수 있는 장소라고 광고하고 있다.

특히, 많은 소매업체들은 겉으로 보기에는 부조화스러운 품목들까지도 포함하여 상품구색을 확대하고 있다. 예를 들어, Home Depot는 그들 특유의 DIY 가정용품점의 이미지와 그리 관련성이 없는 세탁세제와 숯 품목을 취급하고 있다. 그러나 실제 고객이 무엇을 사는지에 주의를 기울여 보면, 대형마트 업체들은 고객이 그들이 얼마전에 구매한 새 그릴에 사용할 숯 제품과 새 세탁기 겸 건조기에 사용할 세탁세제를 찾고 있다는 것을 알게 된다.

그보다 더 한 소매업체도 있다. Staples는 사무실 근로자들과 재택 근무를 하는 사람들을 위한 커피빈 제품은 물론, 방취용 화장품과 면도크림까지 취급하고 있다. 이런 상품을 취급함으로써 Staples는 토너를 사기 위해 점포에 들른 고객들이 다른 점포로 가지 않고도 자사의 점포에서 몇몇 필수품까지 구매할 수 있는 편리함을 알아보기를 바란다.

상품구색을 확장하고자 하는 다른 이유는 이러한 상품구색이 고객의 재방문을 증가시킬 수 있는 가능성이다. 예를 들면, Best Buy는 Soda Stream과 같은 소다 기계를 적극적으로 판매하고 있는데, 자사 점포에서 이 기계를 구매한 고객은 이 기계에 필요한 CO_2 카트리지를 리필하기 위해 재방문 할 확률이 높기 때문이다. 이러한 재방문은 최신 DVD나 최신 헤드폰 세트와 같은 상품을 충동 구매하도록 부추긴다.

이들의 노력에 뒤지지 않기 위해 Target은 농산품, 그래놀라/요거트, 스낵, 신선육, 맥주/와인, 사탕, 차/커피 등의 주요 카테고리에 대해 유기농, 글루텐 프리, 천연 상품을 특히 강화하여 가공식품 구색을 확장하겠다는 계획을 발표했다. 이를통해 Target은 자사의 점포를 사람들이 Home Depot에서 구매할 수도 있는 화장지나 구매하러 오는 "대형점포"로 포지션하기 보다는 맛있는 식품들도 살 수 있는 의미있는 점포로 자리매김 하기를 바란다.

상품관리 활동은 기본적으로 바이어^{매입}_{담당자}와 그 상급자, 상품기획 관리자 DMMs, 그리고 상품기획 총괄 관리자^{GMMs}에 의해 이루어진다. 많은 사람들이 이러한 업무를 매우 재미있고 멋진 일이라고 생각한다. 바이어는 최신 유행과 트렌드를 확인하기 위해 노력하고, 파리나 밀라노에서 유명인들이 가득한 패션쇼에 참여하고, 트렌드를 선도하는 사람들이 어떤 옷을 입는지 살펴보러 락 콘서트나 다른 멋진 행사에 참여하는데 대부분의 시간을 보낸다고 생각한다. 그러나

재고 관리는 투자 포트폴리오 관리와 유사하다.

실제 소매 바이어의 활동은 세계를 관광하듯 다니는 유행 전문가라기 보다는 월스트리트의 투자 분석가와 더 비슷하다.

투자 분석가들은 주식목록을 관리한다. 그들은 가치가 오를 것이라고 생각하는 기업의 주식을 사고 그렇지 않은 기업의 주식은 판다. 그들은 지속적으로 그들이 보유한 주식들의 상승과 하락을 보며 성과를 모니터링 한다. 때때로 그들은 성과가 그다지 좋지 않은 회사에 투자를 하는 실수를 하기도 해서 주식을 팔고 손실을 보기도 한다. 그러나 그들은 그 주식을 판 자금을 보다 매력적인 주식을 사는데 사용한다. 때때로 그들이 산 주식은 엄청난 상승을 하여 더 많이 샀더라면 좋았겠다고 생각하기도 한다.

소매 바이어들은 주식의 목록을 관리하는 대신 상품재고에 대한 목록을 관리한다. 그들은 고객들에게 인기 있을 것이라고 생각하는 상품을 매입한다. 투자 분석과 마찬가지로 그들은 그들의 상품 목록상의 상품의 성과를 모니터링 하는 정보시스템을 사용한다. 소매 바이어들도 실수를 한다. 그들이 구매한 상품이 잘 판매되지 않으면, 더 잘 팔리는 상품을 매입하기 위한 자금을 위해 그 상품들을 세일 상품으로 내어 놓아 재고를 처리한다. 때때로 그들은 보수적인 경쟁사들이 해당 상품을 충분히 확보하지 못하고 있는 동안 그 상품을 충분히 매입하여 잘 판매함으로써 많은 수익을 얻기도 한다.

Macy's에서 수영복 바이어였던 Chris Manning은 상품매입과 서핑이 유사하다고 설명한다.

"내 직업은 서핑과 같아요. 때때로 큰 파도^{트렌드}를 만나면 매우 즐거워요. 가끔은 유행할 것이라고 생각했던 것이 그렇지 않은 경우도 있지만 정말 재미있는 것은 그 파도에서 할 수 있는 최대한의 것을 얻어내는 거예요. 큰 파도가 올 때 내가 어떻게 일하는지 예를 하나 들어드리죠. 벤더가 탱키니^{비키니 하의에 탱크톱 상의}를 선보이기 시작합니다. 나의 고객들은 자녀가 있는 40대 여성들이구요. 나는 내 고객들이 원피스 수영복보다 너무 많이 드러나지 않으면서 투피스 수영복의 장점을 가지고 있기 때문에 이 새로운 스타일을 좋아할 것이라고 생각합니다. 그래서 나는 테스트를 위해 다양한 색상의 상품을 매입하여 우리의 트렌디

한 매장에 1월에 진열을 해 봅니다. 초기 판매는 잘 되었지만 우리 고객들은 노출이 조금 심한게 아닌가 생각합니다. 그러면 나는 그 파도를 좀 더 연구합니다. 벤더에게 상의 디자인을 조금 바꾸어 노출이 덜 되게 해달라고 하고 가장 잘 판매되었던 색상들로 대량매입을 합니다. 매출이 좋으면 다른 Macy's 부서에서도 이 상품을 선택하여 가장 오랫동안 많이 판매되는 상품이 되는 거죠."

상품관리는 소매업체가 적절한 상품을 적절한 양으로, 적절한 장소와 시기에 제공함으로써 기업의 재무적 목표를 달성하는 과정을 말한다. 바이어는 고객들이 구매하고자 하는 상품이 무엇인지 예측할 수 있어야 한다. 그러나 시장의 트렌드를 감지하는 능력은 상품재고를 효과적으로 관리하는데 필요한 한가지 기술일 뿐이다. 아마도 그보다 더 중요한 스킬은 지속적으로 판매 데이터를 분석하고 가격과 재고수준을 적절하게 조절하는 능력일 것이다.

이 장의 첫 번째 절에서는 상품관리 프로세스를 이해하는데 필요한 배경 지식을 설명한다. 그리고 프로세스가 어떻게 구조화되고, 누가 의사 결정을 하며, 어떻게 성과가 평가되는지를 설명하고, 마지막 절에서는 매출예측, 상품구색 계획수립, 재고수준 결정, 상품관리 계획수립, 점포로의 상품할당, 성과 모니터링 등의 상품관리 프로세스를 단계별로 살펴볼 것이다. 이 장 말미 부록에서는 상품예산 계획수립을 위한 단계를 보다 자세히 설명한다. 상품관리에 포함되는 다른 활동들인 상품 매입과 가격책정에 대해서는 이어지는 장에서 다룬다.

I 상품관리 개요

LO 11-1
상품관리 조직과 성과측정을
설명할 수 있다.

이 절에서는 소매업체의 상품관리 조직과 상품관리 활동의 목표, 성과를 평가하는데 이용되는 방법 등 상품관리 과정의 전반을 알아본다. 그리고 다음 절에서 유행성 상품과 지속성 상품 각각의 관리 과정을 단계별로 알아보고, 관리에 있어서의 차이점을 알아본다.

1. 매입조직

모든 소매업체는 상품 카테고리를 그룹화하는 자신만의 시스템을 가지고 있다. 그러나 매입조직의 기본적인 구조는 대부분 비슷하다. 〈그림 11-1〉은 Macy's, Belk, Dillard's와 같은 체인 백화점의 상품부문의 기본적인 조직도이다. 기획자들의 조직구조도 이와 유사하며 바이어 조직과 병렬적이다.

가장 상위의 조직단위는 상품그룹merchandising group이다. 〈그림 11-1〉의 조직도는 4개의 상품그룹을 보여주고 있다. ① 여성 의류, ② 남성의류, 아동복, 속옷 ③ 화장품, 신발, 보석, 액세서리 ④ 가정용품, 주방용품이 그것이다. 4개의 상품그룹은 기업 내에서 선임 부대표인 상품 총괄관리자GMM가 관리한다. 각각의 총괄 관리자는 몇 개씩의 부서를 책임진다. 예를 들어, 남성의류, 아동복, 속옷의 총괄 관리자는 남성 정장, 남성 스포츠웨어, 남성 캐쥬얼, 아동복, 속옷의 5개 부서의 상품재고를 어떻게 관리할지에 대한 의사 결정을 한다.

두 번째 단계의 조직단위는 부서department이다. 이 부서는 부서상품 관리자DMMs가 관리한다. 예를 들면, 아동복부서 상품관리자는 아동 의류 매입을 담당하는 6명의 매입담당자바이어를 관리한다.

계열classification은 상품관리의 세 번째 단계이다. 계열은 여아 아동복 사이즈 4-6과 같이 동일한 고객 타입을 목표로 하는 상품들의 그룹이다. 카테고리는 그 하위 레벨로 각각의 바이어는 몇 개의 상품 카테고리를 관리한다. 예를 들면, 여자아동복 사이즈 4-6 바이어는 사이즈 4-6의 여아를 위한 스포츠웨어, 드레스, 수영복, 아웃웨어 카테고리를 관리한다.

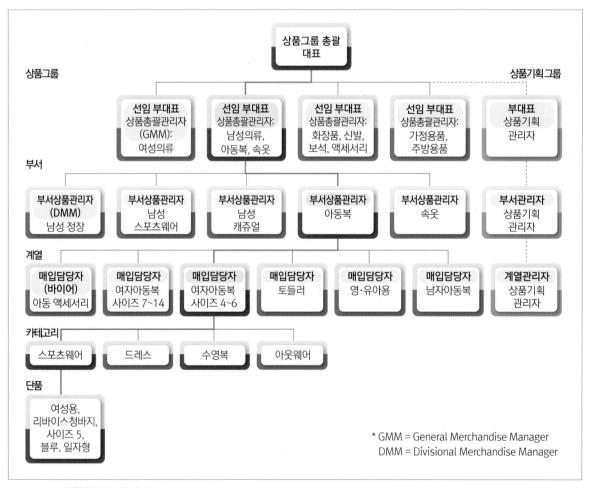

△ 그림 11-1 상품분류 및 조직 예시

단품SKU: Stock Keeping Unit은 재고관리가 가능한 가장 최소의 단위이다. 예를 들어 의류의 경우, 하나의 단품은 사이즈 5의 블루 색상의 일자형 여성용 리바이스 바지와 같이, 특정한 브랜드, 사이즈, 색상, 스타일을 의미한다.

2. 상품 카테고리 - 계획단위

상품 카테고리는 상품관리를 결정하는데 기본이 되는 분석단위이다. 상품 카테고리란 고객이 대체할 수 있다고 생각하는 상품품목들의 그룹이다. 예를 들면, 백화점이 다양한 색상, 스타일, 브랜드의 사이즈 4-6의 여아용 드레스를 취급한다고 할 때, 자신의 딸을 위해 드레스를 사려고 하는 엄마는 구매결정을 할 때 다양한 드레스를 모두 고려할 것이다. 이 때, 어떤 드레스의 가격을 낮추는 것은 그 드레스의 매출을 증가시킬 수는 있지만 다른 드레스의 매출은 감소시킬 수 있다. 그래서 바이어의 가격책정과 카테고리 내 특정단품의 프로모션에 대한 의사 결정은 같은 카테고리 내 다른 단품들에 영향을 미치게 된다. 보통 한명의 바이어는 몇 개의 상품 카테고리를 관리한다.

1 카테고리 관리

상품을 관리하는 카테고리 관리방식은 전체 카테고리의 상품관리 활동을 총괄하기 위해 한 명의 바이어나 카테고리 매니저를 지정하게 된다. 카테고리별 관리는 점포 내에서 상품의 사이즈나 벤더별 최고의 조합으로 진열 공간을 할당하고 그로부터 가장 높은 이익을 얻을 수 있는 상품구색을 갖출 수 있도록 해준다.

몇몇 소매업체는 브랜드로 카테고리를 정의하기도 한다. 만약 소매업체가 Tommy Hilfiger와 Polo/Ralph Lauren 브랜드들이 서로 대체 불가능하다고 생각한다면Tommy 고객들은 Ralph가 아닌 Tommy를 구매한다 이 브랜드들은 각각 카테고리일 수 있다. 하나의 제조업체 브랜드 벤더로부터 상품을 매입하고 프로모션과 유통을 조율하는 것이 바이어에게는 더 쉬운 일이다. 이렇게 카테고리 관리에 있어서 브랜드별 접근 방법은 특히 그로서리 소매업체에서 일반적이다. 슈퍼마켓 체인에서는 씨리얼에 Kellogg's, General Mills, General Foods를 담당하는 세 명의 바이어가 있을 수 있다.

그렇지만 카테고리를 브랜드로 구분하여 상품을 관리하는 것은 비효율을 초래할 수 있다. 왜냐하면 카테고리 내 단품간의 상호독립성을 고려하지 못하기 때문이다. 예를 들면, 한 슈퍼마켓 체인의 세 명의 씨리얼 브랜드 바이어들은 각자 담당하는 브랜드에서 글루텐프리 씨리얼의 신상품 라인을 취급하겠다고 결정할 수 있을 것이다. 그러나 만약 바이어들이 전체 카테고리 레벨에서 고려한다면, 글루텐프리 씨리얼 시장은 제한적이기 때문에, 글루텐프리 씨리얼은 한 가지만 취급하고 그 대신 고객들이 좋아하는 해당 지역에서 생산된 씨리얼을 취급하는 것이 더 많은 매출을 올릴 수 있다고 판단할 수도 있다.

② 카테고리 캡틴

어떤 소매업체는 General Mills나 Kellogg's 등의 벤더를 선정하여 그들이 특정 카테고리를 관리하는 것을 지원하기도 한다. 이러한 벤더를 카테고리 캡틴이라 하는데 이러한 벤더는 소매업체와 함께 고객들의 쇼핑 행동을 보다 잘 이해하여 그들의 니즈needs를 만족시키는 상품구색을 만들어 내고 상품 카테고리의 이익을 개선시킨다.

카테고리 캡틴으로 벤더를 선정하는 것은 소매업체 입장에서 몇가지 장점이 있는데 상품관리 작업을 보다 쉽게 만들어 주고 이익을 개선시킬 수

냉장음료는 몇 개의 카테고리로 구성된다.

있다는 것이다. 벤더들은 특정 카테고리에 대해 우수한 정보를 갖고 있기 때문에 카테고리를 관리하는데 있어 종종 소매업체보다 더 좋은 위치에 있기도 한다. 벤더들은 온전히 특정 카테고리에 집중하는 반면 바이어는 일반적으로 다수의 카테고리를 관리한다. 게다가 벤더가 다른 소매업체들과의 카테고리 관리로부터 얻는 통찰을 현재의 문제에 적용할 수도 있기 때문이다.

카테고리 캡틴으로 하나의 벤더를 결정하는데 있을 수 있는 잠재적인 문제는 해당 벤더가 그 지위를 악용할 수 있다는 점이다. 그것은 마치 "고양이에게 생선을 맡기는 것"일 수 있다. 예를 들어, Frito-Lay가 소매업체의 카테고리 전체 매출보다는 자신의 매출을 극대화하기로 했다고 생각해보자. 그들은 소매업체에게 보다 많은 이익을 줄 수 있는, 높은 마진의 상품이나 PB상품 등의 단품은 제외시키고 자사의 단품을 대부분 포함시키는 상품구색 계획을 제안할 수도 있다. 그래서 소매업체는 이러한 중요한 의사결정을 벤더들에게 맡기는 것을 점점 더 꺼리게 되었다. 벤더와 밀접하게 일하면서 그들의 제안을 세심하게 평가하는 것이 더 나은 접근 방식이다.

마지막으로 카테고리 캡틴의 독점 금지도 고려해야 한다. 예를 들어, 카테고리 캡틴이 가격을 고정하기 위해 소매업체와 공모하거나 다른 브랜드, 특히 소규모의 브랜드들을 선반의 진열 공간을 얻지 못하도록 차단시킬 수도 있기 때문이다.

3. 상품관리 성과평가

6장에서 언급했듯이, 소매업체의 실적을 평가하는 좋은 방법은 총자산이익률ROA; Return On Assets 이다. ROA는 자산회전율과 순이익률로 구성되어 있다. 그러나 ROA가 상품관리자들의 실적을 평가하기에 좋은 방법은 아니다. 왜냐하면 상품관리자들이 소매업체의 모든 자산이나 발생하는 비용들에 대한 통제를 하지는 않기 때문이다. 상품관리자들은 그들이 매입하는 상품과 총

이익을 결정하는 상품의 원가와 판매가격에 대해서만 통제권이 있고, 점포운영, 인력자원, 부동산, 물류와 정보시스템과 같은 운영비용에 대해서는 그렇지 않다.

1 재고총이익률 Gross Margin Return On Investment, GMROI

ROA에 대한 바이어의 공헌도를 평가하는 재무비율이 바로 GMROI이다. 이것은 바이어가 투자한 재고 금액당 벌어들인 수익이 얼마나 되는지를 측정한다. GMROI는 총이익률과 재고회전률과 관련있는 재고대비매출비율로 구성되어 있다.

$$\text{GMROI} = \text{총이익률} \times \text{재고대비매출비율} = \frac{\text{총이익액}}{\text{순매출}} \times \frac{\text{순매출}}{\text{평균재고원가}} = \frac{\text{총이익액}}{\text{평균재고원가}}$$

GMROI를 계산하기 위해 재고회전율 대신 재고대비매출비율을 사용하는 이유는 GMROI가 투자대비 이익을 측정하는 것이기 때문이다. 그래서 재고투자는 원가로 표현한다. 재고회전율과 재고대비매출비율은 매우 유사한 컨셉이지만 계산 방식은 조금 다른데, 공식의 분자에 차이가 있다. 재고대비매출비율을 계산할 때의 분자는 순매출이고, 재고회전율을 계산할 때는 매출원가를 분자로 한다. 재고대비매출비율을 재고회전율로 전환하기 위해서는 재고대비매출비율을(1 − 총이익률)로 곱하기만 하면 된다. 만약 재고대비매출비율이 9.0이고 총이익률이 0.40이라면, 카테고리의 재고회전율은 5.4가 된다.

$$\text{재고회전율} = (1 - \text{총이익률}) \times \text{재고대비매출비율}$$
$$5.4 = (1 - 0.4) \times 9.0$$

바이어는 GMROI의 두가지 구성요소 모두를 통제한다. 총이익 구성요소는 그들이 결정하는 판매가격과 상품을 매입할 때 벤더와 협상하는 원가에 영향을 받는다. 재고대비매출비율은 그들이 매입하는 상품의 인기에 영향을 받는다. 만약 바이어가 고객이 원하는 상품을 매입한다면, 그것은 신속하게 판매가 되어 재고대비매출비율은 높아질 것이다.

ROA를 평가하기 위해 이익과 자산 관리 경로가 있는 것과 마찬가지로 높은 GMROI를 달성하기 위해서는 총이익률과 재고회전율이라는 두 가지 경로가 있다. 예를 들면, 슈퍼마켓에서 어떤 카테고리예. 통조림가 마진은 높지만 회전율이 낮고, 다른 카테고리예. 즉석 베이커리는 마진은 낮지만 회전율이 높다고 해보자. 통조림 카테고리를 재고회전율만 이용해서 즉석 베이커리 카테고리와 성과를 비교한다면 슈퍼마켓의 성과에 대한 통조림 카테고리의 공헌도는 저평가 될 것이다. 반대로 만약 총이익률만을 이용한다면 통조림 카테고리의 공헌도는 과대평가될 것이다.

〈표 11-1〉은 한 슈퍼마켓에서의 통조림과 즉석 베이커리 카테고리의 성과평가를 보여준다. 만약 총이익률만으로 평가한다면, 20%의 즉석 베이커리보다는 통조림 카테고리가 50%로 확실

표 11-1 GMROI 예시

		즉석 베이커리			통조림
매출 총이익 평균재고		1,000,000 200,000 100,000			200,000 100,000 50,000
	GMROI =	$\dfrac{총이익}{순매출}$	×	$\dfrac{순매출}{평균재고}$	= $\dfrac{총이익}{평균재고}$
즉석 베이커리	GMROI =	$\dfrac{200,000}{1,000,000}$	×	$\dfrac{1,000,000}{100,000}$	= $\dfrac{200,000}{100,000}$
	=	20%	×	10	= 200%
통조림	GMROI =	$\dfrac{100,000}{200,000}$	×	$\dfrac{200,000}{50,000}$	= $\dfrac{100,000}{50,000}$
	=	50%	×	4	= 200%

히 우수하다고 평가할 수 있다. 그러나 통조림의 재
고대비매출비율은 겨우 4인 반면 즉석 베이커리는
10이다. GMROI로 이 두 카테고리를 계산하면, 모
두 200%로 두 카테고리의 성과는 같다.

이 사례에서, 즉석 베이커리의 매출이 5배 더 높
고 이익액이 두 배 더 높지만, GMROI에 더 큰 영
향을 미치는 것은 아니다. 그러므로 GMROI는 다
른 재무적 비율지표와 마찬가지로 단독으로 사용
되어서는 안된다. 다른 모든 조건들이 같다면, 더
많은 매출과 이익을 창출하는 바이어, 카테고리, 단
품들이 낮은 매출과 이익을 내는 경우에 비해 확실
히 좋은 성과를 낼 것이다.

슈퍼마켓에서 베이커리는 전형적으로 높은 재고대비매출비율과
낮은 총이익률을 갖는 카테고리이다.

2 재고대비매출비율의 측정

소매업체는 보통 재고대비매출비율을 일년 중 어떤 기간 단위로 측정하기 보다는 연간 단위
로 측정한다. 만약 3개월 단위의 한 시즌의 재고대비매출비율이 2.3이라면, 연간 재고대비매출
비율은 4배인 9.2가 된다. 일년의 어떤 기간에서의 재고대비매출비율을 연간 기준으로 환산하
려면 그 기간에 산출된 숫자에 기간을 감안하여 곱해주면 된다.

평균재고를 측정하는 가장 정확한 방법은 매일 마감시의 재고수준을 측정하여 그 총계를
365로 나누는 것이다. 대부분의 소매업체는 매일 마감시의 매장과 물류센터의 재고를 모두 합
산하고 평균을 구하는 방식으로 정확한 평균재고 수치를 구하기 위해 그들의 정보시스템을 이
용한다. 다른 방식은 몇 개월 동안 월말 재고를 합산하고 이를 개월 수로 나누는 것이다.

월	1월	2월	3월	총 재고	평균재고
월말재고	22,000	33,000	38,000	93,000	31,000

4. GMROI의 개선

바이어가 GMROI를 개선하는 데에는 두 가지의 길이 있다. ① 재고 회전율(재고대비매출비율)을 향상시키거나 ② 총이익을 개선하는 것이다.

1 재고회전율(재고대비매출비율)의 개선

재고회전율(재고대비매출비율)을 향상시키려면 바이어는 재고수준을 낮추거나 또는 매출을 올리면 된다. 재고회전율을 향상시키기 위해 바이어가 취할 수 있는 하나의 방법은 카테고리 내 단품수를 줄이는 것이다. 바이어는 고객이 원할 때, 원하는 특정 사이즈나 색상의 상품을 구매할 수 있도록 각각의 단품에 대해 안전재고backup stock를 갖추어야 한다. 단품수가 적다는 것은 보유해야 할 재고가 적다는 것을 의미한다. 그러나 단품수를 줄이는 것은 고객이 원하는 상품을 찾을 확률이 낮을 수 있기 때문에 매출이 줄어들 수 있다. 더 안좋은 것은 만약 고객이 그 매장에서 원하는 상품이나 브랜드를 계속해서 찾지 못한다면 그들은 경쟁점으로 가거나 친구들에게도 그렇게 하라고 적극 권할 수도 있다는 것이다.

Retailing View 11.1에서 보는 것과 같이 Macy's가 고객의 선호를 예측하기 위해 선진적인 데이터 분석기법을 사용하는 이유이다.

재고수준을 낮추는 두 번째 방법은 단품수는 그대로 유지하면서 각각의 단품에 대한 안전재고를 줄이는 것이다. 그러나 이 방법 역시 단품수를 줄이는 것과 같은 문제점을 가지고 있다. 적은 양의 안전재고는 고객이 매장이나 웹사이트에 방문했을 때 그들이 원하는 사이즈나 색상의 상품을 찾지 못할 확률을 높일 수 있기 때문이다.

재고회전율을 높이는 세 번째 방법은 상품을 매입할 때 보다 적은 양으로 좀 더 자주 매입하여, 매출을 줄이지 않으면서 평균재고를 낮추는 것이다. 그러나 바이어가 적은 양을 매입할 때에는 대량매입에 따른 할인이나 거래상의 규모의 경제의 이점을 활용하기 어려워지기 때문에 총이익이 감소할 수 있다. 그리고 이러한 방법은 바이어들이 주문하고 배송을 모니터링 하는데 더 많은 시간을 할애해야만 한다.

네 번째 방법은 매출은 늘리되 재고를 그에 비례적으로 늘리지 않는 것이다. 예를 들어, 바이어는 가격을 인하함으로써 매출을 올릴 수 있다. 그러면 재고회전율은 높아지는 반면 총이익은 줄어들 수 있기 때문에 GMROI에 부정적인 영향을 미칠수가 있다.

Macy's는 고객에 대한 보다 많은 통찰을 얻고 매력적인 상품구색을 만들고, 모든 채널에 걸친 고객들의 구매 경험을 개선하기 위해 예측분석 시스템을 이용한다. 몇 년 동안 Macy's는 고객 중심의 점포 내 경험을 제대로 만들어 내기 위해 데이터를 수집해 왔다. 특히 결품, 가격행사, 정가 판매비율 등에 대한 자세한 데이터를 수집하고 이를 각 지점의 단품정보와 결합시켜 고객을 분류하고 지역별 점포의 상품구색을 차별화 하였다.

매출이 지속적으로 디지털 플랫폼으로 이동함에 따라, Macy's는 이 예측분석 시스템을 자사의 Macys.com 사이트를 통해 보다 매력적인 온라인 경험을 만들기 위해서도 활용하고 있다. 이 회사는 자사의 웹사이트 데이터에서 고객의 방문빈도, 스타일 선호도, 그리고 쇼핑 동기 등을 분석하고 여기서 얻은 통찰을 모든 고객이 큰 노력을 들이지 않으면서 즐겁게 쇼핑할 수 있는 경험을 할 수 있도록 노력한다. 그러나 Macys.com은 개인화된 구매 제안을 위해서만 이 시스템을 사용하는 것은 아니다. 이들은 개별 고객들이 특정 상품 카테고리에 얼마나 지출을 할 가능성이 있는지를 계산하고 이 자료를 활용하여 고객이 계산하는 단계에서 고객별 맞춤 제안을 더 하고 있다.

게다가 이 시스템을 이용해서 자사에 등록한 고객들에게 좀 더 개별적으로 맞춤화된 상품 정보를 이메일로 보낼 수도 있다. 예를 들면, 500,000개의 서로 다른 버전의 이메일을 동시에 보낼 수 있다.

Macy's는 적절한 상품믹스 전략을 구사하고 자사의 다양한 쇼핑 플랫폼들을 보다 잘 통합함으로써 끊김없는 쇼핑 경험을 만들어 온라인과 모바일 플랫폼에서의 쇼핑 경험을 향상시킬 계획을 가지고 있다.

Sources: Mark van Rijmenam, "Macy's Is Changing the Shopping Experience with Big Data Analytics," DataFloq, March 14, 2014, https://datafloq.com/read/macyschanging-shopping-experience-big-data-analyt/286; Nicole Marie Melton, " Macy's Boosts Web Sales, Email Marketing with Predictive Analytics," FierceRetail, May 14, 2014, http://www.fierceretail.com/retailit/story/macys-boosts-web-sales-email-marketing-predictive-analytics/2014-05-14; Joe Keenan, "Customer Retention: Macy's Uses Predictive Analytics to Grow Customer Spend," Retail Online Integration, August 2014, http://www.retailonlineintegration.com/article/macys-uses-predictive-analytics-grow-customer-spend/1.

재고회전율의 개선은 보다 많은 고객의 내점으로 매출에 긍정적인 영향을 줄 수가 있고 매출관련 담당자들의 사기를 진작할 수 있으며, 새로운 매입 기회를 잡기 위한 자원을 제공할 수 있다. 재고회전율이 높으면 지속적으로 새로운 상품을 고객에게 제공할 수 있기 때문에 매출이 증가할 것이다. 지속적으로 새로운 상품을 갖추는 것은 고객이 점포에 방문을 하면 이전과는 다른 새로운 상품을 볼 수 있을 것이라는 기대로 점포를 더 자주 방문하도록 이끌 수 있다. 재고회전율이 낮으면, 장기간 매장에 진열되는 동안 고객이 잘못 다루거나 점포에 방치되어 하자가 생기는 등 상품성이 떨어져 보이기 시작한다. 판매 담당자들은 신상품을 판매할 때 더 적극적이고 동기부여 되곤 하기 때문에 매출이 증가하고 재고회전율은 더욱 개선된다. 마지막으로 재고회전율이 향상되면, 새로운 상품을 사기 위한 더 많은 자금을 확보할 수 있다. 유행성 상품 카테고리에서는 최신 상품을 매입할 수 있는 자금을 확보하는 것이 이익을 올릴 수 있는 기회를 만들어 주기도 한다. 예를 들면, 바이어는 벤더가 시즌 종료시점에서 과다하게 보유하고 있던 재고를 특별 가격에 매입할 수도 있다.

2 총이익의 개선

총이익을 개선하는 세가지 방식은 가격을 올리거나, 매출원가를 낮추거나 또는 고객 할인을 줄이는 것이다. 가격을 올리는 것은 총이익을 올리기는 하지만 가격에 민감한 고객들이 덜 구매하게 될 수 있으므로 매출과 재고회전율을 감소시킬 수 있다. 바이어들은 보통 벤더로부터 더 좋은 가격에 매입하기 위한 협상을 통해 매출원가를 낮추려는 시도를 하며, 카테고리의 구색상 유통업체브랜드[PB:Private Brand]의 비중을 높이려고도 한다. 왜냐하면 PB는 일반적으로 NB보다 원가가 낮기 때문이다[12장 참조]. 마지막으로 바이어들은 시즌 종료시점에 재고로 남은 상품이나 고객들이 좋아하지 않았던 상품 등에 대해 필요한 고객 할인을 줄임으로써 총이익을 개선시킬 수 있다. 이러한 할인을 최소화 하기 위해서 바이어들은 고객이 원하는 상품을 매입하고 매출을 정확하게 예측하는 일을 보다 더 잘 해야만 한다.

정리하면, GMROI를 개선하기 위해서 바이어는 적절한 재고회전율과 총이익간의 균형을 잘 맞추어야 한다. 재고회전율을 높이기 위한 몇몇 방법들은 매출규모를 낮추거나 총이익을 낮게 만들면서 GMROI를 감소시키는 이차 효과를 갖기 때문이다. 9장에서 살펴본 것과 같이 벤더와의 관계를 개선하거나 부정적인 부작용 없이 재고회전율을 높일 수 있는 VMI, CPFR와 같이 공급체인효율을 개선시킬 필요도 있다.

II 상품기획과정

L011-2
지속성 상품과 유행성 상품의
상품관리 과정을
비교할수있다.

〈그림 11-2〉는 상품기획 과정의 개요를 보여준다. 바이어는 카테고리 매출을 예측하고, 카테고리내 상품구색을 계획하며, 예측된 매출을 달성하는데 필요한 재고수준과 상품구색을 결정한다. 그리고 바이어는 월 단위로 예상매출과 이 매출을 달성하기 위한 재고, 그리고 판매된 상품을 보충하고 새로운 상품을 매입하는데 소요되는 자금에 대한 개략적인 계획을 수립한다. 이 계획에 따라 바이어나 기획자들은 각 점포에 어떤 타입의 상품을 얼마나 할당해야 하는지

를 결정한다. 이러한 상품매입 활동들은 12장에서 살펴보기로 한다.

바이어들은 카테고리 내 상품의 매출을 지속적으로 모니터링하면서 필요한 사항들을 조정한다. 예를 들면, 만약 카테고리 매출이 예상보다 낮고, 추정된 GMROI가 바이어의 목표치 이하로 떨어지면, 바이어는 몇몇 상품은 세일판매대로 옮기고, 확보된 자금으로 판매가 잘 될 것으로 예상되는 상품을 매입하거나 또는 재고 회전율을 높이기 위해 취급 단품수를 줄이는 등의 결정을 할 것이다.

〈그림 11-2〉에서는 이러한 과정을 순차적으로 보여주고 있지만, 실무에서 이러한 결정들은 동시에 일어나기도 하고 다른 순서로 이루어지기도 한다. 예컨대, 바이어가 담당 카테고리에서의 재고량을 먼저 결정한 다음 이를 통해 카테고리에서 제공되는 단품수를 결정할 수도 있다.

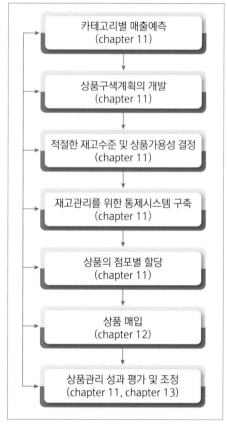

카테고리별 매출예측
(chapter 11)

상품구색계획의 개발
(chapter 11)

적절한 재고수준 및 상품가용성 결정
(chapter 11)

재고관리를 위한 통제시스템 구축
(chapter 11)

상품의 점포별 할당
(chapter 11)

상품 매입
(chapter 12)

상품관리 성과 평가 및 조정
(chapter 11, chapter 13)

🔺 그림 11-2 상품기획과정

1. 상품관리 시스템의 유형

소매업체는 ① 지속성 상품 카테고리와 ② 유행성 상품 카테고리를 관리하기 위해 다른 유형의 상품관리 시스템을 사용한다. 지속성 상품 카테고리는 기본 상품basic merchandise 카테고리라고도 하는데 오랜 기간동안에 걸쳐 지속적인 수요가 있는 상품들을 말한다. 제조업체들은 매년 다양한 새로운 상품을 선보이지만 이 지속성 상품 카테고리에 들어오는 신상품 수는 제한적이다. 지속성 상품 카테고리의 예로는, 슈퍼마켓에서 판매되는 대부분의 상품 카테고리들과 복사용지, 티셔츠와 남성 속옷과 같은 기본적인 캐쥬얼 의류 등이 있다.

지속성 상품의 매출은 주차별로 큰 변화가 없기 때문에 상대적으로 수요예측이 용이하고, 예측을 잘못했다 하더라도 그 영향은 크지 않다. 일례로, 만약 바이어가 캔 스프의 수요를 과대평가해서 많은 수량을 매입한 경우, 소매업체는 단기간은 과다재고를 보유하게 되겠지만 결국 캔 스프는 특별한 마케팅 노력이나 할인 없이도 판매될 것이기 때문이다.

지속성 상품에 대한 수요는 매우 예측 가능하기 때문에 이 카테고리에 대한 상품관리 시스템은 주로 지속적인 보충에 초점을 두게 된다. 이러한 시스템은 지속적으로 상품매출을 모니터링하고, 재고수준이 사전에 계획된 수준 이하로 떨어질 때 자동적으로 보충주문을 하게 된다.

지속성 상품 카테고리는 오랜기간에 걸쳐 지속적인 수요가 있는 상품을 말하며, 유행성 상품카테고리는 비교적 짧은 기간동안에만 수요가 있는 상품을 말한다.

유행성 상품 카테고리는 비교적 짧은 기간동안에만 수요가 있는 상품들이다. 이러한 카테고리에는 지속적으로 새로운 상품이 소개되기 때문에 현재 판매하고 있는 상품은 곧 유행에 뒤떨어지게 된다.

어떤 경우에는, 기본 상품은 변하지 않지만 그 시즌의 트렌드를 반영하기 위해 색상과 스타일이 바뀌기도 한다. 유행성 상품 카테고리의 예로는 운동화, 스마트폰, 태블릿, 여성의류 등이 있다. Retailing Review 11.2는 Mango가 어떻게 유행성 상품을 만들고 관리하는지를 설명하고 있다.

유행성 상품의 매출을 예측하는 것은 지속성 상품 카테고리를 예측하는 것 보다 훨씬 어렵다. 유행성 상품 카테고리의 매출예측 오류는 정정하기가 매우 어렵다. 예를 들어, Best Buy의 태블릿 바이어가 특정 모델을 필요 이상으로 매입했는데 업그레이드된 신상품이 출시되면 과다재고 상품의 판매는 어렵게 된다. 대부분의 유행성 상품의 짧은 판매 기간으로 인해 바이어는 초도발주를 한 이후 추가적인 주문의 기회를 놓치기도 한다. 그래서 만약 바이어가 초기 주문을 너무 적게 하면 이 상품에 대한 고객들의 요구를 충족시키지 못하게 되고, 해당 소매점포는 인기 상품이 부족하다는 평을 받게 될 것이다. 반대로 바이어가 너무 많은 주문을 하게 되면 시즌 종료시점에서 할인을 해야 하거나 재고를 소진하려는 다른 노력을 해야할 것이다. 그러므로 유행성 상품 카테고리에 대한 상품관리 시스템의 주요한 목적은 유행이나 시즌이 끝날 시점에는 가능한 한 재고가 남지 않도록 하는 것이다.

시즌상품 카테고리는 일년 중 특정 기간에만 매출이 급격하게 발생하는 상품들을 말한다. 할로윈 사탕, 크리스마스 장식품, 수영복, 눈 치우는 삽 등이 시즌상품의 대표적인 예이다. 유행성 상품이나 지속성 상품들도 시즌상품이 될 수 있다. 그 예로 수영복은 유행성 상품이고 눈 치우는 삽은 지속성 상품이라 할 수 있다.

그러나 상품기획의 관점에서 보면, 소매업체는 시즌상품을 유행성 상품과 같은 방식으로 매입해야 한다. 팔리지 않은 눈 치우는 삽을 내년 겨울 시즌을 위해 보관할 수도 있지만, 그것보다

Retailing VIEW 11.2 Mango의 Fast Fashion

Mango는 스페인 바르셀로나에 본사를 둔 SPA브랜드로 현재 105개국에 2,700개가 넘는 매장을 가지고 있다. Mango는 스페인의 Zara, 스웨덴의 H&M이 선도하는 빠른 유행의 개념 중, "빠른"보다는 "유행"을 강조한다.

유럽에서 가장 규모가 큰 Mango사의 Hangar Design Center는 면적이 9,290m²이며, 550명이 넘은 프로 직원들이 주로 여성 패션의류와 액세서리를 만들어 내고 있다. 디자인, 매입, 품질 부서들 역시 이곳에 있다. 회사 직원의 86% 이상이 평균 연령 29세의 여성들이다. 근무 환경은 매우 캐쥬얼하여 수트나 정장을 입은 직원은 거의 찾아볼 수 없다. 직원들의 패션 창의성이 넘쳐 흐르며, 그들은 그들 스스로 옷을 입는 방식으로 표현해낸다. Mango의 본사 직원은 약 1,800명으로 37개국을 대표하며 다양한 언어로 의사소통을 한다.

Mango사의 상품기획 주기는 매 3개월마다 시작된다. 이때 디자이너들은 그들의 주요 신상품 발표회들의 중요한 최신 트렌드를 의논하기 위한 회의를 하며, 각각의 신상품 발표회는 5~6개의 소규모 발표회로 구성된다. 각 점포는 몸에 달라붙는 짧은 드레스나 파티 드레스에서부터 캐쥬얼한 일상적인 옷을 포함하는 신상품을 거의 일정한 주기로 받는데 그 주기는 전형적인 의류업체보다 거의 6배 이상 빠르다.

각 신상품 발표회의 아이디어를 얻기 위해 디자이너들은 전통적인 패션쇼와 박람회에 참석한다. 그러나 그들은 길거리나 나이트 클럽에서 젊은 여성들이 무엇을 입고 있는지 확인하고 스타일리시한 젊은 여성들의 사진을 찍으면서 고객 주변에 머무르기도 한다. Mango의 상품기획 이사인 David Egea는 "사람들이 다음 시즌에 무엇을 할지를 아는 것은 쉬운 일이지만, 이 말은 이것이 유행할 것이라는 것을 의미하지는 않는다"고 말한다. 디자인 팀들은 계속해서 변하는 트렌드를 찾아 적용하기 위해 매주 회의를 한다.

Mango는 스페인에 본사를 둔 SPA 업체로 그들의 상품기획 주기는 매 3개월로 5~6회의 소규모 발표회를 갖는다. 이러한 상품기획 시스템은 재고회전율에 어떤 영향을 끼칠까?

Mango는 각각의 점포와 그들의 디자인을 트렌디한, 드레시한, 한여름에 적합한 등의 특성으로 묘사한다. 신상품 디자인 준비가 되면, 자사 컴퓨터 프로그램이 신상품들의 특징과 이와 잘 어울리는 점포들을 매치해준다.

여기에 추가로 Mango 점포들은 제한된 상품구색만을 디스플레이한다. 각각의 진열 선반에는 사이즈당 한 품목만을 진열하는데, 이러한 정책은 고객들로 하여금 나에게 맞는 사이즈가 곧 품절될 수도 있다는 긴박감을 조성한다.

Sources: www.mango.com; Manuel Baigorri, "Mango Mirroring Zara Challenges Europe's Wealthiest Man," Bloomberg, March 24, 2013; Jennifer Overstreet, "Mango Executive Shares Global Expansion Insights," NRF Blog, January 3, 2013; Kim Bhasin, "There Has Been a Changing of the Guard at Mango," The Guardian, November 24, 2012; Vertica Bhardwaj and Ann Fairhurst, "Fast Fashion: Response to Changes in the Fashion Industry," International Review of Retail, Distribution and Consumer Research 20 (February 2010), pp. 165-173.

수영복은 유행성 상품 카테고리이며, 눈 치우는 삽은 지속성 상품 카테고리이다. 그러나 모두 계절상품이다.

는 일반적으로는 겨울 막바지에 파격적인 할인을 통해 처분하는 것이 다음 시즌까지 재고 비용을 부담하면서 보관하는 것보다 더 낫다. 그러므로 시즌상품에 대해서는 시즌이 종료되는 시점에서 재고를 모두 소진할 수 있는 계획을 세워야 한다.

이렇게 두 가지 서로 다른 상품관리 시스템은 매출을 예측하고 재고를 관리하는데 이용되는 방식의 성격에 영향을 미친다. 다음 섹션에서 이 두 시스템에 대해 설명한다.

 III 카테고리별 매출 예측

LO 11-3
상품 카테고리 매출의
예측 방법을 설명할 수 있다.

〈그림11-2〉에서도 볼 수 있듯이, 상품기획의 첫 번째 단계는 카테고리에 대한 매출을 예측하는 것이다. 여기서는 지속성 상품 카테고리와 유행성 상품 카테고리에 대한 매출을 예측하는데 이용되는 방법과 정보를 살펴본다.

1. 지속성 상품의 매출 예측

지속성 상품의 매출예측 방법은 과거의 매출 트렌드를 근거로 미래의 매출을 추정하는 것이다. 이 때 프로모션, 날씨 등 향후 매출에 영향을 줄 것이라 예상되는 요인들을 감안하여 조정을 한다.

Retailing VIEW 11.3 매출 예측에 대한 날씨의 영향

가정용품 전문점은 허리케인 시즌이 오면 생수, 배터리, 후레시, 합판, 발전기를 준비해야 된다는 것을 알고 있다. 그러나 평년보다 더운 휴가시즌과 같은 두드러지지 않는 날씨 상황 역시 소매 매출에 상당한 영향을 주기도 한다. 여름에 날씨가 점점 더워지면서 아이스크림, 생수, 스포츠음료 등과 같은 몇몇 카테고리는 확실히 매출이 증가한다. 더운 여름은 소비자로 하여금 에어컨이 가동되는 시원한 공간을 찾도록 만든다. 대형마트와 영화관은 찌는 무더위로부터 잠깐의 시원한 휴식을 제공한다. 겨울이 따뜻하면, 잔디깎는 기계, 바비큐 그릴, 정원 용품들의 매출이 4월,5월 또는 6월보다는 2월, 3월에 오른다.

여름이 길어지면 판매가 잘 되는 카테고리 중 하나는 패션이다. 소매업체는 보통 실제 고객들이 외출시 편히 입을 여름 의류들을 미리부터 점포에 전개하는데, 일찍부터 덥기 시작하나면 매출이 증가할 것이고, 늦게까지 계속 덥다면 재고 처분을 위한 할인 판매를 늦출 수 있기 때문에 마진을 향상시킬 수 있을 것이다.

매출을 예측하는데 날씨 영향을 포함하기 위해서 많은 소매업체들은 장기 기상예보 서비스를 받아본다. 상품기획 관리자들도 상품의 배송, 프로모션, 가격할인 등의 의사결정을 하기 위해 이러한 서비스를 제공받아 활용한다. Planalytics장기 기상예보 제공 기업가 어떤 해에 캐나다의 남성 의류 소매업체에게 봄은 예년에 비해 서늘하지만 여름은 평년보다 기온이 높을 것이라는 정보를 제공하였다. 이에 그 소매업체는 몇가지 전략적 의사 결정을 하였는데 첫째, 반바지류의 가격할인 시기를 늦춘다. 둘째, 미국의 동부 해안보다 더 더울 것이라고 예상되는 서부 해안에 위치한 점포에는 반바지를 10,000벌 이상 준비한다. 셋째, 이러한 날씨와 관련된 수요에 대해 판매사원들에게 교육을 시켰다. 결과적으로 그 소매업체는 기대를 훨씬 웃도는 250,000달러의 추가적인 수익을 얻었다.

소매업에 있어서의 이러한 트렌드에 주목하여 Weather Channel

은 스스로 Weather.Co로 탈바꿈하면서 매우 정교한 기상예보와 날씨 트렌드를 전세계의 많은 소매업체에게 판매하고 있다. 예를 들어, 그들은 Pentone이나 헤어케어 상품을 취급하는 드럭스토어 업체들에게 아침마다 휴대폰 앱으로 날씨를 확인하는 고객들은 습도가 높은 날에는 구불거림 방지 샴푸에 대한 쿠폰을, 습도가 낮은 날에는 볼륨용 스프레이에 대한 쿠폰을 받는 것이 좋을 것이라고 제안한다.

Weather.Co는 공예품 소매업체인 Michaels에게 3일 계속 비가 온다는 예보를 가진 지역의 점포에는 그들이 판매하는 상품들을 광고하라고 제안했는데, 왜냐하면 사람들이 비오는 날에는 집안에서 무언가를 작업하는 것을 좋아하기 때문이다. 비오는 날에 대비하기 위해 부모나 보모들은 공예도구들을 갖추려 하기 때문에 Michaels가 이런 수요에 대비하고 준비해야 한다는 것이다.

또한 만약 고객들이 10월에 24도의 화창한 날씨를 경험하면 기분이 매우 좋지만, 7월 중순에 같은 날씨는 그렇지 않을 것이라고 말한다. 왜냐하면 사람들이 7월 날씨는 그럴 것이라고 예상하는 경우가 많기 때문이다. 쾌락재를 판매하는 소매업체들은 소비자가 날씨로 인한 두려움으로부터 벗어나게 해 줄 뭔가가 필요한 장기간의 한파 중이나 음산한 날이 그들의 상품을 광고할 적기라는 것을 안다.

Sources: www.planalytics.com; Katherine Rosman, "Weather Channel Now Also Forecasts What You'll Buy," The Wall Street Journal, August 14, 2013; Sydney Ember, "Nike Embraces Weather App in Campaign to Sell Gear Suited to Local Conditions," The New York Times, October 29, 2015; Catherine Valenti, "More Companies Use Weather to Forecast Sales," ABC News, March 12, 2013; "How Does Hot Weather Affect People's Buying Patterns?," CBC, July 2012; Cecilia Sze and Paul Walsh, "How Weather Influences the Economy," ISO Review, www.iso.com/Research-and-Analyses/ISO-Review/How-Weather-Influences-the-Economy.html.

1 과거 매출자료 활용

지속성 상품은 상대적으로 연중 일정한 매출을 갖는다. 그러므로 이 경우는 일반적으로 과거 데이터에 기반하여 미래의 매출을 추정한다. 사용할 수 있는 상당량의 과거 판매자료가 있기 때문에 정교한 통계 기술을 사용하면 각각의 단품들에 대한 매출을 예측할 수 있다. 그러나 이러한 통계적인 예측은 과거 판매에 영향을 미쳤던 요인들이 미래에도 같을 것이라는 가정에 기초하고 있다. 그러므로 지속성 상품 카테고리에 대한 매출이 비교적 예측 가능하다

GameStop과 같은 소매업체는 예전 게임과 유사한 게임의 매출 예측에는 과거자료를 이용하지만, 새로운 게임의 경우는 다르다.

하더라도, 통제가능하거나 또는 불가능한 여러 요인들이 매출에 지대한 영향을 미칠 수도 있다.

2 통제가능한 요인과 불가능한 요인에 대한 조정

통제가능한 요인에는 점포의 개점과 폐점, 상품의 판매가격, 특별 프로모션, 보완 카테고리의 가격과 프로모션, 매장 내 상품의 진열위치 등이 있다.

소매업체의 통제가 불가능한 요인에는 날씨, 전반적인 경제상황, 벤더가 주도하는 특별 프로모션과 신상품 출시, 경쟁점의 신상품, 가격, 프로모션 활동 등이 있다. 그러므로 바이어들은 이러한 통제가능한 요인과 불가능한 요인들의 효과를 반영하기 위해 통계적으로 추정된 예측치를 조정할 필요가 있다. Retailing View 11.3은 소매업체가 그들의 매출예측을 개선하기 위해 어떻게 장기 기상예보 자료를 활용하는지를 설명하고 있다.

2. 유행성 상품의 매출 예측

유행성 상품은 일반적으로 바이어가 실제 상품이 배송되고 판매되기 3개월이나 6개월 전에 미리 구체적인 수량을 매입하겠다고 약속하고 주문해야 하기 때문에 매출예측이 더 어렵다. 게다가 판매시즌이 끝나기 전에 주문량을 줄이거나 늘리기가 어려운 경우가 많다. 인기 상품의 공급자들은 보통 그들이 생산할 수 있는 것보다 더 많은 주문을 받아 물량이 모자라고, 비인기 상품은 재고가 필요 이상으로 초과된다. 마지막으로 유행성 상품매출은 카테고리 내 일부 또는 모든 상품들이 작년이나 지난 시즌에 제공했던 상품과는 다르기 때문에 특히 더 어렵다. 유행성 상품의 매출예측을 위해 소매업체가 사용하는 정보의 원천들은 ① 과거 매출데이터, ② 시장조사, ③ 패션 트렌드 서비스, ④ 벤더 등이 있다.

1 과거 매출 자료

유행성 상품 카테고리의 품목들이 매 시즌 새롭다고는 하지만 지난 해에 판매된 품목과 유사한 품목들도 많기 때문에 간단히 과거 실적으로부터 추정해서 매출을 예측하기도 한다. 예를 들면, Madden NFL과 같은 축구 비디오 게임은 시즌마다 새로운 에디션으로 바뀌어 단품이 매 시즌 바뀔 수 있지만, 매년 판매되는 축구 비디오 게임의 총 수량은 상대적으로 일정하여 예측이 가능하다. 이러한 예측 가능성으로 인해 Game Stop과 같은 소매업체는 트렌디한 상품에 대해서도 재고수준을 적절히 유지할 수 있으며, 고객들에게 그들이 좋아하는 게임을 언제 어디서 찾을 수 있는지에 대한 정보를 제공할 수도 있다.

2 시장조사

유행성 상품 카테고리를 담당하는 바이어는 매출을 예측하는데 도움이 되는 다양한 시장조사 활동을 수행하는데 이러한 활동은 카테고리에 영향을 미치는 트렌드에 대한 비공식적이고 정성적인 조사에서부터 보다 공식적인 실험이나 설문조사까지 다양하다. 미래에 고객들이 무엇을 좋아할지 찾아내기 위해 바이어는 그들 스스로 고객의 세상으로 직접 뛰어 든다. 예를 들면, 축구 경기나 록 콘서트에 참여하고, 사람들이 무엇에 대해 얘기하고 무엇을 입는지를 보기 위해 레스토랑이나 나이트 클럽과 같은 곳을 방문하면서, 그들의 인터넷 채팅방이나 블로그로 들어가 트렌드에 대한 정보를 찾는다. 박스오피스에서는 어떤 영화가 히트하고 있는지, 스타들은 무슨 옷을 입는지, 무슨 책이나 앨범이 탑10에 들었는지, 고객들은 어떤 잡지를 사는지, 이러한 정보의 원천들로부터 떠오르는 테마는 있는지 등등 바이어는 잡다한 정보들을 읽고 모은다.

소셜 미디어는 바이어들에게 정보의 중요한 원천이다. 바이어는 고객들의 과거 구매데이터와 마찬가지로 페이스북, 핀터레스트, 트위터와 같은 SNS 상에서의 상호작용을 모니터링 함으로써 고객이 좋아하는 것과 싫어하는 것, 선호하는 것들을 얻을 수 있다. 고객들은 그들 친구의 쇼핑목록이나 관심사, 그리고 블로그 등에 대해 의견을 내는 것을 좋아한다.

소매업체는 심층 면접이나 초점 집단면접과 같은 전형적인 형태의 고객 조사를 하기도 한다. 심층 면접은 자유로운 형식의 개인적인 면접으로 면접자가 특정 주제에 대한 방대한 질문을 통해 개별 응답자의 자세한 의견을 얻어내는 방법이다. 바이어는 소매업체의 데이터베이스로부터 고객 데이터를 확보해서 개별 고객들과의 전화 또는 면접을 통해 그들이 이 점포의 상품에 대해 무엇을 좋아하고 좋아하지 않는지를 확인하기도 한다.

보다 비공식적인 고객 면접 방법으로는 바이어가 매장에서 고객을 기다리면서 일정 시간^{예. 일주일에 하루}보내는 것이 있다. Target과 The Gap의 매입 사무실은 각각 미네소타와 북부 캘리포니아에 있지만, 그들의 점포는 미국 전역에 있다. 이러한 대형 체인의 바이어가 지역 고객의 요구를 다 맞추기는 어렵다. 점포를 자주 방문하는 것이 이러한 문제를 해결하는데 도움이 되며 전략적인 의사 결정을 위한 정보를 얻기도 한다. Target이 그들의 핵심 고객이 바뀐 것을 알아 차렸을 때, CEO는 그들의 고객을 다시 한 번 알아야 할 필요가 있다고 결정했다. 그래서 그와 몇몇의 최고 경영진들은 미국을 돌면서 싱글 여성과 히스패닉 주부와 같은 그들의 새로운 고객들과 이야기를 나누고 그들의 니즈를 좀 더 잘 이해하기 위해 그들의 가정을 방문하기도 했다.

초점 집단면접은 진행자가 느슨하게 구조화된 형식을 이용하여 면접에 참여하겠다고 응한 몇몇 응답자 그룹과 진행하는 면접이다. 진행자는 참석자가 적극적으로 자신의 의견을 말하고 다른 참석자의 관점에 대한 언급을 하도록 독려한다. 예를 들어, 어떤 점포는 청소년 시장의 근황을 잘 알기 위해 점포의 상품기획과 다른 점포 이슈들을 협의하기 위한 10대 오피니언 리더들 모임을 운영하기도 한다.

영국에 본사를 둔 슈퍼마켓 Tesco는 오랫동안 그들 사업의 곳곳에 이러한 고객의 통찰력을 활용해왔다. 그들은 "Tesco Families"라는 심층 집단면접 그룹을 두어 점포에서 무슨 상품을 매입하고 구비해 두어야 할지에 대한 정보를 얻는다. 게다가 Tesco는 매년 12,000명의 고객이 Tesco의 상품, 가격, 품질, 지역사회에의 서비스에 대한 그들의 시각을 공유하는 포럼을 개최한다.

마지막으로 많은 소매업체들은 상품매출을 실험해보는 프로그램을 가지고 있다. 예를 들면, 소매업체들은 신상품의 컨셉이 그에 적합한 매출을 만들어 낼 것인지를 지속적으로 실험하고 있다. 그들은 대표적인 샘플 점포에 신상품을 도입하고 그 품목의 매출을 측정한다. 멀티채널 소매업체들은 오프라인 점포에 제품의 취급을 결정하기 전에 그들의 온라인 채널에 먼저 신상품을 도입하는 방식으로 매출 실험을 하기도 한다.

3 패션 트렌드 서비스

바이어들, 특히 의류 바이어들이 최신 패션, 컬러, 스타일 등을 예측하는데 도움을 받기위해 가입할 수 있는 서비스들이 있다. 예를 들면, Doneger Creative Service^{hppt://www.doneger.com}은 남성의류, 여성의류, 아동의류, 라이스프타일 상품, 액세서리의 컬러 트렌드를 중심으로 다양한 예측 서비스를 제공하고 있다. 이 기업의 컬러 트렌드 서비스는 특정 카테고리에 대해, 색상 기준표를 사용하여 매 시즌 컬러의 방향을 제시하고, 색상의 조합과 카테고리별 구체적 적용안 등을 제공하고 있다. 이들의 온라인 클립보드 리포트는 주요 패션쇼에서부터 길거리 패션을 망라하여 실행 가능한 정보와 스타일 뉴스 등을 소개한다.

4 벤더^{공급업체}

벤더는 신상품 출시와 특별 프로모션과 같은 그들의 마케팅 계획에 대한 독점적인 정보를 가지고 있기 때문에 그들의 상품뿐 아니라 카테고리 전체의 매출에 큰 영향력이 있다. 그리고 벤더는 일반적으로 소매업체 보다는 좁은 상품 카테고리에 전문화 되어 있기 때문에, 특정 상품 카테고리의 시장 트렌드에 대해서 잘 알고 있다. 그러므로 벤더로부터 얻는 그들의 계획과 시장 조사에 대한 정보는 바이어가 카테고리 매출예측을 하는데 있어서 매우 유용하다.

3. 서비스 소매업체의 매출 예측

소멸성을 가지는 서비스의 특성 때문에, 서비스 소매업체는 패션 소매업체보다도 더 어려운 문제에 직면하게 된다. 그들의 판매 제품은 시즌 종료시점이 아닌 하루의 마감 시점에서 소멸되기도 한다. 만약 비행기가 이륙하고 록 콘서트가 끝날 때 비어있는 좌석이 있다면, 이 좌석으로부터 얻을 수 있었던 수익은 없어지는 것이다. 마찬가지로 레스토랑에서 수용 가능한 인원보다 더 많은 사람들이 관심을 갖는다면, 역시 수익의 기회는 없어지는 것이다.
그렇기 때문에 서비스 소매업체들은 그들이 제공하는 서비스에 대한 수요가 그들의 수용 능력을 초과하지 않고 딱 맞을 수 있도록 관리하는 방법을 생각해왔다. 어떤 서비스 소매업체는 예약이나 사전 약속을 통해 수요와 공급을 맞추려는 노력을 한다. 의사들은 진료 예약을 너무 많이 잡아 종종 환자를 기다리게 하는데 이렇게 그들의 수용 능력을 항상 채움으로써 수익이 나오지 않는 빈 시간을 없애려는 것이다. 레스토랑은 고객들이 테이블이 빌 때까지 기다리지 않아도 될 수 있도록 예약을 받는다. 게다가 예약은 교대 근무를 위한 직원수를 판단할 수 있는 기준이 된다. 다른 방법으로는 공연장이 콘서트때 하듯이 사전에 티켓을 판매하는 것이다.

IV 상품구색계획의 개발

LO 11-4
상품구색 개발을 위한 요소들의 장단점을 설명할 수 있다.

상품기획 과정에서 카테고리별 매출예측을 한 후의 단계는 상품구색 계획을 하는 것이다〈표 11-2〉 참조. 구색계획이란 소매업체가 각 점포와 웹사이트에서 상품 카테고리 내에서 제공할 단품들의 목록을 말한다.

1. 카테고리 다양성과 상품구색

상품구색의 계획은 소매업체가 상품 카테고리 내에서 제공하고자 하는 상품의 깊이와 폭을 반영한다. 상품기획의 맥락에서 상품 카테고리의 다양성, 혹은 폭breadth이라 하는 것은 소매업체가 어떤 카테고리에서 제공하는 서브 카테고리의 수를 말하며, 구색, 혹은 깊이depth라 하는 것은 그 서브 카테고리 내에 포함된 단품수를 말한다.

2. 다양성과 상품구색의 결정

카테고리의 다양성과 구색을 결정하는 과정을 상품구색의 편집이라고도 한다. 여성 진 카테고리의 상품구색 계획을 사례로 들면, 〈표 11-2〉에서 보는 것과 같이 10개의 타입 또는 다양성^스키니인지 부츠컷인지, 직물특성상 distressed인지 rinsed wash인지, 그리고 서로 다른 브랜드를 반영한 3개의 가격에, 이 각각의 타입마다 81 SKU^{3컬러*9사이즈*3길이}가 있다. 즉, 이 소매업체는 여성 진 카테고리 내에서 81개의 단품을 취급할 계획이 있다는 것이다.

바이어가 카테고리에 대한 구색을 편집할 때 다음의 요소를 고려할 것이다. ① 기업의 전략, ② GMROI에 대한 상품구색의 영향, ③ 카테고리간의 상호보완성, ④ 고객의 구매 행동에 대한 상품구색의 영향, ⑤ 점포의 물리적 특징.

1 기업의 전략

상품 카테고리내에서 제공되는 단품의 수는 전략적인 의사 결정의 결과이다. 예를 들어 Costo의 경우, 브랜드는 크게 신경쓰지 않으면서 저가격의 상품을 좋아하는 고객들에게 포커스하기 때문에 그들은 카테고리 내에 적은 단품수의 상품만을 제공한다. Costco는 제한된 단품을 운영하기 때문에 재고회전율을 높이고, 원가를 낮추며, 낮은 판매가격을 책정할 수 있는 것이다. 이와는 대조적으로 Best Buy는 많은 대체 상품들을 비교하기를 좋아하는 고객을 목표로 하고 있기 때문에 그들은 소비자용 가전 카테고리내에서 다양한 단품을 선보이고 있디.

표 11-2 여성 진의 구색계획

스타일	전통적	전통적	전통적	전통적	전통적	전통적
가격수준	$20	$20	$35	$35	$45	$45
직물구성	Regular denim	Stone-washed	Regular denim	Stone-washed	Regular denim	Stone-washed
색상	하늘색	하늘색	하늘색	하늘색	하늘색	하늘색
	인디고색	인디고색	인디고색	인디고색	인디고색	인디고색
	검정색	검정색	검정색	검정색	검정색	검정색
스타일	Boot-Cut	Boot-Cut	Boot-Cut	Boot-Cut		
가격수준	$25	$25	$40	$40		
직물구성	Regular denim	Stone-washed	Regular denim	Stone-washed		
색상	하늘색	하늘색	하늘색	하늘색		
	인디고색	인디고색	인디고색	인디고색		
	검정색	검정색	검정색	검정색		

상품 카테고리 내의 폭과 깊이는 소매업체의 브랜드 이미지에도 영향을 미친다. 소매업체는 그들의 이미지를 고려하면서 카테고리 내 구색을 증가시키곤 한다. 예를 들어, Staples는 우리가 앞에서 언급한 것처럼 커피빈을 판매하고 있지만 우리가 알고 있듯이 커피는 이들의 주력 상품군인 사무용품은 아니기 때문에 매우 적은 수의 단품을 취급한다. 이들은 제지용품에 대해서는 훨씬 넓고 깊은 상품구색을 운영하는데, 이들의 고객들이 이러한 다양한 옵션을 기대하고 이 매장을 찾을 것이기 때문이다.

② 상품구색과 GMROI

상품구색을 계획할 때 바이어는 더 넓고 깊은 구색을 제공함으로써 매출을 올리는 것이 재고에 대한 투자를 증가시키기 때문에 회전율과 GMROI가 낮아질 수도 있다는, 서로 상쇄관계에 있다는 것을 면밀히 살펴 보아야 한다. 구색의 깊이와 폭을 증가시키는 것이 총이익을 낮출 수도 있는데 예를 들면, 더 많은 단품을 제공할수록 특정 사이즈나 컬러의 단품이 결품될 확률이 높아지기 때문이다. 만약 유행성 상품 카테고리에서 인기있는 단품에 결품이 발생하고 바이어가 이 품목을 시즌 내 재발주할 수 있는 경우가 아니라면, 바이어는 일반적으로 이 상품의 다른 사이즈와 컬러에 대해 가격할인을 진행하는 경우가 많다. 왜냐하면 바이어는 고객들이 해당 스타일의 상품에 대해 원하는 사이즈나 컬러를 찾지 못해 실망하게 되는 경우를 방지하려 하기 때문이며, 결과적으로 총이익은 감소하게 된다.

③ 카테고리간의 상호보완성

바이어가 상품구색을 계획할 때, 어떤 카테고리끼리 어느 정도 상호 보완적인지를 고려해야 할 필요가 있다. 이를테면 3-D 블루레이 플레이어가 GMROI가 낮다고 하면, 소매업체는 단품 수를 많이 가져가지 않겠다고 의사결정할 수 있지만, 3-D 블루 플레이어를 구매하는 고객은 이와 관련된 액세서리나 케이블 등의 높은 GMROI를 갖는 연관 상품이나 서비스를 함께 구매하는 경우가 많다. 그러므로 바이어가 보다 수익이 높은 액세서리의 판매를 높이기 위해 더 많은 3-D 블루 플레이어의 단품을 취급하는 결정을 내릴 수도 있다.

④ 구매 행동에 대한 상품구색의 영향

넓고 깊은 구색을 제공하는 것은 고객에게 몇가지 혜택을 제공한다. 첫째, 고객이 구매를 고려하는 단품수를 늘리는 것은 고객 입장에서 자신들의 니즈에 가장 잘 부합하는 상품을 찾을 확률을 높이는 것이다. 둘째, 다양한 구색은 고객들에게 보다 유용한 정보를 제공하고 다양하고 독특한 상품으로 인한 복잡성과 참신함으로 고객들의 쇼핑 경험을 자극한다. 셋째, 다양한 구색은 특히 새로운 것을 찾고 사용해 보고자 하는, 다양성을 추구하는 고객들에게 특히 어필할 수 있다. 그러나 다양한 구색을 제공하는 것이 구매 의사 결정을 더 복잡하고 시간이 많이 걸리게 만들어 오히려 고객들을 압도할 수도 있고 이것은 매출에 부정적인 결과를 초래할 수도 있다.

연구에 의하면 구색 수준에 대한 고객들의 인식은 단순히 카테고리 내에서 제공되는 단품수에 의한 것이라기 보다는 카테고리 내 단품들의 유사성, 진열된 카테고리의 규모, 고객이 선호하는 단품의 취급 여부 등에 의해 영향 받는다. 카테고리 내 품목들이 서로 다를 때, 카테고리가 더 넓은 공간을 차지할 때, 그리고 고객들이 좋아하는 단품이 있을 때 고객들은 그 매장의 구색이 더 좋다고 인식한다.

어떤 연구에서는 소매업체가 카테고리의 진열 면적, 상품의 유사성, 인기상품은 그대로 두고, 카테고리 내 단품수를 54%나 줄였는데도 고객들의 이 점포의 구색에 대한 인식은 변하지 않았다고 한다. 다른 연구에서 실제 구색은 줄이면서 인기 상품의 진열 면적을 늘렸더니 고객의 지각된 구색이 25% 개선되었다고 한다. 고객은 그들이 좋아하는 인기있는 브랜드를 더 쉽게 찾을 수 있게 되었기 때문이다. 고객들이 수직 진열보다 수평 진열을 했을 때 고객들은 구색이 더 다양하다고 느끼며, 결과적으로 고객들이 더 많은 구색을 혜택으로 본다면, 그들은 그들의 구매에 더 만족을 할 것이라는 연구도 있다. 고객들의 구색에 대한 인식에 영향을 미치는 다른 요인들에 대해서는 16장에서 다루기로 한다.

많은 소매업체들은 구색계획상에서 단품의 제거, 추가, 유지로부터 얻을 수 있는 혜택을 분석하기 위해 SKU 합리화 프로그램을 활용한다. 이러한 프로그램의 목적은 매출의 감소 없이 단품수를 줄임으로써 재고회전율을 높이는데 있다. 전형적인 슈퍼마켓이 제공하는 단품의 수는 40,000여개이지만, 평균적인 가구는 일년에 고작 350개의 단품을 사용한다. 일반적으로 20%의 단품이 매출의 80%를 차지하기 때문에 하위 15%의 단품을 없앤다고 하더라도 매출에는 영향이 크지 않다.

⑤ 점포의 물리적 특성

바이어는 카테고리에 대해 얼마나 많은 공간을 할애해야 하는지를 생각해야 한다. 구색이 많은 카테고리는 진열 면적이 더 많이 필요하다. 어떤 카테고리는 개별 단품들을 진열하는데 많은 공간이 필요한데, 이런 경우 점포에서 제공 가능한 단품의 수에 제한을 받기도 한다. 예를 들어 가구는 꽤 넓은 공간을 차지한다. 그래서 가구 소매업체는 의자나 소파의 한가지 모델을 진열하고 나머지는 사진이나 직물 견본을 제공하거나, 또는 가구가 다른 품목들과 함께하면 어떤 모습으로 보이는지를 가상 진열시스템으로 제공하기도 한다.

멀티채널 소매업체들은 인터넷이나 카탈로그 채널을 통해 점포내에서 취급하는 상품보다 더 많은 구색을 제공함으로써 점포의 공간 한계성을 극복하고자 한다. Staples는 그들이 매장에서 취급하는 것보다 더 많은 랩탑 컴퓨터와 프린터를 인터넷 사이트에서 제공하고 있다. 만약 고객이 매장에서 그들이 원하는 랩탑 컴퓨터나 프린터를 찾지 못한 경우, 판매사원은 바로 인터넷 사이트에 연결하여 고객들이 원하는 상품을 그 자리에서 대신 주문해 줄 수도 있다.

V 적절한 재고수준 및 상품가용성 결정

1. 모델스톡플랜Model Stock Plan

LO 11-5
적절한 재고수준을 어떻게 결정하는지를 설명할 수 있다.

〈표 11-3〉에서 볼 수 있듯이 모델스톡플랜이란 바이어가 각 점포별로 판매하고자 계획한 구색의 각 단품별 재고수준을 계획하는 것을 말한다. 〈표 11-3〉을 보면, 바이어는 2만원의 연한 청색의 여성 스키니진 429개 중에서, 짧은 길이의 사이즈 1인 상품은 9개를 갖춰 놓을 것을 계획하고 있으며, 더 인기 있는 사이즈는 더 많은 수량을 계획한다.

소매업체는 일반적으로 점포별로 다른 모델스톡플랜을 가지고 있다. 보통은 매출 규모에 따라 점포를 A,B,C 그룹으로 구분하고, C그룹의 점포는 카테고리 내 기본구색을 갖춘다. 좀 더 큰 규모의 점포는 보통 진열공간이 더 넓기 때문에 취급하는 단품의 수도 늘어난다. A,B그룹의 점포에서는 보다 많은 브랜드, 색상, 스타일, 사이즈의 상품을 갖출 것이다.

2. 상품가용성

모델스톡플랜에서 안전재고량safety stock, buffer stock은 상품가용성을 결정짓는다. 상품가용성이란 단품별로 수요에 대한 충족 정도를 비율로 나타낸 것이다. 예를 들면, 100명의 고객이 Great Choice 브랜드의 강아지 이동장을 사기 위해 PetSmart 점포에 들렀는데 90명의 고객만이 그 상품을 구매할 수 있었다면, 이 단품에 대한 상품가용성은 90%이다. 상품가용성은 상품제공 수준 또는 서비스 수준이라고도 한다.

소매업체가 상품가용성을 올리기를 원하면, 즉 고객이 점포나 온라인 사이트에서 상품을 구매하고자 할 때 상품을 찾을 확률을 높이고자 한다면 재고계획 상, 재고수준은 높아질 것이다. 구색계획에 있어서 적정한 수준의 재고수량을 결정하는 것이 매우 중요하다. 만약 안전재고 수준을 너무 낮게 하면 소매업체는 판매 기회를 놓치게 되고 사고 싶을 때 원하는 상품을 찾지 못한 고객도 잃을 수 있다. 반대로 안전재고 수준을 너무 높게 하면, 필요 이상의 재고를 갖추는

표 11-3　여성 청바지에 대한 모델스톡플랜

길이		사이즈								
		1	2	4	5	6	8	10	12	14
Short	%	2	4	7	6	8	5	7	4	2
	units	9	17	30	26	34	21	30	17	9
Medium	%	2	4	7	6	8	5	70	4	2
	units	9	17	30	26	34	21	30	17	9
Long	%	0	2	2	2	3	2	2	1	0
	units	0	9	9	9	12	9	9	4	0
	total 100% 429units									

데 재정적 투자를 많이 하게 되며, 결과적으로 GMROI를 낮추는 결과를 가져오기 때문이다.

〈그림 11-3〉은 재고투자와 상품가용성 간의 상쇄관계에 대해 설명하고 있다. 실제 재고투자는 상황에 따라 달라지겠지만 너무 높은 상품가용성 수준은 너무 높은 재고투자를 초래한다는 것을 알 수 있다.

다양성, 구색, 상품가용성들 간의 상쇄관계는 소매업체의 머천다이징 전략에서 매우 중요하다. 바이어는 그들이 담당하는 카테고리의 재고에 대한 제한된 예산을 가지고 있다. 그러므로 그들은 구색의 깊이를 최적화 하기 위해 구색의 폭을 희생하거나, 상품가용성을 개선하기 위해 폭과 깊이 모두를 줄이기도 한다.

소매업체는 보통 그들이 제공하고자 하는 상품가용성의 수준을 감안하여 상품 카테고리나 단품을 A, B, C그룹으로 구분한다. A그룹은 많은 고객들이 구매하는 베스트 셀러이다. 예를

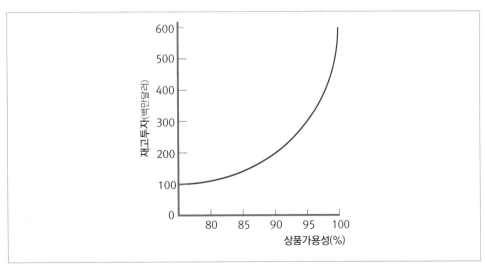

△ 그림 11-3　재고투자와 상품가용성

들면, Sherwin-Williams 점포에서 흰색 페인트는 A그룹이고, Office Depot에서는 복사용지가 A그룹이다. 소매업체는 이런 A그룹의 상품에 대해서는 결품이 발생하지 않도록 할 것이다. 왜냐하면 인기상품에 대한 품절은 점포의 브랜드 이미지와 고객 충성도에 부정적인 영향을 주기 때문이다. 반면 C그룹에 대해서는 상품 가용성 수준을 다소 낮추기도 하는데, 이는 몇 안되는 고객들이 구매하는 상품이고 다른 점포에서도 잘 갖추고 있지 않을 확률이 높다. 수요의 등락폭이 클수록, 벤더로부터 배송되기까지의 리드타임이 길수록, 벤더의 리드타임의 변동폭이 클수록 상품의 가용성 수준을 유지하기 위한 재고수준이 높아진다. 특정 상품가용성 수준을 유지하면서 재고수준을 낮게하려면 점포로의 배송을 보다 자주할 필요가 있다.

VI 재고관리를 위한 통제시스템 구축

LO 11-6
상품관리 시스템을
분석할 수 있다.

상품기획 과정의 처음 세 단계인 단품과 카테고리 매출예측, 상품구색 결정, 모델스톡 플랜수립은 바이어의 매출과 서비스 수준에 대한 정량화 과정이다. 상품기획 과정에서의 네 번째 단계는 시간에 따라 발생하는 주문, 배송, 재고수준, 상품매출을 어떻게 관리할 것인가에 대한 통제시스템을 구축하는 것이다. 통제시스템의 목표는 상품이 점포로 입점되는 흐름을 관리하여 카테고리 내 재고의 양을 최소화하면서도 고객이 구매하기를 원할 때에는 가용한 상태가 되도록 하는 것이다. 여기서는 지속성 상품과 유행성 상품의 통제시스템 간의 차이에 대해 알아보고자 한다.

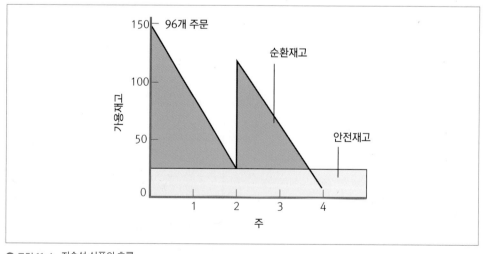

🔻 그림 11-4 지속성 상품의 흐름

1. 지속성 상품의 재고관리를 위한 통제시스템

지속성 상품 카테고리의 단품들은 수년동안 계속 판매가 되는 상품이다. Lowe에서 이번 달에 판매될 보라색 페인트의 매출은 일년 전 같은 달의 매출과 거의 같을 것이다. 만약 이번 달 보라색 페인트의 매출이 예상보다 낮았다면, 그로 인한 초과 재고분은 다음달에 판매될 것이다. 그러므로 지속성 상품 카테고리의 단품의 흐름을 관리하기 위해서는 자동적으로 상품을 보충할 수 있는 시스템을 사용한다. 지속적인 상품보충 시스템은 점포 내 각 단품의 재고수준을 모니터링하고 그 재고수준이 사전에 결정해 둔 수준 이하로 내려가게 되면 자동적으로 재발주를 하는 시스템이다.

1 지속성 상품의 흐름

〈그림 11-4〉는 지속성 상품관리 시스템에서 상품의 흐름을 보여준다. 1주차 초, 소매업체는 어떤 단품에 대해 150개의 재고를 갖고 있으며, 바이어 또는 상품기획자는 96개의 추가 주문을 한다. 2주간에 걸쳐, 고객들은 130개를 구매해서 재고수준은 20개로 줄어들게 된다. 2주차 말, 벤더로부터 96개의 재고가 입고되어 재고수준은 116개로 늘어난다. 지속적인 상품보충 시스템은 고객들의 구매로 인해 재고수준이 0이 되기 전, 즉 점포에 품절이 되기 전에, 2주 내 점포로 입고될 또다른 주문을 자동적으로 생성한다.

자동보충과정에 의해 재고수준이 오르내리는 것을 순환재고량cycle stock또는 기반재고량base stock이라고 한다그림 11-4에서 두 개의 삼각형. 소매업체는 재고투자를 낮은 수준으로 유지하기 위해 순환재고량을 줄이고 싶어한다. 그러기 위한 한가지 방법은 적은 수량은 더 자주 주문하는 것이다. 그러나 적은 수량으로 자주 주문하는 것은 관리비용과 수송비용을 증가시키고, 물량할인을 감소시킬 수 있다.

각 단품의 매출과 벤더로부터의 정시배송은 완벽한 정확도로 예측하기 어렵기 때문에 소매업체는 만일을 위한 안전재고를 보유해서 주문한 상품이 도착하기 전에 결품이 발생하는 것을 방지해야 한다. 안전재고는 〈그림 11-4〉에서 수평으로 표시되어 있다. 안전재고의 수준은 이러한 불확실성에도 상품이 가용될 수 있도록 하는데 필요한 재고수준을 말한다.

2 안전재고 수준의 결정

각 단품별로 필요한 안전재고의 수준은 몇가지 요인들에 의해 결정된다. 첫째, 안전재고는 소매업체가 제공하고자 하는 상품가용성 수준에 의해 결정된다. 이전에 살펴본 것과 마찬가지로 안전재고량은 소매업체가 결품을 줄이기를 원하고 상품의 가용성을 늘리기를 원할 때 높아진다. 만약 Lowe가 흰색 페인트를 A그룹으로 보고 결품이 발생하지 않기를 원하면 안전재고의 수준은 높아질 것이다. 그러나 멜론색의 페인트는 C그룹으로 판단하여 상품가용성이 75% 수

Lowe's는 멜론색과 같은 특별한 컬러보다 대중적인 흰색 페인트의 안전재고를 좀더 많이 보유한다.

준이면 괜찮다고 생각한다면 안전재고의 수준은 낮아질 것이다.

둘째, 수요의 등락이 심할수록 안전재고의 수준은 높아진다. Lowe에서 2주간 평균 120리터의 보라색 페인트가 판매되는데 한 주간에는 200리터가, 그리고 그 다음 주간에는 40리터가 판매된다고 가정해보자. 매출이 평균보다 낮을 때에는 점포는 그보다는 조금 높은 수준의 재고를 보유하게 될 것이고, 매출이 평균보다 높을 때에는 결품을 방지하기 위해 더 높은 안전재고가 필요할 것이다. 〈그림 11-4〉는 4주간의 상품 흐름을 나타낸 것이다. 매출이 평균보다 높으면 재고수준이 안전재고 이하로 떨어지게 된다.

셋째, 안전재고량은 벤더의 리드타임에 의해서도 영향받는다. 리드타임이란 점포에서 상품을 주문한 시점과 상품이 점포에 도착하여 판매할 수 있도록 준비되기까지 걸리는 시간을 말한다. 만약 보라색 페인트를 주문하여 받는데 까지 2개월의 시간이 걸린다면, 2주가 걸리는 경우에 비해 점포에 상품이 결품이 날 확률은 높아진다. 9장에서 살펴 본 CPFR과 같은 벤더와의 공동의 공급체인관리시스템을 활용하여 리드타임을 짧게 한 경우, 일정 수준의 상품가용성을 유지하는데 있어 그렇지 않은 경우에 비해 더 낮은 안전재고 수준으로도 관리가 가능하다.

넷째, 리드타임의 변화도 안전재고량에 영향을 미친다. Lowe가 보라색 페인트의 리드타임은 항상 2주에 하루 많거나 적다는 것을 알면 그들은 재고수준을 보다 정확하게 계획할 수 있을 것이다. 그러나 만약 리드타임이 어떤 경우엔 1일이었다가 또 다른 경우엔 10일이라면, 점포에서는 이러한 불확실성에 대비하기 위해 추가적인 안전재고를 보유해야 할 것이다. 벤더와의 공동의 공급체인관리시스템을 사용하는 많은 소매업체들은 리드타임에 있어서의 변화폭과 안전재고량을 줄이기 위해 짧은 시간 내에 – 어떤 경우엔 2~3시간 내에 – 상품을 공급할 것을 요구한다.

다섯째, 벤더가 상품을 공급함에 있어서의 충족률^{fill rate}이 소매업체의 안전재고량에 영향을 미친다. 충족률이란 소매업체가 발주를 한 경우, 발주한 단품들 중 벤더로부터 전량을 다 공급받은 단품들의 비율을 말한다. 만약 Lowe가 발주할 때, 일반적으로 벤더로부터 모든 품목을 다 배송받는다면 Lowe는 재고 수요를 보다 쉽게 계획할 수 있을 것이다. 그러나 벤더가 주문상품의 75%만 납품을 한다면 Lowe는 고객에게 불편을 초래하게 하지 않기 위해 더 많은 안전재고를 보유해야만 할 것이다.

3 자동화된 연속 상품보충 Automated Continuous Replenishment

일단 바이어가 원하는 상품가용성을 결정하고 수요에 있어서의 변동성, 벤더의 리드타임과 충족률을 정하면, 지속성 단품에 대한 연속 상품보충 시스템은 자동적으로 운영될 수 있다. 소매업체의 정보시스템은 POS 단말기를 통해 제공되는 매출과 점포로부터 받는 배송 정보를 비교함으로써 각 시점에서의 재고수준을 항상 기록하고 있다. 재고수준이 사전에 결정한 수준 이하로 떨어지면 시스템은 소매업체의 물류센터와 벤더에게 EDI 재주문을 보낸다. 재발주된 상품이 점포에 도착하면 재고수준은 자동적으로 조정되어 올라간다.

그러나 지속성 상품에 대한 자동화된 연속 상품보충이 완벽하게 작동하는 것은 실제의 재고량을 결정하는데 있어서의 에러들로 인해 어려운 일이다. 예를 들어, 소매업체의 정보시스템은 현재 점포에 질레트 퓨전 면도기 10개가 있다고 감지하고 있는데 실제로는 좀도둑이 면도기 10개를 훔쳐가 점포의 재고는 0일수가 있다. 점포에 재고가 없기 때문에 매출도 일어나지 않고, 결과적으로 자동화된 연속 상품보충 시스템은 이 면도기를 재발주 하는 일은 생기지 않게 된다. 또는 물류 센터에서 점포로 상품이 배송될 때 상품 정보시스템에 잘못된 숫자를 입력하는 경우에도 이와 같은 오류가 발생하게 된다. 이러한 문제점들을 제대로 다루기 위해서 점포 직원들은 주기적으로 점포 내 모든 재고를 세어 실제 재고와 시스템상의 재고를 확인할 필요가 있다.

4 재고관리 리포트

재고관리 리포트는 지속성 상품 카테고리의 재고관리에 대한 정보를 제공한다. 이 리포트는 상품가용성, 상품가용성을 제공하는데 필요한 안전재고, 주문 시점과 주문량 등 바이어가 결정한 변수들과, 계획대비 실제 재고회전율, 현재 판매율 또는 판매속도, 매출예측치, 재고 가용성, 주문량 등의 성과를 보여준다. 〈표 11-4〉는 Rubbermaid 욕실매트에 대한 재고관리 리포트이다. 앞에서부터 5개 열은 상품 목록, 현재 재고량과 주문량, 과거 4주와 12주의 매출을 나타낸다. 첫 번째 행은 Rubbermaid 욕실매트 아보카도색으로 현재 재고량은 30개가 있고 60개 발주가 들어가 있다. 그래서 이 단품의 가용한 재고량은 90개이다. 지난 4주간과 12주간의 매출은 각각 72개와 215개이다.

앞으로 4주간과 8주간의 예상매출은 이 단품의 과거 매출 트렌드와 계절적 패턴을 고려한 통계적 모델을 사용하여 시스템 상에서 결정된다. 그러나 바이어가 곧 있을 특별 프로모션을 반영하여 아보카도색, 파란색, 금색에 대해 향후 4주간의 매출을 조정하였다.

상품가용성은 바이어가 입력하는 결정 변수이다. 예를 들어, 바이어가 아보카도색의 매트에 대해서는 99%의 상품가용성을 원하지만 분홍색 매트에 대해서는 90%수준으로 결정했다고 하자. 그러면 시스템은 아보카도색의 매트에 대해서는 사전에 결정된 수식에 의해 18개를 안전재고로 계산해낼 것이다. 이 숫자는 명시된 상품가용성, 수요에 있어서의 변동성, 벤더의 리드타임, 리드타임의 변동성에 근거하여 시스템에 의해 결정된 것이다.

표 11-4 재고관리 리포트(Rubbermaid)

	현 재고량	주문량	지난 4주 판매	지난 12주 판매	다음 4주 예상	다음 8주 예상	상품 가용성	안전 재고	계획 회전율	실제 회전율	주문 시점	주문량
R.M. 욕실												
아보카도색	30	60	72	215	152	229	99	18	12	11	132	42
파란색	36	36	56	130	115	173	95	12	9	10	98	26
황금색	41	72	117	325	243	355	99	35	12	13	217	104
핑크색	10	12	15	41	13	25	90	3	7	7	13	0

단품별 계획된 재고회전율은 12인데, 이 역시 소매업체의 전체적인 재무적 목표에 근거해 바이어가 결정한 결정 변수이다. 시스템에서는 상품의 판매원가와 평균재고에 기초하여 실제 회전율을 계산하게 되고, 이 단품의 경우는 11이다.

5 주문점 Order Point

주문점이란 다음 주문이 도착하기 전, 판매 가능한 수량이 없어지거나 재고가 결품이 발생하는 재고수량을 말한다. 이 수치는 언제 재고수준이 이 포인트로 떨어지는지, 그리고 추가적인 상품이 주문 되어야 한다는 것을 얘기해 준다. 아보카도색 매트의 경우 바이어는 원하는 상품가용성을 위해서는 재고수량이 132개 이하가 되면 발주를 할 필요가 있다.

6 발주량

재고량이 주문점에 다다르면, 바이어나 시스템은 다음 발주를 하기 전까지의 상품가용성을 확실히 하기에 충분한 양을 발주해야 하는데, 〈표 11-4〉에서 알 수 있듯이 아보카도색 매트의 경우 필요한 발주량은 42개이다.

2. 유행성 상품의 재고관리를 위한 통제시스템

유행성 상품 카테고리의 관리를 위한 통제시스템은 상품예산계획 merchandise budget plan 과 open-to-buy시스템이다.

1 상품예산계획

상품예산계획은 예상매출, 고객과 직원에 대한 할인계획, 계획된 매출과 GMROI를 달성하는 데 필요한 재고수준 등에 근거하여, 매월 점포로 배송되어야 하는 상품의 금액을 말한다.

〈표 11-5〉는 전국적인 체인 매장의 남성 캐쥬얼 바지에 대한 6개월간의 상품예산 계획을 보여준다. 본 장의 부록은 계획을 어떻게 수립하는지를 자세히 보여준다. 대부분의 소매업체는 상품예산 계획을 수립하기 위해 상업용 소프트웨어를 사용한다.

재고회전율, GMROI, 예상매출은 계획과 통제에 모두 필요한 항목이다. 바이어는 그들의 상급자인 상품기획 관리자 및 상품기획 총괄관리자와 이 항목들을 협의한다. 그리고 나서 상품예산은 이 목표들을 달성하기 위해 개발된다. 시즌 전에 바이어는 상품예산 계획에 명시된대로 매월 상품을 매입한다.

시즌판매 이후, 바이어는 카테고리가 계획대비 실제 어떤 성과를 냈는지를 확인해야 한다. 만약 실제 GMROI, 재고회전율, 매출이 계획보다 좋다면, 성과는 기대 이상일 것이다. 그러나 성과평가는 이 지표들 중 어느 하나에 의해서만 평가되어서는 안 된다. 바이어의 성과를 평가하기 위해서는 몇몇 추가적인 질문, 예를 들면, 계획대비 실적이 좋거나 안좋은 이유는 무엇인가? 계획대비 편차는 바이어의 통제 하에 있었나? 너무 많은 상품을 구매한 것은 아니었나? 수요 변화에 재빨리 대응하여 매입을 좀 더 하거나 매출을 발생시켰나? 편차는 경쟁 수준의 변화예. 새로운 경쟁 매장의 오픈나 경제적 환경예. 경기 불황과 같은 외부 요인에 의한 것이었나? 등을 더 살펴봐야 한다.

이러한 질문들에 대한 답을 찾기 위해 모든 노력을 기울여야 한다. 이 장 후반부에서 우리는 상품관리 성과를 평가하기 위한 몇가지 도구들을 더 살펴보기로 한다.

② Open-to-Buy시스템

상품 예산계획에 의해 상품을 매입한 후, 현재 재고수준이 어떤지, 매입한 상품은 언제 배송 예정인지, 고객에게 얼마나 많이 판매가 되었는지 등 실제 상품의 흐름을 추적하기 위해 open-to-buy시스템을 사용한다. 서명한 수표를 계속하여 추적하듯이, 바이어는 그들이 매입한 상품

표 11-5 남성 캐쥬얼 바지의 6개월 상품예산 계획

	봄	4월	5월	6월	7월	8월	9월
1. 시즌별매출 안배비율	100%	21%	12%	12%	19%	21%	15%
2. 월별 매출	$130,000	$27,300	$15,600	$15,800	$24,700	$27,300	$19,500
3. 시즌월별조정안배비율	100%	40%	14%	16%	12%	10%	8%
4. 월별조정	$16,500	$6,600	$2,310	$2,640	$1,980	$1,650	$1,320
5. 월초매출대비재고비율	4.00	3.6	4.40	4.4	4	3.6	4
6. 월초재고	$98,280	$98,280	$68,640	$68,640	$98,800	$98,280	$78,000
7. 월말재고	$65,600	$68,640	$68,640	$98,800	$98,280	$78,000	$65,600
8. 월별추가재고	$113,820	$44,260	$17,910	$48,400	$26,160	$8,670	$8,420

과 배송일정을 기록하여 매 월 그들이 사용 가능한 자금보다 더 사거나 덜 사는 일이 없도록 해야 한다. 상품의 흐름을 추적하는 open-to-buy시스템이 없으면, 상품은 필요하지 않을 때 배송될 수도 있고 상품이 필요할 때 재고가 없을 수도 있다.

open-to-buy시스템은 계획대비 실제의 매월 말 재고를 비교한다. 주문이 늦었거나 예상대비 매출편차가 클 때 계획과 실제 수준의 차이는 벌어진다. 매출이 예상보다 높으면 시스템은 증가하는 고객의 수요를 만족시키기 위해 바이어가 사용가능한 금액 내에서 얼마나 더 많은 상품을 구매해야 하는지를 결정한다.

VII 상품의 점포별 할당

카테고리 내 상품 재고관리에 대한 계획을 수립했다면, 다음 단계는 매입한 상품을 각 점포로 할당하는 일이다. 연구에 의하면, 이러한 상품할당 결정이 매입할 상품의 양을 결정하는 것보다 수익에 더 큰 영향이 있다고 한다. 다시 말해서, 상품을 너무 적게 매입하거나 많이 매입하는 것보다 점포별로 적합한 유형의 상품을 적절한 양으로 할당하는 것이 카테고리의 수익에 더 큰 영향을 미친다는 것이다. 점포로의 상품할당은 다음의 세가지 사항, 즉, 각 점포별로 ① 얼마나 많은 상품을 할당해야 하는지, ② 어떤 유형의 상품을 할당해야 하는지, ③ 언제 상품을 할당해야 하는지를 결정하는 것이다.

1. 점포에 할당된 상품의 양

일반적으로 소매업체들은 그들의 점포를 연간 매출 규모에 따라 A, B, C 타입으로 구분한다. A그룹의 점포들은 일반적으로 매출 규모가 가장 높고, 가장 많은 양의 재고를 받는 반면, C그룹의 점포들은 매출 규모가 가장 낮은 편이며, 적은 양의 재고를 받는다. 할당을 결정할 때, 점포의 매출 규모 외에 상품의 특징과 구색의 깊이, 그리고 회사가 각 점포에 원하는 상품 가용성 수준을 고려해야 한다.

Open-to-buy시스템은 서명한 수표를 추적하는 것과 비슷하다. 바이어는 매입한 상품과 배송일정을 기록하여 매월 예산내에서 매입활동을 한다.

2. 점포에 할당된 상품의 유형

상품을 각 점포로 할당할 때, 8장에서 살펴봤던 점포 상권의 지리적 및 인구통계적 특성도 고려해야 한다. 전국적인 슈퍼마켓 체인이 그들 점포에 RTE^{Ready To Eat} 씨리얼 상품을 할당한다고 해보자. 어떤 점포들은 〈표 11-6〉에 묘사된 "러스트벨트 은퇴자"로 분류된 고객들이 대부분이고, 또다른 점포들은 "랩탑과 라떼를 즐기는 사람들"로 분류된 고객들이 많은 지역이라고 하자.

RTE 아침대용 씨리얼 기획자는 이 두 지역의 점포에 서로 다른 구색을 제공할 것이다. 러스트벨트 은퇴자 고객 비율이 높은 점포는 저가격의 잘 알려진 브랜드와 유통업체 브랜드 상품의 비중을 높이고, 랩탑과 라떼를 즐기는 사람들 고객 비율이 높은 점포는 당분이 적고, 유기농 원료의 통밀을 원료로 한 고가 브랜드의 비중을 높일 것이다. 여기서는 PB 씨리얼을 중요시하지는 않을 것이다.

의류판매에 있어서는 동일한 체인점이라 하더라도 점포마다 판매되는 사이즈는 매우 다를 것이다. 만약 어떤 점포에서 다른 체인점보다 큰 사이즈의 제품이 훨씬 많이 판매되고 적은 사이즈는 적게 판매된다는 것을 알았다고 하자. 만약 기획자가 체인 내 모든 점포에 상품의 사이즈 배분을 동일하게 할당한다면 이 점포는 큰 사이즈의 상품은 결품이 발생하고 적은 사이즈 상품에 대해서는 과다재고를 보유하게 될 것이다. Retailing View 11.4는 Saks Fifth Avenue가 어떻게 고객 특성에 맞게 점포에 상품을 할당하고 있는지를 보여준다.

표 11-6 인구통계적 분류 사례

랩탑과 라떼를 즐기는 사람들; 가장 특정한 분야에 거주하며 전문자격을 지니고 누구의 방해도 받지 않는 시장	러스트벨트 은퇴자
• 부유하고, 싱글이며 세들어 있는 사람들이 많다. • 교육수준이 높고, 전문직이며 도시생활에 부분적으로 의존하는 사람들이다. • 뉴욕, 보스톤, 시카고, 로스엔젤레스, 그리고 샌프란시스코 같은 주요 대도시 지역을 선호하는 사람들이기도 하다. • 수입은 $87,000이상이며, 평균연령은 38세이다. • 기술적인 면에서 잘 아는, 랩탑과 라떼 그룹은 노트북, PCS, PDA제품의 상위를 선점하는 시장이다. • 매일 컴퓨터나 모바일의 인터넷을 이용하여 상품을 구매하고, 여행을 계획한다. 그들은 건강을 많이 생각하고 운동을 한다. • 비타민을 섭취하고, 유기농 식품을 이용하고 체육관에서 운동을 한다. • 자유사상을 옹호하며 환경요인 개선을 위해 일을 한다.	• 낡은 산업도시 동북, 중서부 지역으로, 특히 펜실바니아주와 5대호를 끼고 있는 여러 주 안에 거주하고 있다. • 가정은 주로 자녀가 없는 부부와 독신으로 거주하는 사람들로 구성되어 있다. • 평균 연령은 43.8세이다. • 많은 거주자들이 여전히 일하고 있지만, 노동 참여도는 평균 이하이다. • 가정의 40%이상이 사회 보장 연금을 수령하고 있다. • 대부분의 주민들은 평균 가치가 $118,500인 자가 거주자이면서, 독신 가정에서 살고 있다. • 많은 은퇴자와는 다르게 이곳 거주인들은 이사할 의향이 없다. • 그들은 그들의 집과 정원을 자랑스럽게 여기면서, 사회활동에 참여한다. • 어떤 사람들은 퇴역군인 클럽 소속원들이다. • 여가활동으로 빙고게임, 아틀란틱 도시에서의 도박, 경마, 크로스워드 퍼즐풀기, 그리고 골프경기 등을 즐긴다.

점포별로 적합한 상품을 적절한 시기에 보유하는 것은 Saks Fifth Avenue와 같은 패션 소매업체에 있어 성공적인 상품 전략의 핵심이다. 예를 들어, Saks Fifth Avenue는 맨해턴에 있는 뉴욕 플래그십 점포의 주요 고객을 출퇴근용 복장으로는 클래식한 스타일을 선호하며, 주말 친구들과의 외출용으로는 보다 모던한 스타일을 선호하는 46세~57세의 여성이라고 간주한다. 그러나 이들은 또한 타 지역에 위치하고 있는 점포에 할당해야 할 상품들은 뉴욕 중심의 상품과는 조금 거리가 있디는 사실을 알고 있다. 심지어 뉴욕 인근에 있는 점포라 하더라도 다른 타입의 고객에 초점을 맞추고 있다. Connecticut 주의 Greenwich에 있는 점포는 5마일 떨어진 같은 주의 Stamford의 고객들보다 약간 나이가 든 고객을 타겟으로 상품을 제공한다. Stamford의 고객들은 도심에 직장을 가진 여성들인 반면, Greenwich의 고객들은 전업 주부의 비율이 높다. Saks Fifth Avenue의 온라인 고객들은 일반 매장의 고객들보다 평균 7년 젊으며, 매장에서 구매하는 고객들은 한번 쇼핑와서 머리부터 발끝까지 어울리는 상품을 찾는 반면 온라인 고객들은 특정 품목을 찾는 경향이 있다.

각각의 점포에서 더 나은 상품구색을 갖추기 위해 Saks Fifth Avenue는 3*3의 9개의 격자모델을 개발했다. 한 축은 스타일 축으로 "Park Avenue클래식", "Uptown모던", "Soho트렌디로 하고 또다른 축은 "Good", "Better", "Best"의 가격 수준으로 이루어져 있다. 각 지역별 구색에 대해 선호하는 스타일과 소비수준을 교차 참조하여 각각의 격자는 점포별로 보유해야 할 의류, 브랜드, 액세서리의 최적의 조합을 보여준다.

2000년대 초 경기 불황 이후, Saks Fifth Avenue는 점포로 어떤 유형의 고객이든 그들의 고객을 끌어들이기 위해 전국적으로 가격인하를 단행했었다. 그러나 이러한 전략은 Saks Fifth Avenue가 세팅했던 고객 중심 전략에 반하며 오히려 역효과를 가져왔다. 게다가 가격인하 전략은 고객으로 하여금 저품질의 이미지를 갖게 했을 뿐

Saks Fifth Avenue는 그들의 고객에 따라 점포별로 다른 상품구색을 제공한다.

아니라, 상품구색이 특징없고 단순하다고 느끼게 했다. 이러한 인식은 Saks Fifth Avenue가 타겟으로 하길 원했던 다양한 연령대의 스타일리시한 여성들에게는 결코 어필할 수 없었다. 그래서 Saks Fifth Avenue는 2014년, 신진 유명 디자이너의 독특하면서도 고급스러운 패션 상품을 보유하면서 그동안과는 정반대의 전략을 택했다. 복합적인 디자인과 이국적인 직물로 이룬 "WOW"스타일은 다시 이들 점포로 돌아오는 고객들에게 보다 정확하게 어필하면서 또다시 지역 시장을 조준한다.

Sources: Eileen Rojas, "Saks Fifth Avenue Switches to Edgier and Pricier Designs in Its Stores," The Motley Fool, April 13, 2014; Elizabeth Lippman, "The Woman behind the Saks Fifth Avenue Revamp," The Wall Street Journal, April 2, 2014; Elizabeth Holmes, "At Saks, It's Full Price Ahead as CEO Pares Back Discounts," The New York Times, September 12, 2011; Stephanie Rosenbloom, "As Saks Reports a Loss, Its Chief Offers a Plan," The New York Times, February 26, 2009; Vanessa O'Connell, "Park Avenue Classic or Soho Trendy?," The Wall Street Journal, April 20, 2007, p. B1; www.saks.com.

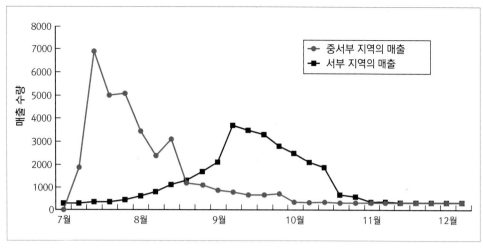

▲ 그림 11-5 카프리 바지의 지역별 매출

3. 점포별 상품할당의 타이밍

각 점포별로 상품의 타입과 재고수준을 할당하는 것 뿐 아니라 점포별로 카테고리별 매입 시점을 달리 하는 것도 고려되어야 한다. 〈그림 11-5〉는 미국의 서로 다른 지역에서의 시간 흐름에 따른 카프리 바지의 매출을 도표로 표시한 것이다. 지역별 계절적 차이와 고객의 수요 차이로 인해 카프리 바지의 매출은 중서부 지역에서는 7월 하순에 매출이 최고조에 이르지만 서부에서는 9월초에 정점을 이루는 것을 볼 수 있다. 이 카테고리의 재고회전율을 개선하기 위해 바이어는 이러한 지역적 차이를 알아야 하며, 각각의 지역별로 고객이 사고자 하는 시점에 상품을 적절히 할당해야 한다.

소매업체들은 특히 경제적으로 어려운 시기에는 상품할당과 프로모션을 결정할 때 월급 주기도 고려해야 한다. 주로 현금을 사용하는 고객들은 그들이 월급을 받는 월초에 가장 많은 구매를 하고 월말에는 구매를 줄이는 경향이 있다. 이에 맞추어 몇몇 슈퍼마켓 체인은 월급을 받는 월초에는 대용량의 상품을 더 많이 진열하고 프로모션 하다가 월말에는 좀더 작은 사이즈의 상품으로 변경하기도 한다.

VIII 상품관리 성과 평가 및 조정

LO 11-8
소매업체가
어떻게 상품관리에 대한 성과를
평가하는지 알 수 있다.

상품기획과정의 다음 단계는 과정 상의 성과를 평가하고, 상품의 주문을 가감하거나, 매출을 올리기 위해 가격을 낮추거나, 특정 점포에 다른 상품구색을 할당하거나, 구색과 모델스톡플랜을 변경하는 등의 조정을 하는 것이다. 모니터링하고 조정하는 과정과 관련있는 분석은 ① 판매율sell-through 분석, ② 구색의 ABC분석, ③ 벤더에 대한 다속성분석multiattribute analysis 등이 있다. 판매율분석은 실제 판매와 비교하여 상품관리 계획을 지속적으로 평가하는 것이며, 다른 두 개의 분석은 계획 상 구체적인 단품에 대해 구색계획과 이에 맞춰 상품을 공급하는 벤더에 대해 평가하고 조정하기 위한 것이다.

1. 판매율분석을 사용한 상품기획의 평가

판매율분석은 수요에 대응하기 위해 더 많은 상품이 필요한 것은 아닌지 또는 가격 인하가 필요한 것은 아닌지 등을 결정하기 위해 실제 매출과 계획 매출을 비교하는 것이다. 〈표 11-7〉은 시즌의 첫 2주간의 블라우스에 대한 판매율분석을 보여준다.

블라우스는 유행에 매우 민감한 상품으로 불확실성이 크기 때문에 바이어는 점포에서의 2주간의 매출을 점검하여 계획을 변경할 필요가 있는지 결정하고자 한다. 바이어는 좀 더 포괄적인 패션 사이클로 좀 더 장기간에 대해 검토하기도 한다. 계획에 조정을 가할 필요성은 과거 상품에 대한 경험, 상품광고 계획, 벤더로부터의 가격 인하금액 수준 등 다양한 요인에 의해 결정된다.

📝 표 11-7 판매율분석 사례

재고 번호		제품 명세	1주			2주		
			계획 대비 실적			계획 대비 실적		
			계획	실적	%	계획	실적	%
1011	S	흰색실크 V넥	20	15	-25	20	10	-50
1011	M	흰색실크 V넥	30	25	-16.6	30	20	-33
1011	L	흰색실크 V넥	20	16	-20	20	16	-20
1012	S	청색실크 V넥	25	26	4	25	27	8
1012	M	청색실크 V넥	35	45	29	35	40	14
1012	L	청색실크 V넥	25	25	0	25	30	20

이 경우 흰색 블라우스는 계획대비 판매가 상당히 적은 편이다. 그러므로 바이어는 시즌이 종료되는 시점에 상품이 판매되지 않고 남지 않게 하기 위해 가격 인하를 빨리 적용하기로 했다. 청색 블라우스에 대한 의사결정은 그렇게 명확하지는 않다. S사이즈는 계획대비 판매가 약간 높은 편이고 M사이즈도 판매가 잘 되고 있지만 L사이즈는 두 번째 주에서만 판매가 계획을 앞서고 있다. 이런 경우에 바이어는 어떤 의사 결정을 하기 전에 1~2주를 더 지켜보는 결정을 한다. 만약 실제 매출이 계획대비 높게 유지된다면 재발주를 하는 것이 적합하다.

2. ABC분석을 이용한 구색계획의 평가

ABC분석은 상품구색계획 상 개별 단품들의 성과를 확인하는 방법이다. 이 분석은 개별 단품에 대해 안전재고 수준과 상품가용성을 어느 정도로 해야 하는지, 어떤 상품을 계속 유지할지를 결정하는데 사용한다. ABC분석에서 상품 카테고리 내 단품들은 매출, 총이익, 재고회전율, GMROI 등의 몇가지 성과 지표에 의해 순위가 매겨진다. 일반적으로 이러한 순위는 80:20 원칙에 따르게 되는데, 즉, 점포 매출이나 이익의 약 80%가 20%의 상품으로부터 창출된다는 것이다. 이 원칙은 소매업체가 많은 이익을 창출하는 품목들에 집중할 필요가 있음을 의미한다.

단품들의 순위를 매긴 후 다음 과정은 품목을 분류하는 것이다. 그리고 이에 따라 바이어는 어떤 품목을 유지할지를 결정하고 어떤 상품가용성 수준으로 제공할지를 결정한다. 예를 들어, 남성 드레스셔츠 바이어는 매출 규모에 따라 단품들을 순위 매기고 A, B, C, D 그룹으로 분류한다. A그룹의 품목은 카테고리내 전체 단품 중 5%에 해당하지만 매출의 70%를 차지한다. 바이어는 이 단품들에 대해서는 절대 품절이 발생하지 않게 하기 위해 B, C그룹의 품목에 비해 안전재고 수준을 좀 더 높게 유지할 것이다.

B그룹의 품목들은 단품의 10%를 차지하고 매출의 20%를 차지한다. 여기에는 좀 더 판매가 잘되는 색상과 패턴의 셔츠가 포함되며 해당 소매업체가 유행성 상품을 잘 갖추고 있다는 이미지에 긍정적으로 기여하는 상품들이 포함된다. 그러나 종종 B 그룹에 있는 몇몇 단품들은 품절이 되기도 하는데 소매업체가 A그룹의 단품들만큼 많은 안전재고를 보유하지 않기 때문이다.

C그룹의 품목들은 전체 단품의 65%에 해당하지만 매출은 겨우 10%를 차지한다. 기획자는 고객들의 수요를 충족시키기 위해 특별 주문을 하여 가장 기본적인 셔츠에 대해 가장 인기있는 사이즈만 계속 취급하고자 결정할 수도 있다.

마지막으로 바이어는 전체 단품 중 20%에 해당하는, D그룹에 속하는 나머지 단품들은 가격을 인하하기 전까지는 매출이 발생하지 않는다는 것을 확인한다. 이러한 품목들은 불필요한 상품에 대한 비생산적인 투자일 뿐 아니라 점포 내 진열된 다른 상품에 대한 주의를 분산시키고 매장을 혼란스럽게 만든다. 바이어는 구색계획으로부터 이러한 상품들을 제거하기로 결정한다.

3. 다속성분석을 이용한 벤더 평가

다속성분석은 벤더평가를 위해 각 벤더에 대해 가중평균을 적용하여 점수를 매기는 방식이다. 이 때 점수는 다양한 이슈에 대한 중요성과 각 이슈에 대한 벤더의 성과에 기초하여 도출된다. 이 방법은 4장에서 설명한, 고객이 점포나 상품을 어떻게 평가하는지를 이해하기 위해 사용한 방식과 유사하다.

벤더를 평가하는 다속성방법을 보다 잘 이해하기 위해 〈표 11-8〉의 남성 캐쥬얼 바지의 공급업체 사례를 살펴보자. 바이어는 다음의 5단계를 사용하여 벤더를 평가한다.

1. 평가를 위해 고려해야 할 이슈 리스트를 만든다[1열].
2. 상품기획 총괄 책임자와 협의하여 1열의 각 이슈에 대해 중요도 가중치를 1-10 스케일로 결정한다[2열]. 여기서 1은 중요하지 않음을 의미하고 10은 매우 중요함을 의미한다. 예를 들어, 바이어와 상품기획 관리자가 벤더의 명성은 소매업체의 이미지에 매우 중요하기 때문에 9점을, 상품의 품질은 중간 정도로 중요하므로 5점을, 벤더의 판매이력은 상대적으로 덜 중요하므로 3점을 준다.
3. 개별 이슈에 대해 각 브랜드의 성과를 판단한다[나머지 열]. 각 브랜드는 몇몇 이슈 사항에 대해서는 높은 점수를 받지만 다른 이슈 사항에 대해서는 그렇지 않을 수 있다.
4. 각각의 이슈에 대한 중요도 가중치와 브랜드 또는 벤더의 해당 이슈에 대한 점수를 곱한다. 예를 들어, 벤더 명성 중요도 점수인 9와 브랜드 A의 성과 5를 곱해 45라는 점수를 부여한다. 프로모션 지원의 중요도인 4와 벤더 D의 이에 대한 성과 7을 곱해 28이라는 점수를 부여한다. 이러한 분석 형태는 소매업체가 아주 중요하다고 생각하지 않는 이슈 사항에 대해 주의를

표 11-8 벤더 평가를 위한 다속성분석

항 목	항목별 독자 브랜드의 실적평가				
	항목별평가요소	Brand A	Brand B	Brand C	Brand D
벤더 명성	9	5	9	4	8
서비스	8	6	6	4	6
배송일자준수	6	5	7	4	4
상품의 질	5	5	4	6	5
가격인상기회	5	5	4	4	5
원산지	6	5	3	3	8
상품 유행성	7	6	6	3	8
판매이력	3	5	5	5	5
판촉지원	4	5	3	4	7
총 평가		280	298	212	341

많이 기울이지 않는 방식이다. 벤더 D가 프로모션 지원 항목에서 성과가 좋다고 하더라도 바이어가 그 항목에 대해 중요도를 높게 여기지 않기 때문에 결과는 여전히 낮게 된다.

5. 각 이슈 사항별로 각 브랜드의 점수의 총합을 구한다. 〈표 11-8〉에서 나타난 것과 같이 브랜드 D가 총점 341점으로 가장 높은 점수를 받아 D가 가장 선호되는 벤더임을 확인할 수 있다.

요 약

LO 11-1 상품관리 조직과 성과측정을 설명할 수 있다.

상품 계획을 세우기 위해 상품들을 카테고리 단위로 분류한다. 바이어와 기획자는 카테고리를 관리하며 종종 주요 벤더들의 도움을 받기도 한다. 상품관리를 평가하기 위해 사용하는 주요 성과치는 GMROI와 이를 구성하는 요소들인 재고회전율과 비슷한 개념인 재고대비매출비율과 총이익이다. 높은 재고회전율은 소매업체의 재무적 성과를 위해 중요한 요소이다. 그러나 소매업체가 재고회전율을 높이기 위해 무리한 시도를 하면 결품이 나거나 비용이 증가하는 결과를 초래하기도 한다.

LO 11-2 지속성 상품과 유행성 상품의 상품관리 과정을 비교할 수 있다.

일반적으로 소매업체는 지속성 상품과 유행성 상품을 관리하기 위해 서로 다른 종류의 상품관리 시스템을 사용한다. 지속성 상품 카테고리는 기본 상품 카테고리라고도 하는데 장기간에 걸쳐 계속적인 수요가 있는 상품 카테고리를 말한다. 유행성 상품 카테고리는 상대적으로 짧은 기간동안에만 수요가 있는 상품들을 말하며, 이 경우에는 새로운 상품들이 계속해서 도입되기 때문에 이미 판매되고 있는 상품은 유행에 뒤떨어지게 된다. 계절상품 카테고리는 매출 변화가 연중 특정 계절에 따라 급격히 변화하는 상품들이다.

상품관리계획 과정은 (1) 카테고리 매출 예상, (2)구색계획수립, (3)적절한 재고수준과 상품가용성 수준 설정, (4) 재고관리 계획수립, (5) 점포로의 상품 할당 계획, (6) 성과에 대한 모니터링과 평가, 그리고 조정의 단계를 갖는다.

LO 11-3 상품 카테고리의 매출 방법을 설명할 수 있다.

상품관리계획의 첫 번째 단계는 카테고리 매출을 예측하는 것이다. 지속성 상품 카테고리의 매출을 예측하는 방법은 미래의 매출에 영향을 미칠 것으로 예상되는 요인들을 고려하면서 과거 매출 트렌드로 미래의 매출을 추정하는 것이다.

유행성 상품 카테고리의 매출을 예측하는 것은 일반적으로 점포에 배송되고 매출을 올리기 3~6개월 전에 바이어들이 구체적인 수량의 매입을 확정하고 발주를 해야 하기 때문에 매우 어려운 일이다.

유행성 상품 카테고리의 매출을 예측하기 위해 소매업체가 이용하는 몇몇 정보의 원천은 (1)과거의 매출데이터, (2) 시장조사 자료, (3) 패션 트렌드 서비스, (4) 벤더 등이다.

LO 11-4 상품구색 개발을 위한 요소들의 장단점을 설명할 수 있다.

카테고리의 매출을 예측한 이후 그 다음 단계는 상품구색을 계획하는 것이다. 구색계획이란 소매업체가 각 매장과 웹사이트에서 카테고리 내에서 제공할 단품들의 집합을 말한다. 어떤 카테고리에 대한 구색을 결정할 때, 바이어는 기업의 소매전략, GMROI에 대한 구색의 영향, 카테고리간 상호 보완성, 구매 행동에 대한 구색의 영향, 점포의 물리적 특성 등을 고려해야 한다.

LO 11-5 적절한 재고수준을 어떻게 결정하는지를 설명할 수 있다.

구색계획을 수립한 후 세 번째 단계는 카테고리에 대한 모델스톡플랜을 결정하는 것이다. 모델스톡플랜은 각 단품별 보유 재고량을 말한다. 소매업체는 일반적으로 체인 내 서로 다른 규모의 점포에 대해 각기 다른 모델스톡플랜을 갖는다.

상품계획 프로세스에 있어서 처음 세 개의 단계인 카테고리와 단품의 매출예측, 구색계획 수립, 모델스톡플랜 수립은 바이어의 매출예측과 서비스 수준을 계량화하는 단계이다.

LO 11-6 상품관리시스템을 분석할 수 있다.

네 번째 단계는 시간의 흐름에 따라 주문, 배송, 재고수준, 상품매출을 어떻게 진행할 것인가를 통제하는 시스템을 수립하는 것이다. 이 통제시스템의 목적은 상품의 점포로의 흐름을 관리하여 카테고리 내 재고 금액은 줄이면서도 고객이 구매를 원할 때 재고는 보유하고 있을 수 있게 하기 위함이다.

지속성 상품의 매입시스템과 유행성 상품의 매입시스템은 매우 다르다. 왜냐하면 지속성 상품은 수개월에 걸쳐 판매될 뿐 아니라 매출 수준이 예측 가능하기 때문에 자동화된 연속적인 보충시스템을 사용하는 경우가 많다. 그러나 유행성 상품 카테고리의 정의에서 알 수 있는 것처럼 이 카테고리 내의 단품은 빠르게 변화하기 때문에 지속성 상품처럼 단품 단위로 관리하기 보다는 각 카테고리에 대해 금액

단위(즉, 각 카테고리에 대해 얼마나 많은 비용이 사용되는지)로 관리된다.

성의 수준 등을 고려해야 한다.

LO 11-7 다점포 소매업체가 어떻게 점포별 상품을 할당하는지를 설명할 수 있다.

상품을 각 점포에 할당하는 것은 다음의 세가지 의사 결정을 포함한다. (1)각 점포에 얼마만큼의 상품을 할당할 것인가, (2)어떤 타입의 상품을 할당할 것인가, (3)점포별로 언제 상품을 배송할 것인가.

소매업체는 일반적으로 그들의 점포를 연간 매출액 기준으로 분류한다. 보통 A 그룹의 점포들은 가장 높은 매출을 가지며 일반적으로 가장 많은 재고를 받게 된다. 반면 C그룹의 점포는 가장 낮은 매출 규모를 가지며 가장 적은 양의 재고를 할당받게 된다. 각 점포에 카테고리별로 상품을 할당할 경우, 점포의 매출 규모 외에도 상품의 물리적 특성, 기업이 각 점포가 보여주기를 원하는 구색의 깊이와 상품가용

LO 11-8 소매업체가 어떻게 상품관리에 대한 성과를 평가하는지 알 수 있다.

상품관리와 계획에 대한 성과를 평가하는 방식에는 판매율분석, ABC분석, 다속성분석 등이 있다. 판매율분석은 상품 계획상 개별 단품의 성과를 살펴보는 데 유용한 방식이다. 바이어는 계획 매출과 실제 매출을 비교하여 상품을 더 주문할 필요가 있는지 또는 재고처분을 위해 세일을 할 필요가 있는지 등을 결정한다. ABC 분석에서는 상품을 높은 것에서 낮은 순으로 순위를 매기게 되며, 상품기획팀은 재고관리 규정을 수립하기 위해 이 정보를 이용한다. 다속성분석은 다양한 이슈의 중요도와 해당 이슈에 대한 벤더의 성과에 근거해서 각 벤더에 대해 가중평균 점수를 사용하여 벤더를 평가하는데 활용하며, 바이어는 가장 높은 점수를 받은 벤더를 선택한다.

핵심단어

- ABC분석(ABC analysis)
- 상품구색(assortment)
- 상품구색 계획(assortment plan)
- 안전재고(backup stock, buffer stock, safety stock)
- 순환/기반재고(cycle stock, base stock)
- 상품구색의 폭/깊이(breadth,depth)
- 특정 사이즈의 품절(breaking sizes)
- 카테고리 캡틴(category captain)
- 카테고리 관리(category management)
- 분류(classification)
- 연속 상품보충(continuous replenishment)
- 부서(department)
- 상품구색 편집(editing the assortment)
- 유행성 상품(fashion merchandise)
- 충족률(fill rate)
- 초점집단(focus group)
- 심층면접(in-depth interview)
- 리드타임(lead time)
- 서비스 수준(service level, level of support)
- 가격인하 금액(markdown money)
- 상품 카테고리(merchandise category)
- 상품그룹(merchandise group)
- 상품관리(merchandise management)
- 모델스톡플랜(model stock plan)

- 다속성 분석(multiattribute analysis)
- open-to-buy시스템(open-to-buy)
- 주문시점(order point)
- 상품가용성(product avalability)
- 계절상품(seasonal merchandise)
- 상품판매율분석(sell-through analysis)
- 재고자산 감모손실(shrinkage)
- 지속성 상품(staple merchandise, basic merchandise)
- 단품(SKU, Stock Keeping Unit)
- 매출대비재고비율(stock-to-sales ratio)
- 다양성(variety)

현장학습

1. 유통업체 중 한 곳을 방문하여, 특정 카테고리에 대해 상품의 다양성과 상품 구색을 점검하시오. 상품 구색의 깊이와 폭을 조사하고 각 카테고리 내 평균 단품 수를 확인한 후, 경쟁점의 같은 카테고리에 대해 상품의 다양성, 구색, 상품종류를 비교해보고 어느 점포의 상품 구색이 더 나은지 평가하시오.

2. MMC 기업의 홈페이지(www.merchandise.com)에 들어가 '뉴스'섹션에 포스팅된 정보들을 읽어보고 이 서비스 제공사가 대형 할인점에서 판매되는 상품을 관리하는 벤더를 어떻게 지원하고 있는지 설명하시오('우리의 서비스'섹션 참고).

3. 공예품 점포를 직접 방문하거나 그들의 웹사이트를 방문해 보고 (예. www.michaels.com, www.joann.com, www.acmoore.com), 이들은 그들의 상품을 어떻게 조직화하고 있는지 확인하시오(상품 그룹, 부서, 카테고리, 단품 등). 이 중 다른 카테고리보다 회전율이 높을 것으로 생각되는 카테고리와 낮을 것으로 생각되는 카테고리를 하나씩 선택하고 왜 그렇게 생각했는지를 설명하시오.

4. 학용품을 구매하기 위해 대형 사무용품 점포와 대형 마트를 선정하여 방문해 보고, 각각의 점포에서 제공하는 상품의 다양성과 상품 구색의 폭과 깊이의 장단점을 소비자의 입장에서 비교해보시오.

5. 다음의 두 소매산업 잡지의 홈페이지(Chain Store Age(www.chainstoreage.com)와 Retailing Today(www.retailingtoday.com))를 방문하여 각각의 사이트에서 상품관리에 대한 기사를 찾아 읽고, 유통업체가 상품기획에 대한 의사결정을 하는데 이러한 기사들이 어떻게 도움이 될 수 있는지 생각해 보시오.

6. SAS의 상품기획 웹사이트 (www.sas.com/en_us/industry/retail/integrated-merchandise-planning.html)를 방문하여, 이 시스템이 유통업체의 상품 기획, 예측, 평가를 어떻게 지원하는지 생각해 보시오.

토의 질문 및 문제

1. JC Penny's의 점포와 인터넷 사이트간의 상품의 다양성과 구색이 어떻게, 왜 다를 것이라고 기대하는지 설명하시오.

2. 재고회전율의 증가는 유통업체의 관리자에게 있어 중요한 목표이다. 재고회전율이 너무 낮거나 높은 경우 어떤 결과를 초래하는지 설명해보시오.

3. 당신이 5개 체인을 가진 슈퍼마켓의 과일통조림과 야채통조림의 바이어라고 가정해보자. 델몬트사는 이 카테고리에 대한 그들의 재고 관련 의사 결정을 해야 하며, 수입할 물량에 대한 주문량을 결정해야 한다고 당신과 당신의 팀장에게 얘기한다. 델몬트사가 당신에게 내년에 총이익액을 10% 올려주겠다고 얘기하고 있는데 당신은 델몬트사의 주문량을 늘릴 것인가? 당신의 의사결정을 합리적으로 설명해보시오.

4. Old Navy사의 바이어는 남성 티셔츠의 몇몇 사이즈가 결품이 난 것에 대해 고객 컴플레인을 받았다. 그래서 바이어는 이 카테고리의 상품 가용성을 80%에서 90%로 높이기로 결정하였다. 이 결정으로 인해 안전재고량과 재고회전율에는 어떤 영향을 주게 될 것인가? 만약 이 카테고리가 남성 플러스 운동복이었다면 당신은 같은 의사 결정을 할 것인지 설명해보시오.

5. 다양성, 상품구색, 상품가용성은 상품기획 프로세스에 있어 매우 중요한 초석이라 할 수 있다. 이러한 이슈들에 기초해서 소매업체가 그들 점포의 포지셔닝을 뛰어나게 한 사례를 들어보시오.

6. 백화점 내에서 귀금속 코너가 상품 특징이 매우 다른 소형가전 코너와 GMROI가 같게 나왔다. 이 상황을 설명해보시오.

7. 연간매출이 20,000,000원이고 평균 재고원가가 4,000,000원, 총이익률이 45%인 경우, GMROI와 재고회전율을 계산해보시오.

8. 당신이 Dick's Sporting Goods사의 운동화 바이어라면, 신상품인 나이키 런닝화의 매출을 어떻게, 얼마나 예상할지 설명해보시오.

9. 80-20원칙을 이용하여, 유통업체는 빠르게 판매되는 상품은 충분한 재고를, 느리게 판매되는 상품은 최소한의 재고를 확보하고 있다고 어떻게 확신할 수 있는지 설명하시오.

10. Denver에 있는 스포츠용품 점포의 바이어가 1월말까지는 모두 판매가 될 것으로 예상하고 10월 1일자 선적으로 400개의 스키 파카를 주문했다. 11월 1일, 여전히 350개의 파카가 남아 있다. 바이어는 이러한 계절상품을 판매함에 있어 시간이 흐름에 따라 무엇을 고려해야 하는지 설명해보시오.

11. 한 바이어가 특정 품목을 어떤 벤더로부터 매입해야 하는지를 결정하고 있다. 다음의 표에서 제공되는 정보를 이용하여 어떤 벤더로부터 매입하는 것이 좋을지 결정해보시오.

1 상품 예산계획

여기서 우리는 유행상 상품 카테고리에 대한 상품예산 계획을 수립하기 위한 단계들을 소개한다. 이러한 단계들은 〈표 11-9〉 하단의 "월별 추가 재고량"을 산정하기 위해 필요하며, 이것은 소매업체가 재무적 목표를 달성하기 위해 매월초 평균적으로 얼만큼의 상품을 보유할 필요가 있는지를 금액으로 보여준다.

해당 시즌의 월별 매출비중 안배(첫째 행) 이 계획서의 첫째 행은 전체 매출의 몇 퍼센트가 매월 판매될 것인지를 보여준다. 〈표 11-9〉에서 SS시즌 6개월간 매출 중 21%가 4월에 발생할 것으로 예상하고 있음을 알 수 있다.

6개월 자료		봄			여름		
		4월	5월	6월	7월	8월	9월
매출비중	100%	21%	12%	12%	19%	21%	15%

이러한 월별 매출비중의 의사 결정은 과거 매출 자료를 기준으로 한다. 연간 전체 매출 중 월별 매출비중은 해마다 그리 크게 변하지는 않는다. 그러나 바이어는 구매 패턴의 변화와 특별 프로모션 등으로 인한 변화를 반영해야만 한다. 예를 들어, 남성 캐쥬얼 바지의 바이어는 가을 시즌 매출이 여름 시즌 매출로부터 영향을 받게 될 것이므로 7월달의 매출비중을 늘리고, 8,9월달의 매출비중을 줄여 계획을 잡는다. 또한 부활절 특별 프로모션을 기획하여 4월의 비중을 높이고 다른 달의 비중을 줄이기도 한다.

월별 매출(둘째 행) 월별 매출은 6개월간의 전체 예상매출(첫번째 열 130,000,000원)을 월별 매출비중으로 곱하여 계산한다. 〈표 11-9〉에서, 4월의 매출은 130,000,000원 * 21%로 27,300,000원이 된다.

6개월 자료		봄			여름		
		4월	5월	6월	7월	8월	9월
월별 매출(천원)	130,000	27,300	15,600	15,600	24,700	27,300	19,500

해당 시즌의 월별 재고감소율 안배(셋째 열) 월별 예상매출을 달성하기 위해 매월 충분한 상품을 보유하기 위해서 바이어는 고객으로부터 발생하는 매출 외 재고수준을 감소시킬 수 있는 다른 요인들도 고려해야 한다. 물론 매출이 가장 주된 재고감소의 요인이지만, 가격인하, 감모손실, 직원할인에 의해 재고 가치가 감소되기도 한다. 상품예산 계획 프로세스는 상품 매입 계획에 이러한 추가적인 재고감소분을 고려하여 계획한다. 이러한 재고감소분을 고려하지 않으면 늘 재고 부족에 시달릴 수 있다. 〈표 11-9〉에서 시즌 종료시점의 가격 인하로 인해 시즌 전체의 재고감소 중 40%가 4월에 발생한다는 것을 보여준다.

6개월 자료		봄			여름		
		4월	5월	6월	7월	8월	9월
월별 감소비율	100.00%	40.00%	14.00%	16.00%	12.00%	10.00%	8.00%

가격인하 역시 과거 자료를 바탕으로 예측할 수 있다. 그러나 가격인하를 예측할 때 경쟁자나 일반적인 경제 환경 등 환경의 변화를 반드시 고려해야 한다. 직원할인은 할인 적용의 대상이 고객이 아닌 직원이라는 점을 제외하고는 가격인하와 동일하다. 직원할인의 수준은 매출수준과 직원수와 밀접하게 연관되어 있다. 그러므로 직원할인 역시 과거 자료에 의해 예측할 수 있다.

감모손실(shrinkage)은 직원이나 고객에 의한 도난, 잘못 배치되거나 손상된 상품, 장부 정리상의 오류 등에 기인한다. 소매업체는 (1) 매입 및 납품된 상품에 대한 장부가액, (2) 점포 및 물류센터의 실제 재고 사이의 차이로 감모손실을 산정한다. 감모손실은 상품부문

📝 **표 11-9** 남성 케쥬얼 바지에 대한 6개월 상품 예산 계획

		봄			여름		
		4월	5월	6월	7월	8월	9월
1. 시즌내 월별 매출비중	100%	21%	12%	12%	19%	21%	15%
2. 월별 매출액(천원)	130,000	27,300	15,600	15,800	24,700	27,300	19,500
3. 시즌내 월별 재고감소비중	100%	40%	14%	16%	12%	10%	8%
4. 월별 재고감소 금액(천원)	16,500	6,600	2,310	2,640	1,980	1,650	1,320
5. 월초매출대비재고비율	4.00	3.6	4.40	4.40	4.00	3.60	4.00
6. 월초재고(천원)	98,280	98,280	68,640	68,640	98,800	98,280	78,000
7. 월말재고(천원)	65,600	68,640	68,640	98,800	98,280	78,000	65,600
8. 월별추가재고(천원)	113,820	44,260	17,910	48,400	26,160	8,670	8,420

과 계절, 그리고 일반적으로 매출 등에 따라 다양하게 나타난다. 만약 남성 캐쥬얼 바지의 매출이 10% 증가했다면, 바이어는 감모손실 역시 10% 증가한다고 예상할 수 있다.

월별 재고감소 금액 (넷째 행)　월별 재고감소 금액은 전체 감소금액에 셋째 열의 월별 감소율을 곱해서 계산한다. 이 예제에서의 전체 감소금액은 과거 데이터에 의해 산정되었고 〈표 11-9〉에서와 같이 4월달의 감소 금액은 16,500,000원*40%로 6,600,000원이다.

6개월 자료		봄			여름		
		4월	5월	6월	7월	8월	9월
월별 감소금액(천원)	16,500	6,600	2,310	2,640	1,980	1,650	1,320

월초(BOM, Beginning-of-Month) 매출대비재고비율(다섯째 행)

6개월 자료		봄			여름		
		4월	5월	6월	7월	8월	9월
월초 매출대비 재고비율	4.0	3.6	4.4	4.4	4.0	3.6	4.0

다섯째 행의 매출대비재고비율은 예측된 매출액을 달성하고 회전율 목표를 유지하기 위해 월 초 보유하고 있어야 하는 재고 금액을 말한다. 매출대비재고비율이 2라는 의미는 소매업체가 월초에 그 달에 예상되는 매출의 2배에 해당하는 재고를 계획하고 있다는 것이다.

매출대비재고비율을 산정하는 대신 많은 소매업체들은 이와 관련 있는 측정치인 재고 주수(weeks of inventory)로 표현한다. 매출대비재고비율이 4라는 것은 16주치, 약 112일치의 재고를 현재 보유하고 있다는 의미이다. 매출 대비 재고비율이 1/2라는 것은 약 2주간, 그러니까 14일치의 재고를 보유하고 있음을 의미한다. 매출대비재고비율은 상품 카테고리가 목표로 하는 GMROI와 재고회전율을 달성하도록 결정되어야 하며, 그 결정 과정은 다음과 같다.

1) 1단계: 재고대비매출비율 계산

GMROI는 총이익률과 재고대비매출비율의 곱과 같다. 재고대비매출비율은 분모가 금액으로 표현된 매출대비재고비율이라는 점을 제외하면 개념적으로 재고 자산 회전율과 유사하다. 재고자산회전율의 분모는 매출원가이다. 어떤 카테고리에 대한 바이어의 목표 GMROI가 123%이고 총이익률이 45%가 될 것이라고 예상한다면

GMROI = 매출 총이익률 × 재고대비매출비율

$$재고대비매출비율 = \frac{GMROI}{총이익률} = \frac{123}{45} = 2.73이\ 된다.$$

본 상품예산 계획은 1년이 아닌 6개월간의 계획이기 때문에 재고대비매출비율 또한 연간이 아닌 6개월 단위에 기반하고 있다. 그러므로 이 6개월간 목표로 하는 GMROI를 달성하기 위해서 매출은 재고 금액의 2.73배가 되어야 한다.

2) 2단계: 재고대비매출비율을 재고회전율로 전환

재고회전율은 다음과 같이 계산된다.

$$재고회전율 = 재고대비매출비율 × (1.00 - \frac{총이익률}{100})$$
$$= 2.73 × (1.00 - \frac{45}{100})$$
$$1.50 = 2.73 × 0.55$$

재고회전율은 매출과 재고를 모두 원가로 정의하고 있지만, 재고대비매출비율은 매출은 판매가격, 재고는 원가로 정의하고 있기 때문에 이러한 전환 조정은 꼭 필요하다. 재고대비매출비율과 마찬가지로 여기서의 재고회전율 역시 6개월을 기준으로 산출한 것이다.

3) 3단계: 평균 매출대비재고비율 계산

$$평균 재고대비매출비율 = \frac{6개월}{재고회전율}$$
$$4 = \frac{6}{1.5}$$

만약 12개월의 계획을 준비한다면 바이어는 12를 연간재고회전율로 나누어야 한다. 보기 11-5에서의 상품예산 계획은 금액으로 나타나 있기 때문에 분자를 월초 재고로, 분모를 월별 매출로 생각하는 것이 가장 쉬운 방법이다. 평균적으로 6개월 동안 1.5회전의 재고 회전을 달성하기 위해서 바이어는 월별 예상매출의 4배에 해당하는 월초 재고를 보유하고 있어야 한다. 이것은 4개월치, 즉 16주치에 해당된다.

바이어는 평균 매출대비재고비율에 대해 신중을 기해야 한다. 이를 재고대비매출비율과 혼동하기 쉽기 때문이다. 이들은 서로 역의 관계가 아니다. 이 두 비율 값에서 매출은 동일하게 적용된다. 그러나 재고대비매출비율에서의 재고는 해당 기간 전체에 걸친 원가 수준에서의 평균재고를 의미하고, 매출대비재고비율에서는 판매가격 수준에서의 평균 월초 재고를 의미한다. 그러므로 월초 매출대비재고비율은 매월의 평균을 의미한다. 다섯째 행에서의 평균값에 계절적 변동을 반영하기 위한 조정을 했다.

4) 4단계: 월별 매출대비재고비율 계산

다섯째 행에서의 월별 매출대비재고비율은 계획된 재고회전율을 달성하기 위해 위에서 계산된 월초 매출대비재고비율을 평균해야만 한다. 일반적으로 월별 매출대비재고비율은 매출과 반대 방향으로 변화한다. 즉, 매출이 높을 때에 매출대비재고비율은 작고, 그 반대도 마찬가지이다.

이 예제에서 남성 캐쥬얼 바지 바이어가 이 조정을 하기 위해서는 계절적 패턴을 고려하여 월별 매출대비재고비율을 결정해야 한다. 이상적인 경우, 남성 캐쥬얼 바지는 고객이 원하는 날 원하는 수량만큼 점포로 입고되어야 한다. 그러나 현실적으로 그렇게 되기는 거의 불가능하다. 〈표 11-9〉의 여덟째 행에서와 같이 남성 캐쥬얼 바지의 봄 시즌은 4월에 천천히 시작되지만(4월 월초 재고 4,280,000원), 수요 증가는 날씨가 더워지기 시작할 때까지는 완만하다. 그러다 월

별 매출은 5월과 6월에 전체 매출의 12%로, 그리고 7월에는 19%까지 신장한다(첫째 행). 그러나 매출대비재고비율(다섯째 행)은 5월과 6월에 4.4로, 그리고 7월에 4.0으로 감소한다. 그러므로 매출이 증가하는 달(예. 7월)에는 월초 재고금액이 증가하지만(여섯째 행) 느린 속도로 증가하기 때문에 매출대비재고비율은 감소한다. 이와 같이 매출이 급격히 감소하는 5월과 같은 달에는(두번째 행), 재고금액이 감소하고(여섯째행), 이것이 느린 속도로 감소하게 되면 매출대비재고비율은 증가하게 된다(다섯째 행).

남성 캐쥬얼 바지 등의 어떤 카테고리에 대한 상품예산 계획을 수립할 때 바이어는 과거 매출데이터뿐 아니라 과거의 매출대비재고비율 자료도 검토해야 한다. 과거의 비율들이 적절한 것인가를 판단하기 위해 해당 월의 재고수준이 특별히 높았는지 낮았는지를 점검해야 한다. 그리고 과거의 재고수준 불균형을 조정하고 현재의 환경 변화를 반영하기 위해 부분적인 수정을 가한다. 예를 들면, 바이어가 현충일을 기념하기 위한 프로모션을 기획하고 있다고 해보자. 이 프로모션은 이전에는 한번도 해 본 적이 없기 때문에 해당월의 매출을 고려하여 매출대비재고비율은 낮춰 잡아야 할 것이다. 여기서 주의할 점은 월별 매출비중 변화에 따라 같은 비율로 매출대비재고비율이 변화하는 것은 아니라는 것이다. 어떤 달의 매출이 증가하면, 매출대비 재고 비율은 줄어들긴 하지만 느린 속도로 줄어든다. 이러한 조정에 대해서는 정확한 방법이 있는 것이 아니기 때문에, 바이어는 주관적인 판단을 하게 될 수 밖에 없다.

6) 월초 재고(BOM Inventory, 여섯째 행)

4월의 월초 계획된 재고금액은 다음과 같다.

$$\text{월초 재고} = \frac{\text{월 매출}}{\text{(둘째 행)}} \times \frac{\text{월초 매출대비재고비율}}{\text{(다섯째 행)}}$$

98,300천원 = 27,300천원 × 3.6

6개월 자료		봄			여름		
		4월	5월	6월	7월	8월	9월
월초 재고 (천원)	98,280	98,280	68,640	68,640	98,800	98,280	78,000

7) 월말 재고(EOM(End-of-Month Inventory, 일곱째 행)

특정 월의 월초 재고는 전 월의 월말 재고와 같다. 즉, 여섯째 행의 월초 재고는 일곱째 행의 전월의 월말 재고인 셈이다. 그러므로 〈표 11-9〉에서 4월달의 월말 재고는 5월달의 월초 재고인 68,640,000원이다. 마지막 달의 월말 재고를 예측하는 것은 상품예산 계획의 다음 단계이다.

6개월 자료		봄			여름		
		4월	5월	6월	7월	8월	9월
월말 재고 (천원)	65,600	68,640	68,640	98,800	98,280	78,000	65,600

8) 월별 추가재고(여덟째 행)

월별 추가재고는 목표로 하는 재고회전율과 매출을 달성하기 위해 매월 필요로 하는 재고를 보유하기 위한 주문 금액을 의미한다.

$$\text{추가재고} = \frac{\text{매출}}{\text{(둘째 행)}} + \frac{\text{재고감소금액}}{\text{(넷째 행)}} + \frac{\text{월초재고}}{\text{(일곱째 행)}} - \frac{\text{월말재고}}{\text{여섯째 행}}$$

4월의
추가재고 = 27,300 + 6,600 + 68,640 - 98,280 = 4,260 (천원)

월초에는 재고수준이 월초 재고수준과 같으며, 한 달 동안 상품은 판매되고, 가격인하, 감모손실의 적용과 같이 매출에 영향을 주는 다양한 재고감소가 발생한다. 그러므로 만약 추가 매입이 없었다면 월초 재고에서 월별 매출을 빼고, 재고감소분을 빼면 월말 재고와 같아진다. 그러나 예측된 월말 재고를 유지하기 위해서는 무엇인가를 매입해야 한다. 추가 매입이 없을 때의 월말 재고와 예측된 월말 재고와의 차이가 추가 재고에 해당한다.

6개월 자료		봄			여름		
		4월	5월	6월	7월	8월	9월
월말 재고 (천원)	113,820	4,260	17,920	48,400	26,160	8,670	8,420

2 Open-to-Buy시스템

Open-to-Buy시스템은 상품이 매입된 이후에 사용되며 상품예산 계획 또는 지속성 상품관리 시스템에 기반하고 있다. 상품관리 시스템은 바이어가 상품 매입을 위한 계획을 수립하는데 도움을 준다. open-to-buy 시스템은 상품의 흐름을 기록하여 실제로 매입을 위해 매월 얼마를 사용했고 얼마나 남아있는지를 알 수 있다.

같은 방식으로 바이어는 그들이 상품을 매입하고 점포로 배송되어질 때마다 모든 흐름을 기록해야 한다. 상품 흐름을 기록하는 open-to-buy시스템이 없이는 바이어는 너무 많이 매입하거나 또는 너무 적은 양을 매입할 수도 있다. 상품은 필요하지 않을 때 배송되어 질 수도 있고 필요할 때 가용할 수 있는 상황이 아닐 수도 있다. 그렇기 때문에 매출과 재고회전율이 나빠질 수 있는 것이다. open-to-buy시스템은 지속성 상품관리 시스템에도 적용 가능하다.

상품 예산계획을 성공적으로 하기 위해(즉, 매출, 재고회전율, GMROI목표를 달성하기 위해) 바이어는 매입 수량과 납기에 맞게 매입하려는 노력을 하며, 실제 월말 재고와 사전에 계획한 월말 재고를 같게 만들려고 할 것이다. 예를 들어, 바이어는 SS시즌의 마지막인 9월 말에 SS용 남성 캐쥬얼 바지는 완전히 다 판매되어 가을용 상품을 구매할 수 있는 여지를 갖고자 한다. 그러므로 바이어는 이 유행성 상품 또는 계절상품에 대한 예상된 월말 재고와 실제 월말 재고가 모두 0이 되기를 바란다.

1) 현재 기간의 Open-to-Buy 계산

바이어는 상품 카테고리에 대한 재고를 월말에 얼마나 보유해야 하는지를 알 수 있는 계획을 세운다. 그러나 이러한 계획은 부정확할 수도 있다. 배송이 제 시간에 되지 않을 수도 있고, 매출이 예상보다 더 높을수도 있으며, 세일로 인한 가격할인액이 예상보다 적을 수도 있다.

open-to-buy시스템은 계획된 월말 재고와 조정 반영된 월말 재고의 차이를 말한다.

open-to-buy = 계획된 월말 재고금액 - 조정된 월말 재고 금액

만약 open-to-buy가 양의 값이라면 바이어는 그 달에 상품을 구매하기 위한 자금을 여전히 확보하고 있다는 의미이다. 만약 open-to-buy가 음의 값이라면, 바이어는 예산보다 이미 많은 비용을 사용했다는 뜻이 된다.

계획된 월말 재고금액이 상품예산 계획에서 나온 것이라면, 조정된 월말 재고 금액은 다음과 같이 계산된다.

$$조정된 월말 재고 = 실제 월초 재고 + \frac{매월 추가된 실제 재고량}{(수령한 신상품)}$$

$$+ \frac{발주량}{(배송될 상품)} - 매출 계획 - \frac{월별 재고}{감소 계획}$$

〈표 11-9〉는 이번 장에서 유행성 상품기획 과정에서 토의된 남성 캐쥬얼 바지 카테고리에 대한 6개월간의 open-to-buy를 보여주고 있다. 현재 5월이라고 하자. 실제 월초 재고 금액은 59,500,000원이고 아직 월이 마감되지 않았기 때문에 실제 월말 재고는 아직 알 수 없다. 현재의 open-to-buy를 계산할 때, 조정된 월말 재고 금액이 필요하다. 조정된 월말 금액을 새로이 개선하여 예측한 월말 금액이라고 생각해보자. 이 새로이 개선된 값은 상품예산 계획이 만들어질 때는 활용할 수 없었던 정보들을 포함하고 있다. 조정된 월말 재고 금액을 계산하는 공식은 다음과 같다.

- 조정된 월말 재고 금액 = 실제 월초 재고 금액   59,500,000원
  - 실제 월별 추가 재고   7,000,000원
  - 주문량(입고될)   18,000,000원
  - 계획된 월 매출   15,600,000원
  - 월 재고감소 계획   2,310,000원
  - =   66,590,000원

- open-to-buy 계획(5월) = $\frac{계획된 월말}{재고금액}$ - $\frac{조정된 월말}{재고 금액}$

  2,050,000원   = 68,640,000원 - 66,590,000원

그러므로 바이어는 5월에 계획된 월말 재고금액인 68,640,000원을 달성하기 위해서 2,050,000원을 더 사용할 수 있다. 이것은 상대적으로 적은 양이라 할 수 있어 바이어의 계획이 목표에 성공적으로 도달했다고 볼 수 있다. 그러나 만약 5월의 open-to-buy가 20,000,000원이었다면, 바이어는 시장으로 가서 매입할 상품을 좀 더 찾아야 한다. 만약 벤더 중 하나가 남성 캐쥬얼 바지 재고를 많이 보유하고 있으면 바이어는 고객들에게 팔 수 있을만한 상품을 매입하는 데 20,000,000원을 사용할 수 있다.

그러나 open-to-buy가 -20,000,000원이라면, 바이어는 이미 예산을 초과해 사용한 것이다. 바이어는 앞으로 매입을 줄여 전체 매입 금액이 상품예산 금액을 초과하지 않도록 해야할 것이다. 한편 바이어가 시장 상황의 변화로 인해 어쩔 수 없이 예산을 초과한 것이라고 판단한다면, 더 많은 open-to-buy를 얻기 위해 부서 책임자와 협의를 해야만 한다.

참고문헌

1. Loretta Chao, "Target Says Online Sales Surge Tied to Store Inventories," *The Wall Street Journal*, February 24, 2016.
2. Shelly Banjo and Serena Ng, "Home Depot: The Place to Go for Toilet Paper?," *The Wall Street Journal*, June 6, 2014.
3. Paul Ziobro, "Target Revamps Groceries for Millennials," *The Wall Street Journal*, March 3, 201.
4. Personal communication.
5. Jonathan O'Brien, Category *Management in Purchasing: A Strategic Approach to Maximize Business Profitability* (London: Kogan Page, 2015); Deborah Fowler and Ben *Goh, Retail Category Management* (Englewood Cliffs, NJ: Prentice Hall, 2011).
6. Michael Levy and Charles A. Ingene, "Residual Income Analysis: A Method of Inventory Investment Allocation and Evaluation," *Journal of Marketing* 48 (Summer, 1984), pp. 93–104.
7. Dan Berthiaume, "And the Top Omnichannel Retailers Are . . . ," *Retailing Today*, October 2, 2015.
8. Hayley Peterson, "Target's CEO Is Visiting Customers' Homes to Succeed Where Walmart Failed," *Business Insider*, January 21, 2016.
9. "Tesco—Every Little Helps," Loyalty Square, http://www.loyaltysquare.com/tesco.php.
10. Soo-Haeng Cho and Christopher S. Tang, "Advance Selling in a Supply Chain under Uncertain Supply and Demand," *Manufacturing & Service Operations Management* 15, no. 2 (2013), pp. 305–319.

이 장을 읽은 후에 당신은

LO 12-1 소매업체가 활용 가능한 브랜드 옵션을 알 수 있다.
LO 12-2 소매업체가 어떻게 제조업체 브랜드를 매입하는지 설명할 수 있다.
LO 12-3 소매업체가 유통업체 브랜드 상품을 개발하고 소싱할 때 고려하는 요인들을 나열할 수 있다.
LO 12-4 소매업체가 어떻게 벤더와의 협상을 준비하고 실행하는지 이해할 수 있다.
LO 12-5 소매업체가 왜 벤더와 전략적인 관계를 구축하는지 알 수 있다.
LO 12-6 상품 매입과 관련된 법적, 윤리적, 사회적 책임 이슈를 알 수 있다.

전국적으로 점포를 가진 소매업체들이라 하더라도 그들은 고객들로 하여금 지역 점포를 그들에게 헌신적이고 독특하며 목표가 분명한 상품들과 친근한 이미지로 "그들의" 점포인 듯 느끼게 만들고 싶어한다. 잘 알려진 제조업체 브랜드와 지역 생산 제품, 그리고 유통업체 브랜드 간의 상품구색의 균형을 맞추는 것은, 소매업체에게는 혁신적인 방법을 택해 끊임없이 도전해야 하는 부분이다. 그들은 현지화를 하는 것이 정기적으로 점포를 방문하는 고객들의 니즈와 기호에 맞추는 방법이라는 것을 안다. 그러나 소매업체는 또한 그들의 모든 점포에 똑같은 품목을 취급함으로써 규모의 경제를 얻고자 하며 이러한 일관성이 고객들로 하여금 그들이 어느 지역에서 점포를 방문하더라도 언제나 그들이 좋아하는 상품을 찾을 수 있다고 확신할 수 있게 만들기도 한다.

Whole Foods에서는, 그들이 취급하는 약간의 상품은 모든 점포에서 동일하게 취급한다. 그러나 점포 관리자는 그들의 지역 고객들에게 어필하는 지역 생산품을 취급할 책임을 가지고 있으며, 그들의 개별 점포의 분위기를 지역 고객에 맞추어야 할 책임도 가지고 있다. 이미 수많은 책임을 갖고 있는 지역 점포 관리자에게 이러한 책임을 더 할당하는 이유는 각 점포가 현지의 푸근한 느낌을 확실히 갖게 하기 위함이다. 예를 들면, Detroit의 Whole Foods는 Motown과 관련있다는 것을 강조하면서 통로를 표시하기 위해 레코드판을 사용한다. 예술적인 낙서들이 유제품 코너에 가득하고, Detroit지역의 기업에서 생산한 상품이 가장 좋은 위치를 차지한다. 그래서 고객들은 이 점포가 그들의 것이라는 느낌을 갖고 그 점포를 더 자주 방문하고 더 높은 충성도를 가질 수도 있게 된다.

현지 생산자나 적은 규모의 생산자라 하더라도 적용되는 기준은 똑같다. Whole Foods는 그들의 공급자들에게 사용 금지된 원료 리스트를 가지고 있다. 상품이 다른 모든 면에서 천연이라 하더라도 만약 그것이 표백한 밀가루를 포함하고 있다면 Whole Foods에 적합한 등급을 받을 수 없다. 또한 작은 기업들에게 Whloe Foods의 방대한 시장에서 어필할 수 있도록 그들의 이름을 바꾸라고 장려하기도 한다. 현지 생산자들은 그저 몇몇 점포에 그들의 상품을 입점시킬 수 있는데, Whole Foods는 여전히 그들에게 대규모의 제조업체 브랜드로부터 기대하는 균일한 품질을 요구하며, 이러한 요구는 이미 훈련되고 효율화된 대형 제조업체에게는 이득일 것이다.

그러나 소매 트렌드는 늘 제조업체 브랜드 회사에게 유리하지만은 않다. 그로서리 점포와 고객들이 점점 더 유기농의, 작은 규모의, 현지 생산된 상품을 원하기 때문에, 오랫동안 그로서리 점포의 선반을 차지해왔던 대규모의 브랜드들이 쫓겨나고 있다. 예를 들면, 1988년 개업을 한 후 Amy's Kitchen은 유기농 엔칠라다옥수수빵에 고기를 넣고 매운 소스를 뿌린 멕시코 음식, 천연 마카로니와 치즈 등의 냉동식품과 포장식품을 작은 소매업체에 판매해왔다. 그러나 최근 고객들이 점점 더 유기농과 천연 상품을 원하게 되면서 주요 전국적인 소매업체들도 Amy's에 접근을 하게 되었다. Piggly Wiggly와 같은 전국적 체인에 상품을 공급하기 위해 Amy's는 아이러니하게도 H. J.Heinz로부터 구매하는 제2의 생산 라인을 확장하였다. 반면 Heinz나 Kraft와 같이 그들의 소매업체 파트너들로부터 특혜를 받거나 가장 좋은 위치를 받아왔던 대형 브랜드사와 소매업체의 관계는 변화하고 있다. 소매업체는 그들이 해야할 첫 번째 일이 고객이 원하는 상품을 갖다 놓는 것이지, 그들의 공급업체가 납품하기 원하는 상품을 갖다 놓는 것이 아니라고 확실히 결정했다.

그러나, 소매업체가 경쟁력의 일환으로 효율성에 초점을 맞춘다면 서로 다른 매장과 고객을 위한 독특한 상품의 구매는 불가능해진다. 이런 경우 소매업체가 일반 상품에 대해 소비자를 위해 맞춤화된 버전의 상품을 판매하는 대안을 생각할 수 있다. 예를 들면, 이케야 가구는 표준화된 모델이라 Bemz와 같은 회사는 표준화된 소파, 의자, 침대를 위한 커버제품을 판매한다. 그러나 Bemz는 최근 대량 생산 제품에 대해 개별화된 유니크한 상품을 공급함으로써 연간 800만 달러의 이익을 얻었다. 스웨덴에서 Prettypegs사는 이케야 가구에 대해 대체할 수 있는 가구다리를 만들고, Superfront는 캐비넷의 정면부와 상부를 판다. 암스테르담에 있는 Mykea는 고객들이 이케야 가구에 부착할 수 있는 스티커를 생산하고, 멜버른의 Comfort Works사는 베개커버를 생산한다. 이러한 상품들은 지역적 혜택 외에도 고객들이 가구를 새로 사지 않더라도 그들 가정의 모습을 자주 바꿀 수 있도록 도와주는 상품들이다.

소매업체들은 고객들에게 어필할 수 있는 대안들을 능동적으로 찾고 있다. 예를 들면, Kroger

는 콜로라도의 작은 지역 팬케이크 믹스 업체와 함께 그들의 상품과 포장을 개발하고 있다. Kro-ger는 FlapJacked로 하여금 콜로라도 지역의 매장들에 다양한 마케팅 전략을 테스트하도록 한 후 500개가 넘는 그들의 매장에 상품을 추가하였다. 물론 대형 제조업체들이 이러한 트렌드를 그냥 무시하는 것은 아니다. 캠벨 유기농 스프와 켈로그 유기농 그래놀라와 같이 잘 알려진 많은 브랜드들은 유기농이나 천연 제품 라인들을 도입하고 있다. 그러나 그들의 가장 귀중한 자산이라 할 수 있는 이 회사들의 규모와 오랜 명성은 이러한 대안적인 시장에는 오히려 어울리지 않을 수 있다. 누군가 언급한 것처럼 아무도 "유기농 Velveeta"를 수용하지는 않을 것이다.

이러한 트렌드는 매우 널리 퍼지고 있다. Target은 전국적인 체인이지만, 현지 상품을 찾는 고객들은 계속 증가하고 있다. 그래서 소매업체들은 지역의 자부심을 올리고 매출을 독려할 수 있도록 새로운 형식으로 디자이너들과 협업을 진행하고 있다. 예를 들면, Target은 잘 알려진 디자이너들 몇몇과의 협업을 시작하였다. 최근, Todd Snyder와의 협업은 약간 다른 식으로 진행하고 있는데, 디자이너가 이미 가지고 있는 요소를 도입하기 보다는 다양한 도시와 상황에 맞추어, 확장된 구색의 상품을 "Todd Snyder에 의한 현지 자부심"이라는 이름으로 출시했다.

첫 번째 콜렉션은 보스턴에 포커스 하는데 Snyder는 현지의 엑센트, 자긍심을 드러내는 티셔츠를 디자인하여 이것을 입는 사람들을 "Wicked Smaht"라고 선언한다. 이 콜렉션은 또한 플러퍼너터 샌드위치^빵 사이에 땅콩과 마시멜로우 플러프를 넣어 만든 이 지역의 명물를 만들 수 있는 마시멜로우 플러프와 Topps의 야구카드도 판매한다. 다른 도시에서는 그 도시만의 독특한 상품 라인을 판매할 예정이다. 예를 들면, 시카고의 경우 Snyder는 예전 스타일의 맥주와 Mike Ditka와 관계있는 다양한 품목들을 생각하고 있으며, LA나 샌프란시스코 등 다른 도시에 대해서도 계획중이다. 이러한 상품이 어느 정도로 성공할 것인지에 따라 협력은 더 많아질 수 있다. 지금으로서는 지역 매장들만이 이러한 상품들을 취급하겠지만, Target이 지역의 고객들을 잘 이해하고 있다고 확신시킨 이후에는 궁극적으로 Target.com에서도 판매할 수 있을 것이다.

우리는 앞의 장에서 상품관리 과정과 이 과정에서 바이어가 어떤 상품을 얼마나 매입해야 하는지를 결정하기 위해 거치는 단계들을 살펴보았다. 카테고리에 대한 구색계획을 수립하고 매출을 예측하고, 상품의 흐름^{얼마나 많은 상품이 언제 필요한지}을 계획한 후의 다음 단계는 상품을 확보하는 것이다.

상품 매입은 쉬운 일이 아니다. 예를 들어, Kroger와 같은 그로서리 체인의 스프 카테고리 매니저는 캠벨이나 프로그레소와 같이 잘 알려진 제조업체 브랜드를 매입하는 것과 Whole-some@Home과 같은 유통업체 브랜드를 개발하는 것을 잘 믹스하여 의사결정 하여야 한다. 제조업체 브랜드를 제공하든 유통업체 브랜드를 제공하든 카테고리 매니저는 가격, 배송일, 지급조건, 광고나 할인에 대한 재정적 지원 등과 같은 많은 이슈들을 다뤄야 한다. 유통업체 브랜드에 대한 매입 과정은 매장이 상품을 개발하는데 있어 능동적인 역할을 해야 하기 때문에 일반적으로 제조업체 브랜드보다는 복잡하다.

이번 장에서는 우선 다양한 상품 브랜드 대안들에 대한 정의를 설명하고, 제조업체 브랜드와 유통업체 브랜드를 매입하는데 필요한 다양한 이슈와 벤더와의 협상에 대해 살펴본다. 그리고 소매업체와 공급업체간의 전략적 파트너 관계 구축과 상품 매입과 관련된 법적, 윤리적, 사회적 책임에 대해서 알아볼 것이다.

I 브랜드 대안들

1. 제조업체 브랜드 National Brands, NB

제조업체 브랜드 National Brand 는 벤더에 의해 기획되고 생산되고 상품화되어 여러 다양한 소매업체에서 판매되는 상품을 말한다. 벤더는 상품의 개발, 일관성있는 품질의 상품 생산, 매력적인 브랜드 이미지 구축을 위한 마케팅 프로그램의 수행 등을 책임지고 있다. NB의 사례로는 타이드 세탁세제, 랄프로렌 셔츠, 휴렛팩커드 프린터 등이 있다.

경우에 따라 벤더는 그들 기업과 연계된 우산/패밀리 브랜드를 사용하기도 하고 상품과 연계된 서브 브랜드를 사용하기도 한다. Kellogg 패밀리 브랜드 의 Raisin Bran 서브 브랜드, Ford 패밀리 브랜드 의 F-Series 트럭 서브 브랜드 이 그 예이다.

벤더는 어떤 경우에는 서로 다른 상품 카테고리에 대해 개별 브랜드를 사용하여 그들의 기업과 브랜드를 연관시키지 않기도 한다. 예를 들면, 소비자는 큐팁, 도브비누, 립튼티, 헬맨 마요네즈, 폰즈 콜드크림 등의 많은 상품을 유니레버가 만든다는 것을 모를 것이다.

어떤 소매업체는 그들의 매입 활동을 NB 벤더를 중심으로 조직화하기도 한다. 그래서 백화점의 바이어들은 스킨케어, 아이 메이크업과 같은 상품 카테고리로 나누어 상품을 담당하기 보다는 에스티로더, 오리진스, 클리니크 등의 에스티로더 그룹의 브랜드들을 담당하기도 한다. 상품 카테고리가 아닌 벤더에 의한 상품관리는 소매업체가 벤더와 협상하는데 있어 더 많은 영향력을 갖게 한다. 그러나 이와 같은 상품관리 방식은 앞 장에서 언급했던 바와같이 비효율적인 면도 있다.

Kellogg's와 같은 NB는 Raisin Bran과 같은 서브브랜드를 사용한다.

2. 유통업체 브랜드 Private Brands

PB^{Private Brand}, House Brand, Store Brand, Own Brand라고도 불리는 유통업체 브랜드는 소매업체에 의해 개발되는 상품을 일컫는다. 일반적으로 소매업체는 상품에 대한 디자인과 사양을 개발하고 그 상품을 생산해 줄 수 있는 제조업체와 계약을 한다. 또 다른 경우로는 소매업체가 제조업체 브랜드의 벤더와 협력하여 자사 점포에서만 판매할 수 있는 상품을 개발하기도 한다. 이러한 경우에는 NB벤더나 제조업체가 해당 상품의 생산에 책임을 지게 된다.

유니레버는 서로 다른 상품 카테고리에 대해 큐팁, 도브, 립튼과 같이 개별 브랜드를 사용한다.

과거에는 유통업체 브랜드의 판매에 한계가 있었다. NB는 공격적인 마케팅을 통해 그들 브랜드에 대한 고객 충성도를 개발할 자원을 보유한 반면, 로컬 소매업체들은 그들의 상품을 잘 알려진 브랜드로 개발하기 위해 필요한 디자인이나 생산, 프로모션에 있어 규모의 경제를 확보하기 어려웠다. 그러나 최근에는 소매업체의 규모가 커짐에 따라 많은 유통업체들이 규모의 경제를 통해 유통업체 브랜드 상품을 개발할 수 있게 되었고, 그들의 상품을 독특한 정체성을 확립하는데 활용할 수 있게 되었다. 지금은 많은 소매업체들이 상대적으로 저가격-저품질의 상품에서부터 NB와 비교하여 우수한 품질의 상품에 이르기까지 폭넓은 종류의 유통업체 브랜드 상품을 선보이고 있다. 유통업체 브랜드의 사례로는 프리미엄 브랜드, 독점 브랜드, 모방 브랜드 등이 있다.

1 프리미엄 유통업체 브랜드

프리미엄 브랜드는 적절한 가격으로 제조업체 브랜드 수준의 품질을 가진 유통업체 브랜드를 말한다. Kroger's Private Selection, Tesco Finest^{영국}, Saks Fifth Avenue의 The Men's Collection, Bloomingdale's사의 Aqua 등이 그 예이다. 그로서리 선두 기업인 Safeway는 그들의 프리미엄 브랜드로부터 450억달러라는 엄청난 매출을 얻는다. 그들은 좋은 품질로 유명한 그들의 주요 스토어 브랜드인 Safeway Select뿐만 아니라 Signature Cafe^{신선식품}, Primo Taglio^{프리미엄 치즈와 절단 육류}, Eating Right^{건강식품}, Snack Artist^{너트와 스낵류}, Open Nature^{천연식품}와 같은 다양한 유통업체 브랜드를 보유하고 있다.

Tesco Finest(UK)는 제조업체 브랜드의 품질과 유사한 프리미엄 유통업체 브랜드이다.

2 독점 브랜드

독점 브랜드란 NB 벤더가 소매업체와 협업하여 개발하고 해당 소매업체에서만 독점적으로 판매되는 브랜드를 말한다. 독점 브랜드의 가장 간단한 형태는 NB제조업체가 기본적으로는 같은 상품에 대해 외형적 특징이 다른 상품을 서로 다른 소매업체에 할당하여 판매하는 경우이다. 이 경우 상품은 여전히 제조업체 브랜드로 광고된다. 예를 들어, Best Buy에서 판매되는 캐논 디지털 카메라는 Walmart에서 판매되는 유사한 캐논 디지털 카메라와는 다른 모델 번호를 가지고 있을 것이다. 이러한 독점 모델은 소비자로 하여금 서로 다른 소매업체에서 판매되는 상품의 가격 비교를 어렵게 만든다.

좀 더 복잡한 형태의 독점 브랜드는 소매업체가 그들의 독특한 정체성을 가지고 유통업체 브랜드를 만드는 경우이다. Macy's에서 소비자들은 그들이 구매하는 상품의 브랜드가 유통업체 브랜드라는 것을 종종 인지하지 못한다. Macy's의 American Rag라는 브랜드는 브랜드에 신경쓰는 고객들에게 이 브랜드가 Macy's가 만든 브랜드라는 사실을 커뮤니케이션 하지 않으면서 많은 매출을 올리고 있다. 소비자가 American Rag와 INC가 MAcy's에서만 판매된다는 것을 발견하지 않는 한 이러한 브랜드가 Macy's 브랜드라는 것을 구분해내기는 어려운 일이다.

3 모방 브랜드 Copycat Brand

모방 브랜드는 제조업체 브랜드의 외형이나 포장을 모방한 브랜드로 일반적으로 낮은 품질의 낮은 가격으로 인식된다. 모방 브랜드는 드럭 스토어나 그로서리 매장에 많다. CVS나 Walgreens 브랜드는 주로 제조업체 브랜드 옆에 진열되며 종종 아주 유사하게 보인다.

CVS는 제조업체 브랜드인 Band-Aid 옆에 그들의 모방 브랜드를 진열한다.

3. 무상표 브랜드 Generic Brands

무상표 브랜드는 유통업체 브랜드도 아니고 제조업체 브랜드도 아니어서 하나의 브랜드라고 보기는 어렵다. 무상표 브랜드는 그들을 구분할만한 브랜드 이름을 가지고 있지 않은 채 상품의 이름으로 표기된 브랜드로, 기본적인 상품을 할인된 가격으로 제공하면서, 가격에 민감한 층을 타겟으로 한다. 무상표 브랜드는 우유나 계란과 같은 상품이나 의사의 처방전이 필요한 약에 주로 사용된다. 지난 수십년간 상당히 늘었던 무상표 브랜드는 처방전 약 부문을 제외하고는 현저히 감소하고 있는 추세이다.

4. 제조업체 브랜드 vs. 유통업체 브랜드

소매업체는 제조업체 브랜드와 유통업체 브랜드 간의 믹스를 결정할 때 그들의 구색, 수익성, 그리고 유연성에 대한 효과를 고려한다.

1 유통업체 브랜드의 강화 및 구색 확장

소매업체는 고객이 원하는 상품을 그들이 제공하고 있는지 확인하기 위해 그들의 구색을 면밀히 조사한다. 그들은 NB제조업체로부터 제공되지 않는 혁신적인 상품이나 더 나은 가치를 제공하는 상품을 유통업체 브랜드로 도입하기도 한다. Staples는 많은 제조업체가 생산하는 다양한 파쇄기를 취급한다. 그러나 회사의 시장조사 담당자가 소비자들이 그들의 메일을 부엌에서 살펴보는 경향이 있음을 발견하고는 부엌 카운터에 적합한 작은 사이즈의 파쇄기인 Mail-Mate를 개발하여 NB보다 덜 비싼 가격으로 제공하는 것이 그 예이다. Staples는 쌓여만 가는 필요없는 우편물에 질린, 그러나 그들의 프라이버시를 염려하는 고객들을 위한 혁신적이면서 가치 중심의 상품을 생산함으로써 주요한 갭을 메꾼 것이다.

많은 카테고리는 타이드와 같이 그 시장의 선도적인 NB를 가지고 있다. 이러한 카테고리에서도 유통업체 상표가 기회가 있을 수도 있겠지만, 오가닉 상품군과 같이 해당 카테고리를 독점하고 있는 NB가 없는 카테고리에 유통업체 브랜드의 기회가 크다. 그로서리 소매에서 Whole Foods가 선도적이긴 하지만, SuperValu^{Shaw's와 Albertsons체인을 소유}와 같은 경쟁업체가 Wild Harvest와 같은 유기농 브랜드로 공급하는 상품을 매우 빠르게 늘리고 있다. 도매클럽형 소매업체인 BJ's에서 소비자는 Elias라는 기본적인 유통업체 브랜드의 냉동 피자와 Earth's Pride라는 프리미엄 유기농 유통업체 브랜드 중에 선택할 수 있다.

오늘날 많은 유통업체 브랜드는 Low cost, Value, Premium으로 구분하면서 다양한 가격대의 상품을 개발함으로써 그들의 구색을 확대하고 있다. low cost와 value 가격대의 상품들은 오래되었지만 premium은 상대적으로 새로운 개념이다. premium은 소비자들에게 NB와 유사한 품질의 상품을, 적절히 낮은 가격으로 제공한다. Retailing View 12.1은 Kroger가 그들의 상품구색을 확장하고 개선하기 위해 그들의 유통업체 브랜드 내에서 어떻게 가격대를 활용하는지를 보여준다.

2 수익성

유통업체에게 있어 NB를 취급하는 것은 양날의 검이라 할 수 있다. 고객들은 특정 NB에 대한 충성심을 발전시켜 왔다. 그들은 이러한 NB상품을 취급하는 유통업체를 방문한다. 이러한 NB에 대한 충성심은 고객들이 그 상품으로부터 무엇을 기대하는지를 알고 또 그것을 좋아하기 때문에 발전한다. 고객들은 그 브랜드가 늘 일정한 품질을 제공한다는 것을 신뢰한다. 샤넬

Kroger의 탁월한 자사 유통업체 브랜드 관리

Kroger사는 그들의 유통업체 브랜드들을 운영함에 있어서 높은 품질 기준과 경쟁력 있는 가격을 요구하면서 마치 별도의 벤더인 것처럼 운영한다. 심지어 그들은 유통업체 브랜드의 맛 테스트에 있어서 NB보다 50% 높은 점수를 얻을 것을 요구한다. 이에 보답하듯 고객들은 이들의 유통업체 브랜드에 충성심을 갖는데 이것은 결국 점포에 대한 충성심으로 이어진다. 이들은 자신들의 충성 고객층과 프리미엄 충성 고객층의 99.5%가 유통업체 브랜드를 구매할 정도라고 자부심을 갖는다.

Koger는 1990년대에 고품질 지향의 Private Selection라인과 Value 브랜드를 개발하면서 유통업체 브랜드를 운영하기 시작했다. 그들은 최근에 유통업체 브랜드 라인을 더욱 확장하여 Simple Truth천연라인, Check This Out제지류와 청소용품, P$$t캔류, Heritage Farm신선식품까지 운영하고 있다. 그러면서 Value 브랜드의 상품을 서서히 없애기로 결정하였다.

Kroger는 유통업체 브랜드의 활용에 대해 폭넓은 시각을 가지고 있다. 그들은 "만약 우리가 NB를 취급하지 않는다면 우리의 유통업체 브랜드는 사라질 것이다. 만약 우리가 유통업체 브랜드를 취급하지 않는다면 우리의 고객은 사라질 것이다. 이 두 개 모두는 많은 장점을 가지고 있다"고 인정한다.

자사 유통업체 브랜드에 대한 Kroger의 비전은 자사의 독점적인 유통업체 브랜드를 활용하여 고객들의 신뢰를 쌓는 것이다. 그들은 모든 그룹의 고객들을 위해 다양한 계층의 유통업체 브랜드를 운영하는 전략을 추구한다. 예를 들면, 아이스크림 카테고리에서 그들은 Breyers라는 브랜드 수준의 아이스크림을 원하는 고객을 위해 "Banner Brand"를 제공하고, Dove나 하겐다즈와 같은 좀 더 고급 아이스크림을 원하는 고객을 위해 "Private Selection" 브랜드를 제공하고 있다. Kroger가 모든 고객을 위해 상품을 개발한다는 것은 고객의 니즈에 부합하기 위한 구색 갖추기에 있어 조금의 갭도 허용하지 않는다는 것을 의미한다.

그럼에도 불구하고 모든 상품 카테고리에 대해 다양한 계층의 브랜드를 운영하고 있는 것은 아니다. 예를 들면, 상품간 차이가 그리 크지 않은설탕은 설탕인 상품인 경우에는 Banner와 Organic 이 두 개의 유통업체 브랜드로 한정하여 운영하며, 꽃의 경우에는, 타겟 고객은 단순히 집을 좀 더 아름답게 만들고 싶어 기꺼이 지출하고자 하는, 상대적으로 부유하거나 감성적인 고객이며, 꽃이 팔리기 위해서는 싱싱하고 매력적이어야 한다고 예측하면서 "Private Selection" 한 개 브랜드로만 운영한다. 이와 유사하게 수제빵, 파이, 쿠키류는 "Private Selection" 브랜드로, 반면 가공빵류는 "Banner" 브랜드로 제공한다.

카테고리 내에서, 그리고 카테고리 간 유통업체 브랜드 운영을 조정하는 것은 쉬운 일이 아니다. Kroger사에서는 과거엔 카테고리 담당자들이 그들의 카테고리 안에서 유통업체 브랜드를 관리했었다. 예를 들면, 캔 스프 카테고리의 매니저는 캠벨이나 프로그레소와 같은 NB상품도 매입하면서 유통업체 브랜드도 관리했다. 즉 카테고리 매니저가 유통업체 브랜드의 포장, 가격, 프로모션, 심지어 브랜드 이름까지도 관리했었다. 이러한 상대적인 자율성으로 인해 Kroger는 40개가 넘는 유통업체 브랜드를 보유했었다. 그러나 이 브랜드들 간 시너지가 낮아 개개의 브랜드들에 대한 소비자의 인지율은 상대적으로 낮았었다. Kroger는 광범위한 작업을 통해 개개의 브랜드가 일관성 있는 비전을 강조할 수 있는 구조로 재편하였다. 결과적으로 카테고리간 유통업체 브랜드들의 시너지가 높아져 고객들의 인지도와 요구가 더 높아졌다. 만약 어떤 고객이 Kroger의 "Private Selection"브랜드의 아이스크림을 좋아한다면 그는 "Private Selection" 브랜드의 앵거스 소고기나 아티잔 빵도 좋아할 것이다.

Source: Alexander Coolidge, "Kroger Using House Brands to Power Growth," Cincinnati Inquirer, September 20, 2014; personal communication with Linda Severin, +.

No.5 제품 하나하나는 동일한 향을 가지고 있고, 모든 Levi's 501 청바지는 똑같은 모양을 가진다. 게다가 이러한 NB 상품의 취급 여부는 해당 유통업체에 대한 고객들의 이미지에 영향을 미칠 수 있다. 예를 들면, JCPenny에 대한 패션 이미지는 그들이 Liz Claiborne과 Sephora를 취급할 때 개선되었다. 만약 유통업체가 NB를 취급하지 않는다면 고객들은 그들의 구색을 품질면에서 낮다고 볼 수 있고 결과적으로 이익은 감소하게 된다.

반면, NB의 일관성은 NB에 대한 유통업체들의 가격 비교를 용이하다는 것을 의미한다. 그래서 경쟁관계에 있는 유통업체들이 같은 NB의 상품을 취급할 때 오직 가격만이 구분될 수 있으며, 이것은 유통업체들이 소비자를 자사의 매장으로 유인하기 위해서는 그들의 이익을 줄여가면서 NB 상품의 가격을 할인해야 한다는 것을 의미한다.

반면 유통업체들은 그들의 유통업체 브랜드로 상품을 차별화할 수 있고 가격 경쟁을 줄일 수 있다. 물론 유통업체 브랜드는 이를 디자인하고 마케팅하기 위한 추가적인 비용이 들어가 이것이 그들의 이익을 감소시킬 수도 있고, 확실하지 않는 매출과 관련된 위험을 책임져야 하기도 한다. 만약 NB 상품이 팔리지 않으면 유통업체는 반품을 하거나 할인 판매를 위한 비용의 지원에 대해 벤더와 협상을 할 수 있지만, 자사의 유통업체 브랜드에 대해서는 그러한 여지가 없다. 유통업체 브랜드는 특정 유통업체에 속한 상품이기에 과다재고를 처리할 대안적인 옵션이 거의 없기 때문이다.

그러나 독점적인 유통업체 브랜드의 잠재적 수익성은 매우 강하다. 이 상품들은 해당 매장에서만 판매되기 때문에 고객들은 가격을 비교할 수가 없다. 독점적인 브랜드를 판매함으로써 가격 경쟁을 덜 하기 때문에 발생가능한 수익은 NB보다 높기 때문에 유사한 NB를 판매하기보다는 독점 브랜드를 더 많이 판매하도록 독려한다.

3 유연성

NB는 유통업체의 유연성을 제한할 수 있다. 강력한 브랜드의 벤더는 그들 상품의 진열이나 광고, 가격책정을 지시하기도 한다. 예를 들면, 랄프로렌은 소매업체에게 정확히 언제 어떻게 그들의 상품을 광고하라고 말한다.

II 제조업체 브랜드^{NB} 상품 매입

이번 장에서 우리는 유통업체의 바이어들이 어떻게 NB 벤더들과 만나고, 상품을 리뷰하고 주문을 하는지를 살펴본다.

1. 제조업체 브랜드 벤더와의 미팅

LO 12-2
소매업체가 어떻게
제조업체 브랜드를
매입하는지 설명할 수 있다.

유통업체 바이어에게 도매 시장은 특정 지역 벤더의 집약처라 할 수 있다. 도매시장은 실제의 도매시장 센터일 수도 있고, 연례 박람회나 전시회일 수도 있다. 유통업체는 또한 그들의 본사 사무실에서 벤더를 만나기도 한다. 다양한 박람회에 대한 소식은 Trade Show News network^{www.tsnn.com}에서 확인 가능하다. 여기에는 25,000개가 넘는 각종 전시회나 박람회에 대한 정보가 있고, 137,000개가 넘는 사용자가 등록되어 있다.

1 도매시장 센터

많은 종류의 상품들, 특히 패션 의류나 액세서리들은 바이어가 정기적으로 개설된 도매시장 센터를 방문해 구매할 수 있다. 도매시장 센터는 바이어가 연간 언제라도 방문할 수 있는 상설 판매 사무소를 운영하고 있다. 일년 중 특정한 시기에 이러한 도매 시장 센터는 "market week"라는 행사를 주관하는데, 이 기간에는 상설 판매 사무소가 없는 벤더들도 임시 공간을 빌어 쇼룸을 준비한다.

세계적으로 가장 잘 알려진 도매 시장 센터는 뉴욕에 있다. Garment District로도 잘 알려진 Fashion Center는 5th Avenue와 9th Avenue, 34th Street와 41st Street사이에 위치하고 있다. 수천명의 의류 바이어들이 5개의 마켓 주간과 수많은 연례 전시회를 방문한다. Garment District는 수천개의 쇼룸과 공장을 가지고 있다. 그리고 런던, 밀라노, 파리, 도쿄에도 주요한 도매시장 센터가 있다. 미국에도 Dallas Market Center나 Atlanta Merchandise Mart와 같은 다양한 지역의 도매시장 센터가 있다.

2 전시회^{Trade Show}

전시회는 바이어가 최신 상품과 스타일을 보고 벤더와 서로 의견을 나눌 수 있는 또다른 기회이다. 벤더는 지정된 장소에 그들의 상품을 전시하고, 바이어들이 전시장을 둘러볼 때 얘기를 나눌 수 있는 회사 경영진이나 판매 대표, 또는 셀러브리티를 둔다. 예를 들면, 소비자 가전기기 바이어들은 소비자 기술에 대해서는 세계에서 가장 규모가 큰 전시회인, 매년 Las Vagas에서 열리는 Consumer Electronics Show^{CES}에 참석을 한다. 최근에는 150개국의 165,000명의 벤더, 개발자, 하드웨어나 콘텐츠, 기술 이전 시

Las Vegas에서 열리는 The International Consumer Electronics Show (CES)는 소비자 기술분야의 세계 최대 박람회이다.

스템의 공급자, 관련 상품과 서비스 담당자들이 참석을 했다. 거의 3700개의 벤더가 185,800m²의 전시 공간을 차지하면서 최신 기술과 서비스를 보여주었다. 벤더들은 CES를 그들의 새로운 상품을 소개하는 장소로 활용하곤 한다. 캠코더[1981], HDTV[1998], IPTV[2005], 3D 프린터[2014], 가상현실[2015]이 그 예이다. CES는 유통업체 바이어들에게는 최신 상품을 볼 수 있는 기회뿐 아니라 기술 분야의 유망한 연사의 컨퍼런스 프로그램도 제공받는다.

McCormick Place

전시회는 보통 도매시장 센터와는 관련없는 컨벤션 센터에서 열린다. 시카고의 McCormick Place[전국적으로 가장 큰 185,800m²가 넘는 컨벤션 콤플렉스]는 연간 미팅과 전시회에 참가하는 사람수가 3백만명을 넘는다. 미국이 아닌 곳에서 오는 벤더와 유통업체 브랜드 제조업체는 시장에 대해 배우고 트렌드 정보를 확인하기 위해 전시회에 참가한다. 이러한 전시회의 참가자는 몇몇 NB제조업체들도 있지만 대부분은 NB벤더이다.

2. 제조업체 브랜드 매입 과정

market weeks나 전시회 등에 참여할 때 일반적으로 바이어와 슈퍼바이저들은 주요 벤더들과 줄줄이 미팅 약속을 한다. 이러한 미팅중에 바이어는 벤더들의 지난 시즌동안의 상품 실적을 협의하고 다가오는 시즌에 대한 벤더의 제안을 검토하며 가능한 경우에는 다음 시즌을 위한 주문을 한다. 이러한 미팅은 도매 시장 센터에 있는 벤더 쇼룸의 컨퍼런스 룸에서 진행된다. 일반적으로 전시회 기간 동안의 이러한 미팅은 상대적으로 덜 형식적이다. market weeks동안의 미팅은 심층적인 협의의 기회를 제공하는 반면 전시회의 미팅은 한 곳에서 폭넓은 상품을 볼 수 있는 기회를 제공하고 벤더의 진열 공간에서의 활동 수준을 살펴봄으로써 상품에 대한 반응을 판단해 볼 수 있게 해준다.

바이어는 market weeks나 전시회 기간동안 벤더와 협상을 하거나 주문을 하지 않기도 한다. 그들은 보통 이 기간동안 매입할 상품을 결정하기 전에 어떤 벤더로부터 무슨 상품을 얼마에 살 수 있는지 살펴보기를 원한다. 그러므로 이러한 market week나 전시회에 참가한 이후에 그들의 사무실로 돌아가 그들이 벤더에게 요청했던 샘플들을 검토하고, 그들의 상급자와 가능한 상품들을 함께 검토해서 어떤 상품이 가장 매력적인지 결정한 후 최종 오더를 하기 전에 벤더와 협상을 한다. 제조업체 브랜드 상품 매입 협상에 필요한 이슈들은 뒤에서 다루기로 한다.

III 유통업체 브랜드 상품의 개발과 소싱

LO 12-3
소매업체가 유통업체 브랜드
상품을 개발하고 소싱할때 고려
하는 요인들을 나열할 수 있다.

유통업체들은 자사의 유통업체 브랜드를 개발하고 매입하기 위해 다양한 과정을 이용한다.

1. 유통업체 브랜드 개발

Retaialing View 12.1에서 살펴본 것과 같이 Kroger, J.Crew, H&M, IKEA, Walgreens와 같이 대량의 자사 유통업체 브랜드를 제공하는 대형 유통업체들은 자사 상품을 개발하는 전담 부서를 가지고 있다. 이 부서의 직원들은 트렌드의 확인, 상품 디자인, 상품의 스펙 결정, 상품을 제조할 제조업체 물색, 상품 제조 상황을 모니터링 할 수 있는 전세계 직원의 유지, 만들어진 상품의 품질을 테스트하기 위한 설비 관리 등의 업무에 전문적이다. 예를 들면, MGF Sourcing은 십수개의 나라에서 합작 회사를 운영하면서 생산, 수입, 유통 등의 업무를 수행한다. L Brand^{Victoria's secret과 Bath & Body Works}의 주요 유통업체 브랜드 공급자일 뿐 아니라 Express, Chico's, Betsey Johnson의 유통업체 브랜드도 공급한다. 그러나 대부분의 유통업체는 생산 시설을 보유하고 운영하거나 소유권을 가지고 있지 못하다.

소규모의 유통업체는 지원 기반 시설에 막대한 투자를 하지 않고서도 유통업체 브랜드 상품을 제공할 수 있다. 이들은 종종 NB 제조업체들에게 그들이 제공하는 상품에 미미한 변화를 주어 자신들의 유통업체 브랜드를 부착하거나, 제조업체 소유의 저작권 있는 특별한 상표로 공급해 줄 것을 요청한다. Hollander사는 Beautyrest, Ralph Lauren, Simmons같은 기업을 위해 30만개가 넘는 베개를 만들고 또한 다양한 유통업체를 위해 유통업체 브랜드 상품을 제조한다.^{예. Walmart, JCPenney}.

2. 유통업체 브랜드 상품의 소싱

일단 어떤 상품을 얼마나 많이 유통업체 브랜드 상품으로 생산할지를 결정하고 나면, 디자이너들은 상품의 완전한 스펙을 개발하고 해당 상품을 생산할 수 있는 제조업체를 찾기 위해 소싱 부서와 함께 업무를 한다. 예를 들어, JCPenney는 10개국에 소싱과 품질 확인 부서를 가지고 있다. 이 부서는 디자이너가 개발한 상품 스펙을 가지고, 이 상품을 생산해 낼 제조업체와 협상을 하고 상품 생산 과정을 모니터링 한다. 국제적인 무역 장벽이 지속적으로 낮아지기 때문

Retailing VIEW 12.2 더 싼 의류 생산을 위해 아프리카로

글로벌 의류 공급 체인은 복잡하고 다양하지만, 그들은 면과 같은 원료 소재, 그들이 소비자에게 소구할 수 있는 충분히 낮은 가격을 유지할 수 있는 재봉과 생산을 위한 비싸지 않은 인건비, 생산지로부터 판매 시장까지 물품을 운반할 수 있는 수단과 같은 공통된 요구사항을 가지고 있다.

이러한 요구사항을 고려하여, 아프리카는 의류 기업이 엄청난 관심을 가지는 지역으로 빠르게 부상하고 있다. 첫째, 아프리카의 많은 지역이 면을 재배할 수 있기 때문에 현지에서 원료를 조달할 수 있고 바로 생산 공장으로 운반할 수도 있다. 반면 현재 많은 제조기업에게 유망한 베트남, 중국 등의 아시아 지역은 면의 재배를 위해서는 적합한 환경이 아니다.

아프리카는 훌륭한 입지적 조건 때문에 의류기업들에게 매력적인 지역으로 부상하고 있다.

둘째, 트렌드와 사회적 규범의 변화로 인해, 많은 아시아 국가들은 최저 임금 기준이 있고 숙련되지 않은 노동력을 위한 안전 장치를 요구하고 있다. 예를 들면, 최근 몇몇의 비극적인 공장 사고가 있었던 방글라데시에서는 월 $67의 최저 임금제가 제정되고, 생산 안전에 대한 보다 강력한 규정이 필요해졌다. 효율성과 효과적인 생산으로 유명한 중국의 최저 임금은 월 $200 수준이 되었다. 반면 이디오피아에는 최저 임금 가이드가 없어 의류 생산 기업이 훨씬 낮은 비용으로 직원을 채용할 수 있다.

셋째, 몇몇 아시아 국가들과 달리 많은 아프리카 국가들은 미국을 포함한 몇몇 서구 국가들과 자유 무역 협정을 맺고 있다. 이 협약은 그들의 지리적 경계를 넘나드는 무역을 용이하게 한다. 이디오피아에서는 국가 정부가 더 많은 기업을 끌어들이기 위해 생산 시설에 투자를 하고 있다. 그러나 이디오피아는 항구가 부족하고, 많은 아프리카 지역에서는 도로와 같은 사회 기반 시설이 미개발 상태로 남아 있다. 그렇기에 생산지로써 많은 아시아 국가들에 비해 뒤떨어져 있다.

아프리카 지역이 과거에 비해 보다 인기 많은 생산지로서 부상할 태세를 갖추고 있긴 하지만, 이미 의류 생산에 인기 있는 지역들과의 경쟁에 있어서는 여전히 개발해야 할 것이 많다.

Source: Christina Passariello and Suzanne Kapner, "Search for Ever Cheaper Garment Factories Leads to Africa," The Wall Street Journal, July 12, 2015.

에 유통업체는 Retailing View 12.2에서와 같이 전세계 어디에서라도 소싱할 수 있는 공급처를 고려할 수 있게 되었다. 이번 절에서는 글로벌 소싱에 있어서의 비용 요인과 관리 이슈를 살펴본다.

☑ 글로벌 소싱과 관련된 비용

유통업체들은 그들의 유통업체 브랜드 상품 생산에 매우 낮은 노동 비용을 이유로 개발 도상국에 위치한 생산 시설을 이용하지만, 역으로 다른 비용이 증가할 수도 있다. 이러한 비용들은 환율, 관세, 긴 리드타임, 수송비용의 증가 등을 포함한다.

유통업체들은 환율이 어떻게 변동하더라도 하나의 세트 프라이스로 묶어두는 계약을 함으로써 단기적인 환율 변동에 대응할 수도 있다. 그러나 장기적으로 볼 때 환율의 상대적 가치는 수입 상품 비용에 막대한 영향을 줄 수 있다. 예를 들어, 만약 인도 화폐인 루피가 지속적으로 미국 달러에 대한 환율이 상승한다면 판매를 위해 미국에서 수입한 인도에서 생산된 유통업체 브랜드 상품의 가격은 올라가게 된다. 국가간 거래의 의무사항인 관세는 수입에 따르는 정부에 의해 거두어지는 세금이다. 수입 관세는 외국의 경쟁업체로부터 자국의 제조업체를 보호하기 위해 활용된다. 재고회전율 역시 해외 공급업체로부터 매입할 때 더 낮은 경향이 있다. 왜냐하면 리드타임이 더 길고 불확실하기 때문에 해외 공급선을 활용하는 유통업체는 소비자가 원할 때 상품 판매가 가능할 수 있도록 더 많은 재고를 갖게 된다. 더 많은 재고는 더 높은 재고 운영 비용을 의미한다. 마지막으로 수송 비용도 해외에서 생산된 경우에 더 높아지게 된다.

☑ 글로벌 소싱과 관련된 관리 이슈

글로벌 소싱과 관련된 비용 요인은 계량화 하기 쉬운 반면, 품질관리, 시간관리, 사회·정치적인 위험 등은 주관적인 이슈들이다. 균일한 품질 기준을 유지하는 것은 국내에서 소싱을 할 때보다 글로벌 소싱을 할 때가 좀 더 어렵다. 품질관리 문제는 선적을 지연시키거나 유통업체의 이미지에 부정적인 영향을 줄 수 있다.

9장에서 설명한 협력적인 공급 체인 관리방식은 글로벌 소싱을 할 때 수행하기가 좀더 어려워진다. 협력적인 시스템은 짧고 일관된 리드 타임을 기준으로 하며, 벤더들은 적은 양을 더 자주 배송해 주어야 한다. 협력적인 시스템을 제대로 작동하게 하기 위해서는 벤더와 유통업체간 강력한 동맹관계가 있어야 하며, 이는 신뢰와 공유된 정보를 기반으로 한다. 이러한 활동들은 국내에서보다 글로벌하게 수행할 때가 더 어렵다.

글로벌 소싱과 관련된 다른 이슈로는 인권 침해와 아동 노동법을 정치 쟁점화 하는 것이다 Retailing View 12.2. 많은 유통업체들은 인권, 아동 노동, 또는 그들의 상품이 생산되는 국가와 공장에서의 남용 등과 같은 혐의에 대해 스스로 보호해야 한다. 미국의 유통업체와 비영리 단체들의 노력으로 인해, 노동력 착취 환경에서 만들어져 수입되는 상품은 거의 없다. 몇몇 유통업체들은 그들의 공급업체가 노동법을 지키도록 하는데 꽤 적극적이다. 예를 들어 L Brand는 그들의 벤더와 하청업체, 공급업체들이 노동 기준을 준수할 것을 요구하는 정책을 개발하고 수행하고 있는 미국 의류 제조업체 중 하나이다. 다른 것들 중에서 이 요구는 각 공급업체가 최저 임금과 혜택을 지급할 것을 확실히 한다. 현지의 산업 기준에 맞게 초과 근무를 제한하고, 수감자, 강제 노동, 아동 노동을 이용하지 않고, 건강하고 안전한 환경을 제공하도록 한다. 제품 생산을 저임금 국가에 의존하는 다른 기업들 역시 명성에 금이 갈 상황을 피하기 위해 자체 조정을 하고 있다.

❸ 현지 매입 사무소 Resident Buying Office

유통업체 브랜드 상품을 매입하는 많은 유통업체들은 주요 매입 센터에 위치해 있으면서 유통업체의 매입을 돕는 서비스를 제공하는 조직인 현지 매입 사무소를 이용한다. 유통업체의 조직이 커지고 정교해 질수록, 이러한 독립적인 제 3자 현지 매입 사무소는 점점 더 그 중요성이 작아지고 있다. 지금은 많은 대형 유통업체들이 해외에 자체적인 매입 사무소를 두고 있다.

매입 사무소가 어떻게 운영되는지를 설명하기 위해, Dallas에 있는 Pockets Men's Store의 David Smith가 밀라노에 갔을 때 회사의 현지 매입 사무소를 어떻게 활용하는지 살펴보자. Smith는 Doneger Group의 현지 대표인 Alain Bordat를 만난다. Bordat은 영어를 구사하는 이태리인으로, Smith의 매장과 고급 취향을 가진 그들의 고객들을 잘 알고 있다. 그래서 Smith가 이태리에 오기 전에 Pockets의 이미지에 잘 맞는다고 생각하는 이태리의 벤더들과 미리 약속을 정해 놓는다. Smith가 이태리에 도착했을 때, Bordat은 그를 수행하여 약속장소에 동행하여 그를 위한 통역, 협상, 회계 업무를 수행한다. Bordat은 미국으로 수입할 경우 필요한 세금, 수송비, 보험, 통관 등을 고려한 비용에 대한 정보를 제공한다.

일단 주문이 성사되면, Bordat은 계약서를 작성하고 배송과 품질 관리를 책임진다. Doneger Group은 Smith와 같은 바이어들에게도 사무공간과 서비스, 여행 가이드, 응급 상황에 대한 도움 등을 제공한다. Bordat는 Smith에게 이태리 현지의 패션 동향과 분위기를 정기적으로 보고한다. 현지 매입 사무소의 도움이 없다면 Smith가 이태리 현지 도매 시장에서 이러한 일을 하는 것은, 불가능한 것은 아닐지라도 쉽지는 않을 것이다.

❹ 역경매 Reverse Auctions

상품 생산을 위해 특정 제조업체와 협상을 하는 대신 몇몇 유통업체들은 낮은 가격에 품질 좋은 유통업체 브랜드 상품을 매입하기 위해 역경매를 사용하기도 한다. eBay에서와 같은 일반적인 경매에서는 하나의 판매자와 많은 구매자가 존재한다. 그러나 유통업체 브랜드 상품 바이어에 의해 수행되는 경매에서는 하나의 구매자유통업체에 많은 잠재적인 셀러제조업체가 있기 때문에 이를 역경매라고 부른다. 이러한 역경매에서 유통업체 바이어는 그들이 원하는 상품의 스펙을 가능성 있는 벤더들 그룹에게 제공한다. 그러면 경쟁적인 벤더들은 그들이 얼마에 그 상품을 판매할 수 있을지를 경매가 끝날때까지 비딩을 한다. 이때 유통업체는 반드시 가장 낮은 가격의 공급자에게 주문을 할 필요는 없다. 유통업체는 가격 뿐 아니라 제시된 품질의 상품을 시기 적절하게 공급할 수 있다고 판단되는 벤더를 결정하고 주문을 한다.

역경매는 재판매를 위한 상품보다는 유통업체를 운영하는데 사용되는 상품이나 서비스를 매입하는데 가장 보편적으로 사용되는 방식이다. 역경매를 통해 가장 빈번하게 매입되는 상품들은 점포에 비치하는 카펫, 가구나 선반, 사무용품 등이다. 그러나 역경매는 일상적 상품이나 정원용 가구 등의 시즌상품과 같은 유통업체 브랜드 상품을 구입할 때에도 활용된다.

역경매는 벤더들에게 인기가 있는 방식은 아니다. 서비스나 품질이 아닌 가격 하나를 가지고 무기명으로 경쟁하는 비딩을 원하는 벤더들은 거의 없다. 벤더와의 주된 상호작용의 방식을 전자 경매를 통해 하게되는 경우에는 전략적인 관계를 육성하는 일이 쉽지는 않다.

IV 벤더와의 협상

LO 12-4
소매업체가 어떻게 벤더와의 협상을 준비하고 실행하는지 이해할 수 있다.

NB나 PB상품을 매입할 때, 소싱에 책임이 있는 유통업체의 바이어와 직원들은 공급업체와 협상을 하게 된다. 바이어가 어떻게 벤더와 협상을 하는지를 이해하기 위해 Bloomingdale's의 여성 진 바이어인 Carolyn Swigler가 그의 뉴욕 사무실에서 Juicy Couture의 판매 직원인 Dario Carvel과의 만남을 준비하고 있는 가상적인 상황을 설정해보자. Swigler는 뉴욕에서 있었던 여성의류 market week 기간 동안의 상품을 검토한 후 Juicy Couture의 스프링 라인을 매입할 준비를 하고 있다. 그러나 그녀는 지난 시즌부터 아직 해결되지 않은 상품 관련된 문제를 가지고 있다.

1. 아는 것이 힘이다.

Carolyn Swigler가 그녀의 상황과 Juicy Couture의 상황, 그리고 시장 트렌드에 대해 많이 알면 알수록, 그녀는 협상을 더 효율적으로 진행할 수 있을 것이다.

첫째, Swigler는 벤더와의 관계를 평가한다. 비록 Swigler와 Carvel은 이전에 몇 번 만난 적은 없지만, 양사는 오랜 기간 서로 이익이 되는 관계를 가지고 있다. Swigler는 양사간에 신뢰와 상호 존중이 구축되었다고 느끼고 있으며 이것이 생산적인 미팅을 가능하게 할 것이라고 생각한다.

Juicy Couture 청바지는 과거에 Bloomingdale's에서 수익성이 있었지만 지난 시즌에 3개 스타일 상품은 매출이 좋지 않았다. Swigler는 Carvel에게 몇몇 상품들을 회수해 줄 것을 요청할 계획이다. Swigler는 과거 경험에 비추어 Juicy Couture사가 보통은 상품을 회수해가는 것을 허용하지는 않지만 상품 인하액markddown money은 제공한다는 것을 알고 있다. 상품 인하액이란 잘 판매되지 않았던 상품을 판매하기 위해 가격을 인하할 경우 유통업체가 보게되는 이익 손실분을 보전해주는 금액을 말한다.

벤더와 그 책임자들은 훌륭한 시장 정보의 출처가 된다. 그들은 보통 어떤 상품이 판매가 잘 되고 그렇지 않은지 알고 있다. 시장에 대한 시기 적절한 정보를 제공받는 것은 필수적이면서도 큰 비용이 들지 않는 시장 조사 도구이다. 그러므로 Swigler는 Caevel과의 미팅 시간의 일부를 시장 트렌드에 대한 얘기를 하는데 할애할 계획이다.

Carvel이 Swigler에게 시장 정보를 제공하는 것과 마찬가지로 그녀 역시 그에게 정보를 제 공할 수 있다. 예를 들면, 그녀가 상품 매입을 위해 일본으로 출장을 갔을 때 그녀는 일본의 한 작은 회사가 새로운 워시 방식으로 만든 청바지를 발견했다. 그녀는 그 청바지를 한 벌 사서 Carvel에게 전해주었고, 그는 자사의 디자이너에게 전해주었다. 그들은 그 청바지를 이용하여 새로운 워시 방식의 청바지를 생산해서 큰 성공을 거두었다.

Swigler는 Carvel이 그의 회사에서 생산된 봄 상품들 중에서 아방가르드한 디자인의 최신 상품을 그녀가 사주었으면 한다는 것을 알고 있다. Carvel은 많은 미국의 바이어가 시장조사를 위해 뉴욕으로 가며, 특히 어떤 신상품이 있는지, 무엇이 팔리고 있는지, 어떻게 진열되고 있는 지를 보기위해 Bloomingdale's에 들른다는 알고 있기에 Carvel은 자사의 Juicy Couture가 Bloomingdale's에서 잘 진열되기를 원한다.

2. 협상 이슈들

Swigler는 앞으로 있을 미팅에서 지난 시즌에 남은 상품에 대한 처리 외에도 협의할 6개 안 건을 준비하고 있다. ① 가격과 매출총이익, ② 추가적인 가격 인상 기회, ③ 구매 조건, ④ 독점 권, ⑤ 광고비용, ⑥ 배송

1 가격과 매출총이익

Swigler는 당연히 낮은 가격에 상품을 매입해서 높은 매출 총이익을 얻기를 원하지만, 반대 로 Carvel은 자사의 이익을 위해 높은 가격으로 판매 하기를 원한다. 가격과 매출총이익에 영 향을 미치는 두가지 요인은 마진 보장과 입점비이다.

가격 할인 비용 제공을 통한 마진 보장 Margin Guarantees

대부분의 바이어와 마찬가지로 Swigler는 그녀의 상품 매입에 대한 예산 계획에 계량화된 카테고리별 매출총이익 목표를 가지고 있다[11장의 부록]. 그녀가 Juicy Couture 상품 매입을 위한 원가 협상은 그녀의 매출총이익 목표를 달성하게 해 줄 수 있다. 그러나 예상대로 상품이 판

매되지 않으면 Swigler는 일부 상품을 가격 인하해야 하고, 이로 인해 이익 목표를 달성하지 못할 수도 있다. 이러한 불확실성에 대해 Swigler나 다른 바이어들은 가격 인하로 인해 Bloomingdale's가 손실볼 수 있는 금액에 대해 보장해 줄 것을 원한다.

다른 벤더와 마찬가지로 Carvel은 이러한 마진 보장 금액을 제공하고자 할 것이다. 그러나 그는 Swigler가 마진이 보장된다는 것을 알기 때문에 자사의 상품을 공격적으로 마케팅하지 않을지도 모른다는 우려를 하게 된다. 그래서 Carvel은 Swigler에게 자사의 Juivy Couture 상품을 매장 내에서 제대로 보여주고 광고해주는 조건으로 보장을 제공하려 한다.

입점비 | Slotting Fees

슈퍼마켓 바이어들은 종종 원가 이외에 입점비를 협상한다. 입점비는 유통업체가 신상품을 취급하는 것에 대해 벤더에게 부과하는 비용이다. 벤더가 입점비를 지불하는 것에 합의를 한 경우, 유통업체는 일정 기간동안 상품을 취급하고, 매출과 이익을 평가한 후 성공적이라면 테스트 시기 이후에도 상품을 지속적으로 취급하게 된다. 예를 들면, Kraft가 신상품을 론칭하고자 할 때 슈퍼마켓 체인에서는 해당 상품을 전국적으로 취급하는 조건으로 1백만 달러에서 2백만 달러의 입점비를 요구한다. 입점비는 상품의 특성과 유통업체의 상대적인 영향력에 따라 달라진다. 브랜드 충성도가 낮은 상품에 대해서는 높은 입점비를 요구하며, 마찬가지로 대형 슈퍼마켓 체인은 소형 체인이나 개인 유통업체보다 높은 입점비를 요구한다.

벤더는 입점비를 부당하다고 볼 수도 있고, 작은 벤더들은 이러한 비용으로 인해 그들이 유통업체에 납품하는 것을 어렵게 만든다고 볼 수도 있다. 그러나 유통업체나 유통학자들은 입점비가 어떤 신상품을 그들의 상품구색에 포함시킬 만한 이점이 있는지를 결정하는데 유용한 방법이라고 주장한다. 이러한 신상품의 품질에 대해 벤더는 유통업체보다 더 많은 정보를 가지고 있다. 그러므로 입점비는 벤더로 하여금 그들의 사사로운 정보들을 밝히게 하는 방식이라 할 수 있다. 만약 신상품이 좋으면 벤더는 그 상품이 잘 판매될 것을 알기 때문에 입점비를 내려 할 것이고 테스트 기간동안 적절한 이익을 발생시킬 것이며, 그들의 상품이 그리 좋지 않다면 벤더는 입점비 내기를 주저할 것이기 때문이다.

② 추가적인 가격 인상의 기회

Juicy Couture사는 과거에 종종 과다 상품을 처리하기 위해 할인된 가격으로 Swigler에게 상품을 제공했었다. 초과 상품은 주문 취소, 다른 유통업체로부터의 반품, 또는 잘못된 낙관적인 수요 예측으로 인해 발생한다. Swigler는 이러한 상품에 대해 평소보다 높은 이익을 실현하거나, 가격을 인하함으로써 고객에게 이익을 돌려줄 수 있을 수는 있겠지만, Bloomingdale's는 패션 리더로서의 이미지를 유지해야 하기 때문에 Swigler는 Juicy Couture가 제안하는 초과 재고분에 대해서는 그다지 관심이 없다.

3 매입 조건

Swigler는 상품 매입 대금 지불에 대해 장기간에 걸친 지불방법을 협상하고 싶어한다. 장기간의 지불방법은 Bloomingdale's사의 자금 흐름을 원활하게 해주고, 부채를 감소시켜 주며, 상품 매입을 위해 금융기관에서 빌린 돈의 이자비용 부담도 감소시킬 수 있다. 그러나 Juicy Couture사 역시 그들의 재정 목표가 있기 때문에 상품 배송 후 바로 상품 대금을 지급받기를 원할 것이다.

4 독점권

유통업체는 벤더와 독점적인 상품에 대한 협상을 통해 다른 경쟁자들이 판매할 수 없는 상품이나 브랜드를 판매할 수 있다. 이러한 독점 계약을 통해 유통업체는 경쟁자들과 차별화하고 가격 경쟁을 줄여 더 높은 이익을 실현할 수 있다. 벤더 역시 자사의 브랜드를 취급하는 유통업체와 자사 브랜드의 이미지를 일관되게 함으로써 이익을 볼 수 있다. 예를 들어, Prada는 Neiman Marcus와 같이 시장에서 중요한 하나의 매장에만 그들의 의류를 판매할 독점권을 주기를 원할 수도 있다. 게다가 이러한 독점적인 계약은 유통업체에게는 해당 아이템의 판매를 촉진할 강력한 인센티브가 되기도 한다.

5 광고비용

유통업체는 종종 벤더들과 공동 광고라는 협약을 통해 광고 비용을 분담한다. 이 협약은 벤더가 가격 프로모션의 전부 또는 일부 비용을 부담하는, 벤더에 의해 수행되는 프로그램이다. 패션 리더로써 Bloomingdale's는 엄청난 광고를 한다. Swigler는 Juicy Couture가 이 광고 프로그램을 지원해주기를 원한다.

6 배송

Juicy Couture의 경우, 상품의 가격이 높고 무게는 적게 나가기 때문에 배송 비용에 대한 우려는 크지 않을 수 있지만, 배송 비용은 매우 높을 수 있다. 벤더사로부터 유통업체까지의 상품 배송 비용을 누가 지불하느냐는 중요한 협상의 이슈이다.

다음 섹션에서는 효과적인 협상을위한 팁을 다루도록 한다.

3. 효과적인 협상을 위한 팁

▮1 최소한 벤더만큼의 협상 담당자를 대동하라

협상 테이블에서 수적으로 벤더보다 우세하면 유통업체는 심리적으로 유리하다고 느낄 것이다. 유통업체는 최소한 벤더와 같은 규모의 협상팀을 갖기를 바란다. Swigler는 만약 Carvel이 그의 매니저와 함께 협상에 임한다면 그녀도 상품 매입 책임자와 함께 협상을 하고자 계획한다.

▮2 협상하기 좋은 장소를 선택하라

Swigler는 그녀의 사무실에서 미팅을 하게 될 것이기 때문에 유리한 점이 있다. 심리학적 관점에서 사람들은 친숙한 환경에 있을 때, 보다 편안하고 자신감을 갖게 된다. 그러나 Carvel도 안정적인 느낌을 갖는다면 Swigler는 협상으로부터 더 좋은 결과를 얻을 수 있다. 협상의 장소는 매우 중요한 결정 사항이다.

▮3 실제 마감기한을 인식하라

Swigler는 Carvel이 월말까지는 달성해야 할 물량이 있기 때문에 주문 계약을 받아 사무실로 돌아가야 한다는 것을 알고 있다. 그녀 역시 이번 주말까지는 판매되지 않은 청바지를 반품하거나 가격 인하 보장 금액을 확보해야 한다는 것을 알고 있다. 그렇지 않으면 그녀는 그녀가 주문하기를 원하는 물량에 대한 충분한 자금을 확보할 수 없기 때문이다. 이러한 마감 기한을 아는 것은 앞으로 있을 협상에서 신속하게 결론을 내는데 도움이 될 것이다.

▮4 문제로부터 사람을 분리하라

만약 Swigler가 "Dario, 자네도 알다시피 우리는 오랫동안 친구로 지내왔지. 내가 개인적으로 부탁할 일이 있는데 셔츠 1만 달러치를 회수해 줄 수 있겠나?"라며 미팅을 시작한다고 생각해보자. 이러한 개인적인 요청은 Carvel을 불편한 입장에 놓이게 한다. Swigler와 Carvel과의 개인적인 친분은 협상 안건이 아니며, 협상의 일부가 되어서도 안된다. 이와 유사하게 안좋은 시나리오는 "Dario, 당신의 상품 라인은 형편없어. 나는 이 상품들을 판매할 수가 없으니 당신이 1만 달러치의 상품을 회수해 가길 바라네. 결국 당신은 Bloomingdale's와 거래를 하는 것인데 만약 이 청바지를 회수해 가지 않으면 앞으로 다신 우리와 비즈니스를 할 생각은 말게"라고 말하는 것이다. 일반적으로 위협은 협상에서 통하지 않는다. 이것은 상대방을 방어적으로 만들 뿐이다. 위협은 협상을 결렬시키는 원인이 되며 어떤 경우에라도 누구도 승자가 될 수 없다.

5 객관적인 정보에 대해 주장하라

비즈니스 이슈로부터 사람을 분리하는 가장 좋은 방법은 객관적인 정보에 의존하는 것이다. Swigler는 몇 벌의 청바지가 Juicy Couture로 반송되어야 하는지 또는 매출총이익을 유지하기 위해서는 얼만큼의 가격인하 비용이 필요한지 정확히 알아야 한다. Carvel이 감정적으로 논의한다 하더라도 Swigler는 그 숫자에 집중해야 한다. 만약 Swigler가 그녀의 입장을 얘기하자, Carvel이 그가 만약 상품을 회수하거나 가격인하 비용을 제공한다면 그는 문제가 될 것이라고 얘기했다고 가정해보자. 과거 유사한 상황에서 Juicy Couture사가 비용을 제공했었다는 것을 안 상태에서 Swigler는 고객의 과다재고 문제에 대한 Juicy Couture사의 정책에 대해 질문을 하고 최근 몇 시즌동안 Bloomingdale's가 Juicy couture로부터 구매한 내용들을 요약해 보여준다. 이러한 방식으로 Swigler는 양사의 장기간의 서로 이익이 되는 관계를 위해 이번 과다재고 상황을 지원해 주는 것이 비용이 적게 드는 것임을 알도록 하는 것이 좋다.

6 상호 이익을 위한 옵션을 만들어라

다양한 선택 조항을 만들어 내는 것은 기획과정의 일부이지만, 거래 협상 테이블에서는 언제 어떻게 주어야 하고 포기해야 하는지를 빠르게 판단해야 한다. 그렇기 때문에 가능하면 사전에 결정하는 것이 좋다. Swigler의 과다재고 문제에 대해 생각해보자. 그녀의 목표는 매출총이익에 큰 손실 없이 재고 상품을 처리하는 것이고, Carvel의 목표는 Bloomingdale's와 건전하고 이익이 되는 관계를 유지하는 것이다. 그렇기 때문에 Swigler는 그녀의 과다재고 처분을 위한 가격 인하 비용을 받는 대신 Juicy Couture사의 최신 아방가르드 청바지를 일부 매입하는 것과 같이 양사 모두가 만족할 만한 옵션을 개발해야 한다.

7 상대방이 얘기를 하게 하라

대화중에 대화의 상대방이 응답이 없을 때, 한쪽에서 계속 말하게 되는 것은 자연스러운 현상이다. 이러한 사실을 적절하게 활용하면 협상가에게게는 유리하게 작용할 수 있다. Swigler가 Carvel에게 Bloomingdale's의 크리스마스 카탈로그 제작을 위한 특별한 재정적 지원을 요청한다고 가정해보자. Carvel은 불가능하다고 말하면서 협조하기 어려운 여러 가지 이유를 들 것이다. 그러나 Swigler가 아무 반응을 보이지 않으면 Carvel은 초조해하면서 계속해서 말을 하게 되고 결국 긍정적으로 돌아서게 된다. 협상에서는 침묵을 먼저 깨는 사람이 지게 된다.

8 어느 정도까지 가야하는지를 알아라

거칠게 협상하는 것과 협상을 결렬하게 되는 것 사이에는 아슬아슬한 경계가 있나. Swigler가 손실 보생액, 더 나은 매입 조건, 광고 비용 분담에 대해 너무 공격적으로 협상을 한다면 Juicy Couture사의 임원진은 더 나은 조건의 유통업체를 찾을 것이다. 만약 Swigler가 합법적이고 윤리적이며 서로 이익이 될 수 있는 관계를 넘어 밀어 붙인다면 Carvel은 주저없이 협상에서 거부의사를 표할 것이다.

9 연결고리를 끊지마라

Swigler가 Carvel로부터 추가적인 양보를 얼마 얻어내지 못하더라도, 지위를 남용하거나 위협을 해서는 안된다. Bloomingdale's는 이번 일로 Juicy Couture사와의 비즈니스를 중단하기를 원하지는 않을 것이다. 개인적인 관점에서 볼 때, 소매산업의 세계는 상대적으로 좁다. Swigler와 Carvel은 각자가 서로 다른 회사에서 일하면서도 언젠가는 다시 만나게 될 수도 있다. 누구라도 불공정하고 무례하다고 알려지는 것은 좋지 않다.

10 추측하지 말라

협상을 하는 동안 많은 이슈들이 제기되고 해결된다. 오해가 없도록 하기 위해서는 참석자들은 협상의 마지막 세션에서 결과를 점검하는 것이 좋다. Swigler와 Carvel 모두 미팅 후에는 가능한 한 신속하게 협상의 내용을 서면으로 정리하는 것이 좋다.

전략적 관계 관리

LO 12-5
소매업체가 왜 벤더와 전략적인 관계를 구축하는지 알 수 있다.

5장에서는 벤더와의 관계를 잘 유지하는 것은 지속적인 경쟁우위를 개발하기 위해 매우 중요한 것임을 강조했고, 9장과 11장에서는 파트너 관계가 정보의 교환, 계획, 공급 체인의 관리를 개선할 수 있는 방법임을 설명했다. 예를 들어, 벤더 주도적인 재고관리 시스템은 벤더와 유통업체간 공동의 결속과 관계를 위한 투자 없이는 효과적으로 운영될 수 없다. 이번 장에서 우리는 유통업체가 어떻게 전략적인 관계를 구축할 수 있는지, 그리고 성공적인 장기적 관계의 특징은 무엇인지 살펴본다.

1. 전략적 관계의 정의

일반적으로 유통업체와 벤더와의 관계는 이익이라는 파이를 어떻게 나누는가에 집중해왔다. 이러한 관계는 근본적으로 어느 한쪽이 큰 파이를 갖고 다른 한쪽은 작은 파이를 갖게 되기 때문에 윈-루즈 관계이다. 양자는 배타적으로 자신의 이익에만 관심을 가지며 상대방의 복지에 대해서는 관심이 없다. 이러한 관계는 별다른 특징이 없는 상품을 매입하거나 유통업체의 성과에 큰 영향을 미치지 못할 때 주로 나타난다. 이런 상황에서는 유통업체가 전략적 관계로부터 얻을 혜택이 거의 없다.

파트너십 관계라고도 불리는 전략적 관계는 유통업체와 벤더가 장기간에 걸쳐 관계를 지속하고 상호 이익이 되는 기회를 개발하고자 결속할 때 생긴다. 이런 관계에서는 양측 모두가 이익을 확대하는데서 생기는 위험을 감수하는 것이 중요하다. 그들은 장기적인 관점에서 서로 공정한 몫을 얻을 것을 알기 때문에 단기간에 발생하는 희생에 대해서는 기꺼이 감수하고자 한다.

전략적 관계는 윈-윈 관계이다. 양사 모두 이익이 커지기 때문에 각자 더 수혜를 보게 된다. 전략적 관계에 있는 유통업체와 벤더는 공동의 기회를 개발하고 활용하기 때문에 그들의 매출과 이익을 개선시킬 수 있다. 그들은 서로 의존하고 깊이 신뢰한다. 그들은 목표를 공유하고 이 목표들을 어떻게 달성할지에 대해 합의하며, 투자에 대한 위험을 줄이고 중요한 내부 정보를 공유한다. 공급사슬에 있어서 힘이 대형 제조업체로부터 Walmart나 Target과 같은 대형 유통업체로 이전되었지만, 이러한 관계는 적대적이지 않다. 오히려 이러한 공급업체들은 POS데이터를 공유하고 어떤 아이템을 언제 얼마만큼 매입해야 하는지 등에 대한 이슈에 대해 협력하고 공동으로 작업한다. 이러한 공동의 노력으로 인해 재무적인 성과는 개선되어왔다.

예를 들면, 덴마크의 디자인 기업인 Marimekko가 Target과 함께 독점적인 브랜딩 프로그램을 시작했을 때, 그들은 고객의 니즈와 선호 등을 결정하기 위해 MD팀과 함께 작업을 했다. 그들은 공동으로 구색과 가격 전략을 수립했는데, 이것은 그들이 따로 작업해서 수량과 가격을 협상했을 때 얻을 수 있었을 결과보다 훨씬 성공적인 결과를 가져왔다. 이러한 성공적인 방식을 유지하기 위해서 그들은 시장 트렌드에 대한 정보를 공유하고 만약 변화가 발생하거나 짧은 시간 내에 상품 생산이 필요하면 빠르게 대응하기 위한 합의가 필요하다.

전략적인 관계는 마치 결혼과 같다. 전략적인 관계로 들어서면 좋은 상황이든 아니든 그들은 함께 해야 한다. 예를 들면, 스페인에 본사를 둔 패션 리테일러인 Zara는 미리 재단된 원단으로 완성된 의류를 만드는 450여개의 본사 근처에 위치한 독립된 작업장의 도움으로 전체 완성된 의류의 40%를 제작한다. 상대적으로 규모가 작은 대부분의 작업장은 Zara와 장기적 관계를 맺어왔다. Zara는 그들에게 기술, 물류, 재정적 지원뿐 아니라 다른 형태의 도움을 제공하고, 반대로 이들은 상대적으로 저렴한 패션 의류를 88개국의 고객들에게 빠르게 제공하고자 하는 Zara의 미션을 지원한다. 다른 공급업체와 마찬가지로 이러한 작은 작업장들도 때때로 마감 기한을 놓치거나 실수를 하기도 한다. 그러나 결혼과 마찬가지로 Zara는 이들을 버리거나 다른 작업장으로 떠나지 않는다. 그들은 일이 잘 될 수 있도록 함께 일한다. 벤더와 밀접하게 일하는 또다른 기업인 Zappos에 대해서는 Retailing View 12.3에서 살펴보기로 한다.

2. 전략적 관계의 구축

모든 유통업체-벤더와의 관계가 전략적 파트너십이 되어야 한다거나 또는 그렇게 되는 것은 아니지만 전략적 파트너십은 일련의 과정을 통해 형성되는 경향이 있다. ① 인지, ② 탐색, ③ 확장, ④ 결속.

Retailing VIEW 12.3 Zappos는 벤더 및 상품전문가와의 강력한 관계 구축을 강조한다

1999년에 설립되었고, 2009년에 아마존에 인수된 Zappos는 가장 유명한 온라인 신발 유통기업이다. Zappos는 고객 서비스를 강조하면서 세계에서 가장 큰 신발 회사로 성장하였다. 그들은 신발, 의류 등의 상품을 판매하지만 그들을 블록버스터급의 회사로 만든 "비밀 병기"는 그들이 판매하는 상품 그 자체라기 보다는 그들이 그들의 고객, 직원, 공급업체들과 구축해 온 관계라고 할 수 있다. 그들의 고객 서비스와 그 결과인 고객 만족은 전설적이다. 이 회사는 직원들에게 회사에서 "웃음 요가"와 같은 과정을 제공하기도 하고 모든 직원들이 새로운 아이디어를 발표할 수 있는 기회를 주어 직원들에게는 일하고 싶은 가장 좋은 회사 중 하나로 꼽힌다.

벤더와의 강력한 관계는 Zappos의 더 큰 성공 요소로 꼽힌다. 벤더들은 이들과의 비즈니스 관계 모든 면에서 가치를 인정받고 존중받는다고 느낀다. 벤더가 Zappos를 방문할 때 Zappos의 대표는 그들을 공항에서 맞이하고 회사 셔틀로 모시며, 그들이 도착해서 기다리는 동안 간단한 스낵과 음료를 대접한다. 신규 벤더의 경우에는 회사 시설을 투어하도록 해준다. 만약 벤더가 Zappos에 연락을 하면, 회사는 당일 전화를 하거나 수시간 내에 이메일로 회신을 한다. 그들이 함께 식사를 하게되는 경우 항상 Zappos가 계산을 한다. Zap-pos는 연중 그들의 벤더를 위한 감사 이벤트를 진행한다. 매월 마지막 금요일에 Zappos는 벤더를 위한 골프 대회를 열고, 일년에 한번 벤더를 위한 대규모 파티를 개최한다.

Zappos는 확실히 벤더와의 강력한 관계를 구축하는데 관심을 갖는다. 그러나 이로부터 무엇을 얻고자 하는 것일까? 이러한 투자로부터 얻는 이익은 무엇일까? 일반적으로 유통업체는 가장 낮은 가격과 최고의 거래 조건을 얻기 위해 협상에서 벤더를 이기고자 한다. 그러나 Zappos는 강력한 관계가 더 나은 파트너십을 구축한다는 것을 믿는다. 적대적인 협상을 하기보다는 투명성을 수용하고자 한다. 벤더들은 Zappos의 재고, 매출, 이익에 대한 정보에 접근을 할 수 있으며, 이러한 협력적인 노력을 통해 위험과 보상을 공유하도록 독려하고 목표를 공유한다. 이렇게 공유된 목표는 더 강한 책임의식을 갖게 하고 결국 더 열성적인 벤더가 된다.

대부분의 유통업체가 종업원과 벤더에게 돌아가는 혜택을 삭감하여 비용을 줄이려 할 때 Zappos는 정반대의 전략을 사용했다. 선두 온라인 유통업체로서 벤더와의 강력한 관계 구축을 강조함으로써 그들은 독특한 경쟁력을 갖게 되었다. 바이어들은 벤더와 싸우는 대신 오히려 그들을 자사의 옹호자로 만들었다.

Sources: "About Us," Zappos, about.zappos.com; Tom Rogers, "How Zappos Gets More from Its Vendors," VendorCentric, April 23, 2015; Tom Ryan, "Zappos Makes Nice with Vendors," RetailWire, March 2, 2011; Tony Hsieh, "A Lesson from Zappos: Follow the Golden Rule," HBR Blog, June 4, 2010; Aida Ahmed, "Zappos Ranks No. 11 on List of Best Companies to Work For," VegasInc, January 19, 2012.

1 인지^{Awareness}

인지 단계는 아무런 거래가 이루어지는 것은 아니지만 바이어가 market week나 잡지의 광고에서 관심가는 상품을 보게 되면서 시작된다. 바이어가 인지 단계에서 그 다음 단계로 넘어가는 데에는 벤더의 명성이나 이미지가 중요한 역할을 한다.

2 탐색^{Exploration}

탐색 단계에서는 바이어와 벤더가 잠재적인 수익과 파트너십 비용을 조사하기 시작한다. 이 때 바이어는 적은 양의 상품을 매입하여 몇몇 점포에서 이 상품에 대한 고객의 수요를 테스트 한다. 또한 바이어는 이 과정에서 이 벤더와의 업무가 얼마나 용이한지에 대한 정보도 얻게 될 것이다.

3 확장^{Expansion}

바이어는 벤더에 대한 충분한 정보를 수집하고 좀 더 장기적인 관계를 구축할 것을 고려하게 된다. 바이어와 벤더는 이 관계가 윈-윈 관계가 될 수 있을지를 결정한다. 그들은 공동으로 판촉 프로그램을 기획하고 상품매출을 개선시킨다.

4 결속^{Commitment}

양측 모두가 이 관계가 상호 이익이 된다는 것을 알게되면 이 관계는 결속의 단계로 들어가 전략적인 관계로 발전하게 된다. 바이어와 벤더는 이 관계에 상당한 투자를 하게되고 이들의 관계는 장기적 관점으로 발전하게 된다.

유통업체-벤더 관계가 몇몇 공급업체-제조업체 관계처럼 결속되기는 어려울 것이다. 제조업체는 다른 업체와 단일 관계를 맺을 수 있다. 그러나 유통업체의 중요한 기능은 그들의 고객들에게 다양한 상품구색을 제공하는 것이므로 그들은 늘 여러 업체외 거래해야 하며 경우에 따라서는 서로 경쟁 관계에 있는 벤더들과도 거래해야 한다.

3. 전략적 관계의 유지

성공적인 전략적 관계의 4가지 요소는 ① 상호 신뢰, ② 공동 목표, ③ 개방적 의사소통, ④ 확고한 결속이다.

1 상호 신뢰^{Mutual Trust}

전략적 관계의 핵심은 신뢰이다. 신뢰는 파트너가 정직하고^{믿을 수 있으며 서로의 약속을 지킴} 자애로울 것^상

대방의 복지에 대해 신경쏨이라는 믿음을 말한다. 벤더와 바이어가 서로 신뢰하면, 그들은 관련된 아이디어를 공유하려 하고 목표와 문제를 명확히 하며 효율적으로 의사소통 하고자 한다. 양사간에 공유된 정보는 보다 종합적이고 정확하며 시의적절해진다. 그들은 설사 그런 기회가 있다 하더라도 서로간에 상대방의 이익을 빼앗지 않을 것이라는 믿음이 있기 때문에 상대방을 감시하거나 상대방의 행동을 확인하려 하지 않는다. Retailing View 12.4에서 설명하고 있는 Walmart의 지속 가능성이 달성되기 위해서는 Walmart가 벤더를, 그리고 벤더가 Walmart를 신뢰하는 것이 중요하다.

Retailing VIEW 12.4 Walmart에 납품하기 쉽지 않다

Walmart는 낮은 가격으로 잘 알려져 있다. 또한 그들의 벤더가 친환경적인 상품을 공급할 수 있도록 압력을 가하고 있다. 지속 가능을 위한 단계를 밟은 공급업체들은 Walmart의 웹사이트에서 "지속가능한 리더"라는 뱃지를 달고 있다. 벤더의 상품들이 얼마나 잘 하고 있는지를 측정하기 위해 Walmart는 몇가지 이슈들을 동시에 고려하는 지속 가능성 지표를 활용한다.

Walmart는 그들이 달성해야 하는 세가지의 목표를 제시한다:100% 재생 가능한 에너지를 사용할 것, 폐기물을 제로로 줄일 것, 고객과 환경 모두에게 지속되는 상품을 생산할 것이 그것이다. 이것은 매우 원대한 포부로 복합적이면서도 견고한 목표이다.

Walmart는 그들의 상위 200개 공장들이 에너지 효율을 20% 높일 것을 요구한다. 전문가들은 Walmart의 도움이 있더라도 달성하기 어려울 것으로 내다보고 있지만 초기 결과는 유망해 보인다. 예를 들면, 중국의 Jiangsu Redbud Dyeing Technology사는 그들의 석탄 소비를 1/10 줄였고 독성물질 방출을 제로화 하려 하고 있다.

그러나 Walmart가 언제나 좋은 기업으로 알려져 온 것은 아니다. 1990년대에는 Walmart에 납품할 의류를 생산하는 몇몇 공장의 직원들이 비인간적인 작업 환경에서 시달린다는 것이 조명되었었다. 보다 최근에는 Walmart가 미성년 노동, 19시간 교대, 최저임금 기준 이하의 임금 등과 같은 노동법 위반이나 남용과 관련된 15개 공장으로부터 상품을 매입한다고 두 개의 정부 기관으로부터 고발당하기도 했고, 오클라호마에 유해 폐기물을 버렸다는 혐의를 받기도 했다.

어떤 사람들은 왜 Walmart가 소매유통 산업의 지속 가능한 리더로 스스로를 자리매김하려 하는지 의아해 한다. 확실히 훌륭한 기업이라는 주도권을 갖는 것은 그들의 이미지를 개선시킨다. 그러나 Walmart는 이러한 것이 비즈니스에도 도움이 될 것으로 기대하고 있다. 그들의 고객, 특히 1980년에서 2000년 사이에 태어난 고객들은 그들이 사용하는 상품들이 환경과 그것을 생산하는 사람들에게 어떤 영향을 미치는지에 대해 점점 더 신경을 쓰고 있다. Walmart는 이러한 주도적인 일들이 공급 체인 과정의 흐름에 도움이 되고, 그래서 결과적으로 공급자들과 고객들에게 추가적인 재정적 혜택을 제공할 것이라고 믿는다.

Sources: Lauren Hepler, "How Walmart's Green Label Aims to Drive Supplier 'Race to the Top,'" GreenBiz, February 25, 2015; "Beyond 50 Years: Building a Sustainable Future," Walmart 2012 Global Responsibility Report; http://sustainabilitycases.kenexcloud.org/about; http://corporate.walmart.com/globalresponsibility/environment-sustainability/sustainability-index.

2 공동 목표Common goals

성공적인 관계를 구축하기 위해 벤더와 바이어는 공동 목표를 가져야 한다.[32] 공유된 목표는 양 측에게 그들의 강점과 능력을 한데 모아 잠재적 기회를 발견하는 동력이 된다. 그들은 서로의 상대방이 목표 달성을 저해하는 일을 하지 않을 것이라는 확신을 갖는다.

예를 들면, Walmart와 벤더들은 환경에 긍정적인 영향을 미치는 상품을 개발하고 판매하는데 그들이 공통된 관심이 있다는 것을 인식한다. Walmart는 벤더가 이익을 낼 수 없는 값비싼 프로그램을 운영하라고 요구할 수는 없으며, 벤더들은 그들의 가장 큰 고객의 요구를 수용하도록 시도해야 한다. 공동의 목표를 가지고 Walmart와 벤더들은 그들이 그렇게 함으로써 그들의 공동 목표인 지속 가능성 목표를 달성하면서도 이익을 만들 수 있다는 것을 알기 때문에 협력하게 되는 것이다.

공동의 목표는 또한 계획한 대로 목표가 실현되지 않았을 때에도 관계를 지속시키는데 도움이 된다. 만약 벤더가 Walmart의 지속 가능성 지표에 도달하지는 못했지만 상당한 개선이 있었다면 Walmart는 갑작스럽게 전체적인 관계를 종료하지는 않을 것이다. 대신 Walmart는 그 벤더가 장기적으로 목표에 충실할 것을 알기 때문에 더 높은 수준에 도달할 수 있도록 도와줄 것이다.

3 개방적 의사소통Open Communication

정보를 공유하고 함께 예상 매출 계획을 세우고, 배송을 조정하고, 그들의 지속 가능성 공동 목표를 달성하기 위해 Walmart와 벤더들은 개방적이고 정직한 의사소통을 해야만 한다. 이것은 원칙적으로 쉽게 들리겠지만 대부분의 비즈니스에서는 그들의 파트너들과 정보를 공유하고 싶어하지 않는다. 그들은 상대방의 업무와는 관계가 없다고 생각한다. 그러나 개방적이고 정직한 의사소통은 성공적이면서 서로 이익이 되는 관계를 구축하는데 열쇠라 할 수 있다. 바이어와 벤더는 서로의 업무의 동력이 무엇인지, 관계상 그들의 역할은 무엇인지, 그리고 서로의 전략은 무엇이고 관계를 지속함에 있어 발생할 문제는 무엇인지에 대해 이해할 필요가 있다. 9장에서 설명한 CPFRCollaborative planning, forecasting, replemishment은 이러한 개방적 의사소통의 한 사례라 할 수 있다.

4 확고한 결속Credible Commitments

양 측에 확고한 결속이 있어야 성공적인 관계가 가능하다. 확고한 결속은 관계에 대한 가시적인 투자를 의미한다. 이것은 "나는 당신의 파트너가 되고 싶습니다"라는 거룩한 선언을 하는 것 이상을 의미한다. 확고한 결속은 상품이나 서비스를 개선하기 위한 투자를 포함하여, Walmart와 벤더의 경우 지속 가능성 지표를 개선하기 위해 상호 단계를 밟는 것이다. 예를 들면, 중국의 Jiangsu Redbud Dyeing Technoligy사의 독성물질 방출을 줄이고자 하는 목표는 Walmart와 Jiangsu 양 사의 공동의 노력과 투자인 것이다.

유통업체와 그들의 벤더간의 관계가 얼마나 강한지와 관계없이 그것은 늘 복잡하다. 그리고 어떤 복잡한 비즈니스 관계에서라도, 법적, 윤리적, 사회적 책임의 이슈는 늘 있을 수 있다. 다음 장에서 이러한 이슈들을 다루기로 한다.

VI 매입 활동과 관련된 법적, 윤리적, 사회적 책임 이슈들

1. 법적, 윤리적 이슈들

본 절에서는 바이어-벤더 협상에서 발생할 수 있는 법적, 윤리적 문제들을 살펴볼 것이다. 유통업체가 매입 활동을 하는데 있어 사회적 책임이 점점 강해지는 추세를 볼 수 있다.

1 위조 상품

위조 상품을 판매하는 것은 유통업체의 이미지와 적법한 해당 브랜드의 벤더와의 관계에 부정적인 영향을 미칠 수 있다. 위조 상품이란 트레이드 마크나 저작권 소유자의 허락 없이 만들어지고 판매되는 상품을 말한다. 트레이드 마크와 저작권은 지적 자산 범주에 포함되는데 지적 자산이란 물리적 노력이 아닌 지적^{정신적} 노력에 의해 창조된 무형의 자산을 말한다. 트레이드 마크는 특정 상품과 관련된 마크, 단어, 그림, 장치, 또는 비기능적 디자인을 말한다^{예를 들어 Rolex의 왕관, Levi's진 뒷주머니의 빨간 태그}. 저작권은 작가, 화가, 조각가, 음악가, 그 외 예술적이거나 지적인 능력으로 작업을 하는 사람들의 원작을 보호한다. 이 책도 저작권의 보호를 받고 있어 어떠한 문장도 저작권 주인의 동의 없이는 사용될 수 없다.

위조 상품의 특성은 시간이 지남에 따라 변해왔다. 여성 핸드백이나 의류 등과 같은 유명 브랜드의 위조 상품의 품질은 점점 개선되어 진품과의 구별이 어려워지고 가격도 비싸졌다. 이에 대해 일부 럭셔리 브랜드들은 자사의 위조 브랜드를 판매하는 온라인 유통업체들에 대한 법적 대응을 하기 시작했다. 예를 들면, 2015년에 Gucci와 일부 럭셔리 브랜드들이 중국의 이커머스 강자인 Alibaba를 상대로 소송을 제기했다. 이는 Alibaba가 그들이 TMall에 오픈한다면 위조 상품을 엄중 단속할 것을 약속한 이후에 제기되었었다. 이 소송은 기각되었지만 중국 정부는 Alibaba가 위조 상품과의 싸움을 충분히 하지 않았다고 생각한다.

그리고 여전히 음악, 소프트웨어, 블루레이와 같은 상품군에서는 위조 상품 비즈니스가 번성하고 있다. 위조품 생산자들이 이런 타입의 상품을 더 좋아하는 이유는 상대적으로 가격은 높고 복제나 수송이 용이하며 고객의 수요도 높기 때문이다. 음악의 불법 다운로딩과 유통이 용이하다는 것은 이 작품의 원작자나 제작자 모두 그들의 작업, 투자, 재능에 대한 아무 돈을 벌지 못한다는 것을 의미하며 결국 음악 작품을 생산하고 개발할 동기를 잃게 된다. 음악 자체는 위조품이 아니라 하더라도 불법 다운로딩은 지적 자산에 대한 불법적인 절도를 의미한다. 2016년 한 연구에 따르면 5천 7백만의 미국인이 불법적으로 음악을 다운로드 받았다고 한다.

2 회색 시장, 전환 상품 그리고 암시장 상품

회색 시장Grey-market 상품들은 병행 수입품으로도 알려져 있다. 이는 제조업체나 생산자의 동의나 인가 없이 국경을 넘어 유통되는 상품을 포함하고 있다. 향수 카테고리를 살펴보면 미국 내에서 Davidoff, Dolce&Gabbana, Calvin Klein과 같은 향수를 판매하는 디자이너 향수 공급자들은 백화점이나 럭셔리 유통업체로 직접 판매를 판다. 그들은 Walmart, CVS, Target과 같은 유통업체에는 판매하지 않는다. 그러나 유럽과 아시아에서는 대부분의 공급자들이 그들의 재고를 중간상과 도매업체들에 판매를 하는데, 이들이 미국 내 대중적인 유통업체에 판매를 함으로써 많은 매출을 올린다. 결국 향수는 미국 내 공급업체로부터 다른 나라의 중간상으로 갔다가 다시 미국으로 들어오게 된다. 그럼에도 가격은 여전히 백화점이나 럭셔리 유통업체에서 판매되는 것보다 낮다. 대형 할인 유통업체들은 이러한 향수를 취급하는데 있어 아무 잘못을 하는 것이 아니라고 수상하면서 Bloomingdale's에서 판매되는 가격보다 낮은 가격에 유명 향수들을 판매하고 있고 이들에게는 높은 매출의 상품이다. 만약 소비자가 유명 럭셔리 브랜드의 상품을 Target이나 Walmart에서 판매하는 것을 본다면 이 브랜드가 프리미엄이나 럭셔리 브랜드라고 생각하기 보다는 대중화된 브랜드라고 인지할 수 있다. 그래서 예를 들어, Hugo Boss, Gucci, Dolce & Gabbana 향수의 판매권을 갖고 있는 Proctor & Gamble사는 허가되지 않은 유통업체에게 판매하는 중간상들에게 판매를 중단하도록 압력을 가하고 있다. 심지어 Davidoff 향수는 회색 마켓 버전 Cool Water 향수의 판매를 중단하도록 제소하기도 했다.

전환 상품Diverted merchandise은 국제적 경계를 넘어 유통하지 않는다는 점을 제외하고는 회색 시장의 상품과 동일하다. Givenchy 향수가 그들의 독점 판매권을 Saks Fifth Avenue에만 준 경우, 과다재고를 보유한 Saks 바이어가 미국 내 대형 할인업체에게 낮은 가격으로 판매했다고 생각해 보자. 이런 경우 상품은 합법적 채널에서 전환되었다고 보며, Saks가 전환자가 된다.

Saks는 과다 재고를 판매함으로써 이득을 보겠지만 향수 제조업체는 회색 시장이나 전환 시장에 대한 우려를 할 수밖에 없다. 할인 매장에서 낮은 가격으로 판매되는 것은 벤더의 브랜드 이미지에 부정적인 영향을 주기 때문이다. 그래서 설사 이러한 행위들이 법에 저촉되는 것은 아니라 할지라도 벤더들은 회색 시장이나 전환 상품이 되는 것을 최소화하려 한다.

벤더들은 회색 시장이나 전환 상품 문제를 피하기 위한 활동들을 한다. 그들은 그들의 모든 소매/도매 고객들과 회색 시장에 연루되지 않을 것이라는 조항의 계약을 하는가 하면, 만약 유통업체가 이 조항을 어긴 것이 발견되면 벤더는 더 이상의 거래를 중지한다. 또다른 전략으로는 서로 다른 시장을 위한 다른 버전의 상품을 생산하는 것이다. 예를 들어, McGraw-Hill은 미국과 인도에서 서로 다른 버전의 책을 판매한다.

암시장Black market은 자연 재해 후 물이나 개솔린처럼 희귀해진 소비재, 담배나 주류와 같이 세금이 높은 상품, 또는 마약이나 무기같은 불법적인 상품들이 대부분이다. 미국에서는 합법적인 유통 채널에서 이러한 암시장 상품이 판매되는 일은 거의 없다.

③ 매입 조건

1936년 미 의회에 의해 통과된 Robinson-Patman 법안은 벤더가 유통업체에게 제공할 수 있는 가격과 조건을 제한하고 있다. 이 법안은 벤더가 같은 양의 상품에 대해 서로 다른 유통업체에게 서로 다른 조건으로 제공하는 것을 불법으로 하고 있다. Anti-Chain-Store Act라고도 불리는 이 법안은 체인점으로부터 독립된 소매업체를 보호하기 위한 것이다. 만약 벤더가 이 전장에서 토의된 다양한 이슈가격, 광고비용 지원, 가격인사 금액, 배송비에 대해 좋은 협상을 한다면, 이 법안에 의해 다른 모든 유통업체에게도 같은 조건을 제시할 것을 요구한다.

그러나 벤더는 제조, 판매, 배송 비용이 다를 경우라면, 동일한 상품에 대해서도 다른 조건을 제시할 수 있다. 제조 비용이 같더라도 판매와 배송 비용은 다를 수 있다. 예를 들어, 독립적인 유통업체에 적은 양을 배송하려면 배송 비용이 더 들 수 있다.

유통업체가 다른 기능을 제공하는 경우에도 벤더는 각 유통업체에게 다른 가격을 제시할 수 있다. 대형 유통업체가 그들의 유통 센터에 상품을 보관하거나 고객들에게 가치있는 서비스를 제공하는 경우 그 대형 유통업체는 더 낮은 가격을 받을 수도 있다. 또한 신선 식품의 처리나 경쟁을 위해 낮은 가격이 제시되기도 한다.

④ 뇌물

뇌물Commercial bribery은 매입 결정에 영향을 주기 위해 "가치있는 무엇인가"를 벤더가 제공하거나 바이어가 요구할 때 발생한다. 스키 용품 제조업체의 영업 사원이 스포츠 용품 바이어에게 좋은 장소에서 점심을 제공하고 주말 스키 이용권을 준 경우 바이어의 상급 매니저가 이러한 사실을 알지 않는 한 불법이다. 어떤 유통업체는 꽃이나 와인 정도의 작은 선물 등은 괜찮다고 수용하는 경우도 있다. Retailing View 12.3에서 살펴 본 바와 같이 Zappos는 벤더에게 점심이나 다른 선물을 제공하는 방식으로 벤더로부터 있을 수 있는 잠재적인 뇌물을 방지하고 있다. 어떠한 경우라도 유통업체는 바이어들이 오로지 유통기업에 최선이 무엇인지에 근거하여 매입 의사 결정을 하기를 원한다.

⑤ 역청구

역청구Chargeback는 유통업체가 벤더에게 지급해야 할 비용에서 차감하는 경우이다. 유통업체는 라벨이 잘못 부착된 상품을 보내거나 주문한 상품이 오지 않은 경우, 또는 늦게 배송된 경우 등 벤더가 거래 조건에 맞추지 못한 경우 역청구를 하는 경우가 종종 있다. 일단 대금이 공제되고 난 후 주문서에 "지급"이라고 찍히면 이의를 제기하거나 돈을 되돌려 받기 어렵기 때문에 벤더들에게는 곤란을 초래한다. 벤더들은 종종 유통업체가 행사하는 역청구가 공정하지 못하거나 윤리적이지 않다고 느낀다.

6 역매입

입점비와 유사한 역매입은 점포에 아직 남아있는 오래된 상품 대신 새로운 상품을 넣기 위해 벤더와 유통업체에 의해 사용되는 방식이다. 특히 역매입은 벤더가 자신의 상품을 위한 공간을 마련하기 위해 경쟁사의 상품을 제거하도록 유통업체가 허용하는 경우이거나 또는 유통업체가 잘 판매가 되지 않는 벤더의 상품을 다시 매입하도록 요구하는 경우에 발생한다. 몇몇 막대한 시장 파워를 가진 벤더들은 독점 금지법을 위반하며 경쟁사 상품을 역매입 해서 시장에서 제거하기도 하지만, 이를 증명하기란 매우 어렵다.

7 독점 거래 협정

독점 거래 협정은 벤더가 유통업체로 하여금 경쟁 벤더로부터 상품을 취급하지 못하도록 제한하는 것을 의미한다. 예를 들면, Ford가 대리상에게 Ford사의 차만 판매하고 General Motors사의 차는 취급하지 못하게 하는 경우이다. 경쟁에 있어서의 독점 거래의 효과는 벤더의 시장 영향력에 의해 결정된다. 예를 들어, Coca-Cola와 같은 시장의 리더가 경쟁사인 RC Cola를 판매하지 않겠다는 슈퍼마켓 체인에게만 자사의 상품을 판매한다면 이것은 위법이다.

8 구속적 계약

구속적 계약Tying contract은 유통업체가 사고자 하는 상품을 매입하기 위해 사고 싶지 않은 상품을 매입하도록 벤더가 요구할 때 발생한다. 구속적 계약이 경쟁의 정도를 약화시키고 독점을 발생시킬 우려가 있다면 이것은 불법이다. 벤더가 바이어로 하여금 상품 라인상의 모든 상품을 구매하도록 요구하는 것은 대부분의 경우 합법적이다. 예를 들면, 엽서 제조업체가 선물 상점이 원하는 디즈니 캐릭터의 엽서를 사려면 "지역 명소" 그림의 엽서를 살 것을 요구했다는 이유로 고소를 한다고 해도, 이것이 경쟁을 약화시키려 했다는 사실을 증명하기 어렵기 때문에 아마도 법정은 이 기소를 기각할 것이다.

9 거래 거절

거래 거절은 유통업체나 벤더 모두에게서 발생할 수 있다. 일반적으로 벤더나 유통업체는 거래를 하거나 거절할 권리를 갖는다. 그러나 시장에 영향력을 휘두르려 하는 하나 또는 그 이상의 기업들에 의해 경쟁에 반하는 행위에 대한 증거가 있을 경우는 예외적이다. 벤더는 특정 유통업체에게 상품 판매를 거절할 수 있지만, 이것이 경쟁 유통업체를 이롭게 하기 위한 목적이었을 때에는 불법이 된다. 예를 들어, Mattel사가 그들의 특정 인기상품인 바비인형을 도매업체에 공급하지 않기로 결정했다면 이것 자체로는 불법이 아니다. 그러나 10개의 인형 제조업체가 Toys "R" Us와 공모하여 도매상으로 하여금 Toys "R" Us에서 판매되는 것보다 낮은 가격에 판매하지 못하게 하기 위해 그런 결정을 한 것이라면 이것은 불법적인 그룹 보이콧이 된다.

2. 기업의 사회적 책임

기업의 사회적 책임CSR, Corporate Social Responsibility은 기업이 사업을 행함에 있어 윤리적, 사회적, 환경적 영향을 고려하기 위해 행해지는 자발적인 행위를 말한다. 유통업체는 마케팅과 판매 활동에 접목하여, 자선 사업에 돈을 내는 것에서부터 소수 집단의 권리를 지원하는 인류적 커뮤니티 활동에 이르기까지 다양한 방식으로 사회적 책임을 수행할 수 있으며, 최근에는 사회적으로 책임있는 방식으로 상품을 매입하는데 그들의 노력을 쏟고 있다.

Whole Foods는 그들의 매장이 위치한 주에서 생산된 현지 상품을 취급한다. 캘리포니아와 같이 큰 주에서는 지역을 좀 더 작게 나눈다. 그들은 최소 4개의 현지 농장으로부터 상품을 매입하도록 하고 있다. 그들은 현지의 규모가 작은 농장주와 육류 가금류 생산을 위해 방목을 하거나 친환경적으로 사육하는 생산자에게 저 금리로 연간 2천 5백만 달러를 대출 한다.

몇몇 유통업체는 공정 무역과 관련을 맺기도 하는데, 이것은 생산자들이 그들의 상품에 공정하게 가격을 부과하도록 하는 사회적으로 책임있는 운동이다. Peet's Coffee는 공정 무역 브랜드 상품을 제공한다. Walmart는 "매일매일 싼 가격"을 넘어 "좋은 일을 함으로써 잘 하자"라는 기업 철학에 따라 공정 무역 커피에 많은 투자를 하고 있다. U2의 리드 싱어이자 활동가인 Bono는 높은 가격의 공정 무역 의류 라인인 Edun을 Saks Fifth Avenue나 Nordstrom과 같은 매장에 판매하고 있다. Starbucks는 공정 무역 상품에 엄청난 진전을 보여왔는데, 2015년에는 그들 커피의 99%가 공정 무역 상품이거나 CAFECoffee and Farmer Equity 인증된 상품이었고 100% 윤리적인 소싱을 목표로 하고 있다.

Home Depot는 공급업체들이 그들의 상품을 Eco Option 마케팅 캠페인에 참여할 수 있도

Home Depot는 그들의 공급업체에게 친환경 마케팅 캠페인에 동참할 것을 장려한다.

록 독려한다. 유기농 정원 상품이나 고효율의 전구 등과 같은 몇몇 상품들은 확실히 환경주의자들에게 매력적이다. Home Depot는 태양열 발전식의 경관 조명, 생분해 화분, 유해성분이 적은 페인트 등과 같은 환경적으로 민감한 신상품들을 론칭하였다. Home Depot는 재활용이 가능한 플라스틱이나 종이 포장을 사용하도록 장려한다. 또다른 유통업체들은 그들의 공급업체에게 보다 작고 친환경적인 포장을 하도록 요구한다. 작은 포장은 재료 뿐 아니라 에너지를 절약한다. 왜냐하면 트럭에 더 많은 패키지가 배송될수록 단위당 배송 비용은 내려갈 것이기 때문이다. 몇몇 제조업체Patagonia, Timberland와 유통업체Walmart, JCPenny, H&M, 그리고 공급 체인에 관련된 단체Environmental Protection Agency, Environmental Defense Fund들은 지속 가능한 의류 연합을 만들기 위해 협력하고 있다. 이러한 연합의 주요 목표 중 하나는 개개의 생산업체와 생산과정과 관련된 환경 이슈들을 통합하는 데이터베이스를 만들어 고객들이 고려할 수도 있는 점수를 각 의류에 부여하는 것이다.

이러한 활동들은 복합적인 비즈니스 모델을 제안한다. 사회적으로 책임있는 활동들이 비즈니스에도 좋은가? 어떤 상품들은 전통적인 방식으로 만든 상품들보다 비싼데 소비자들은 기꺼이 높은 가격을 지불할 의사가 있을까? 기업들은 정말 환경을 개선하는데 관심이 있을까? 아니면 그들은 위장 환경주의자 또는 대중의 호응을 얻으려는 목적으로 친환경적인 상품을 마케팅하는 위선적인 환경주의자들인가? 소비자들은 그들이 자신을 친환경주의자라고 광고하는데 막대한 시간과 비용을 사용하는 기업인지, 아니면 진심으로 환경을 고려하면서 기업을 운영하는 기업인지 의문을 가질 필요가 있다.

요약

LO 12-1 소매업체가 활용 가능한 브랜드 옵션을 알 수 있다.

유통업체는 NB, PB, Generic brand 상품을 매입할 수 있다. 각각의 타입은 상대적인 장점을 가진다. 적절한 브랜드와 브랜딩 전략을 선택하는 것은 기업의 상품과 구색계획 과정의 필수불가결한 요소이다.

LO 12-2 소매업체가 어떻게 제조업체브랜드를 매입하는지 설명할 수 있다.

제조업체 브랜드의 바이어는 벤더를 만나기 위해 전시회나 도매 시장 센터를 방문하고 새로운 상품을 검토하고 주문을 한다. 모든 상품 카테고리에 대해서 최소한 일년에 한번은 유통업체와 벤더가 만나는 전시회가 있다.

LO 12-3 소매업체가 유통업체 브랜드 상품을 개발하고 소싱할 때 고려하는 요인들을 나열할 수 있다.

상품을 매입하는 일은 종종 현지의 매입 사무소로 인해 용이해진다. 현지 매입 사무소의 대표는 해외에서의 상품 매입을 용이하게 한

다. 유통업체 브랜드의 상품 매입 과정은 NB 상품에 비해 복잡할 수 있는데 디자인이나 상품 스펙의 결정, 상품의 제조업체 선정 등 보통 NB 제조업체가 안아야 할 책임을 유통업체가 스스로 맡아야 하기 때문이다. 대부분의 PB 상품은 미국 외의 나라에서 만들어진다. 글로벌 소싱과 관련한 비용, 관리적/윤리적 이슈들을 반드시 고려해야 한다.

LO 12-4 소매업체가 어떻게 벤더와의 협상을 준비하고 실행하는지 이해할 수 있다.

NB와 PB 바이어 모두 가격, 이익, 추가적인 가격 인상의 기회, 거래조건, 독점권, 광고 비용 배분, 배송 등과 같은 일련의 이슈들을 그들의 벤더들과 협상해야 한다. 성공적인 벤더와의 관계는 능숙한 협상과 기획에 달려있다.

LO 12-5 소매업체가 왜 벤더와 전략적인 관계를 구축하는지 알 수 있다.

그들의 벤더와 성공적으로 팀웍을 이루는 유통업체들은 지속가능

한 경쟁력을 가질 수 있다. 그들은 사고 판매하겠다는 기본적인 약속 이상의 것을 필요로 한다. 전략적 관계는 신뢰, 공동의 목표, 강력한 의사소통, 재정적인 결속을 필요로 한다.

LO 12-6 상품 매입과 관련된 법적, 윤리적, 사회적 책임 이슈를 알 수 있다.

바이어는 벤더들과 협상을 하고 구매 의사 결정을 하는데 가이드

가 될 윤리적, 합법적 이슈들에 대해 주의를 기울여야 한다. 위조상 품이나 회색 시장 상품과 관련된 문제가 있을 수도 있고 벤더가 독점 적이거나 결속적 계약을 할 때 직면하는 이슈들도 있다. 벤더는 어떤 유통업체에게 어떤 제품을, 어떤 가격에, 얼마나 많이 판매할지를 제 한할 경우에 특히 신경을 써야 한다. 몇몇 유통체는 사회적 책임을 위해 강력한 조치를 취하기도 한다.

핵심단어

- 암시장(black market)
- 역매입(buyback, lift-out, stock lift)
- 역청구(chargeback)
- 뇌물(commercial bribery)
- 공동광고(cooperative advertising)
- 모방 브랜드(copycat brand)
- 저작권(copywrite)
- 기업의 사회적책임(corporate social reponsibility, CSR)
- 위조상품(counterfeit merchandise)
- 전환상품(diverted merchandise)
- 세금(duty)
- 독점브랜드(exclusive brand)
- 독점계약조항(exclusive dealing agreement)
- 공정무역(fair trade)
- 무상표브랜드(generic brand)
- 회색시장 상품(grey-market goods)
- 친환경적인(green)
- 위선적인 친환경(green sheen)
- 위장 환경주의자(greenwashing)

- 유통업체 브랜드(house brand, own brand, private-label brand, PB)
- 지적자산(intellectual property)
- 제조업체 브랜드(manufacturer's brand, national brand, NB)
- 가격인하 비용(markdown money)
- 병행수입(parallel imports)
- 파트너십/전략적 관계(partnering/strategic relationship)
- 프리미엄 유통업체브랜드(premium store brand)
- 현지매입사무소(resident buying office)
- 역경매(reverse auction)
- 입점비(slotting allowance, slotting fee)
- 서브브랜드(subbrand)
- 관세(tariff)
- 트레이드마크(trademark)
- 전시회(trade show)
- 신뢰(trust)
- 결속적 계약(tying contract)
- 우산/패밀리 브랜드(umbrella brand)
- 도매시장(wholesale market)

현장학습

1. 유통업체를 선택하여 방문하고 그들의 제조업체 브랜드와 유통업체 브랜드의 배치 및 성과를 지속적으로 확인하시오. 점포의 매니저에 게 제조업체 브랜드와 유통업체 브랜드에 대한 점포의 철학을 문의 해 보고, 그들은 왜 유통업체 브랜드를 이용하는지, 그들은 다른 고 객층에 어필하기 위해 다른 유통업체 브랜드를 제공하고 있는지 확 인해 보시오. 또한, 세 개의 상품 카테고리를 선정하고 같은 상품에 대한 제조업체 브랜드와 유통업체 브랜드의 가격을 비교해 보시오. 지난 5년간 유통업체 브랜드의 비중은 증가했는지, 감소했는지 확인

하시오. 그리고 당신이 보고 들은 것을 기반으로 이들의 브랜드 전략 을 평가해 보시오.

2. Private Label Manufacturers Association(PLMA) 홈페이지 를 방문하고 "What Are Store Brands?" 페이지를 읽어보고, 다 음의 질문에 답을 하시오(www.plma.com/storeBrands/ facts13.html). 유통업체 브랜드 상품이란 무엇인가? 누가 유통업 체 브랜드를 매입하는가? 누가 유통업체 브랜드를 만드는가? 당신 은 무슨 유통업체 브랜드 상품을 정기적으로 구매하는가?

토의 질문 및 문제

1. 당신이 Macy's사의 스포츠 의류 소싱을 위한 컨설팅을 한다고 가정해 보자. 당신은 멕시코나 중국에서 상품을 매입할 것인지, 아니면 미국내에서 소싱처를 찾을 것인지를 결정할 때 어떤 이슈들을 고려하겠는가?

2. 위조 상품, 회색시장 상품, 암시장 상품의 차이는 무엇인가? 이러한 상품을 판매하는 것은 합법적인가? 당신은 이러한 유형의 상품을 판매하는 것이 허용되어야 한다고 생각하는가? 당신의 의견을 합리적으로 말해보시오. 또한, 당신이라면 위조 지갑, 위조 차 부품이나 조제 의약품을 구매하겠는가?

3. 제조업체 브랜드와 유통업체 브랜드의 장점과 단점은 무엇인가? 각각 유통업체와 소비자 관점에서 생각해 보시오.

4. 당신이 좋아하는 의류 매장에는 유통업체 브랜드가 있나? 만약 있다면 그것이 점포 충성도를 어떻게 구축하는가? 만약 없다면 유통업체 브랜드가 어떻게 점포 충성도를 구축할 수 있을까?

5. Kroger와 같은 슈퍼마켓이 왜 특정 상품 카테고리에 대해 하나 이상의 유통업체 브랜드를 제공한다고 생각하는가?

6. 유통업체들은 왜 독점적인 유통업체 브랜드를 매력적인 브랜드 옵션이라고 생각할까? 백화점과 대형 마트, 슈퍼마켓을 하나씩 선정해 보고 다음의 질문에 답을 생각해보시오. 그들은 어떤 독점적인 유통업체 브랜드를 제공하고 있는가? 그리고 그것들은 제조업체 브랜드와의 관계에서 어떤 포지션에 있는가?

7. 당신이 쇼핑을 할 때, 어떤 상품 카테고리에서 유통업체 브랜드를 선호하거나 제조업체 브랜드를 선호하는지 그 이유를 설명해 보시오.

8. 유통업체들이 상품 매입 활동에 있어 사회적 책임을 다하기 위해 어떤 활동들을 하는가? 왜 그들은 점점 사회적 책임을 다하려 하는가? 당신은 다소 비쌀지라도 사회적 책임을 다하는 방식으로 생산된 상품이라는 이유로 그 상품을 구매하겠는가?

9. 당신이 이 클래스에서 기말 시험을 치르지 않겠다고 결정했다고 가정하자. 이 과목의 선생님과 어떻게 협상하겠는가? 장소, 마감 시한, 과거의 관계, 나올 수 있는 반대 의견, 상호 이익 등을 고려해 보자. 그리고 어떻게 적절한 관계를 유지할 것인지 생각해 보시오.

참고문헌

1. Steve Rowan, "Local Approach Works for Whole Foods," *RetailWire*, March 6, 2015.

2. Annie Gasparro and Leslie Josephs, "Whole Foods Calls the Shots for Startups," *The Wall Street Journal*, May 7, 2015.

3. Leslie Josephs and Annie Gasparro, "Balance of Power Shifts in Groceries," *The Wall Street Journal*, March 26, 2015.

4. Christina Binkley, "Target Goes for Local Cool," *The Wall Street Journal*, July 15, 2015.

5. Jay Diamond, *Retail Buying*, 9th ed. (Upper Saddle River, NJ: Pearson, 2012).

6. www.plstorebrands.com/plmag-article-safeway_se-lective-3689.html.

7. Keith Lincoln and Lars Thomassen, *Private Label: Turning the Retail Brand Threat into Your Biggest Opportunity* (London: Kogan, 2009); John A. Quelch, "Brands vs. Private Labels: Fighting to Win," *Harvard Business Review*, March 3, 2009.

8. Phil Wahba, "J.C. Penney's Secret Comeback Sauce? Its Own Brands," *Fortune*, December 22, 2014.

9. Trade Show News Network (TSNN), www.tsnn.com.

10. The Fashion Center, www.fashioncenter.com.

11. Andrew Mach, "10 Cutting Edge Gadgets from the 2016 Consumer Electronics Show," *PBS NewsHour*, January 9, 2016.

12. "CES 2016 Fact Sheet," https://mms.businesswire.com/bwapps/mediaserver/ViewMedia?mgid=502407&vid=1.

13. McCormick Place, www.mccormickplace.com.

14. http://www.mgfsourcing.com/our-company/; Leonie Barrie, "US: Limited Brands Spins Off Mast Apparel Sourcing Unit," *Just-Style*, November 3, 2011.

15. "Hollander Home Fashions, LLC," Answers, www.answers.com/topic/hollander-home-fashions-corp.

16. JCPenney, 2016 10-K Report, filed with the Securities and Exchange Commission.

17. https://corporate.target.com/article/2016/03/marimek-ko-for-target.

18. Tom Zeller, "Clothes Makers Join to Set 'Green Score,'" *The New York Times*, March 1, 2011.

Memo

Chapter 13 소매가격 결정

학습목표

이 장을 읽은 후에 당신은

LO 11-1 High/Low 가격전략과 EDLP 가격전략의 차이점을 설명할 수 있다.

LO 11-2 소매업체가 가격을 결정할 때 고려하는 요소를 알 수 있다.

LO 11-3 소매업체가 가격인하를 어떻게 그리고 왜 하는지 설명할 수 있다.

LO 11-4 소매업체가 매출과 수익증대를 위해 사용할 수 있는 가격 전략을 이해할 수 있다.

LO 11-5 소매업체가 가격을 결정할 때 고려해야 할 법적·윤리적 이슈를 알 수 있다.

"피자전쟁"이라는 단어를 본다면 대부분의 사람들은 어떤 토핑을 피자 위에 올릴까에 대한 논쟁을 떠올리겠지만, 사실상 피자 산업에서의 피자전쟁은 가격전술로 인한 것이다. 미국에는 4개의 주요 피자 체인업체가 있는데, 이 네 개의 체인들은 모두 판매와 시장 점유율을 증가시키기 위해 다양한 가격전략을 사용한다.

Papa John's는 "더 나은 재료는 더 나은 피자를 만든다.Better Ingredients, Better pizza."는 품질에 대한 모토에 따라 가격이 저렴한 피자를 도입하려는 시도조차 하지 않는다. Papa John's의 설립자인 John Schnatter에 따르면, 지속적으로 가격을 낮춘다는 것은 "고품질이 아닌 재료를 제공하거나 덜 바르는 것"을 의미하기 때문이다. Papa John's는 앞으로도 많은 경쟁자들이 제공하는 5달러의 피자는 제공하지 않을 것이다. 그러나 입지를 다지기 위해서는 소비자들의 가격관심을 그냥 무시할 수는 없었다. 이에 대한 Papa John's의 전략은 소비자들이 정가에 큰 피자 한 개를 주문하면 두 번째 피자는 단돈 0.50달러에 얻을 수 있도록 하는 것Can get a second for just $0.50이다. 총 거래는 여전히 5달러 하한선을 상회한다. Papa John's는 또한 사람들이 전화를 걸도록 하기 위해 다양한 혁신들을 도입하려고 하는데, 예를 들어 최근 한 달 동안의 홍보 기간 동안 초콜릿 칩 쿠키와 브라우니를 결합한 브루키Brookie를 피자 주문과 함께 6달러에 제공했다.

"Pizza! Pizza!"로 잘 알려져 있는 Little Caesars는 자사의 음식이 "뜨거운 준비 상태Hot and ready"로 제공된다고 약속한다. 소비자들이 가게로 걸어 들어가는 순간, 피자는 5달러 정도에 그들이 먹을 수 있도록 준비될 것이다. 또한 이들은 스포츠게임에서 이길 가능성이 없는 팀을 응원하는 판촉을 진행하기도 하는데, 한번은 만약 남자 대학 농구 토너먼트에서 16번 시드에 배정된 팀이 1라운드에서 우승할 경우에 매우 저렴한 가격에 피자를 제공하겠다고 약속했다. 그 팀이 1위를 차지할 가능성은 거의 없었으므로 판촉으로 인한 위험성은 상대적으로 낮았다. 그럼에도 불구하고, 이는 사람들의 마음에 무료 핫-앤-레디free Hot-N-Ready 점심을 먹을 수도 있다는 아이디어를 각인시킬 수 있었다실제로 일어나진 않았다.

과거에는 Domino Pizza가 30분 이내에 피자를 배달하겠다는 약속으로 유명했지만, 결국 안전상의 이유로 정책을 없앴다. 그럼에도 불구하고 회사는 집에 있는 사람들이 그들의 피자를 쉽고 빠르게 받아볼 수 있도록 하겠다고 약속함으로써 시장 전반에 걸쳐 Domino Pizza의 영역을 구축했다. 그 명성은 오늘날에도 성장을 향한 접근법을 계속 알려주고 있다. "모바일을 경쟁사보다 더 잘 활용"함으로써, Domino Pizza는 기술에 익숙한 소비자들이 제품에 쉽게 접근할 수 있도록 한다.

예를 들어, 모든 주요 모바일 플랫폼인 피자 트래커앱Pizza Tracker App은 사용자에게 원터치 주문 기능과 지속적으로 업데이트된 배송 시간을 제공한다. 그러나 이러한 모바일 혁신으로 인해 Domino Pizza는 가격 전략을 실질적으로 변경하지는 못했다. 대신 2010년경부터 Domino Pizza는 계속해서 같은 기준선을 제공해왔는데, 약 5.99달러에 중간 크기의 치즈 피자를 제공한 것이다. 크기를 늘리거나 토핑을 더하면 가격이 상승하지만 가격은 어느 시간, 어느 장소에서나 대부분 일관된다.

세계 최대의 피자 체인점인 Pizza Hut은 새로운 전략과 계획으로 최근에 피자 가격 전쟁을 시작했다. 소비자들이 적어도 하나의 다른 상품예: 빵, 닭날개, 다른 피자을 구입하는 한, 그들은 단지 5달러에 중간 크기의 토핑 피자를 얻을 수 있었다. 이 프로모션은 여러 가지 옵션을 포함하는 5달러에 더 넓은 "맛있는 메뉴"를 출시하는 것의 일부분이다. 다른 패스트푸드 환경에서 단일 가격 메뉴와 유사하게, 이 접근법은 소비자들이 정해진 예산으로 어떤 아이템을 구매하기를 원하는지 결정할 수 있게 한다. 한 소비자는 다양한 날개와 피자를 원할 수도 있고, 다른 소비자는 여러 사람을 먹이기 위해 몇 개의 피자가 필요할 수도 있고, 다른 소비자는 식사와 디저트를 둘 다 원할 수도 있다. 1만5000여 개의 점포를 갖춘 Pizza Hut은 넓은 범위와 뛰어난 브랜드 인지도, 시장을 선도하는 자리를 누리고 있다. 그러나 지난 몇 년 동안 이 체인의 실적은 투자자나 기업 브랜드 소유주인 Yum! 브랜드의 기대에 미치지 못했다. 이러한 우려를 해소하기 위해

Pizza Hut은 새로운 가격 홍보를 소개했을 뿐만 아니라 "더 좋은 피자를 쉽게 구할 수 있도록 하는 데 중점을 두었다"고 말했다. 그렇다면 결과는 어땠을까? 최근 분기에는 Papa John's는 5%의 성장률을 발표하였다. Little Caesars의 매출은 2년 동안 290만 달러에서 340만 달러로 증가했다. Domino Pizza는 13%의 매출 성장을 누렸다. Pizza Hut만이 밋밋한 성과를 보고했다. 피자전쟁의 결과가 이러한 추세를 바꿀 것인가?

이 번 장에서는 소매업체와 고객 사이의 교환을 용이하게 만들어주는 부분을 직접적으로 다루고 있다. 1장에서 다룬 바와 같이 소매업체는 고객이 원하는 시간에 구매하기 편리한 장소에서 그들이 원하는 양만큼 제공하는 등 고객이 원하는 혜택을 제공한다. 또한 소매업체는 고객에게 구매 전 제품 체험기회 등의 서비스도 제공한다. 이러한 혜택을 제공받는 대가로 고객들은 소매업체가 제공하는 제품과 서비스에 돈을 지불한다.

가격결정의 중요성이 커지고 있는 이유는 오늘날의 고객들이 시장에서 더 나은 대안들을 선택할 기회를 많이 가지게 되었기 때문이다. 따라서 그들은 상품과 서비스를 구매할 때 더 나은 가치를 찾을 수 있는 위치에 있는 것이다. 가치^{Value}는 고객들이 받는 것_{소매업체로부터 제공된 상품과 서비스의} _{혜택 혹은 편익}과 그것을 위하여 지불해야 하는 비용의 비율로 나타낼 수 있다.

$$가치(value) = \frac{지각된\ 혜택(perceived\ benefits)}{가격(price)}$$

따라서 소매업체는 지각된 혜택을 증가시키거나 가격을 인하하는 매커니즘을 이용하여 가치를 증대시키고 판매를 촉진시킬 수 있다. 어떤 고객들에게 좋은 가격이란 소매업체가 제공하는 혜택은 중요하게 생각하지 않고 싼 가격으로 물건값을 지불하는 것만을 의미하기도 하고, 또 다른 고객들은 상품의 질이나 서비스에 의해 돈의 가치를 얻는다고 생각하여 추가적인 혜택을 위해 더 많은 비용을 기꺼이 지불하기도 한다. 고객에게 더 많은 가치의 옵션을 제공하기 위해 Wendy's는 가격 옵션을 확장했다. 만약 패스트푸트 고객이 특정방문에서 더 작은 아이템을 원한다면 그는 99센트짜리 메뉴를 선택할 수 있다. 그러나 고객이 배가 고프다면 가격이 훌쩍 오른 1.99달러짜리 메뉴를 선택할 수 있다. 각 옵션들은 그에 맞는 가치를 제공하지만, 각 가치는 다른 고객과 상황에서 다르게

Wendy's는 99센트 옵션으로 고객에게 가치를 제공한다.

받아들여진다. 비슷한 예로 원달러숍은 그들의 제품구색은 1달러 안팎으로 한정시키는데 높은 품질 수준을 추구하는 고객에게는 어필하기 힘들 것이다.

만약 소매업체가 제공하는 혜택보다 가격을 높게 책정하면 판매와 이익은 감소하게 된다. 반대로 가격이 너무 낮으면, 판매는 증가하지만 이익은 감소한다. 소비자에게 매력적인 가격을 제시하기 위하여 소매업체들은 가격경쟁과 관련된 경쟁업체와 법적인 제한에 저촉되지 않는 선에서 가격을 제시할 필요가 있다.

본 장의 첫 번째 절은 소매업체들이 사용하는 두 개의 다른 가격전략에 대해 설명한다. 그리고 소매업체가 가격을 결정하는 데에 영향을 주는 요인과 기술을 설명하고, 뒤이어 가격인하와 판매증진을 위한 가격결정 등을 설명한다. 이 장에서는 소매업체가 고려해야 하는 법적·윤리적 이슈도 함께 다룬다.

Ⅰ 가격전략

LO 13-1
High/Low 가격전략과 EDLP 가격
전략의 차이점을 설명할 수 있다.

소매업체들은 두 가지 기본적인 가격전략을 가지고 있다. High/Low 가격전략과 EDLP 가격전략이 그것이다. 각 전략들의 내용과 장단점이 이번 절에서 토의될 것이다.

1 High/Low 가격전략

High/Low 가격전략을 이용하는 소매업체들은 세일 판촉을 통해서 최초 가격을 할인한다. 그러나 빈번한 세일로 인해 고객들이 세일할 때까지 기다려 낮은 가격에 제품을 사재기하기도 한다.

2 EDLP 가격전략

슈퍼마켓이나 대형마트와 같은 많은 소매업체들은 EDLP^{EveryDay Low Price}가격전략을 채택하고 있다. 이 전략은 정상적인 비세일 가격과 경쟁자의 세일 가격의 중간선에서 변화하지 않고 가격을 유지하는 것을 의미한다. EDLP 가격전략을 채택한 소매업체들은 그들의 지속적인 가격을 강조하지만 그들도 가끔씩은^{High/Low 가격전략만큼 빈번하지는 않지만} 세일을 한다.

'EveryDay Low Price' 즉 '항상 낮은 가격'이라는 용어가 다소 오해의 소지가 있는데, 여기서의 저가는 반드시 최저 가격을 의미하는 것은 아니다. Walmart는 EDLP 전략을 사용하는 것으로 잘 알려져 있지만, 전통적인 식료품업체에 비해 싸다고 이해하는 편이 효과적이다. 세일

High/Low 가격전략(좌)과 EDLP 가격전략(우)

기간에는 High/Low 가격전략을 이용하는 업체가 더 저렴할 수도 있다. 하지만 EDLP 가격전략을 강화하기 위하여 많은 소매업체들은 최저가 보상정책을 채택하기도 한다. 일반적으로 최저가 보상은 해당 지역에서 경쟁자보다 저렴한 가격을 제공하겠다는 약속과 그렇지 않은 경우 가격 차액에 대한 환불까지도 포함한다. Target은 오프라인 소매업체뿐만 아니라 온라인까지 포함하여 총 29개의 업체를 대상으로 하고 있다.

3 가격전략별 장점

High/Low 가격전략은 다음과 같은 장점을 가진다.

- **수익증대**　High/Low 가격전략은 소매업체들이 가격민감성이 둔하면서 지불능력이 많은 고객들에게는 더 높은 가격을, 가격에 민감하여 세일 때까지 기다리는 고객들에게는 더 낮은 가격을 책정할 수 있다.
- **흥분과 즐거움**　"상품 구입의 마지막 기회입니다"라는 문구는 세일중인 점포에서 종종 접하게 되는 분위기를 보여준다. 세일은 고객을 모으고, 흥분과 즐거움을 준다. 소매업체들은 낮은 가격과 함께 상품 시연, 경품 제공, 공연과 이벤트도 제공한다.
- **재고처분**　세일은 잘 팔리지 않던 제품들을 낮은 가격이지만 팔리게 한다.

EDLP 가격전략의 장점은 다음과 같다.

- **낮은 가격이라는 것을 고객에게 확신**　많은 고객들은 소매업체가 초기에 제시하는 가격을 의심하며, 세일을 해야만 구매를 하는 경향이 늘어난다. EDLP 가격전략은 고객으로 하여금 점포에 방문하는 어떤 순간에도 똑같이 낮은 가격에 구매할 수 있다는 것을 알도록 한다. 고객들은 세일 정보를 얻기 위해 전단지를 읽을 필요도 세일을 기다릴 필요도 없다.
- **광고와 운영비 감소**　High/Low 가격전략에서는 세일을 할 때 이를 알리기 위해 광고를 해야 하는데, EDLP에서는 이러한 광고가 불필요하다. 또한 EDLP 소매업체에서는 가격 태그를 바꾸거나 세일중이라는 문구 부착에 필요한 인건비를 줄일 수 있다.

• **품절감소와 재고관리 향상** EDLP는 빈번한 세일에 의해 생기는 수요변화를 줄이므로, 그 결과 재고를 더 확실하게 관리할 수 있다. 더 적은 품절 횟수는 더 많은 만족한 고객들, 더 높은 판매량을 의미한다. 게다가 예측할 수 있는 고객수요 패턴은 소매업체로 하여금 특판이나 예비수량을 위한 평균재고량을 줄임으로써 재고회전율을 개선할 수 있게 해준다.

Retailing VIEW 13.1 낮은 가격에 유기농 식품을 판매하는 Walmart

작은 소매점포는 Walmart라는 단어 한 마디로도 두려움을 느낄 것이다. Walmart는 엄청난 규모의 경제를 누리고 있어, Walmart의 시장 진입은 대형 소매업체도 부담스러운 일이다. EDLP 전략으로 유명해져 오랜 기간 소비재 생필품 시장에서 최대강자였던 Walmart는 같은 전략을 식료품 산업에 적용했고, 이 분야에서도 가장 큰 업체로 성장하였다.

Walmart는 여기서 만족하지 않고 수익성이 높은 유기농 식품 시장에서 높은 점유율을 목표로 하고 있다. Walmart 식료품 담당 부사장은 유기농 식품에는 일반적으로 프리미엄이 붙지만 Walmart에서는 "비유기농 가격으로 유기농 식품을 구입할 수 있을 것"이라고 말했다. 자체조사 결과 유기농 식품을 저렴하게 구입할 수 있다면, Walmart에서 구입하겠다고 응답한 비율이 압도적이었기 때문이다.

하지만 어떻게 Walmart는 유기농 식품을 비유기농 식품 가격에 제공하는 유일한 소매업체가 될 수 있었을까? 그것은 "더 큰 것이 더 낫다 bigger is better"는 사고방식으로 가능하다. 유기농 식품은 일반적으로 소규모 농장에서 생산되는데, 이것은 일반 식품을 동시에 가공하는 시설에서 가공되도록 제품을 보내야 하기 때문에, 유기농 가공에서 일반 가공으로 전환했다가 다시 되돌리려면 많은 노동력이 필

Walmart는 전략적으로 EDLP 가격전략을 유기농 식품과 같이 일반적으로 고가격에 팔리는 제품에까지 확대하였다.

요하며, 이는 비용과 가격을 증가시킨다. 하지만 규모의 경제 덕분에 Walmart는 유기농 식품 생산 전용의 더 큰 농장 및 가공 공장과 협력할 수 있으며 이로 인해 시간과 노동력 그리고 비용을 20~30%까지 절약할 수 있었다.

Sources: Elizabeth A. Harris and Stephanie Strom, "Walmart to Sell Organic Food, Undercutting Big Brands," The New York Times, April 10, 2014, http://www.nytimes.com; Dan Charles, "Can Wal-Mart Really Make Organic Food Cheap for Everyone?," NPR, April 19, 2014, http://www.wbur.org/npr/; Steven Overly, "Wal-Mart Plans to Bring Its Compete-on-Price Approach to Organic Food: Here's How," The Washington Post, April 10, 2014, http://www.washingtonpost.com.

II 소매가격 결정

소매가격을 결정할 때 고려해야 할 5가지 요소는 ① 소비자의 가격민감성, ② 경쟁, ③ 서비스 가격 결정, ④ 비용, 손익분기점 가격결정 소프트웨어, 그리고 인터넷, 모바일, 소셜미디어 등과 같은 분석적 요인들, ⑤ 법적, 윤리적 이슈 등이다. 법적, 윤리적 이슈는 이 장의 마지막에서 다룬다.

1. 소비자의 가격민감성

일반적으로 상품의 가격이 오르면 상품의 판매는 감소하게 될 것이다. 소비자의 가격민감성은 다양한 가격 기준에서 얼마나 많은 단품들이 판매되는가에 의해 결정된다. 표적고객들이 가격에 매우 민감하다면, 가격이 상승할 경우 눈에 띄게 판매가 감소하게 될 것이다. 하지만 표적고객들이 가격에 민감하지 않다면 판매량은 크게 줄지 않을 것이다.

소비자의 가격민감성을 측정하는 데 사용하는 방법 중 한 가지는 가격 실험이다. 레스토랑 체인이 새로운

최고의 수익을 낼 수 있는 가격을 결정하기 위하여 레스토랑은 지역에 따라 다른 가격을 책정할 수 있다.

메뉴의 적정가격을 결정하려고 한다. 비슷한 상권 내의 6개의 레스토랑을 선정하고, 일주일 동안 다양한 가격으로 판매한다. 신메뉴의 가변^{변동}비용이 $5이며 매장 임대비용, 인건비, 에너지 비용 등 고정비용이 $8,000이라고 가정하자.

이 실험의 결과는 〈표 13-1〉과 같다. 〈표 13-1〉에서 가격이 상승하면 고정비용은 동일하고 판매와 가변비용이 감소하지만, 판매는 가변비용보다 더 빠른 속도로 감소한다는 사실에 주목하자〈그림 13-1(A)〉. 그래서 가장 높은 수익기준은 신메뉴의 가격이 $7에서 발생한다〈그림 13-1(B)〉. 만약 레스토랑이 소비자 가격민감성과 책정가격만 고려한다면, 가격을 최대수익이 발생할 $7로 결정할 것이다.

표 13-1 가격실험 결과

레스토랑	가격	판매수량	가격×판매수량 =총수익	판매수량×$5 =가변비용	고정비용	총수익-가변비용 -고정비용=총마진
1	$6.00	9,502	$57,012	$47,510	$8,000	$1,502
2	6.50	6,429	41,789	32,145	8,000	1,644
3	7.00	5,350	37,450	26,750	8,000	2,700
4	7.50	4,051	30,383	20,255	8,000	2,128
5	8.00	2,873	22,984	14,365	8,000	619
6	8.50	2,121	18,029	10,605	8,000	−577

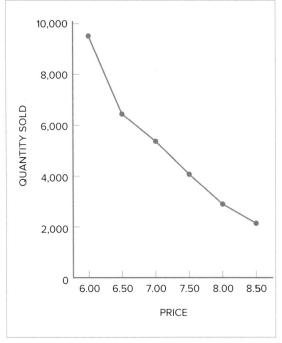

그림 13-1(A) 다른 가격으로 판매된 양

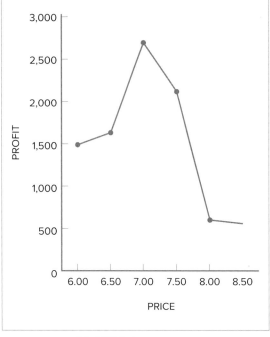

그림 13-1(B) 다른 가격의 수익

1 가격탄력성

가격민감성을 측정하는 가장 일반적인 방법은 가격탄력성이다. 이는 판매수량변화율을 가격변화율로 나눈 값이다.

$$탄력성(Elasticity) = \frac{판매수량변화율}{가격변화율}$$

소매업체가 처음에 DVD 플레이어를 $90로 책정하고 나중에 $100로 가격을 올렸다고 하자. 가격을 올리기 전에 소매업체는 주당 1,500대를 판매하고 있었다. 가격을 올렸을 때 판매가 주당 1,100대로 감소했다. 여기서 가격탄력성은 다음과 같다.

$$
\begin{aligned}
탄력성 &= \frac{판매수량변화율}{가격변화율} \\
&= \frac{(신판매량-구판매량) \div (구판매량)}{(신가격-구가격) \div (구가격)} \\
&= \frac{\dfrac{(100-1,500)}{1,500}}{\dfrac{(10-9)}{9}} = \frac{-0.2667}{0.1111} = -2.4005
\end{aligned}
$$

가격이 올라가면 보통은 판매수량이 감소하기 때문에 가격탄력성은 음수부호(−)의 숫자가 된다. 어떤 상품시장의 가격탄력성이 −1 이상일 때(예를 들어 -.0.50, 즉 가격을 1% 인하했는데 판매 증가량이 1% 이하일 때 가격에 둔감하다고 한다. 가격탄력성이 −1 이하일 때(예를 들어 -2.0, 즉 가격을 1% 인하했는데 판매가 1% 이상 증가할 때 가격에 민감하다고 한다. 상품의 가격탄력성은 과거의 가격변화에 따라 판매량이 어떻게 변화되었는가를 분석한 통계기술을 사용하거나 실험을 통해 추산될 수 있다.

다양한 요인이 가격민감성에 영향을 줄 수 있다. 첫 번째, 대체제가 많은 상품일수록 가격탄력성(민감성)이 높아진다. 예를 들어, 대체제가 많은 패스트푸드의 가격은 탄력적이다. 그러나 고급 브랜드 제품은 비탄력적이다. 두 번째로 생활필수품의 경우는 비탄력적이다. 그래서 의료비는 비탄력적인 반면에 항공권가격은 탄력적이다. 셋째로 소비자 수입에 비해 비싼 제품은 탄력적이다. 따라서 자동차의 가격은 탄력적이고 책과 영화티켓의 가격은 비탄력적인 경향이 있다.

가격탄력성이 1 이하인 제품에 대해 수익을 최대화하는 가격은 다음 공식으로 결정될 수 있다.

$$
수익최대가격 = \frac{가격탄력성 \times 비용}{가격탄력성 + 1}
$$

따라서 앞서 예를 든 DVD 플레이어의 가격이 $50이라면, 최대수익을 낼 수 있는 가격은 다음과 같다.

$$
\begin{aligned}
수익최대가격 &= \frac{가격탄력성 \times 비용}{가격탄력성 + 1} \\
&= \frac{-2.4005 \times \$50}{-2.4005 + 1} = \$85.70
\end{aligned}
$$

2. 경쟁

소비자들이 선택할 수 있는 상품과 서비스는 굉장히 많기 때문에, 소매업체는 가격결정시 경쟁사의 가격을 고려할 필요가 있다. 앞서 논의하였던 소비자 가격민감성과 비용을 근거로 하는 가격설정은 경쟁자 가격의 영향력을 제외하고 있다. 예를 들어, 레스토랑이 $7.50인 신제품의 가격을 실험결과를 토대로 $7로 인하하여 판매와 수익을 늘리려고 한다고 가정하자. 레스토랑의 판매증가가 이루어지면, 경쟁점포에서 판매 감소를 알게 되고 마찬가지로 $7로 가격을 인하하기 때문에 실험에 참여한 레스토랑 체인들은 판매와 수익증가를 느끼지 못하게 된다.

소매업체들은 경쟁자와 동등하거나, 낮게 또는 높게 가격을 책정할 수 있다. 책정된 가격정책은 소매업체의 전반적인 전략과 시장상황에 맞게 일관성이 있어야 한다. Walmart와 Tiffany사를 보면, Walmart의 전반적인 전략은 경쟁사보다 낮은 가격으로 상품가격을 책정하는 것이고, Tiffany는 이와 반대로 고객에게 상품뿐만 아니라 상당한 혜택을 제공한다. 그들의 브랜드네임과 고객 서비스가 고객들에게 구매하는 보석에 만족할 거라는 확신을 심어준다. 이러한 독특한 제공물로 Tiffany는 경쟁사보다 더 높은 가격을 책정할 수 있다.

Retailing VIEW 13.2 디즈니와 유니버셜 테마파크의 가격인상

디즈니랜드 입장료는 계속해서 증가하고 있다. 유니버셜 스튜디오의 하루 이용권은 80달러다. 그러나 유니버셜은 디즈니에 맞춰 가격을 올리는 대신 기꺼이 더 많은 비용을 지불할 의향이 있는 사람들을 공략하는 새로운 가격제를 도입했다.

유니버셜의 VIP 서비스는 방문객들이 주차장에서 발렛파킹으로 주차한 후 바로 입장할 수 있도록 하였다. 또한 그들은 고급 라운지에서 무료 아침과 점심을 제공받고, 선물 패키지를 무료로 받는다. 이 모든 것은 299달러의 티켓 한 장에 포함되어 있다. 149달러의 티켓에는 우선입장 혜택만이 제공된다.

부유한 사람들만이 모든 특전을 누릴 수 있게 하는 유니버셜의 가격전략으로 경제계층화를 조장한다는 비판도 있다. 디즈니의 경우, "마법적인" 이미지에 대한 손상 우려로 인해, 티켓의 가격을 차별화하는 것을 중단했다. 그러나 최근 부자들이 장애인을 고용하여 대기선을 건너뛸 수 있도록 했다는 논란이 제기되면서 이러한 특별 대우에 대한 요구가 제기되었다.

테마파크는 기록적인 관람객과 수익 수준을 누리고 있음에도 불구하고 그들의 매력을 높일 방법을 계속 찾고 있다. 새로운 놀이기구와 볼거리들은 비싸고, 많은 경우 그것들은 꽤 빨리 구식인 것처럼 보인다. 이 경우 마법은 가격에 있을 수 있다.

Sources: Brooks Barnes, "At Theme Parks, a V.I.P. Ticket to Ride," The New York Times, June 9, 2013; "Ticket to Disneyland: Now $92," The Wall Street Journal, June 3, 2013; https://www.universalorlando.com/Theme-Park-Tickets/Vip-Experience.aspx.

3. 서비스가격 결정

서비스가격을 결정할 때에는 수요와 공급의 일치에 대한 필요성과 소비자가 서비스 질을 결정할 때 겪게 되는 어려움 등을 추가적으로 고려해야 한다.

1 수요와 공급의 일치

서비스는 눈에 보이지 않아^{무형성} 재고품으로 분류할 수 없다. 소매 업체는 상품이 해당일에 판매되지 않으면 창고에 보관했다가 다음날 판매할 수 있다. 그러나 비행기가 빈 좌석으로 이륙하거나, 공연이 꽉 차지 않은 상태로 공연하면 비어 있는 좌석에 대한 수익은 영원히 사라진다. 게다가 대부분의 서비스는 제한된 수용력을 가진다. 수용공간의 제한성으로 서비스 소매업체는 수용할 수 있는 그 이상으로는 서비스 판매를 할 수 없는 상황과 부딪힐 수도 있다. 예를 들어, 항공

사의 다양한 가격 기법으로 수용력 활용에 따라 가격이 조정된다. 판매량이 예상치를 밑돌고 잉여 수용능력이 될 때는 가격을 낮춘다. 티켓판매가 수용력에 근접하면 가격은 올라간다.

다른 서비스 소매업체들은 덜 복잡한 방법으로도 수요와 공급을 이용하는데, 예를 들어 많은 사람들이 오후 5시보다는 오후 7시에 저녁식사를 하고 영화를 보고 싶어한다. 식당가와 영화관들은 오후 7시에 그들의 서비스에 대한 수요가 만족스럽지 않을지도 모른다. 그러나 오후 5시에는 잉여 수용능력이 있다. 따라서 식당가와 영화관들은 종종 수요를 7시에서 5시로 이동시키기 위해 7시에 비하여 5시에 이용하는 고객들에게 더 낮은 가격을 책정한다. 따라서 식당 예약관리 앱인 OpenTable은 피크타임요금^{surge pricing}을 이용해 수요이전을 노린다. 오후 7시에 유명식당에 창가 자리를 예약하기 위해서는 더 많은 비용을 지불하게 하는 것이다. 우버택시도 비슷한 가격전략을 채택하고 있다.

2 서비스품질 결정

서비스의 무형성으로 인해 다른 정보 없이 고객이 서비스 품질을 평가하기란 매우 어려운 일이다. 따라서 고객들이 서비스 제공자나 서비스 자체에 익숙하지 않으면, 서비스 품질을 판단하기 위해 가격을 평가기준으로 사용할 지도 모른다. 예를 들면, 대부분의 고객들은 변호사와 법률 서비스에 대해 제한된 정보만을 가지고 있다. 그래서 그들이 지불하는 비용이 제공받을 법률 서비스의 질을 판단할 근거가 될 수 있다. 또한 변호사 사무실의 크기와 인테리어 등 외양적인 부분을 서비스 품질을 평가하는데 사용하기도 한다.

품질의 척도로 가격의존도를 커지게 하는 또 다른 요인은 서비스 구매와 관련된 위험이다. 고객들은 그들의 의료문제나 법률문제를 저렴한 비용의 제공자에게 위탁하기를 주저한다. 저

렴한 비용에 위험을 감수할 필요는 없기 때문이다. 마찬가지로 헤어샵이나 타투샵을 결정할 때도 저렴한 비용에 위험을 인식하는 고객도 있다.

고객들이 품질의 평가지표를 가격에 의존하기 때문에, 그리고 가격이 품질의 기대치를 만들기 때문에 서비스 가격은 조심스럽게 결정되어야 한다. 수용능력을 관리하기 위해 선택하는 것을 물론이고, 적절한 품질의 지표를 전달할 수 있도록 가격이 설정되어야 한다. 너무 낮은 가격설정은 서비스 품질에 대한 부정확한 결론을 이끌어낼 수 있고, 너무 높은 가격설정은 실제 서비스 수준이 높은 기대수준에 못 미칠 수도 있다.

4. 가격책정을 위한 분석적 툴 사용

많은 소매업체에서 50,000개 이상 단품의 가격을 결정하고 수천개의 가격결정이 매달 이루어진다. 현실적인 관점에서 보면 업체가 가격실험을 하고 아이템별로 가격민감성을 따지기는 거의 불가능하다. 따라서 그들은 원가나 손익분기점 등 표준화된 분석적 툴에 의존하게 된다.

1 원가지향의 가격결정

많은 소매업체들은 수익성 있는 매출총이익을 산출하기 위하여 상품의 비용을 인상하는 방식을 사용한다. 그리고 이러한 비용에 기초한 가격은 고객의 가격탄력성과 경쟁자의 가격에 의해 조정된다.

소매가격과 가산액　상품원가에 의해 가격을 결정할 때 소매업체는 다음과 같은 공식으로 계산한다.

$$소매가(retail\ price) = 원가 + 가산액(mark\ up)$$

가산액은 소매가와 원가 사이의 차액을 말한다. 스포츠 상품 소매바이어가 테니스 라켓을 $75로 구매해서 $125의 가격으로 진열해 놓는다면, 가산액은 $50이 된다. 적절한 가산액은 소매업체의 운용비용^{인건비, 임대료, 시설, 광고비용 등}에 따라 결정된다. 소매업체는 저가상품의 판매를 촉진하기 위해 상품가격을 원가이하로 책정해서 판매 손실을 볼 수도 있다.

$$가산율 = \frac{(소매가 - 원가)}{소매가}$$

$$테니스라켓에 대한 가산율 = \frac{\$125 - \$75}{\$125} = 40\%$$

$$소매가 = 원가 + 가산액$$
$$= 원가 + (소매가 \times 가산율)$$
$$= \frac{원가}{(1-가산율)}$$

따라서 사무용품 공급 카테고리전문점의 바이어가 계산기를 $14에 구매하고, 그 카테고리에 대한 재무목표를 충족시키기 위해 30%의 가산율이 필요하다면 소매가격은 다음과 같이 계산될 수 있다.

$$소매가격 = \frac{원가}{(1 - 가산율)} = \frac{\$14}{1 - 0.30} = \$20.00$$

예를 들어, 의류소매업체는 50%의 가산율을 사용했는데, 이를 키스토닝^{keystoning}이라고 하며, 소매가를 원가의 두 배로 가격책정하는 것을 말한다.

초기가산액과 유지가산액   위의 방법은 소매업체가 제품을 초기가격으로 판매한다는 가정 하에 이루어졌지만, 소매업체들이 제품을 초기가격에 판매하는 것은 아니다. 특판용 또는 시즌 말에 과도한 재고를 정리하기 위해 가격을 인하하기도 한다. 혹은 직원용 할인이 제공되기도 하고, 어떤 상품들은 도난당하기도 하고, 계산착오로 손실을 입기도 한다$^{재고감모: inventory shrinkage}$. 초기가격에서 실제의 판매가격으로 낮추는 요인들은 '인하'라고 부른다. 따라서 초기가산액과 유지가산액이 차이가 나는 것이다.

초기가산액은 처음에 상품원가를 빼고 상품가격을 결정해서 판매하는 가격을 말하며, 유지가산액은 원가를 뺀 상품에 대해 확인된 실제 판매액이다.

따라서 유지가산액은 개념상으로는 상품의 총마진과 비슷하지만, 실제로는 약간의 차이가 있다. 몇몇 소매업체들은 의류 수선이나 자전거 조립 등의 작업 비용을 가지는데 이는 총마진과 비교해서 유지가산액을 감소시킨다. 또 소매업체들은 이른 결제로 벤더로부터 현금할인을 받는데, 이는 유지가산액을 증가시킨다. 작업비용과 현금할인은 일반적으로 바이어의 통제하에 있지 않기 때문에 이는 개별적으로 계산된다. 요약하면 다음과 같다.

$$총마진율 = \frac{유지가산액 - (작업 비용 + 현금할인)}{순매출}$$

초기가산액과 유지가산액 사이의 차이는 〈그림 13-2〉에서 보여주고 있다. 상품원가가 $0.60이고 초기가격이 $1.00이면, 초기가산액은 $0.40이며 초기가산율은 40%가 된다. 그러나 상품의 평균판매가는 $0.90이다. 인하액은 $0.10이고, 유지가산액은 $0.30이며, 유지가산율은

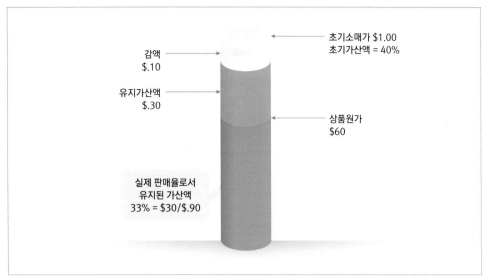

초기소매가 $1.00
초기가산액 = 40%

감액
$.10

유지가산액
$.30

상품원가
$60

실제 판매율로서
유지된 가산액
33% = $30/$.90

○ 그림 13-2   초기가산액과 유지가산액의 차이

33%이다$^{0.30/0.90}$.

초기가산율과 유지가산율의 관계는 다음과 같다.

$$초기가산율 = \frac{유지가산율(실제\ 계획된\ 판매량) + 인하율(실제\ 계획된\ 판매량)}{100\% + 인하율(실제\ 계획된\ 판매량)}$$

만약 〈그림 13-2〉에서 보여준 상품에 대한 가격을 결정하는 매입자가 10%의 할인율을 염두에 두고 유지가산율을 33%로 생각하고 있다면,

$$초기가산율 = \frac{33\% + (\dfrac{\$0.10}{\$0.90} = 11.111\%)}{\$100\% + 11.111\%} = 40\% \ 가\ 되면,$$

$$초기소매가격 = \frac{원가}{1 - 초기가산율} = \frac{\$0.60}{1 - 0.40} = \$1.00이\ 된다.$$

② 손익분기점을 이용한 가격결정

소매업체들은 종종 이익을 발생시키기 위하여 판매해야 할 판매수량을 알고 싶어 한다. 예를 들어, 소매업체는 다음과 같은 것을 알고 싶어할 것이다:

- 목표 수익을 발생시키기 위한 손익분기 판매량
- 신상품, 상품라인 혹은 부문 등의 손익분기량 및 금액
- 가격변동을 회복하기 위해 요구되는 손익분기량 및 금액

여기에서 사용되는 분석 도구는 손익분기분석으로 고정비와 변동비^{가변비}를 바탕으로 예상되는 판매량 하에서 매출액과 총비용이 일치하도록 가격을 설정하는 전략이다.

손익분기점 판매수량은 총수입과 총비용이 같으면서, 추가판매수량에 대해 이익이 발생하는 수량이다. 손익분기에 이르는데 필요한 판매수량을 계산하는 공식은 다음과 같다.

$$\text{손익 판매수량} = \frac{\text{총 고정원가}}{\text{단가} - \text{단위당 변동원가}}$$

아래의 예는 신상품의 손익분기량 및 금액 결정과 가격 변동을 회복하기 위해 요구되는 손익 분기 판매의 변화를 설명한다.

신상품에 대한 손익분기 계산　Pet Smart사가 반려견주를 위해 건식용 개사료 신상품을 개발하는데 관심이 있다고 가정해보자. 이 개사료를 개발하는 비용은 관리자와 설계자의 임금, 설계팀의 건물 임대료, 그리고 창고저장비 등을 포함하여 $700,000이다. 이 가격은 변하지 않으며 상품이 생산되고 판매되는 양의 변화와는 무관하기 때문에 고정비용이다. 경영진은 개사료를 $12에 팔려고 계획한다. 개사료의 원가는 $5이다. 경제적인 관점으로 이것은 변동비용, 즉 생산품이 생산되고 판매되는 양에 따라 직접적으로 변동하는 회사의 경비 총액이다. 변동비는 직접적인 노동과 생산품을 생산하는 재료를 포함한다.

$$\text{손익분기 판매량} = \frac{\text{고정비}}{\text{실제 단위당 판매가} - \text{단위당 변동원가}}$$
$$= \frac{\$700,000}{\$12 - \$5} = 100,000\text{봉지}$$

따라서 PetSmart사가 손익분기점을 달성하려면 100,000봉지를 판매해야 한다. 그 후 추가적인 판매봉지수마다 $7의 수익이 생기게 된다.

이번에는 PetSmart사가 $100,000의 이익을 얻으려고 한다고 가정해보자. 손익분기량은 다음과 같다.

$$\text{손익분기 판매량} = \frac{\text{고정비}}{\text{실제 단위당 판매가} - \text{단위당 변동원가}}$$
$$= \frac{\$700,000 + \$100,000}{\$12 - \$5} = 114,286\text{봉지}$$

손익분기 판매량 계산　손익분기점 계산과 밀접하게 관련된 사안은 가격인하로부터 이익을 얻기 위해서 어느 정도의 판매를 증가시켜야 하는지, 혹은 어떤 가격이 수지가 맞도록 하기 위해서는 어느 정도의 판매를 해야 하는지를 결정하는 것이다. PetSmart사의 예를 계속 이어서, 손익분기량이 114,286단위<sup>고정원가 $700,000에 기초하여 이익 $100,000, 판매가격 &12 그리고 원가 $5라고 가정해보자. 만약 판매가격의 16.67% 인하하여 가격을 $10으로 낮춘다면, 손익분기를 위해 얼마나 많이 팔아야 할까.

$$손익분기\ 판매량 = \frac{고정비}{실제\ 단위당\ 판매가 - 단위당\ 변동원가}$$

$$= \frac{\$700,000 + \$100,000}{\$10 - \$5} = 160,000봉지$$

즉, PetSmart사가 $12에서 $10으로 16.67% 가격을 인하하면, 판매수량은 40% 증가해야 한다; $\frac{(160,000 - 114,286)}{114,286}$.

3 최적화 소프트웨어를 사용한 가격결정

2000년대 이후 많은 소매업체들이 가격전략을 위해 가격최적화 소프트웨어를 사용하면서 좀 더 종합적인 접근을 하게 되었다. 이러한 소프트웨어 프로그램은 과거와 현재의 상품 판매와 가격뿐만 아니라 경쟁사의 가격까지도 분석하여 형성된 가격과 판매를 평가한 후, 최적의 초기가격과 감산의 적절한 규모와 시기를 결정하는 일련의 알고리즘을 이용한다. 최적화는 다양한 가격기법을 사용하여 점포수준뿐만 아니라 개별화된 고객수준에서도 실행가능하다.

초기가격 결정을 위해, 소프트웨어는 자사와 경쟁사의 과거 판매자료를 이용한다. 예컨대, 펩시와 레이스 포테이토칩과 같은 유사한 판매형태를 갖는 보완상품에 대한 가격과 판매관계를 결정한다. 그래서 소프트웨어는 펩시의 최적가격은 물론 레이스 포테이토칩의 가격도 바이어에게 제공한다. 또한 바이어는 코카콜라의 가격과 유통업체 브랜드 콜라의 가격까지 참고하여 펩시의 가격을 결정할 수 있다. 소프트웨어는 점포이미지, 경쟁점포의 접근성, 시즌별 요인 또는 쿠폰적용여부 등 여러 요인들도 고려한다. 경쟁사 가격보다 5센트 이상 비싸게 하지 말 것 등과 같은 결정규칙을 넣을 수도 있다. 분유나 기저귀처럼 고객이 가격에 민감한 경우 소프트웨어가 매우 경쟁적인 가격을, 유아 악세서리처럼 가격에 덜 민감한 경우에는 좀 더 높은 마진율을 제시한 가격을 제공할 지도 모른다.

이 소프트웨어는 고가이지만 전체 수익에 유의미한 영향을 줄 수 있다. 예를 들어, 드럭스토어인 Walgreens는 기저귀 판매량 증대를 위해 최적화 소프트웨어를 사용했다. 이들은 가격할인과 쿠폰을 사용했지만 경쟁사에게 밀리고 있는 상황이었다. 소프트웨어는 아이의 연령에 맞게 가격인상을 해야 한다고 알려주었다. 그래서 신생아 사이즈는 더 비싸게, 큰 아이용 기저귀는 더 싸게 만들었다. 일년 후, 그들은 증가된 기저귀 판매량으로 인해 27%까지 아동보호기금 세금을 더 내야 했다. 결과적으로 카테고리에 대한 총 마진은 2% 증가하였다. 전통적인 분석으로는 신생아 부모가 걸어다니는 유아의 부모보다 가격민감성이 훨씬 덜하다는 사실을 알 수 없었다.

4 인터넷, 모바일 그리고 사회적 수용력에 근거한 가격결정

전자채널의 성장, 소셜 미디어의 인기, 스마트폰의 보급은 소비자가 정보를 얻고 사용하여 가격을 기준으로 구매 결정을 내리는 방식을 크게 변화시켰다. 전통적으로 동일한 제품을 제공하는 물리적점포 기반의 소매상들간 가격경쟁은 지리적으로 줄어들었는데, 소비자들이 일반적으로 그들이 살고 있는 곳과 일하는 곳에서 가장 가까운 상점과 쇼핑몰에서 쇼핑을 하기 때문이다. 하지만 Shopzilla, RedLaser, ShopStyle과 같은 인터넷 사이트들은 고객들이 다양한 소매업체들의 가격을 비교할 수 있게 해준다.

오늘날 점점 더 많은 소비자들이 모바일 오퍼링을 받기 위해 다양한 모바일 회사와 그들의 애플리케이션예: Foursquare, LocalResponse에 의해 제공되는 서비스를 선택하고 있다. 최근에 가격 프로모션은 전화 위치나 특정 사이트를 통해 접속하는 소비자의 지리적 위치를 고려하여 가까운 소매점을 대상으로 현지화된 프로모션을 제공한다. 이 개념은 지오펜싱geofencing: 가상울타리이라고 불린다. 그 결과 이러한 모바일 오퍼링은 점점 더 관련성이 있으며, 온라인 쿠폰의 상환은 천문학적인 속도로 증가하고 있다.

이러한 모바일 오퍼링은 다양한 방법으로 제공될 수 있다. 예를 들어, Meijer 슈퍼마켓은 소비자들을 위한 어플리케이션을 만들었다. 이 어플리케이션은 고객들에게 쇼핑 리스트를 만들고, Meijer perksMperks 쿠폰과 세일 아이템에 접속하고, 특정 상점에서 상품을 찾을 수 있는 능력을 제공하는 것등 많은 흥미로운 특징들을 가지고 있다. 매장 내 센서들은 이러한 앱들이 적절한 쿠폰을 제공하고 매장 내 사용자 위치에 따라 목록을 지속적으로 구성할 수 있도록 한다.

비록 전자상거래로 쇼핑하는 소비자들은 거의 노력하지 않고 가격정보를 수집할 수 있지만, 그들은 또한 제품의 품질과 성능에 대한 많은 다른 정보를 얻을 수 있기 때문에 가격에 덜 민감하게 된다. Sateway가 제공하는 식료품 전자상거래 서비스는 고객들이 영양 함량에 따라 시리얼을 분류할 수 있도록 해주며, 따라서 의사결정에 그러한 속성을

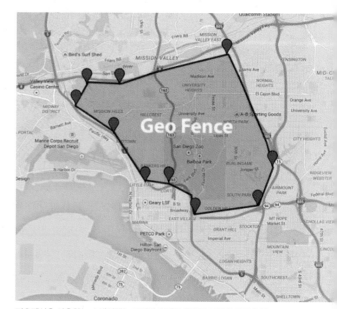

지오펜싱을 사용하는 소매업체는 고객의 지리적 위치를 고려하여 맞춤형 판촉을 제공할 수 있다.

더 쉽게 사용할 수 있게 해준다. 만약 고객이 아침식사로 계란 요리를 만들고 싶다면, 이 사이트는 또한 영양 정보를 제공할 뿐만 아니라 계란을 포함한 수많은 요리법을 추천할 수 있다. 제품 품질에 대한 추가 정보는 고객들이 고품질 제품에 대해 더 많은 비용을 지불하도록 이끌 수 있으며, 따라서 가격의 중요성을 줄일 수 있다.

III 가격인하

지금까지는 어떻게 소매업체들이 처음에 상품의 가격과 마진유지에 기초를 두고 가격을 설정하였는지에 대하여 알아보았다. 그러나 소매업체들은 시간이 경과함에 따라 초기 소매가격을 내려서 가격인하^{markdowns}를 한다. 이번 장에서는 가격인하와 관련된 다양한 전략들을 살펴보도록 한다.

1. 가격인하의 이유

소매업체가 가격인하를 하는 이유는 재고정리^{상품처분을 위한}와 판매촉진^{판매량 증대를 위해}이다. 재고처분을 위한 가격인하는 이번 장에서, 판매촉진을 위한 가격인하는 판매량과 수익증대의 수단으로서 다음 장에서 설명된다.

상품이 잘 안 팔리고 진부하며 판매 시기의 막바지에 달했거나, 경쟁자의 상품보다 가격이 높게 책정되었을 때, 해당 상품은 일반적으로 처분의 목적으로 가격이 인하된다. 잘 팔리지 않는 상품은 재고자산회전율을 낮춰 더 잘 팔리는 새로운 제품 획득을 방해하여, 신상품이나 최신 트렌드 제품을 취급하지 않는 점포라는 이미지가 생기게 한다.

가격인하는 사업운영 비용의 한 부분이므로, 바이어들은 미리 가격인하를 계획한다. 패션상품의 경우 예측치보다 더 많이 주문하는 경향이 있는데, 이는 업체가 시즌 마감 전에 인기제품이 품절되는 것을 남는 것보다 더 신경쓰기 때문이다. 인기제품의 품절은 패션업체에게는 치명적일 수 있다.

그래서 소매업체의 목적이 가격인하를 최소화하는데 국한될 필요는 없다. 만약 가격인하를 적게 한다면, 소매업체는 애초에 가격을 낮게 책정하거나, 충분한 상품을 매입하지 않거나 혹은 잘 팔릴만한 상품매입도 꺼릴 수 있을 것이다. 따라서 바이어들은 조정이 발생한 이후에도 충분히 계획한 유지가산치를 얻을 수 있도록 초기가산치를 높게 책정한다.

1 최적의 가격인하 결정

소매업체들은 전통적으로 임의적인 규칙을 만들어 원치 않은 제품의 처분을 위한 가격인하를 해왔다. 예를 들어, 어떤 소매업체에서는 주간 판매량이 정해진 수준을 밑돌면 가격인하 대상이 된다. 다른 업체는 상품의 점포진열 기간에 기초하여 정하기도 하는데, 8주 후에는 20%, 12주 후에는 30% 그리고 16주 후에는 50% 인하하는 식이다. 이러한 규칙에 의거한 가격인하는 다양한 가격에 따른 고객의 수요를 고려하지 않아 최적의 수익을 내지 못할 수도 있다.

이 장에서 언급된 초기소매가를 결정하는데 사용된 최적화 소프트웨어는 점포별 인하시기와 인하량 역시도 보여줄 수 있다. 이 소프트웨어는 시즌 동안 실제판매를 기준으로 지속적으로 가격 예측을 업데이트하고, 가격의 민감성을 다양하게 고려하여 적용시킨다. 예를 들어, 11월 초에는 겨울 상품 판매가 예상보다 좋아질 거라고 판단하여 계획된 가격인하를 연기한다. 매주 새로운 판매데이터 사용이 가능하기 때문에, 최신의 정보를 포함시켜 예측을 조정하기도 한다. 실제로 각 상품에 대해 수천 가지의 시나리오-복잡하고 시간이 많이 걸려서 바이어가 직접 하기는 어려운-를 계산한다. 그리고 예상수익을 기초로 결과를 평가하고, 가장 좋은 결과를 낼 수 있는 행동을 선정한다.

2 가격인하량 감소

소매업체들은 가격인하량을 줄이기 위한 몇 개의 옵션을 가지고 있다. 우선 벤더와 협업하여 상품을 선택하고 배송을 협력하여 가격인하로 인한 재무적 부담을 줄일 수 있다. 또한 소량 주문으로 단기간의 수요예측을 쉽게 할 수 있고, 마지막으로 소매업체가 가치창출에 노력할 수도 있다.

벤더는 소매업체의 중요한 파트너로 소매업체의 성공에 중요한 역할을 한다. 시장과 경쟁을 잘 이해하는 벤더는 상품 선택에 도움이 된다. 물론 소매업체는 자신만의 기호와 직관을 신뢰해야 한다. 그렇지 않으면 소매업체는 다른 점포와 다를 바 없는 동일한 상품을 가지게 될 것이다. 12장에서 언급된 것처럼, 바이어는 종종 벤더가 제공하는 가격인하 지원금을 받을 수 있다. 이는 벤더가 가격인하나 기타 상품관련 이슈로 인해 야기되는 총마진의 손해를 만회하도록 하는 지원금이다.

가격인하를 줄이는 또 다른 방법은 소량 주문이다. 팔릴 제품만큼만 적시에 도착하게 하는 적시생산시스템JIT: just-in-time을 적용하여, 고객으로 하여금 품절될까봐 두려워 제 가격에 제품을 구매하게 하는 것이다. 비록 점포의 창고나 물류센터에는 충분한 양의 제품이 보유되어 있더라도, 선반에는 소량의 제품만 진열함으로써 고객들에게 "얼마 남지 않았으니 당장 구매하세요"라는 신호를 보내는 것이다. 만약 소매업체가 진열을 자주 바꿔 고객이 항상 상품이 새롭다고 인식하게 되면 소량작전은 효과가 있을 것이다.

고객이 특정 소매업체가 좋은 가치나 혜택을 제공한다고 인식한다면, 그들은 굳이 가격인하를 기다리지 않을 것이다. EDLP 전략을 쓰는 소매업체는 시간이 지난다고 가격인하를 더 하지는 않는다. ZARA나 H&M은 그들의 낮은 가격을 굳이 광고하지 않는다. 충성고객들은 저가의 제품을 둘러보기 위해 자주 매장을 들른다. Apple 매장과 같은 몇몇 소매업체들은 품질과 이미지에 집중하기 때문에 세일을 하지 않는다. 사실 이는 모든 소매업체가 지향해야 할 위치이다.

③ 가격인하된 상품의 처분

소매업체가 어떤 가격인하 전략을 사용하든지 간에, 여전히 팔리지 않은 채 남겨진 상품이 있기 마련이다. 소매업체는 이러한 상품을 처분하는데 여섯가지 전략 중 하나를 사용할 수 있다.

- **다른 소매업체에게 판매**　남겨진 가격인하 상품을 다른 소매업체에게 파는 것은 소매업체들 사이에서 매우 흔한 방법이다. 예를 들어, TJX Corp. 과 Nordstrom Rack은 다른 소매업체들로부터 시즌이 지난 제품을 구입하고, 그것을 대폭 할인하여 판매한다. 그러나 이 전략에서의 문제점은 소매업체가 상품 가격의 낮은 비율만 보상받을 수 있다는데 있다. 이는 보통 겨우 10% 정도이다.
- **가격인하된 상품을 통합정리**　가격인하된 상품은 다양한 방식으로 통합정리될 수 있는데 첫째, 소매업체의 하나 혹은 몇몇의 특정 장소가 통합장소가 될 수 있다. 두 번째, 가격인하된 상품은 다른 소매체인 혹은 같은 소유권 하의 소매점으로 통합될 수 있다. 마지막으로 상품은 최종 판매를 위한 임대 유통센터나 컨벤션센터 등에 집하될 수 있다. 그러나 통합판매는 추가적인 운송비 및 관련된 판매기록 유지 등으로 인하여 더 복잡하고 비싸질 수 있다.
- **인터넷 판매**　인터넷은 가격인하된 상품을 처분하는데 점점 더 유용한 방법으로 부상하고 있다. 예를 들어, 인터넷 상점은 보상판매로 들어온 중고품을 처리하기 위해 eBay와 제휴를 맺고 있다. 많은 소매업체들은 처분 상품을 위한 자체 웹사이트를 가지고 있기도 한다.
- **벤더에게 반품**　몇몇 대형 소매업체들은 특정 상품을 벤더에게 반품할 수 있도록 하는 협상에 적극적이다. 탁월한 옵션이지만, 영향력 큰 대형유통업체 외에는 일반적이지 않은 방법이다.
- **기부**　처분상품을 기부하는 것 역시 관행화되고 있다. 자선 행위는 선량한 공동체적 관행이다. 이는 사회로 환원시키는 하나의 방식이며, 홍보 효과도 크다. 역시 상품의 가격은 수입에서 공제될 수 있다.
- **다음 시즌으로 이월**　상품을 다음 시즌까지 보관하는 것은 신사정장이나 가구처럼 상대적으로 유행을 덜 타는 고가의 제품에 적용된다. 그러나 일반적으로 과도한 보관비 때문에 보관할만한 가치가 없는 경우도 있다.

IV 판매증진을 위한 가격전략

LO 13-4
소매업체가 매출과 수익증대를
위해 사용할 수 있는 가격 전략을
이해할 수 있다.

이번 장에서는 소매업체의 판매와 수익증진을 위한 가격전략을 알아본다.

1. 변동가격제 Dynamic Pricing

변동가격 dynamic pricing은 개별가격 individual price이라고도 하는데 고객의 유형, 시간대와 기간, 수요수준에 따라 가변적인 다양한 가격을 적용하는 것이다. 이상적으로는 소매업체가 고객의 지불능력에 따라 고객별로 다른 가격을 책정할 수 있다면 수익을 극대화할 수 있을 것이다.

변동가격은 고객이 가격을 흥정하는 자동차나 골동품 딜러 등 일부 부문에서 인기있는 전략이다. 또한 항공사나 우버택시와 같은 서비스에서도 많이 사용되는데, 앞에서 언급되었듯이 공급과 수요를 맞추기 위해서이다. 그러나 세제나 시리얼 등을 판매하는 오프라인 점포에서는 실용적이지 못한 방법인데 그 이유는 첫째, 각 고객의 지불능력을 판단하기 어렵기 때문이다. 둘째, 방문한 고객들의 지불능력에 따라, 소매업체가 다양한 가격을 공시를 통해서 마음대로 변경할 수 없다. 마지막으로 고객들이 다른 고객들보다 더 높은 가격을 지불했다는 것을 알았을 때 불공평한 대접을 받았다고 생각할지도 모르기 때문이다.

그러나 인터넷에서는 방대한 양의 고객구매데이터를 처리할 능력이 있어 변동가격제를 사용하는 비중이 점점 커지고 있다. 대표적인 기업이 Amazon이다.

2. 판매촉진성 가격인하

소매업체들은 판매증진을 위해 상품판매를 촉진하는 가격인하를 사용한다. 가격인하는 고객들의 내점빈도를 증대시킨다. 소매업체들은 판매촉진계획을 세우는데, 공휴일 할인, 특별 이벤트 그리고 전반적인 판매촉진 프로그램의 일환으로 가격인하 적용 판매를 선택한다. 그들은 내점고객이 정상가에 판매하는 제품도 추가적으로 구매하기를 기대한다.

판매촉진성 가격인하로 창출되는 또 다른 효과는 보완제품의 동반구매상승이다. 예를 들어, 핫도그 빵의 판매촉진으로 핫도그용 머스타드나 관련 소스가 정상가로 판매되어 전체적인 매출 상승을 돕는다.

Amazon은 최근 블랙프라이데이를 맞아 엄청난 양의 제품을 3분의 1 가격으로 인하했다. 상상해보자. 사실상 모든 것을 판매하는 Amazon에서 말 그대로 수백만 개의 제품의 가격을 변동했는데, 그 날이 바로 미국에서 추수감사절 다음날인 금요일로 1년 중 가장 큰 폭의 세일시즌이 시작되는 블랙프라이데이였다.

사실 이는 Amazon에게 그렇게 드문 일은 아니다. Amazon은 매일 15~18%의 제품가격을 변경한다. 유명한 알고리즘과 데이터 웨어하우스로, Amazon은 소비자들이 어떤 특정 시점에 제품에 대해 어느 정도로 지불할 것인지에 통찰력을 가지고 있기 때문이다.

어떤 제품 카테고리는 다른 제품들보다도 더 많은 변화를 준다. 어떤 제품은 가격이 매일 바뀔 수 있고, 어떤 제품은 3일마다 가격변동을 겪으며, 또 다른 제품은 일주일에 한 번, 그리고 여전히 어떤 제품들은 한 달에 한두 번 정도만 가격변동을 겪는다. Kindle에 대한 투자를 고려할 때, 가장 자주 바뀌는 상품 카테고리 중 하나가 태블릿이기 때문에 Amazon은 하루에서 이틀에 한번씩 가격의 15%를 변경하였다.

하지만 정말 주목할만한 변화는 명절 전후에 일어나는 것이다. 이때의 트렌드에 따르면 Amazon은 11월에 말 그대로 매일 300만 개 이상의 가격을 변경했다. Amazon은 이로 인해 엄청난 실적을 달성했다.

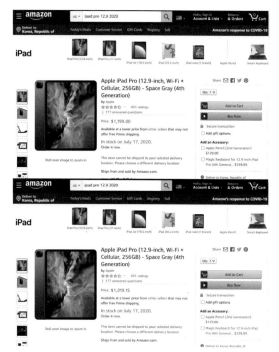

Amazon은 매일 제품 가격을 최소 15% 변동시킨다. 하루는 iPad Pro 12.9inch 가격이 가격이 $1,199.00(위)인데, 다른 날에는 $1,019.15이다.

Source: Jenn Markey, "Three Things You Need to Know about Amazon's Price Strategy," Retail Customer Experience, April 21, 2014, http://www.retail-customerexperience.com.

3. 유행성 상품의 물량정리

앞에서는 물량정리를 위한 가격인하의 초점을 소매업체가 원치 않는 제품을 제거하는 방법에 초점을 두었는데, 이러한 상품들은 가격민감성 정도에 따른 서로 다른 세분시장을 공략하기 위해 사용될 수도 있다. 유행에 민감한 고객은 높은 가격을 지불해서 최신유행 패션을 처음 입는 사람이 되고 싶어하고, 가격에 예민한 고객은 가격이 더 낮아지는 시즌 말에 상품을 구매하기 위해 기다린다.

4. 쿠폰coupons

쿠폰은 쿠폰 소지자에게 재화나 용역의 구매가격에서 일정금액의 할인을 제공한다. 쿠폰은 신문지면, 제품, 진열대, 현금 등록기, 인터넷이나 모바일 또는 우편으로 제조업체나 소매업체에 의해 발행된다. 소매업체들은 쿠폰이 고객의 제품시용을 늘리고, 더 많은 구매를 촉진시키며, 사용횟수를 늘리게 하고, 경쟁사로부터 시장점유율을 지켜주는 수단으로 효과적이라고 생각한다. 특히 쿠폰은 가격민감성이 높은 고객에게 효과적인데, 그들은 그렇지 않은 고객에 비해 쿠폰을 모으고 사용하는데 더 적극적이기 때문이다.

5. 묶음가격price bundling

묶음가격은 하나의 가격으로 두 개 이상의 제품 또는 서비스를 제공하는 것이다. 예를 들어, 맥도날드는 샌드위치, 프렌치프라이, 음료수를 하나로 묶어 'extra value meal'이라는 이름으로 판매하는데 이는 각 아이템을 개별로 사는 것보다 저렴하다. 묶음가격은 점포를 방문하는 동안 구매하는 품목의 양을 늘림으로써 단가와 금액 모두 증대시킨다.

McDonald's는 샌드위치, 프렌치프라이, 음료수를 하나로 묶어 'extra value meal'로 묶음가격을 사용한다.

6. 수량할인quantity discounts

수량할인 혹은 다중 가격결정multiple-unit pricing은 두 개 이상의 유사한 상품에 해당하는 총 가격을 낮춰 판매하는 방식이다. 예를 들어, 한 편의점은 99센트인 소다수 3개를 묶어 58센트 저렴한 2달러 39센트에 판매한다. 묶음가격처럼 판매량 자체를 증대시키지만, 상품유형에 따라서는 고객이 제품을 미리 비축하게 되어, 전체적인 판매량 증가에는 효과가 없을 수도 있다.

7. 지역가격제zone pricing

지역가격제는 점포, 시장, 지역별로 다양한 가격을 부과하는 것을 말한다. 소매업체는 일반적으로 다양한 시장에서 이런저런 경쟁적인 상황에 대응하기 위해 지역별 가격정책을 이용한다.

예를 들어, 한 업체는 월마트와 가까운 곳에 위치한 점포에는 낮은 가격을 부과하였다. 다소 비윤리적인 방법으로 간주될 수도 있지만, 저소득층이나 은퇴자들이 거주하는 곳은 비교적 점포선택권이 없다고 판단하여 더 높은 가격을 부과하였다.

8. 선도가격leader pricing

선도가격은 상품흐름이나 판매를 증진시키기 위해 정상가보다 낮은 가격으로 상품가격을 결정하는 것을 말한다. 이러한 상품을 미끼상품loss leaders이라고 부른다. 엄격한 의미에서 미끼상품은 원가보다 더 저렴하게 팔려 약탈가격predatory pricing으로 여겨지기도 한다. 하지만 소매업체가 선도가격전략을 사용하기 위해서 원가보다 저가로 매매할 필요는 없다.

선도가격에 가장 적절한 품목은 자주 구매되는 제품으로 빵, 계란 그리고 코카콜라나 켈로그 시리얼처럼 유명 브랜드 제품이다. 고객들은 이러한 제품을 자주 구매하기 때문에 광고에도 주목한다. 소매업체들은 소비자들이 미끼상품을 구매하면서 다른 일주일분 식료품도 함께 구매하기를 원한다.

선도가격의 문제는 세일기간에만 상품을 구매하며, 여기저기 세일하는 점포를 기웃거리는 체리피커들cherry pickers을 끌어들일 수도 있다는 점이다. 이러한 쇼핑객들은 소매업체에 전혀 도움이 되지 않는다.

9. 가격라인price lining

가격라인에 따라 소매업체들은 상품분류 안에서 한정된 수의 가격점price point을 제공한다. 즉 품목별로 정확한 가격을 책정하기 않고, 모든 취급품목을 몇 개의 가격단계로만 구분하여 판매하는 정책을 말한다.

10. 단수가격전략odd pricing

단수가격은 홀수로 끝나는 가격, 보통은 9로 끝나는 숫자의 가격을 말한다. 단수가격전략은 소매업에서 오랜 역사를 가지고 있는데, 19세기와 20세기의 단수가격은 종업원 절도로 인한 손실을 줄이는데 사용됐다. 종업원들은 상품에 홀수 가격이 붙어 있으므로 고객들에게 거스름돈을 주기 위해 금전등록기에서 매출기록을 해야 했으므로, 고객으로부터 받은 돈을 빼돌리기 어려웠다. 단수가격은 한 품목이 몇 회에 걸쳐 얼마나 값이 떨어졌는지 추적하는데도 이용된다. $20라는 초기

가격 이후 처음에는 $17.99, 두 번째에는 $15.99와 같은 방식으로 가격을 인하할 수 있다.

실제 효과에 대한 의견은 분분하지만, 대체적으로 소매업체들은 단수가격전략이 수익성 증대에 효과가 있다고 믿고 있다. 이러한 이론은 쇼핑객들이 가격의 마지막 숫자를 인지하지 못한다는데 가정을 두고 있는데, $2.99를 $2로 인식한다는 것이다. 또 다른 이론은 9로 끝나는 가격이 저가라는 신호로 작용한다는 것이다. 따라서 가격에 민감한 상품에 대해, 많은 소매업체들이 긍정적인 가격이미지를 만들기 위해 가장 가까운 9로 가격을 잘라서 내릴 것이다. 예를 들어, 가격이 일반적으로 $3.09라면 많은 소매업체들은 가격을 $2.99로 내릴 것이다.

V 가격결정에 있어 법적 · 윤리적 이슈들

LO 13-5
소매업체가 가격을 결정할 때 고려해야 할 법적 · 윤리적 이슈를 알 수 있다.

소매업체들은 가격결정시 법적 · 윤리적 이슈들을 고려해야 한다.

1. 가짜 준거가격deceptive reference prices

준거가격은 고객이 제품을 구매할 때 비교하는 기준이 되는 가격으로 소비자의 평가과정을 가능하게 한다. 소매업체는 준거가격을 정가regular price 혹은 권장소비자가격original price이라고 한다.

만약 준거가격이 진짜라면 광고는 유익하다. 그러나 준거가격이 부풀려졌거나 명백한 거짓이라면 광고는 소비자를 기만하고 해를 끼치는 것이다. 하지만 준거가격의 진위여부를 가리는 것은 쉽지 않다.

2. 공격적 가격결정predatory pricing

공격적 가격결정이란 강력한 소매업체가 시장에서 경쟁업체를 몰아낼 정도로 낮은 가격을 설정하는 것을 말한다. 궁극적으로 공격자는 경쟁자가 사라지면 다시 가격을 인상하여 그동안의 손실을 보상받으려고 할 것이다. 예를 들어, 독립 서점들은 베스트셀러 서적을 할인 판매하는 Walmart, Amazon, Target을 기소했는데, 이유는 이러한 공격적 가격결정이 출판업과 더 나아가 소비자에게도 해를 끼친다는 이유였다. 그러나 일반적으로는 그 동기가 경쟁업체를 제거하려는 목적이 아니라면이는 증명하기가 매우 어렵다, 소매업체는 어떤 가격에도 제품을 판매할 수 있다.

3. 재판매가격resale price maintenance

벤더는 소매업체에 그들의 상품을 권장소비자가격MSRP: manufacturer's suggested retail price으로 판매할 것을 권고하고 있다. 이 가격은 소매업체 간에 가격경쟁을 낮추고, 추가적인 서비스 제공을 장려하도록 책정된 것이다. 벤더는 공동광고로 얻게 되는 수익을 철회하거나, 준수하지 않는 소매업체에 상품배송을 거부함으로써 권장소비자가격을 강요하기도 한다. 최근에 연방대법원은 벤더가 소매업체에게 권장소비자가격으로 물품을 판매하라고 요구하는 것은 각자 상황에 맞게 결정되어야 한다고 판결했다.

4. 수평적 가격고정horizontal price fixing

수평적 가격고정이란 직접적 경쟁에 돌입해 있는 두 소매업체가 동일 제품에 대해 같은 수준의 가격으로 고정하는 담합 행위를 의미한다. 이러한 관행은 확실히 경쟁을 완화하지만, 가격담합은 불법이다. 일반적으로 소매업체는 경쟁사들과 매매가나 그 조건에 대한 담합 행위를 하지 못하도록 되어 있다. 만약 바이어나 점포 매니저가 경쟁점포의 가격을 알고 싶다면, 광고전단지나 웹사이트를 살펴보거나 점포에 직접 들러 확인해야 한다.

5. 유인 후 전환전술bait-and-switch tactics

유인 후 전화전술이란 일단 상품을 정가 이하에 판매한다고 광고하여 고객을 점포로 끌어들인 후the bait 이들이 비싼 상품을 구매하도록the switch 하는 불법적 기만행위를 말한다. 이는 주로 광고에 나간 상품에 대한 충분한 재고를 보유하고 있지 않아, 판매원으로 하여금 광고제품을 폄하하면서 다른 고가의 제품을 구매하도록 유도하면서 나타난다. 소매업체들은 실망하는 소비자들과 연방거래위원회와의 마찰을 피하기 위해 광고에 나간 상품에 대해서는 충분한 재고를 보유하고 있어야 하며, 해당 상품의 재고가 바닥났다면 그 상품에 대한 우선물품제공권rain check을 발행해야 할 것이다.

LO 13-1 High/Low 가격전략과 EDLP 가격전략의 차이점을 설명할 수 있다.

소매전략 수행에 있어서 가격을 결정하는 것은 매우 중요한데 이는 가격이 고객의 지각된 가치에서 주된 요소이기 때문이다. 소매업체는 기본적인 가격 전략으로 High/Low와 EDLP 중 하나를 선택하게 되는데, 이는 각각 장단점을 가지고 있다. High/Low 가격전략은 가격차별화와 재미와 흥분유발, 잘 팔리지 않는 제품을 판매할 기회 제공 등으로 수익을 증대시킨다. EDLP 가격전략은 고객에게 싼 가격이라는 확신을 심어 광고비와 운영비를 줄이고 품절을 감소시키며 공급체인관리를 향상시킨다.

LO 13-2 소매업체가 가격을 결정할 때 고려하는 요소를 알 수 있다.

가격 결정시, 소매업체는 표적고객의 가격탄력성과 상품 및 서비스의 제공 비용, 경쟁사의 가격, 법적·윤리적 이슈 등을 고려한다. 이론적으로 소매업체는 고객의 가격탄력성과 상품비용에 기초하여 이익을 극대화할 수 있다. 그러나 이러한 접근법은 경쟁사의 가격을 고려하지 못한다. 또 다른 문제점으로는 고객의 가격탄력성에 기초로 한 가격 설정에 대한 시도가 소매업체들로 하여금 수많은 정보를 수집하게 하는 것이다. 비록 큰 소매업체들은 최적가격설정 소프트웨어 프로그램을 사용하지만, 대부분의 소매업체들은 단지 물품의 비용대비 수익을 고려하여 마진을 유지한다. 그리고 이러한 비용에 근거한 초기의 가격들을 고객의 가격탄력성과 경쟁사의 가격에 의해 조정될 것이다. 초기소매가격을 결정하기 위하여 소매업체는 원가에 가산액을 더

하거나 손익분기점을 이용하기도 한다. 소매업체는 서비스의 공급과 수요를 맞추기 위해 다양한 가격 기법을 사용한다. 인터넷과 소셜미디어, 스마트폰 사용으로 고객들은 상품과 가격에 대한 엄청난 정보에 접근이 가능해졌고 이를 구매결정에 활용할 수 있게 되었다.

LO 13-3 소매업체가 가격인하를 어떻게 그리고 왜 하는지 설명할 수 있다.

초기가격은 시간이 지남에 따라 가격인하와 다양한 가격전략을 사용하는 세분시장에 의해 조정된다. 소매업체는 상품처분 혹은 판매증대의 목적으로 가격을 인하한다. 가격인하는 운영비의 한 부분이므로 바이어들은 이에 대한 계획을 세운다.

LO 13-4 소매업체가 매출과 수익증대를 위해 사용할 수 있는 가격전략을 이해할 수 있다.

소매업체들은 매출과 수익을 증대하기 위해 가격차별화, 판매촉진성 가격인하, 유행성 상품의 재고정리를 위한 가격인하, 쿠폰, 묶음가격, 수량할인, 지역가격제, 선도가격, 가격라인, 단수가격전략 등 다양한 기법을 사용한다.

LO 13-5 소매업체가 가격을 결정할 때 고려해야 할 법적·윤리적 이슈를 알 수 있다

가격 결정시 고려해야 할 법적·윤리적 이슈에는 가짜 준거가격, 공격적 가격설정, 재판매 가격, 수평적 가격고정, 유인 후 전환전술 등이 있다.

핵심단어

- 유인판매(bait and switch)
- 손익분기점분석(break-even analysis)
- 손익분기량(break-even quantity)
- 체리피커(cherry picker)
- 쿠폰(coupons)
- 변동가격제(dynamic pricing)
- 탄력적인/비탄력적인(elastic/inelastic)
- 상시저가전략(everyday low price, EDLP)
- 고정비용(fixed price)
- 지오펜싱(geofencing)
- 하이/로 가격전략(high/low pricing strategy)

- 수평적 가격고정(horizontal price fixing)
- 개별가격(individualized pricing)
- 초기가산액(initial markup)
- 재고자산 감모손실(inventory shrinkage)
- 키스토닝(keystoning)
- 선도가격(leader pricing)
- 미끼상품(loss leader)
- 최저가격보상제(low price guarantee policy)
- 가격인상 유지(maintained markup)
- 가격인하(markdown)
- 가격인상(markup)

- 가격인상율(markup percentage)
- 다중가격 설정(multiple-unit pricing)
- 단수가격(odd pricing)
- 공격적 가격결정(predatory pricing)
- 묶음가격(price bundling)
- 가격민감성(price elasticity)
- 가격라인(price lining)

- 가격최적화 소프트웨어(pricing optimization software)
- 수량할인(quantity discount)
- 우선물품제공권(rain check)
- 준거가격(reference price)
- 가치(value)
- 지역가격제(zone pricing)

현장학습

1. **연속되는 사례 과제** 선택한 소매업체에 쇼핑하러 가보시오. 소매업체는 High/Low와 EDLP 중 어떤 가격전략을 사용하는가? 점포의 매니저에게 어떻게 가격인하 결정을 내리며, 얼마나 많은 가격인하를 결정하였는지 질문해보자. 어떠한 원칙에 기초한 가격인하 전략이 사용되었는가? 소매업체는 판매촉진을 위해 가격라인, 선도가격, 묶음가격 또는 다중가격이나 단수가격 등의 전략을 사용하고 있는가? 웹사이트상의 가격과 점포의 가격이 동일한가? 당신은 소매업체가 사용하는 가격전략과 전술에 대해 어떻게 평가하는가? 더욱 향상시키기 위해서는 어떻게 해야 하는가?

2. **인터넷 과제** www.overstock.com사이트에 접속하여 최다 판매 상품 품목을 찾아보시오. 몇몇 주요 아이템을 선택하여 Target.com, Amazon.com, Sears.com, Macys.com과 같은 온라인상의 다른 소매업체의 가격과 비교해보자. 대형마트, 온라인소매업체, 백화점과 비교할 때 인터넷 아웃렛의 가격은 어떤가? 당신은 무엇을 예상했고 무엇에 놀랐는가?

3. **인터넷 과제** www.sandals.com에 접속하여 all-inclusive 가격을 선택해보시오. 어떤 서비스와 상품을 묶어서 제공하는가? 여행산업 외에 묶음가격을 제공하는 사례를 찾아보자. 묶음가격과 개별가격 중 고객에게 더 큰 가치를 제공하는 방법은 무엇인가? 소매업체나 서비스 제공업체에게는 무엇이 더 이익일까?

4. 당신이 좋아하는 음식점에 가보고 또 근처의 대형마트에 가서 주요 생필품들의 가격을 조사해보시오. 각 점포의 총 상품가격을 얼마인가? 대형마트는 그들의 슬로건인 '최저가격보상'을 잘 실천하고 있는가?

토의 질문 및 문제

1. 소매업체의 유형에 따라 High/Low 가격전략 혹은 EDLP 가격전략을 사용하는지 설명해보자. 만약 소매업체가 가격전략을 바꾼다면 고객은 어떻게 반응할까?

2. 묶음가격전략과 다중가격전략의 차이점은 무엇인가?

3. 백화점의 유지가산치는 38%, 가격인하는 $560, 순매출은 $28,000일 때, 초기가산치 비율은 얼마인가?

4. 유지가산치는 39%, 순매출은 $52,000이고 감산치는 $2,500이다. 매출총이익과 초기 가산치 비율은 얼마인가? 초기가산치가 유지가산치보다 왜 큰지 설명해보시오.

5. 제품의 매입원가는 $150, 가산치는 50%, 감산치는 30%일 때, 최종 소매가격은 얼마인가?

6. 남성의류점은 가죽 벨트를 $15.99에 구입하여, $29.99에 판매했

다. 가산치 비율은 얼마인가?

7. 다음 질문에 답하시오. (a) J. Crew는 가을 시즌을 맞아 새로운 자켓 라인을 선보였다. 이 자켓은 소매업체에 $100에 제공될 계획이었다. 자켓은 도미니카 공화국에서 생산되었는데, 생산개발비와 디자인 비용이 $400,000이 들어갔다. 배송비까지 포함한 자켓의 총 비용은 $45이다. 자켓의 성공적인 출시를 위해서 J. Crew는 $900,000의 이익을 얻고자 한다. 이때 손익분기량 및 금액은 어떻게 될까? (b) 바이어는 J. Crew의 주요 경쟁자인 The Gap에서 비슷한 자켓을 발견하였는데, 소매가가 $90이었다. 만약 J. Crew가 The Gap과 동일한 가격정책을 취하고자 한다면 얼마나 많이 팔아야 하는가?

1. Hollis Johnson, "We Taste-Tested Pizzas from Papa John's, Pizza Hut, and Domino's—Here's Who Does It Best," *Business Insider*, November 13, 2015.

2. Aamer Madhani, "Papa John's Tries New Tack to Challenge Pizza Hut, Domino's for Pizza Supremacy," *USA Today*, January 30, 2016.

3. Fast Food, "2016 Pizza Wars: Who Will Win," February 12, 2016, http://www.fastfoodmenuprices.com/2016-pizza-war-who-will-win/.

4. Fast Food, "Papa John's Rings 2016 with the Launching of Its New Dessert," February 12, 2016, http://www.fastfoodmenuprices.com/2016-pizza-war-who-will-win/.

5. Erik Oster, "Barton F. Graf Hypes Little Caesars Stuffed Crust Deep! Deep! Dish with 'Faces, '" *Ad Week*, March 25, 2016, http://www.adweek.com/agencyspy/barton-f-graf-hypeslittle-caesars-stuffed-crust-deep-deep-dish-with-faces/105328.

6. Jonathan Maze, "The Most Underappreciated Growth Restaurant in the Country," *Nation's Restaurant News*, July 22, 2015, http://nrn.com/blog/most-underappreciated-growth-restaurantcountry.

7. Brian Manzullo, "Little Caesars Will Give You Free Lunch If No. 16 Seed Scores an Upset," *Detroit Free Press*, March 16, 2016.

8. Chris Isidore, "Pizza War! Pizza Hut and Papa John's Slash Prices," *CNN Money*, January 4, 2016.

9. Aamer Madhani, "Papa John's Tries New Tack to Challenge Pizza Hut, Domino's for Pizza Supremacy," *USA Today*, January 30, 2016.

10. Monica Watrous, "Pizza Hut's Performance Warms Up," *Food Business* News, February 5, 2016, http://www.foodbusinessnews.net/articles/news_home/Financial-Performance/2016/02/Pizza_Huts_performance_warms_u.aspx?ID=%7B406380A3-B93E-4EAA-A162-97E225B69B2E%7D&cck=1.

11. Isidore, "Pizza War!"

12. Maze, "The Most Underappreciated Growth Restaurant in the Country. "

13. Isidore, "Pizza War!"

14. Maureen Morrison and Matthew Creamer, "How P&G, Ford, and Wendy's Are Redefining Value," *Advertising Age*, April 22, 2013.

15. George Anderson, "Target Takes Price Matching to a Whole New Level," *RetailWire*, October 1, 2015.

16. Valarie A. Zeithaml, Mary Jo Bitner, and Dwayne Gremler, *Service Marketing: Integrating Customer Focus across the Firm*, 6th ed. (New York: McGraw-Hill, 2012).

17. "A Look Back: How Predictive Analytics Transformed the Airline Industry," Cusotra, https://www.custora.com/university/for-marketers/predictive-analytics/basic/predictive-analyticsand-the-airline-industry; "Price Trends & Tips Explanation," Kayak, 2015, http://www.kayak.com.

18. George Anderson, "Will Surge Pricing Become the New Normal?," *RetailWire*, October 1, 2015.

19. Zeithaml et al., *Service Marketing*.

20. Susan Reda, "Pricing Transparency," Stores, February 2012.

21. Bergstein, "Pricing Software Could Reshape Retail. "

22. Dhruv Grewal, Yakov Bart, Martin Spann, and Peter Pal Zubcsek, "Mobile Advertising: A Framework and Research Agenda," *Journal of Interactive Marketing* 34 (May 2016), pp. 3–14.

23. https://www.meijer.com/content/content.jsp?pageName=mobile_app.

24. Ibid.; Dan Mattioli and Miguel Bustillo, "Can Texting Save Stores?," *The Wall Street Journal*, May 8, 2012.

25. Steve McKee, "How to Discount (If You Insist)," Business-Week, August 14, 2009; Teri Evans, "An Expert's Guide to Discounting," *BusinessWeek*, April 3, 2009.

26. Debabrata Talukdar, Dinesh K. Gauri, and Dhruv Grewal, "An Empirical Analysis of Extreme Cherry Picking Behavior of Consumers in the Frequently Purchased Goods Market," *Journal of Retailing* 86, no. 4 (2010), pp. 336–354; Leigh McAlister, Edward I. George, and Yung-Hsin Chien, "A Basket-Mix Model to Identify Cherry-Picked Brands," *Journal of Retailing* 85, no. 4 (2009), pp. 425–436.

27. Sandrine Mace, "The Determinants of Nine-Ending Effects: An Empirical Analysis Using Store-Level Scanner Data," *Journal of Retailing* 88, no. 1 (2012), pp. 115–130; Traci H. Freling, Leslie H. Vincent, Robert Schindler, David M. Hardesty, and Jason Rowe, "A Meta-Analysis of Just-Below Pricing Effects: Separating Reality from the 'Magic, ' " Working paper, 2012; R. M. Schindler, "Patterns of Price Endings Used in U. S. and Japanese Price Advertising," *International Marketing Review* 26, no. 1 (2009), pp. 17–29; R. M. Schindler, "The 99-Price Ending as a Signal of a Low-Price Appeal," *Journal of Retailing* 82, no. 1 (2006), pp. 71–77. Lev73087_ch13_340-365. indd 364 9/23/17 7:49 AM Retail Pricing Chapter 13 365

Memo

소매 커뮤니케이션 믹스

학습목표

이 장을 읽은 후에 당신은

LO 14-1 신규 매체 요소에 대해서 파악할 수 있다.

LO 14-2 전통적 매체 요소에 대해서 설명할 수 있다.

LO 14-3 소매 커뮤니케이션 프로그램 계획을 이해할 수 있다.

H&M 입장에서 패션은 빨라야 할 뿐만 아니라, 매력적으로 보여야 한다. 또한 자사의 제품들에 대하여 널리 메시지를 알려야 한다. 따라서 소매업체들은 소비자에게 접근하기 위해 신규 매체와 전통적인 매체를 조합하여 창의적으로 활용해야 한다.

예를 들어서, H&M의 타임스퀘어 체험점포에서는 출퇴근하는 사람들이 집에 가기 전에 또는 점심시간 중에 점포에 들러보게 하기 위해 가장 가까운 지하철 플랫폼에 배너광고를 게시했다. 건물의 측면에, 보다 현대적인 광고형태인 게시판 광고를 사용하여 점포에서 살 수 있는 패션 제품에 대한 비디오가 지속적으로 계속 작동되고 있는데 30 × 200 피트인 거대한 LED 스크린이다. 더 나아가 고객을 소매 장소로 유도하기 위해 창문에 상호작용 기능을 통해 상품 종류를 알려 주며, 매장 내의 커뮤니케이션은 저가품목이나 할인 상품을 강조하는 라이트 박스나 신상 패션을 착용한 회전 마네킹을 통해 상호작용할 수 있다.

광고게시판, 점포 내 간판, 그리고 디스플레이 등과 같은 옵션들은 전통적인 의사소통 방법을 현대적으로 승화하려는 H&M의 노력의 일환이다. H&M은 인쇄 광고 캠페인에서도 영역을 확대하기 위해 최선을 다하고 있다. 예를 들어, 한 캠페인에서 Iman, Chloe Sëvigny, Chance the Rapper, Rosario Dawson과 같은 최고 수준의 연기자나 모델, 래퍼의 모습을 게재하고 있는데 모두 저명한 사진작가인 Jean-paul Goude의 작품이다. 따라서 H&M은 전통적인 인쇄 광고 매체를 사용하지만, 패션 광고에 게재된 기존의 모델과는 사뭇 다른 명사를 등장하게 함으로써 관습에 얽매이지 않는 방식으로 표현이 된다.

또한 텔레비전 매체를 활용함으로써 H&M이 국제적인 이미지를 확립하는 것을 목표로 삼아, 전세계의 저명한 배우들과 무용가들을 등장시켜서 M.I.A.의 원작 "Rewear it"을 방영했다. 복합 광고-영어로 제작된 뮤직비디오이지만 다양한 언어로 된 자막을 제공하는 광고-를 방영함으로써 소비자들에게 패스트 패션이 단순히 옷을 입고 버리는 것이 아니라 재활용해야 한다는 뜻 깊은 메시지를 전달하고 있다.

게다가, 패스트 패션업체들은 매우 창의적인 접근법을 사용하여 쇼핑객에게 다가갈 수 있는 덜 전통적인 방법을 활용한다. 예를 들어, 재미있고, 날카롭고, 친근한 Man Repeller 블로그의 인기에 주목하는데, 이 블로그에서 패션의 의미는 미래의 상대방에게 매력적으로 보이게 하는 것이 아니라 자신만의 선호와 스타일을 표현하는 것이라는 주장을 한다. 140만 명의 인스타 팔로워들과, 36만 명의 트위터, 하루에 대략 100만 명이 방문하는 블로그라는 명성과 함께, 그 재치가 넘치는 블로그 사이트는 패션계에서 무시할 수 없는 존재로 자리 잡았다. 패션 편집자나 디자이너들의 의견에 영향 받기보다는 이제 고객들은 블로거 즉, 옷의 조합을 잘 맞추고, 색깔에 대한 안목을 가진 보통 소비자들에게 의존하고 있는 추세이다.

이러한 변화들에 주목하여, H&M은 Man Repeller와 함께 블로그를 통해 촉진활동을 수행하기 위해 많은 노력을 경주하고 있다. 또한, H&M과 관계를 지속하려는 영향력 있는 사람들을 찾고 있다. 그러므로 Man Repeller의 저자인 Leandra Medine은 최고의 패션 블로거를 찾는 Bloglovin' 블로그 네트워크 경진대회에서 심사위원과 멘토로 활동했다. 이 경진대회는 3,500명이 참가하였으며 참가자들은 이전 자신의 작품들을 게시해야 하고, 다른 사람들이 비평할 수 있는 새로운 옷들을 만들어야 한다. 그 옷은 최소한 하나의 H&M 상품을 착용해야 하는데 이는 스폰서 소매업체를 반영해야 하기 때문이다.

대회의 우승자는 "올해의 최고 패션 블로거"로 선정되었으며, Medine으로부터 멘토의 역할을 하는 제안을 받는다. H&M이 얻은 것은 본 경진대회에 참여함으로써 다양한 범위의 패션 블로거들과 접촉하게 되었으며 이들은 스스로 하는 모든 행동이 소중하다고 확신하고 있다. 우리는 어떻게 H&M 제품이 누구에게나 모든 사람들에게 부합되는지 보여주는데 진력하는 그들의 열정과 사랑을 존경하게 된다. 현시점에서, 소매 상품을 선보이는 새롭고 창의적인 방법을 찾는 것이 성공의 열쇠다.

상품관리에 관한 14장의 앞장들은 소매업체들이 어떻게 상품구색과 예산을 계획하고, 상품을 매입해서 가격을 설정하는 것에 대해서 설명했다. 다음 단계는 고객들을 소매 장소

점포이던 아니면 온라인이던로 유도하는 프로그램을 개발하고 실행하는 것이며, 이용할 수 있는 상품을 구매하도록 장려하는 것이다. 커뮤니케이션 프로그램은 고객들에게 소매점에 대한 정보를 제공하며, 제공되는 상품과 서비스를 설명하고, 소매업체의 브랜드를 개발하는데 도움을 주며, 재방문과 고객의 충성도를 장려하는 데 핵심적인 역할을 한다.

20세기 말에는 대부분의 소매 커뮤니케이션 프로그램은 매우 간단했다. 지역 신문이 주요 매체였고, 광고 내용은 전형적으로 대부분의 특별 할인가에 대해 고객들의 점포방문을 유도하기 위해 인센티브 제공에 초점을 맞추었다. 광고는 광고주가 광고비용을 지불하고 신문, 텔레비전, 라디오, 다이렉트 메일, 인터넷과 같은 비인적 대중 매체를 통해 고객에게 메시지를 전달한다. 오늘날 성공적인 소매업체는 통합 마케팅 커뮤니케이션 프로그램을 활용하게 되는데 이는 다양한 의사소통 요소를 통합하여 소매믹스의 다양한 요소와 다양한 매체를 활용하여 모든 고객에게 통합적이고 일관된 메시지를 전달하는 방법이다.

예를 들어, CVS는 당연히 신문, 텔레비전, 광고판을 포함하는 전통적인 매체를 사용하여 광고를 한다. 더 나아가 CVS는 고객들이 받는 마케팅 커뮤니케이션을 포함하여 고객들의 쇼핑 경험을 개인화하기 위한 진보된 도구들을 개발했다. myWeekly 광고기획은 CVS의 충성도 프로그램으로서 등록한 모든 소비자에게 전자 우편으로 전송되는 특정 디지털 광고 전단을 만들어, 소비자들이 관심을 가질 수 있는 상품을 보여주고 CVS에서 구매를 확대하도록 장려하고 있다. 맞춤 쿠폰 외에도, myWeekly Ad 커뮤니케이션은 고객의 지역 점포와 연계되어 쇼핑객들은 링크를 통해서 점포 내에 있는 동안 홍보된 상품의 통로 위치를 찾을 수 있게 해준다. 이렇게 채널 간에 상호 조정을 하는 것이 매우 중요하다. 만약 CVS가 텔레비전 광고에서는 오로지 친절하고 도움을 주는 약사의 이미지에 초점을 맞추지만 광고 전단에서는 저가의 이미지를 추구하고 있다면, 고객들은 혼란을 느낄 것이다.

모든 커뮤니케이션 캠페인이 성공하려면, 소매업체는 단기 판매뿐만 아니라 장기적 고객 관계 관리를 통하여 이익을 확보하는 궁극적인 목표를 가지고 적절한 미디어를 통해 적기에 적합한 고객에게 적확한 메시지를 전달해야 한다. 매체환경이 점점 복잡해지면서 적합한 청중들에게 메시지가 도달하는 것이 점점 더 어려워지고 있다. 어떤 하나의 유형의 미디어도 반드시 다른 미디어보다 더 우수할 수는 없다. 소매 커뮤니케이션 전략의 목표는 모든 요소가 함께 작동하도록 계획하여 합계가 개별 매체 부분의 합을 초과하는 것이다.

우리는 이제 소매 커뮤니케이션 전략의 개별적인 요소를 검토하고 각각의 전략들이 성공적인 커뮤니케이션 캠페인에 기여하는 방법을 검토할 것이다 〈표 14-1 참조〉. 이 요소들은 신규 미디어와 전통적인 미디어로 나뉜다. 신규 미디어 요소는 온라인웹사이트, 이메일, 모바일과 소셜미디어유튜브, 페이스북, 블로그, 트위터가 포함된다. 전통적인 요소들은 대중매체, 판매촉진, 점포내의 마케팅/디자인 요소, 인적 판매, 그리고 공중 관계가 포함된다. 이러한 매체 요소들은 다섯 가지 측면에서 서로 차이가 존재하는데, 그 기준은 개인화, 상호작용, 내용전달, 제공되는 정보의 범위, 그리고 노출단위당 비용이다.

표 14-1 통합 마케팅 커뮤니케이션 전략의 구성 요소

매체 / 특징	개인화	상호작용	내용전달	정보제공	노출단위당 비용
신규 매체					
• 온라인	상황에 따라	상황에 따라	높다	높다	상황에 따라
• 모바일	높다	상황에 따라	상황에 따라	낮다	낮다
• 소셜 미디어	높다	높다	상황에 따라	상황에 따라	낮다
전통적 매체					
• 대중 매체	없다	없다	높다	낮다	매우 낮다
• 판매촉진	상황에 따라	상황에 따라	높다	낮다	낮다
• 점포 내의 마케팅/디자인 요소	상황에 따라	상황에 따라	높다	상황에 따라	낮다
• 인적 판매	높다	높다	중간	높다	매우 높다
• 공중 관계	없다	없다	상황에 따라	중간	낮다

I 신규 매체 요소

지난 10여 년 동안 온라인웹사이트, 이메일, 모바일과 소셜 미디어유튜브, 페이스북, 블로그, 트위터와 같은 새로운 형태의 미디어의 사용이 폭발적으로 증가했다. 각각의 신규 매체 요소들은 아래에 논의 된다.

1. 온라인 미디어

1 웹사이트

소매업체들은 자사 브랜드 이미지를 구축하기 위해 웹사이트를 통해 고객들과의 소통을 강조하고 있는데 점포의 위치를 알리거나, 특별 행사, 지역 점포의 제품 구매 가능성, 그리고 판매하고 있는 상품이나 서비스에 대해서 정보를 제공하고 있다. 또한 많은 소매업체들은 웹사이트에서 커뮤니티를 강화하기 위한 노력을 경주한다. 이 사이트들은 비슷한 관심사를 가진 고객들이 자신들의 취미를 지원하는 제품과 서비스에 대해 배우고 다른 사람들과 정보를 공유할 수 있는 기회를 제공한다. 또한 방문객들은 정보를 찾는 질문들을 게시할 수 있고 또는 궁금한 점, 제품, 서비스에 대한 의견을 게시 할 수 있다. 예를 들어, 아웃도어 의류 및 장비 소매점인 REI는 등산 여행, 자전거 투어, 패딩, 어드벤처 크루즈 및 기타 여행을 위한 어드벤처 여행 계획요소를 제공한다. 그렇게 함으로써, REI가 판매하는 상품을 이용하여 활동에 참여하는 소비자들의 공동체를 만든다. 그러므로 그 공동체가 REI의 브랜드 이미지를 강화하게 된다.

많은 소매업체들은 고객들에게 자신들이 구입했거나 사용했던 제품에 대한 리뷰를 웹사이트에 올리도록 권장한다. 연구를 통해서 온라인 제품 리뷰가 고객 충성도를 높이고 이를 제공하는 사이트가 경쟁 우위를 차지한다는 것을 알게 되었다. 소비자들에게 어필하고 그들이 다양한 방법으로 소매업체와 상호작용하도록 장려하기 위한 더 나은 노력으로, 일부 웹사이트는 단지 상품을 사용자에게 판매하는 것에만 전념하는 것이 아니라, 편집 내용과 패션을 위한 조언을 제공하고 있다.

REI는 고객들을 참여시키고 고객들이 구매하는 것을 권장하는 커뮤니티를 만들었는데 이 업무는 모험 기획본부에서 담당하고 있다.

고객들이 소매업체의 웹사이트를 어떻게 이용하느냐에 따라, 매우 개인화되고 상호작용하는 경험을 할 수 있다. 메시지는 많은 정보들을 포함하고 있으며, 쉽게 통제 될 수 있다. 웹사이트의 유지와 운영 비용은 많이 소요되지만 노출 당 비용은 비교적 중간이다.

소매업체들은 검색에 있어서 웹사이트의 가시성을 향상시키기 위해 검색엔진 마케팅SEM을 적극적으로 이용하고 있다. SEM의 방법 중 하나는 검색엔진 결과 페이지SERP 상단에 더 가깝게 표시되도록 웹사이트 컨텐츠를 만들고 조정하는 검색엔진 최적화SEO를 사용하는 것이다. 이러한 SERP는 사용자의 키워드 질문에 대응하여 검색엔진이 제공하는 결과를 나열한다. 그러므로 SEO는 비지불 또는 자연적 검색을 강화하는데 사용된다. 또 다른 SEM 방법은 구글이 후원하는 링크 광고 프로그램을 통한 유료 검색을 사용하는 것이다. 이것들의 결과가 자연적 검색 결과의 위에 그리고 더 오른쪽에 위치해 있다.

2 이메일

이메일은 특정 개인에게 인터넷을 통해 메시지를 보내는 것을 포함한다. 소매업체들은 소비자들에게 새로운 상품에 대한 자료, 특별행사, 주문내역에 대한 확인, 배송시기에 대한 정보를 이메일을 통해서 자료를 제공한다. 고객 데이터베이스의 사용이 증가함에 따라 소매업체는 구매 상황에 따라 소비자를 식별하고 추적할 수 있게 되었다. 결과적으로, 이메일은 상당히 개인적인 것일 수 있고 매우 통제가 용이하다. 그러나, 동일한 메시지가 모든 수신자에게 전달될 때, 이메일은 개인적이지 않은 매체, 대중 광고와 유사할 수 있다. 전자우편 수신자가 소매업체에게 응답해 수 있기 때문에 상호작용적인 매체로 간주된다. 마지막으로 노출 비용은 저렴하다.

3 모바일 마케팅

모바일 커머스, M-commerce, 또는 모바일 소매로 불리는 모바일 마케팅은 핸드폰과 같이 무선으로 손에 들고 다닐 수 있는 기계를 통해서 마케팅이 이루어진다. 스마트폰은 전화를 걸기 위한 도구 이상의 존재가 되었다. 스포츠 점수를 확인 할 수 있는 기능과, 날씨, 음악, 비디오, 문자 메시지, 또한 제품을 구매하는 것이 가능한 모바일 컴퓨터와 같은 능력을 제공한다. 마케팅 성패는 이러한 모바일 장치에 대한 소비자의 태도와 부합되고 재미있고 유용한 앱과 마케팅 커뮤니케이션을 얼마나 잘 통합하는데 달려 있다. 이에 대응하여, 기업들은 자사의 모바일 인터페이스를 개선하여 고객들의 잠재적인 경험을 꾸준히 향상시키고 있다.

소매업체들은 휴대전화 사용자와 커뮤니케이션하고 위치기반으로 메시지를 보내기 위해 응용 프로그램을 사용하는데 이는 GPS 기술을 활용할 수 있기 때문이다. 또한 위치기반 어플을 사용하여 사용자들은 그 지역에 가까이 있는 매장을 친구들에게 추천해 줄 수 있다. 더 나아가서 앱의 데이터 분석 기능을 통해 소매업체는 모바일 마케팅 캠페인의 효과도 추적할 수 있다. 월드 버거 투어를 홍보하기 위해 Hard Rock 카페는 레스토랑의 특정 반경 내에서 고객을 대상으로 하는 지리적 접근이 가능한 모바일 광고를 사용했다. 또한 Hard Rock 카페는 외식할 가능성이 더 높은 피서객들을 식별하는 고객 정보에 접근할 수 있었다. 220%나 교통량이 증가할 정도로 캠페인은 대 성공을 거뒀다. 그러나 의사소통의 효과를 분석하기에는 조금 부족하더라도 의미가 있을 수 있다. 또한 모바일 채널을 사용하여 소매업체들은 오프라인 자사점포 안에 있는 동안 온라인 구매를 하는 고객들에게 주는 무료 배송과 같은 쿠폰이나 판촉 정보 전달하기도 한다. 마지막으로 소매업체는 고객들을 점포로 유도하기 위해 위치 기반 기술을 사용하여 지역 맞춤형 메시지를 전달할 수 있다.

월드 버거 투어를 홍보하기 위해 Hard Rock 카페는 레스토랑의 특정 반경 내의 고객을 대상으로 하는 지리적 타겟이 가능한 모바일 광고를 활용했다.

2. 소셜 미디어

소셜 미디어는 사용자들끼리 의견이나 정보, 개인적인 메시지 및 기타 콘텐츠를 공유하는 온라인 커뮤니티를 만들어 사용할 수 있는 다양한 형태의 전자 커뮤니케이션을 포함한다. 소셜 미디어 주요 세가지의 대표적인 온라인 기반시설은 유튜브, 페이스북과 트위터이다. 구전을 장려하는 또 다른 온라인 기반시설로서, 온라인 포럼은 소비자가 제품, 가격 및 촉진에 대한 정보를 검토하고, 전달하며, 종합할 수 있도록 한다. 포럼은 또한 사용자 자신들끼리, 예를 들어, 공동체 형태로 상호작용을 할 수 있게 해준다. 몇몇의 온라인 커뮤니티를 통하여 소매업체의 제품이나 서비스에 대해 같은 생각을 가진 소비자와 의견과 평가를 제공할 수 있게 된다.

소매업체들은 소셜 미디어를 사용하여 사용자들을 능동적인 대화에 참여시킨다. 소매업체가 소셜 미디어 웹사이트에 게시글을 제공하면, 사람들은 게시글에 대하여 댓글을 달거나 공유하기 시작한다. 이후 소매업체들은 피드백에 대해서 모니터 해야 하고 만약 필요하다면 특별히 부정적 내용일 경우 답변해 줘야 한다. 예를 들어, 감성 분석은 소셜 미디어 사이트에 게시된 고객들의 전반적인 감정상태^{긍정적, 중립적, 그리고 부정적}와 그들의 감정 강도의 데이터를 분석하는 과정이다. 또한 이는 고객들의 전반적인 태도를 이해하거나 제품이나 광고 캠페인의 선호도를 이해하는데 이용될 수도 있다. 자동화된 온라인 검색도구와 문자 분석 기법을 결합하여 수백만 개의 사이트를 샅샅이 분석하여 소비자들이 진심으로 생각하는 것이 무엇인가에 대해 새로운 통찰력을 얻을 수 있는 정성적 자료를 얻을 수 있다. 이러한 실시간 정보를 통해 소매업체들은 제품 출시나 새로운 광고 캠페인에 대해서 좀 더 민첩하게 대응할 수 있게 한다.

다양한 예에서 알 수 있듯이, 소셜 미디어는 매우 개인적이고 상호적일 수 있다. 메시지가 소매업체에 의해 생산될 때는 통제될 수 있지만, 고객들이 메시지에 관여할 때, 소매업체들은 메시지가 어떤 것이던 간에 통제력은 거의 없다. 마찬가지로, 정보 내용의 수준은 누가 의사소통에 참여하느냐에 달려있다. 소셜미디어의 노출 당 비용은 전통적 매체와 비교했을 때 상대적으로 저렴하다.

❶ 유튜브

영상을 공유하는 소셜 미디어 플랫폼으로 사용자들이 영상을 올리거나, 공유하고, 시청을 하거나 영상에 대해 댓글을 남긴다. 이 매체는 소매업체들이 전에 했던 방식과 다르게 그들 자신을 표현할 수 있는 기회를 주었다. HSN 같은 경우, 자체 채널, 즉 회사 자체 제품과 관련된 콘텐츠만을 대상으로 YouTube 사이트를 방송할 수 있다

YouTube는 또한 컨테스트를 주최하고 교육용 비디오를 게시하는데 효과적인 매체이다. Home Depot는 18,000명 이상의 가입자를 모았으며,

Home Depot는 DIY 사용법과 함께, 기업의 정체성을 유튜브에 게시히었다.

점포에서 구매할 수 있는 새로운 상품들을 자세히 보여주는 내용의 비디오나 "잔디를 잘 깎는 팁, 변기를 고치는 방법" 과 같은 DIY 사용설명 비디오를 통해 4,100만 건 이상의 조회수를 기

록했다. 이 비디오들은 Home Depot 브랜드의 핵심 정체성을 유지하는 동시에, 집을 개선하기 위한 유용한 방법을 배우는 소비자들에게 더 많은 가치를 제공했다.

2 페이스북

정기사용자 15억 명을 보유하는 이 소셜 미디어 플랫폼은 기업들에게 팬들과 상호작용할 수 있는 포럼을 제공한다. 소매업체들은 일반 사용자들이 사용하는 것처럼 자사 관련 최근 소식, 사진, 비디오를 게시하거나 토론방에 참여하는 등 동일한 기능을 수행할 수 있다.

Macy's에게는 페이스북이 오랫동안 유망한 의사소통 수단이었는데 페이스북 페이지 포맷을 채택한 최초의 소매업체 중 하나이다. 더 나아가서, 페이스북 타임라인 포맷은 자사의 이벤트들을 강조해주는데 매우잘 활용되고 있다. Macy's는 페이스북을 통해서 더 많은 광고를 시작하였으며 현재뿐만이 아니고 잠재적이고, 신세대 팬들을 표적고객으로 선정하고 의사소통하고자 노력하고 있다. 소셜미디어는 밀레니엄 신세대 뿐만이 아니고 고객 사이트를 사용하는 노력은 25

PCC Natural Markets과 같은 소매업체들이 사용자들과 의사소통을 하거나, 공동체 느낌을 창출하기 위해 페이스북을 사용한다.

세에서 54세 까지의 여성 소비자들을 확보하기 위한 보다 광범위한 소셜미디어 주도 계획의 한 부분으로 이해 할 수 있다. 페이스북은 상황에 맞게 적합한 사람에게 적절한 메시지를 전달하는 가장 좋은 방법이라고 여겨지고 있다.

페이스북은 또한 지역 소비자 집단을 타겟으로 한 소규모 소매업체들을 위한 호소력있는 수단을 제공한다. 예를 들어, 시애틀에 위치한 PCC Natural Market은 지역 농산품에 대해 페이스북을 통해 고객들에게 정보를 제공한다. "Deli Throw Down" 대회나, "PCC를 경험하세요: 로컬 푸드 기념행사"와 같은 지역 행사의 참여를 독려하는데, 이는 페이스북이나 트위터에 게시글을 이용하는 방법을 통해 저렴한 비용으로 어마어마한 구전으로 이어지게 해준다.

3 블로그

블로그에 개개인의 블로거나 집단의 사용자들이 웹페이지에 다양한 주제를 가진 정보나 의견을 주기적으로 올린다. 블로그의 관리자는 일반인, 소매업체 또는 기업이 될 수 있다. 잘 알려진 블로그는 트렌드에 대해서 의사소통 할 수 있으며, 특별 행사에 대해서 공지할 수 있고, 구전을 만들어 내고, 소매업체나 제품 또는 서비스에 대한 일반인의 의견을 교환하는 장소를 만들어 낼 수 있다. 블로그는 커뮤니티를 형성함으로써 고객들을 연결한다. 이것을 통해 소매업체들은 고객들의 의견에 대해서 직접적으로 응답할 수 있게 하며, 고객들과 소매업체 사이에 장기적 관계를 맺을 수 있게 만들어 준다. 블로그는 본래 투명해야 하며, 고객의 신뢰와 충성도를 결정하는 데 도움이 될 수 있게 작가가 정직하게 관찰한 것을 나타내야 한다. 하지만 만약, 블로그가 소매업체에게 스폰을 받았거나, 조작되었다면, 그 정보는 아마 긍정적으로 편향적일 가능성이 있다. 또한 소매업체가 블로그내에서 게시글에 대해서 제한된 권한을 가지고 있다면 그 정보는 아마도 부정적이거나 부정확할 수도 있다. 많은 소매업체들은 블로그를 그들의 의사소통 전략으로 많이 사용하고 있다. Canopy 블로그에서, 등록 회원들의 커뮤니티는 아마존에서 구매할 수 있는 최고의 제품을 확인할 수 있다. 소매업체와 연계되는 것이 매력의 일부이며, 사실 방문객들은 먼저 이러한 제품에 빠르고 쉽게 접근하는 방법을 알게 되는 것이다.

4 트위터

소셜 미디어에서의 언급에서, 페이스북과 트위터는 같은 깊이로 논의 될 수 있다. 하지만 두 미디어는 몇몇의 중요한 방법으로 서로 구분될 수 있다. 트위터는 미세 블로그인데 - 블로그의 짧은 버전 - 사용자들이 140자 이상의 메시지를 게시할 수 없게 제한되어 있다. 140자의 제한 메시지는 소매업체에게 짧고, 적시의, 꼭 관련된 내용만 게시할 수 있다. 140자에는 더 이상 이름, 사진을 게시하지 않으면서 트윗의 잠재적인 길이를 최대한 늘리려고 노력한다. 소매업체들은 페이스북을 통해서 자사의 브랜드나 판촉에 대하여 친구에게 관련 비디오를 게시하도록 권장한 반면에, 트위터에서는 고객들이 흥미를 가질 만한 빠르게 변하는 정보나 최신의 공지사항을 알릴 것이다. 트위터는 중소 소매업체들과 대형 소매업체들 모두에게 활발하게 사용되고 있다. 제한된 마케팅 예산을 가진 소규모 소매업체들은 즉시 판촉 메시지를 보내고 반응을 유발할 수 있게 된다.

대형 소매업체들은 전국적인 캠페인을 통해 대중 시장을 공략하기에 충분한 자금을 보유하고 있고, 트위터는 고객들과 개인적으로 연락을 지속적으로 할 수 있다. 잘 알려진 식료품점인 Wegmans는 언제 제품을 받는지에 대해 시간과 날짜를 게시해 둔다. 그렇게 함으로서 가장 신선한 제품을 최상의 가치로 여기는 고객들은 막 하역한 가장 신선한 식품들을 구매할 수 있다. 배달에 관련된 세부정보와 함께 농식품을 재배하는 농부들의 정보와 재고량도 트윗에 알린다. Wegmans는 소셜미디어를 고객들의 질문에 답할 때도 쓰인다.

또한 트위터는 고객이 제품 또는 서비스 대해 정보를 얻고 좋은 점과 불만을 등록하는 방식을 변화시켰다. 예전에는 제품이나 서비스에 대해 궁금한 점이 있는 고객은 소매점의 고객 서비스 부서에 전화하여 미리 녹음된 음성을 들었었지만, 오늘날에는 즉각적으로 피드백을 받기 위해 트위터로 눈을 돌릴 수 있다. 소매업체는 고객 서비스 문제에 대한 응대의 품질, 정확성, 응대시간 기준으로 트위터 고객 서비스의 성공을 측정한다. 예를 들어, Penske 렌트 업체는 1년 동안 고객이 고객 서비스 문제에 대하여 어떻게 트위터를 사용하는지 일년 내내 관찰한 이후에 트위터 고객 서비스 프로그램을 구축하였다. 조사 결과에 따라, 콜 센터 직원들은 신기술을 사용하도록 훈련 받고, 오전 7시부터 저녁 11시까지 매일 트위터의 내용을 모니터 해야 된다. 자동차 렌트에 관련된 질문을 한 고객들의 트윗은 곧바로 답변을 받게 되었다.

II 전통적 매체 요소

LO 14-2
전통적 매체 요소에 대해서
설명할 수 있다.

소매업체들은 다양한 전통적 매체요소를 사용한다, 즉, 대중 매체 광고, 판매촉진, 매장내 마케팅, 인적 판매, 그리고 공중 관계이다. 이 다섯 개의 각각의 요소들과 하부 요소에 대해서 다음에 논의되고 있다.

1. 대중 매체 광고

1 광고

광고의 대중 매체는 특정 표적 시장이나 청중에게 자사의 제품, 서비스, 조직 또는 아이디어에 대해 소매업체 및 기타 조직체가 비용을 지불하고 알리거나 설득하는 메시지를 게재하는 매체를 의미한다. 자동차 제조업체 다음으로 소매업체들은 온라인과 모바일 광고에 연간 150억 달러 이상을 지출하는 광고주 그룹이다. Amazon, Apple, Best Buy, Walt Disney, McDonald's, Sears Holding, Macy's, Target, 그리고 Home Depot들은 대형 광고주들이다.

대중 광고는 일반적으로 노출 당 비용이 저렴하고 소매업체들이 커뮤니케이션 시기와 내용을 통제 할 수 있기 때문에 구매 과정의 필요 인식 단계에서 인지도를 제고하기 위하여 사용된다. 하지만 구매자가 정보를 탐색하는 것에는 효과적인 도움을 못 얻는데 왜냐하면 방대한 양의 정보가 이전되는 되는 데는 제약이 있기 때문이다. 광고의 특징으로, 구매자들에게 직접적으로 상호작용하는 것과 개인적인 메시지를 보내는 것은 매우 불가능했다. 하지만 할인 판매를 알리고 신규 점포 개점을 발표하는 것에는 비용 효율적인 방법이다. 전통적으로 대중 광고는 신문, 잡지, 직접 우편, TV, 라디오, 게시판에서만 한정되었다.

2 신문

소매업과 신문 광고는 지난 세기 동안 함께 성장했다. 그러나 소매업체들이 다른 매체를 사용하기 시작하면서 소매업체들이 이용하는 신문 광고의 성장은 최근에 둔화되었다. 아직 대부분의 광고주들, 대부분의 소매업체들은 신문광고로 연간 530억 달러를 지불하고 있다. 이는 대략 신문 수입의 약 5분의 1을 차지한다. 게다가 신문사들은 편집내용과 함께, 광고를 배치하는 것에 대해서 신문은 별쇄 광고삽지^{Freestanding insert}를 배포한다. 별쇄 광고판은 견본 인쇄^{preprint}라고도 하는데, FSI는 소매업체가 지불한 금액을 들여 인쇄하여 신문에 삽입하고 배포하는 광고이다. 비록 광고주들에게 인기가 있지만, 몇몇 신문에는 너무 많은 FSI가 있어서 독자들은 혼동될 수 있다. 결과적으로, 몇몇의 소매업체들은 FSI의 숫자를 줄이고 있는데 자신들의 1차 고객군들이 젊은층이지만 신문을 정기적으로 읽지 않고 그리고 광고의 도달과정에서 여러 혼란 요소들 때문에 광고주의 메시지가 왜곡되어 전달될 수 있기 때문이다.

월스트리트 저널과 USA Today 같은 몇 개의 선별된 전국 신문을 제외한 대부분의 신문은 잘 정의된 지역 시장 권역 내에 배포되기 때문에 특정 소매시장을 공략하는 데 효과적이다. 신문 독자들은 자신이 원하는 분야의 광고를 훑어보고 원하면 자세히 참조할 수 있다. 그러나 신문 광고는 특히 색상을 묘사하는 것이 중요할 때, 비교적 낮은 인쇄 품질 때문에 상품을 보여주는데 효과적이지 않다.

결과적으로, 신문 광고의 비용은 상대적으로 매우 낮다. 하지만 만약 신문의 회독률이 소매업체의 표적 시장 보다 매우 광범위하여 매출로 연계가 안되는 노출인 경우에도 비용을 발생하므로 메시지 전달 비용은 높을 수 있다.

③ 잡지

전국적인 잡지에 게재되는 광고는 주로 Target이나 Sephora 같은 전국 소매업체가 활용하고 있다. 지방지의 성장, 전국지의 지역특집판, 전문잡지의 성장으로 지역 소매체들은 잡지의 이점을 활용할 수 있다. 많은 잡지는 인쇄나 온라인을 통해서 제공되거나 오직 온라인 판만을 제공하는 방향으로 바뀌고 있다. 인쇄본에서 온라인으로 비즈니스 모델이 바뀐 경우 일부 잡지는 소매업체들이 노출 당 더 낮은 비용으로 잠재 고객들에게 다가갈 수 있게 한다. 소매업체들은 잡지의 복제의 품질이 아주 높기 때문에 자사 제품의 이미지 광고에 사용하기도 한다.

④ 직접 우편

직접 우편은 우편 또는 개인 배달 회사를 통해 소비자에게 직접 배달되는 모든 브로슈어, 카탈로그, 광고 또는 기타 인쇄된 마케팅 자료를 포함한다. 소매업체들은 우편물이 존재하는 한 우편을 통해 고객과 소통해 왔다. 대부분의 직접 우편은 개별화 되지 않고 고객이나 현재 거주자에게 전달된다. 충성도와 CRM 프로그램의 도입으로 소매업체들은 이제 모든 고객들에게 직접 메일을 개인에 맞게 보낼 수 있게 되었으며 이전의 구매내역에 따라, 혹은, 심지어 개별 고객들에게 맞춤화된 방식으로도 전달할 수 있게 되었다. 인쇄, 메일 비용, 상대적으로 낮은 응답률로 인해 고객당 단가가 비싸긴 하지만, 직접 우편은 아직도 상당히 많은 소매업체들에게 사용되고 있는데 이는 고객들이 개인적인 메시지에 호의적으로 반응하기 때문이다.

5 텔레비전

　텔레비전 광고는 지역적이나, 전국적으로 모두 집행될 수 있다. 전형적으로 소매업체들은 TV가 시각적인 이미지와 청각을 통해 의사소통 할 수 있는 기회를 가지며, 고품질의 광고물을 제작 할 수 있다는 이점을 활용하여 주로 이미지 광고에 활용되고 있다. 또한 텔레비전 광고는 상품의 사용방법을 설명해 준다. 예를 들어 TV는 자동차, 가구나 전자제품 딜러가 활용하기에 적합하다. TV는 지역적인 수준에서 판매를 촉진하는 목적으로 대대적으로 사용되기도 한다.

　게다가 높은 광고물 제작비와 더불어 전국적인 TV광고 상영시간은 매우 비싼 비용이 소요된다. 전국 광고와 대비된 지역인 광고인 스폿Spots은 상대적으로 적은 청중을 갖고 있지만, 지역 소매업체들에게 오히려 더 경제적일 것이다. 높은 제작 비용을 상쇄하기 위해, 많은 공급업체들은 판매 상품에 대한 정보 뒤에 소매업체가 자사의 상호나 태그를 삽입할 수 있는 모듈형 광고를 제공한다.

6 라디오

　많은 소매업체들은 라디오를 이용하여 광고를 한다. 왜냐하면 메시지는 쉽게 표적 시장 부문에게 전달될 수 있다. 몇몇의 라디오 프로의 청중들은 방송진행자들에게 높은 충성심을 갖고 있으며, 이는 특히 대화 라디오 형식에서 많이 나타난다. 진행자들이 소매업체들에게 홍보할 때 청취자들은 깊은 감명을 받게 된다. 라디오를 통해서 방송을 하고 제작하는데 비용은 상대적으로 낮다.

　하지만 라디오 광고의 단점 중 하나는 일반적으로 청취자들이 배경 정도로 여기는데, 이는 메시지에 집중하는데 한계가 있다. 구매자들은 방송이 될 때 라디오 광고로부터 정보를 획득해야 한다. 그러나 라디오 방송을 통해 듣지 못했거나 기억하지 못한 정보를 광고에서 다시 찾을 수 없다.

7 옥외광고

　옥외광고는 일반적으로 크고 도로나 고속도로에 인접해 나타나는 야외광고의 형태이다. 소매업체들은 전형적으로 옥외광고를 고객들을 특정 점포로 유인하기 위하여 활용한다. 만약, 누군가가 운전을 하거나 걸어가는 동안 그것을 보게 된다면, 노출 빈도는 매우 높을 것이다. 하지만 잠재적인 단점은 많은 사람들에게 다 노출될 수 있지만, 소매업체들의 타겟 시장의 고객의 수는 몇 안될 수 있다. 상대적으로, 게시하거나 제작하는데 비용이 들며, 전시하기 위해서 비교적 장기적인 계약과 고비용이 소요되기 때문에 부족한 홍보비용을 감안하면 비효율적일 수 있다. Cracker Barrel의 위치를 나타내는 고속도로변의 옥외광고판이 특정 고급 쥬얼리의 점포를 알려주는 것보다 더 효과적일 수 있다. 왜냐하면 Cracker Barrel 옥외광고판을 지나가며 운전을 하는 모든 사람들은 미래의 고객들이 될 수 있지만, 상대적으로 적은 사람들이 그 시점에 고급 보석을 구입하기 위하여 쥬얼리 매장에 들를 것이기 때문이다. 소매업체들은 신규 디지털 옥외광고 기술을 수용할 때 옥외광고는 더 매력 있게 다가올 수 있다.

2. 판매촉진

판매촉진은 소비자들이 특정 상품이나 서비스를 구매하도록 장려하는 특별한 인센티브나 흥미 유발 프로그램이다. 일부 판매촉진은 고객 충성도를 높이기 위해 사용하는 소매업체의 장기 고객 관계 관리 프로그램의 통합 요소가 되었다. 메시지를 개인화하고 고객과 직접 대화할 수 있는 가능성은 판매촉진 소매업체에서 사용하는 유형에 따라 다르다. 하지만 일반적으로 비교적 적은 정보를 전달한다. 하지만 긍정적인 면은, 메시지를 통제할 수 있는 정도가 강하며, 노출당 비용은 낮다. 쿠폰, 리베이트, 그리고 프리미엄 등 판매촉진에서 사용되는 요소들은 다음에서 논의될 것이다.

1 쿠폰

쿠폰은 상품을 구매할 때 특정한 품목에 대해서 할인해 주는 것을 제공한다. 쿠폰은 소매업체들이나 제조업체에 의해서 제공되며 메일이나, 휴대폰, 인터넷, 매장직원, 진열 매대, 제품, 혹은 신문을 통하여 이용가능하다. 쿠폰을 발행하는 방법의 범위는 점차 확대되고 있다. 소매업체들은 쿠폰을 사용하는 이유는 구매자들이 처음으로 제품을 시용해 보고 구매하게 되는 동기가 될 수 있다고 생각하였으며, 처음 구매한 구매자들은 일반적으로 계속 정기적으로 사용하는 고객으로 전환되게 될 수 있고, 더 많이 구매를 할 수 있게 하며, 사용자의 수를 더 늘릴 수 있고, 경쟁업체로부터 시장점유율을 방어할 수 있기 때문이다. 몇몇의 소매업체들은 쿠폰을 충성도 프로그램과 연계하여 활용하고 있다. 특정된 구매자들의 구매 이력 데이터를 모은 카드내역을 통해서 Safeway는 매우 개인화된 할인 정보를 제공한다. 만약 한 구매자가 주방에서 사용하는 수건과, 유리세정제 등과 같이 유통업체 브랜드 제품을 몇 개 구입한다면, 예를 들어 그 고객은 유통업체 세제에 관련된 쿠폰을 받게 될 것이다. 그러나 또 다른 구매자는 비록 같은 품목에 대한 쿠폰을 받을 수 있지만, 과거에 제조업체 브랜드 주방용 수건을 샀기 때문에 유통업체 브랜드를 구매할 것 같지 않으며 따라서 그 쿠폰의 가치는 훨씬 더 낮을 것이다.

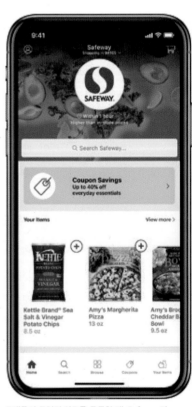

고객들이 로열티 카드를 등록할 때, Safeway가 자신들의 구매이력을 추적하도록 하는 것에 동의한다. 이 정보들을 가지고 Safeway는 개별 고객들에게 필요한 쿠폰을 제공해 준다.

2 리베이트

리베이트는 구매자들에게 다른 형태의 할인을 제공한다. 하지만 이 경우에는 소매업체가 개입하지 않고 제조업체가 구매 가격의 일부로 현금 형태로 구매자에게 반환한다. 소매업체는 쿠폰과 같은 방식으로 매출을 올리기도 하고, 비용이 들지 않기 때문에 일반적으로 공급업체로부터 지원되는 리베이트를 환영한다. 공급업체는 구매자가 실제로 리베이트를 신청할 가능성이 낮기 때문에 혜택이 많은 리베이트를 제공할 수 있다. 그러나 일부 소매업체들은 구매시점에 상환할 수 있는 "현장 리베이트"를 제공한다. Staples와 Apple은 "Easy Rebates"와 애플 홈페이지를 통해 리베이트 처리 과정을 간소화하였다.

3 프리미엄

프리미엄은 구매, 샘플링 또는 테스트와 같은 일부 유형의 행동을 보상하기 위해 무료 또는 할인된 가격으로 상품을 제공한다. 그러한 보상은 종종 높은 가치를 인식하는 구매자들 사이에 호의를 구축한다. 프리미엄은 또한 다양한 방법으로 배포될 수 있다. Victoria's Secret이 고객들에게 보내는 우편물에 무료 향수를 보내거나, 또는 점포에서 직접 나눠줄 수 있다. 또한 Cheerios의 박스 안에 무료 우유 쿠폰이 들어있거나, 눈으로 보이는 포장에 들어있거나, 시리얼 박스 안에 장난감이 들어있는 제품 포장 등을 통해서 프리미엄을 제공한다.

3. 점포 내의 마케팅/디자인 요소 In-Store Marketing / Design Elements

소매업체들과 공급업체들은 점포 내 마케팅 디자인 요소와 활동에 상당한 관심을 기울이고 있다. 4장에서 언급했듯이 고객들은 종종 점포에 있는 동안 구매 결정을 내린다. 특별 이벤트나 제품 샘플 정보를 제공하거나 점포 내의 활동, 눈을 사로잡는 구매시점의 디스플레이 같은 점포의 환경적인 요인이 구매자들을 점포에 더 오랫동안 머무르게 하고 구매의향을 제고시키고 있다. 이러한 점포내의 마케팅이나 디자인 요소는 다음에 언급될 것이며, 16장에서 점포 디자인이나 구매자들의 구매 행동에 영향을 주는 시각적 머천다이징 기술VMD에 대해서 알아볼 것이다.

1 구매시점 전시

POPPoint-of-purchase 전시는 슈퍼마켓의 계산대에서와 같이 구매 시점에 위치한 제품 전시를 말한다. 소매업체들은 오래 전부터 그 점포에서 가장 가치 있는 것들은 POP에 있다는 것을 인식해 왔다. 구매자들은 충동적으로 그것을 사거나, 계산하기 전에 기다리는 동안 캔디 바나 잡지를 보고 있을 수도 있다. POP 전시는 모든 사람들에게 전하는 메시지는 동일하기 때문에 각각의 구매자에 개인화 될 수 없다. 상호작용은 낮으며, 제공되는 정보 컨텐츠는 최소부터 높게까지 범위가 넓게 설정된다. 마지막으로 노출 당 비용은 낮다.

2 샘플

샘플은 구매의사를 결정하기 전에 제품이나 서비스에 대해서 잠재 구매자들에게 사용할 수 있는 기회를 제공하는 것이다. 샘플을 나눠주는 것은 비용이 많이 드는 판매촉진 수단 중 하나이지만 가장 효과가 크다. 화장품이나 향수 또한 잡화점의 소매업체들은 대부분 샘플을 이용한다. 예를 들어, Costco는 구매자들이 쇼핑을 하는 동안에 맛볼 수 있는 많은 샘플들을 고객들에게 제공한다. 화장품이나 향수의 경우 샘플링은 매우 개인적이다. 즉, 판매 담당자는 고객이 원하거나 필요로 하는 샘플로 쉽게 바꿀 수 있기 때문이다. 하지만 이것은 전형적으로 식품에 적용되는 경우는 아닌데 많은 사람들이 보통 동일한 샘플을 받기 때문이다. 샘플링은 역시 상당한 상호작용을 가능하게 하며, 메시지도 통제될 수 있으며, 정보 또한 높게 제공될 수 있다. 왜냐하면 판매 담당자는 상황과 고객에 맞게 샘플을 적용할 수 있기 때문이다. 하지만 노출 당 비용은 매우 높다.

3 특별 행사

특별 행사는 계절, 문화, 스포츠, 뮤지컬 또는 다른 종류의 활동을 중심으로 만들어진 많은 판매촉진 프로그램이다. 특별 행사는 점포로 가는 흥미도 유발하지만 교통체증을 야기할 수 있다. 의복 전문점과 백화점은 트렁크 쇼를 하며, 패션쇼를 하거나 측정해주고 만들어 주는 이벤트를 실시하기도 한다. 스포츠용품 점포는 장비를 설명해 주고, 식료품점은 쿠킹 클래스를 열기도 한다. 서점은 책 사인회나 낭독회를 가질 수 있으며, 차 딜러 샵은 자동차 경주를 주관하거나 신제품 또는 빈티지 모델의 쇼를 열기도 한다. 행사 기간 동안 등록된 판매의 수는 그리 많지 않더라도 장기적 효과는 매우 큰 이익을 가져다 줄 것이다.

그럼에도 불구하고, 항상 매장 안에서만 이루어지는 것은 아니다. 이벤트 스폰서십은 소매업체가 다양한 활동을 후원하면서 발생하게 된다. 대부분 문화적이나 스포츠, 엔터테인먼트 부문에서 후원을 하게 된다. 몇몇의 소매업체들은 디트로이트의 Little Ceasars Pizza Bowl과 같은 스포츠 이벤트를 후원하기도 한다. 다른 소매업체들은 팀을 후원하여 스포츠 팀명 사용 권한을 확보하는데, 예를 들어, Target Field는 MLB 미네소타 트윈스를, HSBC 아레나는 NHL's 버팔로를, McDonald's와 Dick's Sporting Goods는 2016년 리우 올림픽을 후원해서 얻게 된 예이다. 특별 행사는 맞춤화될 수 없으나 상호작용이 매우 잘 일어날 수 있다. 메시지와 정보는 통제될 수 있으며, 노출 당 비용은 저렴한 편이다.

4. 인적 판매

인적 판매는 판매원이 직접 정보를 교환하여 고객의 요구를 만족시키는 커뮤니케이션 과정이다. 영업직원들은 모든 메시지를 고객의 요구에 맞게 개인화하고 필요한 만큼 많은 정보를 제공할 수 있다. 이것은 매우 상호작용적이며, 그리고 영업사원이 잘 훈련되어있는 수준이라면 메시지는 잘 통제되어질 것이다. 하지만 잠재적인 고객들과 직접적으로 의사소통하는 비용이 다른 형태의 촉진 수단과 비교하였을 때 상대적으로 높다. 구매자들은 많은 상품과 서비스를 사원의 도움이 없이 살 수 있지만 영업사원은 구매자들이 제품을 사는 과정에서 시간과 노력을 절약해줄 수 있으며, 구매과정에 대한 정보를 제공함으로써 더 단순화시킬 수 있다. 인적 판매가 고객 서비스에 미치는 영향은 17장에서 더 논의 될 것이다.

5. 공중 관계

공중 관계는 다양한 목표를 달성하기 위해 의사소통과 관계를 관리하는 활동을 지칭하는데, 즉 소매업체들의 긍정적인 이미지를 구축하고 유지하는 것, 부정적인 사건이나 이미지에 대처하고 해소시키는 것, 언론사들과 긍정적인 관계를 유지하는 모든 것을 다 포함한다. 많은 경우, 공중 관계 활동은 비용을 들이지 않고 언론에서 관심을 갖게 되거나 일반인들이 선한 의지를 인지시키게 하면서 다른 판촉 노력을 지원한다. PR 활동은 맞춤화 될 수 없고, 상호작용적일 수 없다. 매체는 소매업체가 의도한 대로 메시지를 해석하고 전파하고자 하는 범위 내에서 메시지를 어느 정도 제어할 수 있다. 노출 당 비용은 상대적으로 낮다. 소매업체들이 이용할 수 있는 PR 캠페인 종류는 소매업체들이 어떻게 이용하느냐에 따라 다양하다. 우리는 소매업체들이 커뮤니케이션 전략에서 공중 관계를 사용하는 몇 가지 다른 방법을 검토할 것이다.

1 니만 마커스와 크리스마스 카탈로그

The Neiman Marcus Christmas 모음집은 아마도 가장 잘 알려진 소매 카탈로그 일 것이다. 이 명성은 매년 너무나도 유명한 남과 여를 위한 엄청나게 사치스러운 선물을 교환하는 전통에 기인한다. 독특한 상품들은 언론관계자들과 패셔니스타들이 소매업체가 매년 고안한 것에 깜짝 놀라면서 무료 제품 홍보물들을 만들어낸다.

크리스마스 카탈로그는 1915년에 Neiman Marcus 고객들에게 휴일 기간에 점포를 방문하라는 초대의 의미로 크리스마스 카드로 만들어져 배포되었다. 1950년대 후반부터 고객들은 Neiman Marcus에 다른 점포나 여타 카탈로그에 없는 독특한 상품을 요청하기 시작했다. 최근 Neiman Marcus 크리스마스 카탈로그에 아리조나 풋볼 선수 Brady White가 산타 클로스

로 등장했으며 Roxana Redfoot
또한 단지 9만 5천 달러 마세라티
한정판 모델로 나오게 되었다. 200
페이지에 가까운 카탈로그는 거의
2백만명의 고객들에게 메일을 통
해서 전달되었으며, 그것은 또한
Neiman Marcus 웹사이트에도
기재되어있다.

Neiman Marcus 크리스마스 카탈로그에 풋볼 선수 Brady White가 산타 클로스로
등장했으며 Roxana Redfoot 또한 마세라티 한정판 모델로 나오게 되었다

2 메이시의 대의 명분 관련 마케팅 Macy's and Cause-Related Marketing

메이시는 많은 자선단체들과 협력하여 성공적인 대의명분 관련 마케팅 캠페인을 벌이고 있
는데, 이는 기업과 단체들이 상호 이익을 위해 이미지, 제품 또는 서비스를 마케팅하기 위해 제
휴하는 상업적 활동을 의미한다. 사회에 이익을 제공하는 것 외에도, '대의명분 점포 캠페인'은
대중의 높은 관심을 유발하고 있다. 이 프로그램은 제휴하는 자선단체들이 쿠폰을 각각 5달러
에 판매할 수 있도록 허용하고 있으며, 구매자는 특정일에 Macy's에서 25% 할인을 받을 수 있
다. 제휴업체가 비영리기관이면 참가할 자격이 주어지는데 자폐증 치료, YMCA 푸드 뱅크, 동
물보호협회 및 루푸스 연구소 등 다양하다. 한편, 메이시는 March of Dimes의 혜택을 주기 위
해 점포내에서 쿠폰을 팔기도 한다. 쿠폰 판매를 통해 얻는 소득은 각 자선활동기구 내부에서
보유하고 Macy's 는 매출이 증가하여 혜택을 입는다.

3 소매업체와 상품배치 Retailers and Product Placement

소매업체들과 공급업체들이 제
품배치를 사용할 때, 그들은 영화
나 텔레비전 프로그램의 장면과
같은 비전통적인 상황에 그들의
상품을 알리기 위해 비용을 지불
한다. 'The Walking Dead' 시리
즈에 등장한 보안관 릭이 현대 투
싼 제품을 이용하면서 그 차는 좀
비들도 갈기갈기 찢어 버릴 수 없
는 유일한 상품인 것 같이 보이게
했던 사례라고 할 수 있다.

The Walking Dead'에 나오는 Rick's 현대 투산은 비전통적인 상황에서 소매업체와
공급업체가 그들의 상품에 관련되어 비용을 분배하는 예시 중 하나이다.

III 소매 커뮤니케이션 프로그램 계획

〈그림 14-1〉은 소매 커뮤니케이션 프로그램의 개발과 실행의 4단계를 보여주고 있다. 목표설정, 예산수립, 예산배분, 프로그램을 실행하고 평가한다. 다음 절에 각각의 단계에 대해서 자세하게 설명할 것이다.

1. 목표 설정

소매업체들은 실행할 프로그램에 대한 방향을 제공해주며 그 효과를 평가하기 위한 기반을 제공하기 위해 커뮤니케이션 프로그램에 대한 목표를 설정한다. 이 장 처음 부분에 지적했듯이 몇몇 커뮤니케이션 프로그램의 목표는 소매업체의 브랜드 이미지를 창출하고 변경하는 장기목표일 수 있다. 또한 장기적으로 소구할 수 있도록 특정 세분 시장을 목표로 할 수 있다. 그러나 다른 커뮤니케이션 프로그램은 특정 주말 점포에 더 많은 고객을 방문하게 하는 단기적 성과를 달성하는 것이 목표일 수도 있다.

그럼에도 불구하고 소매업체들의 대부분의 목표는 장단기 매출과 이익의 창출이지만 종종 커뮤니케이션 프로그램을 계획하고 평가하기 위해, 판매목표 보다는 커뮤니케이션 과업과 관련된 목표를 자주 사용한다. 커뮤니케이션 목표는 고객의 의사 결정 과정에 영향을 미치는 소매 커뮤니케이션 믹스의 효과와 관련된 구체적인 목표를 의미한다.

〈그림 14-2〉는 Safeway 슈퍼마켓의 표적고객에 대한 가상적인 정보를 나타낸다. 이 정보는 제 4장에서 설명한 바와 같이 고객 구매 의사결정단계의 목표와 연관되어 있다는 것을 설명한다. 95%의 고객들이 특정 점포에 대해 인지하고 있고_{의사결정의 첫 단계}, 85%의 고객이 판매되는 상품의 종류를 알고 있다는 점에 주목한다. 하지만 오직 45%의 고객들이 점포에 대해 호의적인

🔵 그림 14-1 소매 커뮤니케이션 프로그램 개발 단계

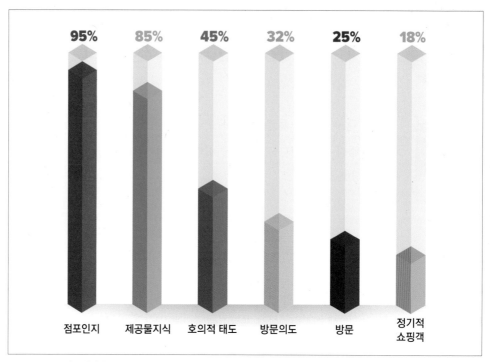

| 95% | 85% | 45% | 32% | 25% | 18% |
| 점포인지 | 제공물지식 | 호의적 태도 | 방문의도 | 방문 | 정기적 쇼핑객 |

○ 그림 14-2　커뮤니케이션 목표과 고객 구매 의사결정 단계

태도를 보이고 있다. 32%의 사람들은 다음 몇 주 동안 점포를 방문하려는 의도를 가지고 있으며, 실제로 25%의 사람들은 다음 2주 후에도 계속적으로 방문하기도 하였다. 또한 18%의 사람들이 대부분 정기적으로 점포를 방문한다.

　이 가상의 예에서, 대부분의 사람들은 특정 점포와 점포에서 판매하는 상품의 종류에 대해서 알고 있었다. Safeway가 직면한 주요 문제는 사람들이 알고 있는 지식과 고객들이 점포를 대하는 호의적인 태도 사이의 큰 차이가 존재한다는 것이다. 따라서, 점포에 대해 호의적인 태도를 가진 고객의 비율을 증가시키는 것을 목표로 하는 커뮤니케이션 프로그램을 개발해야 한다.

　커뮤니케이션 프로그램을 효과적으로 실행하고 평가하기 위해서, 목표를 정량적인 용어로 명확하게 명시하여야 한다. 커뮤니케이션 믹스의 표적 청중의 예상되는 변화의 정도와 변화가 실현되는 기간이 함께 정의되어야 한다.

　예를 들어, Safeway 프로그램의 커뮤니케이션 목표는 점포에 대해 호의적인 태도를 보이는 고객의 비율을 점포의 반경 5마일 이내의 고객을 정하여 3개월 이내에 45%에서 55%로 증가시키는 경우이다. 이 목표는 명확하고 측정 가능해야 한다. 이렇게 함으로써 프로그램이 역점을 두어야 할 과업을 제시한다. 프로그램 관계자들이 자신들이 무엇을 달성해야 하는가를 깨달아야 한다.

　공급업체와 소매업체가 사용하는 커뮤니케이션 목표와 접근방식이 서로 다르며, 그 차이점 때문에 갈등이 생길 수 있다. 이와 같은 몇몇의 갈등의 요소들이 다음과 같다.

- 장기적 목표 VS 단기적 목표: 공급업체에 의한 커뮤니케이션은 대부분 제품의 장기적 이미지 구축에 초점이 맞춰져 있다. 반면 소매업체의 커뮤니케이션은 대부분 판매촉진과 세일을 알리는 단기적 매출 확대에 초점이 맞춰져 있다.
- 상품 VS 점포: 공급업체는 상품을 광고할 때, 상품이 어느 점포에서 팔리는가에 대해서는 관심이 없다. 반면, 소매업체는 판촉을 할 때, 고객이 자신들의 점포에서 상품을 구입하면 어떤 브랜드 제품을 구매하는가에는 관심이 없다.

Safeway의 커뮤니케이션 목표는 더 많은 사람들이 자사에 대해서 호의적인 태도를 갖게 하는 것이다.

- 제공하는 상품의 폭: 전형적으로 공급업체들은 적은 수의 상품을 판촉하는데 공급하는 각각의 상품들 간의 일관성있는 커뮤니케이션 프로그램을 개발하는 노력을 기울인다. 소매업체는 방대한 상품을 판촉하는 커뮤니케이션 프로그램을 개발해야 된다.

2. 커뮤니케이션 예산 수립

소매 커뮤니케이션 프로그램을 개발하는 두 번째 단계는 예산을 수립하는 것이다. <표 14-2> 참조. 경제적 측면에서 정확한 커뮤니케이션 예산을 수립하는 방법은 한계분석이다. 비록 소매업체들은 때때로 완전한 한계분석을 실행하기에 많은 정보를 갖고 있지 않다고 할지라도 이 방법은 관리자가 예산수립 프로그램에 어떻게 접근해야 하는지를 보여준다. 커뮤니케이션 예산을 책정하기 위한 한계 분석 방법은 소매업체가 지역 상권 내 점포 수 결정8장, 각 점포에 할당할 상품 결정12장, 점포 당 종업원 배치15장, 상품 카테고리 당 매대 공간 결정16장 등 예산 배분 결정에 소매업체가 꼭 활용해야 하는 접근법이다.

커뮤니케이션 예산의 중요한 원천은 협력 광고 프로그램이다. 협력 광고 프로그램은 소매업체와 공급업체 양사가 공동으로 진행하는 판촉프로그램이다. 공급업체는 소매업체의 홍보활동에 부분적으로 비용을 지불하지만 상황을 결정하기도 한다. 예를 들어서 Best Buy는 Sony 디지털 TV와 관련한 광고 비용의 절반을 지불해야 한다. 게다가 비용을 더 저렴하게 하기 위해, 소매업체는 협력 광고를 이용하여 소매업체 자사의 이름을 유명한 제조업체 브랜드와 연계시키고 제조업체 브랜드에 의해 만들어진 매력적인 우수한 광고물도 사용할 수 있게 한다.

1 한계 분석 방법

한계 분석은 1달러가 추가적으로 투입되었을 때 부가적인 생산성을 가진다면, 기업은 커뮤니케이션 비용을 증가시켜야 한다는 경제적 원칙에 근거하고 있다. 한계 분석을 설명하기 위해, 여성정장을 판매하는 전문점 경영자인 Diane West를 생각해 본다. 〈표 14-2〉는 내년에 커뮤니케이션 믹스를 위해 얼마를 지출할지 결정하는 분석방법을 보여준다.

21개의 각기 다른 커뮤니케이션 비용 수준column 1을 산출해내기 위해, West는 점포매출column 2, 총이익column 3, 기타 비용column 4와 5을 추정한다. 그리고 커뮤니케이션 비용을 제외한 기여도column 6와 커뮤니케이션 비용이 고려된 이익을column 7 계산했다. 각기 다른 단계의 커뮤니케이션에 의해 산출된 매출액을 계상하기 위해 West는 자신의 판단과 경험에 단순히 의존하거나, 과거의 데이터를 분석할 수 있다. 과거의 데이터는 또한 총이익에 대한 정보와 판매율에 따른 다른 비용에 대한 정보를 제공한다.

커뮤니케이션 비용의 하위수준을 보면, 커뮤니케이션 비용에 5,000 달러를 추가로 지출하는 것은 증대된 5,000달러보다 더 많은 기여도를 산출해낸다. 예를 들어, 15,000달러에서 20,000달러로 커뮤니케이션 비용을 5,000달러 증가시키면, 기여도는 10.800달러48,400달러-37,600달러 증가된다. 그러나 커뮤니케이션 비용이 65,000달러를 넘으면 추가 지출보다 산출되는 기여도는 적어진다. 예를 들어, 65,000달러에서 70,000달러까지의 예산증가는 4,050달러125,350달러-121,300달러의 기여도 증가를 가져온다.

이 예에서 West는 최대의 이익을 얻게 되는 지점은 커뮤니케이션 예산을 65,000달러로 할 때라고 결정한다. 그러나 55,000달러에서 70,000달러까지의 지출은 동일한 수준의 수익을 올린다는 것을 알았다. 그래서 West는 보수적인 결정을 내렸고, 55,000달러의 커뮤니케이션 비용 예산을 수립했다.

대부분의 경우, 관리자들은 커뮤니케이션 비용과 매출 사이의 관계를 모르기 때문에 한계분석을 수행하기 어렵다. 〈표 14-2〉의 숫자는 단순히 West의 추측일 뿐이다.

소매업체는 종종 판매와 커뮤니케이션 비용 사이에서, 보다 좋은 관계를 찾아내기 위해 실험을 한다. 예를 들어, 카탈로그 소매업체는 동일한 판매 가능성을 갖고 미국 내의 몇몇 지역을 선택한다. 소매업체는 100,000개의 카탈로그를 첫 번째 지역에 배포하고, 200,000개는 두 번째 지역에, 300,000개는 세 번째 지역에 배포했다. 각 기여도 수준에 대한 매출과 비용을 이용하여 최적의 기여도를 결정하기 위해 〈표 14-2〉와 같은 분석을 거칠 수 있다제 13장에서 가격과 매출 사이의 관계를 결정하기 위한 실험을 활용하는 것에 대해 설명하였다.

소매업체가 예산을 수립하기 위해 사용하는 또 다른 방법으로는 목표-과업 방법과, 손대중 방법으로서 가용 예산 방법, 판매 비율 방법, 경쟁 동가 방법 등이 있다. 이런 방법들은 한계 분석방법 보다 덜 정교하지만 사용하기 쉽다.

표 14-2 커뮤니케이션 예산설정의 한계 분석

Level	커뮤니케이션 비용(1)	매출 (2)	실현된 총이익 (3)	임대지출 (4)	인건비 지출 (5)	커뮤니케이션 비용전 기여도 (6)=(3)-(4)-(5)	이익 (7)=(6)-(1)	
1	$0	$240,000	$96,000	$44,000	$52,200	$(200)	(200)	
2	5,000	280,000	112,000	48,000	53,400	10,600	5,600	
3	10,000	330,000	132,000	53,000	54,900	24,100	14,100	
4	15,000	380,000	152,000	58,000	56,400	37,600	22,600	
5	20,000	420,000	168,000	62,000	57,600	48,400	28,400	
6	25,000	460,000	184,000	66,000	58,800	59,200	34,200	
7	30,000	500,000	200,000	70,000	60,000	70,000	40,000	작년
8	35,000	540,000	216,000	74,000	61,200	80,800	45,800	
9	40,000	570,000	228,000	77,000	62,100	88,900	48,900	
10	45,000	600,000	240,000	80,000	63,000	97,000	52,000	
11	50,000	625,000	250,000	82,500	63,750	103,750	53,750	
12	55,000	650,000	260,000	85,000	64,500	110,500	55,500	결정된 예산
13	60,000	670,000	268,000	87,000	65,100	115,900	55,900	
14	65,000	690,000	276,000	89,000	65,700	121,300	56,300	최고 수익
15	70,000	705,000	282,000	90,500	66,150	125,350	55,350	
16	75,000	715,000	286,000	91,500	66,450	128,050	53,050	
17	80,000	725,000	290,000	92,500	66,750	130,750	50,750	
18	85,000	735,000	294,000	93,500	67,050	133,450	48,450	
19	90,000	745,000	298,000	94,500	67,350	136,150	46,150	
20	95,000	750,000	300,000	95,000	67,500	137,500	42,500	
21	100,000	750,000	300,000	95,000	67,500	137,500	37,500	

2 목표-과업 방법 Objective-and-Task Method

목표-과업 방법은 커뮤니케이션 목표를 달성하기 위한 특별한 업무수행에 요구되는 예산을 결정한다. 이 방법을 사용하기 위해 소매업체는 일련의 커뮤니케이션 목표를 세운다. 업무를 수행하기 위해 발생되는 모든 비용이 커뮤니케이션 예산이 된다.

〈표 14-3〉은 Diane West가 한계 분석을 보완하기 위해 목표-과업 방법을 어떻게 사용하는가를 설명한다. West는 세 가지 목표를 세웠다. 점포 인지도 제고, 표적시장 고객들에게 점포 선호도 향상, 매 계절 막바지에 남은 상품의 판매촉진 등이다. 이런 목표를 달성하기 위해 필요한 총 예산은 55,000달러이다.

목표와 과업을 규정하는 것 외에도, West는 커뮤니케이션 예산을 지출할 다음 연도의 손익계산서를 추정함으로써, 커뮤니케이션 믹스의 재무적 의미를 다시 점검한다. 이러한 손익계산은 전년에 사용한 25,000달러의 커뮤니케이션 비용 증가분이 포함되어있다. 그러나 West는 커뮤니케이션 예산의 증가로 년 매출을 500,000달러에서 650,000달러까지 증가할 것으로 믿는다. West의 계획에 근거해서 커뮤니케이션 비용의 증가는 점포의 이익도 늘어날 것이다. 한계분석과 목표-과업 방법의 결과로 커뮤니케이션 예산은 55,000달러와 65,000달러 사이에서 결정될 것이다.

📋 표 14-3 목표- 과업 방법에 의한 촉진 예산 설정의 예

목표	우리 점포의 위치를 알고 있고, 의류를 구매하는 표적시장(직장여성)의 비율을 다음 12개월 동안 25% 에서 50%로 증대시킨다.	
업무	• 피크 타임에 30초 삽입 광고를 480회 실시한다.	$12,000
	• 점포 입구에 표지판을 설치한다.	4,500
	• 전화번호부에 광고 한다.	500
목표	우리 점포를 선호하는 점포라고 언급하는 고객의 비율을 다음 12개월 동안 5%에서 15%로 증대시킨다.	
업무	• 이미지 개선을 위해 30초 TV 상업광고를 50회 실시한다.	$24,000
	• '와인&치즈 행사 다음에 "성공을 위한 옷 연출법" 세미나를 개최한다.	8,000
목표	시즌말에 잔여 상품을 판매한다.	
업무	• 특별행사	$6,000
	• 총예산	$55,000

3 손대중방법 Rule-of-Thumb Methods

앞의 두 가지 방법에서는 기업의 미래 매출이나 커뮤니케이션 목표에 대한 커뮤니케이션 활동의 영향을 예측함으로써 커뮤니케이션 예산을 세운다. 손대중 방법은 이와 반대 논리를 사용한다. 이 방법은 현재 커뮤니케이션 예산을 결정하기 위해 과거의 매출과 커뮤니케이션 활동을 활용한다.

가용 예산 방법 Affordable Budgeting Method   가용 예산 방법을 사용할 때는, 우선 예산 기간 동안 커뮤니케이션 비용을 제외한 매출과 비용을 예측한다. 예상된 매출에서 비용과 기대 수익을 차감한 부분만큼 커뮤니케이션 믹스로 예산을 잡는다. 다시 말해서, 가능 예산 방법은 운영비용과 이익을 산출한 후에 사용 가능한 금액이 얼마인지에 따라 커뮤니케이션 예산을 세우는 것이다.

매출 비율 방법 Percentage-of-sales Method   매출 비율 방법은 예상매출액 중 고정비율로 커뮤니케이션 예산을 설정한다. 소매업체들은 예산 기간 동안 매출을 예상하고 예산을 수립하기 위해 예정된 비율을 사용해서 커뮤니케이션 비용을 결정한다. 여기서 사용되는 비율은 소매업체가 과거에 이용했던 평균 비율이다.

📋 표 14-4 촉진 예산 증대의 재무적 의미

매출	금년	내년
	$500,000	$650,000
총매출(실현된)	200,000	260,000
임대료, 유지보수비 등	- 70,000	-85,999
인건비	-60,000	-64,500
커뮤니케이션 비용	-30,000	-55,000
이익	$ 40,000	$ 55,500

경쟁 동가 방법 Competitive Parity Method   경쟁 동가 방법에서 커뮤니케이션 예산은 회사의 가장 중요한 경쟁업체의 커뮤니케이션 지출비용과 같도록 책정한다. 그것은 백분율보다 경쟁기업이 사용하는 절대금액에 기초한다. 예를 들어, Root를 고려해보면, 작은 도시에서 잘 운영되고 있는 레스토랑이다. Linger라는 새로운 레스토랑이 아래 블록에 오픈해서 연간 커뮤니케이션 비용을 $5,000으로 측정했다면 Root 또한 유사하게 설정할 것이다

손대중 방법의 상대적인 장점과 문제점

가용 예산 방법의 문제는 커뮤니케이션에 투입된 비용이 매출과 이익에 영향을 끼치지 않는다고 가정하는 것이다. 여기서 커뮤니케이션 비용은 단지 제품 가격처럼 사업상의 비용일 뿐이다. 소매업체가 가능 예산 방법을 사용할 경우, 만약 매출이 예상보다 저조하면 매출증가를 위해 커뮤니케이션 비용을 증가시키지 않고 "불필요하다"고 여겨 커뮤니케이션 비용을 삭제하게 될 것이다.

이러한 방법들 중 어떤 것도 소매업체들이 시장에서 자사가 직면하고 있는 독특한 기회나 문제들을 해결하도록 허락하지 않는다. Roots는 여러 해 동안 시장에 존재해왔기 때문에 사람들에게 잘 알려져 있으며 충성스러운 고객 기반을 유지하고 있다. Roots는 Linger와는 다른 의사소통 필요성을 가지고 있으며 아마도 비용이 덜 소요될 것이다. 또한 이 방법은 커뮤니케이션 전략을 수립하고 실행하는 다른 소매업체들의 차등적인 능력들을 무시한다. 단지 두 소매업체가 동일한 금액을 커뮤니케이션에 지출하거나 동일한 비율의 매출을 사용한다고 해서 그들의 프로그램이 똑같이 효과적이라는 것을 의미하지는 않는다.

매출비율과 경쟁 동가방법은 또한 경쟁자의 소매 포맷을 똑같이 복사했다는 가정에서 이루어지게 된다예를 들어, 제품 종류, 장소, 가격 등등. 하지만 예를 들어 Roots는 이전에 좋은 입지를 확보했으며 제공되는 음식이 더 맛있고, 건강하며, 더 낮은 가격에 판매되고 있다. 그래서 Roots는 Linger와 똑같은 커뮤니케이션 효과를 내기 위해서 더 많은 비용을 지불하지 않아도 된다. 그럼에도 불구하고 전반적인 것들을 고려한 손대중 방법의 단점에도 불구하고 커뮤니케이션 예산을 책정하기 위한 가장 좋은 방법이 무엇인지에 대한 통찰력을 제공하고 있다.

커뮤니케이션 예산을 세우는데 있어 매출 비율 방법이나 가용 예산 방법이 가지는 장점은, 소매업체의 커뮤니케이션 비용이 과도하게 지출되는 것을 막아준다는 점이다. 지출의 수준이 매출에 의해 정해지기 때문에, 예산은 매출이 증가할 때만 증가하고 소매업체는 추가로 커뮤니케이션 비용을 지출하기 위해서는 매출을 창출해야만 한다. 경기가 좋을 때는 이런 방법들이 소매업체가 고객에게 더 적극적인 커뮤니케이션을 할 수 있게 하기 때문에 효과적이다. 그러나 판매가 저조할 때, 커뮤니케이션 비용은 줄어들고 이것은 매출 저하를 불러올 가능성을 가지고 있다.

3. 판매촉진 예산 배분

커뮤니케이션 예산의 규모를 결정한 후에, 커뮤니케이션 예산 과정에서 세 번째 단계는 예산을 배분하는 것이다. 이 단계에서 소매업체는 구체적인 커뮤니케이션 요소, 상품 카테고리, 지역 또는 장단기 목표에 얼마의 예산을 배분할 것인가를 결정한다. 예를 들어, Dillard's는 해당 점포의 지역인 Southeast, Mid-Atlantic, Southwest, Midewest, and West Coast에 얼마의 커뮤니케이션 예산을 나눌지를 결정해야 한다. Michaels 크래프트 샵은 취급하는 서로 다른 상품 카테고리에 예산을 배정할지 결정해야 한다. 스포츠용품점 소유 경영자는 점포의 2,250 달러의 커뮤니케이션 예산이 그 해의 판매 창출에 대비하여 점포 이미지 개선에 얼마나 쓰였는지 그리고 광고와 특별 판촉에는 얼마를 사용할 것인지를 결정해야 한다.

연구조사에 따르면 예산의 배분이 예산을 결정하는 것보다 더 중요하는 것을 알 수 있다. 다시 말해서, 소매업체는 커뮤니케이션 예산을 줄이고 보다 효율적인 예산할당을 통해서 기대했던 목표를 실현할 수 있다. 예산배분을 용이하게 하는 방법으로는 지역이나, 상품 카테고리에 동일한 예산을 배분하는 것이다. 그러나 이러한 방법은 이윤을 극대화하지는 못한다. 왜냐하면 특정 지역이나 특정 상품에 더 효과적일 수 있는 커뮤니케이션 프로그램의 가능성을 무시하기 때문이다. 또 다른 방법은 제품 카테고리의 판매 수준이나 기여도를 근거로 분배하는 것과 같은 주먹구구식 방법을 이용하는 것이다.

예산수립 결정과 마찬가지로 예산배분 역시 한계 수익성 분석을 이용해야 한다. 소매업체는 최고의 수입을 가져다 줄 지역에 예산을 분배해야 한다. 이러한 예산할당 방법은 흔히 고평가 원리로서 설명된다. 두 가지 대안이 있는 광부를 생각해 보자. 하나는 톤 당 1만 달러 상당의 원석이 나오는 광구에서 채취하는 것이고, 다른 하나는 톤 당 5천 달러 상당의 원석이 나오는 광구에서 채취하는 것이다. 광부는 첫 번째 광산에 2/3의 시간을 할애하고 두 번째 광산에 1/3의 시간을 할애해야 할 것인가? 물론 아니다. 광부는 채굴된 광석의 분석가치가 5천 달러로 떨어질 때까지 첫 번째 광구에서 일을 하고 그 후에는 두 광구에 대해 시간을 동일하게 나누어 쓸 수 있다.

이와 같은 맥락에서, 어떤 소매업체가 고객들이 여성복에는 높은 인지도와 호의적 태도를 갖고 있으나 남성의류에 대해서는 그렇지 않다는 것을 발견했을 때, 남성의류 광고에 1달러를 지출하는 것이 여성 의류에 1달러를 더 지출한 것보다 더 많은 판매를 창출할 수도 있다.

4. 커뮤니케이션 프로그램 실행 및 평가 - 세 가지 예시

소매 커뮤니케이션 프로그램에서 가장 마지막 단계는 그것을 실행하고 평가하는 것이다〈참조: 그림 14-1〉. 본 장 마지막 부분에서는 커뮤니케이션 프로그램 실행 및 평가를 진행했던 세

가지 커뮤니케이션 프로그램을 설명할 것인데, 세 가지 예는 한 소규모 전문소매점의 전통적인 광고 캠페인, 페이스북 캠페인, 그리고 구글 AdWords 캠페인이다.

1 광고 캠페인

가상적으로 Fabulous Fromage가 뉴욕 시 바로 외곽에 위치한 수입치즈 전문 식품점이라고 상상해보자. 그 점포의 외관은 프랑스 카페의 분위기와 현대 소매점의 편리함을 결합한 것으로, 대부분의 상품들은 프랑스와 전 세계의 몇몇 다른 유명한 치즈 제조국가에서 수입된다.

이 점포의 주인인 Harry Ownes는 미식 치즈를 파는 그 지역에 있는 Whole Foods 점포의 예산보다 상당하게 낮은 커뮤니케이션 예산

고객들과, 좋은 상품들, 직원에 대한 이해와 함께 효과적인 커뮤니케이션은 수입 치즈 전문 점포가 번창 할 수 있게 도와준다.

을 활용해야 한다는 것을 알고 있다. 따라서 제한된 예산을 특정 세분시장에 집중하기로 결정하고 광고에 매우 창의적인 카피와 독특한 예술성을 표현하여야 한다. 표적고객은 박식하고 세련된 미식가의 소비자라는 점을 경험적으로 알고 있는데, 인적 판매가 중요한 이유는 ① 고가로 치즈를 구매해야 하지만 ② 구매 결정을 내리기 전에 상당한 정보를 탐색하기 때문이다. 그러므로, Owens는 커뮤니케이션 비용을 판매직원 훈련에 많이 사용하기로 했다.

Owens가 개발한 광고 프로그램은 그의 점포를 차별화된 이미지를 갖도록 강조하였다. 주된 매체로 신문을 통해 광고를 게재하였는데, Whole Foods의 광고는 특별한 치즈에 대한 가격판촉을 강조하는 경향이 있는 반면, Fabulous Fromage의 광고는 프랑스 목장의 색다른 풍경과 특이한 예술품들을 포함한 프랑스의 국가 이미지를 강조한다. 이러한 테마 또한 점포의 분위기에 반영되어 있다.

커뮤니케이션 프로그램을 평가하기 위해서, Owens는 초기에 계획을 수립하고, 개발했던 목표들과 프로그램 결과에 대해서 비교할 필요가 있다. 캠페인 효과를 측정하기 위해서는 저렴한 추적 조사를 실시한다. 상권의 대표 고객들을 대상으로 전화인터뷰를 정기적으로 실시한다. 커뮤니케이션 목표는 다음과 같은 질문을 사용하여 측정된다.

커뮤니케이션 목표	질문
인지	어떤 점포에서 수입 치즈를 살 수 있습니까?
지식	어떤 점포가 아래와 같은 특징들 중에서 뛰어나다고 생각합니까? (구매 지원)
태도	수입치즈를 사러 갈 때, 어떤 점포를 먼저 방문하겠습니까?
방문	다음 중 귀하는 어떤 점포들을 방문했습니까?

일 년 동안의 설문 조사 결과가 다음과 같이 나타났다.

커뮤니케이션 목표	캠페인 시작 전	6개월 후	일년 후
인지도(% 점포 언급)	38%	46%	52%
지식(%, 구매지원에 뛰어난 평가를 한 비율)	9	17	24
태도 (%, 첫 번째 선택)	13	15	19
방문 (%, 방문했던 점포)	8	15	19

이 결과는 점포에 대한 인지도, 지식, 그리고 훌륭한 수입 치즈를 구매할 수 있는 주요한 장소로 고객들의 선택이 꾸준히 증가하고 있음을 보여준다. 따라서 광고가 표적고객에게 의도된 메시지를 잘 전달하고 있다는 증거를 제공한다.

2 페이스북 마케팅 캠페인

Owens는 〈그림 14-1〉에서 설명된 단계를 이용하여 이탈리아에서 수입할 새로운 제품군을 위한 Facebook 마케팅 캠페인을 개발하고 있다.

1. **목표 수립** Owens는 반드시 캠페인을 통해서 달성하고자 하는 목표를 결정해야 한다. 치즈 제품 종류가 확대되었다는 것을 인지시키는 것인가? 더 많은 잠재 고객들이 페이스북 페이지를 더 좋아하고 방문하길 원하는가? 제품군의 매출 증가에 초점을 맞추고 있는가? 목표를 통해 무엇을 달성하고 싶은지에 따라, 그는 페이스북 Page를 개발시키거나, App을 만들거나, 페이스북 Event를 개최하는 것에 중점을 두어 진행할 것이다.

   목표와 관련하여, Fabulous Fromage가 누구를 표적으로 생각하고 있는지 결정할 필요가 있다. 페이스북을 통해 Owens는 거주지, 언어, 교육, 성별, 직업, 나이, 관계의 정도, 호불호, 그리고 친구나 연계성을 기반으로 표적고객 선정 과업을 수행할 수 있다. Owens의 목표는 신규 제품군을 구매할 수 있는 사람들에게 도달할 수 있을 만큼 충분히 큰 청중을 찾는 것이며, 결국 그는 목표 대상 고객이외의 누군가에게 소구하고자 한다.

2. **예산 결정** 예산 수립이 핵심이다. 페이스북은 매일 광고주들에게 예산을 수립하는데 도움을 준다. 일단 비용^{대부분 클릭당}이 일정 수준에 도달하면, 그 광고는 이후에는 당일에 보이지 않게 한다. 물론, 만약 소매업체가 좋은 피드백을 받고 있고, 갑자기, 매력적인 광고가 사라진다면 이 옵션은 위험한 선택일 수 있다. 그러므로, 캠페인의 내용을 자주 주목해야 하는 것처럼, 예산 수요도 지속적으로 살펴봐야 한다. 예를 들어, 경쟁자가 가격을 아주 낮춘다면, 고객의 고려대안군에서 제외되는 것을 피하기 위해 같은 방향을 따라야 할 필요가 있다.

3. **예산 할당** 이제 Owens는 목표 시장과 캠페인 예산을 알고 있기 때문에 다음 단계는 광고문안과 제작물을 포함한 커뮤니케이션 과업을 수행해야 한다. 이 과정은 어느 다른 마

케팅 커뮤니케이션 캠페인과 다르지 않다. 분명하고 설득력이 있어야 하는 점이 필수적이다. 강하고 눈을 사로잡는 이미지 그리고 디자인은 매우 중요하다. 그리고 캠페인은 적합한 구매자들에게 어필되어야 한다. 하지만 다른 형태의 마케팅 커뮤니케이션보다 소셜 미디어에서 더 중요한 측면은 이미지와 메시지가 거의 지속적으로 업데이트되어야 한다는 것이다. 왜냐하면, 사람들은 지속적으로 변하는 온라인 내용들을 기대한다. 예를 들어, 텔레비전의 광고도 그렇지만 약 몇 달 동안 똑같은 캠페인이 진행된다면 그것은 부적절할 것이다.

4. 프로그램 실행과 평가 마지막 단계는 캠페인을 실행하고 성공여부를 검증하고 필요하다면 내용을 수정해야 한다. 페이스북 광고관리자들은 광고의 클릭 숫자, 청중들의 인구통계, 그리고 특정 시간대의 광고 성과와 같은 다양한 계산수치와 보고서를 제시한다.

3 구글 Adwords 캠페인

Fabulous Fromage의 목표 시장은 젊고, 음식과 와인에 관심이 많은 교육수준이 높은 30~40대 남녀이다. 경험상 까다로운 표적 집단에게는 인적 판매가 중요하다는 것으로 알고 있는데, 왜냐하면 목표시장 내의 고객들은 ① 대량구매를 하고 ② 결정을 내리기 전에 해당 제품에 대해서 정보를 검색하기 때문이다. 그러므로 Owens는 특정 세분시장을 대상으로 제한된 예산을 집중적으로 투하하기로 하고 새로운 웹사이트를 통해 매출을 달성하기 위해 IMC 프로그램의 일환으로 전자매체를 사용하기로 했다.

새로운 고객들에게 도달하기 위해서, Owens는 검색엔진 마케팅을 적극적으로 활용하고 있다. 특히 Google AdWords를 사용하고 있는데, 이는 잠재 고객이 사용하는 키워드를 바탕으로 검색 결과 페이지의 광고 부분에 광고주가 나타날 수 있도록 하는 구글이 제공하는 검색 엔진 마케팅 도구이다. 또한 Owens는 구글 컨설턴트와의 상호작용에서 학습한 내용을 활용하고 있으며 검색엔진 최적화를 달성하기 위해 웹사이트에 콘텐츠를 다시 쓰고 있다. 그러므로, Owens는 구글의 광고 프로그램을 통한 유료 검색과 더불어 수정된 웹사이트 콘텐츠를 통한 자연적인 검색 모두를 실험적으로 사용하고 있다.

Owens는 후원사 링크 광고 프로그램에 사용할 최고의 키워드를 결정해야 한다. 몇몇의 잠재 고객들은 "New York Gourmet Cheese", "Imported Cheese"등과 같은 키워드를 사용해서 검색해볼 지도 모른다. Google AdWords를 통해서 Owens는 잠재 고객이 인터넷 검색 중에 사용한 각각의 키워드에 대한 도달율, 연관성, 광고 투자 수익률을 측정함으로써 광고 지출의 효과성을 평가할 수 있다.

도달율을 추정하기 위해서는 Owens는 많은 노출빈도^{사용자 앞에 광고가 나타난 수}와 클릭 횟수 비율^{clik-through rate: CTR}을 사용하게 된다. CTR를 계산하기 위해서 그는 사용자가 광고를 클릭하는 횟수를 노출빈도수로 나눈다. 예를 들어, 만약 사용자들에게 후원사 링크가 100번 노출이 되었고, 사람들이 10번 클릭했다면, CTR은 10%일 것이다. 광고의 연관성은 소비자가 검색을 하는 동

표 14-5 두 가지 구글 AdWords 광고수익율 평가

(1) 키워드	(2) 클릭수	(3) 비용	(4) 매출	(5) 매출-비용	(6) 광고수익율
New York Gourmet Cheese	110	10달러/일	35달러/일	25달러	250%
Imported Cheese	40	25 달러/일	40달러/일	15달러	60%

안 광고 메시지가 얼마나 유용한지를 설명한다. 구글은 품질 점수$^{Quality\ Score}$라고 알려진 독점적인 지표를 사용하여 AdWords 시스템을 통해 연관성을 측정한다. 품질 점수는 광고 문자 또는 사용자의 검색과 관련된 키워드를 측정하기 위해 여러 요인을 사용한다. 높은 품질 점수는 일반적으로 클릭 횟수 당 낮은 비용과 함께 검색창 맨 위에 뜨는 광고의 키워드를 의미한다. "Gourmet Cheese"라고 검색을 할 때 Fabulous Fromage 광고가 4번째로 나타나게 되며, 이것은 높은 연관성을 보여준다.

위 공식을 사용해서 Owens는 또한 광고투자수익 지수를 쓰기도 한다. ROAI $^{Return\ On\ Advertising}$ ^{Investment}란 순매출 - 광고비용 / 광고비용이다.

〈표 14-5〉에 나타나 있는 것처럼, 두 개의 키워드 검색를 사용하여 광고를 집행하는데 비용이 얼마나 소요되었으며 결과적으로 매출이 발생했는지, 그리고 ROAI를 살펴 볼 수 있다. "New York Gourmet Cheese"에서는 "Imported Cheese"보다 웹사이트에서 많이 클릭되었다. 그럼에도 불구하고 "New York Gourmet Cheese"라는 검색어로는 매일 35달러의 낮은 판매가 이루어졌으며, "Imported Cheese"라는 검색어일 경우 매일 40달러의 더 높은 판매가 이루어졌다. "Imported Cheese"가 "New York Gourmet Cheese"보다 훨씬 훌륭한 ROAI 비율 수치를 나타내고 있었다. 향후에는 Owens가 이 키워드를 지속적으로 사용해야 하며, 그것과 유사한 키워드를 만들어내기 위해 노력해야 하고 이는 더 높은 투자수익률을 달성하게 될 것이다.

요약

LO 14-1 신규 매체 요소에 대해서 파악할 수 있다.
지난 과거 10년 동안, 소매업체들은 몇몇의 새로운 매체 요소들을 수용했다. 온라인 요소들은 웹사이트, 이메일, 모바일 그리고 소셜미디어를 포함한다. 소매업체들이 수용한 소셜미디어의 종류는 유튜브, 페이스북, 블로그 및 트위터이다.

LO 14-2 전통적 매체 요소에 대해서 설명할 수 있다.
소매업체들은 고객들과 다양한 전통적 매체 요소를 사용해서 커뮤니케이션을 한다. 이것은 대중매체, 판매촉진, 점포 내의 마케팅/디자인 요소들, 인적 판매 및 공중관계를 포함한다.

LO 14-3 소매 커뮤니케이션 프로그램 계획을 이해할 수 있다.
소매업체들은 커뮤니케이션 프로그램을 4가지 단계로 나누어서 개발하고 실행한다 : 목표 설정, 예산 수립, 예산 배분, 그리고 실행과 프로그램 평가. 한계 분석 방법은 소매업체의 목표를 달성하기 위해서 예산을 어느 정도 지출해야하는지 결정하기에 가장 적합한 방법

이다. 왜냐하면 커뮤니케이션 믹스를 통해서 이익을 최대화 할 수 있게 형성되기 때문이다. 하지만 많은 소매업체들은 촉진 예산 규모를 결정할 때 손대중 방법을 사용하고 있는데, 이는 한계 분석 방법이 사용하기에 매우 어렵기 때문이다.

핵심단어

- 광고 (advertising)
- 미세 블로그 (microblog)
- 가용 예산 방법(affordable budgeting method)
- 모바일 커머스 (mobile commerce)
- 옥외광고 (billboard)
- 모바일 마케팅 (mobile marketing)
- 블로그 (blog)
- 모바일 관련 (mobile relating)
- 대의명분 관련 마케팅 캠페인(cause-related marketing campaign)
- 목표- 과업 방법(objective-and-task method)
- 클릭 횟수 비율 (click-through rate)
- 판매 비율 방법(percentage-of-sales method)
- 커뮤니케이션 목표(communication objectives)
- 인적 판매 (personal selling)
- 경쟁 동가 방법(competitive parity method)
- pop 진열 (pop display)
- 협력 광고(cooperative advertising)
- 프리미엄 (premium)
- 쿠폰 (coupons)
- 전단지 (preprint)
- 직접 우편 (direct mail)
- 상품배치 (product placement)
- 이메일 (e-mail)

- 공중 관계 (public relations)
- 이벤트 스폰서십 (event sponsorship)
- 리베이트 (rebate)
- 별쇄 광고지 (freestanding insert)
- 연관성 (relevance)
- 고평가 원리 (high-assay principal)
- 광고투자 수익률(return on advertising investment)
- 노출빈도 (impression)
- 손대중 방법 (rules-of-thumb method)
- 통합 마케팅 커뮤니케이션(integrated marketing communication)
- 판매촉진 (sales promotion)
- 한계이익 분석 (marginal analysis)
- 샘플 (sample)
- m-커머스 (m-commerce)
- 검색엔진 마케팅(search engine marketing)
- 검색엔진 최적화(search engine optimization)
- 소셜 미디어 (social media)
- 검색엔진 결과 페이지(search engine results page)
- 특별 행사 (special event)
- 감성 분석 (sentiment analysis)
- 삽입광고 (spot)
- 구전 (word of mouth)

현장학습

1. 계속되는 사례과제를 위해 선정된 소매업체의 커뮤니케이션 활동에 대한 전반적인 평가를 해보시오. 소매업체가 사용하는 제반 커뮤니케이션 요소, 즉 직접 마케팅, 온라인 마케팅, 인적 판매, 판매촉진, 직접 우편, 이메일, 모바일 마케팅, 광고(사용된 미디어), 소셜 미디어, 공중 관계, 웹사이트, 이벤트 등 각각을 이 소매업체는 어떻게 사용하는지 간략하게 설명하시오. 여러분은 어떤 요소를 수정하겠는가? 그 이유는?

2. 인터브랜드 홈 페이지를 방문해서 상위 100개의 글로벌 브랜드를 선정하시오. 순위기준으로 상위 20개 글로벌 소매 브랜드를 나열하시오. 한 두 문단으로 무엇이 이들을 강력한 소매브랜드로 만들었는가를 설명하시오. 이러한 브랜드들의 브랜드 가치를 측정하는 데 브랜드 자산과 재무적 성과가 사용되고 있는가?

3. 소매업체와 제조업체는 우편이나 신문 별쇄본 뿐만이 아니라 인터넷을 통하여 쿠폰을 배포하고 있다. 인터넷을 통해 배포된 쿠폰을 위해 retailmenot.com 홈페이지를 방문하시오. 인터넷 배포 방법과 우편이나 별쇄본 배포 방법을 비교하시오.

4. Trader Joe's 는 건강음식, 유기농, 영양보조제들 파는 미식가를 위한 업체이다. **www.traderjoes.com** 홈페이지를 방문하여 어떻게 소매점포와 상품들을 촉진하기 위하여 인터넷 웹사이트를 이용하는지 살펴보시오. 왜 웹사이트에 레시피와 계절별 안내문를 게재하는가? 이러한 정보가 이 소매업체의 고급이미지를 강화하는가? 동의하는가 아닌가? 설명해 보자.

5. 몇 주간 전에 쇼핑했던 소매업체의 소셜 미디어를 방문하자. 소셜 미디어가 소매업체 커뮤니케이션 프로그램의 요소로 어떻게 사용되고 있는가? 어떤 표적고객에게 도달되고 있는가? 소셜미디어 메시지는 일관성이 있는가? 아니면 일관성이 없었는가? 강력한 전략입니까? 아니면 약한 전략인가? 설명해 보자.

6. Target사의 언론 보도자료 룸(**https://corporate.target.com**)을 방문해 보자. 이 회사는 투자자들과 고객들과 커뮤니케이션하기 위해 어떻게 공중 관계를 활용하고 있는가? Target 입장에서 효율적인 수단인가? 여러분의 반응을 지적해 보자.

7. **www.facebook.com/business**을 방문해서 어떻게 모바일 앱 뿐만이 아니고 페이지, 광고, 스폰서 제공 스토리를 구축하는지를 이해해 보자. 광고를 통한 마케팅 활동을 고려하는 사람들은 페이스북에서 어떤 단계를 거쳐서 수행하는가?

토의 질문 및 문제

1. 고객의 시각에서 직접 마케팅의 긍정적, 부정적 측면은 무엇인가?

2. 고객입장에서 어떤 종류의 판매촉진 방법이 가장 성공적인가? 가장 덜 성공적인 것은 어떤 종류였는가? 그 반응을 설명해 보자.

3. 광고 예산을 서로 다른 제품군으로 분류하여 배분할 때 고려해야 할 요소는 무엇인가? 기본상품, 패션 또는 계절상품 중에 어떠한 항목이 광고 예산에 가장 많이 할당되어야 하는 것인가? 이유는?

4. 다음의 목표를 달성하기 위한 커뮤니케이션 프로그램의 요소를 설명해 보자.
   - 점포충성도를 20% 향상시킨다.
   - 인지도를 10% 제고한다.
   - 저렴한 가격의 소매업체라는 이미지를 구축한다.
   - 커뮤니케이션 프로그램이 이러한 각각의 목표를 달성하는지 여부를 어떻게 결정할 것인가?

5. 대학가에 신규 점포를 출점하려는 소매업체가 있다. 대학생들이 즐겨 찾는 의류, 액세서리, 제반 학교 용품을 판매하고자 한다. TV, 라디오, 도시 신문, 대학 신문, 지역 잡지, 웹사이트, 블로그 그리고 행사 스폰서십과 같은 미디어 각각의 장점과 단점을 설명해 보자.

6. 왜 일부 온라인 소매업체들은 그들의 웹사이트에 제품 정보와 함께 사설과 고객 리뷰를 포함할까? 고객들의 구매 행위에 얼마나 많은 영향을 미치고 있는지 설명해 보자.

7. 여러분은 소비자용도의 포장된 상품을 판매하는 대기업에서 일하고 있는데 최신 스낵 품목 군들의 매출이 너무 더디다는 것을 알게 되었다고 가정해 보자. 구매자들이 블로그, 리뷰 사이트, 그리고 회사 웹사이트에 게재했던 내용들을 어떻게 경청해야 되는가에 대한 전략을 추천해 보세요. 여러분의 전략이 새로운 제품 라인에 대해서 고객의 정서에 관한 통찰력을 어떻게 줄 수 있는지 설명해 보자.

8. 던킨 도넛의 인턴으로서, 여러분은 새로운 글레이즈 머핀을 위한 소셜 미디어 캠페인을 개발하라는 요청을 받았다. 이 캠페인의 목표는 새로운 머핀 제품 라인에 대해서 인지도를 제고하는 것이다. 캠페인을 어떻게 총합적으로 접근할 것인가?

참고문헌

1. Sharon Edelson, "H&M Opening High-Tech Flagship in Times Square," *Women's Wear Daily*, November 12, 2013.
2. Sarah Mahoney, "Iman, Chloe Sevigny Star in New H&M/Kenzo Campaign," *MediaPost*, September 12, 2016.
3. Tracy Chan, "H&M TVC Calls for Recycling of Clothes," *Marketing Interactive*, April 15, 2016.
4. Bethany Biron, "H&M Is Trying to Find the Next *Man Repeller*," Glossy, May 10, 2016.
5. "Olivia Culpo, Chelsea Leyland, and Leandra Medine Celebrate Winners of the 2016 Bloglovin' Awards Presented by H&M," PR Newswire, September 13, 2016.
6. Biron, "H&M Is Trying to Find the Next *Man Repeller*."
7. Stuart Elliott, "For CVS Regulars, Ads Tailored Just for hem," *The New York Times*, October 10, 2013.
8. Ludwig Stephan, Ko de Ruyter, Mike Friedman, Elisabeth C. Brüggen, Martin Wetzels, and Gerard Pfann, "More Than Words: The Influence of Affective Content and Linguistic Style Matches in Online Reviews on Conversion

Rate," *Journal of Marketing* 77 (January 2013), pp. 87–103; Peter De Maeyer, "Impact of Online Consumer Reviews on Sales and Price Strategies: A Review and Directions for Future Research," *Journal of Product & Brand Management* 21, no. 2 (2012), pp.132–139; Yue Pan and Jason Q. Zhang, "Born Unequal: A Study of the Helpfulness of User-Generated Product Reviews," *Journal of Retailing* 87, no. 4 (December 2011), pp. 598–612.

9. www.wordstream.com/sponsored-links-google.

10. Panos E. Kourouthanassis and George M. Giaglis, "Introduction to the Special Issue Mobile Commerce: The Past Present, and Future of Mobile Commerce Research," *International Journal of Electronic Commerce* 16, no. 4 (Summer 2012), pp. 5–18.

11. Brielle Jaekel, "Top 10 Mobile Advertising Campaigns of 2015," *Mobile Marketer*, January 5, 2016, http://www.mobilemarketer.com.

12. Colin Campbell, Leyland F. Pitt, Michael Parent, and Pierre R. Berthon, "Understanding Consumer Conversations around Ads in a Web 2.0 World," *Journal of Advertising* 40, no. 1 (Spring 2011), pp. 87–102.

13. Adam Rapp, Lauren Bietelspacher, Dhruv Grewal, and Doug Hughes. "Understanding Social Media Effects across Seller, Retailer, and Consumer Interactions," *Journal of the Academy of Marketing Science* 41 (September 2013), pp. 547–566.

14. "Brand Channels," YouTube, www.gstatic.com/youtube/engagement/platform/autoplay/advertise/downloads/YouTube_BrandChannels.pdf

15. "Brand Channels," YouTube, www.gstatic.com/youtube/engagement/platform/autoplay/advertise/downloads/YouTube_BrandChannels.pdf

16. The Home Depot Branded Channel, www.youtube.com/user/homedepot.

17. Ashley Rodriguez, "Macy's Embraces a 'Digital' World," *Advertising Age*, May 13, 2015; http://www.adweek.com/news/technology/how-macys-will-target-its-facebook-and-instagram-ads-holidays-168243; Sarah Mahoney, "Macy's Gets Face(book) Lift; Expands 'Ecosystem,'" *Marketing Daily*, February 29, 2012.

18. https://www.facebook.com/search/top/?q=pcc%20natural%20markets.

19. Bin Gu, Jaehong Park, and Prabhudev Konana, "The Impact of External Word-of-Mouth Sources on Retailer Sales of High-Involvement Products," *Information Systems Research* 23, no. 1 (March 2012), pp. 182–196; Jillian C. Sweeney, Geoffrey N. Soutar, and Tim Mazzarol, "Word of Mouth: Measuring the Power of Individual Messages," *European Journal of Marketing* 46, no. 1/2 (2012), pp. 237–257;

Robert East, Kathy Hammond, and Malcolm Wright, "The Relative Incidence of Positive and Negative Word of Mouth: A Multi-Category Study," *International Journal of Research in Marketing* 24, no. 2 (2007), pp. 175–184.

20. https://canopy.co.

21. David Goldman, "Twitter Will Stretch Its 140-Character Limit,"*CNN Money*, May 24, 2016.

22. https://canopy.co.

23. David Goldman, "Twitter Will Stretch Its 140-Character Limit,"*CNN Money*, May 24, 2016.

24. https://twitter.com/DUMBOFoodTrucks.

25. "The US Top 100 Advertisers in 2015 by Expenditure," http://www.adbrands.net/us/top_us_advertisers.htm; "Retail Will Continue to Outspend Other Industries on Digital Advertising," *eMarketer*, May 16, 2016.

26. American Marketing Association, *Dictionary of Marketing Terms* (Chicago: American Marketing Association).

27. "The US Top 100 Advertisers in 2015 by Expenditure," http://www.adbrands.net/us/top_us_advertisers.htm; "Retail Will Continue to Outspend Other Industries on Digital Advertising," *eMarketer*, May 16, 2016.

28. "Why Radio," *RadioAdvertising*, http://radioadvertising.co.nz/Site/Why/Default.aspx.

29. Stephanie Clifford, "Shopper Alert: Price May Drop for YouAlone," *The New York Times*, August 9, 2012.

30. "Why Radio," *RadioAdvertising*, http://radioadvertising.co.nz/Site/Why/Default.aspx.

31. Stephanie Clifford, "Shopper Alert: Price May Drop for YouAlone," *The New York Times*, August 9, 2012.

32. www.stapleseasyrebates.com/img/staples/paperless/pages/Landing.html.

33. www.marketingpower.com/_layouts/Dictionary.aspx?dLetter=S.

34. http://www.teamusa.org/sponsors.

35. V. Shankar and Gregory S. Carpenter, *Handbook of Marketing Strategy* (Northhampton, MA: Edward Elgar, 2012), chap. 9.

36. Marshall Sponder, *Social Media Analytics: Effective Tools for Building, Interpreting, and Using Metrics* (New York: McGraw-Hill, 2011).

37. Andy Shaw, "How to Create a Facebook Ad Campaign," *Social Media Tips*, September 23, 2011.

38. "Clickthrough rate (CTR): Definition," Google, https://support.google.com/adwords/answer/2615875?hl=en.

39. "Quality Score: Definition," https://support.google.com/adwords/answer/140351?hl=en.

40. "Things You Should Know about Ads Quality," https://support.google.com/adwords/answer/156066#QSvAR.

04
PART

OPEN

인적자원 및 점포관리

Part 04는 인적자원 및 점포관리의 운영문제에 초점을 두고 있다.

이의 세부사항에는 종업원과 비용에 대한 관리(제15장), 비주얼 머천다이징(제16장) 그리고 고객 서비스의 제공(제17장) 등이 있다.

전통적으로 상품관리에 관한 문제는 가장 중요한 소매 의사결정으로 인식되어 왔다.

특히 상품 구매는 소매업체 고위 관리직에 오르기 위한 최고 경력으로 여겨졌다.

오늘날 경쟁업체들이 대체로 유사한 브랜드의 상품구색을 갖추고 있기 때문에, 상품관리를 통해 전략적 우위를 확보하는 것은 더욱 어렵게 되었다.

고객은 편리하게 위치한 많은 점포와 인터넷을 통해 같은 상품을 찾을 수 있으므로, 이제는 효과적인 점포관리가 전략적 이점을 개발하는데 결정적인 기반이 되고 있다.

소매업체는 점포와 웹사이트에서의 고객 경험을 바탕으로 경쟁업체와 차별화된 상품과 서비스를 제공하는데 주력하고 있다.

OPEN

Chapter 15 인적자원 및 점포관리

학습목표

이 장을 읽은 후에 당신은

LO 15-1 점포 관리자가 종업원을 어떻게 확보하고 유지하는지 알 수 있다.

LO 15-2 점포 관리자의 효과적인 리더십 전략이 무엇인지 이해할 수 있다.

LO 15-3 점포 관리자가 비용을 절감하기 위해 무엇을 할 수 있는지 파악할 수 있다.

LO 15-4 소매업체가 일반적으로 어떻게 조직되는지 알 수 있다.

LO 15-5 점포 관리자가 종업원을 관리할 때 고려해야 하는 법적 문제는 무엇인지 이해할 수 있다.

글로벌 인적자원^{HR} 컨설팅업체인 Universum이 최근 발표한 '2019 한국에서 가장 매력적인 직장'에 따르면 경영·인문·교육 분야를 전공한 한국 대학생들은 카카오를 1위로 꼽았다.

직장인도 이직하고 싶은 기업에 자주 오르는 카카오는 수평적이면서 자유로운, 자기 주도적으로 몰입이 가능한 '조직문화'로 주목을 받고 있다. 높은 퇴사율이 고민인 작금의 현실에서 혁신적인 변화와 카카오스러움의 가치로 인재를 끌어모은 핵심철학은 다음과 같다.

1 영어 이름 사용

카카오의 조직 문화는 '영어 이름'으로 잘 알려져 있다. 의장님이 아닌 "브라이언, 그건 아닌 것 같아요"라고 존칭 없는 영어 이름을 쓰면 말하기가 수월해진다. 윗사람의 얘기에 적절히 응답하는 보통의 기업 회의 문화와 달리, 카카오는 영어 호칭을 사용하고 직급에 따른 위계구조를 없앰으로써 거리낌 없이 의견을 개진할 수 있는 수평적인 소통 문화를 구축하였다.

2 공유와 창의적인 업무환경

카카오 구성원들은 공동운명체임을 인식하고 '함께 일하는 방식'에 대해 정보를 공유하며 그들만의 가치를 만들어 나간다. 사내 인트라넷인 아지트와 전 직원이 참여하는 T500^{목요일}오후 5시부터 시작하는 미팅에서 자유롭게 의견을 교환할 수 있다. 이와 함께 자신의 취향에 따라 사무실에서 서서 일하거나 사내 이동시 킥보드를 타는 등 창의적인 업무환경을 조성하고 있다.

3 신뢰·충돌·헌신의 대원칙

솔직하게 의견을 제시하고 토론하는 의사소통이 가능한 배경에는 신·충·헌^{신뢰·충돌·헌신}의 대원칙이 있다. 카카오에서의 '신뢰'는 충돌하더라도 서로가 '좋은 의도'를 가지고 있을 것이라는 믿음을 뜻한다. 그러한 신뢰를 바탕으로 가장 좋은 안을 내기 위해 서로가 객관적으로 의견을 나누는 과정인 '충돌'을 한다. 또한 충분히 논쟁하고 부딪치며 나온 결론에 대해서는 모두가 한 방향으로 수용하고 '헌신'한다.

4 평가시스템

카카오의 평가시스템은 투명함과 공정함에 초점을 두고 일하는 과정을 진단한다. 평가 피드백을 통해 직원들이 조직에서 어떤 역할을 하고 있는지 점검할 수 있으며, 잘 하고 있는 부분과 지속적으로 관심을 기울여야 할 점은 무엇인지를 제시한다. 또 리더와 구성원 간의 공식적인 일대일 면담을 통해 성과가 어떻게 되어 가고 무엇을 도와주어야 하는가에 대해 함께 고민하는 자리를 갖는다.

5 주도적인 유연성

일의 양과 질을 결정하는 주체는 직원 개인이다. "누구 하나 강요하지 않아도 스스로 일을 찾아서 할 수 밖에 없는 문화"가 형성되어 있다. 카카오는 '완전 자율 출퇴근제'를 시행하고 있으며 휴가도 상사의 허락 없이 자유롭게 사용한다. 또 신뢰할 수 있는 적임자라면 직책에 상관없이 누구나 권한을 위임받아 주도적으로 일하며, 위임의 한계에 대해서는 이슈가 생길 때마다 의사소통을 하며 유연하게 대처하고 있다.

자료원: 한경비즈니스, "'브라이언, 그건 아닌 것 같아요…' 신입 사원도 거침없는 카카오 문화," 2019.10.22, 일부 발췌;
에너지경제, "'공정한 평가에 의욕 쑥쑥' 환경·문화 바꾸는 기업들 주목," 2020.08.02, 일부 발췌

소매업체는 다섯 가지 핵심자산인 입지, 상품, 점포, 종업원 그리고 고객을 효율적으로 관리함으로써 재무 목표를 달성한다. 본 장에서는 인적자원의 경쟁우위를 구축하는 종업원 관리에 초점을 둔다. Walmart의 설립자인 Sam Walton은 만약 경영진이 종업원들의 지원을 최우선 과제로 삼지 않는다면, 그들은 더 이상 그 팀의 일원이 되지 않을 것이라고 경고했다. 회사의 성공을 위해 그는 종업원들이 적극적으로 아이디어를 제공하고 그들의 일과 회사에 참여해야 한다고 생각했다. 스타벅스의 CEO인 Howard Schultz는 "우리는 종업원들과의 관계와 기업문화가 가장 지속가능한 경쟁우위다"라고 강조했다. 혁신적 기업문화로 유명한 Zappos는 행복한 직원이 더 좋은 생산성을 보인다고 믿고 있다.

인적자원관리는 종업원의 역량과 행동을 소매업체의 장단기 목표와 연계시켜야 한다. 인적자원의 효과적인 관리는 비용을 절감하거나 차별화를 통해 경쟁우위를 구축할 수 있다. 특히 대부분의 소매업체들이 통제할 수 있는 인건비는 수익의 약 10%를 차지하고 있는데, 이는 또한 효과적인 인적관리가 비용 우위를 창출할 수 있음을 의미한다. 종업원은 자신이 제공하는 정보와 지원을 통해 고객의 경험을 향상시키고 소매점을 차별화하는데 중요한 역할을 한다. 인적자원을 통한 차별화 우위는 경쟁업체들이 복제하기 어렵다. 가령, Zappos는 직원에게 권한을 위임하고 위계 질서를 파괴하며 퇴직 보너스 제도를 운영함으로써, 뛰어난 고객 서비스를 제공하고 있다. 그러나 대부분의 소매업체는 Zappos의 독특한 기업문화를 자신의 회사에 그대로 적용할 수 없다. 이 장에서는 종업원의 확보 및 유지에 관한 광범위한 전략적 이슈에 초점을 두고, 리더십과 비용통제 문제 그리고 조직구조와 법적 문제를 논의한다.

I 인적자원의 확보 및 유지

LO 15-1
점포 관리자가 종업원을 어떻게 확보하고 유지하는지 알 수 있다.

〈그림 15-1〉은 우수한 종업원을 채용하고 유지하기 위해 소매 관리자들이 수행하는 활동을 보여준다. 여기에서 채용단계는 한번만 이루어지고, 나머지 활동들은 계속 진행하게 된다. 이러한 각 활동들을 살펴보면 다음과 같다.

1. 종업원 채용

종업원 확보 및 유지의 첫 번째 단계는 유능한 종업원을 채용하는 것이다〈그림 15-1〉. 이 단계에는 직무기술서를 작성하고, 잠재력을 갖춘 유능한 지원자를 물색하며, 최종 면접할 후보자를

그림 15-1 종업원 확보 및 유지 활동

선별하는 과정이 포함된다.제1장 부록 1A는 소매업에 종사할 생각이 있고 관리직에 지원하려는 사람들의 관점에서 모집 및 선발 과정을 기술하고 있다. Retailing View 15.1은 소매업체가 젊은 인재를 채용할 때 밀레니얼 세대에 주목해야 하는 이유를 보여준다.

Retailing VIEW 15.1 밀레니얼 세대 채용 마케팅

채용 마케팅은 자사를 매력적인 직장으로 인식시키고 좋은 인재를 유치하기 위한 활동을 말한다. 1980년부터 1995년 사이에 태어난 밀레니얼 세대는 좋은 회사의 의미를 기존 세대와는 다르게 정의하고 있다. 대한민국 밀레니얼 세대는 약 1100만명으로 전체 인구의 22% 정도를 차지하고 있다. 이 세대는 2025년 이후 세계 노동인구의 50% 이상에 달하여 노동시장에서 가장 큰 비중을 차지할 것이라는 예측이 지배적이다. 따라서 소매업체는 밀레니얼 세대에 주목하고 이들이 선호하는 채용 마케팅에 맞게 변화를 주어야 한다.

밀레니얼 세대 직장인들은 기성 세대에 비해 개인주의 성향이 강해 조직 충성도가 낮고, 금전적 보상보다 일의 가치와 의미를 더 중요하게 생각한다. 상명하복의 수직적인 의사소통보다 쌍방향의 수평적이고 자유로운 의사소통에 익숙하고, 여러 일을 동시에 할 수 있는 멀티태스킹 능력이 뛰어나다. 이 세대는 높은 연봉을 받고 임원이 되는 것이 행복의 전부가 아닌, 워라밸을 중시하고 건강한 인간관계가 동반되는 의미 있는 삶을 지향한다. 이들은 더 많은 책임과 권한을 가지고자 하며, 자신을 꾸준히 자극하고 성장할 수 있게 도와줄 리더와 동료를 원한다. 이러한 욕구가 충족되지 않는다면 밀레니얼 세대들은 퇴사를 결심하고 새로운 전환을 모색하는 경향이 높다. 따라서 채용 단계에서 소매업체는 자사가 추구하는 인재상과 업무 방식은 무엇이고, 왜 이곳을 선택해야 하는가를 명확히 강조해야 한다. 가령, Zappos는 기업문화와 경영철학을 공개적으로 명시하여 "행복을 배달한다"는 가치를 실천할 수 있는 인재를 채용하는데 주력하고 있다.

결국 다가올 미래의 성패는 향후 회사의 주축이 될 밀레니얼 세대를 어떻게 영입하고 관리하느냐에 달려 있다. 젊은 종업원의 퇴사는 소매업체의 영속성을 보장하지 못하며, 결국 회사의 손실로 귀결되는 것은 분명하다. 소매업체는 채용과정에 드는 비용뿐만 아니라, 조직의 가치에 부합하는 젊은 인재를 구하지 못하는 상황으로 인해 비용이 발생할 수 있다는 점도 명심해야 한다.

자료원: 시사저널, "조직관리, 이제는 밀레니얼 세대를 주목할 때다!," 2018.12.24, 일부 발췌

1 직무기술서 개발

직무기술서는 종업원이 수행할 핵심적 활동을 확인하고 직무에 필요한 요건을 결정하는데 사용된다. 소매업체의 브랜드나 명성은 지원자에게 큰 영향을 미친다. 여기에는 종업원이 수행해야 하는 구체적인 작업과 수치로 표현된 성과 기대치가 포함된다. 소매 판매원의 역할은 회사마다 그리고 점포 내 부서마다 다르다. 슈퍼마켓이나 할인점 및 드럭스토어의 종업원들은 고객들이 상품을 찾을 수 있도록 도와주고 직접 가져다 주거나, 매대에 진열하는 업무를 주로 한다. 반면 보석 전문점, 고가 의류 전문점 및 가구점에서 일하는 직원들은 고객의 니즈를 정확하게 파악하여 해결하고 판매 후 서비스를 지원하는 등 보다 광범위한 판매기술이 요구된다. 〈표 15-1〉은 점포 관리자가 판매원의 직무기술서를 작성할 때 고려해야 하는 사항들이다.

2 유능한 종업원 물색

소매업체는 지원자를 모집하기 위해 자사 채용정보 사이트에 공고를 하거나 인크루트, 사람인, 잡코리아 등 취업사이트에 게시하기도 한다. 또한 정부기관인 고용노동부에서 운영하는 채용사이트 워크넷을 이용할 수 있으며 고령자 인재은행을 통해 노년층을 모집할 수 있다. 소매업체는 종종 직원들에게 채용할만한 사람을 알고 있는지 물어본다. 스타벅스 점포 관리자들은 종업원들에게 소개를 받을 때, 그 당사자에게 명함을 주고 매장에 초대하여 고용 기회를 논의한다. 일부 고용주들은 정규직 채용시 500달러, 아르바이트직의 경우 200달러와 같은 보상을 추천한 종업원에게 지급한다.

표 15-1   직무기술서 작성을 위한 질문

1	• 얼마나 많은 판매원들이 그 부서에서 같이 일하게 될 것인가?
2	• 고객을 대할 때 판매원들은 반드시 함께 일해야 하는가?
3	• 판매원들은 한번에 몇 명의 고객을 상대해야 하는가?
4	• 판매원은 넓은 쇼핑 공간에서 고객을 맞이해야 하는가 아니면 카운터 뒤에서 고객을 기다려야 하는가?
5	• 판매원은 상품지식에 대해 얼마나 알아야 하며, 어떤 종류의 상품지식을 알아야 하는가?
6	• 판매원은 상품을 팔아야 하는가 아니면 단지 주문을 받고 정보를 제공해야 하는가?
7	• 판매원은 고객과 친밀한 관계를 맺고 충성 고객으로 발전시켜야 하는 책임이 있는가?
8	• 판매원은 가격 또는 판매조건에 대해 고객과 협상할 수 있는 권한이 있는가?
9	• 판매원은 상품을 시험적으로 사용해 보일 필요가 있는가?
10	• 판매원은 추가 판매를 유도해야 하는 의무가 있는가?
11	• 판매원의 외모는 중요한가? 어떻게 보이는 것이 효과적인가?
12	• 판매원은 선반 진열 및 진열대 설치 등의 머천다이징 활동을 수행해야 하는 의무가 있는가?
13	• 판매원은 누구에게 업무 결과를 보고해야 하는가?
14	• 판매원은 어떠한 보상계획 하에 일하게 되는가?

3 지원자 심사

심사는 지원자의 자격과 직무 기술서와의 대조 작업을 통해 이루어진다. 이는 업무수행에 필요한 지원자의 경험과 잠재력 등을 확인하고 평가한다. 많은 소매업체는 면접할 후보자들을 선발하기 위해 자동화된 사전심사 프로그램을 이용하고 있다.

지원서 양식 지원서 양식에는 지원자의 경력, 종전 급여, 직장 이직 사유, 학력, 연수 경력, 참고 자료 등이 기재되어 있다. 채용 관리자는 이러한 정보를 통해 지원자의 자격여부를 결정하고 면접을 위한 정보도 얻게 된다.

추천인과 온라인 체크 대부분의 소매업체는 지원자의 추천인과 접촉하고 온라인 검색을 함으로써 지원서에 담긴 정보를 확인한다. 사람들은 대화를 할 때 더 솔직한 경향이 있기 때문에 글로 적힌 추천서에만 의존하지 않고, 추천인을 만나 직접 이야기를 해보는 것이 좋다. 그러나 법적인 문제가 일어날 수 있기 때문에 많은 회사들은 퇴사한 직원에 대해서는 언급하지 않는다. 점포 관리자는 추천자나 전직 상사로부터 긍정적인 정보를 듣고 싶어하는 경향이 있다. 이때 긍정적인 편견을 줄일 수 있는 방법은 지원자와 동급에 있는 다른 사람과 비교하여 지원자가 어느 수준에 있는지 추천자에게 물어보는 것이다. 예를 들어, "A씨의 고객 서비스 기술이 같이 일하고 있는 판매원과 비교해서 어느 정도라고 평가하십니까?"라고 물을 수 있다.

Twitter, Facebook 등 소셜 미디어는 지원자에 대한 정보를 알 수 있는 훌륭한 도구이다. 이들을 한번 둘러보는 것이 면대면 인터뷰보다 더 많은 정보를 제공하는 경우도 있다. 구글 검색을 통해 정보를 찾는 것도 좋은 방법이다. 이러한 과정을 통해 지원자가 예전에 불법적인 행동을 했거나 불미스러운 일에 휘말린 사실도 밝혀낼 수 있다.

4 시험

지능, 능력, 성격, 취미에 관한 시험을 통해 잠재 종업원들을 통찰해 낼 수 있다. 시험은 또한 지원자와 직무 수행이 적합한지 판단해 주며, 연수 프로그램을 짜는 데에도 활용할 수 있다. 그러나 시험은 과학적이고 법률적으로 타당한 것이어야 한다. 그리고 시험은 직무 성과와 관련이 있는 것으로 나타난 경우에만 사용할 수 있다. 직무와 관련이 없는 요인이나 특정 집단과 비교하는 용도로 검사를 사용하는 것은 불법이다.

몇몇 소매업체는 지원자에 대해 약물 검사를 받도록 요구하고 있다. 일부 소매업체는 지원자의 정직성과 도덕성을 평가하기 위해 시험을 이용하기도 한다. 정직성을 알아보기 위한 필기시험에는 지원자가 한번이라도 훔치는 생각을 해 보았는지, 그리고 다른 사람들이 절도를 한다고 믿는지를 물어보는 질문들이 나온다. "고용주로부터 1달러 이상 횡령하는 사람들이 몇 퍼센트나 될 것이라고 생각하십니까?"

5 직무 미리보기

이직률은 지원자가 그 직무의 매력적인 면과 그렇지 못한 면을 모두 이해하고 있을 때 감소된다. 가령, 애완동물 공급 전문업체인 PetSmart는 지원자들에게 10분짜리 비디오를 보여준다. 비디오는 회사 종업원으로서 어떤 혜택을 받게 되는지 뿐만 아니라, 분노한 고객들을 상대하고 동물의 오물을 치우는 장면도 보여준다. 또한 롯데백화점은 SNS 환경에 익숙한 지원자들이 보다 쉽고 빠르게 롯데백화점 직무를 이해할 수 있도록, 직장에서 빈번히 일어나는 스토리를 중심으로 인스타그램 웹툰 리크루툰을 제공하고 있다. 이와 같이 직무 미리보기를 사용하면 3개월 이내에 그만두게 될 지원자들을 걸러낼 수 있다.

6 개별면접 실시

지원자 심사가 끝나면 개인면접이 이어진다. 면접은 채용결정에 있어서 중요한 요인이 되므로 관리자는 면접을 위해 철저히 준비하고 완벽히 통제해야 한다. 면접의 목적은 단순히 많은 질문을 하는 것이 아니라 관련 정보를 수집하는 것이다. 가장 널리 이용되는 행동면접 기법은 과거에 지원자들이 당면했던 실제 상황이나 직무 기술서에 명시된 기술이 필요한 상황을 어떻게 처리했는지 물어보는 것이다. 예를 들어, 고객 상담실 직무에 응모한 지원자에게는 자신의 처신에 화가 난 고객과의 상황을 설명해 보라고 요구한다. 이 질문은 지원자의 추천인과 상의할 때에도 이용될 수 있다. 〈그림 15-2〉는 관리자가 사용하는 질문들을 보여준다.

2. 종업원 훈련 및 사회화

잠재력을 지닌 종업원을 고용한 소매업체는 그들을 훈련시키고 회사의 정책, 가치, 전략을 알려주어야 한다〈그림 15-1〉의 2단계. 이 교육 과정은 신입사원이 조직에 몰입하고 회사의 성과에 헌신적으로 기여하도록 돕는다. 아무리 박식하고 유능한 신입사원이라도 새로운 일을 시작하는데 있어 약간의 충격은 받기 마련이다. 수습기간을 경험한 대학생들도 학생과 직원 간의 역할 차이에 대해 매우 놀라워한다.

신입사원에 대한 오리엔테이션과 연수 프로그램은 회사의 정책 및 절차와 POS 단말기 조작법을 배우는데 몇 시간으로 제한될 수 있다. 반면 수납용품을 판매하는 소매업체 Container Store는 좀 더 심화된 교육 프로그램을 가지고 있다. 미국 Fortune지가 선정한 '가장 일하기 좋은 기업' 중 하나인 이 소매업체는 Foundation Week라는 프로그램을 진행한다. Foundation Week의 첫날은 회사 철학을 배우고 점포 관리자들을 만난다. 2~5일은 다양한 부서와의 상호작용 및 지시사항 등에 관한 현장 실습으로 이루어져 있다. Foundation Week는 신입 사원들 각자가 앞치마를 수여받고, 엘리트 조직의 일원이 됨을 확인하는 행사를 치르면서 최고조에 이른다. 오리엔테이션 과정은 Foundation Week를 지나도 계속된다. 입사 첫해에 정직원은 약 263시간의 훈련을 받는데, 이는 소매업체들이 평균 8시간만 교육하는 것과 비교된다. 훈련은 직원이 일하는 내내 이어진다.

신입사원을 효과적으로 훈련시키기 위해 조직화된 프로그램과 현장 연수를 포함하는 혼합된 방식이 필요하다. 관리자는 종업원이 실패와 성공에 대해 분석할 수 있게 도와줌으로써 그들과 계속 협력해야 한다.

교육

- 대학에서 가장 좋아했던 과목과 가장 싫어했던 과목은 무엇입니까? 그 이유는?
- 어떤 종류의 학생 활동에 참여하였습니까? 그 이유는?
- 다시 학생이 된다면 과거와는 다르게 무엇을 하고 싶습니까? 그 이유는?
- 대학시절 여름 방학은 어떻게 보냈습니까?
- 시간제 아르바이트를 해 본적이 있습니까? 어떤 아르바이트가 가장 흥미로웠습니까?
- 일하면서 공부하려는 사람에게 어떤 조언을 해주고 싶습니까?
- 대학 시절에 달성한 것 중 가장 자랑스럽게 생각하는 것은 무엇입니까?

경력

- 이상적인 관리지의 모습은 어떤 것이라고 생각합니까? 부하직원은? 동료는?
- 과거 직장에서 가장 좋았던 점과 가장 나빴던 점은 무엇입니까?
- 어떤 유형의 사람과 같이 일하기 어렵다고 생각합니까? 그 이유는?
- 과거 직장 경력 중 가장 자랑스럽게 생각하는 것은 무엇입니까?
- 과거 직장에서 업무가 힘들 때, 어떤 식으로 해결했습니까?
- 과거 직장에서 귀하에게 부여된 임무 중 어려웠던 것은 무엇입니까?
- 과거 직장들에서 귀하가 받은 보수 중 가장 많았던/적었던 보수는 어느 정도입니까?
- 과거 직장 경력 중 가장 좌절했던 상황은 어떤 경우였습니까?
- 현재 직장을 왜 그만두려고 합니까?
- 만약 채용이 되면 무엇을 하고 싶습니까?
- 만약 채용이 되면 어떻게 하고 싶습니까?
- 앞으로 하고 싶지 않은 직업은 무엇입니까?
- 귀하의 강점·약점은 무엇입니까?
- 귀하는 현재 직업에 대해 어떤 책임을 맡고 있습니까?
- 귀하가 지난 직장에서 해고한 사람들에 대해 말해 주십시오. 무엇 때문에 해고 했습니까? 당신이 해고했던 사람들은 어떠한 사람들이었습니까?
- 과거 직장에서 귀하가 직면했던 위험은 무엇이고, 그 위험의 결과는 무엇이었습니까?
- 3년 후에 귀하는 어디에 있을 것 같습니까?
- 귀하의 이전 직장 고용자는 당신에 대해 어떤 말씀을 해줄 것 같습니까?
- 귀하는 문제를 해결할 때 어떤 식으로 합니까?

하지말아야 할 질문들

- 남편/아내가 인사이동 된다면?
- 귀하가 직장에 있는 동안 누가 아이들을 돌봅니까?
- 여자 상사를 위해 일하는 것에 대해 어떻게 생각합니까?
- 나이가 어떻게 됩니까? 출생연도는?
- 귀하보다 어린 상사를 위해 일하는 것에 대해 어떻게 생각합니까?
- 귀하의 고향은? 귀하 부모의 고향은?
- 장애가 있습니까? 장애가 있다면 귀하가 일할 때 어떤 도움을 주어야 합니까?
- 그 장애는 어느 정도로 심각합니까?
- 종교는 무엇입니까? 어떤 교회에 다닙니까? 주말에 일하지 말아야 한다는 종교적인 믿음이 있습니끼?
- 귀하의 인종이 직무를 수행하는데 문제가 된다고 생각하십니까?
- 귀하의 가문은 어떠합니까?
- 아이나 가족을 가질 계획이 있습니까?
- 결혼 계획은 어떻습니까?
- 귀하 남편/아내의 직업은 무엇입니까?

● 그림 15-2　인터뷰 질문

1 조직화된 프로그램

신입 사원들은 조직화된 프로그램에서 일을 하는데 필요한 기본적인 기술과 지식을 배우게 된다. 예를 들어, 영업사원들은 회사의 정책, POS 사용법, 기본 판매 기술 등을 배운다. 보관 창고에서 일하는 직원들은 상품을 수취하는 과정을 배우게 된다. 인터넷을 통한 교육 프로그램은 현장 훈련과 비교하면 유용한 이점이 있다. 여러 명의 강사에 의해 훈련이 이루어질 때보다 컴퓨터를 통한 프로그램은 일관성이 높다. 비용도 상대적으로 저렴하고, 일단 시스템이 설치되면 강사가 따로 필요 없으며, 신입 사원들이 원하는 시간에 교육을 받을 수 있다.

많은 소매업체들이 현재 온라인 교육 시스템을 사용하고 있다. 이러한 시스템은 일방향 비디오와 쌍방향 오디오 및 데이터 교환 장치를 사용하여 강사가 학생들과 온라인 채팅도 할 수 있다. 그리고 강사의 프리젠테이션과 함께 이해도를 체크하기 위해서 강의 전반과 후반에 테스트도 할 수 있다. 또한 많은 소매업체는 직원이 스마트 폰이나 모바일 기기로 접근할 수 있는 훈련 어플리케이션을 사용하고 있다.

2 현장 연수

현장 연수on-the job training에서는 신입 사원들에게 임무가 주어지면 관리자로부터 지도를 받게 된다. 신입 사원은 조직화된 프로그램을 통해 배운 정책과 기술을 현장에 적용할 수 있어야 한다. 즉 배운 것을 실습해 보고 시행착오를 겪으면서 일을 터득하게 되는 것이다.

아웃도어 장비 업체 Recreational Equipment Inc.REI는 신입 판매원들에게 특정 품목을 사러온 거래고객transactional customer과, 대화를 하거나 조언을 얻고자 하는 자문 고객consultative customer을 구분하는 방법을 가르친다. 이러한 현장교육은 시간이 많이 소요되지만, 판매원으로 하여금 판매에 집중할지 고객에게 즐거운 경험을 제공할지를 결정하는데 도움을 준다. 따라서 REI 판매원들은 승진 기회가 주어질 때, 일과 삶의 균형을 찾고 직장 만족을 즐기며 높은 보상이 주어지는 판매 부서에 남기를 원한다.

3 혼합 접근

조직화된 프로그램과 현장 학습은 상대적인 이점이 있기 때문에 많은 회사들은 혼합 접근을 사용한다. Best Buy 직원들은 매달 한 번씩 거의 3시간 동안 신상품과 서비스 및 각 부서의 주요 이슈들에 대한 교육을 받는다. 그리고 역할극을 통해 그들이 배운 것을 실습해 본다. 종업원들은 학습 관리 시스템을 통한 온라인 교육을 받으면서, 그들이 판매하는 제품의 가상 버전을 사용하거나 가상 고객을 응대하는 비디오 게임을 하기도 한다.

4 성공 및 실패 분석

모든 신입 사원들은 실수를 하기 마련이다. 점포 관리자는 판매원이 서비스를 제공하거나 상품을 판매할 때 다양한 방법을 시도할 수 있는 환경을 마련해 주어야 한다. 점포 관리자는 시도된 새로운 방법들 중 일부는 실패할 수 있음을 인정하고, 실패한 경우라도 판매원을 비난해서는 안된다. 대신 판매원과 실패한 원인에 대해 분석해 보고 앞으로의 대책에 대해 논의해야 한다. 성공한 경우에는 판매원들이 그들의 성공을 통해 이해를 넓히고 배울 수 있도록 도와 주어야 한다. 판매원들은 단지 운이 좋아서 높은 판매가 일어난다고 생각해서는 안된다. 그들은 판매를 되돌아 보고, 판매를 촉진한 주요 행동을 확인한 후, 미래를 위해 이러한 판매 행동을 기억해야 한다.

판매원들이 그들의 실적에 대해 올바른 이유를 들 수 있도록 도와주는 것은 중요하다. 어떤 판매원은 성공한 경우에 자신의 덕으로 생각하고, 실패한 경우에는 회사, 바이어 또는 상품 탓으로 돌린다. 관리자는 판매원들에게 "왜"라는 질문은 던짐으로써, 그들의 실패와 성공에 대해 건설적으로 분석할 수 있게 도와주어야 한다. 학습을 장려하기 위해 관리자는 판매원이 다른 방법을 사용했거나 더 끈질기게 노력했다면, 고객을 만족시킬 수 있었다는 것을 인식하도록 해야 한다. 이런 책임을 질 때 판매원은 더 많은 것을 배우고 판매 기술을 향상시키게 될 것이다.

3. 종업원 동기부여

채용 및 유지에 관한 세 번째 활동은 종업원을 동기부여 하는 것이다〈그림 15-1〉참조. 열심히 일하는 종업원들의 활동은 소매업체의 전략 및 목표와 일치해야 한다. 직원들이 잠재력을 발휘하도록 동기를 부여하는 것은 관리자의 가장 중요하고도 힘든 일일 수 있다. 이 절에서 논의되는 소매업체의 평가, 보상 및 보상체계의 실행은 종업원의 동기부여에 영향을 미친다. 다음 예시는 종업원 동기부여와 관련된 몇 가지 이슈를 설명하고 있다.

C씨는 대학에서 학위를 받은 후 백화점의 판매원으로 채용되었다. C씨는 상부로부터 지금 맡고 있는 일을 성공리에 마치면 관리자 연수생이 될 수 있다고 들었다. 그러나 C씨가 보여준 일의 성과는 보통 수준이었다. 그의 관리자인 B씨는 C씨를 매장에서 지켜본 결과, 그녀는 자신과 비슷한 고객들인 젊은 직장인 남자나 여자들을 상대할 때만 일을 잘 한다는 것을 알게 되었다. C씨가 다른 유형의 고객들에게도 원활한 판매를 할 수 있도록 하기 위해, B씨는 그녀의 본봉을 줄이고 성과급 비율을 높였다. C씨는 이제 판매량을 늘려야 한다는 압박감을 느껴서 출근하기가 싫어졌고 소매업에서 벗어나 은행에서 일할 생각을 하고 있다. 위와 같은 상황에서 관리자 B씨는 판매원 C씨의 동기를 부여하기 위해 더 많은 인센티브를 제공하였다. 과연 B씨는 C씨의 업무 성과를 올리기 위해 적절할 방법을 사용했는지 살펴보자.

1 동기부여를 위한 목표 설정

종업원의 업무 성과는 다음의 두 경우에 향상된다. 자신의 노력을 통해 관리자가 세운 목표를 달성할 수 있을 것이며, 목표를 달성하면 가치 있는 보상을 받게 될 것이라고 느낄 때이다. 따라서 관리자는 현실적인 목표를 설정하고 종업원이 원하는 보상을 제공함으로써 그에게 동기를 부여할 수 있다. Retailing View 15.2에서 알 수 있듯이, 또 다른 방법은 직원이 회사의 소유에 참여하게 함으로써 동기부여를 할 수 있다.

예를 들어, 관리자 B씨는 판매원 C씨가 자신의 부서에서 일하기 시작할 때부터 구체적인 판매 목표를 세워주었다. C씨는 매장의 다른 종업원들과 마찬가지로 다섯 개의 목표가 있었다. 시간당 판매실적, 평균 판매량, 추가 판매량, 우량 고객수, 그리고 우량 고객과 잡은 예약건수 등에 초점을 두고 있다. 여기서 우량 고객이란 업체에 많은 이익을 가져다 주는 고객 평생 가치가 높은 고객을 말한다. 판매 목표 이외에도 도난 상품으로 인한 재고 손실, POS 단말기 조작 실수, 그리고 상품진열을 하는데 기여한 정도를 통해 종업원들이 평가된다.

B씨는 C씨를 위해 프로그램을 고안하였다. C씨는 프로그램을 통한 훈련도 받아야 했다. 그

Retailing VIEW 15.2 Publix의 종업원 지주제에 의한 동기부여

미국 플로리다에서 시작하여 슈퍼마켓 체인으로 성장한 Publix는 다른 소매업체들과는 차별화된 소유구조를 지니고 있다. 식료품점 고객들이 우유와 빵을 구입할 때 점포를 누가 소유하고 있는지 생각할 것 같지 않다는 점을 고려하면, 이것을 전략적 이점으로 사용하기에는 이상하게 보일지도 모른다. 그러나 기업 CEO는 직원들이 전체 주식의 약 30%를 차지하는 종업원 지주 제도가 경쟁업체들과 차별화시키는 요인이라고 강조한다.

특히 회사 주식을 보유한 직원들은 책임감을 가지고 조직에 더 깊게 관여하기 때문에 향상된 서비스를 제공하는 장점이 있다. 이 효과는 회사가 설립된 이래로 계속되어 왔다. 즉 종업원들이 점포의 실적

개선으로 이익을 얻을 수 있다면, 그들은 일에 더 양심적이고 몰입하게 될 것이라는 믿음이 조직 성공을 견인하고 있다. 따라서 Publix는 종종 일하기 좋은 기업 리스트에 오르고 있으며 직원 만족도가 매우 높은 것으로 알려져 있다.

이러한 긍정적인 평가는 소비 시장에서 점포의 성과에도 영향을 미친다. 각종 여론조사에서 Publix는 남부 최고 슈퍼마켓으로 이름을 올리고 Trader Joe's에 이어 전국 2위를 기록한다. 결국 종업원에게 회사 경영에 대한 기득권을 부여하면 매장 내에서 성과가 향상된다는 것을 알 수 있다.

Source: George Anderson, "For Publix, Success Comes Down to Its Owners," RetailWire, May 13, 2015.

15.3 소매업체 성공을 위한 직원 아이디어 활용

최근 국내 편의점 업계는 각 개인이 소속된 부서나 일에 관계 없이 젊은 직원들의 아이디어를 활용하여 숨은 역량을 발굴하고 있다. 아이디어가 곧 자산인 시대에서 직원들의 아이디어를 사업화함으로써 직원들에게 창의적인 기회를 제공하고, 업무 역량을 확대할 뿐만 아니라 동기부여 효과까지 기대할 수 있다. GS25의 경우 직원 아이디어를 실제 상품화하는 단계까지 도달했고, 이마트24는 좋은 아이디어를 낸 직원에게 인센티브를 주는 제도를 운영하고 있다.

이마트24의 경우 '아이디어 팩토리'라는 명칭의 직원 아이디어 제도를 운영 중이다. 제안 가능한 아이디어 주제에는 제한이 없다. 비용절감 방안이나 상품제안, 점포콘셉트 등 자유롭게 아이디어를 제안할 수 있다. 직원이 제안한 아이디어는 유관부서에 전달되며, 7일 이내에 피드백이 게시된다. 직원들에게 목표의식과 성취감을 불어넣기 위해 월, 분기, 연 단위로 좋은 아이디어에 대한 시상을 진행한다. 연 1회 시상하는 '초격차 아이디어'는 우수 아이디어 중 실제 적용된 건 중에서 선발하며 사내 '명예의 전당'에 게시된다.

GS25는 직원 아이디어가 실제 사업모델로 구현돼 주목을 받고 있다. '아메리카노 유료멤버십' 서비스는 직원이 자발적으로 결성한 소모임 프로젝트 '클로버활동'을 통해 탄생했다. 데이터 담당 직원은 전반적으로 성장세가 둔화되고 있는 편의점 산업에 대한 고민을 해결하기 위해 아이디어를 냈다. 해당 유료멤버십 서비스는 카페25블랙, 카페25브라운, 카페25그린 등 총 3종으로 구성된다. 카페25블랙은 아이스 아메리카노 30잔을 7월 한달 간 2만 5000원에, 카페25브라운은 20잔을 1만 7900원에, 카페25그린은 10잔을 9900원에 이용할 수 있다.

이처럼 부서의 벽을 허물며 젊은 아이디어를 구하는 것은 기존의 직급에 맞춰 일하던 방식으로는 유통경쟁에서 살아남을 수 없다는 위기감 때문이다. 결국 소매업계는 직원들의 사기를 진작시키는 다양한 프로그램을 통해 업무에 몰입하는 기업문화를 조성하고, 고객들에게 더 가까이 다가갈 수 있는 계기를 마련할 수 있을 것이다.

자료원: 인더뉴스, "'아이디어 좀 주세요…' 편의점 업계, 내부 직원들에 구애," 2019.06.24.

러나 B씨는 C씨의 목표를 설정할 때 신중해야 한다. B씨가 목표를 너무 높게 세우면 C씨는 용기를 잃어버리거나 그 목표가 너무 성취하기 힘들게 느껴져 더 열심히 일할 의욕이 사라질 수도 있다. 반면 B씨가 목표를 너무 낮게 세운다면 C씨는 그 목표를 너무 쉽게 성취하여 그의 잠재력을 최대한 발휘하지 못할 수도 있다.

목표는 직원들의 경험과 자신감을 바탕으로 그들을 동기부여 하는데 가장 효과적이다. 경험이 있는 판매원은 자신의 능력에 대해 확신에 차있고 "장기적인 목표"열심히 일하도록 만드는 높은 목표를 지니도록 해야 한다. 신입 판매원에게는 달성할 수 있을만한 낮은 목표가 주어져야 한다. 초창기에 목표를 달성하고 그것을 능가하는 좋은 경험을 가진 판매원은 자신감을 가지게 되고 자신의 실력을 더 향상시키려고 한다. 특히 젊은 직원들을 관리하고 동기부여하기 위해서는 다른 목표와 접근법이 필요하다. 이들은 기존 세대보다 더 많은 융통성, 의미있는 직업, 수평적 의사소통 그리고 일과 삶의 균형을 원한다. 그들은 기대에 부응하지 못하면 쉽게 직장을 옮기므로 직원들의 이직률이 높아진다. Retailing View 15.3은 젊은 직원들에게 동기를 부여하는 방법을 제시한다.

4. 종업원 평가

종업원 확보 및 유지에 관한 네 번째 단계는 종업원을 평가하는 것이다<그림 15-1> 참조. 평가를 하는 이유는 업무 성과가 좋은 종업원과 그렇지 못한 종업원을 파악하는 것이다. 평가를 바탕으로 높은 성과를 보인 종업원은 보상을 받고 더 큰 책임을 지는 직책이 고려되어야 한다. 기대 이하의 성과를 보인 종업원들에게는 그들이 개선할 수 있도록 다른 계획을 수립해야 한다. 실적이 나쁜 직원들은 과연 해고되어야 하는가? 그들은 어떤 종류의 교육을 필요로 하는지 생각해 보아야 한다.

1 누가 평가를 하는가?

대형 소매업체에서 평가 체계는 주로 인력자원 부서에서 관리한다. 그러나 평가 그 자체는 종업원의 직속 상사인 판매원과 가장 가깝게 일하는 관리자가 한다. 예를 들어, 할인점에서는 부서 관리자가 판매원의 일하는 모습을 가장 잘 관찰할 수 있고, 판매원의 업무 성과 원인을 이해하기에 가장 좋은 위치에 있다. 경험이 부족한 관리자는 상사의 도움을 받아 종업원을 평가하게 된다.

2 평가 주기는 어떻게 되는가?

대부분의 소매업체는 해마다 또는 반년마다 종업원들을 평가한다. 평가를 통해 피드백을 하는 것은 종업원의 실력을 향상시키는데 가장 효과적인 방법이다. 그러므로 경험이 없는 종업원의 실력을 발전시키기 위해서는 그 종업원을 자주 평가해야 한다. 그러나 공식적인 평가를 자주 하는 것은 관리자들에게 많은 시간이 걸리고, 종업원들에게 요구한 사항들을 실행할 시간을 충분히 주지 못할 수 있다. 유능한 관리자는 공식적인 평가를 보충하기 위해 비공식적인 평가를 사용한다. 예를 들어, 관리자인 B씨는 6개월마다 실시하는 공식적인 평가를 기다리기 보다는 판매원인 C씨와 비공식적으로 상담하는 것이다. B씨는 C씨를 관찰하거나 업무평가 보고서를 검토한 후 비공식적인 피드백을 제공하는 것이 좋다.

3 평가 형식은 어떠해야 하는가?

평가는 종업원들이 자신이 해야 하는 일과 회사가 기대하는 성과 및 평가방식을 알고 있는 경우에만 의미가 있다. 〈그림 15-3〉은 한 전문점의 종업원 평가 기준을 보여준다.

이 전문점 종업원들에 대한 종합적인 평가는 점포 관리자와 부관리자의 주관적인 평가로 이루어진다. 종업원과 고객 간의 일대일 관계와 매장의 종합 실적을 동등하게 처리한다. 전반적인 점포 운영과 실적을 강조함으로써 평가기준은 종업원들이 한 팀으로 협력할 수 있도록 동기를 부여한다.

50% 판매원/고객 관계

1. **인사**: 웃으면서 1~2분 이내에 친절한 태도로 접근할 것. 긴 대답을 유도할 수 있는 질문을 사용할 것
2. **상품지식**: 상품, fit, 감소량 그리고 가격 등 고객이 필요로 하는 정보를 제공할 것
3. **부가적인 상품 제안**: 탈의실이나 계산대, 포장대로 고객에게 직접 접근할 것
4. **구매 요청과 의사결정 강화**: 고객이 현명한 선택을 한 것을 알게 하고, 해당 선택에 감사할 것

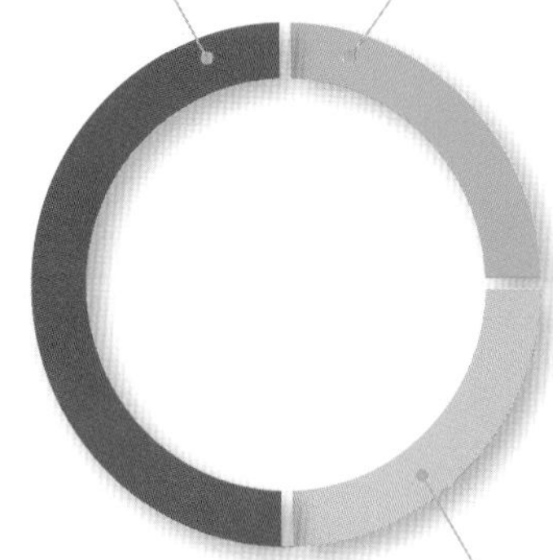

25% 영업

1. **점포 외관**: 진열 공간, 테이블 위 상품들의 조화, 바닥 장식, 벽 장식에 대해 세심하게(색상이나 세밀함 정도) 장식할 것. 점포를 대표하는 기준들을 유지하기 위해 솔선수범할 것
2. **손실 방지**: 손실 방지 절차를 적극적으로 이행할 것
3. **상품 기획 통제 및 관리**: 가격 조정 활동, 배송 과정, 재고 통제와 관련된 요구 사항들을 일관성 있게 달성할 것
4. **계산/포장 절차**: 모든 계산과 포장 절차를 정확하고 효율적으로 수행할 것

25% 순응

1. **복장 및 용모**: 유니폼 규정을 준수하고 단정하게 보일 것. 패션감각 있는 점포 이미지를 표현할 것
2. **유연성**: 한 가지 작업에서 다른 작업으로 전환할 수 있고, 스케줄 조정에 개방적이며, 점포 정책을 우선시하는 마음 자세를 가질 것
3. **동료 관계**: 다른 종업원과 협력적이고 관리자의 지시를 적극적으로 수용하며, 관리자와 의사소통을 할 것

● 그림 15-3　전문점에서 판매원 평가에 사용하는 기준들

백화점에서 판매원 C씨를 평가하기 위해 사용한 기준은 전문점이 사용한 주관적인 방법이 아니라 POS 자료에 바탕을 둔 객관적인 방법이었다. 〈표 15-2〉는 판매원 C씨의 6개월간 공식적인 평가를 요약해 놓은 것이다. 평가 양식은 회사 판매원의 평균 실적과 C씨의 실적을 비교해 놓은 것이다. 그의 부서는 제품 손실 관리 부분에서 평균 이상의 성과를 보였고, 그는 시스템 오류와 상품 진열에서도 좋은 성과를 보였다. 그러나 그는 고객들에게 상품 소개를 평균 이상으로 잘했어도 판매실적은 평균에도 못 미치고 있다. 판매원 C씨를 분석한 결과, 노력은 많이 했지만 판매 기술을 향상시킬 필요가 있다는 결론이 나왔다.

❹ 관리자는 어떻게 평가 오류를 피할 수 있는가?

관리자는 종업원의 업무 성과를 보고 종업원에 대한 전반적인 소견을 갖게 된다. 만약 편견을 가지고 각 성과 요인을 판단할 경우 평가에 오류가 생길 수 있다. 예를 들어, 관리자는 판매원의 전반적인 실적이 평균 이하라고 생각하고 판매 기술, 시간 엄수, 외모, 상품 보관에 대해서

표 15-2 판매원 C씨의 6개월 평가 요약

	판매원 평균 성과	판매원 C씨의 실제 성과
시간당 판매	8만8천원	7만6천원
거래당 평균 금액	5만3천원	4만1천원
복수 거래 비율	55%	55%
선호 고객 수	115	125
선호 고객 예약 수	95	120
결품률	2.00%	1.80%
시스템 에러	10	2
상품 진열(10점 척도)	5	8

도 평균 이하로 평가할 수 있다. 전반적인 평가가 개별 평가 요소들에 이런 후광 효과를 나타내게 되면 그 평가는 개선이 필요한 부분들을 확인하는데 유용하지 않다.

관리자는 평가를 내릴 때 종종 최근에 있었던 사건이나 다른 판매원들의 평가를 통해 영향을 받게 된다. 가령, 관리자는 판매원이 전날 고객을 제대로 상대하지 못한 것만 기억하고, 그 판매원이 지난 3개월 동안 훌륭하게 일을 해냈다는 것을 잊을 수 있다. 마찬가지로 어떤 관리자는 훌륭한 성적의 판매원 때문에 보통 성적의 판매원을 평가할 때 지나치게 가혹한 태도를 취할 수 있다. 마지막으로 관리자는 판매원의 업무 실적^{특히 나쁜 실적}을 평가할 때 판매원이 일하고 있는 환경 보다는 판매원들의 탓으로 돌리려는 본성을 가지고 있다. 즉 관리자는 평가를 할 때 부서의 상품이나 경쟁자의 행동과 같이 외부 요인이 주는 영향을 과소 평가하려는 경향이 있다.

백화점 부서의 종업원 평가는 대부분 객관적인 자료를 바탕으로 이루어지기 때문에 이러한 성향을 지니지 않는다. 이와 반대로 전문점의 평가는 넓은 범위의 활동을 고려하지만 주관적인 측정을 많이 한다<그림 15-3> 참조. 특정 기술, 매장 및 고객에 대한 태도, 동료와의 상호작용, 열정, 외모에 대한 주관정인 정보는 백화점 평가에 사용되지 않기 때문에, 이러한 요인에 대한 평가는 판매원 C씨에게 제대로 알려주지 못했을 것이다. 전문점 평가에서 주관적인 특성은 편견을 갖게 할 수 있지만 판매원들의 업무 성과를 향상시키는 데에는 많은 도움이 될 수도 있다. 주관적인 평가를 할 때 편견을 갖지 않기 위해 관리자는 정기적으로 실적을 관찰하고, 관찰한 것을 기록하며, 한 번에 많은 판매원을 평가하지 않아야 할 뿐만 아니라, 만약에 생길 수 있는 모든 편견도 고려해야 한다.

5. 종업원 보상

종업원들은 직장에서 두 가지 유형의 보상을 받는다. 하나는 외재적 보상이고, 다른 하나는 내재적 보상이다. 소매업체와 종업원 모두 가장 중요한 형태의 외재적 보상은 금전적 보상이다.

1 외재적 보상Extrinsic Rewards

외재적 보상이란 종업원이 관리자나 회사로부터 받는 보상이며, 여기에는 보수, 승진, 인정 등이 있다. 종업원들은 모두 같은 보상을 바라지는 않는다. 예를 들어, 어떤 판매원은 금전적인 보상을 원하고, 다른 이들은 회사에서 승진하거나 자신의 업무 성과에 대한 공식적인 인정을 바랄 수 있다. 판매원 C씨는 관리자로부터 좋게 평가 받아 관리자 연수 프로그램에 들어가기를 원한다. 관리자는 판매원을 동기부여하기 위해 다음에 논의되는 다양한 보상을 제공할 수 있다.

보상 프로그램의 목적은 유능한 종업원을 영입하고, 소매업체의 목표를 달성하도록 하며 노력한 만큼 보상해 주는데 있다. 점포 관리자는 보상 계획을 세울 때 인건비를 통제하는 일과 능력 있는 종업원들에게 충분한 보상을 제공하는 일 사이에서 균형을 유지해야 한다. 보상 계획이 공정하고 정당하다고 느낄 때 종업원들은 직장 생활을 지속하게 된다. 소매업체는 일반적으로 고정급straight salary, 수수료straight commission, 기본급 플러스 수수료salary plus commission, 할당 보너스quota-bonus 중 하나 이상을 사용한다.

고정급 보상straight salary compensation   판매원은 시간이나 주당 정해진 양의 금액을 봉급으로 받게 된다. 가령, 한 판매원은 시간당 1만원을 받고 부서 관리자는 주당 120만원을 받는다. 시간이나 주당 보수는 종업원이 이해하기 쉽고 회사가 관리하기도 쉽다. 고정급만 받는 판매원들은 부서의 매출에 큰 영향을 받지 않기 때문에 인사 이동을 쉽게 할 수 있다. 그들은 판매량이 많은 영업부에서 판매량이 적은 재고관리부로 옮겨도 실망하지 않는다.

고정급제의 주된 단점은 생산성을 향상시킬 수 있는 직접적인 인센티브가 부족하다는 것이다. 왜냐하면 그들은 열심히 일하든 게으름을 피우든 관계없이 단기적으로 보상이 변하지 않는다는 것을 알기 때문이다. 또 봉급은 매출이 줄어들더라도 회사가 부담해야 하는 고정비용이 된다는 점도 경제가 어려운 시기에 수익을 더 감소시키는 단점이 있다.

인센티브 보상 Incentive Compensation   인센티브 보상 제도는 종업원들의 생산성에 따라 지급되는 보수를 말한다. 인센티브 제도 중에는 수수료straight commission만으로 보수를 결정하는 제도가 있다. 따라서 판매원은 반품된 상품을 제외한 매출 비율을 기준으로 수수료를 받을 수 있다. 보통 수수료 비율은 판매량의 7% 정도로 동일하다. 그러나 일부 소매상은 상품 종류에 따라 다른 비율을 적용한다. 예를 들어, 저수익 상품에 대해서는 4%, 고수익 상품에 대해서는 10%를 적용한다. 서로 다른 비율의 적용은 특정 상품의 판매를 촉진시키는 효과가 있다. 주로 보석류, 남성용 정장, 자동차, 가구 및 가전제품 등의 고가 상품은 높은 수수료 비율을 갖고 있다.

인센티브 제도는 판매원의 성과를 쉽고 정확하게 측정할 수 있을 때 가장 효과적이다. 단체로 일하거나 판매와 관련 없는 일을 수행하는 곳에서는 종업원들 개개인의 성과를 측정하기 어렵다. 판매원의 실제 매출은 쉽게 측정할 수 있지만 고객 서비스나 판매 촉진의 성과는 쉽게 측정하지 못한다. 수수료만 받는 판매원들은 재고 관리처럼 판매와 관련이 없는 일들은 맡지 않으려 하고 가격이 비싸거나 빨리 팔리는 상품에만 집중하는 경향이 있다.

인센티브 제도의 또 다른 문제는 판매원들이 고용주에게 충성을 다하지 않게 된다. 고용주가 수입을 보증하는 것이 아니기 때문에 충성을 다하지 않을 뿐만 아니라, 회사에 대한 의무도 느끼지 않는다. 마지막으로 인센티브는 학습을 억제하고 과도한 스트레스를 유발할 수 있기 때문에 자신의 기술에 대한 확신이 없는 판매원들에게는 덜 효과적이다. 판매 인센티브에 전적으로 기반을 둔 보상 제도는 일반적으로 좋은 고객 서비스를 촉진하지 못하기 때문에, 일부 제도는 고정 봉급에 총 판매에 대한 수수료 또는 할당량 초과 판매에 대한 수수료를 포함한다.

100% 수수료로 일하는 판매원들의 수입은 판매량에 따라 매주 달라질 수 있다. 소매 판매는 주기가 있기 때문에 수수료 인센티브 제도 하의 종업원들은 크리스마스 시즌에 대부분의 수입을 얻고, 여름기간 동안에는 훨씬 적은 수입을 얻기도 한다. 어떤 소매업체는 높은 인센티브 제도 하에서 일하는 판매원들을 위해 인출금 계정drawing account을 제공한다. 판매원들은 매주 인출금 계정을 통해 연간 예상 수입에 기초한 보수를 받고 벌어들인 수수료는 주당 보수에 붙여진다.

할당제는 종종 보상 계획과 함께 사용된다. 할당quota이란 동기를 부여하고 성과를 측정하는 데 사용되는 목표 레벨이다. 판매원들에게는 시간당 매출액이 할당되고 바이어들에게는 거래 마진과 재고 회전율이 할당된다. 백화점 내에서도 부서마다 판매 생산성 차이가 있기 때문에 각 부서마다 판매 할당이 다르다.

할당 보너스 보상 Quota Bonus Compensation   할당 보너스 제도는 할당량 이상의 성과를 보일 때 보너스를 함께 받는 방식이다. 할당 보너스 계획은 합당한 할당량을 부여할 때 효과적이지만 이를 정하기란 매우 어렵다. 대체로 부서마다 똑같은 수준의 할당량이 주어지지만 같은 부서의 판매원들은 다른 능력을 갖거나 다른 판매 환경에 직면할 수 있다. 예를 들어, 정장 분야의 판매원들은 액세서리 분야에 있는 판매원들보다 더 월등한 판매 능력을 가지고 있다. 신입 사원들은 선배 종업원들보다 할당량을 달성하는데 어려움을 겪을 수 있다. 따라서 평균 생산량에 기초한 할당량은 신입 사원의 동기를 부여하기에는 너무 높고 기존 판매원들에게는 너무 낮을 수 있다. 할당량은 각 판매원의 경험과 능력에 따라 다르게 주어져야 한다.

일부 소매업체는 종업원들을 격려하는 차원에서 부서나 매장의 실적에 따라 팀 인센티브team incentives를 추가로 제공하기도 한다. 예를 들어, 종업원들은 개인 실적에 따라 수수료를 지급받은 다음 부서 내 모든 판매원이 창출한 판매량에 따라 추가 보상을 받을 수 있다. 단체 인센티브는 부서의 판매 목표를 달성해야 주어지기 때문에 판매와 관련 없는 일들이나 고객 서비스에 대한 동기를 부여하고 종업원들 간의 협동을 촉진하는 역할을 한다.

2 내재적 보상Intrinsic Rewards

내재적 보상이란 업무를 잘 수행할 때 받는 개인적인 보상이다. 판매원들은 대체로 판매가 도전적이고 재미있다고 생각한다. 물론 돈을 벌기 위한 것도 있지만, 그들은 고객을 돕고 판매

를 함으로써 보람을 느끼는 것이다. 대부분의 관리자는 종업원들에게 동기를 부여하기 위해 외재적 보상에 초점을 맞춘다. 그러나 외적인 보상을 강조하면 종업원들은 내재적 보상을 간과하게 될 수도 있다. 직원들은 일을 하는 유일한 이유가 돈을 벌기 위한 것이고 그 일이 재미가 없다고 느낄 수 있다. 관리자 B씨는 종업원 C씨에게 동기를 부여하기 위해 판매량에 따른 외재적 보상 방법을 사용하였다. 이러한 금전적 보상에 대한 압력이 C씨가 현재 직장에 출근하는 것을 두려워하는 한 가지 이유일 것이다. 그녀는 더 이상 일이 재미있다고 생각하지 않을 수도 있다.

종업원들은 자신의 일이 의미가 있다는 것을 알게 되면 일을 더 잘 하는 방법을 배우게 된다. 이는 마치 자신이 달성한 자부심과 기쁨만을 위해 마라톤을 뛰거나 산을 오르는 사람과 비슷하다. 내재적 보상에 영향을 미치는 경영활동에는 컨테스트와 직무충실화가 있다.

- **컨테스트**^{Contests} 일을 재미있게 하는 방법은 비교적 적은 상을 걸고 컨테스트를 벌이는 것이다. 이 방법은 모든 사람이 승리할 수 있는 기회가 있을 때 가장 효과적이다. 최고의 판매원들이 항상 이기는 컨테스트는 흥미가 없고 사기를 떨어뜨릴 수도 있다. 예를 들어, 2주 동안 남성용 정장을 하나 팔면 종업원에게 카드가 한 장씩 주어지는 컨테스트를 생각해 보자. 2주 후에 최고의 포커 패를 가진 사람이 이기게 된다. 이 경기는 컨테스트가 있는 기간 동안 모든 판매원들에게 동기를 부여해 준다. 정장을 네 개밖에 팔지 못했어도 받은 카드 네 개가 모두 에이스라면 이기게 되는 것이다. 컨테스트는 모든 이들에게 재미를 주고 판매에 도전하고 싶은 마음을 불러일으킨다. 이는 최고의 판매원에게 보상을 주기 위한 경기가 아닌 것이다.

- **직무충실화**^{Job Enrichment} 경험이 많은 종업원들은 쉽게 흥미를 잃는다. 보수나 승진과 같은 외재적 보상은 종업원이 현재 받고 있는 수입과 업무에 대해 만족하고 있기 때문에 더 이상 그들의 관심을 끌지 못한다. 그러나 이런 종업원들은 직무충실화와 같은 내재적 보상으로 동기부여를 할 수 있다. 직무충실화는 보다 광범위한 업무와 책임을 포함하도록 직무를 재설계한 것이다. 예를 들어, 특정 분야의 판매를 촉진하는 일이거나 신입 사원들을 훈련시키는 일, 특별히 행사를 계획하고 관리하는 일을 맡게 되면 직무에 대한 의욕을 가질 수 있게 된다.

II 리더십

LO 15-2
점포 관리자의 효과적인 리더십
전략이 무엇인지 이해할 수 있다.

리더십Leadership은 한 사람이 공동의 목표나 과제를 달성하기 위해 다른 사람들에게 영향을 미치는 과정이다. 점포 관리자는 종업원들의 리더이다. 그는 종업원들이 회사의 목표를 달성하도록 돕고 생산성을 향상시키기 위해 다양한 동기부여 기법을 사용한다.

1. 리더의 의사결정 유형Leader Decision-Making Style

의사결정시 종업원을 참여시키는 정도는 점포 관리자마다 다르다. 독재적autocratic 점포 관리자는 스스로 모든 결정을 한 후 종업원들에게 통보한다. 이것은 자기에게 주어진 권위를 이용하여 종업원들에게 명령을 내리는 것이다. 예를 들어, 독재적 관리자는 누가 어디에서 일할 것인지, 언제 며칠을 쉴 것인지를 결정해 버린다.

반대로 민주적democratic 점포 관리자는 종업원들로부터 정보와 의견을 듣고 의사결정을 한다. 민주적 관리자는 자신의 권위와 정보를 종업원들과 공유한다. 그는 종업원들에게 언제 어디서 일하고 싶은지 물어보고, 가능한 그들의 의견을 반영하여 업무 일정표를 작성한다. 유능한 관리자는 각각의 상황에 적합한 다양한 의사결정 방식을 사용한다. 가령, 관리자는 신뢰가 가지 않는 신입 사원에게는 독재적이지만 경험이 풍부한 종업원에게는 민주적일 수 있다.

최고의 관리자는 직원들의 행동에 영향을 미치는 것을 넘어서고 있다. 변혁적transformational 리더들은 그룹이나 조직을 위해 종업원들의 개인적인 요구까지도 바꾸게 한다. 그들은 활기차고 생기 있는 조직을 만든다. 변혁적 관리자는 개인적인 카리스마를 통해 종업원들에게 열정을 불어넣는다. 그들은 자신감 있고 종업원들의 시선을 사로잡는 명확한 비전을 갖고 있다. 그들은 이 비전을 단어와 상징을 통해 전달한다. 마지막으로 변혁적 리더는 도전적인 업무를 부하 직원들에게 위임하고 자유로운 의사소통을 하며 그들의 멘토링 역할까지도 해야 한다.

2. 종업원의 사기morale 유지

관리자는 근무 분위기를 개선하고 종업원에게 동기를 부여하는데 중요한 역할을 한다. 종업원의 사기는 일이 잘 되어 가거나 의욕이 왕성할 때 높아지기 마련이다. 그러나 판매가 잘 되지 않을 때는 사기가 저하되고 종업원의 동기부여 또한 감소한다. 유능한 관리자는 목표가 달성되었을 때

파티를 열거나, 종업원에게 배분된 자선 활동 예산을 어떻게 사용할지 함께 논의하는 등 작지만 의미 있는 일을 함으로써 사기를 높인다. 한 점포 관리자는 회사 정보시스템에서 수집한 실시간 판매 데이터를 이용해 종업원들의 흥미를 불러일으켰다. 그녀는 크리스마스 시즌 첫날에 모든 종업원들이 볼 수 있도록 "477만원"이라고 칠판에 썼다. 이것은 작년 크리스마스 시즌 첫날 매장에서 올린 매출액이었다. 그녀는 종업원들에게 그 금액을 넘는 것으로는 만족할 수 없으며, 지난 크리스마스 시즌에 달성한 것과 같은 전년 대비 25%의 매출신장을 바란다고 하였다. 관리자는 재무 목표를 세우고 종업원들에게 최신 실적을 알려줌으로써 교대시간만을 기다리고 있는 종업원들에게 자극과 동기를 부여해 준다. 하루 종일 고객들이 오가면서 종업원들은 매장의 POS 단말기를 통해 매출액을 살피고 여러 가지 의논을 한다. Retailing View 15.4는 국내 소매업계가 어떻게 직원들의 사기를 진작시키고 결속력을 강화하는가를 보여주고 있다.

Retailing VIEW 15.4 소매업계, 워라밸 정착으로 파생된 직원복지 확산

소매업계가 육아휴직 확산, 52시간 근무제 도입 등을 통칭하는 워라밸 정착을 위해 다양한 제도를 쏟아내고 있다. 일각에서는 매출 감소 등을 우려하기도 했지만 업무효율성과 직원 만족도 상승이라는 효과가 있다는 평가가 지배적이다.

신세계 그룹은 오전 9시에 출근해 오후 5시에 퇴근하는 주 35시간 근무제 '9-to-5'를 도입했다. 신세계 백화점과 이마트의 경우 오후 5시 10분부터 PC 셧다운제가 적용돼 연장근무가 불가능하다. 5시 20분에 컴퓨터가 자동으로 꺼지고 10분 뒤에는 사무실 전체가 소등된다. 불가피한 야근은 담당 임원의 결재가 이뤄져야 한다. 근무 시간이 줄어든데 따른 각종 문제는 집중 근무시간 제도로 극복해가고 있다. 오전 10~11시 30분, 오후 2~4시에는 불필요한 회의와 자리 이동이 금지된다.

현대백화점 그룹은 직원들이 한 달에 한 번 출근하지 않고, 자율적으로 다양한 체험을 할 수 있는 '오피스 프리 데이'를 도입했다. 개인 연차나 휴무일 소진 없이 오감 만족형 콘텐츠를 즐기는 것으로 외근과는 다르다보니 업무보고도 일절 하지 않는다. 이 밖에도 남성 직원 1년 육아휴직 시 3개월간 통상임금 100% 보전, 자녀 학교 참여 유급휴가, 초등학교 입학 자녀 대상 7일간 휴가 제공, 30일 휴가제인 '육아 월' 등을 시행하고 있다.

롯데그룹의 남성직원은 배우자 출산 즉시 1달간 자동으로 출산 휴직에 들어간다. 임금은 한 달간 100% 지원되며 최대 2년까지 연장할 수 있다. 초등학교 입학 자녀를 둔 여직원에게 최대 1년의 '돌봄 휴직' 직접 근무 시간과 근무 장소를 선택할 수 있는 '유연근무제' 등을 운영하고 있다.

이러한 소매업계의 복지 제도는 업무 효율성과 생산성을 떨어뜨리지 않는다는 구성원들에 대한 믿음을 바탕으로 시행되고 있다. 또한 여러 가지 복지 정책을 적용함으로써 일과 삶의 균형이라는 조직 문화를 통해 직원들의 사기와 결속력을 높이는데 기여하고 있다.

자료원: 소비자경제, "유통업계, 워라밸 정착으로 파생된 직원복지 확산 추세," 2019.08.26, 일부 발췌

III 비용 통제

LO 15-3
점포 관리자가 비용을 절감하기
위해 무엇을 할 수 있는지
파악할 수 있다.

소매업체는 수익성을 생각한다면 비용을 관리해야 한다. 비용을 통제하기 위해 소매업체는 종종 판매원, 은행창구 직원, 식당 웨이터로 일을 한 경험이 적거나 전혀 없는 사람을 고용하곤 한다. 높은 이직, 잦은 결근, 낮은 성과는 대부분 이런 경험이 없는 저임금 종업원들에 의해 발생한다. 대부분의 종업원은 직접 소비자와 접촉하기 때문에 경험과 동기부여가 부족한 종업원은 특히 고질적인 문제가 된다. 좋지 못한 외모와 예의 및 태도는 매출과 고객 충성도에 부정적인 영향을 미친다. 조사에 따르면, 일부 소매업체는 직원고용을 약간만 늘여도 매출의 큰 증가를 가져올 것으로 나타났다. 고객이 스스로 특정 제품을 찾지 못하거나 어떤 방식으로 작동하는지, 어떻게 사용하는지에 대한 설명을 들을 수 없다면 해당 제품을 구매할 가능성은 높지 않다. 따라서 비용 관리를 위한 다른 방법이 더 효과적일 수 있다. 인력 배치, 점포 유지 관리, 재고 손실 감축은 점포운영 비용을 줄이는 세 가지 방법이다.

1. 인력 배치

고객들이 몰리는 시간은 주간과 주중에 따라 다르기 때문에 인력 배치^{labor scheduling: 점포의 각 코너마다 몇 명의 종업원을 배치할 것인지 결정하는 작업}는 어려운 일이다. 또한 종업원들은 하루 24시간, 일주일 내내 여러 번 교대근무를 해야 한다. 비효율적인 인력 배치는 계산대에서의 긴 줄이나 하는 일 없이 서 있는 판매원 및 노동 생산성 저하를 초래할 수 있다. 예를 들어, 매장 매출액의 6%와 총 노동시간의 9%가 오후 2시와 3시 사이에 발생한다면, 그 점포는 그 시간대에 필요 이상의 종업원을 둔 것이다.

날씨가 좋지 않은 날이나 휴일 그리고 판촉 일정에 따라 근무상황이 달라진다. 많은 소매업체는 종업원 배치를 위해 특별히 프로그램된 컴퓨터 소프트웨어를 사용한다. 이 소프트웨어는 점포 매출, 거래량, 유입된 고객의 수 등을 분석하여 매 시간마다 각 영역에서 적절한 종업원 수를 결정하고 각 직원에 대한 작업 일정을 수립한다. 결국 소매업체는 직원을 매 시간마다 고객 요구에 맞출 수 있기 때문에 비용을 통제하고 서비스를 개선할 수 있다. 시스템은 주변 지역의 특별한 이벤트^{도심의 아이스크림 가게는 연례 마을 축제 기간 동안 종업원을 늘린다}, 마케팅 프로모션 시기, 날씨 및 계절 패턴에 따라 인력 배치를 추천한다.

이 시스템은 비용을 최소화하기 위해 매장에서 일하는 정규직 직원을 아르바이트 직원으로 보충할 것을 제안한다. 아르바이트 직원들은 시간당 낮은 임금을 받고 건강 보험이나 퇴직 수당과 같은 혜택이 없으며 고용보장이 안 된다.

이러한 배치 시스템은 소매업체와 고객 모두에게 도움이 되지만 종업원들에게는 부정적인 영향을 줄 수 있다. 이 시스템은 근무시간을 예측할 수 없다는 단점이 있는데, 이는 종업원들이 쉬는 날에도 "대기 중"으로 기다려야 하는 부담이 될 수 있다. 어떤 종업원들은 자신의 생활 방식에 부합하기 때문에 아르바이트를 선호하지만, 다른 많은 종업원들은 정규직으로 일하는 것을 선호한다.

2. 매장 유지 관리

매장 유지 관리는 매장과 관련된 외부 및 내부의 물리적 시설을 관리하는 일을 뜻한다. 외부 시설에는 주차장, 매장 출입구, 매장 외부 표지판 등이 있다. 내부 시설에는 벽, 바닥, 천장, 전시품, 매장 내에 있는 표지판이 포함된다. 매장 유지 관리는 매출과 점포 운영비에 영향을 미친다. 매장의 청결은 고객이 상품을 보는 시각에 영향을 미치지만, 이 유지관리는 비용이 많이 든다. 유지보수가 제대로 되지 않으면 에어컨, 바닥, 부착물 등의 이용 가능한 수명이 짧아진다.

3. 재고 손실 감축

매장 관리에서 중요한 사항은 종업원 절도, 좀도둑, 과실, 부정확한 기재 및 납품업체의 착오로 인한 재고 손실을 줄이는 것이다. 재고 손실률^{shrinkage}은 일정 기간 동안 매입한 상품을 기록한 재고가치$^{소매가 기준}$와 실제로 상점이 보유하고 있는 재고가치$^{소매가 기준}$ 사이의 차액을 판매액으로 나눈 값이다. 예를 들어, 회계 장부상에 재고액이 15억원이라고 적혀 있고 실제 재고액이 12억3천만원이고, 판매액이 42억7천만원이면 누락률은 6.3%[(15억원 - 12억3천만원) / 42억7천만원]가 된다. 소매업체의 재고 손실은 매년 매출의 1.3%를 차지하기 때문에 재고 손실률을 감소시키는 것은 매장관리 측면에서 매우 중요한 문제이다.

일반적으로 국내 소매업체의 재고 손실은 고객 절도$^{52.8\%}$가 가장 높게 나타나며, 다음은 종업원 절도$^{23\%}$, 내부 관리상 오류$^{16.7\%}$, 납품업체 착오$^{7.5\%}$ 등에 기인하고 있다. 관리상 오류의 예로는 판매한 상품의 계산 누락과 상품을 인수 받을 때와 실물을 점검할 때의 계산 착오가 있다. 납품업체 착오로 인한 손실은 납품업체의 선적 수량이 포장명세서에 표시된 수량보다 적을 때 발생한다.

소매업체는 고객들에 의한 좀도둑을 방지하는 시스템을 마련할 때 쇼핑의 편의성 측면과 손실 방지 측면 사이에 균형을 맞추어야 한다. 효과적인 손실 방지 프로그램의 핵심은 개방적이고 매력적인 점포 분위기를 유지하면서 상품을 보호하는 가장 효과적인 방법을 결정하는 것이다. 따라서 재고 손실을 방지하기 위해서는 매장 관리, 시각적 머천다이징 및 매장 디자인을 조화롭게 운영해야 한다.

직원 절도는 점점 더 정교해지고 지능적인 수법을 사용한다. 가령, 소매점 직원들은 범죄 공범들과 협력하여 가짜 상품 반품을 받아들이고, '환불'을 기프트 카드에 넣는다. 종업원이 직접 기프트 카드를 사용하거나 공범에게 넘길 수도 있고, 다른 매장에서 상품과 교환하거나 온라인에 판매하기도 한다. 또한 인터넷에서는 이러한 기프트 카드를 현금으로 쉽게 바꿀 수 있다.

점포 도난이나 종업원 절도를 감소시키는 가장 효과적인 방법은 신뢰하고 지지하는 작업 환경을 만드는 것이다. 종업원이 팀원들로부터 존경받고 있다고 느낄 때 자신의 목표와 회사의 목표를 동일시하게 된다. 고용주로부터 절도를 하는 것은 자신에게서 훔치는 것과 같으므로 다른 사람들의 도난을 막기 위해 노력하게 된다. 따라서 충성스러운 인력과 낮은 이직률을 보이는 소매업체는 전형적으로 재고 손실률이 낮다.

IV 소매업체의 조직구조

LO 15-4
소매업체가 일반적으로 어떻게 조직되는지 알 수 있다.

조직구조는 특정 종업원에 의해 수행되는 활동을 파악하고 기업 내에서 권한과 책임을 결정한다. 조직구조 개발을 위한 첫 번째 단계는 수행해야 할 과업을 결정하는 것이다. 〈그림 15-4〉는 소매기업에서 일반적으로 수행되는 과업을 보여준다.

이 과업들은 네 가지 주요영역인 전략관리, 운영관리, 상품관리, 점포관리로 구분된다. 이 책은 이 과업들과 이것을 수행하는 관리자를 기반으로 구성되었다. 이 책의 Part 02에서는 전략과 관리업무에 초점을 맞춘다. 시장전략과 재무결정5장과 6장은 고위 경영층이 주로 맡는다. 관리업무7장~10장는 입지 분석7장과 8장, 정보시스템 및 공급체인관리9장, 고객 관계관리10장 등 전문 지식을 가진 본사 직원에 의해 수행된다. 상품 관리자, 구매자, 상품 기획자는 상품관리Part 03에 관계되며, 점포 관리자와 지역 담당자는 점포관리에 포함된다Part 04. 이들은 전략계획을 실행하고 소매업체의 성과에 직접적으로 영향을 미치는 일일 계획을 수립한다.

1. 단일 점포 소매업체의 조직

단일 점포의 소유경영자는 전체 조직이 될 수 있다. 그가 점심을 먹거나 집에 갈 때 점포는 문을 닫게 된다. 매출이 증가함에 따라 소유주는 종업원을 고용하게 된다. 종업원의 행동을 조정하고 관리하는 것은 큰 체인들보다 단일 점포에서 더 쉽다. 소유경영자는 과업을 각 종업원들에게 부여하고 과업이 적절하게 수행되는지 관찰하기만 하면 된다. 종업원의 수가 제한되어 있기 때문에 단일 점포 소매업체는 전문화가 거의 되어 있지 않다. 종업원 한명이 다양한 영역의 업무를 수행하고 소유경영자는 모든 관리업무에 책임을 진다.

　　매출이 증가하면서 관리 전문화는 소유경영자가 다른 관리자를 추가적으로 고용할 때 이루어질 수 있다. 〈그림 15-5〉는 관리책임을 상품과 점포관리로 나누는 일반적인 부서형태를 보여주고 있다. 소유경영자는 전략적 관리 업무를 계속 수행한다. 점포 관리자는 상품의 인수와 선

전략관리
- 소매전략 개발
- 표적시장 파악
- 소매업태 결정
- 조직 구조 설계
- 유통업체 브랜드 개발
- 온라인 전략 개발
- 복합 채널전략 조정

상품관리
- 상품 매입
  - 공급업체 파악
  - 공급업체 협상
  - 공급업체 평가
  - 주문하기
- 상품 재고 통제
  - 상품 예산 계획 개발
  - 상품의 점포별 할당
  - 재고 위치 검토
- 상품 가격 결정
  - 초기 가격 결정
  - 가격 조정

점포관리
- 종업원 모집, 선발, 훈련
- 작업 일정 계획
- 종업원 성과 평가
- 점포 시설 유지
- 상품 위치 선정과 진열
- 상품의 대고객 판매
- 상품 수선 및 변경
- 선물 포장과 배달 등 서비스 제공
- 고객 불평 처리
- 상품 재고 보유
- 재고 손실 방지

운영관리
- 마케팅
  - 회사, 상품 및 서비스 촉진
  - 커뮤니케이션 프로그램 계획
  - 특별 촉진 계획
  - PR관리
  - 소셜 미디어 프로그램 관리
- 인적 자원 관리
  - 점포 종업원 관리 정책 개발
  - 관리자 모집, 선발, 훈련
  - 경력 개발 계획

- 공급체인관리
  - 상품인수
  - 상품 라벨 부착
  - 상품의 점포 출하
  - 공급업체로 반품
- 재무 성과 관리
  - 재무 성과에 대한 적절한 정보 제공
  - 매출, 현금흐름 및 이익의 예측
  - 투자자로부터 자본조성

- 비주얼 머천다이징(VM)
  - 점포 내 상품전시 개발 및 조정
- 경영 정보 시스템
  - 마케팅, 회계, 재무 등 정보시스템 개발 및 운영
- 일반협의회(법적)
  - 법과 규정 준수

🔵 그림 15-4　복합 소매업체에서 수행되는 과업들

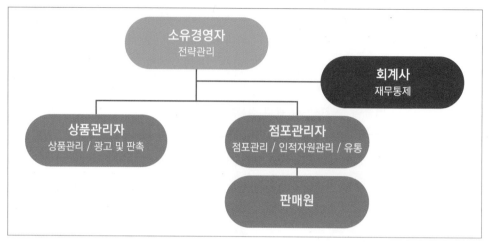

○ 그림 15-5   소규모 소매업체의 조직 구조

적 및 종업원 관리와 연관된 관리업무에 책임을 질 수 있다. 상품 관리자나 매입 담당자는 상품 선택과 재고관리 업무뿐만 아니라 광고 및 판촉업무까지 수행한다. 종종 소유경영자는 회계기업과 계약을 체결하여 재무관리 업무를 수행하기도 한다.

2. 전국 소매체인의 조직

단일 점포 관리와는 달리 소매 체인 관리는 복잡하다. 관리자들은 지리적으로 떨어져 있는 단위 점포를 관리해야 한다. 다음 절에서는 일반적인 소매 체인의 조직 구조에 대해 논의한다.

〈보기 15-6〉은 롯데백화점의 조직도를 보여준다. 최고경영자chief execuitive officer는 조직 전체를 총괄하는 책임을 진다. 그리고 상품, 매장 및 운영 등 책임자는 CEO에게 직접 보고한다.

1 상품

상품 부문의 책임자는 구매자 및 기획자와 협력하여 소매업체의 상품을 개발하고 조정하며 회사의 전략과 일치하는지 확인한다11장~14장 참조. 바이어들은 상품의 결정, 가격의 설정, 공급업체와의 관계구축 및 협상을 담당한다. 상품 기획자는 각 점포에 진열될 상품종류를 결정하고, 점포별로 상품을 할당하는 책임을 갖고 있다.

2 점포

점포 부문의 책임자는 몇 개의 점포를 담당하는 지역 관리자와 협력하여 점포와 관련된 모든 활동을 감독한다. 대형 매장의 점포관리자는 각각의 점포에서 수행되는 활동에 대한 책임을 지며 상품의 인수·재배치·진열, 점포유지관리 및 매장보안 등을 담당한다. 또한 점포 부문은 최고 재무 책임자와 긴밀히 협력하여 신규 매장을 계획하고 상품전시, 배치 및 매장 디자인을 담당한다.

3 운영

운영관리의 책임자는 경영정보시스템^{MIS}, 공급망, 인적자원 등을 총괄한다. 여기에는 빅데이터 시스템 제공, 유통 및 물류기능 지원, 종업원의 선발·교육·평가와 같은 기업의 자산 손실 방지와 운영을 담당한다.

4 마케팅

최고마케팅 책임자^{CMO}는 직원들과 함께 광고, 촉진, 소셜 미디어 프로그램 등 전반적인 대고객 메시지를 개발한다. 이를 위해 홍보, 판매촉진 행사, 마케팅 캠페인 등 차별화된 커뮤니케이션 프로그램을 실시한다.

5 재무

최고재무 책임자^{CFO}는 CEO와 함께 출자구조와 재무활동 등 금융 현안에 대해 관리한다. 부동산 부문에 대한 전반적인 지원서비스와 조언을 제공한다.

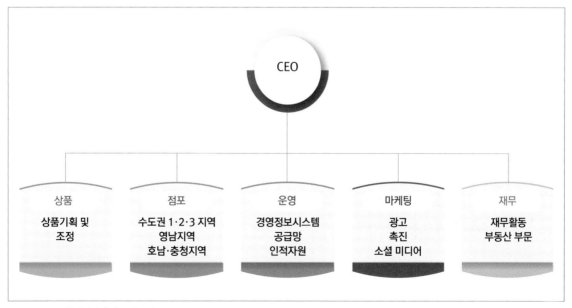

⬥ 그림 15-6 롯데백화점의 본사 조직

V 인적관리의 법적 문제

LO 15-5
점포 관리자가 종업원을 관리할 때 고려해야 하는 법적 문제는 무엇인지 이해할 수 있다.

1980년대에 고용 사례에 영향을 준 법률과 규정이 확산됨에 따라 인적자원관리가 중요한 조직기능의 하나로 등장하게 되었다. 이 복잡한 규제환경에서의 관리에는 노동법에 대한 전문지식과 다른 관리자들이 법률을 준수할 수 있게 도움을 주는 기술이 필요하다. 소매 종업원들의 관리를 포함하는 주요 법적 규제 문제는 ① 동등한 고용 기회, ② 보상, ③ 노사관계, ④ 종업원 안전과 건강, ⑤ 직장내 성희롱 등이다.

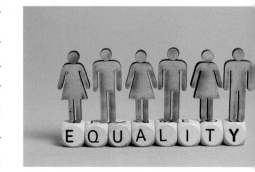

1. 동등한 고용 기회

동등한 고용 기회 규정의 기본 목표는 직장 내 부당한 차별로부터 종업원들을 보호하는 것이다. 불법적인 차별은 기업이나 그 관리자들이 다른 사람과 달리 보호받는 계층을 불공평하고 다르게 대우하는 행동을 의미한다. 보호 계층은 법에 명시된 것처럼 대중적 특성을 공유하는 개인들 모임이다. 기업은 단순히 인종, 종교, 성별, 국적, 나이, 장애 유무에 따라 종업원들을 다르게 대우해서는 안 된다. 종업원들을 다르게 대우할 수 있는 몇 개의 상황들이 있다. 예를 들어, 식당에서는 그 식당의 고객들이 좋아한다는 이유로 젊고 매력적인 외모의 직원을 채용하는 것은 불법이다. 그러한 차별은 단순히 선호되는 것이 아니라 반드시 필요한 것이다.

노동법은 인사 관행에서 인종, 국적, 성별, 종교에 기초한 차별을 금지하고 있다. 차별은 모집, 고용, 해고, 징계, 승진, 보상 등 인적자원 결정에서 특히 금지된다. 노사간에 벌어지는 특정 문제들은 노동위원회를 통해 심판 및 조정을 받을 수 있다.

2. 보상

근로기준법은 최저 임금, 최대 시간, 초과 근무 수당, 퇴직 관련 사항 등을 규정한다. 이 법은 저임금으로 장시간 근무를 요구받는 소매업체 종사자들에게 특히 중요하다. 보상과 관련된 최근의 이슈는 근로자에게 일정 수준 이상의 임금을 보장하여 생활 안정을 도모하는 최저임금 인상률과 근로자의 여가 및 삶의 질 향상을 위한 주 52시간 근로시간 단축 적용 대상 등이다.

3. 노사관계

노동관계법은 노동조합이 창립되는 절차와 기업이 조합을 상대하는 방식을 설명하고 있다. 이는 조합과의 협상이 어떻게 이루어지는지, 노사측이 할 수 있는 것과 할 수 없는 것을 보여주고 있다. 홈플러스는 2019년 노사 합의에 따라 무기계약직 사원을 정규직으로 전환하여 노조 설립 6년 만에 전체 직원 99%의 정규직화를 이루어 냈다. 따라서 이들은 전문가와 관리자로 성장할 수 있는 기회를 확보하고 회사는 보다 안정적인 점포 운영을 도모하게 되었다.

4. 종업원 안전과 건강

건강과 안전법률의 기본 전제는 고용주가 모든 종업원에게 사망이나 심각한 상해를 유발할 수 있는 위험이 제거된 환경을 제공할 의무가 있다는 점이다. 고용노동부는 근로자들이 안전하고 건강하게 일할 수 있는 여건을 조성하기 위해 산업안전보건법을 시행한다. 유통산업 발전법은 대형 마트 근로자의 건강권을 보장하기 위해 영업시간 제한 및 의무휴업일을 적용하고 있다. 또한 개정된 근로기준법에는 근로자의 인권과 건강권을 보호하기 위해 직장 내 괴롭힘 행위를 금지하고 있다.

5. 성희롱

성희롱은 불쾌한 성적 접근, 성상납 요구, 부적절한 언어적 및 신체적 행동을 포함한다. 성희롱은 임금인상과 승진과 같은 직장 업무관련 배려를 대가로 성적 호의를 요청한 것에 국한되지 않는다. 단순히 적대적 업무환경을 조성하는 것도 성희롱으로 간주될 수 있다. 예를 들어, 음란한 사진을 보여주고, 음침한 눈빛으로 직장동료를 주시하며, 종업원의 도덕적 평판에 대해서 언급하는 것뿐 아니라 외설적 언변, 농담, 낙서까지도 성희롱에 포함된다.

소비자들도 관리자와 동료직원 만큼이나 성희롱에 연관될 수 있다. 가령, 남성 고객이 식당에서 여성 종업원에게 성희롱을 하고, 이것을 식당 관리자가 알았지만 성희롱을 그만두도록 아무 조치도 취하지 않았다면 고용주는 성희롱에 책임을 질 수가 있다.

LO 15-1 점포 관리자가 종업원을 어떻게 확보하고 유지해야 하는지 알 수 있다.

관리자는 효과적인 채용, 사회화 및 훈련을 통해 종업원의 능력을 향상시킬 수 있다. 유능한 직원을 확보하기 위해 관리자는 직무기술서를 준비하고 잠재력을 갖춘 지원자를 물색하며 최종 면접할 후보자를 선별한다. 종업원을 고용한 소매업체는 그들을 훈련시키고 회사의 정책, 가치, 전략을 알려주어야 한다. 이 교육 과정은 신입사원이 조직에 몰입하고 회사의 성과에 헌신적으로 기여하도록 돕는다. 신입사원을 위한 효과적인 교육에는 조직화된 프로그램과 현장 연수 모두 포함된다.

직원들이 잠재력을 발휘하도록 동기를 부여하는 것은 관리자의 가장 중요하고도 힘든 일일 수 있다. 관리자는 종업원들을 위해 매장의 목표와 일치하는 현실적인 목표를 설정해야 하며, 종업원들이 그 목표를 달성할 수 있도록 동기를 부여해야 한다. 종업원들은 직장에서 외재적 보상과 내재적 보상이라는 두 가지 유형의 보상을 받는다. 외재적 보상에는 보수, 승진, 인정 등이 있으며, 내재적 보상은 개인적으로 일을 잘 함으로써 얻는 보상이다. 보상 프로그램은 가장 강력한 동기부여가 된다. 점포 관리자는 보상 계획을 세울 때 인건비를 통제하는 일과 능력 있는 종업원들에게 충분한 보상을 제공하는 일 사이에 균형을 유지해야 한다.

LO 15-2 점포 관리자의 효과적인 리더십 전략이 무엇인지 이해할 수 있다.

리더십은 한 사람이 공동의 목표나 과제를 달성하기 위해 다른 사람에게 영향을 미치는 과정이다. 최고관리자는 직원들의 행동에 영향을 미치는 것 이상으로 중요하다. 최고의 리더십 유형은 없다. 유능한 관리자는 각 상황에 적합한 다양한 의사결정 방식을 사용한다. 변혁적 리더는 그룹이나 조직을 위해 개인적인 욕구를 초월하게 하고 종업원들에게 열정과 생기를 불어넣는다.

LO 15-3 점포 관리자가 비용을 절감하기 위해 무엇을 할 수 있는지 파악할 수 있다.

인력 배치, 점포 유지 관리 및 재고 손실 감축은 점포운영 비용을 줄이는 세 가지 방법이다. 종업원을 효율적으로 활용하는 것은 중요하고 어려운 일이다. 매장 직원들은 매출을 증가시킬 수 있는 중요한 고객 서비스를 제공하지만 가장 큰 운영 비용이기도 하다. 매장 관리에서 중요한 사항은 종업원 절도, 좀도둑, 과실, 부정확한 기재 및 납품업체의 착오로 인한 재고 손실을 줄이는 것이다. 손실방지 프로그램을 개발함에 있어 소매업체는 쇼핑 편의성과 쾌적한 업무환경 제공 및 종업원 절도로 인한 손실방지 사이에 균형을 맞추어야 한다. 손실방지 프로그램의 핵심은 개방적이고 매력적인 점포 분위기와 회사가 종업원을 신뢰하고 있음을 느끼게 하면서 상품을 보호하는 가장 효과적인 방법을 결정하는 것이다. 손실 방지를 위해서는 매장 관리, 시각적 머천다이징 및 매장 디자인을 조화롭게 운영해야 한다.

LO 15-4 소매업체가 일반적으로 어떻게 조직되는지 알 수 있다.

조직구조는 감독관계와 종업원의 책임을 규정한다. 소매업체가 수행하는 네 가지 주요 과업은 전략관리, 운영관리, 상품관리, 점포관리로 구분된다.

LO 15-5 점포 관리자가 종업원을 관리할 때 고려해야 하는 법적 문제는 무엇인지 이해할 수 있다.

인적자원부서는 종업원들에 대한 차별적인 관행을 방지하는 법과 규정을 준수하고, 직원들이 안전하고 괴롭힘이 없는 근무환경에서 일한다는 확신을 심어줄 책임이 있다.

핵심단어

- 독재적 리더(autocratic leader)
- 민주적 리더(democratic leader)
- 변혁적 리더(transformational leader)
- 생산성(productivity)
- 바이어, 매입자(buyer)
- 인출금 계정(drawing account)
- 내재적 보상(intrinsic reward)

- 외재적 보상(extrinsic reward)
- 직무신청서 양식(job application form)
- 직무기술서(job description)
- 노동시간계획(labor scheduling)
- 리더십(leadership)
- 상품기획자(merchandising planner)
- 현장연수(on-the-job training)

- 조직구조(organization structure)
- 성희롱(sexual harassment)
- 재고 손실(shrinkage)
- 점포 유지(store maintenance)
- 할당(quota)
- 할당보너스 계획(quota bonus plan)
- 불법적 차별(illegal discrimination)
- 이직(turnover)

현장학습

1. 계속되는 사례 과제: 선택한 점포에 들러 인력 배치를 담당하고 있는 관리자를 만나서 다음과 같은 질문에 대한 답을 찾아보자.
   - 누가 인력 배치를 담당하고 있는가?
   - 인력 배치는 얼마나 앞서 계획되고 있는가?
   - 휴식과 점심 시간은 어떻게 계획되어 있는가?
   - 초과 근무에 대해서는 어떻게 결정하는가?
   - 각 부서별 예산이 책정된 직원의 총 근무시간은 어떻게 되는가?
   - 유연근무에 대해서는 어떻게 적용하는가?
   - 갑작스런 결근에 대해서는 어떻게 대처하는가?
   - 피크 타임(시간, 일, 계절)에 대한 인력 배치는 어떻게 계획되어 있는가?
   - 종업원이 마지막 순간에 병가를 내면 어떻게 하는가?
   - 현재 인력 배치 시스템에 어떤 장단점이 있다고 생각하는가?

2. 상기 1번과 같은 점포에서 종업원 관리 담당자를 만나 판매원이 어떻게 보상받고 평가받는 지에 대해 알아보자.
   - 판매원들은 어떤 훈련을 받으며, 평가 항목은 무엇인가?
   - 얼마나 자주 평가를 받는가?
   - 판매원들에게 할당된 판매량이 있는가? 만약 할당량을 초과할 경우 어떤 보상을 받는가? 목표량을 채우지 못할 경우는 어떻게 되는가?
   - 커미션 시스템이 있는가? 만약 있다면 커미션은 어떻게 적용되는가? 커미션 시스템의 장단점은 무엇인가?
   - 커미션 시스템이 없다면 별도의 인센티브 프로그램이 있는가?

3. 고용이나 승진 관행에서 인적자원관리의 법적 문제를 위반한 소매업체의 사례를 설명하는 기사를 찾아보고, 사건과 법원의 결정을 요약해보자. 이 소매업체는 향후 고용정책을 개선하기 위해 어떻게 해야 하는가?

토의 질문 및 문제

1. 현장훈련(on-the-job training)과 인터넷 교육 및 강의실 교육 간의 차이는 무엇인가? 각각의 장단점은 무엇인가?
2. McDonald's 패스트푸드점의 관리자가 다양한 리더십 스타일을 발휘해야 하는 상황의 예를 들어 보시오.
3. 〈그림 15-2〉에 제시된 인터뷰 질문 항목을 참고하여 점포 보조 매니저를 채용하는 상황이라고 가정하고 다른 학생과 함께 실습해 보시오.
4. 종업원 확보 및 유지활동에 영향을 주는 몇 가지 법과 규제를 제시하시오.
5. 외재적 보상과 내재적 보상의 차이는 무엇인가? 종업원의 행동에 대한 보상의 효과는 무엇인가? 어떤 상황 하에서 소매업체가 외재적 보상을 내재적 보상보다 강조해야 한다고 말할 수 있는가?
6. 이 장에서 설명한 서로 다른 형태의 보상 프로그램의 장점과 단점은 무엇인가? 단점만 고려한다면 부서 관리자들이 어떻게 단점을 줄일 수 있는가?
7. 소매업체 종업원들을 평가할 때 어떤 점포는 〈표 15-2〉의 평가 방식과 같은 체크리스트와 양적인 접근을 사용한다. 반면 어떤 점포는 〈그림 15-3〉과 같은 질적인 접근법을 사용한다. 양적 평가와 질적 평가의 장점과 단점은 무엇인가?
8. 슈퍼마켓 계산대에서 일하는 무슬림 점원들은 종교적 신념 때문에 돼지고기가 들어있는 제품을 만지거나 스캔하기를 거부했다. 관리자는 종업원들이 자신의 신념에 반하는 행동을 하도록 강요할 권리가 있는가? 고객은 직원의 신념 때문에 원하는 제품을 구입할 수 없도록 해야 하는가? 종업원들은 자신의 종교적 신념을 무시해야 하는가? 이처럼 윤리적으로 민감한 상황에 직면한다면 어떻게 해야 하는가?
9. 소매업체가 좀도둑과 종업원 절도로부터 재고손실을 줄이기 위한 방법을 토론하시오.
10. CVS와 같은 드럭스토어는 당뇨병 테스트기나 향수들을 잠긴 유리 캐비닛 내에 넣어두기도 하는데, 이는 절도를 방지하기 위함이다. 이런 조치가 다수의 정직한 고객들에게 어떻게 받아들여질지 논하시오.

1. Curt Nickisch, "The Zappos Holacracy Experiment," *Harvard business Review*, July 28, 2016.

2. David Kraichy and Derek chapman, "Tailoring WebBaded Recruiting Messages: individual Differences in the Persuasiveness of Affective and Cognitive Messages," Journal of business and psychology 29, no. 2 (2013), pp. 253-268.

3. Ed Stych, "Best Buy's Employee Training Ranked among Best in Nation," *Minneapolis/St. Paul Business Journal*, February 14, 2012.

4. Gregory Ferenstein, "The Zappos Exodus Wasn't about Holocracy, Says Tony Hsieh," *Fast Company*, January 19, 2016.

5. James Breaugh, "Employee Recruitment: Current Knowledge and Suggestions for Future Research," *The oxford Handbook of personnel Assessment and Selection* (New York: Oxford University Press, 2012), pp.68-87

6. Jean Phillips and Stanley Gully, "Multilevel and Stategic Recruiting: Where Have We Been, Wrere Cand We Go from Here?," *Journal of Management* 41, no. 5 (2015), pp. 1416-1445.

7. Jennifer Reingold, "The Zappos Experiment," *Fortune*, March 15, 2016.

8. Kevin Ready, "What Sam Walton and China's Lao Tzu Can Teach You about Team Building," *Forbes*, June 11, 2012.

9. Lora Kolodny, "The Latest Approach to Employee Training," *The Wall Street Journal*, March 13, 2016; Heather Huhman, "4 Ways to Train Employees Effectively." *Entrepreneur*, November 23, 2015.

10. Lorri Freifeld, "Focus on Retail: Best Buy Connects with Customers," Sales and Marketing Management, August 1, 2007.

11. Matthew stern, "Not Everyone at Zappos Loves Holocracy," *RetailWire*, January 19, 2016.

12. Raymond Andrew Noe, John R. Hollenbeck, Barry Gerhart, and M. Wright, *Fundandamentals of human resource management*, 5th ed. (New York: McGrawHill, 2013); Scott Carbonara, Manager's guide to employee Enagement, (New York: McGrawHill, 2013).

13. Matthias Baum, Anke Sterzing, and Neslim Alaca, "Reactions towards Diversity Recruitment and the Moderating influence of the Recruiting Firms' CountryofOrigin," *Journal of business research* 69, no. 10 (2016), pp. 4140-4149.

14. Tara Behrend, Becca Baker, and Lori Foster Thompson, "Effects of ProEnvironmental Recruiting Messages: The Role of Organizational Reputation," Journal of business and psychology 2, no. 3 (2009), pp. 341-350.

15. Rhett Brymer, Janice Molly, and Brett Gilbert, "Human Capital Pipelines Competitive Implications of Repeated Interorganizational Hiring," *Journal of Management* 40, no. 2 (2013), pp, 483-508.

16. Robert Porter and Gary Latham, "The Effect of Employee Learning Goals and Goal Commitment on Departmental Performance," *Journal of Leadership & Organizational Studies* 20, no. 1 (2013), pp. 62-68.

17. Stephan Castleberry and John Tanner, *Personal Selling: Building Relationships*, 8th ed. (New York: McGrawHill, 2011).

18. Susan jackson and Randall Schuler, *Managing Human Resources through Strtegic Relationships*, 11th ed. (Mason, OH: SouthWestern, 2011).

19. "TMI? The Risks of Recruiting Using Social Media Profiles," *HRNews Daily*, December 16, 2012.

20. Valentina Franca, "The Strength of the Employer Brand: Influences and Implications for Recruiting," *Journal of Marketing and Management*, May 2012, pp. 78-122.

21. Tom Ryan, "Perks/Culture Make Happy REI Employees," *RetailWire*, January 3, 2013.

22. Zeynep Toy, "Why Good jobs Are Good for Retailers," *Harvard Business Review*, January-February 2012.

Memo

점포 배치, 설계, 비주얼 머천다이징

이 장을 읽은 후에 당신은

LO 16-1 점포 설계(디자인) 시 고려해야 할 중요한 요소를 열거할 수 있다.
LO 16-2 점포배치 대안들의 장점과 단점을 열거할 수 있다.
LO 16-3 상품부서 및 카테고리에 점포의 공간을 할당하는 방법을 설명할 수 있다.
LO 16-4 상품진열을 위한 가장 효과적인 기술을 설명할 수 있다.
LO 16-5 더 매력적인 구매경험을 만들 수 있는 방법을 설명할 수 있다.

소 매업체는 종종 고객에게 자신들의 아이덴티티를 상징적으로 나타낼 수 있는 플래그쉽 스토어, 랜드마크를 설정한다. 상징적인 장소와 디자인을 바꾸는 것은 메이시가 시카고의 마셜 필즈 백화점을 매입하고 아이코닉 스테이트 스트리트의 매장을 변화시켰을 때 고객들이 분노에 찬 반발을 일으켰던 것처럼 심각한 의미를 가져올 수 있다. 그러나 흥미롭고 매력적인 점포로 유지되기 위해서는 때때로 점포설계는 업데이트되고 새로워져야만 한다. 그렇다면 소매업체는 어떻게 균형을 잡아야 하는 것일까?

Bergdorf Goodman 백화점의 경우, 뉴욕 시에서의 최근 리노베이션은 거의 30년만에 처음이었다. 114년 된 아름답고 고풍스러운 건축물과 모던 럭셔리를 접목시킴으로써 명품고객들에게 즐겁고 기억에 남을 만한 경험을 제공하자는 것이 추진 목표였다.

리노베이션을 통해 메인 샹들리에가 복원되었는데, 원래의 영광을 되찾았을 뿐만 아니라 매장을 더 밝게 해주고 천정을 따라 복잡하게 조각된 장식들을 돋보이게 해 준다. 또한 대리석이 깔린 마루, 수공예적인 오브제, 센트럴 파크가 내려다 보이는 넓은 창이 추가되었다.

전통적인 사인물, 럭셔리함과 체험이 공존하는 리디자인은 공간을 매우 현대적이고 시크하게 만들었다. 새로운 레이아웃은 오픈셀 모델에 바탕을 두고 있는데, 이 모델에는 카운터의 전면, 후면이 지정되어 있지 않다. 카운터에는 판매원이 열어 주어야 하는 유리문이 없다. 고객들은 자유롭게 매장 안을 다니며 진열된 상품들을 둘러볼 수 있으며, 판매원들은 고객들이 필요로 할 때에만 쇼핑을 도와준다. Bergdorf 대표 말에 따르면, 새로운 점포배치로 고객들이 "제품에 훨씬 더 쉽게 접근할 수 있게" 되었다.

리디자인의 목적이 고객에게 온라인 쇼핑으로는 얻을 수 없는 소중한 경험을 만들어 주고자 하는 것이라 하더라도, 오늘날 대부분의 구매고객들은 인터넷과 모바일 쇼핑에 의존하고 있다. 따라서 Bergdorf는 오프라인과 온라인을 연결할 수 있는 방법도 모색했다. 퓰리처 분수와 센트럴 파크로부터 얻어지는 새로운 뷰는 뉴욕 상점을 인스타그램의 핫 스팟으로 만들었다. 소셜 미디어와의 연결이 충분히 강해진다면, Bergdorf는 뉴욕에서의 멋진 셀카를 원하는 쇼핑객들에게 인기 있는 장소가 될 수 있으며, 유명한 랜드마크 자체도 될 수 있다.

점포의 환경과 설계, 점포 안에서의 상품 진열 및 위치는 고객의 구매행동에 상당한 영향을 미친다. 점포나 웹사이트의 디자인은 고객들을 그 곳에 방문하게 하고, 보내는 시간을 늘리고, 구매하려는 상품의 양을 증가시킬 수 있다. 또한 점포 설계는 기업의 브랜드 이미지를 높이고, 반복적인 방문을 독려하는 보상적인 쇼핑 경험을 제공함으로써 소매업체에 대한 고객 충성도를 구축하는 데 장기적인 영향을 미친다.

이 장은 점포관리의 한 부분으로 다루어진다. 본사 전문가들에 의해 개발된 점포설계와 비주얼 머천다이징을 실제로 실행할 책임은 점포 관리자에게 있기 때문이다. 점포 관리자는 일반적인 계획안을 각 점포가 지닌 독특한 차별성에 맞춰 적용해야 하고, 의도한 이미지와 실제 보여지는 매장이 일치될 수 있도록 계속적으로 노력해야 한다. 여기에서 논의하듯이 점포 설계와 비주얼 머천다이징VM 역시 소매업체들이 활용하고 있는 커뮤니케이션 믹스의 요소로서, 브랜드 이미지를 만들고 강화하는데 중요한 역할을 한다.

이 장은 점포 설계의 목적에 대한 논의로 시작한다. 다음으로 각기 다른 카테고리와 상품들에 얼마만큼의 공간을 할당할 것인지, 상품은 어느 위치에 배치할 것인지에 대한 결정 등 점포 설계 요소에 대해 다룬다. 또한 소매업체가 고객의 구매경험을 향상시키기 위해 색채, 조명, 음악 등 점포 설계의 요소들을 어떻게 활용할 것인지에 대한 검토도 포함한다.

I 점포 설계^{디자인}의 목적

점포 설계의 주요 목적은 ① 소매업체의 소매전략을 수행하고, ② 고객의 구매경험에 보상을 제공함으로서 브랜드충성도를 구축하고, ③ 방문 시 구매율을 증가시키고, ④ 수익을 증가시키는 비용 관리, ⑤ 법적 요건을 충족시키는 데에 있다.

LO 16-1
점포 설계(디자인) 시 고려해야 할
중요한 요소를 열거할 수 있다.

1. 소매전략 수행

점포 설계의 주요 목적은 소매업체의 전략을 실행하는 것이다. 점포는 만족할 만한 경쟁우위를 구축하고 표적시장의 니즈를 만족시키려는 소매업체의 전략을 구축하고 강화시킬 수 있게 설계되어야 한다. Starbucks의 매장은 커피뿐만 아니라 친구를 만나 교류하며 휴식을 취할 수 있는 공간을 제공하는 이탈리안 커피 바에서 영감을 받았다. 부드러운 조명, 나무 테이블, 편안한 좌석, 무료 와이파이, 깨끗한 화장실 등으로 스타벅스는 사람들과 어울리며 향좋은 커피를 한잔 하고 싶은 장소가 되었다.

2. 충성도 구축

고객은 소매점이나 웹사이트에 방문했을 때 지속적으로 보상을 얻는 경험을 하게 되면, 반복적으로 방문하게 되고, 소매점에 대한 충성심을 기를 수 있는 동기가 생긴다. 점포 설계는 구매경험 보상을 마케팅하는데 중요한 역할을 한다. 고객들은 쇼핑 시 실용성과 쾌락적 혜택이라는 두 가지 유형의 편익을 추구한다.

점포 설계는 고객이 번거로움을 최소화하면서 효율적으로 적시에 제품을 찾고 구입할 수 있도록 함으로써 실용적인 편익을 제공한다. 이러한 실용적 이익은 사회가 발전하면서 점점 더 중요해졌다. CVS나 Walgreens 같은 드럭스토어 소매업체는 Drive-through를 포함하도록 점포를 설계하는 등 고객 편의성을 높이기 위해 다양한 기술에 투자해 왔다. 그들은 고객이 처방전을 입력할 수 있게 모바일 앱을 개발했고, 고객은 준비된 약품을 드라이브 스루을 통해 집어가면 된다. 이렇듯이 설계 요소들과 연결된 앱은 고객의 쇼핑을 더욱 빠르게 만들어주고 있다.

점포 설계는 고객에게 볼거리가 있는 즐거운 구매 경험을 제공함으로써 쾌락적인 혜택을 제공하기도 한다. 고객은 방문 자체가 보람 있기 때문에 매장이나 웹사이트에서 더 많은 시간을 보내고 싶어진다. 아웃도어라이프 매니아들을 위한 체인점인 Cabela는 박물관급 야생동물인 다이오라마 전시, 원시물고기가 등장하는 거대한 수족관, 외부에서 샌드위치를 주문해서 먹을 수 있는 레스토랑, 기본적인 사격법과 안전교육을 알려주는 사격장 등 재미있는 경험을 제공한다. 쇼핑과 휴식을 제공하는 이 점포는 그 지역 고객을 확실히 끌어들이는 동시에 수백 마일 떨어진 곳에서부터 여행자들을 데려올 수 있었다.

물론 리테일링 뷰 16-1의 예처럼, 실용적인 혜택만 또는 쾌락적인 혜택만 제공하는 소매점은 거의 없다. 고객 충성도

Cabela는 고객에게 박물관급 야생동물 전시회와 같은 쾌락적인 혜택을 제공한다.

를 보장하기 위해 대부분은 두 가지 모두를 사용할 필요가 있다. Wegman은 가격에 민감한 고객들을 환영하고 그들의 경제적 제약을 알고 있다는 것을 기존 구매자들에게 표현하기 위해 일부 섹션에는 보다 실용적인 외관과 느낌을 적용했다. 하지만 슈퍼마켓 체인점은 식료품 구매라는 잡일을 더 재미있게 느끼게 하겠다는 확실한 의도를 가지고 점포를 디자인한다. 쇼핑객들은 리놀륨 바닥, 강한 형광등, 좁은 통로 대신 야외 시장의 다이나믹한 느낌을 경험할 수 있다. 웨그먼은 다양한 먹거리 옵션, 이국적인 찻집, 아트리움 믹스 바, 미식 요리사가 준비한 음식 등을 제공하였다. 고객에게 독특한 경험을 만들어 주고자 했던 웨그먼의 노력은 91개 점포에서 연간 거의 80억 달러의 매출을 올리는 데 기여했다.

3. 방문 시 구매율 증가

점포 설계의 세번째 목적은 방문 시 고객의 구매율을 증가시키는 것이다. 점포 설계는 고객이 매장에 얼마나 머무를지, 방문하는 동안 얼마나 소비할 것인지 등 고객이 상품을 구매하는 동안 지속적으로 영향을 미친다. 대부분 소비자들은 슈퍼마켓에서 상품을 선택하고 구입할 때 극히 적은 시간과 생각을 쓴다. 이러한 구매 결정은 방문하는 동안 소비자가 어떤 제품을 보느냐에 큰 영향을 받으며, 점포 배치와 상품 진열방법에 의해서도 영향을 받게 된다. 따라서 소매업체는 그들의 점포를 충동구매에 동기를 부여할 수 있는 방향으로 설계하려 한다. 이 장에서 나중에 거론하겠지만, 소매업체는 여성복 매장에서의 보석, 슈퍼마켓 계산대의 사탕처럼 충동구매를 자극하기 위해 계산대 주변을 진열하고 활용한다.

럭셔리 소매업체는 고급스러운 체험과 뛰어난 서비스를 제공하는데, 이것은 지금의 쇼핑객들이 추구하는 것일 수도 있고 아닐 수도 있다. 이에 대응하여 Sacks Fifth Avenue는 화려한 쇼핑을 즐기고자 하는 쾌락적인 쇼핑객들뿐만 아니라 빠르고 쉽게 꼭 필요한 고급 옷장을 꾸미고자 하는 실용적인 쇼핑객들의 요구를 충족시키기 위해 다양한 방법을 채택하고 있다.

토론토에 새로 문을 연 플래그십 매장은 백화점이 아니라 아트갤러리 같은 느낌을 준다. Saks는 도시의 예술사를 점포 디자인에 포함시키고자 했다. 그래서 각 출입구는 드라마틱한 전시회처럼 만들어졌다. 가구와 상품들은 마치 그들이 점포에 전략적으로 배치된 예술의 일부인 것처럼 보이게 놓여 있고, 고요하게 내리는 비, 숲, 폭풍의 세 가지 뚜렷한 풍경을 특징적으로 보여준다. 심지어 평면 배치도 갤러리처럼 느껴지게 하는데, 오픈된 공간이 많이 있어 고객들이 매장 안을 천천히 돌아다닐 수 있다. 마찬가지로 세계무역센터 건너편에 있는 최신의 뉴욕 지점은 박물관에서 영감을 얻어 각기 다른 디자이너들의 작품을 순환적으로 전시하고 있다. 그러나 뉴욕시의 두번째 점포인 맨해튼 지점은 기능적 편익을 우선한다. 파워 런치 서비스를 통해 60분 이내에 미용, 스타일 상담, 점심식사 등을 받을 수 있다고 고객들에게 약속하고 있다. 만약 신발의 지퍼가 채워지지 않거나 굽이 부러졌다면 "Saks Save Me" 핫라인을 부를 수도 있다.

또한 Saks는 Off 5th Outlet 매장에서 "조금 더 깔끔하지 못한" 모습을 보임으로써 더 저렴한 상품을 쫓는 쇼핑객들을 유혹하였다. 옷은 진열대 위에 정교하게 연출되기보다는 더미처럼 잔뜩 쌓여 있고, 신발은 할인 판매점에서 흔히 볼 수 있듯이 브랜드별이 아닌, 사이즈별로 진열되어 있다. 이 "혼잡함"은 고객들이 싸게 파는 물건을 갖기 위해 상품더미 안으로 말 그대로 "파고드는 것"을 대수롭지 않게 느끼게 하고, 심지어 보물찾기하는 느낌까지 주기도 한다. 소매업 분석가들이 오래 전부터 지적해 온 바와 같이, 대부분 고객들은 상품으로 가득찬 매장이 더 많은 기회를 제공한다고 생각한다. 그 결과, Off 5th는 계속해서 지점 수를 늘리고 있다.

마지막으로 온라인 쇼핑에서의 실용주의와 오프라인 매장 체험에서의 쾌락주의 두 가지를 지렛대로 연결하기 위해, Saks는 점포 디자인을 웹사이트처럼 모방하는 새로운 옴니채널 계획을 실험 중이다. 또한 고객의 질문에 즉각적으로 대답할 수 있도록 판매원들을 훈련시키고 있다. 대부분의 점포보다 규모가 작은 첫 번째 실험 점포에서는, 원형 배치로 인해 쇼핑객들은 항상 새로운 것을 찾을 수 있으며 새로운 링크를 클릭하면 나타나는 것처럼 점포 주변을 모두 둘러볼 수 있다. 상품은 독립된 품목별이 아니라 브랜드별로 배열되어 있으며, 소비자가 흔히 온라인에서 볼 수 있는 "Flat shots"처럼 테이블 위에 상품이 눕혀져 있다. 아울러 Saks는 점포의 인테리어 높이를 낮추어서, 쇼핑객들이 더 쉽게 전체 공간을 살펴볼 수 있게 만들었다. 잔잔한 음악과 화려한 카펫이 깔려있는 피팅룸은 더할 나위 없는 최고급이다. 이들의 목표는 온라인 쇼핑이 주는 가장 매력적인 편익 중의 하나를 지렛대로 쓰는 것이다.

실험 점포의 판매원은 온라인과 오프라인 사이의 간격, 즐거움과 편이성 사이의 간격을 비슷하게 좁혔다. Saks의 연구는 대부분의 고객이 혼자 쇼핑하는 것을 선호하지만, 판매원들로부터 도움을 받는 사람들이 더 많은 돈을 쓰는 경향이 있다는 것을 보여주었다. 따라서 그들은 인터뷰를 통해 디지털에 대해 잘 알고 있는 직원들을 새롭게 고용했다.

Saks는 판매원들이 다양한 채널에서 고객이 활용할 수 있는 퍼스널 쇼퍼가 될 수 있기를 기대한다. 이메일 요청이나 라이브 채팅 또는 동반쇼핑 등을 활용하여 고객은 근처 매장의 직원들로부터 개인적인 추천과 도움을 받을 수 있다. 따라서 고객은 오랜시간 매장을 방문하면서 개인화된 관심을 받을 수 있으며, 판매원은 선택된 제품들을 자신의 집이나 사무실에 남아 고객에게 배송할 수 있다. 이렇게 결합함으로써 소비자의 평균 객단가가 50% 증가했다고 보고되었다.

Sources: Elizabeth Holmes, "Why Can't a Store Be More Like a Website?," The Wall Street Journal, September 27, 2016; Phil Wahba, "Saks Fifth Avenue Opens Store in Manhattan's New Luxury Battleground," Fortune, September 8, 2016; Jenny Rebholz, "Saks Opens New Flagship Store in Toronto," Design:Retail, August 18, 2016; Tom Ryan, "Saks Outlets to Get Sloppier," RetailWire, February 4, 2014.

4. 수익을 증가시키는 비용 관리

점포 설계의 네 번째 목표는 점포 설계를 구현하고 점포의 외관을 유지하는 비용을 제어하는 것이다. Neiman Marcus에서 비싼 보석이나 크리스탈에 비추는 조명은 일반 형광전구보다 전기를 더 많이 사용하며 생태학적으로 덜 친화적인 종류이다. 이 소매업체는 고가 아이템을 강조하기 위해 필요한 비용들을 고려한다. 이와 대조적으로 다른 소매업체는 에너지의 효율적 사용을 추구한다. 수년동안 Walmart는 매장 운영에 필요한 에너지 및 기타 천연자원의 양을 줄이고, 각 시설을 만드는데 사용되는 원료를 최소화하고, 가능한 한 재생가능한 재료를 사용함으로써 에너지 효율을 높일 수 있도록 설계되었다.

점포 설계는 인건비와 재고 감소에도 영향을 미친다. 일부 점포들은 외떨어진 공간으로 되어 있어 친밀하고 편안한 쇼핑 경험을 제공함으로써 더 많은 매출을 올릴 수 있다. 그러나 이러한 설계는 판매사원이 인접 부서를 관찰하고 살필 수 없게 하므로, 고객 응대와 매장 내 도난방지를 위해서는 각 파트에 적어도 한 명 이상의 판매사원이 지속적으로 배치되어야 한다.

점포 설계 시 원가관리와 관련된 또 다른 고려사항은 유연성이다. 소매업은 매우 역동적인 사업이다. 시장에 새롭게 진입한 경쟁업체는 기존 소매업체들이 유지하던 상품 조합을 변화하게 만든다. 상품 조합이 바뀌면 상품 카테고리에 할당된 공간과 매장 레이아웃도 바뀌어야 한다. 따라서 점포 설계자들은 최대한의 유연성을 가지고 점포를 설계하려고 한다.

유연성은 대학서점에 있어서 중요한 설계 고려사항이다. 왜냐하면 사업의 특성상 대학서점들은 내재되어 있는 커다란 시즌적 변동을 수용하기 위해 공간을 확장하거나 축소해야 하기 때문이다. 학기 초에는 교과서에 상당한 공간을 할당해야 하지만, 학기 첫 주가 지나면 교과서에 대한 수요는 빠르게 줄어들므로 교과서에 할당되었던 공간은 의류와 가전제품에 재할당될 필요가 있다. 이러한 유연성을 제공하는 열쇠는 분리가능한 설치물과 혁신적인 벽체 시스템에 있다.

5. 법적 요건의 충족

미국에서 모든 점포의 설계 및 재설계 결정은 1990년 미국 장애인법[ADA]과 2008년 개정사항을 준수해야 한다. 이 법은 장애인을 고용, 교통, 공공 숙박시설, 통신, 주 및 지방자치단체의 활동 등에서 차별을 받지 않도록 보호하고 있다. 이 법은 1993년 이전에 지어진 소매점에서의 상품과 서비스에 대해서는 "합리적인 접근"을, 1993년 이후에 지어진 점포에 대해서는 "완전한 접근"을 할 수 있어야 한다고 명시하고 있어 점포 설계 시 상당한 영향을 미친다.

이 법은 또한 소매업체들이 ADA 요건에 충족시키기 위해 장애인들에게 "불급한 부담"을 초래해서는 안 된다고 명시하고 있다. 소매업체는 장애인 고객의 니즈를 염두에 두고는 있지만, 휠체어나 전동 카트를 탄 사람들이 상품에 완전히 닿을 수 있게 하려면 상품을 진열할 수 있는 공간이 줄어들게 되어 판매량이 감소할 것이라고 우려하기도 한다. 그러나 더 넓은 통로와 여유있는 공간을 제공하는 것은 결과적으로 모든 고객들에게 더 즐거운 쇼핑 경험을 가져다 줄 수 있다.

ADA는 "합리적 접근", "완전히 접근 가능" 또는 "부적절한 부담"과 같은 중요한 용어를 명확하게 정의하고 있지는 않다. 그래서 실제 ADA 요건은 장애인 원고들이 소매업체를 상대로 집단소송을 진행했던 법정에서 정의되고 있다. 법정 사례를 근거로 하여, 소매업체는 일반적으로 ① 주된 통로, 욕실, 탈의실, 엘리베이터 및 대부분의 내부시설에 32인치 폭의 통로를 제공해야 하며, ② 대부분의 계산대와 내부시설물 높이를 낮춰 휠체어를 탄 사람이 닿을 수 있도록 해야 하며, ③ 장애인이 출입할 수 있게 계산대 통로를 만들고, ④ 욕실에는 잡을 수 있는 난간이나 바를 설치하고, ⑤ 탈의실에는 완전히 접근 가능해야 하며, ⑥ 매장 출구에서 멈추지 않도록 해야 한다. 반면에 장애인에게 반드시 제공되어야 하는 전용 주차공간의 수에 대한 지침은 명확히 규정하고 있다. 접근성 요건 중 일부 사항은 소규모 소매업체나 크리스마스 휴일과 같은 성수기 판매 시에는 다소 완화되어 적용되기도 한다.

6 점포설계의 절충

이러한 목표를 모두 달성할 수 있는 점포 설계는 거의 없으므로, 모든 점포 설계는 목표들 간의 절충을 수반한다. Home Depot의 전통적인 창고 설계는 바닥에서 천장까지 길게 늘어선 선반에 많은 상품을 효율적으로 보관하고 진열할 수 있지만, 쾌적한 쇼핑 경험으로 이끌진 않는다. 그래서 창고형 대형 매장은 많은 여성 쇼핑객들이 기피하는 장소가 되었다. 장점을 강조하기 위해 이 점포는 접근성이 좋게 점포설계를 재조정하였다. 건설현장 같았던 매장은 개선된 조명과 효과적으로 진열된 제품, 쇼핑 도우미 등을 통해 아름답고 새롭게 리뉴얼되었다.

소매업체는 종종 충동구매를 부추기는 것과 편리한 쇼핑을 하게 하는 것 사이에서 절충을 해야 하는 경우가 많다. 슈퍼마켓은 고객들이 매장 전체를 통과하도록 하기 위해 생필품인 우유를 점포 뒤쪽에 놓아 더 많은 충동구매를 자극한다. 하지만 어떤 고객들은 우유만을 사고 싶어하기도 한다는 것을 인식한 마트형 드럭스토어에서는 우유를 점포 앞쪽에 진열하고 편의점과 정면 승부를 하기도 한다.

상품을 쉽게 찾을 수 있도록 하는 것과 재미있는 쇼핑 경험을 제공하는 것 사이의 절충은 고객의 구매 니즈에 따라 결정된다. 예를 들어, 슈퍼마켓과 마트형 드럭스토어 쇼핑객들은 일반적으로 실용적 이익에 초점을 맞추고 있다. 고객은 쇼핑시간을 최소화하기를 원하기 때문에 슈퍼마켓의 디자인은 상품의 위치를 쉽게 찾게 하는데 중점을 둔다^{Wegman과 같은 예외도 있다}. 이와는 대조적으로 컴퓨터, 홈엔터테인먼트 센터, 가구와 같은 특수상품을 쇼핑하는 고객들은 판매원과 검색, 비교, 대화하는 데 시간을 보내는 경향이 있다. 따라서 이런 종류의 상품을 제공하는 전문매장 소매업체는 상품을 쉽게 찾을 수 있도록 하기보다는 쾌락적 이익을 제공하고 탐색를 독려하는데 더 중점을 둔다.

또 다른 절충은 고객에게 쇼핑할 수 있는 적절한 공간을 제공하는 것과 그 공간을 상품 비축에 사용하는 것 사이의 균형이다. 고객들은 상품을 흐트려 놓은 것보다는 연출을 목적으로 한설치물과 넓은 통로가 있는 점포에 매력을 느낀다. 또한 쇼핑객들은 매장이 너무 비좁아서 누군가가 자신의 뒤에서 손을 뻗어 상품을 만지게 되는 것을 좋아하지 않는다. "butt-brush effect"로 잘 알려진 이 현상은 고객의 구매욕구를 감소시킨다. 하지만 보기에만 그럴듯한 점포설계는 판매할 수 있는 상품의 양을 줄이고 또한 충동구매와 고객이 원하는 것을 찾을 수 있는 기회를 감소시킨다. 반면에 너무 많은 진열대와 상품들은 고객들로 하여금 불편함을 느끼게 하고, 심지어 혼란스럽게 할 수도 있다. 지나치게 넓은 점포와 붐비는 점포 사이의 절충이 있어야 한다.

이 절에서는 점포를 설계할 때 소매업체가 추구해야 하는 다양한 객관적 면들을 검토하였다. 다음 절에서는 점포설계의 중요한 요소들을 탐구한다.

II 점포 설계 요소

LO 16-2
점포배치 대안들의
장점과 단점을 열거할 수 있다.

점포 설계의 4가지 요소는 ① 배치Layout, ② 사인물 및 그래픽, ③ 특정구역feature area, ④ 점포 외관이다. 이들 각 요소는 이 절에서 논의된다.

1. 배치레이아웃

소매업체는 대체로 격자형, 경주로형, 자유형 등 세 가지 유형을 일반적으로 사용하고 있다. 이 배치 유형들은 각각의 장단점을 가지고 있다.

1 격자형grid 배치

격자형 배치는 〈그림 16-1〉에서 묘사된 것처럼, 평행하게 설계된 통로 양쪽에 진열대가 놓여진 배치다. 계산대는 점포의 입구/출구에 위치하고 있다. 격자형 배치는 매장 전체를 한눈에 둘러보고 자기가 원하는 물건을 쉽게 찾길 바라는 고객들에게 적합하다. 시각적으로 흥분을 일으키는 디자인에 의한 쾌락적인 편익에는 관심이 없다. 그들은 원하는 상품을 쉽게 찾길 원하고 가능한 한 빨리 구매를 마치고자 한다. 대부분의 슈퍼마켓이나 대형마트에서는 소비자가 찾고자 하는 상품을 쉽게 찾을 수 있고, 즐기지 않는 쇼핑에 걸리는 시간을 최소화할 수 있기 때문에 격자 레이아웃을 흔히 사용한다.

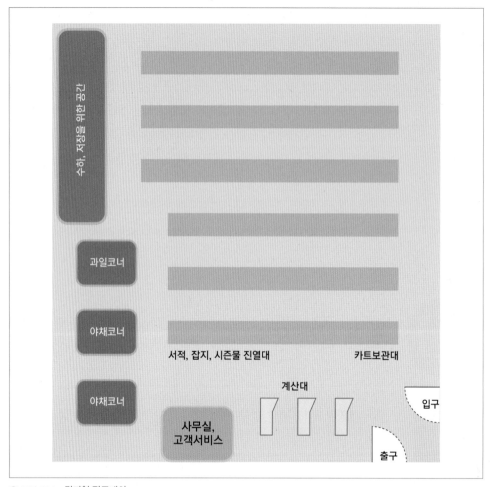

수하, 저장을 위한 공간

과일코너

야채코너

야채코너

서적, 잡지, 시즌물 진열대

사무실,
고객서비스

계산대

카트보관대

입구

출구

⬥ 그림 16-1　격자형 점포배치

　격자형 레이아웃은 비용면에서도 효과적이다. 통로는 쇼핑객들과 쇼핑 카트가 지나갈 정도의 넓이로 동일하게 설계되었기 때문에, 다른 배치 형태에 비하여 공간 낭비를 줄일 수가 있다. 높은 선반까지 이용할 수 있기에 더 많은 상품 재고를 보유할 수 있다. 내부시설이 일반적인 규격으로 표준화되어 있기 때문에 설치물 제작 시의 비용 또한 적어진다.

　격자형 레이아웃의 한가지 제약은 점포의 모든 상품이 고객들에게 노출되지는 않는다는 것이다. 식료품점에서는 이러한 점이 문제되지 않는다. 대부분 고객들은 매장에 들어오기 전에 이미 자신들이 어떠한 유형의 상품들을 구매해야 하는지 인식하고 있기 때문이다. 하지만 백화점과 같은 소매업체의 경우 격자형 배치는 고객들이 매장을 둘러보면서 새롭고 흥미로운 상품을 발견하는 것을 어렵게 한다. 쇼핑 카트에 GPS 위치추적기를 장착함으로써 연구자들은 슈퍼마켓 쇼핑객들이 마켓에 들어와서 우회전하거나, 주변이나 매장을 따라 가거나, 가끔 카트를 가지고 중심 매장으로 들어가거나, 통로 끝에 카트를 두고 떠나 통로를 걸어 특정 품목을 골라 다시 카트로 돌아온다는 것을 알게 되었다. 매장의 가장자리에는 고기, 해산물, 유제품, 수산물과 같은, 신선하고 부패하기 쉬운 상품 카테고리를 매력적으로 진열하고 있기 때문에 인기가 있다. 〈그림 16-1〉은 일반적인 고객이 취하는 동선을 보여준다.

최근 연구에 따르면, 식료품점 쇼핑객들은 평균 13분을 상점에서 보내는데, 그 중 18퍼센트의 시간 동안만 중심 매장에 머문다고 한다. 그러나 중심 매장의 제품 판매는 전체 매출의 약 73%를 차지한다.

그래서 소매업체는 중심 매장의 판매를 늘리기 위한 실험을 하였다. Kraft와 Kellogg는 "Breakfast asile"처럼 같은 종류의 음식으로 매장을 편성하고, 가장자리의 매장을 중앙으로 더 잘 연결하여 쇼핑객들을 통로 한가운데로 끌어들일 것을 권장하였다. 격자 배치의 중앙 매장에서의 쇼핑 시간을 늘리는 다른 방법은 직선으로 된 통로를 지그재그 패턴으로 변경함으로써 고객의 쇼핑 경로를 일부러 덜 효율적으로 만드는 것이다. 이는 방문할 때마다 도전적인 미로 속으로 들어가야 하는 IKEA 쇼핑객들에게는 친숙할 수도 있는 접근 방식이며, 적어도 한 곳 이상의 진열대로 걸어갈 수 밖에 없게끔 만든다. 그 중 일부는 그들이 구매하려고 계획하지 않은 몇 가지 물건을 고르도록 유도할 수도 있다. 또 다른 접근법은 통로 끝이 아닌 통로 중앙에 파워브랜드즉 Cocs-Cola나 Tide와 같이 인지도 및 시장 점유율이 높은 브랜드를 디스플레이 하는 것이다. 파워브랜드 상품이 위에서 아래로 진열되어 통로까지 연결될 수 있도록 고객들의 시선을 사로잡는 컬러 스왓치를 진열한다. 참여를 증가시키는 다른 방법으로는 직선형이 아닌 통로, 둥글게 패인 선반, 피라미드 모양의 표시장치, 하이라이트 조명, 통로 내 키오스크, 혁신적인 사인물 등이 있다.

2 경주로형Racetrack **배치**

경주로형 배치, 일명 루프 레이아웃은 주된 통로를 중심으로 여러 매장의 입구가 연결되어 있다. 고객들이 쉽게 여러 매장으로 들어갈 수 있도록 배려한 점포배치 방법이다. 계산대는 일반적으로 각 매장마다 있다.

경주로형 설계는 고객들이 다양한 매장의 상품을 봄으로써 충동구매를 유발하는 목적으로 만들어진다. 통로만 보면서 다니는 격자형 배치와는 달리, 경주로 배치는 고객들이 큰 통로를 지나가면서 다양한 각도로 시선을 보낼 수 있다. 경주로에 진열된 제품 이외에 멀리 있는 상품도 볼 수 있도록 낮은 눈높이의 부착물을 사용하는 것이 좋다.

〈그림 16-3〉은 어느 백화점의 레이아웃이다. 경주로형 배치를 이용한 백화점으로, 모든 매장들이 주된 통로를 중심으로 양 옆으로 늘어선 모양을 하고 있다. 이 백화점은 고객 유인책의 하나로 주니어용품과 같은 중요한 매장을 점포 뒤쪽에 배치하고 있으며, 최신 상품들은 통로에 직접 전시하여 고객들의 눈길을 끌고 있다.

경주로형 배치는 일반적으로 다른 통로에 비해 공간이 넓은 편으로, 바닥면이나 색상 변화를 통해 공간을 구분짓기도 한다. 예를 들어, 복도 바닥은 대리석 느낌의 동일한 타일일 수 있지만, 각 매장의 바닥은 원하는 분위기에 따라 재료, 질감, 색상을 다양하게 만든다.

3 자유형free-form 배치

자유형, 일명 부티크boutique 배치는 내부시설과 통로를 비대칭적으로 배치하는 방법이다보기 16-4 참조. 쾌적한 환경을 만들어 고객들에게 집과 같은 편안한 느낌을 갖게 하고, 쇼핑할 때 느긋한 마음으로 둘러볼 수 있게 한다. 이 배치 방법은 규모가 작은 전문점이나 백화점의 각 매장에서 주로 사용한다.

그러나 편안한 분위기를 연출하는 데에는 적지 않은 비용이 들어간다. 격자형 배치나 경주로형 배치처럼 정해진 쇼핑경로가 없기 때문에, 고객들이 매장이나 코너를 자연스럽게 돌아다니지 않는다. 그래서 고객이 매장에 있는 상품을 둘러보게 독려하기 위해 인적판매가 더 중요해진다. 또한 이 레이아웃은 진열할 수 있는 상품의 양도 감소시킨다.

2. 사인물signage 및 그래픽

점포 안의 사인물과 그래픽은 고객들에게 특정 상품이나 매장 탐색을 돕고, 상품에 대한 정보를 제공하고, 특정 구매를 유도한다. 사진액자 같은 것은 점포 이미지를 강화하며, 사인물은 카테

🔺 그림 16-2 경주로형 점포배치

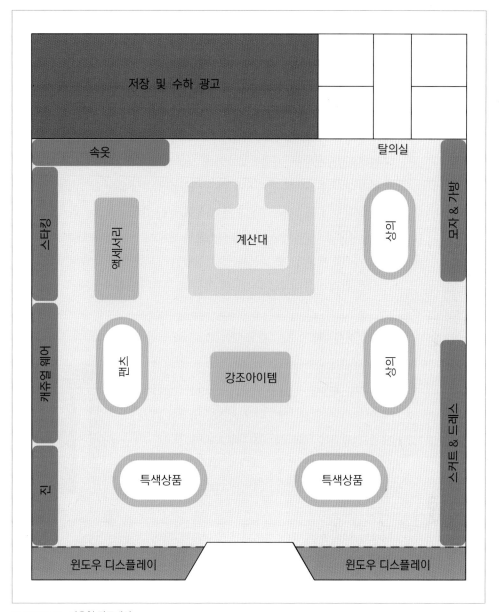

저장 및 수하 광고

속옷   탈의실

스타킹

액세서리

계산대

캐쥬얼웨어

팬츠

강조아이템

상의

상의

모자 & 가방

스커트 & 드레스

청

특색상품

특색상품

윈도우 디스플레이   윈도우 디스플레이

⬥ 그림 16-3   자유형 점포배치

고리상의 상품이 점포 내 어느 위치에 있는지 구분해 주기 위해 사용된다. 사인물은 눈에 잘 띄게 하기 위해 일반적으로 천정에 매달게 된다. 아이콘은 외국어를 사용하는 고객과의 의사소통을 문자보다 쉽게 만들어줌으로써 종종 사용된다. 예를 들어, 직사각형의 흑백 아이콘보다 빨강과 노랑색의 서커스 텐트 아이콘이 아이 장난감이 있는 장소라는 것을 효과적으로 표시한다. 작은 사이즈의 사인물은 세일 상품이나 특정 제품에 대한 보다 많은 정보를 제공하기 위해 사용된다. 마지막으로 소매업체는 고객들에게 상품을 구매하도록 독려하는 분위기를 조성하기 위해 인물이나 장소 사진과 같은 이미지를 사용할 수도 있다. 몇 가지 다른 유형의 사인물들은 다음과 같다.

- **콜 투 액션**^{Call-to-action} **사인** 매장 내 전략적인 위치에 배치하면 고객 휴대폰의 QR^{Quick Response:} ^{신속대응} 코드를 통해 이메일, 문자서비스, 페이스북 또는 기타 디지털 채널을 통해 소매점과 어떻게, 어디서, 왜 거래해야 하는지를 전달할 수 있다.
- **카테고리**^{category} **사인** 매장 내 특별 코너나 영역에서만 사용되기 때문에 카테고리 사인물은 방향안내 사인물보다 작다. 이 사인물의 목적은 상품의 유형을 구별하는 것이며, 대부분 표시할 상품 가까이에 붙어 있다.
- **판매촉진용**^{promotional} **사인** 특가판매 상품을 나타내는 사인물은 고객을 매장 안으로 유인하기 위해 윈도우에 전시된다. 젊은 여성들을 겨냥하는 의류매장들은 특가판매 상품을 입은 모델들의 포스터를 진열창에 부착해 놓곤 한다.
- **판매시점**^{POS: Point-of-sale} **사인** 이 사인물은 광고하는 상품 옆에 놓여 고객들이 그에 대한 정보와 가격을 바로 알 수 있도록 한다. 상품의 정보는 이미 상품의 라벨이나 포장에 나타나 있지만, 판매 시점 광고는 특가판매 여부 등 고객의 관심사를 빠르게 인지시킬 때 이용된다.

1 디지털 사인물^{Digital Signage}

최근 많은 소매업체들이 기존의 사인물을 디지털 사인 시스템으로 교체하고 있다. 디지털 사인물은 중앙에서 관리되는 네트워크를 통해 비주얼 콘텐츠가 전달되어 텔레비전 모니터나 평면 스크린에 나타나는 것이다. 콘텐츠 형태는 재미있는 동영상에서부터 단순히 상품의 가격을 나타내는 것까지 다양하다.

디지털 사인물은 기존 정적인 사인물보다 많은 이점이 있다. 역동적이기 때문에 고객들의 관심을 더 잘 끌 수 있고, 나중에 고객들이 메시지를 상기할 때에도 더 효과적이다. 또한 복잡한 그래픽이나

매장 내 디지털 디스플레이는 구매시점에서 주요 제품 특징과 경험적 요소를 강조한다.

영상은 고객들을 매혹시키는 분위기를 만드는데 도움이 되기도 한다. 콘텐츠가 디지털로 전송되기 때문에 매장 특성에 쉽게 맞출 수 있고, 모든 점포에 일관성 있게 전달될 수 있기에, 적절한 시간과 적절한 장소에 연출될 수 있다. 더욱이 디지털 사인물은 기존의 프린트 사인물이 갖는 메시지 전달 상의 시간차를 극복할 수 있기에, 새로운 사인을 인쇄하고 배분하고 부착하는 비용이나 노동력 없이도 시간마다, 요일마다 그리고 점포에 따라 가지각색의 콘텐츠 사용을 가능케 한다. 만약 기온이 올라간다면 점포 안의 디지털 사인물에는 자동적으로 찬 음료가 광고될 것이고, 기온이 계속 덥고 햇빛이 강하다면 자외선 차단제가 광고될 것이다. 물론 사인 전송을 지원하는 디스플레이 장치와 시스템의 초기 비용이 상당히 높다는 단점도 있다.

최근 연구는 식료품점에서 디지털 디스플레이를 사용하는 경우, 고객들이 쇼핑할 때마다 다른 점포에 비해 1.52 달러를 더 쓴다는 것을 보여주었다. '2달러 이하'라는 금액이 그렇게 크게 느껴지지 않을 수도 있지만, 마진은 빠듯하고 쇼핑객은 많은 식료품 부문에서 전체적인 효과는 상당히 크다. 디지털 사인물의 효과는 식료품점에만 그치지 않는다. Lord & Taylor는 맨해튼의 플래그십 스토어에 디지털 사인물을 추가했으며, 사용 확대를 계획 중이다. 이 매장은 향수 부서에 사인물을 설치한 지 1년도 채 안 되어 설치 비용을 회수했으며, 남성복 매장에 도입한 디지털 테크도 두 자리 수의 판매 증가를 가져왔다고 보고하였다.

3. 특정구역 Feature Areas

점포 배치와 사인물 사용 외에 소매업체는 특정구역의 진열을 통해 고객이 점포를 둘러보게 하고 구매행동에 영향을 미친다. 특정구역은 고객들의 관심을 끄는 것에 중점을 두고 디자인되며, 자유진열대, 마네킹, 매대, 판촉 구역 및 벽, 탈의실, 계산대 등이 포함된다

1 자유진열대 Freestanding Display

자유진열대는 통로 쪽에 진열되어 고객들의 관심을 끌고 매장으로 유인하는 역할을 주로 하는 내부시설이다. 여기에는 종종 가장 최신이거나 가장 눈에 띄는 상품을 진열, 배치한다.

2 마네킹 Mannequins

마네킹은 사람의 몸을 실물 크기로 표현한 것으로, 의복을 전시하는 데 사용된다. 과거의 마네킹은 종종 평범하고 지루했다. 21세기 소매업체는 마네킹이 반드시 솜털이 없고 판에 박힌 듯 지나치게 하얗고 마른 몸매일 필요가 없다는 것을 깨닫기 시작했다. 브랜드를 의인화한 마네킹은 고객들이 그들의 매장에 들어가도록 등 떠밀고, 멋지게 디스플레이된 상품을 사도록 독려하는 이상적인 이미지를 제공할 수도 있다. 디즈니 상점에 들어간 아이들은 천장에서 괴상한 마네킹들이 급강하하거나 완벽하게 예쁜 공주를 처형하는 퍼포먼스에 매혹된다.

3 매대 End Caps

매대는 통로 맨 끝에 배치된다. 매대는 눈에 잘 띄기 때문에, 거기에 진열된 상품들은 매출이 크게 증가한다. 매대는 대개 정리되지 않은 더미처럼 연출되어 구매를 더 일으키게 된다. 따라서 소매업체는 높은 마진의 상품, 충동제품, 세일상품 등의 판매를 위해 매대를 이용한다. 슈퍼마켓 업계에서는 벤더들이 자신들의 특별판촉 상품이 매대에 진열될 수 있도록 요구하기도 한다.

4 판촉 구역Promotional Aisle or Area

판촉 구역은 말 그대로 현재 판촉 행사 중에 있는 상품들을 진열해 놓는 공간이다. 예를 들어, 드럭스토어는 여름용 잔디와 정원용 제품, 가을의 크리스마스 장식과 같은 계절상품을 판촉구역에서 판매한다. 전문점이나 백화점은 매장이나 백화점 뒤쪽에 판촉구역을 두는 경향이 있다. 세일 행사장까지 가기 위해서는 고객들이 정가상품이 있는 모든 곳을 통과해야 하기 때문에 다른 상품이 고객의 시선을 끌 가능성이 더 높아진다.

5 벽Walls

점포의 공간은 대부분 좁기 때문에, 많은 소매업체는 벽 공간을 효율적으로 이용한다. 재고품을 보관하거나 상품을 진열하거나 점포에서 의도하는 메시지를 전달하기도 한다. 상품은 선반이나 벽걸이에 진열되거나 상품의 특징을 나타내는 디스플레이, 사진 및 그래픽과 함께 전시되기도 한다. 프랑스 의류 업체인 Lacoste는 상품들을 색상별로 벽면에 높게 진열하고 있다. 벽 선반들은 미적으로도 만족스럽지만 효율적인 방식으로 상품을 저장한다. 상품 자체가 메시지를 전달할

라코스테는 상단 벽면 공간을 활용해 창의적인 컬러별 상품 진열을 하고, 벽 선반을 활용해 효과적인 수납을 한다.

뿐 아니라 다른 곳에 진열된 상품을 엉뚱한 곳에서 찾는 손님들로 붐비지 않게 되므로 더 편안한 쇼핑을 할 수 있게 한다. 또한 소비자들은 먼 발치에서도 상품을 보고 선택할 수 있게 된다.

6 탈의실Dressing Rooms

탈의실은 소비자들이 구매를 할 것인지 아닌지를 결정하게 하는 중요한 공간이다. 크고 깨끗하고 편안한 탈의실은 쇼핑객들에게 사고 싶은 마음이 들게 한다. 최근 몇 년 사이 소매업체는 탈의실 품질을 두고 공격적으로 경쟁하기 시작했다. 뉴욕 소호에 있는 Rebecca Minkoff 매장에는 패션쇼, 사진, 소셜 미디어에서 일어나고 있는 거의 모든 것을 포함하여 브랜드와 관련된 최신 콘텐츠를 보여주는 interactive mirror display "Connected Wall"이 있다. Connected Wall은 고객들이 상품을 미리 찾아본 후, 탈의실을 요청하고 여러 옵션의 옷을 그 탈의실로 보내도록 하고 심지어 음료를 주문하게도 해 준다. 준비가 완료되면 고객들은 안내 문자 메시지를 받는다. 탈의실에는 터치 스크린으로 작동되는 거울, 상품을 인식하는 RFID 등 하이테크놀러지가 장착되어 있다. 이 탈의실의 가장 단순하면서도 혁신적인 것은 고객들이 조명을 조정할 수 있다는 점이다. 이는 난반사를 피해 옷의 디테일을 잘 볼 수 있도록 더 밝게 혹은 더 어둡게

만들 수 있다. Rebecca Minkoff 앱과 모바일 사이트에는 고객이 자신이 입어 본 옷을 나중에 앱을 통해 구매할 수도 있게 하는 "사용자의 휴대폰에 오프라인 피팅 결과를 저장"하는 옵션도 있다.

가상 탈의실은 온라인 쇼핑객들에게 점점 더 흥미를 주고 있어 중요성이 더욱 커졌다. 웹사이트에 전시된 옷을 입어 볼 수는 없지만 랩탑, 태블릿, 데스크탑 컴퓨터에 내장된 웹 캠이 확산되면서 프로그래머들은 인터넷 고객들이 단순히 웹캠 앞에 서 있는 것만으로 옷과 액세서리를 시착해볼 수 있는 "가상 탈의실"을 만들 수 있게 되었다.

Retailing VIEW 16.2 현대 쇼핑객들에게 사탕, 껌, 잡지를 사게 하는 방법 찾기

식료품점 고객들은 그들의 쇼핑에 더 많은 편리함과 편안함을 계속해서 요구하고 있다. 식료품 소매점들은 셀프 체크아웃 스테이션, 긴 줄을 실시간으로 조정하는 것 등 다양한 방식으로 대응해 왔다. 그러나 고객 경험을 개선하기 위한 이러한 노력은 동시에 의도하지 않은 걱정스러운 결과를 초래했다.

전통적으로 고객들은 계산을 위해 몇 분 동안 줄에 서 있어야 할 때, 익숙한 종류의 사탕, 껌, 타블로이드 잡지, 작은 편의품들과 마주친다. 이 상품들은 점포 전체 공간의 약 1%를 차지할 뿐이지만, 이를 통한 충동구매는 종종 전체 매출의 최대 4%를 차지한다. 따라서 충동구매는 면도날처럼 얇은 마진에서 살아남는 슈퍼마켓들에겐 가치있는 필수요소다.

그러나 이제 식료품점에서 새로운 계산대를 더 신속하게 오픈할 수도, 고객 스스로 체크아웃을 할 수도 있게 되었다. 고객들은 더 이상 줄을 서서 기다리지도, 사탕이나 껌 같은 충동구매를 고려해야 하는 강제적인 시간을 갖지 않아도 된다. 그에 따라 식료품점은 전통적인 충동구매 판매에 있어 현저한 감소세를 보이고 있다.

하지만 소매업체뿐만 아니라 그 영향을 받는 제조업체도 이 수익성 있는 시장을 포기할 준비가 되어 있진 않다. Hershey's는 손님들

에게 충동구매 상품을 굳이 짚지 않아도 되는 시스템으로 세팅된 매장을 시험 중이다. 새로운 버전의 자판기는 셀프체크아웃 라인 옆에 놓여질 수도 있다. 식료품점 고객들은 계산대를 통과할 때 속도를 낼 수 있을 지 모르지만, 자동차 가스를 충전하는 사람들은 여전히 그곳에 서서 탱크가 가득 찰 때까지 기다려야 하기 때문에, 몇몇 새로운 자동판매기는 가스 펌프가 옆에 나타날 수도 있겠다.

Source: Susan Reda, "Impulse under Siege?," Stores, March 18, 2015.

7 계산대 Cash Wraps

POPpoint-of-purchase counters 또는 checkout areas라고도 부르는 계산대는 고객들이 상품을 실제로 구매하는 장소이다. 대부분 고객들이 계산을 위해 줄을 서서 기다리기 때문에, 종종 계산대 주변에는 충동구매 상품들이 진열되기도 한다. 슈퍼마켓에서는 건전지, 사탕, 면도기나 잡지들을 계산대 주변에 놓는다. 하지만 리테일링 뷰 16-2에서 언급했듯이 구매패턴이 변화하면서 전통적으로 가치 있었던 이 공간은 전보다는 덜 효율적인 공간이 되고 있다.

4. 점포 외관Store Exteriors

쇼핑객들이 점포 안으로 들어오기 전에, 소매업체들은 매력적인 점포 외관으로 고객들을 특정한 장소로 초대하듯 접근하고 싶게 관심을 끌 필요가 있다. 점포 외관에는 윈도우, 출입구와 같은 물리적인 것뿐만 아니라 간판, 주차, 조경 등도 포함된다. 여러 유형의 입지를 가진 점포들은 그들의 외관을 어떻게 사용할지에 대해 서로 다른 기회와 제한점이 있다. 예를 들어, 쇼핑몰 내 점포는 전면만 활용할 수 있어 운영자는 외부 설계의 일부 측면만을 지시할 수 있는 반면, 독립형 점포는 조명 유형에 대한 특정 제한이나 높이 제한을 받을 수도 있다.

1 윈도우

윈도우는 고객들을 점포 안으로 끌어들이며, 매장 안의 상품들에 대한 시각적인 메시지를 제공한다. 연구에 따르면, 점포의 정면 윈도우는 그 점포에 친숙하지 않은 새로운 고객들에게 스토어 이미지를 구축하는데 특히 효과적인 도구이다. 그러나 효과적인 윈도우 디스플레이를 만드는 것은 쉽지 않다. 점포 내의 현재 상품들과 효과적으로 어울리기 위해서는 시간을 들여 창의적으로 접근해야 한다. 상품 없이 멋진 윈도우를 만들겠다는 것은 매출을 높이기 위한 기회를 낭비하는 셈이다. 아이디어는 보스톤 마라톤처

UK에 본사를 둔 Jigsaw는 독특한 윈도우 장치를 매장 안으로 옮겨놓았다. 얇은 나무조각으로 만들어진 깔때기 형태는 창문을 둘러싸고 가게로 이어져 디스플레이 공간의 한 부분이 되고 있다.

럼 앞으로 있을 이벤트에서 나올 수도 있고, 점포의 특색을 반영한 색상이나 패턴으로부터 나올 수도 있다. 윈도우 디스플레이들은 제품이 어떻게 사용되는지, 옷이 어떻게 입혀져야 하는지를 말해야 한다. 다른 유형의 많은 프로모션과 마찬가지로, 점포는 판매에 미치는 윈도우 디스플레이의 효과를 직접 측정할 수 없다. 하지만 인상적인 윈도우는 무심히 지나치던 고객들을

점포안으로 끌어들여 쇼핑을 하게 한다.

영국에 본사를 두고 있는 여성복 매장 Jigsaw는 첫 번째 쇼핑몰을 오픈했을 때 독특한 분위기를 조성하고 주변 다른 소매점들과 차별화시킬 방법을 강구했다. 그래서 얇은 나무 조각들로 깔때기 형태를 만들어 창문을 둘러싸고 점포 안으로 연결되게 했다. 깔때기 모양의 구조물은 고객을 매장 안으로 불러들이는 역할을 하며 오브제로도 작용한다. 독특한 디자인은 매장 전체에 자연스러운 동선의 흐름을 만들어 내는 동시에 고객들을 매혹시킬 수 있는 여성스러움을 더했다.

2 입구 Entrance

입구 역시 고객이 진입할지 말지를 판단하고 고객이 느끼는 점포 이미지를 결정하기 때문에 매우 중요하다. 쇼핑몰에 입점해 있던지 독립적으로 있던지, Apple 매장은 넓은 출입구와 모던한 인테리어, 테스트 가능한 제품들 때문에 "기술혁신"이라는 그들의 명성을 효과적으로 알리고 있다. 고객들은 넓은 출입구와 윈도우를 통해 "안으로 들어와 상품을 가지고 놀라"고 유혹하는 것 같은 실내를 들여다 볼 수 있다.

실제로 매장까지 확장되지는 않지만 출입구 또한 고객을 판매구역으로 끌어들이고 점포이미지를 강화하는데 중요한 역할을 한다. 종종 "감압 구역 decompression zone"이라고 불리는 점포 안의 처음 10피트 정도는 고객들이 시끄러운 거리나 쇼핑몰에서 탈출하고, 선글라스를 벗거나 우산을 접으며, 가게 전체에 대한 시각적인 인상을 만드는 등 새로운 환경에 적응할 수 있게 해 준다. 소비자들은 감압 구역에서 상품을 평가하거나 구매 결정을 내릴 준비가 되어 있지는 않다. 그렇기 때문에 소매업체는 이 곳에는 상품진열이나 사인물 등은 두지 않으려 노력한다.

3 외부 사인물과 점포 디자인 Exterior Sinage and Store Design

외관에 나타나는 사인물은 쇼핑객들이 특정 소매점을 발견할 수 있게 하는 주된 수단이다. 잘 알려진 사인물은 소매업체가 전달하고자 하는 바를 즉각적으로 떠올리게 할 수도 있다. 황금색 아치 모양은 소비자들에게 햄버거와 감자튀김의 존재를 알리는 눈에 띄는 표식이며, 인어공주는 스타벅스 커피숍의 모든 곳에서 브랜드 아이덴티티로 나타난다.

애플과 매우 비슷하게 IKEA는 단순함을 중심으로 브랜드를 구축했다. 전체적으로 파란색과 노란색으로 칠해진 상점들은 본질적으로 그것 자체가 사인의 일부분이다. 이 색상은 고속도로 상에서 IKEA 점포를 쉽게 찾을 수 있게도 한다. IKEA의 단순하면서도 선명한 매장 디자인과는 달리 Louis Vuittion의 점포 디자인은 고급스러운 이미지의 패션상품과 잘 어울린다. 싱가포르에 있는 비대칭 모양의 "Crystal Pavilion" 플래그십 스토어는 럭셔리 패션 자체를 구현하고 있다. 물 위에 놓인 이 매장은 천장에서 바닥까지 철골과 유리로 만들어져 있다. 루이비통 로고는 왼쪽 상단 모서리에 흰색 조명으로 나타난다. 창문에 늘어뜨려진 흰색 린넨 소재의 커튼은 고급 제품을 보호하기 위한 자외선 차단 기능이 있을 뿐만 아니라 돛을 날리며 항해하는 듯한 느낌을 준다. 점포 외관에 자연의 요소를 보완하는 동시에 하이엔드 브랜드의 고급스러운 이미지를 표현하고 있다.

싱가포르에 있는 루이뷔통의 비대칭 "crystal pavilion" 점포의 이미지는 그들의 고급 패션상품들과 잘 어울린다.

4 주차 Parking

소매업체가 선택한 디자인과 이미지에 상관없이, 대부분의 점포는 주차라는 현실적인 문제를 해결해야 한다. 아무리 아름다운 건물이라도 소매업체가 나뭇잎, 눈, 얼음의 통로를 치우지 못하면 쇼핑객들은 그곳을 방문할 수 없다. 또한 주차장에서 매장으로 쉽게 접근할 수 있어야 하며, 고객을 수용할 수 있는 충분한 주차공간이 있어야 한다. 미국 대부분의 지방자치체제에서는 개발업자에게 일정량의 주차공간을 할애할 것을 요구하고 있으며, 이러한 요건은 소매업체 유형에 따라 다르다. 댈러스에서는 식료품점에서 1,000평방 피트당 5개의 주차공간을 확보해야 하고, 의류 소매점에서는 1,000평방 피트당 4개의 주차공간을 제공해야 하지만, 영화관은 그들이 주최하는 좌석당 0.3개의 주차공간만 제공하면 된다. 8장에서 논의한 바와 같이, 이미지 측면에서 최적의 주차공간 수는 결정하기가 어렵다. 빈 공간이 너무 많으면 소매점 위치가 좋지 않음을 나타내는 반면, 공간이 부족하면 고객들은 아예 주차와 쇼핑을 꺼리게 된다. 앞에서 언급한 바와 같이 소매업체는 ADA를 준수할 수 있는, 장애인이 접근 가능한 주차공간도 제공해야 한다.

5 조경 Landscaping

많은 소매 의사결정과 마찬가지로 소매업체는 점포의 유형, 이미지, 입지에 따라 조경을 어떻게 할 것인지를 추구해야 한다. 쾌락적이고 값비싼 상품을 다루는 점포일수록 고객은 외부 조경에 대한 기대를 많이 한다. 고급 쇼핑몰 역시 종종 입점 브랜드의 이미지와 일치하는 아름다운 조경을 조성하지만, 지역 쇼핑몰이나 스트리트 센터 내에 위치한 점포들은 외부 조경에 대한 통제력이 거의 없다. 라이프스타일 센터, 최고급의 Central Business Districts, Main Street 지점도 잘 정돈된 외관을 유지하기 위해 노력한다. 반면에 Staples나 Walmart와 같은 대형박스 매장은 일반적으로 조경을 풍성하게 하지 않는다. 그렇게 하는 것은 더 실용적인 상품을 더 낮은 가격으로 제공한다는 그들 컨셉에 반하는 것이기 때문이다.

III 공간관리

LO 16-3
상품부서 및 카테고리에 점포의 공간을 할당하는 방법을 설명할 수 있다.

점포 내 선반이나 걸이는 매우 제한된 공간이다. 공간관리Space Management는 각 ① 상품 카테고리별 공간 할당, ② 상품 카테고리의 위치선정, ③ 점포 규모의 결정 등 중요한 자원 결정을 포함한다.

1. 상품 카테고리별 공간 할당 Space allocated to Merchandise Categories

소매업체들이 카테고리별로 어느 정도의 공간을 할당해야 할지를 결정할 때는 공간의 생산성, 재고회전율, 디스플레이 활용 정도 등을 고려해야 한다.

1 공간의 생산성

상품의 판매를 기준으로 상품이 차지할 공간을 할당하는 것이다. 예를 들어, Michael 같은 취미공예용품 업체가 공급하는 조화에서 기대되는 매출이 전체 예상매출의 15%를 차지할 것이라 생각한다면, 점포 공간의 15%를 조화를 위한 공간으로 단순히 할당하는 것이다. 하지만 16장에서 판촉 비용을 배분하기 위해 사용하는 상품이익 분석에 대해 살펴보았듯이, 소매업체는 전체 매장의 수익성에 미치는 효과를 고려하여 공간을 할당해야 한다. 조화를 위해 추가된 공간의 생산성이 공간을 뺏긴 상품의 생산성보다 더 크다면, 조화구역에 공간을 더 할당해야 한다. 이러한 조건 하에서 조화에 대한 추가 공간은 전체 매장의 생산성을 증가시킬 것이다. 그러나 어느 때가 되면 공간을 더 이상 늘리지 않는 것이 이익이 되기도 한다.

공간의 생산성을 측정하기 위해 일반적으로 사용되는 두 가지는 단위면적당 매출과 단위길이당 매출이다. 의류 매장은 상품을 대부분 자유진열대에 놓기 때문에, 일반적으로 단위면적당 매출로 측정한다. 슈퍼마켓에서는 많은 상품들이 선반에 진열되어 있는데, 선반들은 대략 같은 폭으로 되어 있으므로 단위길이당 매출을 사용하여 공간의 생산성을 평가한다.

"단위면적당 총마진" 같은 더 정교한 생산성 측정방법은 단순히 매출이 아닌 상품에 의해 발생한 수익을 고려하는 것이다. 따라서 만약 짭짤한 간식류가 단위길이당 400달러의 총 수익을 내고, 통조림 수프가 300달러의 총 수익을 낸다면, 간식류가 더 공간을 할당받아야 한다. 하지만 생산성 외의 다른 요소도 공간 할당을 위한 의사결정 시 고려되어야 한다. 이 요소들은 이어서 논의된다.

2 재고회전율^{Inventory Turnover}

재고회전율은 두 가지 측면에서 공간 할당에 영향을 미친다. 먼저 11장에서 논의된 것처럼, 재고회전율과 총수익 모두 GMROI^{재고투자에 대한 소매업체의 이익측정방법}와 관련되어 있다. 따라서 일반적으로 재고 회전율이 높은 상품들은 재고회전율이 낮은 상품들보다 더 많은 공간을 할당받는다. 두번째는 재고회전율이 높고 빨리 판매되는 상품이 선반에서 더 빠르게 팔린다. 그러므로 빨리 판매 되는 상품에게 공간을 더 할당함으로써, 품절을 막기 위해 선반을 자주 보충하는 수고를 덜 수 있다. 그러나 많은 소매업체는 해당 상품이 너무 많은 공간을 차지하는 것을 막기 위해 상품 배달을 더 자주 받는 것으로 재고회전율이 높은 상품을 보충하곤 한다.

3 디스플레이의 활용 정도^{Display Considerations}

점포나 설치물의 물리적인 한계는 공간 할당에 영향을 미친다. 물론 점포 설계자는 특별한 품목에 맞춘 구조물 전체를 채울 충분한 상품을 공급해야 한다. 그러나 동시에 소매업체는 점포의 이미지를 향상시킬 수 있는 상품 디스플레이를 얼마만큼 활용할지도 결정해야 한다. Target의 경우 고품질의 가정용품 공급원으로서 자리매김하기 위해 고가의 매력적인 유기농 면시트를 PB 상품으로 개발하였다. 이 점을 정말 강조하기 위해서 공간을 엄청나게 많이 할당하고 여러가지 범위의 색상을 펼쳐 보여주었다.

2. 상품 카테고리의 위치 선정

지금까지 논의되었던 것처럼 점포배치, 사인물, 특정구역은 점포 내에서 고객들을 안내하는 역할을 한다. 점포 내의 카테고리 위치 또한 고객들이 어떻게 매장을 둘러보는지에 영향을 미친다. 전략적으로 충동구매 상품과 수요/목적 상품은 점포에 고루 배치하여 고객들이 전 매장을 둘러보고 높은 GMROI를 가진 상품에 관심이 집중하도록 유도해야 한다. 수요/목적 상품은 소비자들이 점포를 방문하기 전 이미 사려고 의사결정을 끝낸 상품을 말한다.

고객들이 점포에 들어와 감압구역을 거치면, 그래픽을 포함한 점포배치 안내용 디스플레이가 보인다. 그곳을 지나면 고객들은 오른쪽으로 돌아^{서양 기준} 처음 마주치는 상품의 가격과 품질을 본다. 스트라이크 존^{Strike zone}이라 불리는 이 구역은 고객이 매장에 대해 첫인상을 갖게 되는 곳이기 때문에 중요하다. 따라서 소매업체는 스트라이크 존에 가장 매력적인 상품을 진열해야 한다.

스트라이크 존을 지나면 가장 거래가 활발하고 고객들의 시선을 사로잡는 구역이 매장의 오른편에 자리하고 있다. 이쯤 되면 고객들은 매장 환경에 익숙해지고 첫인상을 발전시켜 구매결정을 할 마음의 준비가 된다. 그래서 오른편은 GMROI가 높은 상품을 진열하기에 최적의 장소이다. 슈퍼마켓에서는 일반적으로 농산물 코너를 이 구역에 배치한다. 농산물이 대부분 소비자의 감각에 호감을 주기 때문이다. 밝은 오렌지, 검붉은 토마토, 연초록의 애호박과 케일 등 각기 다른 모든 농산품의 시각적인 형체와 색상은 쇼핑객의 입에 침이 고이게 한다. 가장 좋은 식료품점 고객은 다름아닌 배고픈 사람이다.

1 충동구매상품Impulse Merchandise

점포 오른편에 있는 입구에서부터 10피트 떨어진 곳, 에스컬레이터나 계산대 부근처럼 몹시 붐비는 곳은 상품을 팔기에 최적의 위치이다. 층이 여러 개인 상점에서는 1층에서 멀어질수록 공간의 가치가 떨어진다. 따라서 백화점의 향수나 화장품, 슈퍼마켓의 잡지처럼 계획 없이도 사게 되는 충동구매 상품들은 대부분 모든 사람들이 볼 수 있는 곳, 실제로 사람들을 점포 안으로 유인할 수 있는 점포 앞쪽에 진열되어 있다.

2 수요 / 촉진상품Demand and Promotional Merchandise

수요상품과 판매촉진용 상품은 매장의 뒤쪽 왼편에 진열된다. 수요가 많은 상품을 이 장소에 두면 소비자들을 유인하므로 같은 라인에 있는 다른 상품들도 눈에 잘 띄게 된다. 그래서 슈퍼마켓들은 일반적으로 거의 모든 사람들이 사는 우유, 계란, 버터와 빵 같은 상품들을 뒤편 왼쪽 코너에 놓는다. 이와는 대조적으로 백화점에서는 신용카드 사무실 같은 고객서비스 코너뿐 아니라 어린이용품, 가구매장들도 수요/목적 지역이라 통행이 많지 않은 구역에 배치한다.

3 특별 상품Special Merchandise

구매과정을 포함해야 하는 어떤 상품 카테고리는 통행이 뜸한 구역에 있는 것이 최적이다. 예를 들어, 여성 속옷 매장은 더 프라이빗하게 쇼핑할 수 있어야 하므로, 일반적으로 한적한 곳에 위치한다. 가구와 같이 넓은 면적을 필요로 하는 매장도 종종 외진 곳에 위치한다. 커튼 매장은 넓은 벽면을 필요로 하는가 하면, 신발 매장은 쉽게 드나들 수 있는 창고를 필요로 한다.

4 카테고리별 조정Category Adjacencies

소매업체는 종종 충동구매를 독려하기 위해 상호보완적인 카테고리를 나란히 둔다. 식료품점 쇼핑객들은 흔히 시리얼 선반의 끝에서 신선한 바나나로 가득 찬 매대를 보게 되며, 오디오 케이블은 전자제품 매장의 사운드 시스템 섹션 근처 디스플레이에 걸려 있다. 5장에서 논의한 바와도 같이, 이러한 진열은 교차 판매를 촉진하는 데도 도움이 된다.

또 다른 선택은 쇼핑객들을 놀라게 하고 흥분시키기 위해 전통적인 배치 계획에 반하는 것이다. 잘 알려진 한 예는 맥주를 기저귀 옆에 두는 것이다. 이는 늦은 밤 기저귀가 자주 떨어져 사러 오게 되는 아빠들이 쇼핑 중에 '스스로에게 한 턱을 쏜다'는 관찰 결과를 바탕으로 한다. 또한 소비재 회사들은 슈퍼마켓의 신선품 통로에 의해 만들어진 "할로 효과"를 활용하기를 권한다. 건강에도 좋고 신선한 야채와 과일 옆에 어떤 패키지 상품이 보인다면 소비자들은 그 제품과 놓인 곳의 매력적인 특징을 연관시킬 가능성이 높다. 그러나 슈퍼마켓은 이러한 움직임에 대해 신중한 입장이다. 왜냐하면 농산물 코너는 그 무엇보다도 신선한 품질이 진정한 경쟁 우위의 조건이기 때문이다. 이 비판적인 절충안은 식료품점의 지속적인 도전으로 남아 있다.

Wholefoods와 같은 소매업체는 충동구매를 장려하기 위해 사과와 치즈처럼 보완적인 카테고리를 서로의 옆 코너에 배치한다.

5 카테고리 내 상품 위치 Location of Merchandise within a Category

4장에서 논의된 바와 같이, 식품, 할인, 약품, 그리고 많은 카테고리 전문상품에 대한 대부분 구매는 생필품 해결이나 습관적인 의사결정에 기초한다. 따라서 소매업체는 고객의 주의를 끌어 아주 짧은 시간, 종종 몇 초의 시간 내에 구매할 물건을 집도록 유도한다. 소매업체는 카테고리 내에서 SKU Stock Keeping Unit의 특정 위치에 대해 여러가지 규칙을 사용한다. 예를 들어, 슈퍼마켓과 드럭스토어에서는 PB Private-label Brand 상품을 NB 상품의 오른쪽에 둔다. 서양의 소비자들은 왼쪽에서 오른쪽으로 읽기 때문에, 소비자들은 먼저 가격이 더 비싼 NB 상품을 보고 나서 오른쪽의 PB 상품을 보게 된다. 그러면 상대적으로 더 싸고 마진이 높은 PB 상품을 살 가능성이 높아진다. 식료품점의 농산물 코너에서는 사과가 대부분의 고객들이 보게 되는 첫 번째 품목이다. 왜냐하면 사과는 가장 대중적인 취향의 농산물이어서 습관적인 구매를 가장 잘 시작할 수 있게 하기 때문이다.

슈퍼마켓에서는 일반적으로 네 개의 선반이 있는 진열대에 상품을 진열하고, 바닥에서 세 번째 선반에 가장 수익성이 좋은 상품을 진열한다. 세 번째 선반은 어른들의 눈높이와 맞아 가장 눈길을 끌게 되기 때문이다. 맨 위 선반의 상품에 손을 뻗으려면 상당한 노력이 필요하므로 소수의 고객에게 어필하는 상품이 놓여진다. 아래 선반에는 안전상의 이유로 무겁고 부피가 큰 물건들이 놓여진다.

그러나 구매 결정이 더 짧은 소비자의 영향을 받는 경우에는 낮은 선반에 상품을 배치하는 것이 효과적일 수 있다. 예를 들어, 아이들이 부모님과 마켓에 동행했을 때는 아침 시리얼 구매에 영향을 미칠 수 있다. 이 때에는 바닥에서 두 번째 선반이 시리얼 제품의 수익성이 가장 높은 위치가 될 수도 있다.

〈그림 16-4〉는 몇몇 식료품점에서 실험하고 있는 혁신적인 상품배치 옵션을 명확하게 보여 준다.

▲ 그림 16-4 식료품점들은 농산품 코너에 파격적인 제품 배치로 실험을 하고 있다.

① 농산물이 연상되도록 상점 앞부분에 매일신선코너를 두어라.

② 더 잘 팔릴 수도 있으니 농산물 코너에 다른 프리미엄 제품들도 두어라.

③ 깨지기 쉬운 물건을 담을 수 있는 작은 선반, 꽃과 커피를 담을 수 있는 컵홀더가 있는 카트를 만들어라.

④ 편의점과 효과적으로 경쟁하기 위해 출입문 가까이에 작은 우유냉장고를 두어라.

⑤ '청정 농장' 이미지를 유도하기 위해 나무 등 천연 인테리어 재료를 활용해라.

⑥ 토마토, 바질, 모짜렐라 치즈 등 어느 특정한 레시피에 필요한 재료들을 그룹핑해라.

⑦ 어떻게 해야 가장 잘 팔리는지 실험하기 위해 일부 유기농 식품을 농산물 코너 전체에 함께 두어라.

⑧ 고객들이 매장 전체를 통과하여 지나가도록 바나나를 농산물 코너 뒷편에 놓아라.

⑨ Farmers' market을 연상시키기 위해 낮은 선반을 사용해 매장 코너를 들여다볼 수 있게 하고, 시각적 매력을 주는 서로 유사한 여러 색상의 상품들을 두어라.

소매업체들이 카테고리 내에서 아이템의 위치를 결정하기 위해 활용하는 도구로는 플래노그램, 가상 점포 시뮬레이션, 고객 비디오테이프와 공간 인식 시스템 등이 있다.

Shopperseption과 같은 회사는 마이크로소프트 키넥트센서를 사용하여, 만지고 짚고 도루 놓는 등 제품과 쇼핑객의 상호작용을 기록한 열지도를 만든다. 빨간색은 쇼핑객들의 손이 가장 많이 간, 노란색은 적게 간, 파란색은 전혀 손길이 닿지 않은 곳이다.

6 플래노그램 Planogram

플래노그램은 고객 구매를 증가시키기 위해 특정 SKU를 소매 선반이나 디스플레이에 배치하는 방법과 위치를 보여주는 도표이다. 위치는 사진, 컴퓨터 출력물, 전문가의 렌더링을 사용하여 설명할 수 있다. 플래노그램을 개발할 때 소매업체는 고객이 쇼핑하는 방식_{또는 고객이 쇼핑하기를 원하는 방식}을 시각적으로 호소할 수 있는 범주로 만들고, 이를 통해 전략적 및 재정적 목표를 달성하기 위해 노력해야 한다. 플래노그램은 슈퍼마켓이나 할인점의 진열대에 적합하지 않은 상품에도 유용하게 사용된다. 더불어 대부분의 전문 의류업체는 샵매니저들에게 상품이 어떻게 연출되어야 하는지에 대한 사진과 설명서를 제공한다.

7 가상 점포 시뮬레이션 Virtual-Store Simulation

가상 점포 시뮬레이션은 점포의 다른 영역에 상품을 배치하였을 때의 효과나 새로운 품목의 수익 잠재력을 평가하는 데 사용되는 또 다른 도구다. 이 시뮬레이션에서 고객들은 매장 내 통로를 묘사하는 컴퓨터 화면 앞에 앉고, Retina-tracking 장치는 고객의 시선 이동을 기록한다. 고객은 쇼핑카트 손잡이와 유사한 손잡이를 앞으로 밀고 가상 통로를 나아간다. 고객은 가상으로 손을 앞으로 뻗어 선반에서 물건을 짚고, 포장재를 살펴보고, 기상 카트에 넣을 수 있다. 이러한 가상쇼핑 여행은 공간배치가 다르게 변화할 경우 고객들이 어떻게 반응할지에 대해 소매업체와 공급업체들의 이해를 높일 수 있다.

플래노그램에 대한 고객 반응을 평가하기 위해 사용되는 또 다른 연구방법은 실제 매장 환경에서 고객을 추적하는 것이다. 이전에도 소매업체는 고객의 움직임을 비디오로 녹화하긴 했지만, Microsoft의 Kinect 센서는 쇼핑에 방해가 덜 되는 옵션으로, 제공되고 있다. 통로에 독립적으로 내장되어 3차원적 공간인식 기능을 제공한다. 따라서 소매업체는 사람들이 한 선반 앞에서 보내는 시간, 만지거나 집어드는 제품, 선반에 되돌려 놓는 제품, 마지막으로 카트에 어떤 상품을 추가하는지를 눈에 띄지 않게 추적할 수 있다. 수집된 데이터는 판매부진상품의 원인을 규명할 수 있기 때문에 점포배치와 플래노그램 개선에 활용될 수 있다. 또한 소매업체는 고객의 동선을 연구함으로써 고객이 잠시 멈추거나 빠르게 움직이는 곳, 혼란스러워 하는 장소를 알아낼 수 있다. 이 정보들을 통해 신상품이나 판매촉진상품이 충분한 관심을 받고 있는지, 레이아웃과 상품 배치가 예상대로 작동하고 있는지 의사결정을 할 수 있다.

3. 점포 규모의 결정 Determining Store Size

점포관리 의사결정의 핵심은 그 점포가 얼마나 커야 하는지를 결정하는 것이다. 온라인 쇼핑의 증가와 소호 마켓, 특히 도시 지역의 부동산 부족과 이와 관련된 높은 임대료 때문에 소매업체들은 큰 것이 항상 좋은 것은 아니라는 것을 알게 되었다. 9장에서 설명한 신속대응재고시스템과 같은 공급망 관리의 개선으로, 점포는 규모를 줄이되 충분한 재고 수준을 제공할 수 있게 되었다.

점포 규모가 줄어들면 소매업체는 임대료를 낼 수도 있고, 판매나 관리에 필요한 고용을 축소시켜, 급여 비용을 줄일 수도 있다. 일부 점포는 고객들이 물건을 만지고 느끼고 의류의 경우 입어볼 수 있는 전시실처럼만 운영될 정도로 상품의 양을 대폭 줄였다. 그리고 제한된 점포 재고 내에서 구매하는 것보다 고객들이 온라인에 접속할 것을 권장한다. like Home Depot, Staples, J.Crew, Restoration Hardware과 같은 매장에서는 온라인으로 구매할 수 있는 SKU^{stuck keeping unit}의 수가 매장보다 훨씬 많다.

그러나 이 또한 소규모 점포들에게는 부정적인 측면이 있으며, 그 이유의 대부분은 고객들에게 초점이 맞춰진다. 고객들은 선택권 감소, 편안함 감소, 오락성 부족을 느끼고 있다. 형태가 더 작아진다는 것은 고급스러운 탈의실, 디지털 디스플레이를 즐길 수 있는 공간, 상품을 둘러볼 수 있게 하는 통로와 공간이 적어진다는 것을 의미한다. 이 결과가 잠재하고 있는 바는 더 광범위한 질문을 시사한다. 시간 압박, 가격 민감, 컴퓨터에 정통한 현대 소비자들이 원스톱 쇼핑이나 무제한으로 보이는 선택권을 제공할 수 없는 이러한 소규모 점포를 받아들일 가능성이 있겠는가? 이 약속은 새로운 고객층을 끌어들이기를 원하는 소매업체에겐 좋게 들리겠지만, 일반적인 소비자들을 만족시키기엔 충분하지 않을 수도 있다.

본 절에서는 소매업체가 점포 내 제한된 공간과 자원을 관리하는 방법을 탐구했다. 다음 절에서는 매장 관리의 더 부드러운 측면을 살펴본다.

비주얼 머천다이징^{VM}

LO 16-4
상품진열을 위한 가장 효과적인 기술을 설명할 수 있다.

VM^{Visual Merchandising} 은 잠재고객의 주의를 끌기에 효과적인 방식으로 점포와 상품을 연출하는 것이다. 이 절에서는 상품의 진열과 관련된 내용을 살펴보고, 다음 절에서는 점포 환경의 감각적인 요소에 대해 알아볼 것이다. 먼저 상품을 진열하는데 사용되는 진열 장치에 대해 살펴본 후 몇 가지 상품 진열방식에 대해 논의하고자 한다.

1. 진열 장치Fixtures

진열 장치는 상품을 진열하기 위해 사용되는 여러가지 장치를 말한다. 주된 목적은 상품을 효과적으로 고정시키고 진열하는 데 있다. 동시에 매장 사이의 경계를 나타내고 고객들을 끌어들이는 효과도 있어야 한다. 걸이는 바닥이나 조명 뿐만 아니라 점포 전체의 이미지를 나타내는 다른 물리적인 특성들과도 조화를 이루어야 한다. 예를 들어, 전통적이거나 역사적인 감각을 전달하고자 하는 점포의 고객들은 자연스럽게 플라스틱이나 금속보다는 목재를 기대하게 된다. 돌, 아크릴 또는 금속이 섞여 있는 나무 상품은 전통적인 이미지를 현대화시킨다. 의류 소매업체는 일자형 걸이, 원형 걸이, 십자형 걸이 등을 사용하며, 대부분 업체들이 일반적으로 사용하는 것은 곤돌라이다.

일자형 걸이^{straight rack}는 바닥에 지지하거나 벽에 붙은 직선의 긴 파이프로 만들어진다^{<그림 16-5> A}. 직선형 걸이는 옷을 많이 걸 수 있지만, 구체적인 스타일이나 색상을 드러내 보이기에는 미흡하다. 고객들이 볼 수 있는 것은 겨우 소매나 바지가랑이 정도이다. 따라서 직선형 걸이는 할인점과 가격인하 의류매장에서 흔히 볼 수 있다.

원형 걸이^{Rounder}는 bulk fixture 또는 capacity fixture라고도 부르며, 받침대를 기준으로 둥그렇게 놓여 있는 원형의 걸이를 말한다^{<그림 16-5> B}. 일자형 걸이보다는 못하지만 상품을 최대한 많이 걸어 놓을 수 있도록 만들어졌다. 원형 걸이는 이동이 쉽고 상품을 보관하기에 효과적이기 때문에 대부분의 의류 점포에서 쉽게 찾아 볼 수 있다. 그러나 직선형 걸이와 마찬가지로 고객들이 상품의 앞면을 볼 수 없다는 단점이 있다.

십자형 걸이^{four-way}는 서로 직각으로 받쳐져 있는 두 개의 막대로 되어 있으며, feature fixture라고도 부른다<그림16-5> C. 이 걸이는 많은 양의 상품을 걸 수 있고, 고객들이 의상 전체를 볼 수 있도록 해 준다. 그러나 원형 걸이나 직선형 걸이보다 유지 관리하기가 힘들다. 한쪽 갈래에 걸려 있는 물건들은 모두 비슷한 스타일과 색상인 것이 좋으며, 그렇지 않으면 고객들에게 혼란을 줄 수 있다. 뛰어난 연출 효과가 있기 때문에 십자형 걸이는 주로 패션 지향적인 의류 소매점에 사용된다

곤돌라^{gondola}는 선반, 통, 집게 등과 함께 독자적인 계산대를 가진 섬 타입이다. 매우 다용도이기 때문에 단독은 아니라도 아주 많이 사용된다<그림 16-5> D. 식품 매장이나 할인점에서, 통조림 식품에서 야구 글러브에 이르기까지 다양한 상품들을 진열하기 위해 광범위하게 사용된다. 백화점에서도 타월이나 시트, 가정용품들을 진열할 때 사용된다. 곤돌라에는 옷을 접어 효율적으로 진열할 수 있지만, 접혀 있기 때문에 고객들 입장에서는 직선형 걸이에 비해 옷을 구경하는 것이 다소 어렵다고 느낄 수 있다.

소매업체는 아이디어 중심의 프레젠테이션 기법을 사용하여 개별 아이템을 그룹화하여 고객에게 어떻게 사용하고 결합할 수 있는지를 보여준다

2. 진열 기법 Presentation Technique

진열 기법에는 아이디어 지향적, 품목별, 사이즈별, 색상별, 가격대별 진열과 수직적 진열, 적재 진열 등이 있다.

1 아이디어 지향적 진열 Idea-Oriented Presenation

일부 소매업체는 점포의 인상이나 구체적인 아이디어에 기초하여 상품을 진열하는 아이디어 지향적 진열방식을 사용한다. 개별 품목들이 같이 사용되고 코디되는 품목들끼리 함께 진열되어 있다. 예를 들어 여성 블라우스는 전체적인 이미지를 표현하기 위해 종종 스커트나 액세서리와 함께 연출된다. 또한 가구는 방에 전시되어 실제로 가정에 놓이면 어떻게 보일지 미리 고객들에게 보여주기도 한다. 이러한 방식은 고객들이 다양한 보완 품목들도 함께 구매하도록 자극하는 것이다.

2 품목별 및 사이즈별 진열 Item & Size Presentation

가장 흔히 사용하는 상품진열 방법이 스타일별 또는 품목별 진열일 것이다. 할인점, 식품점, 하드웨어 점포와 드럭스토어는 거의 모든 상품을 스타일이나 품목별로 진열하고 있다. 의류 소매업체도 이 방법을 많이 사용한다. 고객들은 시리얼을 찾을 때 한 곳에서 모든 종류의 상품들을 보고 싶어한다. 사이즈별로 상품을 진열하는 것은 너트와 볼트에서부터 의류에 이르기까지 많은 유형의 상품을 진열할 때 사용되는 일반적인 방법이다. 고객은 대체로 원하는 사이즈를 알고 있기 때문에 사이즈별로 상품을 진열하면 찾기가 쉬워진다

3 색상별 진열 Color Presentation

대담한 머천다이징 기술은 색상별로 진열하는 것이다. 예를 들어, Ralf Lauren 매장은 종종 전체 컬렉션을 한 가지 색상으로 연출한다. White House/ Black Market 여성의류 매장은 극단적으로 색상별 진열을 한다 상품 대부분이 블랙, 화이트, 블랙&화이트이다.

4 가격대별 진열 Price Lining

가격대별 진열은 소매업체들이 한 범주 안에서 미리 정해진 몇몇 가격이나 가격대별로 상품을 제안할 때 사용한다. 이 전략은 고객들이 원하는 가격

이름에서 알 수 있듯이, White House/ Black Market은 주로 흰색과 검은색의 옷을 전시하고 판매하기 때문에 극단의 컬러 프리젠테이션을 보여준다.

대의 상품을 쉽게 찾을 수 있도록 배려하고 있다. 예를 들어, 남성용 와이셔츠들을 품질에 따라 49달러, 69달러, 99달러의 세 그룹으로 나누어 진열해 놓는 것이다.

5 수직적 진열 Vertical Merchandising

상품 진열에 흔히 사용되는 또 다른 방법 중 하나는 수직적 진열 방법이다. 이 방법은 벽과 높은 곤돌라를 사용해서 상품을 수직으로 진열하는 방법이다. 연구에 따르면, 수직적 진열이 유사한 형태인 대각선 진열보다 더 많은 매출을 만든다고 한다. 고객들은 신문을 읽듯이 왼쪽에서 오른쪽으로, 위에서 아래로 상품을 훑어보면서 고르게 된다. 소매업체는 이러한 눈의 움직임을 여러 가지 방식에 적용하고 있다. 식품매징에서는 제조업체 브랜드의 상품들을 시선보다 높은 곳에 진열하고, 유통업체 브랜드 상품들은 그보다 낮은 높이에 진열해 놓는다. 고객은 자신의 눈높이를 중심으로 아래로 훑어보는 경향이 있기 때문이다. 또한 소매업체는 굵은 수직

선 형태로 상품을 진열하기도 한다. 어떤 백화점에서는 같은 색상의 수건들을 수직으로 길게 진열해 놓기도 하고, 어떤 슈퍼마켓에서는 노란색과 오렌지색 Tide 세제상자들에 이어, 파란색의 Cheer상자를 수직으로 진열하기도 한다.

6 적재 진열 Tonnage Merchandising

이름에서 알 수 있듯이, 적재 진열은 많은 양의 상품들을 한꺼번에 쌓아두는 진열 방법이다. "높이 쌓아 놓고, 날개 돋친 듯이 팔려나가게 하라"는 소매업계 격언처럼, 소비자들은 산더미처럼 쌓아놓은 상품의 가격은 저렴할 것이라고 기대한다. 그래서 적재진열 방법은 점포의 가격 이미지를 강화하는데 사용되곤 한다. 이러한 진열방법을 사용하면 쌓아둔 상품들 자체가 고객들을 점포로 유인하기 때문에 상품 그 자체가 하나의 연출이 된다. 식품매장은 공휴일 전날이면 곤돌라 한쪽 끝 end cap에 펩시콜라 여섯개짜리 팩을 잔뜩 진열해 놓곤 한다.

△ 그림 16-5 (A) 일자형 걸이 (B) 원형 걸이 (C) 십자형 걸이 (D) 곤돌라

V 매력적인 점포 분위기 조성 Creating an Appeaing store atmosphere

의미 있는 쇼핑 경험을 제공하기 위해 소매업체는 매력적인 상품 그 이상을 넘어서야 한다. 분위기Atmospherics는 오감의 반응에 의해 환경을 디자인하는 것을 말한다. 많은 소매업체들이 상품과 점포 디자인의 다른 면을 보여주는 분위기를 만들어 얼마간의 이익을 줄 수 있다는 것을 발견했다. 소매업체는 고객의 인지적이고 감성적인 반응을 자극하고, 궁극적으로 구매행동에 영향을 주기 위해 위해 조명, 색채, 음악, 향기, 심지어 취향까지 활용하고 있다. 연구결과들은 적절한 향기와 함께 하는 적절한 음악처럼 분위기를 만들기 위한 요소들이 함께 어울리게 하는 것이 중요하다는 것을 보여준다.

1. 조명Lighting

좋은 조명은 점포에서 단순히 공간을 밝히는 것 이상의 역할을 한다. 조명은 상품을 돋보이게 하거나 분위기나 감정을 사로잡아 점포의 인상을 좋게 만들 수 있다. 소매업체는 기술적으로 개선된 조명으로 에너지를 절약할 수 있는 방법을 찾고 있다. 적절한 조명은 고객의 구매행동에 긍정적인 영향을 준다.

소매업체는 상품을 강조하거나 고객들에게 분위기를 조성하기 위해 조명을 사용한다.

1 상품 강조 조명Highlighting Merchandise

좋은 조명 시스템은 점포 내에 고객의 흥미를 불러 일으키는 동시에 상품의 정확한 색상을 보여주어야 한다. 소매업체는 특별한 구역이나 상품에 스포트라이트를 비출 수 있는데, 적절한 수준의 대비가 이루어지게 하면 시각적인 주의를 더 끌 수 있다. 특정한 상품에 강조 조명을 비추면 구매자들의 시선을 상품에 집중시켜 전략적으로 고객을 사로잡을 수 있다.

2 분위기 조성Mood Creation

소매업체는 고객이 좋아하는 분위기를 만들기 위해 조명을 이용하기도 한다. 백화점 내 랄프 로렌 상점과 부티크에는 타운하우스를 모방한 전반적인 분위기와 조화를 이루기 위해 낮은 조도의 빛을 사용한다. 분위기에 대한 관심이 적은 매장의 경우 에너지 효율이 좋은 LED를 사용해서 매장을 더 밝게 하려는 경향이 있다.

2. 색채Color

창의적인 색채 활용은 소매업체의 이미지를 향상시키고 분위기 조성에 도움을 준다. 빨간색, 금색, 노랑색처럼 따뜻한 색은 감성적이고 활기차고 뜨겁고 액티브한 반응을 만들어낸다. Wendy's와 McDonald와 같은 패스트푸드점은 고객들이 빨리 먹고 떠나도록 영향을 주려는 경향 때문에 따뜻한 색상을 사용한다. 흰색, 파랑색, 녹색처럼 시원한 색상은 평화롭고 부드럽고 잔잔한 효과를 주며 추상적인 사고를 유도한다. 이는 고객들로 하여금 상품을 더욱 호의적으로 느끼게 한다. 하지만 이러한 경향이 일반적이라 해도 그들의 문화예: 흰색이 동양에서는 애도의 색인 반면 서양에서는 순결을 의미하는 경우가 종종 있음, 나이, 성별처럼 다양한 고객 특성에 따라 색채는 다른 영향을 미칠 수도 있다.

3. 음악Music

음악은 소매업체의 전체 분위기를 좋게 할 수도 나쁘게 할 수도 있다. 대부분 쇼핑객들은 매장에서 음악이 흘러나오는 것을 인지하고 있고, 그들 중 절반 가까이는 자신이 좋아하지 않는 음악이 연주된다면 매장을 떠날 것이라고 말한다.

다른 분위기 요소와는 달리 다행스럽게도 음악은 쉽게 바꿀 수 있다. 어떤 소매업체는 하루 중 특정 시간에 맞춰 다른 종류의 음악을 재생할 수 있는 시스템을 사용한다. 고객층이 고령인 오전에는 고전적인 록 음악을, 35~40세 연령대가 주 고객인 오후에는 어덜트 컨템포러리 음악이 연주되게 할 수 있다. West Coast 매장은 아침에는 모던 록, 오후엔 캐리비안 비트를 원한다. 텍사스에서는 매일 하루 종일 컨트리 음악이다. 소매업체는 또한 인구통계학적으로 음악을 조닝할 수도 있는데, 히스패닉 계열을 더 많이 끌어들여야 하는 점포에서는 라틴 음악을 더 많이 연주하고 있다.

소매업체는 고객 행동에 직접적인 영향을 주기 위해 음악을 이용하기도 한다. 음악은 점포 내 고객의 통행 속도를 조절할 수도 있고, 점포의 이미지를 만들며, 고객의 주의를 환기시키거나 직접적으로 주의를 끌 수도 있다. Abercrombie&Fitch는 점포의 이미지를 "Fresh"한 상태로 유지하기 위해 대중적으로 인기있는 요란한 클럽 뮤직을 사용했다. 젊은 층의 고객은 나이 든 고객보다 시끄러운 음악을 즐긴다고 믿었다. 브랜드 이미지에 어울리는 매장을 만들면 고객을 끌어들이고 머무르게 하기가 더 효과적이라는 판단이다. 하지만 일반적으로는 느린 곡이 좋다. 클래식 믹스나 부드러운 느낌의 음악은 쇼핑객들의 움직이는 속도를 늦추고 긴장을 풀고 상품을 잘 살펴보도록 독려한다.

4. 향기Scent

향기는 소비자의 기분과 감정에 큰 영향을 미친다. 음악과 더불어 구매경험에 대한 고객의 만족도와 감동을 높일 수 있다. 향긋한 향이 나는 점포의 고객들은 향기롭지 않은 점포에서보다 매장에서 시간을 덜 소비했다고 생각한다. 향기는 그들이 상품을 살펴보거나, 판매원을 기다리거나, 계산하느라 기다리는 데 시간을 덜 쓰고 있다고 느끼게 함으로써 고객들의 주관적인 구매 경험을 향상시킬 수 있다.

소매업체는 유아용품점은 베이비 파우더향, 수영복 코너에서는 선탠 로션향, 속옷 매장은 백합향, 휴가철에는 계피와 소나무향 등 리테일링 뷰 16.3에 소개된 바와 같이, 각기 다른 영역에서는 다른 향으로 차별화를 하는 것이 좋다. Saks Fifth Avenue와 Nordstrom 같은 최고급 소매업체는 그들만의 독특한 향기를 활용한다. 의류업체들만 이러한 분위기 도구를 사용하는 것은 아니다. Goodwill 스토어들은 최근 판매공간을 더욱 매력적으로 만들기 위해 허니서클과 스위트 오렌지 향을 퍼뜨리고 있다.

New Balance가 중국에 진출했을 때, 미국 브랜드를 소개하기 위해 "서양의 노스탤지어를 불러 일으키는 향수 체험"을 목표로 했다. 그래서 이 점포들은 1950년대 팝음악과 나무바닥뿐만 아니라 나무와 가죽 냄새까지도 풍겼다. 심지어 대중가수들도 이 향기 활동에 동참하고 있다. Calofornia Dreaming 투어를 하는 동안 Katy Perry는 자신이 공연하는 경기장 곳곳에 솜사탕 향기를 퍼뜨림으로써 젊은 팬들에게 호감을 얻었다.

Retailing VIEW 16.3 향기의 원색

우리의 후각은 인간의 모든 감각 중 가장 강력하며, 기억 및 감정과도 연결된 친숙한 감각이다. 연구에 따르면, 향기를 사용하면 구매행동에 영향을 미치는 전반적인 점포 분위기가 만들어진다고 한다. 따라서 점점 더 많은 소매 체인점들이 그들의 점포에서 고객들이 더 오래 머물게 하기 위해 향기를 사용한다. 향 브랜딩을 실시하기 전에, 소매업체는 향기의 원색이라고 불리는 6개의 향 계열에 대한 기본적인 이해를 할 필요가 있다. 6가지 향기는 다음과 같다.

- 시트러스(Sitrus) : 생기를 되찾고 자극적이며 에너지 넘치는 분위기를 전달하고자 하는 브랜드에 가장 잘 어울린다.
- 후로랄(Floral) : 순수하고 달콤하며 세련되고 이국적인 경향이 있기 때문에 값비싼 패션 부티크와 주얼리 샵에서 흔히 만날 수 있다.
- 아웃도어시(Outdoorsy) : 상쾌하고 깨끗하며 자연에서 영감을 얻은 것으로 아웃도어웨어 또는 친환경용품 점포에 적합하다.
- 후루티(Fruity): 화사하고 기운을 돋우고 젊으며 불안감을 줄여줌으로 전문 패션 소매업체에 잘 어울린다.
- 오조닉(Ozonic) : 바람이 잘 통하는, 신선하고 미묘하며 가벼운 향은 덜 붐비고 개방적인 분위기를 강조하고 싶은 작은 공간에 적합하다.
- 구만드(Gourmand) : 음식과 관련되어 있어 전문 식품점과 주방용품 소매업체에게 적합한 분위기를 조성한다.

향기의 강도는 향의 종류만큼이나 중요하다. 지나치게 강한 향기는 고객을 문 밖으로 빠르게 내보내버릴 수도 있다. 하지만 다행히도 대부분의 점포들은 최첨단 향전달기술을 사용하여 버튼 하나만으로 강도를 조절할 수 있다.

Source: Richard Weeing, "Crafting the Perfect Ambient Scent for Your Stores via the Six Scent Families," Retail Customer Experience, March 11, 2014.

5. 취향Taste

소비자의 취향에 미묘하게 어필하는 것은 조금 더 어렵다. 많은 백화점들은 쇼핑객들에게 어필하기 위해 다소 구식 방법인 '스토어 레스토랑'을 다시 도입하고 있다. 점포를 떠나지 않고 간단히 식사를 할 수 있는 선택권은 고객들이 더 오래 머물며 쇼핑을 즐길 수 있도록 장려한다. Saks Fifth Avenue의 SFA 까페는 Rockfeller Center의 눈부신 경치를 제공하며, Burgdorf Goodman의 BG 레스토랑에서는 Central Park를 내려다 볼 수 있다. 그리고 Barney's New York에 있는 Fred's 식당에서 36달러짜리 바닷가재 클럽 샌드위치를 먹음으로써 쇼핑 원정을 완성할 수 있다.

또 다른 시도로서, Kelogg는 타임스퀘어에 자사 시리얼 제품으로 만든 특색있는 요리를 제공하는 카페를 오픈했다. 이 카페는 시리얼이 성인 고객에게 향수를 불러 일으킨다는 것을 강조하면서, 어린 시절 부엌에서 켈로그 브랜드의 시리얼을 먹었던 기억을 떠올릴 수 있는 카운터톱 좌석과 빨간색 부엌 캐비닛 등 복고적인 느낌의 공간으로 디자인되었다.

6. 점포는 얼마나 흥미진진해야 할까? Just how exciting should a store be?

REI, Build-A-Bear Workshop, Bass Pro Shops, Barnes & Noble과 같은 소매업체는 그들의 점포를 마치 연극의 한 장면인 것처럼 연출하여 쇼핑환경을 재미있게 만들려고 시도하였다. 바닥과 벽은 무대배경이 되고, 조명이나 진열대, 비품은 소도구가 되고, 상품들은 일종의 공연으로 묘사된다. 매장에 리테일과 엔터테인먼트를 결합시킴으로써 극적인 경험을 만들어냈다. 대조적으로 Costco, Home Depot와 같은 소매체인은 다른 방법으로 흥분요소를 만들지는 않고, 시식코너나 DIY 클래스 주최 등 최소의 요소만으로 창고형 클럽을 성공적으로 운영하고 있다.

신나고 재미있는 점포 환경을 제공함으로써, 고객이 점포를 더 빈번하게 애용하고, 더 많은 시간과 돈을 사용하게 되는가? 이 질문에 대한 대답은 "상황에 따라 다르다"이다.

점포 환경이 주는 영향은 고객의 쇼핑 목표에 달려 있다. 기본적으로 두 가지의 쇼핑 목표가 있는데, 취업 면접을 위한 새 정장 구매 같은 과업완성task completion적 목표와, 쇼핑몰에서 친구와 거닐면서 토요일 오후를 보내는 오락recreation적 목표로 나뉜다. 내재적으로는 보람없는 일이라고 여기는 쇼핑을 할 때, 고객은 마음을 진정시키는 느린 음악과 희미한 조명, 파란색 혹은 녹색과 같은 단순한 분위기의 차분한 환경을 선호한다. 하지만 진심으로 의미있고 재미있다고 느끼는 쇼핑을 할 때, 빠른 음악과 밝은 조명, 빨간색이나 노란색과 같은 즐거운 분위기의 복잡한 환경을 원한다.

이는 소매업체에게 의미를 지니는가? 소매업체는 매장 환경을 설계할 때 고객들의 주된 쇼핑 목표를 반드시 고려해야 한다는 것이다. 식료품과 잡화 쇼핑은 보통 불유쾌한 작업으로 인식된다. 그러므로 슈퍼마켓은 차분한 색상으로 디자인되어야 하고, 느린 템포의 배경음악을 사용해야 한다. 반면 유행하는 의류에 대한 쇼핑은 일반적으로 즐거운 일로 인식된다. 그렇기 때문에 의류 소매 할인점의 자극적인 환경은 고객의 쇼핑행동에 긍정적으로 작용할 것이다.

환경에 의해 일어나는 흥미유발의 수준은 매장마다 다를 수 있다. 예를 들어, 프린터 카트리지나 배터리 쇼핑처럼 전형적인 과업수행을 목적으로 하는 고객을 수용하는 전자부품 판매점에서는 고객에게 자극이 낮은 환경을 조성한다. 반대로 일반적으로 더 많은 즐거움을 추구하는 고객이 방문하는 가정용 오락기기 매장은 더 자극적인 환경으로 만들어야 한다.

마지막으로, 소매업체는 고객의 쇼핑 목적에 따라 그들이 접속하는 웹사이트 형태를 다양화할 필요가 있다. 한 연구는 Amazon이 이것저것 둘러보고 있는 고객에게는 다양한 매체가 있는 복잡하고 높은 자극을 주도록 설계된 웹사이트를, 특정한 책을 찾는 소비자에게는 보다 단순하고 자극이 낮게 디자인된 웹사이트를 제시해야 한다고 하였다.

LO 16-1 점포 설계(디자인) 시 고려해야 할 중요한 요소를 열거할 수 있다.

점포설계 시, 소매업체는 그들의 소매전략을 실행하고, 고객의 구매행동에 영향을 주며, 설계 및 유지 비용을 관리하고, 법적 요건을 충족시키는 여러 요소를 고려해야 한다. 점포설계 시 이 모든 목적을 수행할 수는 없기 때문에 관리자들은 탐색을 독려하게 하는 것과 편의를 제공하는 것 사이에서 균형을 유지해야 한다.

LO 16-2 점포배치 대안들의 장점과 단점을 열거할 수 있다.

사용된 유형이 무엇인지에 상관없이 좋은 배치는 고객이 상품을 찾고 구매하는 과정을 도와야 한다. 격자형 배치는 식료품점이나 약국처럼 고객이 매장 전체를 둘러보기에 가장 좋다. 경주로형 배치는 백화점같이 크고 고급인 점포에서 흔하다. 자유형 배치는 대개 작은 전문점이나 백화점 내 한 영역에서 볼 수 있다. 사인물은 고객이 특정 상품의 위치를 찾는데 도움을 주고 가격 등 상품에 대한 정보를 제공한다. 비교적 비싸고 지속적인 관리가 요구됨에도 불구하고 디지털 사인물은 역동적이라 고객의 주의를 끌 수 있다. 특정구역은 고객의 관심을 끌기 위해 설계되며, 자유진열대, 마네킹, 엔드매대, 판촉 통로나 구역, 벽, 드레스룸, 계산대 등이 포함된다. 조경, 주차, 점포 설계, 외부 사인, 출입구, 특히 윈도우와 같은 점포 외관은 소비자가 매장에 들어올 것인지 아닌지 결정하는데 영향을 미치는 중요한 요소이다.

LO 16-3 상품부서 및 카테고리별 점포의 공간을 할당하는 방법을 설명할 수 있다.

공간관리는 (1) 상품 카테고리에 공간 할당, (2) 상품 카테고리의 위치 선정, (3) 점포 규모의 결정 등 세 가지 의사결정을 포함한다. 상품 카테고리에 얼마나 많은 선반 또는 바닥 공간을 할당할지 결정하기 위해서 소매업체는 할당된 공간의 생산성(평당 효율이나 길이당 효율), 상품의 재고회전율, 디스플레이 필요성 정도 등을 고려해야 한다. 아울러 충동구매 상품과 수요/목적 상품을 점포 구석구석에 전략적으로 배치하여, 고객이 매장 전체를 둘러보고, 판매에 가장 이익이 되는 상품에 관심을 집중시킬 기회를 늘려야 한다.

LO 16-4 상품진열을 위한 가장 효과적인 기술을 설명할 수 있다.

사인물과 그래픽은 고객에게 특정 상품이나 매장탐색을 돕고 상품 정보를 제공하고, 특정구매를 유도한다. 디지털 사인물은 전통적인 인쇄물보다 여러가지 장점이 있지만, 초기 고정비용이 확산을 더디게 하고 있다. 특정구역은 고객의 관심을 끌기 위해 설계되며, 자유진열대, 마네킹, 매대, 판촉구역, 벽, 탈의실, 계산대 등이 포함된다. 다양한 유형의 진열대와 선반 등 진열장치는 특정 상품에 따라 적절히 선택되어야 한다.

LO 16-5 더 매력적인 구매경험을 만들 수 있는 방법을 설명할 수 있다.

소매업체는 고객의 구매행동에 영향을 주기 위해 조명, 색상, 음악, 향기 등 다양한 방법으로 분위기를 조성한다. 이런 요소를 활용하여 과업지향적 구매자(task-oriented sphopper)를 위해서는 차분한 환경을, 쾌락을 추구하는 구매자(recreational shoppers)를 위해서는 즐거운 환경을 제공할 수 있다.

핵심단어

- 부티크 배치 (boutique layout)
- 원형 걸이 (bulk fixture)
- 계산대 (cash wrap)
- 카테고리 사인물 (category sinage)
- 중심 점포(center store)
- 계산구역 (checkout area)
- 수요/목적 상품 (demand/destination merchandise)
- 디지털 사인물 (digital signage)
- 엔드 매대 (end cap)
- 특정구역 (feature area)
- 십자형 걸이 (four-way fixture)
- 자유형 배치 (free-form layout)
- 자유진열대 진열 (freestanding display)
- 곤돌라 (gondola)
- 격자형 배치 (grid layout)
- 쾌락적 이익 (hedonic benefit)
- 아이디어지향적 진열 (idea-oriented presentation)
- 충동구매 상품 (impulse products)
- 고리 배열 (loop layout)
- 마네킹 (mannequin)
- 플래노그램 (planogram)
- POP 계산대 (point-of-purchase (POP) counter)

- POS 사인물 (point-of-sales (POS) signage)
- 가격대별 진열 (price lining)
- 판촉 통로 (promotional aisle)
- 판촉 구역 (promotional area)
- 판촉 사인물 (promotional signage)
- 경주로형 배치 (racetrack layout)
- 원형걸이 (rounder)
- 단위길이당 매출 (sales per linear foot)

- 단위면적당 매출 (sales per square foot)
- 일자형 걸이 (straight rack)
- 스트라이크 존 (strike zone)
- 적재 진열 (tonnage merchandising)
- 실용적 이익 (utilitarian benefit)
- 수직적 진열 (vertical merchandising)
- 비주얼 머천다이징 (visual merchandising, VM)

현장학습

1. **계속 과제** 계속 과제를 위해 당신이 선택한 실제 소매점이 위치한 곳에 가보자. 그리고 점포 배치, 설계, 사용된 VM 기술 등을 평가해보자. 다음 질문에 대한 당신의 대답을 설명해보시오.
   a. 점포 배치, 설계, VM 기술은 점포의 위치, 점포 외관과 일관성이 있는가?
   b. 점포의 분위기는 진열된 상품, 고객의 기대와 연관되어 있는가?
   c. 점포 배치, 설계, VM은 소매업체의 전략 실행, 충성도 구축, 매출 증가, 비용 관리, 법적 조항의 충족 등의 목적을 어떻게 만족시키고 있는가?
   d. 점포 배치, 설계와 머천다이징 기술은 어느 정도까지 유연한가?
   e. 점포는 색상, 조명, 음악, 향기같은 분위기 요소들을 어떻게 활용하고 있는가? 상품과 티켓 소비자에게 적합하게 조성되었는가?
   f. 점포 설계는 환경친화적인가? 그렇다면 설명해보시오. 만약 그렇지 않다면 어떻게 더 '친화적'이게 할 수 있는가?
   g. 설치물은 상품과 점포의 전체 분위기와 어울리는가? 그것들은 유동적인가?
   h. 점포의 사인물을 평가하시오. 팔리는 상품을 위한 효과적인 작업인가?
   i. 소매업체는 상품이 팔리게 하기 위해 어떤 극적인 효과를 사용하고 있는가?
   j. 점포 배치는 사람들이 점포안을 통과하도록 만들어져 있는가?
   k. 특정구역은 상품을 팔기 위한 이점을 가지고 있는가?
   l. 점포는 벽 공간을 창의적으로 사용하고 있는가?
   m. 점포는 어떤 종류의 배치유형을 사용하고 있는가? 그것은 점포 유형에 적합한가? 다른 종류의 배치유형이 더 좋은가?
   n. 공간의 수익성을 어떻게 평가하고 있는지 (평당 효율 등) 점포 관리자에게 물어보시오. 더 좋은 방법이 있는가?
   o. 공간은 어떻게 상품에 할당하고 있는지 점포관리자에게 물어보시오.
   p. 플래노그램이 사용되고 있는지 점포관리자에게 물어보시오. 그렇다면 플래노그램을 작성할 때 고려해야 할 요소를 결정하시오.
   q. 각 파트는 가장 적합한 위치에 있는가? 아니면 다른 곳으로 이동시키겠는가?
   r. 소매업체는 상품을 조직화하기 위해 어떤 방법을 사용하고 있는가? 이게 최선인가? 적당한 변화를 제안해 보시오.

2. **인터넷 연습** CoolHunters 홈페이지로 가서, 디자인탭 아래 점포 서브페이지에 게시된 예를 보시오. 최근 트렌드에 관한 이 정보를 어떻게 점포배치, 설계, VM에 활용하겠는가?

3. **인터넷 연습** VMSD는 Display World라고 불리었던 1869년 이후로 소매산업에 종사하는 리테일 디자이너와 점포 디스플레이 전문가를 리드하는 원천이 되고 있다. 웹 페이지로 가서 VM의 최근 트렌드를 설명하고 있는 서너 개의 아이템을 찾아보시오.

4. **인터넷 연습** Envirosell 홈페이지로 들어가보시오. 마케팅 리서치 컨설팅 회사는 점포 배치, 설계, VM을 지원하기 위해 고객 정보를 수집함으로써 어떻게 소매업체를 지원하고 있는가?

토의 질문 및 문제

1. 가장 빠르게 성장하는 인구층 중 하나는 60세 이상의 연령그룹이다. 이 고객들은 시력, 청력, 그리고 이동이 제한적일 수 있다. 소매업체는 노년층의 필요를 염두에 두고 어떻게 점포를 설계할 수 있을까?

2. 당신이 지역 할인점의 면적과 공간 생산성을 평가하는 자문으로 고용되었다고 가정해 보자. 6장을 보고 어떤 도구와 비율을 이용하여 상황을 분석할 것인지 결정하시오.

3. 점포 배치를 위해 사용될 수 있는 다른 설계 유형에는 무엇이 있는가? 레이아웃은 상품을 연출하기 위해 사용되는 내부시설 종류에 어떻게 영향을 주는가? 어떤 점포들의 경우 다른 것들보다 특정 유형의 레이아웃이 왜 더 적합한지 설명하시오.

4. 백화점이 추가로 지어지는 중이다. 가구담당 상품 관리자는 가구 파트를 위해 이 새로운 공간을 할애받기 위해 부사장을 설득하는 중이다. 남성복 관리자도 마찬가지로 공간을 얻으려 노력 중이다. 각 관리자들이 자신의 이론적 근거를 발표할 때 어떤 점을 강조해야 하는가?

5. 소매 공간을 위한 건축가로서, 당신은 미국 장애인법을 준수할 책임이 있다. 점포의 상품 배치가 장애인의 접근성 니즈와 기업의 이익추구 목적 둘 다를 만족시킬 수 있을지 어떻게 자신하는가?

6. 소매업체의 관점에서 가상 피팅룸의 장단점은 무엇인가?

7. 소매유형별로 점포의 이미지와 분위기를 향상시키기 위해 리스트된 각 영역을 어떻게 다르게 할지 간단한 설명과 함께 다음 표를 완성하시오.

구역	약국	옷가게	음악가게	레스토랑
출입구				
벽				
윈도우				
상품진열				
계산대				

8. 어떻게 하면 사인물과 그래픽으로 소비자와 소매업체 둘 다 도울 수 있을까? 할인점, 백화점, 사무용 슈퍼마켓, 카드 앤 기프트 상점 등 당신이 과거에 방문했을 가능성이 있는 소매점을 고려하시오. 어떤 소매점이 사인물과 그래픽을 점포 이미지에 적절하게 구현하였으며, 어떤 점포가 이러한 측면을 개선해야 하는지 설명하시오.

참고문헌

1. Nicholas Knight, "Bergdorf Goodman's Glistening Rennovation," *T Magazine*, September 1, 2016.

2. Barry Samaha, "Bergdorf Goodman Unveils Its Renovated Main Floor in Time for New York Fashion Week," *Forbes*, August 29, 2016.

3. Ainsley O'Connell, "Newly Renovated, Bergdorf Goodman Courts the Ladies Who Instagram," *Fast Company*, September 16, 2016.

4. Simona Botti and Ann L. McGill, "The Locus of Choice: Personal Causality and Satisfaction with Hedonic and Utilitarian Decisions," *Journal of Consumer Research* 37 (April 2011), pp. 1065–1078; Uzma Khan and Ravi Dhar, "Price-Framing Effects on the Purchase of Hedonic and Utilitarian Bundles," *Journal of Marketing Research* 47, no. 6 (2010), pp. 1090–1099; Eileen Bridges and Renée Florsheim, "Hedonic and Utilitarian Shopping Goals: The Online Experience," *Journal of Business Research* 61 (April 2008), pp. 309–314.

5. George Anderson, "Shopping at Wegmans on a Sunday Afternoon," *RetailWire*, June 27, 2012.

6. "An Overview," Wegmans, https://www.wegmans.com/webapp/wcs/stores/servlet/CategoryDisplay?storeId=10052 &identifier=CATEGORY_2441; Michael Hess, "Could This Be the Best Company in the World?," *CBSNews.com*, September 13, 2011; "America's Largest Private Companies," *Forbes*, November 16, 2011.

7. "Taking Sustainability to New Heights," www.walmart-greenroom.com, October 15, 2012; "No Matter the Season, Our Energy Commitment Is Always On," www.walmart-greenroom.com, September 28, 2012.

8. Kendall Goodrich and Rosemary Ramsey, "Are Consumers with Disabilities Receiving the Services They Need?," *Journal of Retailing and Consumer Services* 19 (January 2012), pp. 88–97; Cynthia R. Jasper and Paul Waldhart, "Retailer Perceptions on Hiring Prospective Employees with Disabilities," *Journal of Retailing and Consumer Services* 19 (January 2012), pp. 116–123; Stacey Menzel Baker, Jonna Holland, and Carol Kaufman-Scarborough, "How Consumers with Disabilities Perceive 'Welcome' in Retail Servicescapes: A Critical Incident Study," *Journal of Services Marketing* 21, no. 3 (2007), pp. 160–173.

9. See, for example, *EEOC* v. Cottonwood Financial, Ltd., o. CV-09-5073-EFS (E. D. Wash.), 2012; *Disabled in Action of Metropolitan New York, Inc. et al. v. Duane Reade, Inc.*, U.S. District Court, Southern District of New York, Civil Action No. 01 Civ. 4692 (WHP), 2004; *Californians for Disability Rights v. Mervyn's*, Superior Court of California, No. 2002-051738 (RMS), 2003; *Shimozono, et al. v. May Department Stores Co. d/b/a Robinsons-May*, Federal Court, Central District of California, Case No. 00-04261 (WJR), 2001; *Access Now, et al., v. Burdines, Inc.*, Federal Court, Southern District of Florida, Case No. 99-3214 (CIV), 2000.

10. Roger Thorne, "Handicap Requirements for Retail Stores," *eHow*, www.ehow.com/list_6110547_handicap-require-

mentsretail-stores.html; ADA Accessibility Guidelines for Buildings and Facilities, www.access-board.gov/adaag/html/adaag.htm; Michael Barbaro, "Department Stores Settle Disability Lawsuit," *Washington Post*, February 9, 2005, p. E02.

11. James M. Kerr, "How Appealing to Women Has Helped the Home Depot," *ManagementIssues.com*, October 3, 2014.

12. Paco Underhill, *Why We Buy: The Science of Shopping* (New York: Simon and Schuster, 2000).

13. Herb Sorensen, *Inside the Mind of the Shopper* (Upper Saddle River, NJ: Pearson Education, 2009).

14. Bernice Hurst, "Is Fresh Killing the Center Store?," *Retail-Wire*, March 6, 2015.

15. Linda Winick, "Could a 'Breakfast Aisle' Revitalize the Grocery Center Store?," *RetailWire*, October 12, 2016.

16. Dhruv Grewal, Anne L. Roggeveen, and Jens Nordfält, "Shopper Marketing: Role of In-Store Marketing," in *Review of Marketing Research*, Vol. 12, Dhruv Grewal, Anne L. Roggeveen, and Jens Nordfält, eds. (Bingley, UK: Emerald Group, 2014; Jens Nordfält, Dhruv Grewal, Anne L. Roggeveen, and Krista Hill, "Insights from In-Store Experiments," *in Review of Marketing Research*, Vol. 12, Dhruv Grewal, Anne L. Roggeveen, and Jens Nordfält, eds. (Bingley, UK: Emerald Group, 2014.

17. Anne L. Roggeveen, Jens Nordfält, and Dhruv Grewal, "Do Digital Displays Enhance Sales? Role of Retail Format and Message Content," *Journal of Retailing* 92 (March 2016), pp. 122–123.

18. Roggeveen et al., "Do Digital Displays Enhance Sales?"; Raymond R. Burke, "Behavioral Effects of Digital Signage," *Journal of Advertising Research* 49 (June 2009), pp. 180–186.

19. Roggeveen et al., "Do Digital Displays Enhance Sales?"

20. Len Lewis, "Making Signage a Cinch," *Stores*, May 2012; Sandy Smith, "The Big Picture," *Stores*, August 2011; Len Lewis, "Dynamic Displays," *Stores*, February 2011.

21. Anika Lindström, Hanna Berg, Jens Nordfält, Anne L. Roggeveen, and Dhruv Grewal, "Does the Presence of a Mannequin Head Change Shopping Behavior?," *Journal of Business Research* 69 (February 2016), pp. 517–524.

22. Grewal et al., "Shopper Marketing: Role of In-Store Marketing"; Nordfält et al., "Insights from In-Store Experiments."

23. Alicia Fiorletta, "Rebecca Minkoff Unveils Connected Store of the Future," *Retail Touch Points*, November 14, 2014; "Rebecca Minkoff Connected Store Demo," eBay, November 12, 2014, https://www.youtube.com/watch?v=6G3JIyG_GeY.

24. "Rebecca Minkoff Empowers Millennial Shoppers," *Think With Google*, August 26, 2015, https://www.youtube.com/watch?v=1i4KpNAY8uY.

25. Daniel Terdiman, "At Demo, Virtual Dressing Rooms Promise Big Sales," *CNet*, February 28, 2011.

26. F. Lange, S. Rosengren, and A. Blom, "Store-Window Creativity's Impact on Shopper Behavior," *Journal of Business Research* 69, no. 3 (2015) pp. 1014–1021; Britta Cornelius, Martin Natter, and Corinne Faure, "How Storefront Displays Influence Retail Store Image," *Journal of Retailing and Consumer Services* 17, no. 2 (March 2010), pp. 143–151.

27. JoAnne Klimovich Harrop, "Window Displays Create Interest, Merchants Say," *TribLive*, May 19, 2011.

28. "Jigsaw Westfield Store by Checkland Kindleysides, London, UK," *Retail Design Blog*, January 7, 2016.

29. Nick Statt, "Apple Just Revealed the Future of Its Retail Stores," *The Verge*, May 19, 2016.

30. Paco Underhill, *Why We Buy: The Science of Shopping*, 3rd ed. (New York: Simon and Schuster, 2009); Mindy Fetterman and Jayne O'Donnell, "Just Browsing at the Mall? That's What You Think," *USA Today*, September 1, 2006.

31. Sherri Geng, "IKEA: Modularizing Design and Value," *Harvard Business School*, December 8, 2015, https://rctom. hbs.org/submission/ikea-modularizing-design-and-value/; Rafiq Elmansy, "Guide to IKEA's Sustainable Design Strategy (Part 2)," Designorat, http://www.designorate.com/ikea-sustainable-design-strategy-part2.

32. Virginia Duran, "17 Architecturally Amazing Fashion Stores," *Virginia Duran*: Art, Architecture, Graphic Design, November 7, 2013, https://duranvirginia.wordpress.com/2013/11/07/17-architecturally-amazing-fashion-stores/; "Louis Vuitton in Singapore/FTL Design Engineering Studio," Arch Daily, October 2, 2012, http://www.archdaily.com/277610/louis-vuitton-in-singapore-ftl-design-engineering-studio.

33. "Parking Requirements," http://www.houstontx.gov/planning/DevelopRegs/docs_pdfs/parking_req.pdf.

34. Chase C. Murray, Debabrata Talukdar, and Abhijit Gosavi, "Joint Optimization of Product Price, Display Orientation and Shelf-Space Allocation in Retail Category Management,"*Journal of Retailing* 86 (June 2010), pp. 125–136; Jared M. Hansen, Sumit Raut, and Sanjeev Swami, "Retail Shelf Allocation: A Comparative Analysis of Heuristic and Meta-Heuristic Approaches," Journal of Retailing 86, no. 1 (March 2010), pp. 94–105; B. Ramaseshan, N. R. Achuthan, and R. Collinson, "Decision Support Tool for Retail Shelf Space Optimization," *International Journal of Information Technology & Decision Making* 7, no. 3 (2008), pp. 547–565.

35. Sarah Nassauer, "A Food Fight in the Produce Aisle," *The*

Wall Street Journal, October 20, 2011.

36. Pierre Chandon, J. Wesley Hutchinson, Eric T. Bradlow, and Scott H. Young, "Does In-Store Marketing Work? Effects of the Number and Position of Shelf Facings on Brand Attention and Evaluation at the Point of Purchase," *Journal of Marketing* 73 (November 2009), pp. 1–17.

37. "Growth Funds for Virtual Store specialist InContext," *Daily Research News Online*, October 26, 2016, http://www.mrweb.com/drno/news23460.htm; Edward Franczek, "Virtual Stores Drive Real Sales," http://www.greenbookblog.org, December 13, 2011.

38. Ronny Max, "7 Technologies to Track People," *Behavior Analytics In Retail*, July 1, 2015, http://www.behavioranalyticsretail.com/7-technologies-to-track-people/; "In Retail Stores, Research Tool Uses Kinect to Track Shoppers' Behavior," *Retail*, December 29, 2011.

39. Grewal et al., "Shopper Marketing: Role of In-Store Marketing."

40. Abhijit Biswas, Sandeep Bhowmick, Abhijit Guha, and Dhruv Grewal, "Consumer Evaluation of Sale Price: Role of the Subtraction Principle," *Journal of Marketing* 77, (July 2013), pp. 49–66; Grewal et al., "Shopper Marketing: Role of In-Store Marketing"; Nordfält et al., "Insights from In-Store Experiments."

41. The concept of atmospherics was introduced by Philip Kotler, "Atmosphere as a Marketing Tool," *Journal of Retailing* 49 (Winter 1973), pp. 48–64.

42. Aradhna Krishna, "An Integrative Review of Sensory Marketing: Engaging the Senses to Affect Perception, Judgment and Behavior," *Journal of Consumer Psychology* 22 (2012), pp. 332–351; May Lwin, Maureen Morrin, and Aradhna Krishna, "Exploring the Superadditive Effects of Scent and Pictures on Verbal Recall: An Extension of Dual Coding Theory," *Journal of Consumer Psychology* 20, no. 3 (2010), pp. 317–326.

43. Jens Nordfalt, *In-Store Marketing*, 2nd ed. (Sweden: Forma Magazine, 2011); Aradhna Krishna, *Sensory Marketing: Research on the Sensuality of Consumers* (New York: Routledge, 2009).

44. "Latest Findings on Ideal Lighting for Retail Stores," http://lighting.com/ideal-retail-lighting-for-stores/. Tom Ryan, "The Purchasing Power of Om," *RetailWire*, November 7, 2011.

45. Giada Pezzini, "7 Reasons Why You Should Play Music in Your Store," LS Retail, April 12, 2016, http://www.lsretail.com/blog/7-reasons-play-music-store/; "Retail Customer Experience: Consumers Tune Out Stores Playing Annoying Music," RetailWire, November 14, 2011.

46. Humayun Khan, "How Retailers Manipulate Sight, Smell, and Sound to Trigger Purchase Behavior in Consumers," *Shopify*, April 25, 2016, https://www.shopify.com/retail/119926083-how-retailers-manipulate-sight-smell-and-sound-to-trigger-purchase-behavior-in-consumers.

47. Charles Spence, Nancy M. Puccinelli, Dhruv Grewal, and Anne L. Roggeveen, "Store Atmospherics: A Multisensory Perspective," *Psychology & Marketing* 31, no. 7 (2014), pp. 472–488; Dhruv Grewal, Anne L. Roggeveen, Nancy M. Puccinelli, and Charles Spence, "Nonverbal and In-Store Communication in the Retail Environment: An Introduction," *Psychology & Marketing* 31, no. 7 (2014), pp. 469–471.

48. Eric Markowitz, "How Cinnamon Smells Will Save Holiday Sales," *Inc.*, November 3, 2011.

49. Lauren Covello, "Reaching Out to Customers, through Their Noses," *FOXBusiness*, October 13, 2011.

50. Jane Sutton, "Scent Makers Sweeten the Smell of Commerce," *Reuters*, December 19, 2011.

51. Dick Scanlon, "Lingerie on 6; Lobster on 9," The New York *Times*, December 29, 2011.

52. Margaret Harney, "Kellogg's Opens Cereal Cafe Concept Store in New York," *Design:Retail*, September 14, 2016.

53. Velitchka Kalchteva and Barton Weitz, "How Exciting Should a Store Be?," *Journal of Marketing*, Winter 2006, pp. 34–62; Benjamin Yen and P. C. Yen, "The Design and Evaluation of Accessibility on Web Navigation," *Decision Support Systems* 42, no. 4 (2007), pp. 2219–2235.

54. "Tips on Improving the Checkout Process," www.e-consultancy.com, July 1, 2010.

Chapter 17 고객 서비스

학습목표

이 장을 읽은 후에 당신은

LO 17-1 소매업체가 개인화와 표준화를 통해 고객 서비스의 균형을 어떻게 유지하는지 이해할 수 있다.

LO 17-2 고객들이 소매업체의 서비스를 어떻게 평가하는지 알 수 있다.

LO 17-3 소매업체가 양질의 서비스를 제공하기 위해 수행할 수 있는 활동을 파악할 수 있다.

LO 17-4 소매업체의 서비스 회복 방안이 무엇인지 알 수 있다.

패션업계의 '넷플릭스동영상 스트리밍 서비스 기업'로 불리는 미국 의류 대여 업체 'Rent The Runway'는 혁신적인 서비스로 주목받고 있다. 2009년 창업 당시 이 회사는 고급 브랜드만 취급하였다. 주변 대학원생들이 중요한 모임과 파티가 있을 때마다 명품 정장이나 드레스를 구입하기 어렵다는 점에서 착안하였다.

2016년부터는 일상복 대여를 시작하면서 혁신적인 정기구독 서비스를 시행하였다. 이용자가 89-159달러약 10만-20만원를 월정액으로 내면 옷을 대여할 수 있는 방식이다. 월 89달러짜리 프로그램은 400개 브랜드 제품 중 매달 4개 품목을 빌릴 수 있다. 159달러만 내면 600개 이상 브랜드에서 한번에 4개 품목씩 매월 무제한으로 의류를 빌릴 수도 있다. 구독 프로그램이 부담스러울 경우 품목마다 일정 대여비를 따로 내고 일회성으로 빌릴 수도 있다. 졸업·결혼·파티 등 각종 이벤트에 필요한 고급브랜드와 저가브랜드의 일상복과 함께 주얼리나 가방도 카테고리 별로 갖추고 있다.

Rent The Runway는 단순히 옷을 빌려주는 것이 아니라 시간과 장소 및 상황 등에 따라 옷을 정확하게 큐레이션 해준다. 일반 오피스룩, 결혼식 하객용, 저녁 데이트용, 여름 휴가용 등 적합한 것을 추천하는 식이다. 주요 타깃은 밀레니얼 세대를 포함한 2040대 전문직 종사자다. 이 회사는 고객이 회원가입 시 직접 입력한 신체 정보를 토대로 고객에게 가장 적합한 의류를 빅 데이터 분석을 통해 추천한다. 여기에 스마트 운송물류 시스템을 도입해 당일 반환받은 의류를 즉시 검사하고 세탁한 후 같은 날 다른 고객에게 발송하고 있다.

소비자는 대여를 통해 다양한 옷을 입어볼 수 있다는 점이 최대 장점이다. 밀레니얼 세대들은 SNS에 익숙한 만큼 같은 옷을 여러 번 입지 않고 충동구매도 잦으므로 대여가 매력적일 수 있다. 또 대여는 밀레니얼 세대가 지닌 환경보호에 대한 인식도 충족시킬 수 있다. 대여가 일상화되면 옷장에 쌓인 옷을 버리지 않아도 되기 때문이다. Rent The Runway는 몇 번 입고 쉽게 버리는 패스트패션을 대체하고 '옷장 없는 미래'를 만드는데 역량을 집중하고 있다. 따라서 고객들은 오늘 뭐 입을지 고민하지 않고 매일 패션 컨설팅을 받으면서 그 이상의 가치를 경험할 수 있다.

자료원: 이코노미조선, "우울한 맨해튼 5번가와 대조되는 '옷장 없는 미래' 꿈," 2019.04.01, 일부 발췌;
한국경제, "'입을 옷이 없네' 동생 푸념 듣고 대학원 때 의류 대여 서비스 시작… 10년 만에 유니콘 기업으로 도약," 2019.05.23, 일부 발췌

고객 서비스Customer Service란 쇼핑 경험을 더욱 보람있고 알차게 하기 위해 소매업체가 수행하는 일련의 활동과 프로그램을 말한다. 이러한 제반 활동은 소비자들이 상품에서 느낄 수 있는 가치와 이들이 구매하는 서비스를 증진시키게 된다. 이러한 서비스는 고객과 직접 상호작용하는 판매원 및 콜센터 직원들에 의해 제공되지만, 몇몇 서비스는 소매업체의 매장 디자인이나 웹사이트에 의해서도 제공된다. 많은 점포들은 훌륭한 고객 서비스를 제공함으로써 상품을 차별화하고 고객 충성도를 구축하며 지속 가능한 경쟁우위를 확보한다. 좋은 고객 서비스는 경쟁사가 복제하기 어렵고 고객들이 점포를 다시 찾게 만들며, 긍정적인 구전을 통해 새로운 고객을 유인하기 때문에 전략적 이점을 제공한다. 반면, 소매업체의 서비스가 좋지 않으면 향후 방문을 감소시킬 뿐만 아니라 부정적인 구전을 증가시킨다. 고객들은 무례하고 잘못된 정보를 가진 서비스 직원들로 인해 불쾌하고, 그들의 질문에 답할 수 있는 인력이 부족하여 실망하며, 복잡하거나 인적 상호작용이 안되는 웹사이트 때문에 짜증이 난다. 소매업체의 모든 종업원들과 모든 소매 믹스 요소들은 상품의 가치를 높이는 서비스를 제공한다. 예들 들어, 물류센터에 근무하는 직원은 소비자가 찾고 있는 물품의 재고를 확보함으로써 고객 서비스에 기여할 수 있다. 매장의 위치와 디자인을 담당하는 직원들은 고객들이 매장을 찾고 매장 내 상품을 찾는데 있어서의 편의를 제공할 수 있다.

소매업체는 일관되고 질 좋은 서비스를 제공함으로써 지속 가능한 경쟁 우위를 개발할 수 있다. 예를 들어, L.L.Bean은 뛰어난 고객 서비스를 독려하고 지원할 조직 문화를 조성하기 위해 상당한 시간과 심혈을 기울였다. 경쟁 점포들은 같은 수준의 서비스를 제공하고 싶어 하지만 지난 75년 동안 L.L.Bean이 구축한 성과와 자산에 필적하기 어려운 것으로 알려져 있다. 최근 고객 서비스 평가에서 Best Buy가 최고의 배송 서비스를 제공했지만, 제품 반품에 관해서는 Burberry가 가장 우수했다. 또한 L.L.Bean은 평균 30초 안에 고객이 담당자에게 연락할 수 있도록 하여 전반적으로 1위를 차지하였다.

I 고객서비스 균형: 개인화 vs 표준화

소매업체는 고객 서비스 우위를 점하기 위해 개인화와 표준화 서비스를 결합하여 제공한다. 개인화 서비스란 서비스 제공자들이 각 소비자의 취향에 맞게 서비스를 조절해 주는 것을 말한다. 개인화 서비스를 성공적으로 이행하기 위한 관건은 판매원들의 수행 성과나 인터넷 소매업체들의 경우 그들의 제공물을 개별화하는 정도에 달려있다. 표준화 서비스는 일련의 규칙과 절차를 세우고, 이러한 제반 사항이 지속적으로 이행될 수 있도록 하는 것에 기반을 두고 있다. 표준화 서비스에서는 주로 소매업체의 정책, 절차, 매장, 그리고 웹사이트의 디자인 및 기본설계가 관건이 된다.

고객들은 같은 소매업체라도 서로 다른 구매의 경우 다른 유형의 서비스를 선호할 수 있다. 제4장에서 논의한 바와 같이, 소비자의 구매 과정은 과거 경험과 구매 결정과 관련된 위험에 따라 달라진다. 따라서 판매원에게 원하는 고객 서비스 수준과 개인화된 정보는 구매 상황에 따라 다르다. 대부분의 소비자들은 슈퍼마켓, 편의점 등에서 판매하는 많은 상품들에 대해 상당한 지식과 경험을 가지고 있다. 이러한 소매업체는 더 비싸고 유익한 개인 대면 서비스보다 표준화된 서비스를 강조하는 경향이 있다. 예를 들어, 미국 식료품 소매업체들 중 2/3 이상이 셀프계산대를 이용하고 있다.

1. 개인화 서비스

개인화 서비스는 표준화 서비스에 비해 서비스 품질이 일관적이지 않을 수도 있다. 개인화된 서비스는 일반적으로 고객에게 더 나은 서비스를 제공한다는 장점이 있지만, 서비스 자체가 공급자의 판단과 능력 여하에 따라 달라지게 된다. 어떤 공급자는 다른 공급자보다 더 숙달된 서비스를 제공하고, 가장 우수한 공급자라고 할지라도 서비스 질이 떨어지는 날도 있다. 또한 숙달된 서비스 공급자와 복잡한 소프트웨어가 필요하므로 많은 비용이 들게 된다.

최근 유통 및 카드 업계에서는 개인화 서비스의 중요성이 높아지고 있다. 이는 고객의 취향, 관심사, 구매이력을 파악해 개개인에 맞는 최적의 상품을 제공하는데 초점을 맞추고 있다. 이를 위해서는 인공지능AI이 분석하고 예측할 수 있는 빅데이터 구축이 필수적이다.

국내 업체인 티몬의 경우, 개인 맞춤형 쇼핑 추천 서비스 '포유'를 실시하고 있다. 이는 소비자의 클릭, 검색, 구매 등 쇼핑이력을 분석해 어떤 상품에 관심을 가질지 예측하고 추천해 준다. 가령, 캠핑용품에 관심 있는 소비자가 포유 서비스를 선택하면 그 고객과 다른 이용자의 쇼핑

패턴을 파악하여 의자, 침낭, 버너 등 물품을 추천할 뿐만 아니라, 상품별 구매주기에 맞추어 일정 기간이 지나면 재구매도 알려준다.

신한카드 또한 빅데이터에 기반하여 초개인화 서비스를 시행하고 있다. 고객의 TPO^{시간·장소·상황}를 정확히 예측하는 알고리즘을 바탕으로 고객 개인별로 상황에 따른 맞춤 혜택을 제공한다. 가령, 회사원 D씨는 금요일 저녁에 인근 대형마트에 가서 일주일 치 장을 본다. 신한카드는 D씨가 자주 방문하는 대형마트 최적의 맞춤 혜택을 제안하였고, 이를 통해 평소보다 저렴하게 구매하였다. 이는 D씨의 카드결재가 주말 저녁에 인근 대형마트에서 주로 이루어진다는 점을 분석해 혜택을 D씨 맞춤형으로 차별화한 결과이다.

티몬의 '딥러닝' 기반 개인화 추천 서비스 '포유'

2. 표준화 서비스

표준화 및 자동화 서비스는 고객에 대한 소매 상호작용의 속도와 신뢰성을 향상시킨다. 그러나 이러한 형태의 서비스는 매우 비인간적이다. 고객과 접촉하지 않는 한, 소매업체 직원들은 그들의 경험을 향상시키고, 소매점을 차별화하거나 심지어 단순한 인간관계도 제공할 수 없다. 만약 소비자들이 다른 사람들과 상호작용하기 위해 공공 장소를 방문한다면, 셀프 서비스 기술은 그들의 요구를 충족시키지 못할 것이다. 그리고 모든 점포가 동일한 기술을 가지고 있다면, 우수한 직원이 수행하는 서비스와 같은 방식으로 차별화할 수 없다. 소매업체는 서비스 품질의 일관성을 높이고, 숙련된 서비스 제공자에게 지불하는 비용을 절감하기 위해 서비스를 표준화한다. 예를 들어, 맥도날드는 일관된 서비스 품질을 제공하기 위해 일련의 정책과 절차를 개발하고 엄격하게 시행한다. 그 음식이 모든 고객들의 취향에 맞는 것은 아니지만, 맥도날드는 전세계 어느 곳에서나 같은 음식을 제시간에 저가로 제공한다. 또한 맥도날드는 터치 스크린 시스템을 통해 카운터에서 직원에게 설명을 하지 않고 고객이 원하는 메뉴를 선택하고 주문할 수 있다.

매장이나 웹사이트의 기본 설계도 표준화 서비스에 있어 중요한 역할을 하고 있다. 고객이 직원의 서비스를 요구하지 않는 경우는 자신이 무엇을 구매할 것인지를 명확히 알고 그것을 빨리 구매하고자 한다. 이런 상황에서 소매업체는 눈에 잘 띄는 배치와 안내판을 사용하여 고객이 상품을 쉽게 찾도록 하고, 상품 진열에 대한 풍부한 정보를 알려주어 구매시간을 최소화 함으로써 양질의 서비스를 제공하게 된다.

IKEA는 전통적인 가구점과는 차별화된 컨셉으로 표준화된 셀프 서비스 방식을 채택하고 있다. 모든 상품은 150,000평방 피트 가량의 매장에 걸쳐 70여 개의 방에 진열되어 있다. 따라서 고객은 가구가 어떤 식으로 조화를 이루는지 보기 위해 굳이 전문가의 도움을 청할 필요가 없다. 고객은 전시실에서 제품을 고른 후 창고로 가서 해당 제품을 직접 찾아 계산하고 집으로 가져가는 형태다. IKEA는 "고객이 스스로 한다"라는 방침을 사용하고 있지만, 전통적인 가구점이 제공하지 않았던 유아 놀이방과 레스토랑·카페 및 체험형 쇼룸 등 다양한 편의시설을 구비하고 있다. IKEA는 고객의 쇼핑 편의를 향상시키기 위해 모바일 앱을 제공하고 있으며, 고객들은 스마트폰을 통해 제품을 검색하고 재고를 확인하며 제품 위치를 찾을 수 있다.

다음 절에서는 고객의 서비스 평가방식과 소매업체의 서비스 개선방안에 대해 살펴본다.

II 고객의 서비스품질 평가

LO 17-2
고객들이 소매업체의 서비스를 어떻게 평가하는지 알 수 있다.

소비자는 소매업체들의 서비스를 평가하면서, 서비스에 대한 자신의 기대와 실제 제공받은 서비스에 대한 인식을 비교한다. 고객은 자신이 가지고 있는 기대 수준 이상의 서비스를 받으면 만족하지만, 그 이하일 경우에는 불만족하게 된다. 따라서 소매업체가 우수한 서비스를 제공하여 차별화를 꾀하고자 한다면, 제공된 실제 서비스 수준과 고객의 기대된 서비스 수준을 고려할 필요가 있다.

1. 지각된 서비스

고객은 자신이 지각한 바를 토대로 서비스에 대한 평가를 내린다. 이러한 지각은 실제 서비스에 의해 영향을 받지만, 서비스는 무형성이라는 특성 때문에 정확한 평가를 내리기 힘들다. 일반적으로 서비스에 대한 고객평가는 그 결과가 아니라 서비스를 제공하는 매너에 기초하여 이루어진다.

다음과 같은 상황을 생각해 보자. 한 고객이 점포에 가서 제대로 작동하지 않는 전동 칫솔을 반환하려고 한다. 첫 번째 경우, 매장 직원은 회사정책에 따라 고객에게 영수증을 요구하고, 그 영수증에 해당 점포명이 찍혀있는지, 그리고 칫솔이 정말 제대로 작동하지 않는지를 면밀히 살펴본다. 그 후 매장 매니저에게 환불이 가능한지를 확인하고 서류작업을 마친 후 현금으로 환불조치 한다. 두 번째 경우는 매장 직원이 고객에게 상품의 금액만 묻고, 이를 현금으로 환불해

준다. 두 가지 경우는 고객이 상품에 대한 환불을 받는다는 것에 대해 그 결과가 동일하다. 그러나 첫 번째 경우의 고객은 매장 직원이 자신을 믿지 못해서 환불절차가 까다롭다는 생각에 그 점포의 서비스에 불만을 가질 수 있다. 대부분의 경우 직원들은 서비스를 제공하는 과정에 많은 영향을 미치며, 결국 고객의 서비스 만족에도 중요한 영향을 미치게 된다.

서비스 품질을 평가하는 다섯 가지 요소는 신뢰성reliability, 확신성assurance, 유형성tangibility, 공감성empathy, 응답성responsiveness으로 구성된다. 고객 서비스로 유명한 미국 고급 백화점 Nordstrom이 서비스품질 차원을 어떻게 관리하고 있는지 살펴보자.

1 신뢰성

신뢰성은 서비스를 철저히 수행하거나 배송 날짜를 준수하는 등 약속된 서비스를 정확하고 믿음직스럽게 수행하는 능력을 말한다. Nordstrom 직원들은 "모든 상황에서 스스로 최선의 판단을 내리십시오" 라는 규칙에 따라 고객에게 최상의 서비스를 제공하도록 교육을 받는다. Nordstrom에서 최선의 판단에는 다음과 같은 문제가 포함된다. 답을 모르는 질문에는 응답하지 마십시오. 답을 모르면 누구에게나 물어보십시오. 부정확한 정보는 고객을 실망시킬 뿐입니다.

2 확신성

확신성은 직원들의 지식과 예의, 그리고 믿음과 확신을 전달하는 능력이다. Nordstrom은 고급 백화점이기 때문에 고객들은 직원들의 능력에 의존하게 된다. 고객이 "이 드레스 입은 모습이 어때요?"라고 물으면, 그녀는 항상 "멋져요!"라고 듣고 싶어 하지 않는다. 고객은 제품과 패션에 대한 지식과 안목을 높이는 진실된 답을 원한다. 만약 고객에게 잘 어울리지 않는 물건을 판매한다면, Nordstrom은 그 고객을 영원이 잃을 수도 있다. 따라서 고객에게 가장 적합한 제품을 찾아주는 것이 장기고객 유지를 위한 최선의 전략이다.

3 유형성

유형성은 눈에 보이는 물리적 시설, 도구, 장비, 판매원 용모 등 물적 요소의 외형과 관련된다. Nordstrom은 방해받지 않는 넓은 통로와 편안한 의자를 비치하고 중앙에는 피아노 선율이 흐르는 등 현대적이면서 고급스러운 분위기를 제공한다. 그리고 카달로그, 페이스북, 트위터, 유튜브 등 고객들과 접촉하는 모든 접점에서 일관된 이미지를 유지하고 있다.

4 공감성

공감성이란 고객에게 제공하는 개별적인 관심와 배려를 의미한다. Nordstrom은 고객 사이즈와 브랜드 선호도 및 과거 구매 이력 등 고객정보가 담긴 고객관계관리CRM 프로그램을 직원에게 제공함으로써 서비스 공감성을 증대하고 있다. 판매원은 종종 특정 고객이 좋아하는 브랜드의 신제품 출시를 알리기 위해 고객에게 신속히 연락을 한다. 만약 고객이 쇼핑할 때 자신이 선호하는 판매원이 없을 경우, 다른 직원이 자신의 기록에 접근하여 고객별로 개인적인 서비스 제공이 가능하다.

5 응답성

응답성은 고객을 기꺼이 돕고 서비스를 신속히 제공하는 능력을 의미하며, 자발성과 즉각성을 반영한다. Nordstrom 직원들은 항상 돕기를 열망하고 있으며, 계속해서 더 잘 응대할 수 있는 새로운 방법을 시도하고 있다. 예를 들어, curbside pickup 서비스는 고객이 미리 전화나 온라인으로 주문을 하고 근처에 도착해서 다시 연락하면 직원이 상품을 직접 차까지 가져다주는 것이다.

또한 Nordstrom은 직원에게 권한을 주고 고객 문제를 신속히 해결하고 있다. 가령, Nordstrom 직원은 양쪽 발 사이즈가 다른 고객에게 사이즈 10과 10.5 두 켤레를 나누어서 팔기로 결심하였다. 비록 나머지 두 신발은 팔 수 없어서 수익을 내지 못했지만, 그 고객은 그날 다른 다섯 켤레를 구입하고 충성고객이 되었다. 결국 직원에 대한 권한부여는 잊지 못할 감동을 주고 평생 고객을 얻는 계기가 되었다.

2. 기대의 역할

실제 제공된 서비스에 대한 인식 외에도, 기대는 서비스 품질의 판단에 영향을 미친다. 고객의 기대는 자신의 지식과 경험에 기초한다. 소비자가 거는 기대는 점포에 따라 다르다. 슈퍼마켓이라면 편리한 주차 시설이 있어야 하고, 아침 일찍부터 밤 늦게까지 개점하는 동시에 식료품은 찾기 쉬운 곳에 배치되어야 하며, 계산을 빨리 끝낼 수 있어야 한다. 반면에 통로마다 배치된 직원이 식료품이나 요리법에 대한 정보를 제공해 주는 일은 기대하지 않는다. 만약 예상치 못한 서비스가 제공된다면, 소비자는 매우 기쁠 것이고 그들의 기대치를 넘어설 것이다. 하지만 Whole Foods Market과 같은 명품 슈퍼마켓을 찾는 고객들은 전문성을 가진 종업원으로부터 구매 정보를 얻고 도움을 받는 것을 당연히 여긴다. Retailing View 17.1은 스타일쉐어가 잘 조직된 시스템으로 예기치 않은 새로운 형태의 쇼핑을 제시하며 젊은 고객들과 소통하는 방식을 보여준다.

소매업체들이 예기치 않은 서비스를 제공하여 고객 만족도를 높인 예는 다음과 같다.

- 술에 만취한 고객에게 택시를 태워 집까지 보내주고, 고객의 차는 그 다음날 집으로 보내주는 레스토랑

Retailing VIEW 17.1
스타일쉐어의 독특한 서비스
'옷 잘 입는 친구의 조언'

스타일쉐어는 패션, 뷰티와 관련한 다양한 스타일 정보를 공유하는 소셜네트워크 서비스[SNS]기반 쇼핑 앱이다. 사용자들은 자신만의 패션 코디나 메이크업 노하우를 사진에 담아 스타일쉐어 플랫폼에 올리고, 다른 사용자들이 올린 이미지를 살펴보며 필요한 정보를 찾아간다. 그러다가 마음에 드는 상품을 발견하면 즉시 앱에서 물건을 구매한다. 이처럼 생생한 구매 정보와 쇼핑을 결합한 흥미롭고 차별화된 경험이 고객의 기대치를 넘어서고 있다.

"그 옷 어디서 샀을까?" 스타일쉐어는 평범한 사람들이 공유하는 착용 후기나 코디 방법 등 정보의 가치를 기반으로 고객을 끌어들이고 있다. 즉 평범한 체형을 가진 사람들에게 실질적으로 도움이 되는 패션 정보를 공유하고 쇼핑도 한 곳에서 해결할 수 있다. 일반적으로 사람들은 멋진 몸매를 가진 전문 모델이 아닌 내 옆에 옷 잘 입는 친구가 대체 어디서 쇼핑하는가를 궁금해 하는 기본적인 욕구를 간파한 결과이다.

스타일쉐어는 스타일피드[게시물 공유 공간] 메뉴에 '상품태그'라는 독특한 기능을 도입했다. 사용자가 찍어 올린 이미지에 등장하는 옷이나 가방, 신발 등에 대한 상품 정보[브랜드명, 가격 등]가 사용자 게시물에 꼬리표처럼 달라붙은 것으로, 태그를 클릭하면 앱 내 결제가 가능한 기능이다. 현재 스타일쉐어에서 발생하는 전체 쇼핑 거래액의 과반수가 쇼핑 공간 스토어가 아닌 스타일피드 메뉴에서 일어나는 것은 바로 이 상품태그 때문이다.

스타일쉐어는 정보와 상품·서비스 교환이 더욱 활성화될 수 있도록 플랫폼을 고도화하고 있다. 인공지능[AI] 챗봇 '모냥' 서비스를 통해 패션 아이템에 대한 정보를 3초 만에 찾아준다. 모냥의 채팅 창에 사진을 올리면 상품정보 빅데이터를 분석하여 적합한 상품을 찾아주거나 비슷한 상품을 추천해 준다. 또한 신용카드나 모바일 결제가 어려운 10대 고객을 위해 GS편의점에서 현금 결제 서비스를 시행하고 있다. 결국 스타일쉐어는 풍부한 사용자 정보와 인공지능 기술을 접목한 독특한 서비스로 새로운 쇼핑문화를 주도하고 있다.

스타일쉐어 앱에 올라와 있는 사용자들의 '데일리룩(daily look·일상에서 입을 수 있는 편안한 패션 스타일)'. 스타일쉐어 사용자들은 자신들만의 패션 코디 노하우가 담긴 사진을 자발적으로 찍어 플랫폼에 올린다.

자료원: 이방실(2019), "'오늘 뭘 입지?' 일상 질문에 답하려 창업, 매일 댓글 5만 개 호응하는 쇼핑 앱으로," DBR(Dong-A Business Review), Vol. 271, Issue 2, pp. 112-128, https://dbr.donga.com/article/view/1202/article_no/9105/ac/search, 일부 발췌

- 고객들의 액세서리 세척과 시계 배터리 충전을 무료로 해주는 보석 가게
- 옷마다 번호표를 달아서 고객에게 어울리는 옷을 체계적으로 찾게 해주는 남성 전문 의류점

기술의 발전은 고객의 기대치를 크게 변화시켰다. 옴니채널 서비스를 제공하지 않는 소매업체는 호의적으로 평가되지 않는다. 고객들은 여전히 기업의 신뢰성, 응답성, 접근 용이성, 사과와 보상 등 좋은 서비스를 기대한다. 아울러 현재는 이러한 서비스 수준을 일반 기업뿐만 아니라 공공기관에서도 기대하고 있다. Retailing View 17.2는 매년 각 기관이 주관하는 서비스 품질지수 평가를 통해 기업이 어떻게 고객만족 경영을 실현하는지 보여주고 있다. 소매업체가 서비스 품질 평가를 높이기 위한 활동은 다음 절에서 논의한다.

Retailing VIEW 17.2 서비스 품질 평가를 통한 고객만족 경영

한국표준협회가 주관하는 한국서비스품질지수KS-SQI: Korean Standard-Service Quality Index는 서비스 품질에 대한 만족 정도를 측정해 계량화한 지표다. 이 외에도 고객만족도를 평가하는 지표로 한국능률협회컨설팅의 한국고객만족지수KCSI: Korean Customer Satisfaction Index와 한국생산성본부의 국가고객만족도지수NCSI: National Customer Satisfaction Index 및 기획재정부의 공공기관 고객만족도 지수PCSI: Public Sector Cusromer Satisfaction Index 등이 있다. 이처럼 일반 기업뿐만 아니라 공공기관들도 매년 1회씩 고객만족도 결과를 통해 자사의 경쟁력을 확인하고 서비스를 개선하여 고객 지향적인 경영을 지속적으로 추진하고 있다.

롯데하이마트는 2019년 한국서비스품질지수KS-SQI 평가에서 전자제품전문점 부분 1위를 차지하였다. 서비스품질지수는 기본서비스, 부가서비스, 신뢰성, 친절성, 적극지원성, 접근용이성, 물리적 환경 등을 기준으로 평가한다. 롯데하이마트는 전국 각지에 촘촘히 위치한 매장과 물류센터 및 서비스센터 모두를 직영으로 운영하는 점이 강점이다. 또한 급변하는 유통 환경에 대응하기 위해 온라인 쇼핑몰 플랫폼을 강화하여 온·오프라인을 결합한 '옴니채널 서비스'를 확대하고 있다. 한편 전국 200여 조손가정과 결연을 맺고 후원하는 등 지역사회 소외계층을 대상으로 다양한 사회공헌 활동을 하고 있다.

한국우편사업진흥원은 공공기관 만족도 조사PCSI에서 2017년, 2018년 2년 연속 최고 등급인 'A등급우수을 받았다. 우체국 쇼핑은 농어촌 및 중소기업의 온라인 판로개척을 지원하는 공익적 활동을 수행하고 있다. 2018년에는 산지가격이 폭락한 화천군 애호박의 판매지원을 이끌어 전량을 판매하였다. 이에 좋은 상품으로 고객을 만족시키는 동시에 지역경제를 활성화하는 두 가지 효과를 얻었다. 우정문화활동을 통한 사회·경제·지역적 격차 해소에도 많은 노력을 기울이고 있다. 노인 한글배움교실과 다문화가족 문화활동 및 N포세대 고민 상담 등 소외계층을 위한 우정문화 프로그램을 적극 추진하고 있다.

자료원: 한국우편사업진흥원 내부 자료를 바탕으로 재정리

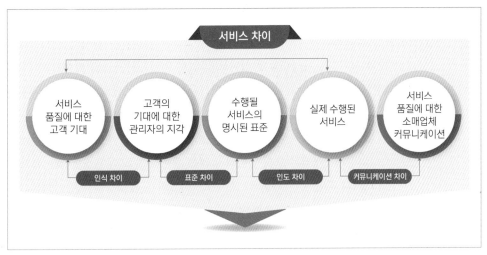

🔵 그림 17-1   서비스 품질 증진을 위한 차이모델

LO 17-3
소매업체가 양질의 서비스를
제공하기 위해 수행할 수 있는
활동을 파악할 수 있다.

III 서비스 품질 증진을 위한 차이모델

고객들은 제공받는 서비스에 대해 확실한 기대치를 가지고 있다. 제공받은 서비스가 기대치에 미치지 못한 경우에 서비스 차이$^{service\ gap}$가 야기된다. 〈그림 17-1〉은 네 가지의 서비스 차이를 보여준다.

• **인식차이**$^{knowledge\ gap}$는 고객의 서비스 기대치와 소매업체의 고객 기대치에 대한 지각 사이에 존재하는 인식의 차이를 의미한다. 소매업체는 실제 제공되는 서비스를 고객의 기대치에 맞추기 위해 시장 조사를 할 수 있다.

• **표준차이**$^{standards\ gap}$는 소매업체의 소비자 기대치 인식과 고객 서비스 표준 간에 존재하는 차이를 의미한다. 적절한 서비스 표준을 만들고 서비스 성과를 측정함으로써, 소매업체는 이 차이를 줄일 수 있다.

• **인도차이**$^{delivery\ gap}$는 소매업체의 서비스 표준과 실제 고객에게 제공되는 서비스 간에 존재하는 차이이다. 이 차이는 종업원들의 교육과 적절한 인센티브를 통해 서비스 표준을 충족하거나 초과함으로써 줄일 수 있다.

• **커뮤니케이션 차이**$^{communication\ gap}$는 실제 고객에게 수행된 서비스와 소매업체의 홍보 프로그램이 약속한 서비스 간에 존재하는 차이를 뜻한다. 소매업체가 그들이 제공하는 서비스에 대해 더 현실적인 시각을 가질 때, 고객의 욕구를 효과적으로 관리하고 이 차이를 줄여나갈 수 있다.

1. 고객 욕구의 이해: 인식 차이

우수한 서비스를 제공하는데 있어서 가장 첫 번째 단계는 고객의 욕구와 기대치를 이해하고, 관련 정보를 바탕으로 고객 서비스를 개선하는 것이다. 소매업체들에게 이러한 고객 정보가 없는 경우에는 잘못된 결정을 내릴 수 있다. 예를 들어, 슈퍼마켓은 추가로 인원을 배치하여 재고관리에 만전을 기함으로써 고객이 원하는 상품을 항상 구비하고 있었다. 그러나 사실 고객이 원하는 것이 계산대에서 오래 기다리지 않는 것이라면, 고객 입장에서는 슈퍼마켓의 추가인원이 재고정리가 아닌 계산대에 배치되어야 서비스의 질적 향상을 느낄 것이다.

소매업체는 고객 조사를 수행하고 소매업체와 고객 사이의 상호작용을 증진시키며, 점포 관리자와 직원들 간의 커뮤니케이션을 원활히 함으로써 가능한 인식 차이를 줄이고 고객의 기대치에 적극적으로 부응할 수 있다. 소매업체는 고객 서비스에 대한 기대와 인식을 평가하기 위해 다양한 접근법을 사용한다.

1 소셜 미디어

소매업체는 블로그, 리뷰 사이트, 유튜브 등 소셜 네트워크에 게시하는 정보를 검토함으로써 그들의 서비스 품질에 대해 알 수 있다. 소매업체는 이러한 소셜 미디어의 메시지를 분석하여 소비자들의 감정을 파악할 수 있는 감성분석을 사용하고 있다. 이러한 기법은 소비자들의 마음을 읽어 내는데 많은 통찰력을 제공한다. 이처럼 실시간으로 분석된 정보는 신제품 출시, 새로운 광고 캠페인, 불만고객 응대 등에 활용이 가능하다. 가령, 소매업체 Target이 데이터 유출 사건을 겪었을 때, 고객들의 반응을 살펴보기 위해 광범위한 감성분석을 실시하였다. 부정적인 소비자 정서를 분석하여 기발한 광고를 피하고, 사회적 책임에 대한 홍보를 일시적으로 중단하는 등 자신감을 찾을 때까지 신중히 대처하였다.

2 설문조사, 고객 패널 및 컨테스트

많은 소매업체는 거래가 발생한 직후 고객들을 대상으로 설문조사를 한다. 예를 들어, 항공사나 통신사, 호텔, 레스토랑 등은 고객들에게 직원이 얼마나 많은 도움이 됐고, 친절했으며, 전문적이었는가를 물어보기 위해 온라인이나 전화 설문을 실시한다. 한편 일부 소매업체는 10~15명 정도의 고객 패널 집단을 구성해서 기대와 인식을 알아낼 수도 있다. 예를 들어, 고객 패널 제도를 통해 상품 및 고객접점을 평가하고 서비스 개선에 대한 토의를 진행하며 신상품 아이디어를 제안 받는다.

Domino의 대대적인 이미지 쇄신 노력은 주로 고객 피드백에 초점을 맞추었다. 피자 전문가들은 오래전부터 빵껍질과 통조림 토마토 사용에 대해 불평해 왔다. Domino는 피자의 품질을 향상시켰지만, 고객들이 정말 더 좋다고 생각하는지 알아내야 했다. 기존의 설문방식 보다는 사진 콘테스트를 통해 피자가 도착한 직후 사진을 찍어 웹사이트에 올리도록 하였다. 먹음직스런 사진은 도미노 피자의 품질을 증명하는데 도움이 되었고, 문제가 있는 사진은 서비스 문제를 식별하는데 일조하였다. 그리고 만약 고객들의 사진이 광고에 출시될 경우, 그들은 상금을 받았다.

3 직접 또는 관찰을 통해 고객과 상호작용

소규모 소매업체는 고객들과 매일 연락을 취하고 이들에 대한 정보를 직접 수집한다. 일부 관리자들은 매일 영수증을 검토하여 특별히 크거나 작은 구매를 한 고객을 선택한다. 그들은 이 고객들에게 전화를 걸어 그 상점에 대해 무엇을 좋아하거나 불편해하는지 물어본다. 이러한 고객 접촉을 통해 업체들은 최신 정보를 수집할 수 있으며, 자신들이 고객 서비스에 관심을 두고 있다는 사실도 보여줄 수 있다. 고객들의 반응은 구체적인 직원 서비스와 관련되어 있으므로 친절한 서비스를 제공한 직원에게는 포상을 하고, 그렇지 못한 직원에게는 주의를 줄 수 있다.

대기업 관리자들은 보고서를 통해 고객 관련 정보를 수집하므로 직접 접촉을 통해 얻을 수 있는 여러 정보를 놓치게 된다. Disney는 고객의 욕구를 모니터링 하기 위해 고객과 끊임없이 상호작용하고 있다. 예를 들어, Disney는 세심한 관찰을 통해 공원 방문객들이 쓰레기를 땅에 버리기 전에 약 27보 정도를 이동한다는 것을 확인하고, 공원 전체에 27보 걸음마다 쓰레기통을 설치하였다.

4 고객 불평

소매업체는 고객들의 불편사항을 처리하면서 서비스와 상품에 관한 상세정보를 얻는다. 고객들의 불평은 서비스 상의 문제를 바로잡을 수 있는 계기가 된다. 카달로그와 온라인 업체인 L.L.Bean에서는 모든 고객의 불만사항과 상품이 반품된 이유를 면밀히 분석한다. 이러한 불편사항과 반품사유는 매일 기록되고 고객 서비스 센터에 축적되어 서비스의 질적 향상을 도모하게 된다. 그 정보는 공급업체의 상품 품질 향상에도 기여하게 된다.

물론 고객 불평으로 유용한 정보를 수집할 수는 있겠지만, 소매업체는 여기에만 의존해서는 안된다. 일반적으로 불만족한 고객들은 해당 소매업체에 직접 불평하지 않고 단지 거래를 중단한다. 따라서 소매업체는 고객이 자유롭게 불만을 표출할 수 있는 불만센터 및 고객의 소리함 등 다양한 의사소통 장치를 활성화하여 신속히 문제를 처리해야 한다.

5 매장 직원의 피드백

고객을 직접 대하는 직원들은 고객 서비스 기대치와 문제를 잘 파악하고 있다. 이들이 자신의 상사와 원활한 의사소통을 하고 이러한 정보가 체계적으로 수집되고 분석된다면 서비스 품질 향상에 도움이 된다.

6 고객 조사활동 활용

고객의 기대와 인식에 대한 정보를 수집하는 것만으로는 충분하지 않다. 서비스 품질 차이는 소매업체들이 이러한 정보를 적시에 활용해서 서비스 품질 자체를 향상시킬 때만 극복이 가능하다. 12월에 7월 서비스 성과가 보고된다면 직원들은 그 상황을 상기하기 어렵기 때문에 의미가 없다. 마지막으로, 피드백은 명확하게 제시되어야 서비스 제공자들이 자기 행동을 쉽게 파악할 수 있다. 예를 들어, 주요 호텔에서는 프론트 데스크 직원의 성과 피드백이 프론트 데스크 뒤편에 있고, 레스토랑 직원의 성과 피드백은 주방 문 뒤에 게시된다. 다음 절에서는 서비스 표준 차이를 줄이기 위한 몇가지 접근법을 살펴본다.

2. 서비스 기준 설정: 표준 차이

소매업체들이 소비자 서비스 기대와 인식에 대한 정보를 수집한 후, 그 다음 단계는 높은 품질의 서비스를 제공할 수 있도록 일정기준과 시스템을 개발하는 것이다. 표준차이를 좁히기 위해 소매업체는 ① 고도의 서비스를 제공하도록 헌신하고, ② 서비스 제공자의 역할을 규명하며, ③ 서비스 목표를 설정하고, ④ 서비스 수행을 평가해야 한다.

1 서비스 품질에 대한 헌신

최상의 서비스는 최고 경영층이 리더십을 발휘하고 헌신적으로 실천할 때만 가능하다. 최고 경영층은 일시적인 어려움에도 서비스의 질을 높이는데 들어가는 비용을 기꺼이 지불해야 한다. 이러한 헌신은 서비스를 제공하는 직원들에게 보여줄 필요가 있다.

최고 경영층의 헌신은 서비스 질의 기준을 설정하지만, 점포 관리자는 그러한 기준을 달성하도록 하는 핵심적인 역할을 수행한다. 점포 관리자는 좋은 서비스를 제공하고자 하는 노력이 주목받고 보상받는 가를 점검해야 한다. 서비스 질에 근거하여 동기를 부여하면 서비스가 중요한 개인적인 목표가 된다. 점포 관리자들의 보너스는 점포 매출액과 이익에 기반을 두기 보다는, 제공되는 서비스 수준에 따라 결정되어야 한다. 예를 들면, 몇몇 소매업체는 점포 관리자의 보너스를 결정하기 위해 고객 만족도 결과를 사용한다.

2 서비스 제공자의 역할 규명

경영인들은 서비스 제공자들에게 뛰어난 서비스를 제공해야 한다고 말한다. 그러나 뛰어난 서비스가 무엇을 의미하는가에 대해서는 명확하지 않다. 소매업체가 가지는 기대에 대한 명확한 정의가 없다면, 서비스 제공자들은 방향감각을 잃게 된다. Malcolm Baldrige 상을 받은 Ritz-Carlton 호텔의 전 직원들은 지갑 크기의 카드에 인쇄된 "역할표준^{Gold Standards}"을 가지고 있다. 이 카드는 호텔의 모토"우리는 신사 숙녀를 모시는 신사 숙녀이다", 고품격 서비스의 3단계따뜻하고 진심어린 인사, 고객의 욕구를 예측하고 충족, 정다운 작별인사, 그리고 Ritz-Carlton 직원에 대한 12개의 기본 수칙 "나는 고객과 강력한 관계를 구축하고, 평생 Ritz-Carlton의 고객으로 만들겠습니다[1번]", "나는 전문가다운 용모와 언어 그리고 행동이 자랑스럽습니다[10번]" 등을 담고 있다.

신발, 의류 등을 판매하는 온라인 업체 Zappos의 황금률은 고급 호텔과는 다소 다르지만, 뛰어난 고객 서비스를 추구하고 있다. Zappos는 "행복을 전달한다"는 모토를 바탕으로 기업의 핵심가치가 비용 절감보다는 고객 만족을 강조한다. '무료 배송, 무료 반품' 등 남다른 서비스는 고객을 감동시키는데 초점을 두고 있다. 모든 직원에게 이러한 가치를 불어넣는 기업문화는 신입사원의 교육과정부터 시작된다. 최장 5주간의 훈련기간 동안 모든 신입사원들은 콜센터에서 교육을 받는다. 수습교육을 마치고 회사가 자신과 맞지 않다고 생각한 사람은 누구나 그 시간까지 일한 급여를 받고 퇴사할 수 있다. 콜센터에는 고객 응대 방식에 대한 매뉴얼이나 시간제한이 없다. 대신 직원들은 고객이 다소 "이상한" 일을 요구하더라도 고객에게 잊지 못할 감동을 선사한다. 즉 고객이 찾는 신발이 없다면 경쟁업체에서 구입하여 배송해주거나 피자 가게를 물어도 성실히 답변하는 등 자신의 판단에 따라 문제를 창의적으로 해결한다. 이처럼 놀라운 경험을 제공하는 Zappos는 충성고객이 많고 일하기 좋은 기업으로 알려져 있다.

3 서비스 목표의 설정

일관되고 높은 질의 서비스를 제공하기 위해서, 소매업체는 목표와 표준을 확립하여 직원들에게 제시해야 한다. 소매업체는 고객들의 필요와 기대보다는, 기업 운영에 대한 편의와 신념을 바탕으로 서비스 목표를 개발한다. 예를 들어, 어떤 소매업체는 월말 이전 5일에 모든 월별 계산서를 발송한다는 목표를 세울지 모른다. 이 목표는 소매업체의 외상 매출금은 감소시키겠지만 고객에게는 아무런 혜택을 제공하지 못한다. 최근 한 연구에 따르면, 온라인 채널을 통해 소매점과 접촉하는 고객들은 이메일과 페이스북은 6시간 이내, 트위터는 1시간 이내에 빠른 반응을 보일 것으로 기대하고 있다. 그러나 유통업체들은 여기에 적절히 대응하지 못하고 있다. 특히 온라인 상에서는 실패한 고객 서비스에 대한 불만이 빠르게 확산된다는 점을 고려할 때, 소매체의 효과적인 대응이 중요하다. 따라서 소매업체는 고객의 요구에 부응하기 위해 소셜 미디어 대응에 관한 새로운 표준을 마련할 필요가 있다.

직원들이 목표를 세우는데 참여하고 그 목표가 구체적이고 적절하며 실행 가능할 경우, 그들은 서비스 목표를 달성할 수 있다는 동기를 가지게 된다. 가령, "고객이 판매 구역에 들어올 때 그들에게 다가가라" 또는 "가능한 빨리 전자우편에 응답하라"와 같은 막연한 목표는 실질적이지 못하고 직원의 수행 정도를 평가하는 기회를 제공하지 못한다. 좀 더 나은 목표는 "고객이 판매 구역에 들어온 후 30초 이내에 판매원은 그들에게 다가가야 한다" 또는 "접수된 e-메일

Retailing VIEW 17.3 크로거의 애널리틱스 사용

할인 매장에서 쇼핑하는 것은 좀처럼 즐거운 일로 여겨지지 않는다. 소비자들은 왜 그 경험을 그렇게 싫어하는가? Kroger는 고객 조사를 통해 그 답은 바로 계산대의 긴 줄에 있다는 것을 알았다. Kroger는 고객의 불편을 완화하기 위해 어떤 시간대에 얼마나 많은 계산대를 열어야 하는지를 결정해주는 QueVision 시스템을 도입하였다. 이 솔루션은 매장 문과 계산대의 적외선 센서를 통해 판매 시점 실시간 데이터를 수집 및 분석하여 필요한 계산대 수와 실제 대기시간을 정확히 계산해 준다. 이처럼 데이터 애널리틱스를 적용한 후 계산대에서 기다리던 평균 대기시간이 4분에서 30초 이내로 감소되었다. 따라서 고객의 만족도가 향상됨과 동시에 계산원들의 친절도가 상승하였다. 또한 이 시스템은 Kroger가 셀프 체크아웃과 같은 새로운 쇼핑 시스템을 평가하는 데 도움을 주었다.

Source: "About Kroger," http://www.thekrogerco.com/about-kroger; Laurianne McLaughlin, "Kroger Solves Top Customer Issue: Long Lines," InformationWeek, April 2, 2014, http://www.informationweek.com/strategic-cio/executive-insightsand-innovation/kroger-solves-top-customer-issue-long-lines/d/d-id/1141541?page_number=1.

은 3시간 이내에 응답을 해야 한다" 등과 같이 구체적이고 측정가능한 것이다. 서비스 기준을 세우는데 있어 직원의 참여는 좀 더 나은 이해와 더 큰 목표의 수용으로 발전할 수 있다. 직원들은 경영진들에 의해 임의적으로 부여된 목표에 대해서는 거부감을 느끼고 저항하게 된다. 목표 수립에 대한 자세한 내용은 15장에서 다루고 있다. Retailing View 17.3은 고객 대기 시간의 표준 설정에 대한 문제와 해결책을 보여준다.

4 서비스 성과의 측정

소매업체는 목표를 달성하기 위해 서비스 질을 끊임없이 평가해야 한다. 많은 소매업체는 서비스 질을 평가하기 위해서 정기적으로 고객 만족도를 조사한다. 그들은 서비스 질을 평가하기 위해 미스터리 쇼퍼mystery shopper를 이용한다. 미스터리 쇼퍼는 일반 고객으로 가장해서 매장을 방문하고 제품을 사면서 직원의 서비스 수준이나 매장 분위기 등을 평가한다. 몇몇 소매업체는 자사의 직원을 미스터리 쇼퍼로 이용하지만, 대부분은 외부 업체와 계약을 체결한다.

소매업체는 판매원들에게 암행 평가를 하였다는 사실을 알리고 그들의 개선점을 제안한다. 높은 점수를 받은 판매원에게는 보상을 하며 낮은 평가를 받은 판매원에게는 미스터리 쇼퍼가 지속적으로 방문하도록 한다.

3. 서비스 기준 이행 및 초과: 인도 차이

서비스 이행 차이를 줄이고 서비스 표준을 초과하기 위해 소매업체는 직원에게 필요한 지식과 기술을 제공하고 물질적 및 심리적 지원을 아끼지 말아야 할 뿐만 아니라, 내부 의사소통을 확대하고 적절히 보상하며 최선을 다할 수 있도록 권한을 위임해야 한다.

1 정보 제공과 훈련

매장 직원은 고객의 욕구뿐만 아니라 서비스 표준과 자신이 취급하고 있는 상품에 대해 잘 알고 있어야 한다. 이러한 정보를 바탕으로 직원들은 고객의 질문에 답변하고 상품을 제안할 수 있다. 전문 지식은 서비스 문제를 극복하는데 필요한 자신감과 역량도 심어준다.

애플 스토어는 고객에게 잊지 못할 경험을 선사하기 위해 프리미엄 서비스를 제공하고 있다. 매장에서 캐쥬얼한 복장으로 고객의 요구에 맞춰 친절하게 제품에 대한 정보를 제공하는 전담 직원인 '지니어스'를 도입하였다. 제품과 기능을 설명하고 안내하는 전문가를 배치하여, 고객 접점에서 경험과 감정을 공유하며 마중물 역할을 하고 있다. 이들은 애플 제품에 대한 특별한 교육을 받고 자율적인 판단에 따라 차별적인 서비스를 제공하기 때문에 애플 스토어 경쟁력의 핵으로 평가된다.

매장 직원은 또한 대인관계에 대한 훈련도 필요하다. 고객을 대하는 일은특히 고객이 화가 난 상태에서는 힘들 수밖에 없다. 훌륭한 서비스 업체에서 근무하는 직원 누구나 불만족스러운 고객과 마주하게 된다. 직원들은 훈련을 통해 더 나은 서비스를 제공하는 방법과 불만 고객을 대처해 나가는 법을 배운다. 모든 직원들은 고객을 대할 만반의 준비가 되어 있어야 한다. 가령, Disney에서는 관리자들을 대상으로 훈련을 실시하여 고객이 던지는 무수한 질문에 단순히 "글쎄요, 모르겠는데요, 저기 직원한테 가서 물어 보세요"라고 말하지 않고, 자신 있게 대처하도록 준비하고 있다.

2 매장 직원에 대한 권한부여

권한부여란 낮은 직급의 직원이 고객들에게 서비스를 어떻게 제공할 것인가에 대한 중요한 결정을 내릴 수 있게 하는 것을 의미한다. 서비스 담당자가 중요한 의사결정을 할 수 있는 권한이 있다면 서비스의 질이 개선된다. 그렇지 않을 경우, 최고의 직원들조차도 고객을 즐겁게 하려는 노력에 지장을 받게 된다. 콜센터에서는 이 문제가 특히 심각하다. 제품 불만에 대해 환불이나 다른 대안 등 권한이 없이 그저 공손하고 친절한 직원을 만난 고객은 만족하지 못한다. 그러나 이 경우 잘못은 회사에게 있는 것이지 종업원이 아니다.

Ritz-Carlton 호텔은 고객의 불편을 책임지고 해결하도록 현장 직원에게 권한을 부여하고 있다. 객실 청소원도 고객을 위해서라면 상사의 승인 없이 바로 그 자리에서 2,000달러까지 사용할 수 있는 재량권을 갖고 있다. 가령, 객실 냉장고가 고장이 났다고 지나가는 하우스 키퍼에게 말하면 "담당자에게 전하겠습니다"가 아닌 무조건 "제가 처리하겠습니다"라고 한다. 또한 객실배정에 문제가 있다면 정중히 사과하는 의미로 고객에게 과일바구니를 선물할 수도 있다.

그러나 서비스 제공자들에게 권한을 부여하는 것은 쉬운 일이 아니다. 어떤 직원들은 명확한 행동 규정을 선호한다. 그들은 자기 스스로 결정을 내리는데 따르는 위험을 감수하고 싶어 하지 않는다. 가령, 한 은행은 행원들에게 권한을 부여했을 때 그들이 많은 액수의 돈에 관한 결정을 내리는데 겁을 먹고 있다는 것을 발견했다. 따라서 그 은행은 직원들이 안심하고 판단을 내릴 수 있도록 의사결정 규칙을 마련하였다.

어떤 경우에는 서비스 제공자에게 권한을 부여했을 때 이점이 비용에 비해 효율적이지 않을 수 있다. 예를 들어, 한 소매업체가 McDonald's와 같은 표준화된 서비스를 채택하더라도 이에 따른 고용, 훈련, 권한부여, 지원 등의 비용이 일관성 있는 우수한 서비스로 연결되지 않을 수도 있다. 또한 권한이양이 문화에 따라 다르게 적용된다는 연구도 있다. 예를 들면, 라틴아메리카 직원들은 관리자가 사업 결정에 필요한 모든 정보를 제공해 주기를 바란다. 직원의 역할은 단지 관리자의 결정을 따르는 것이라고 생각하기 때문이다.

❸ 도구적 및 정서적 지원

서비스 제공자는 고객이 원하는 서비스를 수행하기 위해 도구적 지원적절한 시스템과 장비이 필요하다. 스타벅스는 드라이브 스루drive-through 자동결제 시스템인 'My DT Pass'를 도입하여 빠르고 편리한 서비스를 제공하고 있다. 이는 스타벅스 선불식 충전 카드에 차량번호를 등록하면 고객이 차에 탄 채 별도의 결제수단을 따로 내지 않고도 주문한 메뉴를 받을 수 있다. 특히 모바일 주문 시스템인 사이렌 오더로 미리 주문하면, 바로 픽업 존에서 제품을 받아 출차 할 수 있으므로 대기 시간이 줄어드는 효과가 있다.

서비스 제공자들은 도구적 지원 이외에도 동료 직원이나 상사로부터의 정서적 지원이 필요하다. 정서적 지원은 타인의 행복을 위해 관심을 보이는 것까지 포함한다. 고객 문제를 처리하거나 스트레스가 많은 상황에서도 미소를 유지하는 것은 어렵다. 서비스 제공자들은 고객의 요구를 효과적으로 해결하기 위해 고객을 지원하고 이해하는 태도를 견지해야 한다. "고객은 항상 옳다"는 불변의 진리로 과도한 요구를 받은 상황에서도 종업원은 울며 겨자먹기 식의 서비스를 제공하는 경우도 있다. 소매업체는 과도한 스트레스를 불러오는 고객들이 직원들의 사기와 성과에 영향을 줄 수 있다는 것을 이해해야 한다. 기업들은 서비스 직원들이 겪는 스트레스를 줄이기 위해 다양한 방법을 모색한다. 신체 활동은 종종 스트레스를 해소하는데 도움을 주기 때문에 많은 기업들은 헬스 클리닉이나 요가 수업을 제공한다. 일부 소매업체는 휴게실을 설치하거나 마사지를 받게 한다. 기업들은 또한 분노한 고객들을 대처하는 방법에 대한 교육을 실시하기도 하며 정서적 노동으로 인한 고통을 치유하는 프로그램을 마련할 수 있다.

특히 감정노동이 심한 백화점 및 호텔 업계는 직원들을 보호하기 위해 다각도로 노력하고 있다. 현대백화점은 판매원들에게 고객 상황대처 요령을 알려주는 감정노동 관리사를 현장에 배치하였고, "다리 많이 아프시죠? 여러분의 앉을 권리와 함께 합니다"라는 캠페인을 진행하였다. 롯데호텔은 '아찔한 손님' 이라는 웹드라마를 제작하여 유튜브를 통해 호텔리어의 고충을 전하고, 정신적 스트레스에 시달리는 직원을 지원하기 위해 심리상담 전문 간호사를 배치하였다.

④ 보상 제공

15장에서 논의했듯이, 많은 소매업체는 직원들의 동기부여를 위해 판매실적에 따른 성과금과 같은 보상을 이용한다. 만약 직원들이 자신의 보상에 대해 만족감을 느낀다면 더 높은 생산성을 보일 것이다. 그러나 판매 수수료는 고객 서비스와 직무 만족을 감소시킴과 동시에 영업에 대한 높은 압박감을 제공하여 고객 불만으로 이어질 수 있다. 따라서 인센티브는 고객 서비스를 보다 효과적으로 개선하는데 초점을 두어야 한다. 신한은행은 양적 판매실적보다 소비자의 만족도에 따라 보상이 이루어지도록 시스템을 개편하였다. 즉 얼마나 많이 팔았는가 보다는 고객에게 더 많은 수익을 돌려주는가에 따라 직원의 성과급이 달라진다. 따라서 과거 판매 실적을 위해 불완전한 상품을 판매하는 관행은 줄고 고객 수익률에 근거하여 서비스 질을 높일 수 있을 것이다.

⑤ 내부 커뮤니케이션 증대

매장 직원들은 고객 서비스를 제공할 때 고객의 요구사항과 회사의 원칙 사이에서 일어나는 갈등을 조정해야 한다. 예를 들어, 소매업체는 그들의 판매원이 고객들로 하여금 다양한 품목을 추가 구매하고 좀 더 비싼 품목을 구매하게 만들기를 기대하지만, 고객들은 합리적인 구매를 원할 것이다. 이런 경우 판매원은 회사의 원칙과 고객의 요구 사이에서 갈등을 겪게 된다.

소매업체는 고객 서비스와 관련된 분명한 지침과 정책을 마련하고, 이들 정책의 합리성을 설명함으로써 그런 갈등을 줄일 수 있다. 예를 들어, 기업은 직원에게 서비스 실패에 대해 사과하도록 훈련해야 한다. 비록 그 실패가 다른 사람에 의해 발생했거나 고객이 잘못했을 경우에도 해당한다. 많은 사람들이 자신의 잘못이 아닌 것에 대해 사과하기는 어렵다. 그러나 종업원이 서비스 실패에 대한 사과가 고객을 유지하는데 도움이 된다는 것을 인식한다면, 그들은 서비스 실패에 대해 사과해야 한다.

갈등은 또한 소매업체의 목표가 매장 종업원들로부터 기대되는 행동과 일치하지 않는 경우에도 발생한다. 가령, 15장에서도 언급했듯이 판매원들에게 고객 서비스를 기대하려면 매출액이 아닌 서비스에 따라 평가하고 보상해야 한다.

마지막으로, 회사의 각기 다른 부서에서 갈등이 일어나기도 한다. 우수한 고객 서비스로 유명한 남성 의류 전문점은 고객들에게 빠른 수선과 배달을 약속하는 종업원들을 보유하고 있다. 하지만 수선 부서에는 작업량과 관계 없이 같은 속도로 일하는 나이든 두 명의 재단사만이 있었다. 때때로 관리자들은 판매원들의 배송 약속 시간을 조정하고 재단사에게 우선 순위를 정해줘야만 했다.

6 기술 활용

소매업체는 매장과 웹사이트에서 고객을 돕기 위해 매우 다양한 기술을 도입하고 있다. Retailing View 17.4는 롯데백화점에서 AI 기술을 접목한 다양한 서비스를 보여주고 있다. 이미 시행되고 있는 광범위한 기술로는 무인계산대, 웹기반 키오스크, 아이패드를 소지한 판매원, 다양한 유형의 앱 및 QR코드 등이 있다. 이러한 기술은 고객이 제품과 서비스에 대해 더 많이 배울 수 있도록 도와준다. 그들은 또한 더 빠르고 효율적인 결제가 가능하게 한다. 이러한 기술을 통해 최신 제품 정보와 매장에 재고가 없을 경우 온라인 채널에서 이용할 수 있게 하여 보다 좋은 서비스를 제공할 수 있다.

4. 서비스 약속의 의사소통: 커뮤니케이션 차이

고객 서비스 차이로 이어지는 네 번째 요인은 소매업체가 약속한 서비스와 커뮤니케이션된 서비스 사이의 차이이다. 제공되는 서비스를 과장하면 고객의 기대감은 높아진다. 그래서 이런 서비스가 제대로 제공되지 않으면 고객의 기대감은 인지된 서비스를 초과하게 되고, 고객은 불만을 갖게 된다. 예를 들어, 한 의류 업체가 무료 수선을 제공하는 것처럼 광고했는데, 알고 보니 20만원이 넘는 경우에만 무료 수선을 제공한다면 고객은 실망하게 된다. 기대감을 높이게 되면 처음에는 더 많은 고객을 유치할 수 있겠지만, 곧 불만을 갖게 하고 재구매가 줄어들게 된다. 불만족한 고객은 트위터나 블로그에 자신의 부정적인 경험을 올릴 수도 있다. 커뮤니케이션 차이는 현실적인 약속을 하고 고객의 기대감을 관리해 나감으로써 줄일 수 있다.

1 현실적인 약속

광고는 일반적으로 마케팅 부서에서 기획하고 매장 운영 부서는 그 서비스를 수행한다. 이들 부서간 의사소통이 원활하지 않으면 광고 캠페인과 매장에서 실제로 제공되는 서비스가 일치

롯데백화점, 4차 산업혁명 시대에 맞는 기술 활용

4차 산업혁명 시대를 맞아 새로운 유통환경 조성에 대한 중요성이 높아지면서 롯데백화점은 정보통신기술을 활용한 서비스 확대에 노력하고 있다. 특히 고객에게 편리하고 차별화된 쇼핑 경험을 제공하기 위해 다양한 옴니채널 서비스를 선보이고 있다. 업계 최초로 온라인 구매 상품을 오프라인 매장에서 직접 찾아가는 '스마트픽' 서비스를 제공하고 있다.

또한 인공지능 기술기반 쇼핑 어드바이저 챗봇 '샬롯'을 상용화해 안내원처럼 음성이나 문자로 고객을 응대하면서 매장안내 서비스를 제공하고, 온오프라인 통합 옴니채널형 데이터베이스를 구축하여 적합한 상품을 추천해 주거나 소셜미디어 분석을 통해 트렌드를 파악해주는 서비스를 제공한다.

이 뿐만 아니라 그간 분산되어 있던 어플리케이션들을 하나로 통합한 롯데백화점 앱을 선보여, 고객들에게 보다 편리한 쇼핑 서비스를 제공하고 있다. 롯데백화점 앱을 통해 다양한 쇼핑 정보와 쿠폰을 한번에 제공받을 수 있으며, 특히 전자영수증 기능을 통해 사은행사장에 가지 않고 모바일 상품권을 즉시 받을 수 있도록 편의성을 증대하고 있다. 또한 롯데백화점 앱을 통해 '모바일 주차 서비스'를

롯데만의 AI 쇼핑 어드바이저, '샬롯(Charlotte)'

제공하고 있다. 롯데백화점 앱에서 주차요금 사전할인, 차량위치 확인 및 주차장 혼잡도 현황을 제공한다. 이 외에도 롯데백화점 앱을 통해 본인 자리에 앉아서 주문과 결제까지 가능한 '푸드코트 주문 서비스'와 이동 반경이 넓은 아웃렛에서 필요한 '길찾기 서비스'를 운영하고 있다.

자료원: 한국경제, "롯데백화점, 4차 산업혁명시대 걸맞는 스마트한 쇼핑경험 제공," 2019.07.03.

하지 않을 수 있다. 예를 들어, Best Buy는 블랙 프라이데이 할인 혜택을 온라인에서 대대적으로 홍보한 후, 크리스마스에 맞춰 배송한다고 약속하면서 예상보다 훨씬 더 많은 판매를 유치하였다. 그러나 크리스마스 이틀 전, 고객들은 11월까지 온라인으로 구입한 제품들을 휴일에 맞춰 배송받을 수 없다는 통보를 받았다. 고객들은 "크리스마스를 도둑 맞았다"고 강하게 항의하자 Best Buy는 엄선된 미디어 매체를 통해 사과하였다.

2 고객 기대의 관리

어떻게 하면 고객에게 현실적인 기대를 갖게 하면서도 과장된 서비스를 약속하는 경쟁사에게 고객을 빼앗기지 않을까? 미국의 드럭스토어 체인인 CVS는 모바일 앱을 통해 Minute-

Clinic^{매장내 진료소} 대기 시간을 보여주고, 진료 예약 30분 전에 메시지를 보내주며 처방전이 준비되면 알려주는 서비스를 제공하고 있다. 이처럼 고객들은 아픈 사람들에 둘러싸여 기다릴 필요 없이 대기 시간에 대한 기대를 효과적으로 관리할 수 있다.

판매 시점에서 제공되는 정보는 고객 기대를 관리하는데 사용될 수 있다. 가령, 테마파크와 레스토랑은 놀이기구나 테이블 좌석을 잡기 위해 기다리는 시간을 지정해 주기도 한다. 정확한 정보 제공은 고객들이 기대했던 것보다 더 오래 기다려야 할 때도 고객 만족을 증대시킬 수 있다.

서비스 문제는 종종 고객들에 의해 야기된다. 고객들은 상품 값을 지불할 때 유효기간이 지난 신용카드를 사용하기도 하고, 정장을 입어보지도 않고 적당히 수선하며, 설명서를 읽어보지도 않고 상품을 잘못 사용할 수 있다. 커뮤니케이션 프로그램은 고객들이 좋은 서비스를 접할 경우 그들의 역할과 책임을 공지하고, 구입하기 좋은 시기나 소매업체의 정책 기준 및 문제해결 절차 등 더 좋은 서비스를 받기 위한 충고도 아끼지 않아야 한다.

IV 서비스 회복

LO 17-4
소매업체의 서비스 회복
방안은 무엇인가?

고객 서비스 전달시 일관성을 갖추기가 어렵기 때문에 서비스 실패는 발생하기 마련이다. 소매업체는 고객 문제에 대한 부정적인 측면을 고려하기 보다는, 그들이 창출할 수 있는 긍정적인 기회에 초점을 맞추어야 한다. 고객 불만은 소매업체가 제공하는 제품과 서비스에 대한 뛰어난 정보원이기도 하다. 이러한 정보로 무장하여 소매업체는 고객 만족을 증대하기 위해 항상 변화해야 한다.

서비스 문제는 또한 소매업체가 높은 고객 서비스를 제공하려는 의지를 드러나게 한다. 소매업체는 불평을 장려하고 그 문제를 해결해 나가면서, 고객과의 관계를 강화시키는 계기가 될 수 있다. 효과적인 서비스 회복 노력은 고객 만족과 구매 의향 및 긍정적인 구전을 증가시킨다. 그러나 서비스 회복 후의 만족도는 일반적으로 서비스 실패 이전 단계에서의 만족보다 낮기 마련이다.

대부분의 소매업체는 문제를 처리하는 기준 정책을 갖고 있다. 상품결함과 같은 시정될 수 있는 문제점이 확인되면 소매업체는 즉각 보상을 해주고, 고객에게 불편을 끼친데 대한 사과를 해야 한다. 소매업체는 대체 상품이나 미래 구매에 대한 신용 및 환불을 제공할 수 있다.

많은 경우 문제의 원인은 확인이 어렵거나^{실제로 판매원이 고객에게 모욕을 주었는가?} 시정하기 어려우며^{매장이 나쁜 기상상태로 인해 영업을 할 수 없었다} 혹은, 고객의 특별한 기대에 따른^{고객은 손질한 머리 스타일이 마음에 들지 않았다} 결과이다. 이러한 경우 서비스 회복은 더욱 어려울 수 있다. 효과적인 서비스 회복을 위한 단계는

① 고객의 소리에 귀를 기울이고, ② 공정한 해결책을 제공하며, ③ 신속히 문제를 처리하는 것이다.

1. 고객에 대한 경청

고객들은 소매업체와의 문제에 대해 매우 감정적으로 반응할 수 있다. 때로는 고객들이 속을 털어놓고 마음의 부담을 줄일 때 이러한 감정적 대응은 줄어들 수 있다. 점포 종업원들은 고객들이 거리낌없이 그들의 불만을 털어놓도록 해야 한다. 저지하게 되면 이미 감정적으로 분개되어 있는 고객을 더욱 폭발하게 한다. 성난 고객을 설득하거나 만족시키는 것은 매우 어려운 일이다.

고객들은 그들의 불평에 대해 공감하는 반응을 원한다. 따라서 점포 종업원들은 그 문제점을 자신들이 해결할 수 있어 기쁘다는 것을 고객에게 분명히 전달해야 한다. 점포 종업원들이 적대적 자세를 취하거나 고객이 매장을 속이려 한다고 의심하면 만족스러운 해결책을 찾기 어렵다. 점포 종업원들은 고객이 왜 불만을 표시하고 어떤 해결책을 찾고 있는지 알고 있다고 확신해서는 안된다.

Nordstrom은 인터넷과 소셜 미디어에 있는 자사 제품에 대한 모든 리뷰를 분석한다. 이는 고객들의 경험을 더 잘 이해할 수 있게 한다. 예를 들어, 수 많은 후기를 분석한 결과 고객들은 상품들에 대해 높은 평가를 하고 있었지만, 배송과정에서 박스가 파손되는 등 불만이 있다는 것을 알아 내었다. 더욱이 이 정보를 통해 고객들은 고급 제품을 위해서는 더 좋은 박스를 기대한다는 것을 확인하였다.

2. 공정한 해결책의 제공

고객들은 공정하게 대우 받았다고 느낄 때 좋은 인상이 남게 된다. 고객들은 공정성에 대한 평가를 내릴 때 비슷한 상황에서 다른 소매업체는 그 문제를 어떻게 처리하는가를 비교한다. 불만해결에 대한 고객의 평가는 분배 공정성과 절차 공정성에 기초한다. 분배 공정성은 불편이나 경제적 손실 등 지불한 비용에 비해 받은 편익에 대한 고객의 지각을 말한다. 서비스 실패에 대한 보상이 한 고객에게는 적절하고 다른 고객에게는 그렇지 않을 수 있다. 따라서 서비스 제공자들은 고객의 문제를 해결하는데 도움이 되는 것은 무엇인지 확인해야 한다.

절차 공정성은 불만을 해결하는데 이용되는 과정상의 공정성을 의미한다. 일반적으로 고객들은 점포 종업원들이 회사의 지침을 따를 때 공정하게 대우 받는다고 느낀다. 가이드 라인은 불만을 처리할 때 변수를 줄여주고, 고객들이 다른 사람처럼 똑같이 대우 받았다고 믿게 만든다. 그러나 너무 가이드 라인에 집착하는 것은 오히려 부정적인 결과를 낳을 수도 있다. 점포 종업원들은 불만 해결시 어느 정도의 융통성과 권한이 필요하다. 그렇지 않으면 고객들은 그들이 불만 해소에 아무런 영향을 미치지 않았다고 느낄 수 있다.

3. 신속한 문제 해결

고객 만족은 서비스 문제를 처리하는데 소요되는 시간과 관계가 있다. 고객들은 접점에 있는 일선 종업원들이 불편사항을 해결해 주기를 바란다. 담당 종업원이 바뀌면서 반복적으로 자신의 문제를 설명한다면 많은 시간을 낭비하게 된다. 소매업체는 고객 불편을 최소화하기 위해 고객이 접촉해야 할 인원의 수를 줄이고 신속한 응답을 해주어야 한다.

고객 불평을 해결해 나감으로써 고객 만족을 높일 수 있다. 하지만 고객의 불편사항이 너무 빨리 해결되어도 고객은 종업원으로부터 충분한 배려를 받지 못했다는 생각에 불만을 느낄 수 있다. 따라서 소매업체는 불만사항을 신속히 처리함과 동시에 고객의 말에 귀를 기울이며 충분히 배려하고 있음을 보여주어야 한다.

요약

LO 17-1 소매업체가 개인화와 표준화를 통해 고객 서비스의 균형을 어떻게 유지하는지 이해할 수 있다.

고객 서비스는 개인화와 표준화라는 두 가지 접근을 통해 소매업체가 전략적 우위를 점할 수 있는 기회를 제공한다.

개인화 접근 방법은 주로 판매원과 연계되어 있으며, 표준화 방법은 적합한 규칙, 절차, 점포 설계를 개발하는데 더 많은 기반을 두고 있다.

LO 17-2 고객들이 소매업체의 서비스를 어떻게 평가하는지 알 수 있다.

고객은 서비스를 평가하기 위해 자신의 서비스 기대치와 실제 제공받은 서비스에 대한 인식을 비교한다.

만약 고객은 기대 수준 이상의 서비스를 받으면 만족하지만, 그 이하일 경우에는 불만족하게 된다.

LO 17-3 소매업체가 양질의 서비스를 제공하기 위해 수행할 수 있는 활동을 파악할 수 있다.

서비스를 향상시키기 위해 소매업체는 실제 제공하는 서비스와 고객의 서비스 기대치 사이에 생길 수 있는 격차를 줄여야 한다. 이를 위해 소매업체는 고객의 서비스 기대치를 이해하고, 고객이 생각하고 있는 서비스를 충족시켜줄 준거를 세울 뿐만 아니라, 매장 직원이 이에 따라 서비스를 제공할 수 있도록 지원해 주고, 나아가 고객에게 제공하고 있는 서비스를 현실적으로 재고해 볼 필요가 있다.

LO 17-4 소매업체의 서비스 회복 방안이 무엇인지 알 수 있다.

효과적인 서비스 회복을 위해서는 ① 고객의 소리에 귀를 기울이고, ② 공정한 해결책을 제공하며, ③ 신속히 문제를 처리해야 한다. 소매업체는 고객 불평에서 얻은 정보를 활용해야 하며, 향후 서비스 실패를 방지하기 위해 회복 노력에서 교훈을 얻어야 한다.

핵심단어

- 확신성(assurance)
- 분배 공정성(distributive fairness)
- 도구적 지원(instrumental support)
- 커뮤니케이션 차이(communication gap)
- 정서적 지원(emotional support)
- 인식 차이(knowledge gap)
- 고객 서비스(customer service)
- 인도 차이(delivery gap)
- 권한 이양(empowerment)
- 개인화 서비스(personalized service)

- 절차 공정성(procedural fairness)
- 감성 분석(sentiment analysis)
- 표준 차이(standards gap)
- 신뢰성(reliablity)
- 서비스 차이(service gap)
- 공감성(empathy)
- 유형성(tangibility)
- 미스터리 쇼퍼(mystery shopper)
- 응답성(responsiveness)
- 표준화 서비스(standardized service)

현장학습

1. 계속되는 사례 과제: 선택한 소매업체의 매장에 들러 그들이 제공하는 서비스를 평가해보자. 어떤 서비스가 제공되는가? 서비스는 개인화되어 있는가, 표준화되어 있는가? 매장에서 구매한 고객과 구매하지 않은 고객을 각각 선정하여, 그들의 쇼핑 경험과 불편 사항에 대해 조사해보자. 종업원들은 고객들에게 좋은 서비스를 제공하기 위해 업체로부터 어떤 종류의 보상을 받고 있는지 물어보자.

2. 스위스 회사 Scandit은 고객이 구매하고자 하는 상품을 스캔하여 스마트폰으로 결제할 수 있도록 함으로써 계산 절차의 속도를 높이는 모바일 애플리케이션을 만들었다. Scandit(www.scandit.com)의 웹사이트에 접속하여 그 앱과 제공된 체크아웃 프로세스를 모두 검토해보자. 이러한 앱들은 소매업체에게 얼마나 유용한

가? 어떤 소매업체가 그것을 채택할 가능성이 가장 높다고 볼 수 있겠는가?

3. 교보문고(www.kyobobook.co.kr)에 접속하여 베스트셀러 책을 찾아보자. 웹사이트는 당신이 구매하고자 하는 책을 찾는 것을 어떻게 도와주고 있는가? 다른 온라인 서점이나 오프라인 서점과 비교했을 때, 이 웹사이트는 어떤 고객 서비스를 제공하는가?

4. 이마트나 홈플러스와 같은 대형할인점, 백화점 및 전문점에 각각 바지를 구매하기 위해 방문하자. 각 매장에서 당신이 받은 서비스의 수준이 어떻게 다른지 비교해보자. 어떤 매장에서 당신이 찾는 바지를 가장 쉽게 찾을 수 있었는가? 신뢰성. 확신성, 유형성, 공감성, 응답성 측면에서 지각된 서비스 경험을 평가해보자. 서비스 품질은 매장 형태와 일치하는가?

토의 질문 및 문제

1. Nordstrom과 McDonald's는 모두 훌륭한 고객 서비스를 제공하는 업체로 알려져 있다. 이들 서비스의 차이는 무엇인가? 소매업체는 왜 각자의 특별한 접근 방식을 취하는가?

2. 당신은 고객 서비스 제공이 중요한 직종에서 일한 경험이 있는가? 만약 그렇다면 그 직종에서 당신에게 요구하는 기술이나 업무는 무엇이었는가? 만약 없다면 향후 이러한 직종에 지원하려 할 때 어떤 기술과 능력을 강조하고 싶은가?

3. IKEA의 고객 서비스를 생각해보자. 이 소매업체는 전통적인 가구점보다 경쟁우위를 확보하기 위해 어떻게 셀프 서비스 방식을 활

용하는가?

4. 당신이 관리자에 대한 권한이양을 강조하는 백화점 남성복 부문 관리자라고 가정하자. 한 고객이 이제는 취급하지 않는 셔츠의 반품을 요구한다. 고객은 영수증이 없으며 포장이 뜯어졌고, 셔츠는 손상이 있었다. 고객은 현금으로 교환해 줄 것을 요구한다. 당신은 어떻게 할 것인가?

5. 만약 당신이 방문한 소매점에서 불쾌한 서비스를 제공받을 경우 당신은 어떻게 행동하는가? 점포의 누구에게 그 사실을 알리는가? 이 소매상을 다시 방문할 것인가? 이 질문들에 대한 이유를 설

명하시오.

6. 차이분석은 고객 서비스 프로그램의 효과성을 검증하는데 도움이 된다. 최고 경영진은 정보시스템 관리자에게 고객들이 계산대의 긴 대기시간에 대해 불평하고 있다고 말했다. 시스템 관리자 관점에서 각 갭에서 발생할 수 있는 잠재적인 문제를 확인하고 그 차이를 어떻게 줄여야 하는지 정리하시오.

7. 안경테와 콘택트렌즈를 판매하는 안경점을 이용해보자. 이 소매업체는 어떻게 양질의 개인화 서비스를 제공할 수 있는가?

8. 미용실, 병원, 식당, 은행 등 최근의 소매 서비스 경험을 하나 떠올린 후 다음 질문에 답하시오.

(a) 만족스러웠던 서비스 경험에 대해 말하시오.

(b) 어떤 요소가 서비스를 만족스럽게 만들었는가?

(c) 기대에 미치지 못했던 서비스 경험에 대해 말하시오.

(d) 서비스 상에 어떤 문제가 생겼는가? 그리고 어떻게 해결될 수 있었는가?

참고문헌

1. Alicia A. Grandey, Lori S. Goldberg, and S. Douglas Pugh, "Why and When Do Stores with Satisfied Employees Have Satisfied Customers?: The Roles of Responsiveness and Store Busyness," *Journal of Service Research* 14, no. 4 (2011), pp. 397-409.

2. Ann Thomas and Jill Applegate, *Pay Attention! How to Listen, Respond, and Profit From Customer Feedback* (Hoboken, NJ: Wiley, 2010).

3. Anne L. Roggeveen, Michael Tsiros, and Dhruv Grewal, "Understanding the Co-Creation Effect: When Does Collaborating with Customers Provide a Lift to Service Recovery?," *Journal of the Academy of Marketing Science* 40, no. 6 (November 2012), pp. 771~790.

4. A. Parasuraman, V. A. Zethaml, and L.L.Berry, "SERVQUAL: A Multiple-Item Scale for Measuring Consummer Perceptions of Service Quality," *Journal of Retailing* 64, no. 1 (Spring 1988), pp. 12~40.

5. Ashley Lutz, "Nordstrom's Employee Handbook Has Only One Rule," *Business Insider*, October 13, 2014, Brooks Barnes, "In Customer Service Consulting, Disney's Small World is Growing," *The New York Times*, April 21, 2012.

6. Cara Kelly, "Rent the Runway Unlimited is a Game Changer," USA Today, March 23, 2016.

7. Carmine Gallo, "How the RitzCarlton Inspired the Apple Store," *Forbes*, April 10, 2012.

8. Cengiz Yilmaz, Kaan Varnali, and Berna Tari Kasnakoglu, "How Do Firms Benefit from Customer Complaints?," *Journal of Business* Research 69, no. 2 (2016), pp. 944-955.

9. Clare O'Connor, "Rent the Runway to Hit $100M Revenues in 2016 Thanks to Unlimited Service," *Forbes*, June 15, 2016.

10. Cristiana R. Lages and Nigel F. Piercy, "Key Drivers of Frontline Employee Generation of Ideas of Customer Service Improvement," *Journal of Service Research* 15, no. 2

(2012). pp. 215~230.

11. C. R. Lages and Nigel F. Piercy, "Key Drivers of Frontline Employee Generation of Ideas for Customer Service Improvement," *Journal of Service Research* 15, no. 2 (2012), pp. 215~230.

12. David Hatch, "Nordstrom in Fashion with Social Media, Mobile Tech," *U.S. News Money, Business, & Economy*, May 15, 2012.

13. Dwayne Gremler, Mary Jo Bitner, and Valarie A. Zeithaml, *Services Marketing*, 6th ed. (New York: McGraw-Hill, 2012).

14. Heiner Evanschitzky, Christian Brock, and Markus Blut, "Will You Tolerate This? The Impact of Affective Commitment on Complaint Intention and Postrecovery Behavior," *Journal of Service Research* 14, no. 4 (2011), pp. 410-425.

15. Hilary Milnes, "Rent the Runway Snapchats Customers the Right Fit," *Glossy*, August 15, 2016.

16. Ira Teinowitz, "Naked Pizza: Domino's Launches ad Campaign using 'Real' Photos," *Daily Finance*, July 7, 2010.

17. John Lofstock, "Finding the Right Balance between Automation and People," *RetailWire*, May 23, 2016.

18. J. van Beuningen, Ko de Ruyter, and Martin Wetzels, "The Power of Self-Efficacy Change during Service Provision: Making Your Customers Feel Better about Themselves Pays Off," *Journal of Service Research* 14, no. 1 (2011), pp. 108~125.

19. Josh Bernoff and Ted Schadler, *Empowered: Unleash Your Employees, Employees, Energize Your Customers, and Transform Your Business* (Boston: Harvard Business Press, 2010).

20. JyhShen Chiou and TungZong Chang, "The Effect of Management Leadership Style on Marketing Orientation, Service Quality, and Financial Results: A CrossCultural Study," *Journal of Global Marketing* 22 (April 2009), pp. 95-107.

Memo

소매유통경영 RETAILING MANAGEMENT

초판 1쇄 인쇄   2020년 09월 05일
초판 1쇄 발행   2020년 09월 10일

저 자   Levy·Weitz·Grewal
역 자   오세조·박진용·송영욱·김상덕·조현진·신봉화
        정연승·노원희·고현규·송지후·이라경
펴낸이   임순재
펴낸곳   (주)한올출판사
등 록   제11-403호
주 소   서울시 마포구 모래내로 83(성산동 한올빌딩 3층)
전 화   (02) 376-4298(대표)
팩 스   (02) 302-8073
홈페이지   www.hanol.co.kr
e-메일   hanol@hanol.co.kr
ISBN   979-11-5685-969-7